民▪商▪事
裁判精要
▪▪与▪▪
规范指导丛书

总 主 编　杜万华
副总主编　宋晓明

03

股权转让案件裁判精要

禹海波◎著

法律出版社
LAW PRESS·CHINA

试论股权转让纠纷案件的特点及裁判思路（代序）

股权是有限责任公司或者股份有限公司的股东对公司享有的人身和财产权益的一种综合性权利。作为现代公司制度下与公司法人财产权相伴而来的产物，股权问题历来是现代企业制度的核心问题。随着经济体制改革的深入和市场经济的不断发展，市场主体之间的产权交易日益活跃，作为产权交易的重要组成部分，股权转让行为越来越普遍地成为市场有效配置资源的重要手段，由此引发了大量的股权转让纠纷。2016 年至 2018 年，全国法院系统审结的股权转让纠纷案件数分别为 13182 件、18033 件、23335 件，占全部与公司有关的纠纷案件的比例分别为 41.93%、42.66%、47.03%[1]，司法实践中还有不少案由为合同纠纷的案件实际争议的也是股权转让过程中的法律问题，足见股权转让纠纷案件数量之多。除了案件数量多，股权转让纠纷案件往往还具有标的金额大、涉及的法律制度广泛、交易关系复杂、与国家经济发展联系紧密等特点，从而导致股权转让纠纷成为法院商事审判的热点和重点之一。笔者认为，股权转让类案件与其他类型相比，具有以下六个方面的突出特点，在分析该类案件中的难题时，应当结合这些特点，有针对性地确定相应的裁判思路。

---

〔1〕 根据“中国裁判文书网”上公开的文书计算。

一、股权转让案件中部门法交叉问题多，需要较强的法律综合运用能力

股权转让纠纷通常是由股权转让合同的签订、履行、终止等所产生的纠纷，从其财产权利的属性方面来看，股权与其他动产、不动产的交易在法律适用上无本质区别。关于合同效力、合同履行、合同变更、违约责任认定、合同的解释规则等合同法框架范围内的规则及物权变动、担保物权等规则，完全适用于股权转让纠纷案件。因此，针对作为财产权益的股权的转让产生的纠纷，由以《合同法》《物权法》为核心的财产法律制度进行调整。但是，股权又是一种社员权利，从公司作为营利性社团法人的视角来看，会涉及股东、公司、董事、高管和债权人、公司其他职员、公众投资者等不同主体的利益，因此会存在许多基于《公司法》而产生的限制性规定。因此，股权转让纠纷是属于与公司有关的纠纷项下的案由，而不是居于合同纠纷项下的案由。《公司法》及其司法解释中关于股权转让的规定应属于特别规定，《合同法》相对于《公司法》的规定而言，属于一般规定，按照特别法优先一般法适用的原则，当《公司法》及其司法解释对股权转让合同有规定的，应当优先适用《公司法》及其司法解释的规定。除了《合同法》及《公司法》的适用，司法实践中还存在大量的股权转让纠纷涉及其他部门法的规定，比较典型的有：

1. 国有股权转让的特殊规定。为规范企业国有资产交易行为，加强企业国有资产交易监督管理，防止国有资产流失，自20世纪90年代以来，我国颁布实施了许多涉及国有资产转让方面的规范性文件，对包括国有股权在内的国有资产转让设置了诸多前置及程序性条件，其中涉及国有股权（股份）转让最主要的内容体现为三个规则：一是决策、审批程序，二是评估、定价程序，三是进场交易、公开竞价程序。在企业国有股权转让过程中，未遵照决策、审批程序审批程序的，合同可能不生效；未依法进场交易的国有股权转让合同可能被认定为无效；未经评估的国有股权转让合同虽不必然无效，但未经评估的国有股权转让行为导致国有资产流失的，合同可能被认定为

无效。

2. 外资企业股权转让的规定。《公司法》第 217 条规定："外商投资的有限责任公司和股份有限公司适用本法；有关外商投资的法律另有规定的，适用其规定。"针对外资企业的股权股权转让，主要有《中外合资经营企业法》、《外资企业法》、《中外合作经营企业法》以及最高人民法院《关于审理外商投资企业纠纷案件若干问题的规定（一）》等法律，根据上述法律的规定，外资企业股权转让的特殊性体现在股权转让采用审查批准制；需要其他股东的全部同意；对外资持股比例、投资行业等的限制。但十三届全国人大二次会议表决通过的《外商投资法》（自 2020 年 1 月 1 日起施行）规定，外资企业不仅享有准入前国民待遇加负面清单管理制度，在准入后也能享受国民待遇。因此，《外商投资法》施行后，前述三资企业法对外资企业股权转让的特殊规定也不再适用，根据《公司法》第 217 条的规定，外资企业股权转让没有特殊规定的，适用《公司法》的规定。

3. 股权转让与婚姻家事法律的交叉。司法实践中，因配偶一方转让股权引发的纠纷最为常见。其中比较常见的纠纷如登记在配偶一方名下的股权是否是否属于夫妻共同财产？夫妻一方擅自转让登记在其名下股权的效力如何认定？夫妻之间通过股权转让的方式履行离婚协议的内容，是否需要其他股东过半数同意，其他股东是否有优先购买权？解决上述问题的核心，是要明确夫妻共有股权的性质。股权兼具财产权和社员权的属性，从财产性利益角度出发，根据《婚姻法解释（一）》第 17 条第 2 款的规定，婚后出资，登记在夫妻一方名下的公司的股权，如果夫妻双方未以书面方式约定婚姻关系存续期间所得的财产归各自所有，应当认定为夫妻双方以共同共有财产出资设立公司，在夫妻关系存续期间，属于夫妻共同共有。因此夫妻一方未经另一方同意擅自转让股权，属于对夫妻共有财产的无权处分。对于无权处分合同的效力，应当适用《合同法》第 51 条及《物权法》的善意取得制度予以认定。而对于股权中的社员权，由于有限责任公司的人合性，决定了配偶不能共享。由于受公司外观主义的限制，股东的配偶不应享有公司股东的地位，此时《婚姻法》的财产共有制应当让位于《公司法》的规定，夫妻之间通过股权转让的方式分割股权，需经其他股东过半数同意，其他股东有优先购买权。《婚姻法解释（二）》第16条的规定就很好地体现出了这种适用规则。

4. 股权转让与善意取得法律制度。司法实践中，存在各种不规范的股权转让行为，如实际出资人将股份挂在他人名下，形成了股权代持的问题，名义股东擅自将其名下的股权转让；夫妻一方未经另一方同意，将夫妻共有的股权转让给第三方；有些出让方与受让方签订股权转让合同之后变更股权登记之前，原股东再次处分股权，由此产生了“一股二卖”的问题；有的人实际出资并参与公司股东，却没有被登记为股东，其签订的股权转让协议的效力问题；有的委托代理人超越代理权限转让股权；还有的人通过冒名的手段窃取他人的股权然后出让。诸如此类，不一而足，就股权转让合同的效力及股权的归属等问题产生了大量的股权转让纠纷。处理上述问题的核心，是要遵循商事领域中的外观主义和公示公信原则，按照《物权法》第106条规定的善意取得制度来确定股权的归属，以维护商事交易安全，保护善意第三人。

5. 股权转让与证券、资本市场法律制度。与一般买卖合同涉及的是普通生活领域的事务不同，股权转让更多涉及的是营商、资本领域，往往与证券、信托等领域的法律制度紧密相关。如上市公司的股权转让，关于合同效力的认定可能有是否存在内幕交易的认定，涉及证券交易类律法规及证券交易所的相关制度及规定；“对赌条款”的性质及效力问题；股权与投资交叉产生的问题可能涉及资产证券化等相关法律制度；明股实债类案件的审理可能涉及信托法律制度及“资管新规”等。无疑，在股权转让纠纷案件的审理过程中，法官应当尊重这些专业领域的法律、行政法规、规章制度、交易规则等的规定，作为裁判的依据及考量因素。

6. 股权转让与其他法律规定。实践中，还存在通过股权转让的方式旨在取得公司资产的纠纷，此类交易除了通过受让方股权的方式获取公司整体控制权，更直接的目的是获得公司对应的资产、资质。如实践中存在利用股权转让的方式实际取得了土地使用权或矿业权，客观上产生了与土地使用权转让或矿业权转让相似的效果，可能涉及矿业领域、房屋土地等领域的法律规定，由此决定了此类股权转让的复合交易属性及审理的复杂性。

部门法适用的交叉问题，在任何一个审判领域都属于疑难问题，在股权转让纠纷案件中，由于股权同时具有财产性及公司组织属性，以及此类案件本身呈现的争议内容的多样性、复合性，导致该问题更为突出。由于各部门法的不同视角决定了对股权转让调整的立法目的侧重点不同，如合同法、物权法等财产法律制度关注股权的财产权益，公司法体系重视股权的组织属性，国有资产管理法律制度侧重对国有资产的保护，外商投资法律制度侧重对特殊行业股权变动的监管，婚姻家庭法律制度关注股权的财产利益及其可分割线、可继承性。因此，要区别股权转让所涉不同法律关系的法律依据，此为大陆法系要求制定法范围内进行法律思考的范畴性要求。同时，针对部门法的交叉问题，在审理股权转让类型案件时，要具有法律体系思维。落实到每个裁判，不仅是解决一个争议，而是关注法规范群的关联适用，即在整个民事法律体系下对具体的法律关系进行分析，以维护统一法秩序的法则。

另外，股权转让纠纷案件一般归属于商事审判庭处理，在民商分立这一传统分工体系的影响下，民事法官与商事法官往往熟悉各自领域的法律规定、审判技巧与司法政策，遵循不同的司法理念，形成了所谓的民事审判思维和商事审判思维。股权转让同时涉及商事和民事领域，故在审理该类案应当在强调审判专业化的同时，法官要做到将审判所需要的多元化知识有机结合，了解与熟悉不同部门法的具体规范与审理规则，综合运用。同时，制定法并不是法律的全部，不能为每个案件都提供答案，裁判者还要将法学的关注点从法条拉回到生活本身，通过探究事实本相，区分不同股权转让类型，权衡案情，依托制定法，得出符合正义、实际、事务本质的判决。[1]

二、股权转让纠纷案件形式复杂，需要正确区分股权转让与其他相关概念

近年来的股权转让纠纷，形式越来越多样化，除了传统的股权转让引发的纠纷，还涉及股权表决权转让导致的公司控制权之争，因股权收益权转让

〔1〕 参见陈克：《股权转让纠纷审理中的体系思维》，载“法语峰言”微信公众号。

导致的争议，还涉及资产证券化等法律制度，在股权转让中还夹杂着公司增资扩股等纠纷，还有在转让合同中表现的附条件股权转让以及估值调整机制，即所谓的“对赌条款”，也有披着股权转让的外衣，实际上是到期还本付息的所谓“明股实债”，以及名为股权转让，实为股权让与担保、民间借贷等。虽然从字面意义上看，股权转让与上述诸多概念可谓泾渭分明，容易区分，但在复杂的实践纠纷中，由于某种原因，合同双方往往通过虚假的股权转让意思表示，隐藏了双方的真实意思表示，或者将真实的股权转让行为隐藏在其他的非真实意思表示之下。由此导致股权转让行为与其他法律行为的区分经常成为股权转让纠纷案件的争议焦点。因此，正确区分股权转让纠纷与其他相关概念，某种程度上就是精准识别隐藏行为，探究当事人的真实意思表示。只有正确区分不同的法律关系，才能正确适用法律，才能更有效地维护法律秩序和保护当事人的合法权益。

实践中，股权转让与其他民事法律行为的区分标准一般从合同性质、合同目的、合同主体、合同客体、合同内容、转让程序、合同履行等方面综合考虑，以判断当事人交易时的真实意思。比如，“名股实债”的认定，通常来说，在股权投资中，股权受让方通过获得目标公司的股权，希望获得企业价值增长的收益，并且在股权交付后往往会积极参与公司的经营管理。而在债权投资中，投资者关心的是本金的安全和固定收益，不寻求高价值、高风险的回报。但是受限于资质以及监管的需要，同时为了确保所投资金的安全，因此采取了股权转让的形式。两者在合同目的上显然不一致。就股权让与担保而言，让与担保合同应属于从合同，股权受让方的合同目的是为担保主债权的实现，这与股权转让中受让方的合同目的也不一致。又如，股权转让与增资扩股以及资产转让的主要区别之一即是合同主体的不同，资产转让与增资扩股的合同一方是目标公司，而在股权转让法律关系中，目标公司并非股权转让合同的实际主体，即使其参与了合同的签订，也只是股权转让关系的利害关系人。再如，股权转让与股权收益权转让中，股权收益权转让让渡的是股权收益而非股权本身，二者的转让客体显然不同。

三、股权转让是要式法律行为，审理股权转让纠纷案件不应仅着眼于股权转让合同本身

根据《公司法》的规定，股权转让除需符合合同生效的法定条件外，还应履行相应的法定程序，故股权转让是一种要式法律行为。股权转让需要履行的法定程序主要包括：有限责任公司中，股权转让完成后的股东人数不得超过公司法的规定；《公司法》第 71 条规定的有限责任公司股东向股东以外的人转让股权，应当经其他股东过半数同意。经股东同意转让的股权，在同等条件下，其他股东有优先购买权。公司章程对股权转让另有规定的，如需要召开股东会、转让的价格的限制等，需要根据公司章程的规定，履行相应的程序。《公司法》第 32 条、第 73 条规定，在股权转让过程中，公司负有注销原股东的出资证明书，向新股东签发出资证明书，并相应修改公司章程和股东名册中有关股东及其出资额的记载，同时负责办理股权的变更登记的义务，如公司不履行上述程序，受让方不能成为事实上的股东。《公司法》第 138 条至第 140 条规定了股份有限公司股东转让股份应当在法律规定的交易场所进行，记名股票和无记名股票的转让方式，发起人及公司董事、监事、高管转让本公司股份的限制。《证券法》规定的上市公司股份转让期限、条件及转让方式的限制。国有股权转让的报批、进场交易及评估程序以及外资企业股权转让的特殊规定，等等。

股权转让中的上述转让程序和转让限制的规定，不以当事人的约定为适用前提，当事人不能通过约定的方式变更上述程序限制对合同效力的影响，如在陈发树与云南红塔一案中，因未经批准，《股份转让协议》不生效，其中关于协议解除的约定也不产生效力。由于这些法定程序可能对股权转让合同的效力、履行及违约责任的认定产生重大影响，因此在认定股权转让合同当事人的责任时，不应仅仅着眼于股权转让合同本身的约定，还应考量出让方与受让方在主观心态上的善意与恶意，来确定违反法定限制的股权转让合同的效力及责任的承担。如在优先购买权中，除非股权转让合同具备合同无效、可撤销或者效力待定的其他情形，否则该合同不仅应侵犯其他股东的优先购

买权而认定为无效。但是如果在股权转让过程中，为规避其他股东行使优先购买权，股东代非股东购买公司股权，属于出让方与受让方恶意串通，损害第三人利益，股权转让合同应认定为无效。又如，因违反公司章程的限制性规定，导致股权转让合同不能履行，在确定当事人责任时，应考虑公司章程是否进行了登记备案，出让方是否故意隐瞒了公司章程的规定，受让方是否尽到了善良注意人的义务，如是否积极核实公司章程的相关规定，以准确界定法律责任。

四、股权转让案件属于商事案件，在案件处理中需要合理运用商事裁判的基本原则

现代商事活动中，随着交易标的额的增大、交易形式的复杂、交易周期的加快、交易范围的扩大，交易风险日益加大，为了增强商事主体的安全感、调动人们从事交易活动的积极性，维护商事交易安全便构成了商法的基本原则。在商事案件的审理中合理运用商法的基本原则，对法律的正确适用及具体案件的公平、公正处理，具有重要意义。这些原则包括尊重商人自治原则、尊重企业主体人格原则、行为效力的文义判断原则、权利认定的外观主义原则、社会效果的营业维持原则以及责任归属的法定主义原则。[1]

上述商事审判的基本原则的提炼是与商事关系相较于一般民事法律关系所具有的众多特点使然，股权转让的特点也决定了在该类案件的处理中亦应当遵循相应的商事裁判基本原则。股权转让纠纷案件的审理原则主要包括：

1. 股权自由转让原则。股权转让的自由，是指股东可以在法定的权限范围内自由处置其股权，不受他人的制约和干预。股权转让以自由为原则，以限制为例外，这是世界范围内公司法律有关股权转让的总体规则。公司章程虽然可以限制但不得禁止或变相禁止股权或股份的流通，但不得剥夺股东通过股权或股份转让而退出公司的权利。

---

〔1〕 肖海军：《论商事裁判的基本原则——以股权转让协议效力的认定与裁判为视角》，载《中国商法年刊》2013 年第 00 期。

2. 商事外观主义原则。商事外观主义原则，是指直接根据商事法律关系中的外观事实要件，如名义股东、工商登记文件载明的事项等，来判断该商事行为的效力，并决定其责任归属。它体现了私法的自治原则，符合商事交易风险的分配机制，充分保障了第三人的合理信赖，也是商事交易效率原则的体现。在股权转让案件中，外观主义原则主要体现为尊重公司登记制度的公示效力，为保护善意第三人的利益，应赋予其公信力。只要第三人出于善意，"存在于商事登记簿中登记的事项都推定为具有合法性和准确性"〔1〕，商法充分保护信赖登记的善意第三人的利益。因此在夫妻一方擅自转让名义股权、名义股东出让股权或者一股二卖等纠纷中，善意第三人可以基于登记公示的外观事项对抗其他共有人、实际出资人或其他买受人。

3. 合同自由原则。转让双方作为商主体签订股权转让合同，双方应承担相应的商业风险，法院则尊重其商业判断。为尊重转让双方的契约自由，促成和成全股权交易活动，法院或仲裁机构应尊重交易双方的自治精神和自治性规定，只要不违反法律、行政法规的强制性或禁止性规定，应尽量维护股权转让行为的有效性和合法性。比如，股权转让是否完成股权变更登记，并不影响股权转让协议的有效性。又如，对于股权转让后公司超过 50 人的情况，公司股东可以通过后续商业安排以符合法律的规定，法院不以此人数为由否定股权转让合同的效力。再如，《公司法》虽然规定了股份应当在法定的交易场所进行，但是当事人通过点对点协议转让的方式进行，亦不因此影响股份转让合同的效力。

4. 维持公司的存续稳定。股权转让合同一旦被实际履行，不仅转让双方之间发生对价的对待给付，而且受让方有可能参与公司的实际经营管理，进而改变公司的经营理念、经营方针和经营航线，甚至从根本上扭转公司原有的经营与财务状况。倘若股权转让合同嗣后被确认无效或者撤销，必然在转让双方及其公司利益相关者之间掀起轩然大波。因此，为维持公司的存续及稳定，在股权转让合同是否应撤销及因根本违约解除的问题上，应从严把握，

---

〔1〕 楚建译：《德国民法导论》，中国大百科全书出版社 1996 年版，第 246 页。

动辄撤销、解除合同可能对公司的存续稳定产生不利影响。比如，股权一旦进行工商变更登记、完成权属的转移，如果放任解除权行使的合理期限过长，不仅将使股权的归属处于长期不确定状态，影响股权的正常交易和公司的经营，也将使新股东无法安心对公司进行投入经营使公司资产不断增值，违背商事交易倡导的效率价值。因此股权转让合同解除权的行使，即便对方不催告，亦应有合理期限。

5. 司法审慎介入。法院在审理股权转让纠纷案件时，会面临公司自治与司法干预的矛盾。一般而言，除非涉及到国家利益、社会公共利益和第三人利益的保护，在审理股权转让案件中，法官作为中立裁判者，应尊重公司的自治机制及交易双方的合同自由，尊重商事主体作出的商业判断，坚持司法审慎介入，稳妥审理该类案件，维护交易双方合法权益。

五、股权转让所涉利益的多元化，要求兼顾其他主体利益之间的平衡

与一般交易合同尤其是普通商品的买卖合同不同,股权转让合同的签订与实际履行不仅直接影响转让双方之间的利益格局,而且间接波及合同之外的利益相关者,包括目标公司、其他股东、债权人、公司职工等的切身利益关系,真所谓“一石激起千层浪”。因此,在审理股权转让纠纷案件时,不仅要考虑合同当事人之间的利益平衡,还应注重兼顾其他主体之间的利益平衡。

在股权转让法律关系中,一方面转让的是原股东的出资份额,体现了股东与公司之间的法律关系。公司的独立法人人格和财产权是公司法的基本原则之一,公司的财产属于公司享有,股东的出资一旦投入公司,即成为公司的资产,非经法定程序,股东不得抽回出资。公司的流动资产、固定资产、债权债务均属公司享有,应由公司依法行使占有、使用、收益和处分的权利,因此股东转让股权过程中不得处分公司的资产,否则可能因损害目标公司和其他股东的利益而无效。同时,原股东对公司未履行的出资义务,公司也会因受让方知晓该情形而向受让方主张出资责任。另一方面,在有限责任公司中,股权作为股东基于出资取得的公司成员权,又体现出了股东相互之间的法律关系。因此,股东对外转让股权需要书面通知其他股东,征得其他股东同意,其他股东有优先

购买权。否则,股权转让合同即使生效也无法顺利履行。

除了合同当事方与公司、其他股东的对内关系,还需要平衡与公司以外的第三人的关系,实践中,该第三人主要是指公司的外部债权人。如果股权转让协议的履行会导致标的公司资产大幅减损进而影响公司的偿债能力,由此损害公司债权人的利益,股权转让合同的效力则不被认可。如实践中的对赌条款,往往会在股权转让合同中约定相应的回购条款,如果股东之间的股权转让最后需要由公司承担回购义务,显然损害了公司债权人的利益,因此法院会予以负面评价。如在最高院处理的海富案中认定的与股东对赌有效,与公司对赌无效即是保护债权人利益的体现。

六、股权转让与国家经济发展形势紧密联系，审理此类案件，应结合经济发展大局，审慎处理好相关争议

我国当前经济运行稳中有变，经济下行压力有所加大，部分企业经营困难较多，由此导致部分公司和个人在通过股权转让方式融资后，因不能上市或出现了合同约定的事由使合同条款加速到期，导致相应的合同义务产生而不能履行，引发纠纷。随着国家对外开放的范围和力度的不断扩大，对不涉及国家规定实施准入特别管理措施的外资企业股权转让，将相关审批事项改为备案管理，上述事项对未经审批的外商投资企业股权转让合同效力的认定产生重要影响。国家当前开展的优化营商环境对股权转让纠纷在内的商事案件审理提出了更高的要求。同时，公司登记制度也存在不完善的地方，如对申请设立、变更登记材料的真实性审查不足，导致实践中的被冒名登记为股东的情况时有发生。各类产权交易平台在股权交易规则的制定、执行、异议处置及法律风险防范等规范化运作方面，仍有较大的完善空间。

针对上述情况，审理此类案件，应结合我国当前的经济形势，审慎处理好相关争议。一是统一裁判尺度，平等保护各类市场主体的合法权益，切实依法维护市场交易公平，以营造良好的营商环境，更好服务党和国家经济建设工作大局。二是加强释法、调解力度，妥善化解各方矛盾。股权转让纠纷所涉主体多，所涉利益多元，往往具有较大的社会影响。通过法官的释法、

引导和调解，化解当事人之间的矛盾，有利于维护公司的正常经营和社会经济秩序的稳定。三是要加强与金融监管、工商登记等部门的沟通与合作，对在审理过程中遇到的问题及发现的新情况，及时沟通与通报。对于股权转让纠纷审判中出现的违反犯罪、民刑交叉等问题，应与相关部门互通信息，加大惩戒和打击力度，切实维护市场交易秩序。对于审理过程中出现的新型、疑难问题，如涉及上市公司内幕交易的股权转让纠纷案件，因涉及资本市场与不特定公众的利益，影响很大，且事实认定方面比较复杂，因此应积极与证券监管部门、交易所沟通协作，同时对审理过程中发现的重大和新类型问题，及时向有关部门通报。

随着市场经济的发展，股权的内容不断丰富、升级，可以预见，股权在社会生活中的地位，在不远的将来也将替代物权、债权从而成为社会财富的主要表现形式。还可以预见的是，股权的丰富与多元也伴随着股权纠纷案件的数量、范围、种类及复杂程度不断扩张和增长，其探讨的广度与深度也将不断拓展。笔者在本文中结合近年来法院系统审结的具体案例，就股权转让纠纷案件的典型性问题进行了分析，提出了一些观点，抛砖引玉，与大家探讨。

禹海波

2020 年 4 月

本书司法解释及会议纪要缩略语

《最高人民法院关于适用〈中华人民共和国合同法〉若干问题的解释(一)》——《合同法解释（一)》

《最高人民法院关于适用〈中华人民共和国合同法〉若干问题的解释(二)》——《合同法解释（二)》

《最高人民法院关于适用〈中华人民共和国公司法〉若干问题的解释(二)》——《公司法解释（二)》

《最高人民法院关于适用〈中华人民共和国公司法〉若干问题的解释(三)》——《公司法解释（三)》

《最高人民法院关于适用〈中华人民共和国公司法〉若干问题的解释(四)》——《公司法解释（四)》

《最高人民法院关于适用〈中华人民共和国公司法〉若干问题的解释(五)》——《公司法解释（五)》

《最高人民法院关于适用〈中华人民共和国担保法〉若干问题的解释》——《担保法解释》

《最高人民法院关于适用〈中华人民共和国物权法〉若干问题的解释(一)》——《物权法解释（一)》

《最高人民法院关于审理买卖合同纠纷案件适用法律问题的解释》——《买卖合同司法解释》

《最高人民法院关于贯彻执行〈中华人民共和国民法通则〉若干问题的意见（试行）》——《民通意见》

《最高人民法院关于审理商品房买卖合同纠纷案件适用法律若干问题的解释》——《商品房买卖合同司法解释》

《最高人民法院关于审理民间借贷案件适用法律若干问题的规定》——《民间借贷司法解释》

《最高人民法院关于适用〈中华人民共和国民事诉讼法〉的解释》——《民诉法解释》

《最高人民法院关于民事诉讼证据的若干规定》——《民事证据规定》

《最高人民法院关于适用〈中华人民共和国婚姻法〉若干问题的解释（一）》——《婚姻法解释（一）》

《最高人民法院关于适用〈中华人民共和国婚姻法〉若干问题的解释（二）》——《婚姻法解释（二）》

《全国法院民商事审判工作会议纪要》（2019）——《会议纪要》

目　　录

第一章　股权转让合同的效力判定

第二章 股权转让与其他民事法律行为的区别

第三章　股权转让合同的履行

第四章 股权转让合同的解除与撤销

第五章　股东优先购买权

第六章　股权转让合同的责任承担

第七章　股权转让纠纷中的程序问题

第一章　股权转让合同的效力判定

一、国有股权转让合同效力问题

《企业国有资产法》第51条规定："本法所称国有资产转让，是指依法将国家对企业的出资所形成的权益转移给其他单位或者个人的行为；按照国家规定无偿划转国有资产的除外。"企业的国有股权是国有资产的一种重要表现形式，所以，国有股权转让，是指国有资本入股的公司（包括国有资本控股公司和国有资本参股公司）依法将其持有的股权转让给其他单位或者个人的行为。国有股权转让合同的效力问题是国有股权转让在实务界与理论界争议的焦点问题。我国《公司法》在公司股权或股份对外转让的制度设计上，并未因存在国有股权和非国有股权而设置不同的转让程序，因此，衡量国有股权转让合同的效力，必须回归到《合同法》的框架之内。其中，《合同法》第44条[1]是判断合同是否生效的主要条款，而《合同法》第52条可谓是衡量合同效力的"金科玉律"，第5项"违反法律、行政法规的强制性规定"被认为属于合同无效的兜底性条款。

自20世纪90年代以来，我国颁布实施了许多涉及国有资产转让方面的规范性文件，对包括国有股权在内的国有资产转让设置了诸多前置及程序性条件，其中涉及国有股权（股份）转让最主要的内容体现在三个方面：一是

---

〔1〕该款规定："依法成立的合同，自成立时生效。法律、行政法规规定应当办理批准、登记等手续生效的，依照其规定。"

决策、审批程序，[1] 二是评估、定价程序，[2] 三是进场交易、公开竞价程序。[3] 对于未经审批的国有股权转让合同的效力，《合同法》第44条规定："依法成立的合同，自成立时生效。法律、行政法规规定应当办理批准、登记等手续生效的，依照其规定。"《合同法解释（一）》第9条第1款前半句规定："依照合同法第四十四条第二款的规定，法律、行政法规规定合同应当办理批准手续，或者办理批准、登记等手续才生效，在一审法庭辩论终结前当事人仍未办理批准手续的，或者仍未办理批准、登记等手续的，人民法院应当认定该合同未生效。"上述规定是合同的法定生效条件，属于强制性规定，不允许当事人通过约定的方式予以变更。因此，对于法律、行政法规规定合同应当办理批准手续而未办理批准手续的，应当认定该合同未生效。

就国有股权转让而言，法律、行政法规明确规定应当办理批准手续而未办理批准手续的，应当认定该合同未生效。法律、行政法规关于国有股权转让应当办理批准手续的规定主要体现于《企业国有资产法》第53条及《企业国有资产监督管理暂行条例》（以下简称《暂行条例》）第23条、第24条的规定，但是上述法律及行政法规只是原则性规定，没有具体规定何种类型的国有股权转让需要办理批准手续，但是授权了国务院国有资产监督管理机构另行制定管理办法，并报国务院审批。而国务院国有资产监督管理机构制定的管理办法属于部门规章，不属于《合同法》第44条"法律、行政法规"的

---

〔1〕 如《企业国有资产法》第53条规定："国有资产转让由履行出资人职责的机构决定。履行出资人职责的机构决定转让全部或者部分国有资产，致使国家对该企业不再具有控股地位的，应当报请本级人民政府批准。"《企业国有资产监督管理暂行条例》第24条规定："所出资企业投资设立的重要子企业的重大事项，需由所出资企业报国有资产监督管理机构批准的，管理办法由国务院国有资产监督管理机构另行制定，报国务院批准。"

〔2〕 如《企业国有资产法》第55条规定："国有资产转让应当以依法评估的、经履行出资人职责的机构认可或者由履行出资人职责的机构报经本级人民政府核准的价格为依据，合理确定最低转让价格。"《国有资产评估管理办法》第3条第1项规定，国有资产占有单位进行资产转让的，应当进行资产评估。

〔3〕 如《企业国有资产法》第54条第2款规定："除按照国家规定可以直接协议转让的以外，国有资产转让应当在依法设立的产权交易场所公开进行。转让方应当如实披露有关信息，征集受让方；征集产生的受让方为两个以上的，转让应当采用公开竞价的交易方式。"《企业国有产权转让管理暂行办法》第4条规定："企业国有产权转让应当在依法设立的产权交易机构中公开进行，不受地区、行业、出资或者隶属关系的限制。国家法律、行政法规另有规定的，从其规定。"

范畴。对于违反部门规章规定应当办理批准手续而未办理批准手续的国有股权转让合同，是否应当认定该合同未生效，实践中存在很大争议。在陈某树与红塔有限公司股权转让纠纷一案中，[1] 最高人民法院认为虽然《暂行条例》没有具体规定何种类型的国有股权转让需要办理批准手续，但是授权了国资委另行制定管理办法，并报国务院审批。因此，国资委、证监会根据《暂行条例》第24条的规定制定《国有股东转让所持上市公司股份管理暂行办法》并报国务院审批后，违反该暂行办法关于国有股权转让应当办理批准手续的规定的，应当认定合同未生效。反对者认为，仅有法律、行政法规可以设定合同生效的前置批准要件，暂行办法属于部门规章，《暂行条例》第23条、第24条并不是对合同生效的前置批准权，不属于《合同法》第44条第2款规定的适用范围。[2] 笔者认为，在现有的《合同法》框架内，行政审批毫无疑问对国有股权转让合同具有重要影响，最高人民法院在本案确定的裁判规则有其法律依据。有学者提出我国应从立法政策上确定行政审批与权利转让合同是否生效无涉的规则，对未获审批的权利转让可解释为法律上履行不能，[3] 这既能有助于法官在审判实践中的实际运用，对改进国有股权转让制度以及完善国有资产监督管理体系，也具有重要意义。

对于未经评估或者未“进场交易”的国有股权转让合同的效力，主要争议集中于《企业国有资产法》《国有资产评估管理办法》等相关规定属于“管理性强制性规定”还是“效力性强制性规定”。根据我国《合同法》第52条第5项的规定，违反法律、行政法规中的强制性规定才能导致合同无效。而《合同法解释（二）》明确规定，《合同法》第52条第5项规定的“强制性规定”，是指效力性强制性规定，即只有在违反效力性强制性规定时才能导致合同无效。那么，《企业国有资产法》《国有资产评估管理办法》《企业国有产权转让管理暂行办法》等关于国有股权转让应当经评估及应进场交易的

[1] 最高人民法院（2013）民二终字第42号。

[2] 参见缪因知：《国有股转让协议审批要求对合同效力之影响——以史上最大股权纠纷为例》，载《中外法学》2015年第5期。

[3] 参见蔡立东：《行政审批与权利转让合同的效力》，载《中国法学》2013年第1期。

相关规定，是否属于效力性强制性规定？

根据司法权威观点，对于如何识别效力性强制性规定，应当采取正反两个标准。在肯定性识别上，首先的判断标准是该强制性规定是否明确规定了违反的后果是合同无效，如果规定了违反的后果是导致合同无效，该规定属于效力性强制性规定。其次，法律、行政法规虽然没有规定违反将导致合同无效的，但违反该规定如使合同继续有效将损害国家利益和社会公共利益的，也应当认定该规定是效力性强制性规定。在否定性识别上，应当明确法律、行政法规的强制性规定仅关系当事人利益的，法律、行政法规的强制性规定仅是为了行政管理或纪律管理需要的一般都不属于效力性强制性规定。具体而言，对于否定性识别应当从以下两个方面考虑。首先，可以从强制性规定的立法目的进行判断，倘若其目的是实现管理的需要而设置，并非针对行为内容本身，则可认为并不属于效力性强制性规定。其次，也可从强制性规定的调整对象来判断该规定是否效力性强制性规定。一般而言，效力性强制性规定针对的都是行为内容，而管理性强制性规范很多时候单纯限制的是主体的行为资格。当然，上述两个方面的判断不能以偏概全，还要结合合同无效的其他因素考虑。[1]

根据上述判断标准，首先，并无法律、行政法规规定未经评估，国有股权转让合同无效；其次，规定国有资产转让须经评估，目的是防止国有资产的流失，切实保障国有资产权益不受侵犯，但是未经评估，不一定就贱卖，也可能是溢价转让，因此未经评估的国有资产转让并不必然产生损害国家利益和社会公共利益的后果。因此，国有资产转让须经评估的强制性规定是管理性的，而非效力性的，违反该规定并不必然导致转让合同无效。因此，从法律条文的文义和立法宗旨来看，都应认定关于国有资产转让须经评估的强制性规定是管理性的，而非效力性的。如果出现国有资产占有单位与他人恶意串通，故意压低资产转让价格的情形，则可按照《合同法》第 52 条的规

---

〔1〕 本部分内容详见沈德咏等主编：《最高人民法院关于合同法司法解释（二）理解与适用》，人民法院出版社 2009 年版，第 112 ~ 113 页。

定，以恶意串通，损害国家利益为由认定合同无效，这同样能达到保护国有资产的目的。

虽然《企业国有资产法》中有关产权交易应当进行交易的强制性规定只规定了应当怎么做，并未明确违反的后果是合同无效，但是规定国有资产转让原则上应当在依法设立的产权交易场所公开进行，通过公开、竞争的产权交易市场进行交易，其立法目的在于加强对国有资产的保护，尽可能实现国有资产转让价格最大化、防止国有资产低价转让。上述立法目的涉及国家利益和社会公共利益，针对的是行为内容，并非仅仅是为了管理的需要或单纯限制合同主体的行为资格，应当被认定为效力性强制性规定。违反该强制性规定而又不存在法律规定的例外情形的，法院可以据此认定转让合同无效。

典型案例1
未经审批的国有股权转让的效力

——陈某与红塔有限公司股权转让纠纷案〔1〕

案例要旨

本案所涉《股份转让协议》依法属于应当办理批准手续的合同，需经财政部批准才能生效，但因红塔有限公司上级主管部门中烟总公司不同意本次股权转让，报批程序已经结束，《股份转让协议》已确定无法得到有权机关批准，故应依法认定为不生效合同。《合同法》第 44 条和《合同法解释（一）》第 9 条对合同生效的要求，是合同的法定生效条件，属于强制性规定，不允许当事人通过约定的方式予以变更。

基本案情

上诉人（原审原告）：陈某。

〔1〕 最高人民法院（2013）民二终字第42 号。

被上诉人（原审被告）：红塔有限公司。

2009年9月10日，红塔有限公司与陈某签订了《股份转让协议》，约定红塔有限公司将其持有的占云南白药集团总股本12.32%的本案争议股份全部转让给陈某，对价为每股33.543元，总价款2207596050.22元，在转让协议签订后五个工作日内一次性付清。该协议第12条约定红塔有限公司在转让协议生效并收到全部价款后，应当及时办理所有与本次目标股份转让有关的报批、信息披露等法律手续，陈某应当配合红塔有限公司的上述工作。该协议第30条约定，转让协议自签订之日起生效，但须获得有权国资监管机构的批准同意后方能实施。协议还对其他相关股权转让事宜进行了约定。《股份转让协议》签订后，陈某按约将股权转让款支付到红塔有限公司指定账户。红塔有限公司收款后，向陈某开具了收款专用发票，并于2011年4月19日再次就其上述收款情况出具书面说明，确认收到了上述款项。

2009年9月11日，红塔有限公司向其上级机构红塔集团公司上报了股份转让事宜。2011年4月27日，陈某向红塔有限公司发出《办理股份过户登记催促函》，要求红塔有限公司自接函之日起十个工作日内将转让协议项下股份办理过户登记至陈某名下。红塔有限公司于2011年5月10日回函称，本次股份转让事宜必须获得有权国资监管机构的批准后方能实施，其积极向上级主管机构进行了相关报批工作，现并未收到任何书面批复意见，本次股份转让事宜存在批复同意或被否决的可能性，若有任何变化或进展，将及时予以通知。2012年1月17日，中烟总公司批复"不同意本次股份转让"。依据该批复意见，云南中烟公司和红塔集团公司也作出了不同意本次股份转让的相关批复。

陈某向法院起诉，请求确认《股份转让协议》合法有效，判令红塔有限公司全面继续履行并承担相应的违约责任。

法院裁判

一审法院判决认定《股份转让协议》合法有效。认为本案的股份转让只有在获得有权国有资产监督管理机构批准同意后方能实施，但目前本案的《股份转让协议》并未获得有权国有资产监督管理机构批准，因此，对陈某诉请判令红塔有限公司继续全面履行该《股份转让协议》的请求，不予支持。陈某不服，提起上诉。二审法院认定《股份转让协议》未生效，撤销一审判决，改判红塔有限公司返还已收取的股权转让款及利息。

生效判决认为，《股份转让协议》依法应认定不生效。关于审批对合同效力的影响，《合同法》第 44 条规定："法律、行政法规规定应当办理批准、登记等手续生效的，依照其规定。"《合同法解释（一）》第 9 条第 1 款前半句进一步明确规定，"依照合同法第四十四条第二款的规定，法律、行政法规规定合同应当办理批准手续，或者办理批准、登记等手续才生效，在一审法庭辩论终结前当事人仍未办理批准手续的，或者仍未办理批准、登记等手续的，人民法院应当认定该合同未生效"。本案所涉《股份转让协议》依法属于应当办理批准手续的合同，需经财政部批准才能生效，但因红塔有限公司上级主管部门中烟总公司不同意本次股权转让，报批程序已经结束，《股份转让协议》已确定无法得到有权机关批准，故应依法认定为不生效合同。值得注意的是，《合同法》第 44 条和《合同法解释（一）》第 9 条对合同生效的要求，是合同的法定生效条件，属于强制性规定，不允许当事人通过约定的方式予以变更，故尽管当事人对合同生效有相关约定，仍应依据以上法律规定来判断合同的效力。一审法院根据《股份转让协议》第 30 条关于"本协议自签订之日起生效"之约定认定《股份转让协议》合法有效，属适用法律错误，应予纠正。

案例评析

本案的争议焦点为未经审批的国有股权转让合同的效力。

1. 未经审批的国有股权转让合同不生效

《合同法》第 44 条规定："依法成立的合同，自成立时生效。法律、行政法规规定应当办理批准、登记等手续生效的，依照其规定。"《合同法解释（一）》第9条规定："依照合同法第四十四条第二款的规定，法律、行政法规规定合同应当办理批准手续，或者办理批准、登记等手续才生效，在一审法庭辩论终结前当事人仍未办理批准手续的，或者仍未办理批准、登记等手续的，人民法院应当认定该合同未生效。"上述规定是合同的法定生效条件，属于强制性规定，不允许当事人通过约定的方式予以变更。因此，对于法律、行政法规规定合同应当办理批准手续而未办理批准手续的，应当认定该合同未生效。就国有股权转让而言，法律、行政法规明确规定应当办理批准手续而未办理批准手续的，应当认定该合同未生效。法律、行政法规关于国有股权转让应当办理批准手续的规定主要体现于《企业国有资产监督管理暂行条例》第24条，该条规定："所出资企业投资设立的重要子企业的重大事项，需由所出资企业报国有资产监督管理机构批准的，管理办法由国务院国有资产监督管理机构另行制定，报国务院批准。"现行立法如此规定的目的在于"依法加强监管，维护国有资产权益，防止国有资产流失，促进国有资产保值增值"。[1] 虽然该《暂行条例》没有具体规定何种类型的国有股权转让需要办理批准手续，但是授权了国务院国有资产监督管理机构另行制定管理办法，并报国务院审批。因此，国务院国有资产监督管理机构根据《暂行条例》第24条的规定另行制定的管理办法并报国务院审批后，违反该管理办法关于国有股权转让应当办理批准手续的规定的，应当认定合同未生效，这是本案确定的裁判规则。

本案拟转让的股权属于国有股权，同时又属于烟草行业产权和上市公司股权。对于国有股东所持上市公司股份的转让，国资委、证监会制定的《国有股东转让所持上市公司股份管理暂行办法》相关条文规定，应当逐级书面报告省级或省级以上国有资产监督管理机构审批。关于烟草行业产权转让，财政部《关于烟草行业国有资产管理若干问题的意见》

---

〔1〕 全国人大财政经济委员会原副主任委员石广生《关于〈中华人民共和国国有资产法（草案）〉的说明》，2007年12月23日在第十届全国人民代表大会常务委员会第三十一次会议上的讲话。

规定："中烟总公司所属烟草单位向非烟草单位的产权转让，主业评估价值在1亿元以上（含1亿元）、多种经营在2亿元以上（含2亿元）的，由各单位逐级上报中烟总公司（国家烟草专卖局），由中烟总公司（国家烟草专卖局）报财政部审批。"本案涉及的股权属于上述应当办理批准手续的范畴，中烟总公司收到上报材料后，明确作出不同意本次转让的批复。据此，《股份转让协议》已无法经由财政部批准。故二审法院认定《股份转让协议》为未生效合同。

2. 合同未生效后的责任承担

《合同法》第42条规定："当事人在订立合同过程中有下列情形之一，给对方造成损失的，应当承担损害赔偿责任：（一）假借订立合同，恶意进行磋商；（二）故意隐瞒与订立合同有关的重要事实或者提供虚假情况；（三）有其他违背诚实信用原则的行为。"上述法律规定确立了缔约过失责任，即在合同缔约过程中，如一方当事人违背诚实信用原则，不履行相关先合同义务，其应对相对人因此所受损失承担赔偿责任。关于何为"其他违背诚实信用原则的行为"，对此，《合同法解释（二）》第8条规定，依照法律、行政法规的规定经批准或者登记才能生效的合同成立后，有义务办理申请批准或者申请登记等手续的一方当事人未按照法律规定或者合同约定办理申请批准或者未申请登记的，属于《合同法》第42条第3项规定的"其他违背诚实信用原则的行为"，人民法院可以根据案件的具体情况和相对人的请求，判决相对人自己办理有关手续；对方当事人对由此产生的费用和给相对人造成的实际损失，应当承担损害赔偿责任。因此，如果出让人未依约履行报批义务致使股权转让合同未生效或者存在其他的缔约过错，应承担缔约过失责任。

本案中，最高人民法院认为中烟总公司虽然没有最后的批准权，但是却有权终结报批程序，因此，《股份转让协议》是确定不生效，双方权利义务终结，出让方也无须继续履行报批手续。否则，如果此类合同没有一个终结的节点，或者说某个部门不是否定股权转让协议，只是没有批准，或者是因为报批义务人没有合法理由撤回了报批申请导致没有报批，《股份转让协议》一直处于成立但未生效状态，此时报批义务人有义务继续履行报批手续。如果哪天法律修改了，审批不再是这种国有股权转让合同生效的前提条件，则股权转让协议自新修改的法律实施之后而直接为有效。因此，在审判实践中，法院判定这种类型的合同是确定未生效还是处于成立但未生效的状态，是很有意义的。最典型的例子就是外资审批制度改革对未经审批的外资企业股权转让合同效力认定的影响上。[1]

本案股权出让方履行了报批义务，只是因为相关主管部门不同意本次股权转让，导致报批程序结束，《股份转让协议》因确定无法得到有权机关批准而被认定为不生效合同。因此，合同双方对股权转让合同不成立均不存在过错，出让方无须承担相应的缔约过失责任。在此情况下，二审法院比照《合同法》第58条前半段关于“合同无效或者被撤销后，因该合同取得的财产，应当予以返还”之规定，判决红塔有限公司向陈某返还已收取的股权转让，并按照同期银行贷款利率给付相应利息，符合公平原则。

典型案例2
地方性法规的限制性规定对国有股权转让效力的影响

——津海达公司与福浩公司股权转让纠纷案[2]

案例要旨

就国有企业股权转让而言，法律、行政法规明确规定应当办理批准手续而未办理批准手续的，应当认定该合同未生效，而不是认定合同无效。因此，

[1] 2016年9月3日，第十二届全国人民代表大会常务委员会第二十二次会议，通过了修改《中华人民共和国外资企业法》《中华人民共和国中外合资经营企业法》《中华人民共和国中外合作经营企业法》等四部法律的决定，改革外资审批制度，对不涉及国家规定实施准入特别管理措施的，将相关审批事项改为备案管理，自2016年10月1日起实施。相应地，对于因未审批一直处于成立但未生效状态的负面清单以外的外资企业股权转让协议，自2016年10月1日起生效。

[2] 最高人民法院（2017）最高法民终734号。

国有股权的转让即使违反了法律、行政法规关于审批的规定，也应当认定转让合同未生效，而不能据此认定合同无效。地方政府制定的地方性法规和规章，即使规定了应当办理批准手续，也不属于《暂行条例》第 24 条规定的需要批准的重大事项，股权转让协议不因未获批准而未生效。

基本案情

上诉人（原审原告）：津海达公司。

被上诉人（原审被告）：福浩公司。

福浩公司为天津市物产集团出资设立的有限责任公司。2010 年 3 月，津海达公司与福浩公司出资设立三合源公司，津海达公司持有三合源公司全部股份的 80%，福浩公司持有三合源公司全部股份的 20%。截至 2010 年 6 月 15 日，三合源公司股权结构变化为津海达公司持有全部股份的 45%，福浩公司持有全部股份的 55%。2011 年 1 月 12 日，三合源公司召开了股东会，形成股东会议决议，津海达公司将其在三合源公司的全部股权转让给福浩公司，对价为 13880 万元，津海达公司在收到上述款项之日对三合源公司不再享有任何权益。股东会议决议形成后，福浩公司于 2011 年 1 月 27 日至 2012 年 5 月 31 日分五笔向津海达公司支付了 13880 万元。2012 年 3 月 15 日，福浩公司作为甲方，津海达公司作为乙方，三合源公司作为丙方（确认方）签订了《股权代持协议书》，约定“甲方自愿委托乙方作为自己对丙方 45% 股权的名义持有人，并代为行使相关股东权利，乙方自愿接受甲方的委托并代为行使该相关股东权利。甲方委托乙方代持丙方 45% 股权期限自本协议签订之日始，至甲方书面通知乙方解除委托之日止”。

2016 年 5 月 25 日，天津市国资委向案外人王某出具《告知书》，告知其“请求公开天津市物产集团总公司收购津海达公司持有三合源公司 45% 股权过程中，天津市物产集团总公司向国资委提交的申请材料复印件”的政府信息，经审查，天津市国资委未保存或获取该信息。

物产集团 2017 年 2 月 17 日出具的《关于集团下属天津市福浩实业有限

公司与天津津海达矿业投资咨询有限公司组建天津三合源置业有限公司经营情况的说明》中载明，福浩公司在2011年9月前归物产集团下属天津市木材总公司（以下简称木材总公司）主管，在木材总公司管理福浩公司期间，福浩公司不是物产集团的重要子企业。

津海达公司向一审法院起诉请求：(1) 确认其与福浩公司双方于2011年1月12日股东会决议中形成的转让价格为13880万元口头股权转让合同成立，但因福浩公司未进行审批违反法律、法规强制性规定而无效；(2) 判令福浩公司支付给津海达公司在天津三合源置业有限公司（以下简称三合源公司）所占45%股权的折价补偿款共计30171.36万元。

法院裁判

一审法院判决驳回津海达公司全部诉讼请求。津海达公司不服，提起上诉。其主要上诉理由是认为本案应当认定股权转让协议无效而不是不成立。二审法院判决驳回上诉，维持原判。

生效判决认为，津海达公司虽以福浩公司系物产集团重要子企业为由主张涉诉股权转让事宜应报天津市国资委批准。但是，物产集团2017年2月17日出具的《关于集团下属天津市福浩实业有限公司与天津津海达矿业投资咨询有限公司组建天津三合源置业有限公司经营情况的说明》表明福浩公司并非物产集团的重要子企业，而且津海达公司也未提供证据证明福浩公司系物产集团重要子企业，所以津海达公司的上述主张缺乏事实基础。另外，即使涉诉股权转让必须经天津市国资委批准，但因并无法律法规规定未经天津市国资委批准时涉诉股权转让就无效，所以津海达公司主张涉诉股权转让因未报国有资产监督管理机构批准而无效，亦缺乏法律依据。故，本院对津海达公司主张涉诉股权转让无效的请求，不予支持。

案例评析

本案的争议焦点为案涉国有企业受让股权行为是否属于《企业国有

资产监督管理暂行条例》第24条规定的应当经批准的重大事项；违反该规定的，是导致合同未生效还是无效的问题。

1. 合同未生效与合同无效的区别

未生效合同是指已经成立的合同，因欠缺相应的条件，而法律效力没有实际发生的合同。而无效合同主体或合同内容违反法律、行政法规的强制性规定，而致合同效力没有实际发生的合同。合同未生效和合同无效属于不同的法律概念，二者在裁判结果上虽有时产生竞合，但存在显著的差异。首先，二者认定前提不同，认定合同未生效的前提是合同已经依法成立，其效力只是由于某种原因尚未发生，如当事人约定的合同生效的条件未成就，依法需要批准的合同未经批准。无效合同不存在已合法成立的前提，无效合同自始无效，绝对无效，对当事人不产生任何约束力。其次，条款效力不同，未生效合同中实体条款虽不发生效力，但不影响合同报批条款的效力及履行。合同被确认无效后，根据《合同法》的规定，除解决争议的管辖条款有效外，其他条款自始无效。最后，法律后果不同，合同被认定为未生效后，双方均不承担违约责任，有可能承担缔约过失责任。而合同无效的后果是返还财产和赔偿损失，还可以追缴当事人财产。

2. 国有股权的转让等重大事项，审批是合同生效的要件而非有效的要件

依法成立的合同，自成立时生效。但《合同法》第44条规定："法律、行政法规规定应当办理批准、登记等手续生效的，依照其规定。"《合同法解释（一）》第9条第1款前半句规定："依照合同法第四十四条第二款的规定，法律、行政法规规定合同应当办理批准手续，或者办理批准、登记等手续才生效，在一审法庭辩论终结前当事人仍未办理批准手续的，或者仍未办理批准、登记等手续的，人民法院应当认定该合同未生效。"就国有企业股权转让而言，法律、行政法规明确规定应当办理批准手续而未办理批准手续的，应当认定该合同未生效，而不是认定合同无效。因此，国有股权的转让即使违反了法律、行政法规关于审批的规定，也应当认定转让合同未生效，而不能据此认定合同无效。

3. 本案的股权转让不属于《企业国有资产监督管理暂行条例》第24条规定的“重大事项”

由于国有企业的特殊性，为了依法加强监管，维护国有资产权益，防止国有资产流失，促进国有资产保值增值，法律、行政法规规定了国有企业的一些重大事项需要经批准。《企业国有资产监督管理暂行条例》第24条规定：“所出资企业投资设立的重要子企业的重大事项，需由所出资企业报国有资产监督管理机构批准的，管理办法由国务院国有资产监督管理机构另行制定，报国务院批准。”上述规定并未明确需要批准的重大事项的范围，而只是规定由国务院国有资产监督管理机构另行制定，报国务院批准。因此，如果国务院国有资产监督管理机构制定的部门规章明确规定了需要批准的具体事项，可以认定为《暂行条例》第24条规定的需要批准的重大事项。而地方政府制定的地方性法规和规章，即使规定了应当办理批准手续，也不属于《暂行条例》第24条规定的需要批准的重大事项。因此，本案中即使地方性法规规定涉诉股权转让必须经天津市国资委批准，也不因未获批准而认定合同未生效。

典型案例3
未进场交易的国有股权转让的效力
——巴菲特公司诉自来水公司股权转让纠纷案[1]

案例要旨

讼争股权的性质为国有法人股，属于企业国有资产的范畴。企业国有产权转让应当在依法设立的产权交易机构中公开进行，可以采取拍卖、招投标、协议转让等方式进行，其目的在于通过严格规范的程序保证交易的公开、公

[1] 上海市高级人民法院(2009)沪高民二(商)终字第22号，载《最高人民法院公报》2010年第4期(总第162期)。

平、公正，最大限度地防止国有资产流失，避免国家利益、社会公共利益受损。本案中，转让方在接受股东委托转让讼争股权时，未依照国家的上述规定处置，擅自委托拍卖公司拍卖，并在拍卖后与买受方订立股权转让协议，其行为不具合法性，股权转让协议无效。

基本案情

2006年12月26日，自来水公司召开董事会会议并形成董事会决议，决议载明自来水公司全权委托第三人上海水务公司办理转让自来水公司持有的光大银行（系非上市股份公司）16985320股国有法人股。2007年1月24日，上海水务公司以委托人身份与第三人金槌拍卖公司签订委托拍卖合同，委托金槌拍卖公司拍卖上述股份。

2007年2月6日，金槌拍卖公司对上述股权进行了拍卖，并由巴菲特公司（系注册地在温州的外商独资企业）以最高价买受。2007年2月12日，巴菲特公司通过金槌拍卖公司向上海水务公司交付全部股权转让款52654492元，并在同日与上海水务公司签订《光大银行法人股股权转让协议》。

此后，自来水公司拒绝履行该股权转让协议，并于2007年3月1日向光大银行发出《关于中止股权变更有关事宜的函》，要求中止涉案股份的变更手续，致使巴菲特公司无法取得上述股份。巴菲特公司向自来水公司发函提出尽快办理股权变更申请未果。其后，巴菲特公司以自来水公司为被告提起诉讼，诉请判令自来水公司履行《光大银行法人股股权转让协议》，将16985320股光大银行国有法人股转让给巴菲特公司（由自来水公司向光大银行提交股权变更确认申请表）。诉讼中巴菲特公司申请追加上海水务公司为第三人参加诉讼。

自来水公司对辩称并反诉称：第一，自来水公司从未授权第三人上海水务公司拍卖自来水公司持有的光大银行股权，也未与巴菲特公司巴菲特公司订立过股权转让协议。自来水公司没有义务履行巴菲特公司与上海水务公司签订的股权转让协议，巴菲特公司依据该协议向自来水公司主张权利没有依据。第二，巴菲特公司在明知上海水务公司无权处分自来水公司股权的情况下参与拍卖，属于恶意竞买。第三，讼争的光大银行法人股系国有资产，根据《企业国有产权转让管理暂行办法》的有关规定，转让国有产权应当履行审批、评估程序，并且按规定进入产权交易场所交易。本次股权转让的过程不符合上述有关规定，转让行为不合法。第四，第三人金槌拍卖公司没有国有股权拍卖资格，且在拍卖公告的期限方面不符合有关规定，其拍卖行为有重大瑕疵。综上所述，自来水公司不同意巴菲特公司的诉讼请求，并请求法院判决确认巴菲特公司与上海水务公司签订的《光大银行法人股股权转让协议》无效。

第三人上海水务公司表示支持原告巴菲特公司的本诉请求，不同意被告自来水公司的反诉请求。

第三人金槌拍卖公司述称：以拍卖方式转让国有股权，符合法律法规的规定。本公司具有国有股权的拍卖资格，讼争股权的拍卖程序合法有效。

法院裁判

一审法院经审理认为，本案一审的争议焦点为：其一，第三人上海水务公司是否取得被告自来水公司对讼争股权转让的授权，以及自来水公司与讼争股权转让协议的关系；其二，上海水务公司转让讼争股权是否符合法律规定的转让企业国有资产的程序和方式，上海水务公司与原告巴菲特公司的转让行为是否合法有效。

尽管自来水公司在授权时未以“授权委托书”形式出现，但自来水公司的董事会决议无论在程序还是内容方面，均无违反法律法规和公司章程的规定，依法应认定自来水公司已全权委托第三人上海水务公司办理转让讼争股权的事宜。况且，自来水公司在事后的函件中承认曾委托上海水务公司办理股权变更事宜。现自来水公司以该决议只是一份公司内部文件，董事会超越职权，以及股东会事后不予追认等理由否认其授权效力，缺乏事实依据和法律依据。上海水务公司以自己名义在自来水公司授权范围内与原告巴菲特公司签订的股权转让协议，已载明上海水务公司与自来水公司之间有委托代理关系。因此，自来水公司与巴菲特公司在本案中构成股权转让关系。巴菲特公司起诉要求自来水公司履行股权转让协议，在程序上并无不当。同理，自来水公司反诉要求确认股权转让协议无效，在程序上亦无不当。

关于第二个争议焦点，法院认为，第三人上海水务公司虽然取得被告自来水公司的授权，可以代理自来水公司转让讼争股权，但在实施转让行为时，应当按照国家法律法规和行政规章所规定的程序和方式进行。讼争股权的性质为国有法人股，其无疑是属于企业国有资产的范畴。对于企业国有资产的转让程序和方式，国务院、省级地方政府及国有资产监管机构均有相应的规定。根据国务院国资委、财政部制定实施的《企业国有产权转让管理暂行办法》第 4 条、第 5 条的规定，企业国有产权转让应当在依法设立的产权交易机构中公开进行，企业国有产权转让可以采取拍卖、招投标、协议转让等方式进行。根据上海市政府制定实施的《上海市产权交易市场管理办法》的规定，本市所辖国有产权的交易应当在产权交易市场进行，根据产权交易标的的具体情况采取拍卖、招标或竞价方式确定受让人和受让价格。上述两个规范性文件虽然不是行政法规，但均系依据国务院的授权对《企业国有资产监督管理暂行条例》的实施所制定的细则办法。根据《企业国有资产监督管理暂行条例》第 13 条的规定，国务院国有资产监督管理机构可以制定企业国有资产监督管理的规章、制度。而且，规定企业国有产权转让应当进场交易的目的，在于通过严格规范的程序保证交易的公开、公平、公正，最大限度地防止国有资产流失，避免国家利益、社会公共利益受损。因此，《企业国有产权转让管理暂行办法》《上海市产权交易市场管理办法》的上述规定，符合上位法的精神，不违背上位法的具体规定，应当在企业国有资产转让过程中贯彻实施。本案中，上海水务公司在接受自来水公司委托转让讼争股权时，未依照国家的上述规定处置，擅自委托第三人金槌拍卖公司拍卖，并在拍卖后与巴菲特公司订立股权转让协议，其行为不具合法性。上海水务公司依据拍卖结果与巴菲特公司订立的股权转让协议无效。

综上所述，一审法院判决：一、确认巴菲特公司与上海水务公司签订的《光大银行法人股股权转让协议》无效；二、对巴菲特公司的诉讼请求不予支持。

巴菲特公司不服一审判决，向上海市高级人民法院提起上诉。二审判决驳回上诉，维持原判。

案例评析

本案确定的裁判规则是：违反进场交易程序的国有产权转让行为无效。

1. 有关国有资产转让应当进场交易的规定属于效力性强制性规范

根据《企业国有资产法》第2条[1]及《企业国有产权转让管理暂行办法》（以下简称《暂行办法》）第4条第3款[2]的规定，本案自来水公司持有的诉争光大银行股份当属国有资产。对于国有资产的转让，《企业国有资产法》第54条第1款、第2款规定："国有资产转让应当遵循等价有偿和公开、公平、公正的原则。除按照国家规定可以直接协议转让的以外，[3] 国有资产转让应当在依法设立的产权交易场所公开进行。转让方应当如实披露有关信息，征集受让方；征集产生的受让方为两个以上的，转让应当采用公开竞价的交易方式。"[4]此种"在依法设立的产权交易场所公开进行"的国有资产转让，通常简称为"进场交易"[5]。

---

〔1〕该条规定："本法所称企业国有资产（以下称国有资产），是指国家对企业各种形式的出资所形成的权益。"

〔2〕该款规定："本办法所称企业国有产权，是指国家对企业以各种形式投入形成的权益、国有及国有控股企业各种投资所形成的应享有的权益，以及依法认定为国家所有的其他权益。"

〔3〕《暂行办法》第18条第1款规定："经公开征集只产生一个受让方或者按照有关规定经国有资产监督管理机构批准的，可以采取协议转让的方式。"第30条规定："对于国民经济关键行业、领域中对受让方有特殊要求的，企业实施资产重组中将企业国有产权转让给所属控股企业的国有产权转让，经省级以上国有资产监督管理机构批准后，可以采取协议转让方式转让国有产权。"

〔4〕《暂行办法》第4条规定："企业国有产权转让应当在依法设立的产权交易机构中公开进行，不受地区、行业、出资或者隶属关系的限制。国家法律、行政法规另有规定的，从其规定。"

〔5〕北京仲裁委员会/北京国际仲裁中心编：《股权转让案例精读》，商务印书馆2017年版，第93页。

能否依据《企业国有资产法》的上述规定来否定违反国有资产进场交易规则转让行为的效力，即上述规定是否属于效力性强制性规范，是此类案件的争议焦点。

《企业国有资产法》《企业国有产权转让管理暂行办法》规定国有资产转让原则上应当在依法设立的产权交易场所公开进行，通过公开、竞争的产权交易市场进行交易，其立法目的在于加强对国有资产的保护，尽可能实现国有资产转让价格最大化、防止因"暗箱操作"而导致国有资产低价转让。按照《暂行办法》的规定，虽然特殊情况下可以例外地采取"协议转让"的方式，[1] 但是同时对这种方式的适用范围进行了严格的限制。[2]

根据前述的效力性强制性规定的识别判断标准，有关国有产权交易原则上应当进场交易的上述强制性规定，意在加强对国有资产的保护、防止国有资产流失，涉及国家利益和社会公共利益，并非仅仅关系当事

---

〔1〕《暂行办法》第18条规定："经公开征集只产生一个受让方或者按照有关规定经国有资产监督管理机构批准的，可以采取协议转让的方式。采取协议转让方式的，转让方应当与受让方进行充分协商，依法妥善处理转让中所涉及的相关事项后，草签产权转让合同，并按照本办法第十一条规定的程序进行审议。"第30条规定："对于国民经济关键行业、领域中对受让方有特殊要求的，企业实施资产重组中将企业国有产权转让给所属控股企业的国有产权转让，经省级以上国有资产监督管理机构批准后，可以采取协议转让方式转让国有产权。"

〔2〕国务院国有资产监督管理委员会、财政部《关于企业国有产权转让有关事项的通知》（国资发产〔2006〕306号）第1条规定："企业国有产权转让应不断提高进场交易比例，严格控制场外协议转让。对于国民经济关键行业、领域的结构调整中对受让方有特殊要求，或者所出资企业（本通知所称所出资企业系指各级国有资产监督管理机构履行出资人职责的企业）内部资产重组中确需采取直接协议转让的，相关批准机构要进行认真审核和监控。（一）允许协议转让的范围。1. 在国有经济结构调整中，拟直接采取协议方式转让国有产权的，应当符合国家产业政策以及国有经济布局和结构调整的总体规划。受让方的受让行为不得违反国家经济安全等方面的限制性或禁止性规定，且在促进企业技术进步、产业升级等方面具有明显优势。标的企业属于国民经济关键行业、领域的，在协议转让企业部分国有产权后，仍应保持国有绝对控股地位。2. 在所出资企业内部的资产重组中，拟直接采取协议方式转让国有产权的，转让方和受让方应为所出资企业或其全资、绝对控股企业。（二）所出资企业协议转让事项的批准权限，按照转让方的隶属关系，中央企业由国务院国资委批准，地方企业由省级国资监管机构批准。相关批准机构不得自行扩大协议转让范围，不得下放或分解批准权限。（三）协议转让项目的资产评估报告由该协议转让的批准机构核准或备案，协议转让项目的转让价格不得低于经核准或备案的资产评估结果。（四）相关批准机构应当在批准文件中明确协议转让事项执行的有效时限，并建立对批准协议转让事项的跟踪、报告制度。各省级国资监管机构应当将协议转让的批准和实施结果报告国务院国资委。"

人利益或者仅是为了行政管理或纪律管理的需要，而且针对行为内容而非行为资格，应当被认定为“效力性强制性规定”。[1]

2. 违反国有资产进场交易规定的，难以通过援引《合同法》第52条的其他规定判断合同效力

本案中，涉案国有股权虽然未进场交易，但是通过拍卖的方式进行。进场交易强调的是在规定的产权交易所进行交易，而产权交易所对国有股权也可以采取拍卖的方式，因此，对于未进场交易而采取公开拍卖的国有股权转让，很难认定为《合同法》第52条第2项规定的“恶意串通”。规定国有资产转让应当进场交易、采取公开竞价的程序，是为了通过公平、公正、公开的方式，最大限度地实现国有资产的保值增值，实践中国有产权进场交易也确能产生溢价出让的效果。[2] 而违反进场交易规定的，如果不是以明显不合理的低价受让国有股权，可能很难认定为是“恶意串通”，但是却丧失了这种溢价出让的可能性，在这种情况下，只能从行为本身即是否违反规定本身来认定合同的效力。

对于《合同法》第52条第4项规定的“社会公共利益”，属于较为抽象的概念，规范性文件中并无明确的界定，从语义上来讲，社会公共利益体现的社会生活中普遍应遵循的公共秩序、经济秩序与安全以及社会道德准则及其背后的公平正义的价值观等，如民法中的“公序良俗”。最高人民法院在“福建伟杰案”[3]中认为保险代持违背保险监管部门的规定，损害了“金融秩序和社会稳定”，进而直接损害社会公共利益。在英美法系中，社会公共利益则往往体现为“公共政策”。

虽然“社会公共利益”本身概念难以界定，但是不能简单地将国有企业的利益等同为社会公共利益，因为合同法调整的是平等主体间

---

〔1〕 参见北京仲裁委员会、北京过程仲裁中心编：《股权转让案例精读》，商务印书馆2017年版，第97页。

〔2〕《我县国有产权进场买卖溢价明显》，载搜狐网：http：//www. sohu. com/a/316959032120158594，最后访问时间：2019年11月30日。

〔3〕 最高人民法院（2017）最高法民终529号。

财产流转关系，从合同法的立法宗旨、立法原则角度出发，国有企业和非国有企业的地位平等。如果将国有企业的利益等同于社会公共利益，一旦发生国有企业利益损失均可依据《合同法》第52条第4项的规定主张合同无效，将会严重影响市场交易安全与稳定，破坏交易秩序，这与《合同法》第1条规定的维护社会经济秩序的立法宗旨相违背。

由此，在涉及国有股权转让合同纠纷案件的审理中，难以通过援引《合同法》第52条的其他规定判断未进场交易的合同效力。因此，在理解有关国有资产转让应当进场交易的规定是否属于效力性强制性规范进而判断合同效力时，更应持审慎的态度。

笔者认为，本案判决是最高人民法院发布的公报案例，虽然公报案例没有法定的效力，[1] 但是经由最高人民院公报公布的典型案例，一般代表了较高的裁判水平，且多数公报案例具有较强的典型性，自2004年开始，最高人民法院在公报案例前加上一段“案例要旨”，其实质更加明确的宣示了某种裁判规则，在类似案件中也更加容易加以遵循。[2] 本案的案例要旨为：根据《企业国有资产监督管理暂行条例》第13条的规定，国务院国有资产监督管理机构可以制定企业国有资产监督管理的规章、制度。根据国务院国资委、财政部制定实施的《企业国有产权转让管理暂行办法》第4条、第5条的规定，企业国有产权转让应当在依法设立的产权交易机构中公开进行，企业国有产权转让可以采取拍卖、招投标、协议转让等方式进行。企业未按照上述规定在依法设立的产权交易机构中公开进行企业国有产权转让，而是进行场外交易的，其交易行为违反公开、公平、公正的交易原则，损害社会公共利益，应依法认定

---

[1] 根据最高人民法院《关于案例指导工作的规定》（法发〔2010〕51号）第6条、第7条的规定，只有最高人民法院发布的指导性案例，各级人民法院在审判类似案件时应当参照，公报案例对各级法院的案件审理并无拘束力。在最高人民法院（2014）民申字第441号一案中，最高人民法院明确指出，当事人主张案件应参照公报案例处理没有依据。

[2] 参见张其鸾、罗兴平：《扩权与限权：判例拘束制度的两个维度——兼论最高人民法院公报案例的功能定位》，载《陕西理工学院学报》（社会科学版）2008年第2期。

其交易行为无效。虽然对于本公报案例确定的裁判规则在理论与实践中均有争议，但是在没有修改规定或没有其他更权威的指导性案例出台前，本案确定的规则应作为判断此类民事法律行为效力的准则。

典型案例4
未经评估的国有股权转让合同的效力

——汽贸公司、汽修厂与物资集团、环成公司等侵权纠纷申请再审案〔1〕

案例要旨

1. 根据《公司法解释（一）》第2条的规定，因公司法实施前有关民事行为或者事件发生纠纷起诉到人民法院的，如当时的法律法规和司法解释没有明确规定时，可参照适用公司法的有关规定。

2. 根据《国有资产评估管理办法》第3条的规定，国有资产占有单位进行资产转让的，应当进行资产评估。该规定属于强行性规定，而非任意性规定。受让人在知道或者应当知道所受让的资产属于国有资产，且未依法进行报批和评估的情况下，仍以明显不当的低价受让该国有资产的，不属于善意受让人，转让合同无效。

基本案情

环成公司不服最高人民法院（2007）民一终字第49号民事判决，向最高人民法院申请再审。环成公司申请再审称：（1）原判决根据公司法有关股东代表诉讼的规定，赋予汽贸公司、汽修厂直接参与诉讼的权利属于适用法律错误，本案应适用“全民所有制企业法”。（2）汽贸公司、汽修厂不是适格的诉讼主体，没有程序意义上的诉权。（3）原判决对涉案房地产转让合同无效的认定违反了合同法、担保法、物权法的有关规定。（4）原判决关于环成

〔1〕最高人民法院（2008）民申字第461号，载《最高人民法院公报》2009年第2期（总第148期）。

公司构成共同侵权的判决没有事实基础和法律依据。(5) 原判决认定涉案房地产转让合同无效并判令双方返还不仅会导致实质不公正，而且无实际履行的可能性。(6) 原判决认定联合公司与环成公司构成恶意串通纯属臆测，违背了以事实为依据的审判原则。被申请人汽贸公司、汽修厂等各方均未提交书面意见。

法院裁判

最高人民法院再审认为，(1) 联合公司由三方共同出资设立，设有董事会，实行董事会领导下的经理负责制，其在企业形态上基本符合公司法规定的有限责任公司的特征，应受公司法调整。申请再审人环成公司主张应当适用的“全民所有制企业法”并不存在，即使其所指为“全民所有制工业企业法”，该法也不能适用于本案联合公司。公司法在2005年修订时，规定了关于股东代表诉讼的制度。另据本院《合同法解释（一）》第2条的规定：“因公司法实施前有关民事行为或者事件发生纠纷起诉到人民法院的，如当时的法律法规和司法解释没有明确规定时，可参照适用公司法的有关规定。”因此，在以往的法律没有对本案争议情形作出明确规定的情况下，原审参照适用修订后的公司法有关股东代表诉讼的规定，认定作为联合公司出资人的汽贸公司、汽修厂享有诉权是正确的。(2)《国有资产评估管理办法》第3条规定，国有资产占有单位进行资产转让的，应当进行资产评估。该规定属于强行性规定，而非任意性规定。原判决根据该规定认定本案所涉房地产转让合同无效正确，不违反《合同法》第52条的规定。担保法没有对企业处置国有资产须经的程序作出规定，原判决依据《国有资产评估管理办法》的有关规定认定本案所涉房地产转让合同无效，不违反担保法。申请再审人受让本案所涉房地产违反《国有资产评估管理办法》的强制性规定，亦不能受到物权法的保护。(3) 在本案中，梁某玲代表联合公司在2002年7月16日出卖涉案土地和房屋时，没有进行评估，而是以两年前即2000年6月22日的评估价为参考进行交易。从交易结果看，梁某玲是在以明显低价的方式贱卖联合公司的房地产。申请再审人环成公司在2002年7月16日以370万元的价格购买了涉案房屋，在14天之后即2002年7月30日，该房屋的估价即为680万元。涉案土地1993年11月26日的出让价格为2217398元，2000年6月22日的评估价为4321170元，而在两年后的2002年7月，申请再审人环成公司的买受价格仅为350万元，比两年前的评估价还低82万余元。尤其是考虑该两年期间土地大幅升值的背景，更凸显了转让价格之低。

因此，原判决认定环成公司在受让房地产中获得了暴利有事实根据，是正确的。对于环成公司而言，其知道或者应当知道涉案房地产属于国有资产，在没有履行《国有资产评估管理办法》规定的报批和评估手续的情况下，以明显不当的低价受让涉案房地产，损害了联合公司股东的合法权益，不能认定为善意受让人。原判决认定梁某玲代表联合公司与环成公司签订的房地产转让合同无效正确，不存在缺乏证据证明的问题。综上，环成公司提出的再审事由不成立，本案不应再审。

案例评析

本案的争议焦点是，违反《国有资产评估管理办法》第3条关于国有资产转让应当进行评估的规定，该转让行为是否有效。

1. 有关国有资产转让应当进行评估的规定属于管理性强制性规范

根据前述的效力性强制性规定的识别判断标准，首先，并无法律、行政法规规定未经评估，国有股权转让合同无效；其次，规定国有资产转让须经评估，目的是防止国有资产的流失，切实保障国有资产权益不受侵犯，但是未经评估，不一定就贱卖，也可能是溢价转让，因此，未经评估的国有资产转让并不必然损害国家利益和社会公共利益。因此，国有资产转让须经评估的强制性规定是管理性的，而非效力性的，违反该规定并不必然导致转让合同无效。最高人民法院在（2013）民申字第2119号罗某香与日本株式会社辽宁实业公司、辽宁海普拉管业有限公司、辽宁工程机械（集团）有限公司案外人执行异议纠纷申请再审民事裁定书认为：首先，有关强制性规定约束的应当是国有资产占有单位。《国有资产评估管理办法》第3条第1项规定：国有资产占有单位转让资产的，应当进行资产评估。可见，进行资产评估是国有资产占有单位的义务，而不是受让人的义务。违反国有资产评估规定的责任应当由国有资产占有单位及其责任人员承担。如果认定合同无效，则受让人在无义务的情况下也承担了法律后果。其次，有关强制性规定没有对合同行为本身进行规制，没有规定当事人不得就未经评估的国有资产订立转让合同，更没有规定未经评估、转让合同无效。最后，未经评估而转让国有资产不必然导致国家利益或者社会公共利益受损害。规定国有资产转让须经评估，目的是防止恶意低价转让国有资产，以保护国有资产。但是，未经评估，不一定就贱卖，也可能实际转让价格高于实际价值。资产未经评估转让的，国有资产管理机构有权责令国有资产占有单位改正，依法追认转让行为。由于无效的合同自始没有法律效力，无法追认，在某些情形下，反倒对国有资产保护不利。如果认定有关规定是效力性的，进而一概认定转让合同无效，当事人（包括受让人在资产贬值后）就可能据此恶意抗辩，违背诚实信用原则，就会危及交易安全和交易秩序。鉴于此，《合同法》规定欺诈、胁迫行为损害当事人利益的，属于可撤销或者可变更合同，而损害国家利益的，则属于无效合同。在这种情况下，《民法总则》则未加区别，规定欺诈、胁迫行为一律按可撤销合同对待。因此，从法律条文的文义和立法宗旨来看，都应认定关于国有资产转让须经评估的强制性规定是管理性的，而非效力性的。如果出现国有资产占有单位与他人恶意串通，故意压低资产转让价格的情形，则可按照《合同法》第52条第2项的规定，以恶意串通，损害国家利益为由认定合同无效，这同样能达到保护国有资产的目的。最高人民法院的其他诸多判决，也持同样观点。[1]

2. 违反国有资产进场交易规定的，可以通过援引《合同法》第52条的其他规定判断合同效力

本案中，对于环成公司而言，其知道或者应当知道涉案房地产属于国有资产，在没有履行《国有资产评估管理办法》规定的报批和评估手续的情况下，以明显不当的低价受让涉案房地产，损害了国家利益，不能认定为善意受让人。故可按照《合同法》第52条第2项的规定，以恶意串通，损害国家、集体或者第三人利益为由认定合同无效，这同样能达到保护国有资产的目的。不宜以违反《国有资产评估管理办法》第3条关于国有资产转让须经评估的规定为由，直接认定转让合同无效。这既能克服法律适用中对法律规定条款性质判断的困境，又体现了国家公权力对当事人意思自治的尊重，同时也能对全体社会成员的利益和整个社会生活的秩序起到"安全阀"的作用。[2]

---

〔1〕如最高人民法院在（2013）民二终字第33号判决书中认为："……其二，1992年国务院发布的《国有资产评估管理办法》性质虽为行政法规，但其第3条关于国有资产占有单位在资产拍卖、转让等五种情形下，应当进行评估的规定虽为强制性规定，但根据《合同法》第五十二条及《合同法解释（二）》第十四条的规定，该内容并非效力性强制性规定。国家国有资产管理局于1992年经国务院授权制定的《国有资产评估管理办法实施细则》性质应属部门规章，原审法院关于该细则系行政法规的认定错误，应予纠正。该细则第10条规定：'对于应当进行资产评估的情形没有进行评估，或者没有按照《办法》及本实施细则的规定立项、确认，该经济行为无效。'鉴于该细则属于部门规章，不是法律、行政法规，根据《合同法》第五十二条规定，不能直接否认案涉《股权转让协议书》的效力。"在（2013）民申字第2036号裁定书中认为："《国有资产评估管理办法》第三条关于国有资产在转让前应当进行评估的规定属于管理性强制性规定而非效力性强制性规定。违反上述规定并不必然导致合同无效。况且，对拟转让的国有资产进行评估应当是出让人煤炭公司的法定义务。现煤炭公司以自己没有履行法定义务为由主张合同无效，意图独占土地升值的利益，有违诚实信用原则，本院不予支持。再次，《国有资产评估管理办法》第3条的立法目的是保护国有资产，避免国有资产因低价转让而流失。但这并不等于在流通领域特别是市场主体间就财产流转发生争议时，要对占有、使用、经营国有资产的民事主体给予特殊保护。因为，平等保护所有民事主体的合法权益，是我国一切民事法律共同确认的基本原则。如果在民事司法中支持转让国有资产的民事主体事后以财产未经评估，可能造成国有资产流失为由请求认定合同无效的主张，则不仅会影响正常的市场流转秩序，也不利于国有企业以平等的市场主体身份参与市场竞争。"

〔2〕参见阮忠良、俞巍、朱颖琦：《国有法人股转让未进场交易的法律后果——兼论司法评价企业国有资产转让效力的法律根据》，载《法学》2009年第12期。

二、外资审批制度改革对未经审批的外资企业股权转让合同效力认定的影响

一般来说，内资企业股东之间或对外转让，属于普通的商事行为，股权转让合同自双方签字或盖章之日起就生效。但是，对于外资企业的股权转让，当事人之间签订股权转让合同并不能立即生效。对于外商投资企业的股权转让而言，在2016年9月30日前，我国实行实行外资审批制度。《公司法》第217条规定，除有关外商投资的法律另有规定外，适用其规定。《中外合资经营企业法实施条例》第20条第1句规定："合营一方向第三方转让其全部或者部分股权的，须经合营他方同意，并报审批机关批准，向登记管理机构办理变更登记手续。"《外资企业法实施细则》第22条规定："外资企业注册资本的增加、转让，须经审批机关批准，并向工商行政管理机关办理变更登记手续。"《中外合作经营企业法》第10条规定："中外合作者的一方转让其在合作企业合同中的全部或者部分权利、义务的，必须经他方同意，并报审查批准机关批准。"《合同法》第44条规定："依法成立的合同，自成立时生效。法律、行政法规规定应当办理批准、登记等手续生效的，依照其规定。"《合同法解释（一）》第9条第1款前半句规定："依照合同法第四十四条第二款的规定，法律、行政法规规定合同应当办理批准手续，或者办理批准、登记等手续才生效，在一审法庭辩论终结前当事人仍未办理批准手续的，或者仍未办理批准、登记等手续的，人民法院应当认定该合同未生效。"可见，外资审批制度改革之前，外商投资企业股东转让其股权所签订的股权转让合同，应当办理批准手续才能生效，未经审批的外商投资企业股权转让合同不生效。

2016年9月3日，第十二届全国人民代表大会常务委员会第二十二次会议，通过了修改《外资企业法》等四部法律的决定，对不涉及国家规定实施准入特别管理措施的，将相关审批事项改为备案管理，自2016年10月1日起实施。2019年3月15日，全国人民代表大会第二次会议通过的《外商投资法》（自2020年1月1日起施行）第4条第1款规定："国家对外商投资实行

准入前国民待遇加负面清单管理制度。”上述法律修改及立法事项对未经审批的外商投资企业股权转让合同效力的认定产生重要影响。根据2016年商务部发布的《外商投资企业设立及变更备案管理暂行办法》，负面清单以外的外商投资企业的设立、变更，不再要求报审批机关批准。相应地，对于负面清单以外的中外合资、合作合同以及外商投资企业股权转让合同，不以审批作为认定合同生效的要件。

典型案例5
吉美公司与鹰城集团等股权转让纠纷案[1]

案例要旨

《股权转让合同》为审批生效合同，至2016年9月30日，因未经审批，《股权转让合同》处于成立但未生效的状态。2016年10月1日，《中外合作经营企业法》(2016年修正) 正式施行，对外商投资准入特别管理措施（外商投资准入负面清单）以外的外商投资企业的设立、变更，由行政审批制转为适用备案管理制，而备案管理的性质为告知性备案，不属于合同的效力要件。本案股权转让的目标公司经营范围不在外商投资准入负面清单之列，股权转让依法不需要再提交行政审批，《股权转让合同》自2016年10月1日起生效。

基本案情

上诉人（原审原告）：吉美公司。

被上诉人（原审被告）：鹰城集团、张某1、张某2。

2012年7月，吉美公司与鹰城集团及华丰集团，经河南省人民政府批准设立了外商投资企业鹰城房地产公司，其中鹰城集团出资1.3亿元，占55%

[1] 最高人民法院（2017）最高法民终651号。

的权益，吉美公司出资1.5亿元，占40%的权益，华丰集团出资2000万元，占5%的权益。

2016年3月，转让方吉美公司与受让方鹰城集团、保证人张某1、张某2签署《股权转让合同》，约定：吉美公司将其持有的鹰城房地产公司40%的股权1.5亿元，以1亿元转让给鹰城集团；审批手续由鹰城集团办理，吉美公司予以配合；在股权转让申请批准后，双方共同到工商行政管理部门办理股权变更登记；本合同自各方签字或盖章之日起成立，自审批机关批准之日起生效。

2016年4月11日，河南省平顶山市商务局作出平商审［2016］8号“关于对平顶山鹰城商务中心房地产开发有限公司股权变更的批复”，载明：同意吉美公司持有的鹰城房地产公司的40%的股权（15000万元）以1亿元转让给鹰城集团。同日，平顶山商务局对鹰城房地产公司发出《通知书》，载明该局于同日收到鹰城房地产公司递交的不再申办股权转让的申请，根据鹰城房地产公司的申请决定吉美公司股权全部转让给鹰城集团的事宜不再继续受理，退回一切申办资料。吉美公司以鹰城集团至今未依约履行《股权转让合同》，张某1、张某2亦未履行连带付款义务为由，诉请法院判令：鹰城集团、张某1、张某2连带支付吉美公司股权转让款1亿元。鹰城集团认为，案涉股权转让合同因未经审批而未生效。

法院裁判

一审法院判决驳回吉美公司诉讼请求。二审法院撤销一审判决，改判鹰城集团支付吉美公司股权转让款1亿元，张某1、张某2承担连带清偿责任。

生效判决认为，关于《股权转让合同》的效力问题。首先，案涉《股权转让合同》的履行期间跨越了外资审批制度改革的实施日期，故需对其效力分阶段予以阐明。在2016年9月30日前，《中外合作经营企业法》（2000年修正）实行外资审批制度，尽管本案中平顶山商务局就案涉股权转让作出了平商审［2016］8号批复，但其没有作出外商投资企业批准证书，故至2016

年9月30日，案涉《股权转让合同》因未经审批，合同的法定生效要件未满足，《股权转让合同》处于成立但未生效的状态。

其次，关于《股权转让合同》效力状态是否因鹰城集团控制的鹰城房地产公司撤回报批申请而受到影响的问题。鹰城集团、张某1、张某2上诉称《股权转让合同》在审批流程完成后没有得到批准，已经确定属于不生效合同。但平顶山商务局作出批复后没有颁发外商投资企业批准证书的原因，是鹰城集团控制的鹰城房地产公司撤回了报批申请，并不是因审批机关作出不同意转让的决定致使审批流程终结。《合同法》第8条规定："依法成立的合同，对当事人具有法律约束力。当事人应当按照约定履行自己的义务，不得擅自变更或解除合同。依法成立的合同，受法律保护。"《股权转让合同》未生效并不代表对当事人没有拘束力，相反，鹰城集团负有报批促使合同生效的义务。鹰城集团、张某1、张某2上诉认为鹰城房地产公司撤回报批申请，系因吉美公司没有履行再投资8500万元的承诺。然而，鹰城集团、张某1、张某2并不能提供证据证明吉美公司作出了该等承诺，该等承诺也未记载于《股权转让合同》，故其主张的撤回报批申请的理由不能成立。鹰城集团控制的鹰城房地产公司在外资审批程序终结前单方撤回报批申请的行为，不仅违反了《股权转让合同》约定应由鹰城集团完成的报批义务，也违背了民法的诚实信用原则。鹰城集团控制的鹰城房地产公司撤回报批申请的行为不影响《股权转让合同》的效力状态。最高人民法院《关于审理外商投资企业纠纷案件若干问题的规定（一）》第9条第1句规定："外商投资企业股权转让合同成立后，受让方未支付股权转让款，转让方和外商投资企业亦未履行报批义务，转让方请求受让方支付股权转让款的，人民法院应当中止审理，指令转让方在一定期限内办理报批手续。"本案一审审理过程中，河南省高级人民法院指令吉美公司办理报批手续，但因鹰城集团、鹰城房地产公司不予配合，未能成功办理，故《股权转让合同》仍处于成立但未生效状态。

最后，关于2016年10月1日后《股权转让合同》的效力状态。2016年10月1日，《中外合作经营企业法》（2016年修正）正式施行。该法第25条规定，"举办合作企业不涉及国家规定实施准入特别管理措施的，对本法第五条、第七条、第十条、第十二条第二款、第二十四条规定的审批事项，适用备案管理。国家规定的准入特别管理措施由国务院发布或者批准发布”，即对外商投资准入特别管理措施（外商投资准入负面清单）以外的外商投资企业的设立、变更，由行政审批制转为适用备案管理制，而备案管理的性质为告知性备案，不属于合同的效力要件。2016 年 10 月，商务部发布《外商投资企业设立及变更备案管理暂行办法》。该办法第 29 条规定：“本办法实施前商务主管部门已受理的外商投资企业设立及变更事项，未完成审批且属于备案范围的，审批程序终止，外商投资企业或其投资者应按照本办法办理备案手续。”由于本案股权转让的标的公司鹰城房地产公司经营范围不在外商投资准入负面清单之列，案涉股权转让依法不需要再提交行政审批。我国立法在法律溯及力问题上，采用“从旧兼有利”原则。在因法律修改而使合同效力要件不复存在的情形下，则应当适用新法而认定合同有效。一审判决关于《股权转让合同》因法律规定的变化自 2016 年 10 月 1 日起生效的认定正确。此外，鹰城集团、张某 1、张某 2 还上诉认为，《股权转让合同》第 7 条约定“自审批机关批准之日起生效”，故该合同依约未生效，即使生效其也以股东会决议的方式解除了《股权转让合同》。但如前所述，该合同签订时，案涉《股权转让合同》依据当时的法律需要外资审批机关审批才生效，这是当事人约定合同自批准之日起生效的背景。2016 年 10 月 1 日《中外合作经营企业法》（2016 年修正）施行后，《股权转让合同》不再属于审批对象，亦不具有审批可能，而备案也不是合同的生效条件，因此该合同第 7 条“自审批机关批准之日起生效”的约定不再具有限定合同生效条件的意义。

《股权转让合同》已生效且鹰城集团股权转让款的付款义务已到期，鹰城集团在《股权转让合同》项下的最迟付款履行期间也已届满，鹰城集团应即时向吉美公司支付股权转让款 1 亿元。

案例评析

本案争议的事项为对于《股权转让合同》的履行期间跨越了外资审

批制度改革的实施日期，如何认定改革前后审批义务对合同效力的影响。

1. 未经审批的外商投资企业股权转让合同的效力

在2016年9月30日前，我国实行实行外资审批制度。对外商投资企业股东转让其股权所签订的股权转让合同，应当办理批准手续才能生效，未经审批的外商投资企业股权转让合同虽然成立但不生效。本案中，至2016年9月30日，因案涉《股权转让合同》未经审批，合同的法定生效要件未满足，处于合同成立但未生效的状态。故一、二审法院认定截至2016年9月30日案涉《股权转让合同》未生效。

2. 外商投资企业股权转让合同中当事人报批义务的性质

在2016年9月30日前，我国实行实行外资审批制度，《外资企业法》等法律规定了外资企业股权转让须经审批机关批准，结合《合同法》第44条的规定，可知在外资企业股权转让合同的效力确定过程中，审批起着使合同生效的作用。从行政法的角度看，外商投资企业股权转让合同的审批是一种依申请的行政许可行为，只有适格主体依法定程序提交申请才能启动。报批行为虽属行政许可程序中的申请行为，但因其具有促成合同生效的功能，与合同之间存在密切的联系，因而具有重要的私法上的意义。[1] 对于违反报批义务的法律责任，《合同法》与《合同法解释（一）》并未涉及。事实上，因当事人的合同义务尚未生效，报批义务也就不具有可诉性，报批义务与合同生效之间形成了一个“未经审批合同不生效，合同不生效则无从履行报批义务”的纠结地带。[2] 依照法律、行政法规规定须经批准或者登记才能生效的合同，负有办理批准或者登记手续义务的当事人于合同成立后怠于办理批准或者登记手续的，将导致合同不能生效的结果。因此，如果报批义务不具有可诉性，将造成报批义务人具有主导合同生效或者不生效的主动，这显然违背了诚实信用原则。但如果认定报批义务具有可诉性，一是缺少具体的法律规定，

---

〔1〕 参见张华：《论合同报批义务的独立性》，载《人民司法》2013年第11期。

〔2〕 参见沈德咏等主编：《最高人民法院关于合同法司法解释（二）理解与适用》，人民法院出版社2009年版，第75页。

二是对于报批义务何时应继续履行，何时终止均无确定的判断标准。

鉴于此，《合同法解释（二）》第8条提出了一些解决方案，规定有义务履行报批义务的一方当事人不按照法律规定或者合同约定报批的，人民法院可以根据相对人的请求判决相对人自己办理有关手续。该规定虽然在一定程度上赋予了报批义务的可履行性，但仍局限于相对人自己办理，没能从理论和实践层面破解义务人办理报批手续的难题。对此，最高人民法院《关于审理外商投资企业纠纷案件若干问题的规定（一）》作了开创性的探索，该解释第1条规定，当事人在外商投资企业设立、变更等过程中订立的合同，未经批准合同不生效，但不影响合同中当事人履行报批义务条款及因该报批义务而设定的相关条款的效力。该条司法解释在外商投资企业设立、变更等过程中订立的合同范围内赋予了报批义务的独立性，有效地解决了报批与合同生效之间的矛盾。[1] 上述司法解释不仅规定了报批义务的独立性，还对相应的司法救济程序进行了明确，该司法解释第5条、第6条规定：外商投资企业股权转让合同成立后，转让方和外商投资企业不履行报批义务，经受让方催告后在合理的期限内仍未履行，受让方请求解除合同并由转让方返还其已支付的转让款、赔偿因未履行报批义务而造成的实际损失的，人民法院应予支持。外商投资企业股权转让合同成立后，转让方和外商投资企业不履行报批义务，受让方以转让方为被告、以外商投资企业为第三人提起诉讼，请求转让方与外商投资企业在一定期限内共同履行报批义务的，人民法院应予支持。受让方同时请求在转让方和外商投资企业于生效判决确定的期限内不履行报批义务时自行报批的，人民法院应予支持。转让方和外商投资企业拒不根据人民法院生效判决确定的期限履行报批义务，受让方另行起诉，请求解除合同并赔偿损失的，人民法院应予支持。赔偿损失的范围可以包括股权的差价损失、股权收益及其他合理损失。这也是参照违反生效合同的“实际损失”标准进行，与《合同法解释（二）》

---

〔1〕 参见张华：《论合同报批义务的独立性》，载《人民司法》2013年第11期。

中所规定的缔约过失责任中的信赖利益损失相比，显著扩大了赔偿的范围，从而在经济上制裁违约方，使其无法从其不诚信的行为中获益。[1]最高人民法院《关于审理外商投资企业纠纷案件若干问题的规定》第9条第1句规定："外商投资企业股权转让合同成立后，受让方未支付股权转让款，转让方和外商投资企业亦未履行报批义务，转让方请求受让方支付股权转让款的，人民法院应当中止审理，指令转让方在一定期限内办理报批手续。"本案一审审理过程中，河南省高级人民法院指令吉美公司办理报批手续，但因鹰城集团、鹰城房地产公司不予配合，未能继续办理报批义务，故在2016年9月30日以前，案涉《股权转让合同》一直处于成立但未生效状态，因合同未生效，付款条件不成就，鹰城公司无须向吉美公司支付1亿元股权转让款。

3. 外资审批制度改革对未经审批的外资企业股权转让合同效力认定的影响

2016年9月3日，第十二届全国人民代表大会常务委员会第二十二次会议，通过了修改《中华人民共和国外资企业法》《中华人民共和国中外合资经营企业法》《中华人民共和国中外合作经营企业法》等四部法律的决定，改革外资审批制度，对不涉及国家规定实施准入特别管理措施的，将相关审批事项改为备案管理，自2016年10月1日起实施。上述法律修改事项对未经审批的外商投资企业股权转让合同但处于履行过程中的合同效力的认定产生了重要影响。

在合同报批过程中，如果审批机关作出不同意转让的决定，则审批流程终结，合同为确定不生效，报批义务人不再具有报批义务。本案中，在2016年9月30日之前，审批机关并未作出不同意转让的决定致使审批流程终结，而是鹰城集团控制的鹰城房地产公司没有合法理由撤回了报批申请，故《股权转让合同》一直处于成立但未生效状态，此时报批义

---

[1] 北京仲裁委员会/北京国际仲裁中心编：《股权转让案例精读》，商务印书馆2017年版，第197页。

务人有义务继续履行报批手续。因《股权转让合同》一直处于履行期间，自2016年10月1日后，《股权转让合同》的效力状态发生了变化。根据2016年商务部发布的《外商投资企业设立及变更备案管理暂行办法》，负面清单以外的外商投资企业的设立、变更，不再要求报审批机关批准。相应地，对于负面清单以外的中外合资、合作合同以及外商投资企业股权转让合同，不应再将外资审批作为认定合同生效的要件。由于本案股权转让的标的公司鹰城房地产公司经营范围不在外商投资准入负面清单之列，案涉股权转让依法不需要再提交行政审批。我国立法在法律溯及力问题上，采用"从旧兼有利"原则。但是，为了鼓励交易和保障交易安全，对法律修改后的溯及力问题，合同法司法解释亦对合同的效力作了"尽可能使合同有效"的解释原则，如《合同法解释（一）》第3条规定："人民法院确认合同效力时，对合同法实施以前成立的合同，适用当时的法律合同无效而适用合同法合同有效的，则适用合同法。"故对本案合同效力状态的认定，应适用修改后的外资企业法，认定《股权转让合同》因法律规定的变化自2016年10月1日起生效。2016年10月1日《中外合作经营企业法》(2016年修正）施行后，本案涉及《股权转让合同》不再属于审批对象，亦不具有审批可能，而备案也不是合同的生效条件，因此该合同第7条"自审批机关批准之日起生效"的约定也不再具有限定合同生效条件的意义。

因外商审批制度改革，法律修改。2016年10月1日后《股权转让合同》已生效，且鹰城集团股权转让款的付款义务已到期，鹰城集团在《股权转让合同》项下的最迟付款履行期间也已届满，此时的报批义务已不再是不予付款的抗辩理由，故二审法院改判鹰城集团需向吉美公司支付股权转让款1亿元。

三、旨在转让土地使用权或矿业权的股权转让协议的效力

股权转让与土地使用权转让或矿业权转让属于不同性质的转让合同，二者在转让标的、交易主体以及适用法律等方面都存在不同。但是，实践中存

在利用股权转让的方式实际取得了土地使用权或矿业权，客观上产生了与土地使用权转让或矿业权转让相似的效果，由此引发了这种股权转让行为的合法性与正当性的争论，即应当如何判断股权转让合同的效力？

否定说观点主张合同无效，主要理由有二：一是认为不同于一般物品，土地使用权或矿业权交易与流转在法律上受到严格限制，以股权转让方式转移土地使用权或矿业权，实际上规避了相关的限制性条件。如果此种转让行为未经审批，违反了法律、行政法规的强制性规定，根据《合同法》第52条第5项的规定，可以据此认定股权转让合同为无效。二是认为名为股权转让实为土地使用权或矿业权转让行为，该种行为实际规避了土地主管部门或矿业主管部门对土地使用权或矿业权转让的行政审批及缴纳相应税费，从而破坏了国家职能部门对该领域的监管，造成国家税费的流失，是以合法形式掩盖非法目的，根据《合同法》第52条第3项的规定，合同亦应为无效。

笔者认为，上述否定论观点不能成立。股权与土地使用权或矿业权是两种不同的民事权利，享有股权的主体是公司股东，而土地使用权或矿业权的主体是公司，股东与其他主体之间的股权转让与公司的土地使用权或矿业权是否转移是两个不同层面的问题。单纯的股权转让并不导致公司土地使用权或矿业权主体的变更，不属于土地使用权转让或矿业权转让。因此，股权转让行为的效力应当依据公司法、合同法等调整公司股权转让行为的法律规范进行判断，与调整土地使用权或矿业权转让的法律规范无关。故有关土地使用权及矿业权转让的禁止性或限制性规定，不适用股权转让行为。也不能以土地使用权或矿业权直接转让的标准来判定股权转让行为是否存在不缴或少缴税款。仅转让公司股权而不导致土地使用权或矿业权主体的变更的不属于土地使用权或矿业权转让，不能因此认定股权转让合同无效。

典型案例6
旨在转让土地使用权的股权转让协议的效力
——金长润公司、兴嘉公司与泰邦公司、兴荣公司等股权转让纠纷案〔1〕

案例要旨

两次股权转让后，虽然受让方取得了目标公司100%的股权，但目标公司的建设用地使用权并未因股权转让发生流转。受让方持有目标100%的股权后，其与公司仍属两个相互独立的民事主体，不能因此就当然认定该股权转让行为实为建设用地使用权转让行为，进而以该行为目的非法为由，否定股权转让合同的效力。

基本案情

金长润公司、兴嘉公司与泰邦公司、兴荣公司及龚某、彭某、合荣讯公司、海尔地产公司、丰盛集团公司股权转让合同纠纷一案，最高人民法院于2012年12月24日作出（2012）民二终字第23号民事判决（以下简称23号判决），已经发生法律效力。金长润公司和兴嘉公司不服该判决，向最高人民法院申请再审。

金长润公司和兴嘉公司申请再审称，23号判决认定事实不清、适用法律错误，应予撤销。(1) 23号判决认定事实不清，导致合同效力认定错误。本案合同以股权转让的合法形式掩盖转让土地使用权的非法目的，依法应当认定为无效。(2) 泰邦公司的一系列行为构成违约，23号判决不予认定系认定事实错误。本案合同并未约定泰邦公司以工程款支付比例作为支付股权转让款的条件。泰邦公司在股权转让后86天才告知金长润公司和兴嘉公司，属于没有及时履行告知义务，应承担违约责任。泰邦公司不返还《浅水湾项目配

〔1〕 最高人民法院（2013）民申字第611号。

套学校建设协议》约定的150万元教育配套费违反合同约定。(3) 23号判决将计算违约金的标准一部分从日千分之一降至银行同期同档贷款利率，一部分又降至日万分之一，还有一部分根本就没有计算违约金，明显违反本案有关违约金计算标准的约定，也不能弥补兴嘉公司、金长润公司因泰邦公司违约行为所遭受的实际损失，适用法律错误。

泰邦公司与兴荣公司没有提交书面意见。

最高人民法院经审查认为，金长润公司和兴嘉公司的申请再审事由不能成立。理由如下：

1. 本案合同约定的转让标的是股权，而不是土地使用权，转让合同应当认定有效

本案中，通过2006年3月31日签订的《股权转让及合作协议》以及2006年7月5日签订的《湖南兴荣投资有限公司股东股份转让协议》，兴嘉公司和金长润公司将兴荣公司30%的股权转让给泰邦公司。其后，通过2010年1月31日签订的《股权内部转让合同书》及其《补充协议》及2010年2月1日签订的《湖南兴荣投资有限公司股东股份转让协议》，兴嘉公司和金长润公司将兴荣公司另外的70%的股权转让给泰邦公司。两次股权转让后，虽然泰邦公司受让了兴荣公司100%的股权，但因金长润公司、兴嘉公司、泰邦公司都不是浅水湾项目建设用地使用权的主体，浅水湾项目建设用地使用权并未因此发生流转，仍处于兴荣公司名下。泰邦公司持有兴荣公司100%的股权后，其与兴荣公司仍属两个相互独立的民事主体，不能以泰邦公司受让了兴荣公司100%的股权，就当然认定该股权转让行为实为建设用地使用权转让行为，进而以该行为目的非法为由，否定股权转让合同的效力。金长润公司、兴嘉公司关于本案合同系以股权转让的合法形式掩盖转让土地使用权的非法目的，依法应当认定无效的申请再审事由，没有事实和法律依据，应当不予支持。

2. 23号判决对申请再审所称的泰邦公司的违约行为不予认定并无不当

首先，《股权转让内部合同书》中关于第三期股权转让款的支付约定为，怡和山庄施工方长沙园艺公司出函确认怡和山庄项目已付工程款不低于未来竣工总结算工程款的70%。该约定明确表明，只有已付工程款不低于未来竣工总结算工程款的70%时，泰邦公司才有义务支付第三期股权转让款。否则，可以拒绝支付。备案合同显示，怡和山庄项目工程的总造价为1.238867688亿元，长沙园艺公司2011年2月25日递交兴荣公司的函件载明其已经收到的工程款数额为7340万元。按此计算，该已支付数额只有不到总结算工程款的60%，没有达到总结算工程款总额的70%。既然70%的付款条件未成就，泰邦公司拒绝付款符合合同约定。金长润公司、兴嘉公司关于本案合同并未约定泰邦公司以工程款支付比例作为支付股权转让款条件的主张，不能成立。

其次，泰邦公司将其所持有的兴荣公司100%的股权转让给合荣讯公司后，于2011年2月21日向金长润公司、兴嘉公司寄送了通知文件。因股权转让合同并未明确约定泰邦公司履行告知义务的具体期限，合同约定的"及时"亦无确定的度量标准，泰邦公司于股权转让后第86天发出通知并不能认定为超出了及时告知的期限范围。金长润公司、兴嘉公司据此认为泰邦公司违约，依据不足。

最后，《股权内部转让合同书》第5条中约定，兴荣公司已支付的500万元教育配套费，如泰邦公司对外转让兴荣公司100%股权，泰邦公司从受让方实际回收了上述500万元，则泰邦公司应将其中的30%（150万元）支付给金长润公司、兴嘉公司。根据查明的事实，泰邦公司与合荣讯公司签订的《股权转让协议书》未约定500万元教育配套费，金长润公司、兴嘉公司亦无其他证据证明泰邦公司收回了该项教育配套费。虽然，合荣讯公司又将股权转让给海尔公司和丰盛集团公司，但在双方股权转让合同中亦未约定由出让方收回上述500万元教育配套费。由于没有证据证明泰邦公司收回了该教育配套费，金长润公司、兴嘉公司要求泰邦公司支付150万元教育配套费的请求，缺乏事实依据。

3.23号判决关于违约金的调整符合法律规定，并无不当

本案中，一方面，股权转让款的支付条件没有成就，泰邦公司拒绝支付该款项的行为不构成违约，当然也就不存在支付相关违约金的问题；另一方面，《股权转让内部合同书》第8条第8项约定，"各方迟延履行合同义务，每逾期一日，应当按照当期合同义务所对应的金额向守约方支付千分之五的滞纳金”。根据一般的理解，“滞纳金”通常是指迟延履行金钱债务的违约金。本案泰邦公司、兴荣公司应协助履行的是盖章、配合办理竣工验收手续等义务，这些并不属于金钱债务。无论是根据当事人合同条款的含义和目的，还是依据本案查明的事实，支付滞纳金的责任均不应适用于计算未履行配合义务的违约赔偿金。同时，金长润公司、兴嘉公司关于应以怡和山庄售房合同约定价款及发票款的总和为基数按日千分之五（约为贷款基准利率的30倍）的比例计算违约金的主张，不仅数额远远超出了二审中有证据支持的因未履行配合义务所造成的损失，而且也没有考虑到其自身在合同履行中的不当行为对扩大损失的不利影响。依照《合同法》第114条及《合同法解释（二）》第29条关于调整违约金的规定，在违约金过分高于实际损失的情况下可以适当调整。最高人民法院二审综合考虑各种因素对本案违约金计算标准予以调整符合法律规定，并无不当。

综上，最高人民法院裁定驳回金长润公司和兴嘉公司的再审申请。

案例评析

本案的争议焦点是，转让房地产公司全部股权，是否能认定为变相转让土地使用权并据此认定股权转让合同无效。

1. 股权转让与土地使用权转让的区别

所谓土地使用权转让，是指土地使用权人通过转让合同，将自己享有的土地使用权转让给他人的行为。股权转让与土地使用权转让的主要区别如下：一是股权转让与土地使用权转让的标的不同，前者转让的标的是公司的股权，后者转让的是公司拥有的土地使用权。由此导致二者的出让方主体也不同，股权转让的主体是公司股东，而土地使用权转让的主体是土地的实际使用者，即公司本身。二是适用的法律不同，股权转让适用的是《公司法》和《合同法》的相关规定，而土地使用权转让虽然也受《合同法》的调整，但是同时应当符合《土地管理法》和《城市房地产管理法》等法律的规定。三是法律后果不同，股权转让后，公司的股东发生变化，但是对公司作为独立企业法人的地位没有影响，也不导致土地使用权的主体发生变化，而土地使用权转让直接导致土地使用权人的主体发生变化。当然，二者还存在其他区别，如转让条件和审批程序方面，土地使用权转让要求更严，导致在我国房地产行业内，通过股权转让的方式，取得持有土地使用权之公司的控制权，进而从事土地开发、利用和转卖，是一种相当普遍的做法。[1] 二者在税收适用标准等其他方面也存在区别。

司法实践中之所以会就股权转让和土地使用权转让的合同性质产生争议，是因为在房地产领域，存在比较普遍的通过转让公司股权而间接转让土地使用权的情况。这种间接转让有其较大的优势，其可以规避房地产法律制度对土地使用权转让的限制性条件以及烦琐的土地使用权变更登记程序，也可以避免土地使用权直接转让过程中应缴纳的土地增值税、房地产交易税等税款。在发生争议时，合同双方往往会产生是否存在名为股权转让实为土地使用权转让的争论。

本案中，通过两次股权转让，金长润公司和兴嘉公司将兴荣公司的全部股权转让给了泰邦公司，使泰邦公司成为兴荣公司的唯一股东。《公司法》虽然规定了一人公司股东在适用公司法人人格否认的案件中对股东与公司财产独立方面有更高的举证责任要求，但是一人公司的股东与公司在法律上还是属于独立的民事主体，原属兴荣公司的浅水湾项目建设用地使用权权属始终登记于兴荣公司名下，属于兴荣公司的资产，并未因股权转让而发生流转。因此，不能仅以泰邦公司受让了兴荣公司全部股权，而认定该两次股权转让行为实为建设用地使用权转让行为。

2. 通过股权转让方式实现土地使用权转让的合同的效力认定

土地是不可再生资源，是最基本的生产资料，国家对其监管非常严

---

〔1〕参见北京仲裁委员会/北京国际仲裁中心编：《股权转让案例精读》，商务印书馆 2017 年版，第 147 页。

格，严禁炒卖土地或利用土地谋取非法利益，要求土地使用必须符合相关法律法规的规定。针对土地使用权的转让，《城市房地产管理法》第39条进行了严格规定，[1] 根据该规定，受让方未按照土地使用权出让合同的约定支付全部土地使用权出让金，未取得土地使用权证书，未完成开发投资房屋建设工程25%以上的，不得转让土地使用权。但是，该条规范的是转让房地产的行为而非股权转让行为，本案虽然出让方将房地产公司的全部股权转让给了受让方，但原属目标公司的建设用地使用权并未因此发生流转，仍处于该公司名下。因此，不能直接引用《城市房地产管理法》第39条的规定判断股权转让合同的效力。

其次，采用股权转让方式实现土地使用权转让，是否规避了法律的强制性规范，属于《合同法》第52条第3项规定的“以合法形式掩盖非法目的”？这涉及对《城市房地产管理法》第39条的解释。该条规定的转让的土地没有达到法定投资开发条件不得转让，仅仅是从行政管理的角度，规定转让的土地不符合法定投资开发条件的，不得办理土地使用权权属变更登记手续。其目的是防止炒卖土地，稳定土地交易市场秩序。土地使用权转让合同所转让的标的物土地因没有达到法定的投资开发条件，导致无法办理土地使用权权属变更登记的，属于土地使用权转让合同的转让方不能完全履行合同的问题，可通过瑕疵担保责任制度和违约责任制度对受让人进行救济，作为民事合同法律关系，不能因转让的标的物有瑕疵而认定合同无效，标的物能否移转在逻辑上直接影响的是其能否依约履行转移标的物的合同义务，不能因为其不能按约履行转让义务，就否认合同的效力。[2] 因此，《城市房地产管理法》第39条属于管

---

〔1〕该条规定：“以出让方式取得土地使用权的，转让房地产时，应当符合下列条件：（一）按照出让合同约定已经支付全部土地使用权出让金，并取得土地使用权证书；（二）按照出让合同约定进行投资开发，属于房屋建设工程的，完成开发投资总额的百分之二十五以上，属于成片开发土地的，形成工业用地或者其他建设用地条件。转让房地产时房屋已经建成的，还应当持有房屋所有权证书。”

〔2〕资料来源于《中华人民共和国城市房地产管理法注解与配套》（第3版），载法信网：http://www.faxin.cn/lib/twsy/TwsyContent.aspx?gid=A234457&tiao=39，最后访问时间：2019年11月30日。

理性规范。

《合同法》第52条第3项规定的“以合法形式掩盖非法目的”是关于通谋虚伪意思表示的规定，关于该类民事发行行为的效力，《民法总则》第146条规定：“行为人与相对人以虚假的意思表示实施的民事法律行为无效。以虚假的意思表示隐藏的民事法律行为的效力，依照有关法律规定处理。”股权转让合同相对人即使存在通过股权转让的方式转让土地使用权，但是股权转让是双方的真实意思表示，并不是名为股权转让合同实为土地使用权转让合同，不能认定为系伪装行为，因此不能依据该条第1款的规定认定股权转让合同无效。依据该条第2款之规定，“以合法形式掩盖非法目的的合同”中体现“非法目的”的合同系隐藏行为，其是否仅因具有“非法目的”就应无效，尚难一概而论。司法实践中，应根据《民法总则》第153条之规定，详细考察其是否违反法律、行政法规的效力性强制规定和公序良俗，再作判断。如其所违反的是法律、行政法规的管理性强制规定，则不能仅因此认定该隐藏行为无效。[1] 如前所述，《城市房地产管理法》第39条并不属于效力性强制性规定，因此，不能仅以当事人通过股权转让方式实现土地使用权转让，而依据《合同法》第52条第3项的规定，认定股权转让合同无效。

最后，采用间接转让方式实现土地使用权转让，的确不缴纳相关的房地产交易税、土地增值税等，客观上产生了避交税款的效果，但是这种行为不违反法律、法规的规定。如何避免逃税或税款流失，可以通过完善税收立法和税收征管措施进行弥补，但不能以此否定股权转让合同的效力。

---

[1] 参见沈德咏主编：《〈中华人民共和国民法总则〉条文理解与适用》（下册），人民法院出版社2017年版，第980页。

典型案例7
旨在转让矿业权的股权转让协议的效力
——圣火矿业公司、淮北房地产公司、涡阳房地产公司与大宗公司、宗某股权转让纠纷案[1]

案例要旨

双方在《股权转让协议》中约定，转让方将88%的股权转让给受让方，股权转让完成后，目标公司拥有的三处煤炭资源的探矿权许可证和采矿权许可证始终在公司名下，不存在变更、审批的问题。《股权转让协议》签订后，受让方也实际控制了两个目标公司，实现了合同目的。因此，双方系股权转让的法律关系，而非转让探矿权，一方主张《股权转让协议》因未经审批未生效，法院不予支持。

基本案情

上诉人（一审被告）：圣火矿业公司、淮北房地产公司、涡阳房地产公司。

被上诉人（一审原告）：大宗公司、宗某。

2013年3月24日，大宗公司、宗某为甲方，圣火矿业公司为乙方签订《股权转让协议》，约定大宗公司、宗某共同将其持有的宿州宗圣公司和淮北宗圣公司各44%股权转让给圣火矿业公司，转让价款为6.5亿元人民币。各方约定了股权转让款的支付方式。还约定在全部股权转让款支付完毕后五个工作日内完成股权的工商变更登记。协议签订后，圣火矿业公司未能依约支付第一期股权转让款1亿元，圣火矿业公司于2014年7月31日向大宗公司出具一张2000万元的违约金欠条。圣火矿业公司陆续向大宗公司支付1000万

[1] 最高人民法院（2015）民二终字第236号，载《最高人民法院公报》2016年第6期（总第236期）。

元违约金后未再支付任何款项。

2007 年 7 月 28 日，圣火矿业公司与大宗公司签订《合作经营合同》，约定双方共同注册成立淮北宗圣公司，圣火矿业公司将三处煤炭资源的探矿权转让给淮北宗圣公司，享有公司 56% 的股权；大宗公司按合作项目的建矿设计承担建矿投资，此后一直申请办理三处煤炭资源的采矿权证，但一直未能成功办理。2014 年 10 月 12 日，国家能源局化新建项目布局，要求按照“控制东部、稳定中部、发展西部”的总体要求，依据煤炭资源禀赋、市场区位、环境容量等因素确定煤炭产业发展格局。今后一段时间，东部地区原则上不再新建煤矿项目。

2014 年 10 月 31 日，淮北房地产公司、涡阳房地产公司出具承诺书，载明“2013 年 3 月 24 日大宗集团有限公司与淮北圣火矿业有限公司签订的股权转让协议所欠款项，具体内容和金额按原合同的约定履行。淮北圣火房地产开发有限责任公司和涡阳圣火房地产开发有限公司承诺：房产销售款首先按合同约定偿还大宗集团有限公司的到期债权。特此承诺。”

因圣火矿业公司未能按约定支付股权转让款，大宗公司、宗某向法院提起诉讼，请求判令圣火矿业公司支付股权转让款 1 亿元及违约金 1000 万元；淮北房地产公司、涡阳房地产公司对上述债务承担连带付款责任。圣火矿业公司辩称，本案形式上为股权转让，实质上属矿业权的转让，该转让行为未经国土资源部门审批，因此，合同未生效。

法院裁判

一审法院判决圣火矿业公司向大宗公司、宗某支付股权转让款 1 亿元及违约金 1000 万元；淮北房地产公司、涡阳房地产公司对上述债务承担连带付款责任。圣火矿业公司、淮北房地产公司、涡阳房地产公司不服，提起上诉。二审判决驳回上诉，维持原判。

生效裁判认为，本案的争议焦点为：（1）一审判决认定第一笔股权转让款不符合情势变更原则是否有误；（2）一审判决认定《股权转让协议》有效是否有误、协议是否应继续履行；（3）一审判决淮北房地产公司、涡阳房地产公司在房产销售款范围内对圣火矿业公司债务承担共同还款责任是否有误；（4）如果存在抽逃出资的情形，是否影响本案的审理。

1. 关于一审判决认定第一笔转让款不符合情势变更原则是否有误的问题

最高人民法院《合同法解释（二）》第26条规定，“合同成立以后客观情况发生了当事人在订立合同时无法预见的、非不可抗力造成的不属于商业风险的重大变化，继续履行合同对于一方当事人明显不公平或者不能实现合同目的，当事人请求人民法院变更或者解除合同的，人民法院应当根据公平原则，并结合案件的实际情况确定是否变更或者解除”。是否属于所谓情势变更还是商业风险，需要参照合同约定，并从可预见性、归责性以及产生后果等方面进行分析。本案中，淮北宗圣公司成立于2007年，涉案三处煤炭资源一直申请办理采矿权手续或立项核准，直到2014年10月12日《指导意见》之前，也未获得批准，并且该意见规定，只是在今后一段时间内东部地区原则上不再新建煤矿项目，且安徽省是否属于该《指导意见》所确定的东部地区尚需进一步论证。因此，政策原因并非是造成合作开发项目得不到核准的唯一原因。

案涉《股权转让协议》第4条约定，无论与淮北宗圣公司、宿州宗圣公司拥有的三处煤炭资源相关的探矿许可证或采矿许可证是否作废、到期或失效，圣火矿业公司均无条件地履行本协议约定的所有条款；第2条约定，2014年7月31日前，圣火矿业公司向大宗公司支付第一笔股权转让款。圣火矿业公司对此并无异议，且在第一笔转让款期满不能支付的情况下向大宗公司出具了2000万元的违约金欠条并实际履行1000万元，而《指导意见》出台时间是在2014年10月12日，故对该笔股权转让款，一审判决认定不符合情势变更原则，有事实依据。圣火矿业公司以情势变更原则不应履行支付第一笔股权转让款的抗辩，本院不予采信。

2. 关于一审判决认定股权转让协议有效、协议是否应继续履行的问题

2013年3月24日，大宗公司、宗某与圣火矿业公司签订的《股权转让协议》，系双方真实意思表示，且不违反法律、行政法规的禁止性规定，一审判决认定该协议合法有效并无不当。双方在协议中约定，大宗公司、宗某将合法持有宿州宗圣公司和淮北宗圣公司各44%的股权全部转让给圣火矿业公司，圣火矿业公司支付转让款项。三处煤炭资源的探矿权许可证和采矿权许可证始终在两个目标公司名下，不存在变更、审批的问题。《股权转让协议》签订后，圣火矿业公司也实际控制了两个目标公司，实现了合同目的。因此，双方系股权转让的法律关系，圣火矿业公司主张本案系转让探矿权，因未经审批合同未生效，对该主张，本院不予支持。

鉴于大宗公司、宗某的一审诉讼请求只是请求判令圣火矿业公司支付第一期股权转让款及违约金，并无请求进一步继续履行案涉协议的诉求，故尽管一审判决中有“由于股权转让协议合法有效，大宗公司、宗某要求圣火矿业公司继续履行，支付已到期应给付的股权转让款1亿元及尚未支付的违约金1000万元的主张，本院予以支持”等相关表述，但仍然是基于大宗公司、宗某请求支付第一笔股权转让款及违约金的诉求，而对于案涉《股权转让协议》是否应进一步继续履行，需要当事人以积极的行为进行主张。圣火矿业公司主张本案符合情势变更原则，协议不应再继续履行，但由于案涉第一笔股权转让款的支付不符合情势变更原则，圣火矿业公司针对第一笔股权转让款项支付的抗辩不能成立。至于案涉《股权转让协议》是否应进一步继续履行、是否应予解除的问题，由于大宗公司、宗某在一审中并没有主张，圣火矿业公司亦未提出反诉，故该部分事项已经超出了本案二审的审理范围，本院不予审理。

3. 关于一审判决淮北房地产公司、涡阳房地产公司在房产销售款范围内对圣火矿业公司债务承担共同还款责任是否有误的问题

本案中，淮北房地产公司和涡阳房地产公司向大宗公司出具《承诺书》，承诺以房产销售款首先按合同约定偿还大宗公司的到期债权，并在保证人处盖有公章。本院认为，该承诺书系淮北房地产公司、涡阳房地产公司的真实意思表示，其承诺并不违反法律、行政法规的禁止性规定，理应按照承诺履行其相应义务。大宗公司起诉淮北房地产公司、涡阳房地产公司的实质是请求两房地产公司基于承诺函的约定承担相应的法律责任，一审法院经审查认定淮北房地产公司、涡阳房地产公司不构成连带保证责任，但应在其房产销售款中对圣火矿业公司的债务承担共同还款责任，一审判决实质上并未加重其民事责任，本院予以维持。淮北房地产公司、涡阳房地产公司的房产是否销售，相关部门均有登记，税务部门也有凭证，不存在不确定性问题，也不存在无法执行的情况。淮北房地产公司、涡阳房地产公司的该主张没有事实和法律依据，本院不予支持。

4. 关于如果存在抽逃出资的情形，是否影响本案的审理的问题

一审判决认为，大宗公司如果存在对淮北宗圣公司抽逃出资的情形，淮北宗圣公司有权要求股东补足出资。圣火矿业公司二审中提交证据证明其已针对大宗公司抽逃出资问题向安徽省睢县人民法院提起了诉讼，可以证明其权利尚有救济渠道，故圣火矿业公司请求中止本案审理没有法律依据，本院不予支持。

案例评析

本公报案例确定的裁判规则是：转让公司股权但不导致矿业权主体变更的，不属于矿业权转让，在不违反合同效力性强制性规定的情况下，应认定股权转让合同有效。

1. 本案系股权转让而非矿业权转让

股权是股东基于其对公司出资而享有的参与公司经营管理、获取分红等收益的权利，而矿业权是指矿业权人在经国土资源部门依法批准登记的矿区范围内进行勘探或开发矿产资源并取得矿产品的权利。与土地使用权转让一样，矿业权转让在转让标的、转让主体、适用法律、转让后果及转让程序等方面与股权转让存在较大的区别。

矿产资源是国家重要的战略资源，蕴含着巨大的经济价值，为保证矿产行业的有序健康发展，提供资源利用效率，国家队矿业权的取得与转让进行了严格限制，矿业权转让必须要经过国土资源部门的审核批准，不仅周期长，而且程序复杂，还有相关的税费，使矿业权的转让成本较高。通过国权转让的方式间接转让矿业权在交易程序和税收缴纳方面较矿业权直接转让具有极大的优势。在发生争议时，合同双方往往会产生是否存在名为股权转让实为矿业权转让的争论。

本案中，双方签订的股权转让协议中约定，大宗公司、宗某将合法持有宿州宗圣公司和淮北宗圣公司各44%的股权全部转让给圣火矿业公司，圣火矿业公司支付转让款项。原属股权转让目标公司的矿业权依然属于该目标公司，并未因股权转让而发生流转。因此，双方系股权转让的法律关系。

2. 本案股权转让协议的效力认定

《探矿权采矿权转让管理办法》对探矿权、采矿权转让的审批管理机关、转让的条件和审批登记程序作了规定，其中第10条规定："申请转让探矿权、采矿权的，审批管理机关应当自收到转让申请之日起40日内，作出准予转让或者不准转让的决定，并通知转让人和受让人。准予转让的，转让人和受让人应当自收到批准转让通知之日起60日内，到原发证机关办理变更登记手续；受让人按照国家规定缴纳有关费用后，领取勘查许可证或者采矿许可证，成为探矿权人或者采矿权人。批准转让的，转让合同自批准之日起生效。不准转让的，审批管理机关应当说明理由。"基于上述规定，关于未经行政审批的矿业权转让合同的效力形成两种见解，其一是合同未生效，其二是合同无效。无论是哪种见解，未经审批的矿业权转让合同很难被认定为有效。[1] 本案涉及的合同是以标的公司股权转让为内容的合同，合同内容未涉及标的公司所取得的探矿权，转让协议履行后也仅发生目标公司股东的变更而不是探矿权行使主体的变更。《公司法》第3条、第4条规定，公司是企业法人，有独立的法人财产，享有法人财产权。公司股东依法享有资产收益、参与重大决策和选择管理者等权利。因此，股东的变化将导致公司的法人财产的资

〔1〕有观点认为，未经行政审批的矿业权转让合同为有效合同（如蔡立东、李晓倩：《行政审批与矿业权转让合同的效力》，载《政法论丛》2011年第5期），但显然与《合同法》第44条的规定相悖。

产收益者发生变化，并不直接导致其法人财产权发生变更。标的公司所取得的探矿权作为其合法权益，是独立于股东个人财产的。因此，本案各方当事人签订的《股权转让协议》不是对目标公司所取得的探矿权的转让。圣火矿业公司关于本案系转让探矿权，因未经审批合同未生效的主张，缺乏事实及法律依据，法院未予支持。

3. 关于本案是否属情势变更的问题

情势变更原则，是指合同有效成立后，因不可归责于双方当事人的事由发生重大变化而使合同的基础动摇或者丧失，若继续维持合同会显失公平，因此允许变更合同内容或解除合同的原则。[1] 《合同法解释(二)》第26条规定了合同履行过程中的情势变更，该条规定："合同成立以后客观情况发生了当事人在订立合同时无法预见的、非不可抗力造成的不属于商业风险的重大变化，继续履行合同对于一方当事人明显不公平或者不能实现合同目的，当事人请求人民法院变更或者解除合同的，人民法院应当根据公平原则，并结合案件的实际情况确定是否变更或者解除。"审判实践中，人民法院要合理区分情势变更与商业风险。情势变更原则的适用有以下几项条件：(1) 应有情势变更的事实，也就是合同赖以存在的客观情况确实发生变化。(2) 情势变更，须为当事人所不能预见的。如果当事人在订立合同时能够预见到相关的情势变更，即表明其知道相关情势变更所产生的风险，并甘愿承担，在这种情况下情势变更原则就并不适用。(3) 情势变更必须不可归责于双方当事人，也就是由除不可抗力以外的其他意外事故所引起。如果可归责于当事人，则应由其承担风险或违约责任，而不适用情势变更原则。(4) 情势变更的事实发生于合同成立之后，履行完毕之前。这是一个重要的时间要件。如果在订立合同时就已经发生情势变更，就表明相关当事人已经认识到合同的基础发生了变化，且对这个变化自愿承担风险。(5) 还有一个很重要的条件，情势发生变更后，如继续维持合同效力，则会对当事人显失

---

〔1〕 王家福主编：《中国民法学·民法债权》，法律出版社1991年版，第393页。

公平。[1]

虽然司法解释对情势变更作了上述原则性规定，但在没有统一、具体规定的情况下，司法实践中应当审慎适用情势变更原则，以最大限度地避免对交易安全和市场秩序造成冲击，防止情势变更成为合议一方任意毁约的借口。根据最高人民法院《关于正确适用〈中华人民共和国合同法〉若干问题的解释（二） 服务党和国家的工作大局的通知》的规定，如果根据案件的特殊情况，确需在个案中适用情势变更原则的，应当由高级人民法院审核。必要时应报请最高人民法院审核。

本案中，首先无法认定政策原因导致目标公司申请办理采矿权手续得不到批准，其次，双方在协议中约定，无论与淮北宗圣公司、宿州宗圣公司拥有的三处煤炭资源相关的探矿许可证或采矿许可证是否作废、到期或失效，圣火矿业公司均无条件的履行本协议约定的所有条款，体现受让方知道或应当知道相关情势变更所产生的风险，并甘愿承担。因此，本案不符合情势变更原则，当事人以此解除或变更合同，法院不予支持。

四、股东之间转让股权，公司担保行为的效力

公司为股东之间股权转让提供担保，是指股东将股权转让给公司其他股东，在受让人未能按期支付股权转让款时由公司承担担保责任。根据《公司法》第 16 条的规定，公司可以根据具体情况以公司资产为本公司股东或者实际控制人提供担保。但是为了防止少数股东损害公司和其他股东的利益，该条第 2 款规定，公司为公司股东或者实际控制人提供担保的，必须经股东会或者股东大会决议。第 3 款规定，前款规定的股东或者受前款规定的实际控制人支配的股东，不得参加前款规定事项的表决。该项表决由出席会议的其他股东所持表决权的过半数通过。对于公司担保行为未经董事会、股东会或

〔1〕 最高人民法院研究室编著：《最高人民法院关于合同法司法解释（二）理解与适用》，人民法院出版社 2015 年版，第 234 页。

者股东大会决议，或者股东会或者股东大会决议表决情况不符合《公司法》第16条第3款规定的效力，实践中产生了有效说、无效说与根据担保权人是否善意来确定合同效力三种观点。

有效说认为，《公司法》第16条是对公司内部管理的规范，担保权人在担保合同签订过程中无须对是否符合《公司法》第16条的规定进行形式审查。只要公司在担保合同上盖章，即使违反《公司法》第16条的规定，也不影响担保合同的效力。这种观点也称为盖章说，与中国人对公章效力的信奉有很大的关系。但是该观点错误地理解了《公司法》第16条的立法目的，没有考虑担保权人在享受了巨大的利益时，应承担一定的义务，对公司担保是否符合《公司法》第16条的规定进行形式审查，是担保权人应承担的义务，这种义务并不会给担保权人带来很大负担。因此，在考虑公司为股东对外担保的效力时完全无视《公司法》第16条的规定，显然并不可取。

无效说包含以下观点：第一，《公司法》第16条关于公司担保规范的规定属于效力性强制性规范，没有符合第16条第2款、第3款规定的有效股东会决议或股东大会决议，公司担保依法不发生法律效力。〔1〕第二，这种担保行为不符合《公司法》第35条关于“公司成立后，股东不得抽逃出资”的规定，可能导致公司回购本公司股份，造成公司资本不当减少的结果，不仅违反公司法有关回购本公司股份的禁止性规定，亦违背了公司资本维持原则，对公司债权人和交易安全造成损害，故该担保行为无效。〔2〕第三，违反《公司法》第16条规定的公司担保行为属于无权代理，除推定是公司的担保意思外，担保行为对公司无效。

上述关于公司担保行为无效的观点是对《公司法》第16条及资本维持原则的误读。《公司法》第16条关于公司为股东提供担保的规定，其立法目的是为协调大小股东之间就公司资产问题产生的权益冲突，不是禁止担保交易行为或者关联担保交易行为本身，不能直接依据《公司法》第16条的规定来

---

〔1〕参见广东省广州市中级人民法院（2014）穗中法民二终字第1701号民事判决书。

〔2〕参见南通轻工机械厂诉江苏黄河公司、江苏苏辰公司股东之间股权转让及公司为股东担保纠纷案，法宝引证码CLI. C. 4057194。

认定公司与交易相对人签订的担保合同无效。同时，亦不能因公司为股东提供担保而认定该行为违背资本维持原则或损害债权人的利益，从而否认公司担保行为的效力。至于无权代理说，公司法定代表人或高管未经授权以公司名义为股东提供担保，构成越权代表。根据《合同法》第 50 条关于法定代表人越权代表的规定，应区分订立合同时担保权人是否善意分别认定合同效力，而不应以无权代理认定公司一律不承担担保责任。

事实上，判断公司为股东提供担保行为是否有效，还是应回到《合同法》框架内，结合《公司法》第 16 条的规定，综合考虑，加以认定。根据《公司法》第 16 条的规定，公司对外担保不是法定代表人单独决定的事项，违反《公司法》第 16 条规定的公司担保行为，属于公司法定代表人或公司高管的无权代表或越权代表行为。根据《合同法》第 50 条、《担保法解释》第 11 条的规定，[1] 担保债权人是否知道或者应当知道法定代表人越权，是认定该行为是否属于表见代表、合同是否有效的关键。如果担保权人是善意的，合同有效；反之，合同无效。因为《公司法》第 16 条是法律，人人都应当知道，因此是否善意的核心是考察担保权人是否尽到了对公司决议的形式审查义务。至于具体如何进行形式审查，根据《公司法》第 16 条的规定，如果是为股东或实际控制人等关联方提供担保的，则应审查是否具备股东会或股东大会决议，并且需要注意决议的表决程序是否符合《公司法》第 16 条第 3 款的规定。如果是为其他主体提供担保，应审查是否有股东会、股东大会决议或董事会决议，并且相应的表决主体及表决程序应符合公司章程的规定。另外，根据《会议纪要》第 22 条的规定，债权人根据上市公司公开披露的关于担保事项已经董事会或者股东大会决议通过的信息订立的担保合同，即能认定担保权人为善意，担保合同有效。就股东之间转让股权而言，由于债务人与债权人均是公司股东，因此相较于其他债权人，是否善意的认定标准应当更高。

---

〔1〕《合同法》第 50 条规定：“法人或者其他组织的法定代表人、负责人超越权限订立的合同，除相对人知道或者应当知道其超越权限的以外，该代表行为有效。”《担保法解释》第 11 条规定：“法人或者其他组织的法定代表人、负责人超越权限订立的担保合同，除相对人知道或者应当知道其超越权限的以外，该代表行为有效。”

典型案例 8

夏某某与潘某某、盛达公司、盛丰公司股权转让纠纷案[1]

案例要旨

公司为股东之间的股权转让提供担保，该担保未经股东会决议，违反了《公司法》第 16 条第 2 款的规定，且债权人对此是明知的，并非善意第三人，故该担保合同对公司不发生效力。对债权人要求公司承担连带保证责任的主张，法院不予支持。

基本案情

上诉人（原审原告）：夏某某。

被上诉人（原审被告）：潘某某、盛达公司、盛丰公司。

潘某某系盛达公司、盛丰公司的大股东及法定代表人，夏某某与案外人系盛达公司、盛丰公司的隐名股东。2010 年 2 月 3 日，上述隐名股东共同委托挂名股东陈某 1 与潘某某签订《关于共同投资购买开发古国让（2009）9.10 号宗地国有建设用地使用权项目协议书》及补充协议。隐名股东共出资 6000 万元占 30% 股份，潘某某出资 14000 万元占 70% 股份。双方以此股份比例共同参股盛达公司、盛丰公司，共同开发“盛丰星城”“盛丰时代广场”项目。盛丰公司、盛达公司亦在协议中盖章。

2015 年 3 月 22 日，陈某 1 为乙方与作为甲方的潘某某签订《股份转让协议书》《股份转让补充协议书》，约定乙方退出项目经营，并将 30% 的股份转让予潘某某，作为对价，潘某某需偿还乙方投资本金及相应的投资回报。协议还约定在潘某某不能履行情况下，以盛达公司名下的别墅及商品房抵偿潘某某应当支付的股权转让价款。2016 年 3 月 25 日，潘某某与夏某某签订《补

---

[1] 福建省高级人民法院（2017）闽民终 1206 号。

充协议书（三）》《补充协议书（四）》，约定潘某某应向夏某某支付相应的股权转让款（包含投资款及投资回报），其中约定了盛达公司、盛丰公司为潘某某支付股权转让款的义务承担连带保证责任。后双方产生纠纷，夏某某向法院起诉请求潘某某支付股权转让款与投资回报款，盛达公司、盛丰公司承担连带保证责任。

法院裁判

一审法院经审理认为，本案所涉的《股份转让协议书》《股份转让补充协议书》《补充协议书（三）》《补充协议书（四）》中合同各方的签名及印章真实，均系各方的真实意思表示，但其中的部分条款违反了法律的强制性规定，当属无效，除此之外的协议当属有效。具体而言，潘某某与陈某1在订立合同时均为盛丰公司、盛达公司工商登记的股东，夏某某等人为隐名股东。各方所订立的合同中均涉及了以盛达公司名下的别墅及商品房抵偿潘某某应当支付的股权转让价款的约定。盛达公司以自有资产向夏某某等股东支付股权转让款，将直接产生股东从公司抽回出资的后果。因此上述协议中，涉及以盛达公司资产抵债的条款无效。《补充协议书（三）》《补充协议书（四）》中约定了盛达公司、盛丰公司为潘某某支付股权转让款的义务承担连带保证责任，意味着在潘某某不能支付股权转让款的情形下，盛达公司、盛丰公司应向夏某某等股东支付股权转让款，亦将产生股东以股权转让的方式从公司抽回出资的后果，亦违反了公司资本法定的规定，上述协议中关于盛达公司、盛丰公司承担担保责任的部分内容，亦应认定无效。至于潘某某与其他股东之间的股权转让及价款的约定，系股东自身基于对公司财务状况和经营成果而自愿商定的结果，在不违反法律、法规强制性规定，未损害第三人利益的情形下，当属合法有效。一审判决潘某某支付相应的转让价款，盛达公司、盛丰公司无须对潘某某还款承担连带保证责任。

夏某某不服，提起上诉。福建省高级人民法院虽然二审维持原判，但是裁判理由不同，生效判决认为：关于盛达公司、盛丰公司是否应对潘某还款承担连带保证责任的问题。本院认为，《公司法》第16条第2款规定："公司为公司股东或者实际控制人提供担保的，必须经股东会或者股东大会决议"。《补充协议书（三）》中约定盛达公司、盛丰公司为潘某支付股权转让款的义务承担连带保证责任。该约定使盛达公司、盛丰公司为股东潘某个人债务承担责任，该担保未经股东会决议，且债权人夏某对此是明知的，并非善意第三人，故一审法院对夏某关于盛达公司、盛丰公司对潘某还款承担连带保证责任的主张不予支持，并无不当。

案例评析

本案的争议焦点为公司股东之间转让股权，公司担保行为是否因违反《公司法》第16条规定而无效？是否违背资本维持原则，损害公司债权人的利益？

1.《公司法》第16条关于公司担保规范的规定不属于效力性强制性规范

关于争议焦点一。《公司法》第16条规定："公司向其他企业投资或者为他人提供担保，依照公司章程的规定，由董事会或者股东会、股东大会决议；公司章程对投资或者担保的总额及单项投资或者担保的数额有限额规定的，不得超过规定的限额。公司为公司股东或者实际控制人提供担保的，必须经股东会或者股东大会决议。前款规定的股东或者受前款规定的实际控制人支配的股东，不得参加前款规定事项的表决。该项表决由出席会议的其他股东所持表决权的过半数通过。"其中第2款、第3款使用了"必须""不得"等强制性规定的标识性字样。这一强制性规定旨在解决因公司资产锁定而恶化的大小股东之间的利益冲突问题，防止控股股东滥用权力，通过担保方式侵害中小股东权益。[1] 因此，从条文本身的措辞来看，《公司法》第16条第2款当属强制性规定。

---

〔1〕 李清池：《商事组织的法律结构》，法律出版社2008年版，第88页。

根据我国《合同法》第52条第5项的规定，违反法律、行政法规中的强制性规定才能导致合同无效。而《合同法解释（二）》明确规定：《合同法》第52条第5项规定的“强制性规定”，是指效力性强制性规定，即只有在违反效力性强制性规定时才能导致合同无效。那么，《公司法》第16条关于公司为股东或者实际控制人提供担保的，必须经股东会或者股东大会决议的上述规定，是否属于效力性强制性规定？

根据司法权威观点，《公司法》第16条不属于效力性强制性规定。这是因为，首先，《公司法》没有明确规定违反该条款中的强制性规定会导致公司与交易相对人签订的担保合同无效。其次，《公司法》关于担保条款的规范目的在于防范公司管理层以及控制股东利用公司担保进行不当的利益输送，损害公司资产的独立和完整，因而从决策权分工和表决程序上解决股东与公司管理者这件的委托代理成本问题，协调大小股东之间就公司资产问题产生的权益冲突。立法目的并不是禁止担保交易行为或者关联担保交易行为本身。再次，《公司法》关于担保的条款在内容上表现为对公司在提供担保前进行内部决策时的权利配置和审议程序，是典型的调整公司治理结构权力行使的规范，属于对担保人单方的公司内部关系的管理型强制性规定，从文义解释上得不出该规范旨在直接约束公司与交易相对人签订的担保合同效力的结论。最后，倘若认定担保合同有效，损害的也只是提供担保的公司的利益，是私主体之间的民事利益的调整关系，并不牵涉国家利益和社会公共利益。综上，《公司法》的担保规范不属于《合同法》第52条第5项规定的“强制性规定”的效力性强制性规定的范畴。[1]

2. 公司担保与公司资本维持原则

关于公司为股东之间的股权转让提供担保的行为是否违背资本维持原则，损害公司债权人利益的问题。资本维持原则的价值在于保护公司债权人的利益，维护市场的健康、有序发展。我国的资本维持原则体现

---

〔1〕 刘贵祥：《合同效力研究》，人民法院出版社2012年版，第304~306页。

在《公司法》上，实际上由一系列否定性的规范组成，主要包括以下规定：第30条、第35条、第91条、第93条、第127条、第142条、第166条。[1] 公司为股东之间的股权转让提供担保的行为显然不属于上述否定性的规范，而且经股东会或者股东大会决议的该类公司担保行为，《公司法》第16条的更是赋予了其完全的合法有效，因此，不能因公司为股东提供担保而认定该行为违背资本维持原则。至于是否损害公司债权人利益，首先，公司提供担保后，并不导致公司的注册资本减少；其次，债权不具有物权的公示性质，无法为行为人所预期，公司资产是否能清偿债权，本身即属于市场风险的一部分，因公司为股东间交易提供担保并不当然损害债权人权益；最后，如果公司股东借公司担保抽逃出资，或滥用股东有限责任损害公司其他债权人的利益，则其他债权人可以援引《公司法》关于股东抽逃出资或者股东滥用公司法人独立地位和股东有限责任的规定，追究股东的法律责任。因此，不能因公司为股东提供担保而认定损害公司债权人的利益。本案中，一审法院认定盛达公司、盛丰公司在转让协议中为股东潘某某支付股权转让款的义务承担连带保证责任，这违反了公司资本维持原则，从而否认公司担保行为的效力，显然违背了《公司法》的规定。

[1] 《公司法》第30条规定："有限责任公司成立后，发现作为设立公司出资的非货币财产的实际价额显著低于公司章程所定价额的，应当由交付该出资的股东补足其差额；公司设立时的其他股东承担连带责任。"第35条规定："公司成立后，股东不得抽逃出资。"第91条规定："发起人、认股人缴纳股款或者交付抵作股款的出资后，除未按期募足股份、发起人未按期召开创立大会或者创立大会决议不设立公司的情形外，不得抽回其股本。"第93条规定："股份有限公司成立后，发起人未按照公司章程的规定缴足出资的，应当补缴；其他发起人承担连带责任。股份有限公司成立后，发现作为设立公司出资的非货币财产的实际价额显著低于公司章程所定价额的，应当由交付该出资的发起人补足其差额；其他发起人承担连带责任。"第127条规定："股票发行价格可以按票面金额，也可以超过票面金额，但不得低于票面金额。"第142条规定："公司不得收购本公司股份。但是，有下列情形之一的除外：……公司不得接受本公司的股票作为质押权的标的。"第166条规定："……股东会、股东大会或者董事会违反前款规定，在公司弥补亏损和提取法定公积金之前向股东分配利润的，股东必须将违反规定分配的利润退还公司。公司持有的本公司股份不得分配利润。"

3. 违反《公司法》第16条规定的公司担保行为的效力认定

《公司法》第16条可视为法律对公司代表人的代表权之相对限制，或者是对董事、高管的权力限制。[1] 违反《公司法》第16条规定的公司担保行为，属于公司法定代表人或公司高管的无权代表或越权代表行为。根据《合同法》第50条、《担保法解释》第11条的规定，[2] 担保债权人是否知道或者应当知道法定代表人越权，是认定该行为是否属于表见代表、合同是否有效的关键。因此，对于违背《公司法》第16条规定所做出的公司担保行为的效力，应通过审查担保债权人审查义务的履行情况，判断其是否为善意第三人，从而认定担保行为的效力。判断担保债权人是否善意第三人的关键是判断其是否尽到了表面证据的审查义务，因为《公司法》第16条已经明确规定了公司为公司股东或者实际控制人提供担保的，必须经股东会或者股东大会决议，如果没有股东会或者股东大会决议就接受公司为股东或者实际控制人提供担保，不能认定为是善意第三人。如果公司股东或者实际控制人伪造股东会或股东大会决议，足以使担保债权人相信公司同意该担保行为，则不能以担保行为违反《公司法》第16条的规定而否认担保行为的效力。

本案中，潘某某与陈某1在订立协议时均为盛丰公司、盛达公司工商登记的股东，夏某某等人为盛丰公司、盛达公司认可的隐名股东。因此，本案债权人是否善意的认定标准应当更高。转让协议中约定了盛达公司、盛丰公司为潘某某支付股权转让款的义务承担连带保证责任，但该担保未经股东会决议，且债权人夏某对此是明知的，并非善意第三人。因此，二审法院以此否认了公司担保行为的效力。

---

〔1〕李建星：《公司越权对外担保的相对人审查义务》，载《月旦民商法杂志》2015年第3期。

〔2〕《合同法》第50条规定："法人或者其他组织的法定代表人、负责人超越权限订立的合同，除相对人知道或者应当知道其超越权限的以外，该代表行为有效。"《担保法解释》第11条规定："法人或者其他组织的法定代表人、负责人超越权限订立的担保合同，除相对人知道或者应当知道其超越权限的以外，该代表行为有效。"

五、发起人在限售期内签订的股份转让协议的效力

《公司法》第141条第1款规定："发起人持有的本公司股份，自公司成立之日起一年内不得转让"。这一条是对股份公司发起人转让股份的时间限制。根据上述规定，在公司成立之日起1年限制转让期内，发起人签订的股份转让协议不发生股份转让的效果。但是，对发起人在股份禁止转让期内，与他人订立的约定在禁止转让期满后办理过户手续的股权转让协议，其效力如何认定？持转让协议无效的意见认为，《公司法》作这一规定的目的是增强发起人在公司创办阶段的责任感和防止某些人利用创办公司的名义实施违法投机行为，如果允许发起人在禁售期内签订于禁售期后办理过户手续的股权转让协议，发起人就能规避《公司法》对该种股份转让的限制，因此，此类转让合同因"违反法律、行政法规强制性规定"而无效。持相反意见者认为，《公司法》对发起人股份转让期间限制的规定，应当理解为是对股权实际转让时间的限制，而不是对达成股权转让协议时间的限制，[1] 因此发起人在限制转让期内订立的约定限制转让期届满后转让股份的合同，应认定为有效。

对于上述问题，第二种司法权威观点是可取的。《公司法》第141条第1款实际上仅是对股份的实际交付及变更登记所作出的限制，所谓"一年内不得转让"，是指1年内不发生股份变动的效果，并不涉及股份转让协议的效力问题。公司的发起人有转让其股份的自由，其既可以在限制期满后转让，也可以在限制期内签订转让协议，待限制期满后再实际交付和办理变更登记，股份转让协议并不因在限售期内签订而无效。因此，《公司法》第141条第1款规定涉及的是股份转让协议的履行问题，而不涉及转让协议的效力，发起人在限售期内签订的股份转让协议有效。

---

〔1〕 最高人民法院执行工作办公室《关于上市公司发起人股份质押合同及红利抵债协议效力问题请示案的复函》（［2002］执他字第22号函）。

典型案例9

张某诉王某股权转让合同纠纷案[1]

案例要旨

1. 1993年《公司法》第147条第1款关于“发起人持有的本公司股份，自公司成立之日起3年内不得转让”的规定，旨在防范发起人利用公司设立谋取不当利益，并通过转让股份逃避发起人可能承担的法律责任。

2. 股份有限公司的发起人在公司成立后3年内，与他人签订股权转让协议，约定待公司成立3年后为受让方办理股权过户手续，并在协议中约定将股权委托受让方行使的，该股权转让合同不违反1993年《公司法》第147条第1款的规定。协议双方在公司法所规定的发起人股份禁售期内，将股权委托给未来的股权受让方行使，也并不违反法律的强制性规定，且在双方正式办理股权登记过户前，上述行为并不能免除转让股份的发起人的法律责任，也不能免除其股东责任。因此，上述股权转让合同应认定为合法有效。

基本案情

2002年9月20日，浦东公司依法成立。张某与王某作为浦东公司的发起人，持股比例分别为18%、17%。2004年10月22日，王某作为甲方、张某作为乙方，签订了《股份转让协议》，约定：甲方同意将其拥有的股份以每股2.44元人民币，共计8300万元人民币的价格转让给乙方。双方一致同意，乙方分两期向甲方支付股份转让金8300万元。本合同生效后10日内，乙方向甲方支付4300万元，在此之前乙方根据《过渡期经营管理协议》已经向甲方支付的定金2000万元自动充抵股份转让金。2004年12月31日前，乙方向甲

[1] 江苏省高级人民法院（2005）苏民二初字第0009号，载《最高人民法院公报》2007年第5期（总第127期）。

方支付其余股份转让金4000万元。协议第4条、第5条约定，双方应在签订协议的同时开始办理股份转让期授权委托手续。协议签订之日起至甲方所持标的股份按期转让于乙方名下止的期间为过渡期，有关过渡期内双方的权利和义务，双方另行签订《过渡期经营管理协议》进行约定。该协议第6条约定了过渡期及股份转让期间的权利和义务。该协议第8条约定，如乙方擅自提前终止本协议，乙方应向甲方一次性支付特别赔偿金41500万元人民币，并应赔偿甲方因此而遭受的经济损失。甲方如违反本协议第6条及其他有关条款规定，也应向乙方支付特别赔偿金41500万元人民币。乙方同时有权选择解除本协议或要求甲方继续履行本协议。

同日，王某作为甲方，张某作为乙方签订了《过渡期经营管理协议》。约定在过渡期内，甲方对标的股份的一切权利均由乙方行使，乙方也相应承担由此而产生的全部责任。该协议还约定，乙方应于本协议签订之日向甲方支付定金2000万元人民币，《股份转让协议》生效后，该定金自动充抵股份转让金。如乙方擅自提前终止本协议，乙方无权要求甲方返还定金。如甲方有违反本协议第3条规定的任一条款的行为，应向乙方双倍返还定金，双倍返还定金仍不能弥补给乙方造成的损失的，应再行按双方特别约定的赔偿金数额进行赔偿。本协议自乙方向甲方支付定金后生效。

上述《股份转让协议》和《过渡期经营管理协议》签订后，王某签署了向浦东公司董事会提出辞去该公司董事职务的申请，并依约向张某出具了《授权委托书》，全权委托张某代为行使王某在浦东公司股份项下可享有的一切权利。并确认，在王某将其名下股份全部转让给张某之前始终有效并不得撤销。张某于2004年10月22日以转账支票向王某支付了2000万元定金，10月29日又向王某支付股份转让金2300万元，由陈某签收，王某确认收到。2004年12月28日，王某致函张某，确认对方在2004年12月31日前还应支付4000万元人民币，督促其如期履行股份转让协议，并告知对方，“若逾期支付以上款项，将收回持有的浦东公司3400万股自然人股份，已支付的4300万元人民币也将作为违约赔偿金，不予退还”。

2004年12月31日，金盛置业投资集团有限公司（王某担任该公司法定代表人）职员张某1、陈某作为经办人，向张某出具《收条》，内容是："今收到苏宁公司代张某支付的股份转让金叁仟捌佰万元整（转账支票）。尚余贰佰万元股份转让金，待股份转让手续完备确认后结算。经办人陈某、张某1代王某。"该收据上还加盖了金盛置业投资集团有限公司财务专用章。

2005年1月8日，王某向张某发出《关于收回股份的通知》。该通知申明鉴于张某迟延支付且尚欠200万元人民币整，已构成根本性违约。从即日起终止双方的《股份转让协议》和《过渡期经营管理协议》。

张某因与王某发生股权转让合同纠纷，向江苏省高级人民法院提起诉讼。请求法院依法判令被告继续履行双方签订的《股份转让协议》和《过渡期经营管理协议》，并依照《股份转让协议》中的约定向原告支付特别赔偿金41500万元。

王某辩称：其一，《股份转让协议》及《过渡期经营管理协议》违反了法律强制性规定和《南京浦东建设发展股份有限公司章程》（以下简称《浦东公司章程》）的规定，为无效协议。其二，即使《股份转让协议》及《过渡期经营管理协议》有效，原告也无权要求被告承担违约特别赔偿金，因为原告并没有严格按约定履行自己的义务。原告称已经支付的3800万元实际在2005年1月4日才到账，且还有200万元款项未付，故被告于2005年1月8日发出《关于收回股份的通知》是对原告既不按时，也不全面履约行为的正常反应，是合理行为，而不是违约行为。其三，双方签订《股份转让协议》及《过渡期经营管理协议》显失公平，上述协议中存在大量单方面加重王某负担的条款。

2005年6月7日，王某提起反诉，认为《股份转让协议》及《过渡期经营管理协议》是无效协议，而且是显失公平的，请求判令双方签署的《股份转让协议》及《过渡期经营管理协议》无效并予以撤销。

法院裁判

江苏省高级人民法院审理后认为：1. 张某和王某作为浦东公司的发起人，

在浦东公司成立两年后，于2004年10月22日签订《股份转让协议》及《过渡期经营管理协议》，约定“过渡期”后王某将所持的标的股份转让于张某名下。上述约定并不违反原《公司法》的相关规定，不违反《浦东公司章程》的相关规定，亦不违反社会公共利益，应认定为合法有效。上述协议签订时，因王某和张某均系长期从事实业经营的企业家，对标的股份的实际价值以及转让价值是否合理应当清楚，且首先是王某就股份转让的价格发出了要约或反要约。据此，王某关于张某对其实行价格欺诈，导致合同显失公平的主张，没有事实根据，不予支持。

2. 张某于2004年12月31日前向王某支付了3800万元，王某也认可收到上述款项，故应认定张某不构成履行迟延。金盛置业投资集团有限公司的财务人员陈某、张某1作为王某的代理人，就张某尚未支付的200万元所作出的“余款贰佰万元股份转让金，待股份转让手续完备确认后结算”的意思表示，应当视为双方当事人对部分价款的支付重新作出了约定。张某据此保留200万元待股份转让手续完备确认后结算，不构成违约。

3. 张某在王某违约的情况下，可追求王某的违约责任。但双方合同关于按转让金额的5倍即41500万元支付特别赔偿金的约定，显然过分高于王某的违约行为给张某造成的损失。根据《合同法》的规定，应予以适当减少。

江苏省高级人民法院于2005年12月6日判决：(1) 张某与王某签订的《股份转让协议》和《过渡期经营管理协议》有效；(2) 王某在本判决生效后10日内依合同约定与张某办理股权转让的相关手续；(3) 上述股份转让手续办理完备后，张某立即给付王某200万元股份转让金；(4) 王某应于本判决生效后10日内向张某支付500万元违约金；(5) 驳回张某其他诉讼请求；(6) 驳回王某的反诉请求。

一审宣判后，双方当事人均未提起上诉，一审判决已经发生法律效力。(本案审判时适用修订前的公司法。修订后的《公司法》第141条将限制发起人转让股份的期限缩短为1年)

案例评析

本案判决展现的法律逻辑关系大致如下：《公司法》第141条第1款的立法目的在于防范发起人利用公司设立谋取不当利益，并通过转让股份逃避发起人可能承担的发起人责任。只要未实际交付股份，则在禁售期内承担责任的仍是原发起人。该法条所禁止的发起人转让股份应是对股份变动行为的禁止，而不是对签订合同行为的禁止。因此，双方当事人间订立合同的行为并不违反法条的立法本意，应为有效。上述结论当然是符合司法权威观点的，但是该推论认为只要未实际交付股份，则在禁售期内承担责任的仍是原发起人，对于该观点，判决未作进一步论述。

股份有限公司的发起人的主要职责在于设立公司，根据《公司法》的规定，在这过程中，如发起人未依照规定缴纳出资的，[1]未按规定召开创立大会的，[2]由于其他发起人未足额缴纳出资或者非货币出资价额显著过低的，[3]由于公司不能成立或过失致公司利益受损的，[4]发起人应承担相应的责任。公司正式成立后，发起人即为股东，其作为股东所负担的权利义务与其他非发起人股东并无不同，《公司法》亦未规定发起人承担责任需具备股东身份。综上，发起人并不因为是否转让股份而影响其责任承担，也无法认定发起人作为股东才能承担或者更好地承担发起人责任。因此，对发起人持有的股权转让设置一定的转让期限限制，并不能影响发起人责任的承担。对此，有观点认为，《公司法》对发起人股权转让的时间限制，无实际的意义；[5]非但不为公司实际运作所需要，且有忽略社会分工、限制经济流转的负面效应。[6]

---

[1] 详见《公司法》第83条第2款的规定。
[2] 详见《公司法》第89条的规定。
[3] 详见《公司法》第93条的规定。
[4] 详见《公司法》第94条的规定。
[5] 虞政平：《股权转让协议的效力审查》，载《法律适用》2003年第9期。
[6] 张勇健：《发起人股份转让限制若干问题研究》，载《法律适用》2005年第3期。

我国公司法规定，公司发起设立时，发起人必须认购公司发行的全部股份；公司募集设立时，发起人认购的股份不得少于公司股份总数的35%，公司正式成立后，发起人即成为股东。发起人的特殊法律地位及其与公司的密切关系表明，发起人对公司的成立及成立初期的财产稳定和组织管理有重要影响。因此，公司法对发起人股份转让时间进行限制，是为了增强发起人在创办阶段的责任感，避免发起人利用设立公司的名义投机牟利、损害其他股东及社会公众的利益，保证公司成立之后一段时期的顺利经营，[1] 希望发起人在公司发起成立之后不过早出售股份退出公司，以彰显对公司未来发展的信心，保护的是公司和其他股东的利益。

实务中，在限售期内签订股份转让合同，约定限售期满后办理变更登记的实例不在少数，股份转让协议并不因在限售期内签订而无效，从法律性质上来说，这应属于双方当事人约定的附期限的民事法律行为。

六、股份公司的股份转让未在依法设立的证券交易场所进行，是否导致转让行为无效

《公司法》第138条规定："股东转让其股份，应当在依法设立的证券交易场所进行或者按照国务院规定的其他方式进行。"根据本条规定，股份有限公司的股东转让其股份应当在依法设立的证券交易场所进行，还可以以其他适当的方式进行，具体的方式由国务院规定。这就产生了一个疑问，如果股东转让其股份，既未在依法设立的证券交易场所进行，亦未按照国务院规定的其他方式进行，而是采取直接转让的方式进行，股份转让行为是否因此无效？

《公司法》第138条在性质上显然不属于效力性强制性规范，首先从文意上理解，股份有限公司的股东转让其股权，既可以在依法设立的证券交易场所进行，也可以国务院规定的其他方式进行，因此未在依法设立的证券交易

[1] 赵旭东：《新公司法条文释解》，人民法院出版社2005年版，第273页。

场所进行交易，并不违反该规定。其次，如果将该条理解为如果国务院没有规定其他方式的，则只能在依法设立的证券交易场所进行，显然违背了该条的立法目的。根据权威观点，《公司法》对本条文进行修改的目的是改变之前规定对股份流通的限制，[1] 因此，并无强制要求股份转让只能在依法设立的证券交易场所进行。再次，股份有限公司发行的股票包括无记名股票，而依照《公司法》第 141 条的规定，无记名股票的转让，交付即发生转让的效力，对无记名股票的转让也要求在法定场所进行，实践中无法操作。最后，目前存在大量非上市股份公司，依法设立的政权交易场所除了上交所、深交所和新三板外，其他现存的地方产权交易所存在“从权限上看，地方政府无权设立具备金融性质的交易所；从职能上看，地方政府也没有能力设立具备金融性质交易所并应对其突如其来的潜在风险”[2]的尴尬局面，要求所有的股份转让统一在法定交易场所进行也不现实。因此，《公司法》第 138 条对股份有限公司股东转让股份场所或方式的规定，对股权转让关系效力并无影响，司法实践目前也持同样观点。[3] 转让行为效力如何不能依据《公司法》第 138 条进行判断，而应当根据法律、行政法规的其他规定进行认定。

典型案例 10
陈某与毛某股权转让纠纷案[4]

案例要旨

《公司法》第 138 条关于“股东转让其股份，应当在依法设立的证券交易场所进行或者按照国务院规定的其他方式进行”的规定，是指股权的实际变

[1] 参见全国人民代表大会常务委员会法制工作委员会编：《中华人民共和国公司法释义》（最新修正版），法律出版社 2013 年版，第 216 页。

[2] 周瑞：《论交易所的“乱”与“治”——从我国交易场所清理整顿谈起》，法律出版社 2012 年版，第 268 页。

[3] 参见最高人民法院（2018）民终 60 号判决、广东省高级人民法院（2018）粤 03 民终 15218 号判决。

[4] 湖南省高级人民法院（2017）湘民终 340 号。

更应当在规定场所完成，该条文并未对当事人间的股权转让合同签订场所及效力作出明确规定。股份公司的股份转让未在依法设立的证券交易场所进行，不导致转让行为无效。

基本案情

上诉人（原审被告）：陈某。

被上诉人（原审原告）：毛某。

2008年12月25日，毛某通过工商银行向陈某转账支付了65万元。2009年3月上旬，陈某将一张落款时间为2008年9月28日、内容为“毛某同志，持有本公司股份伍拾万股，占总股本比例0.8%”的大康农业公司的股权证交给毛某。大康公司的股票于2010年正式上市后，毛某多次找陈某要求退还股票未果。2015年4月18日，毛某委托张某、周某与陈某协商处理受让的股权事宜过程中，陈某认可代持毛某50万股大康公司股权的事实。陈某与毛某在电话交谈时，也承认代持毛某50万股大康公司股权，只是提出毛某已同意转给了周某。

陈某转让给毛某50万股大康公司股权，大康公司的相关文件均无记载、披露。

毛某陈述：2008年下半年，大康公司时任董事长陈某以每股1.3元价格转让其持有的大康公司50万股股权给毛某，转让价款65万元。

2010年11月，大康公司的股票在深圳证券交易所上市，股票代码为002505。大康公司2010年度利润分配方案是以未分配利润向全体股东每10股送2股同时派发现金0.5元（含税），以资本公积金转增股本的方式向全体股东每10股转增4股；2011年度利润分配方案是向全体股东每10股派1元人民币现金（含税），同时以资本公积金向全体股东每10股转增5股；2012年度利润分配方案是不派发现金红利、不送红股、不以公积金转增股本；2013年度利润分配方案是以资本公积金向全体股东每10股转增5股；2014年半年度利润分配方案是以资本公积金向全体股东每10股转增12股；2015年度利润分配方案为每10股转赠9股，股权登记日为2016年6月7日。根据大康公司的利润分配方案，至2016年6月7日，毛某受让的50万股股份已分配现金红利10.5万元（含税），股份增至752.4万股。

毛某向一审法院起诉请求：(1）判令陈某持有的752.4万股大康公司股票（证券代码：002505）及孳息归毛某所有；(2）判令陈某于判决生效后10日内出售第一项诉讼请求对应的股票及孳息（包括红股、配送股）并支付价款，一并支付代持股票期间产生的现金红利10.5万元给毛某。

法院裁判

一审法院判决：(1）陈某持有的752.4万股大康公司股票（证券代码：002505）财产权益［包括自2016年6月8日起产生的红股（转、赠股)、配送股］归毛某所有；(2）陈某于判决生效后10日内出售持有的大康公司752.4万股股票（证券代码：002505）及自2016年6月8日起产生的红股（转、赠股)、配送股，并向毛某交付价款；(3）陈某于判决生效后10日内返还毛某代持股票产生的现金红利10.5万元（含税)。

陈某不服，提起上诉，请求撤销一审判决，改判驳回毛某的全部诉讼请求。陈某的主要上诉理由是：双方并未签署任何股权转让协议、代持协议，仅凭股权证不能证明存在股权转让或代持关系；在本案"股权证"出具之时，大康公司已经是股份公司，其股东转让股份之行为，应当在证券交易场所进行，而不能通过私下交易。该转让未依法报经证券监管部门核准，未在指定证券交易场所进行，违反了公司法和证券法的禁止性规定，是非法出售股票行为，应属无效。

法院生效裁判认为，(1）关于毛某与陈某之间法律关系的性质。一审法院认定当事人双方存在股权转让关系，有毛某本人的陈述，证人张某书面证言、第一次二审时当庭所作证言，以及股权证、电话录音、证人周某的证言等证据相互佐证，并非仅根据毛某持有的股权证这一单个证据作出的认定。陈某向一审法院提出对股权证上的法定代表人签名和公司印章的真实性进行鉴定，但因前述分析已表明毛某是案涉股份的受让人，一审法院对陈某提出的鉴定申请不予准许符合《民诉法解释》第121条“对证明待证事实无意义的，人民法院不予准许”的规定。陈某主张与毛某之间是借贷关系，但未提交任何证据证明。一审判决综合全部案件事实，依据优势证据规则认定本案双方之间存在陈某向毛某转让股权并由陈某代持的关系，理据充分，并无不当。

（2）关于陈某与毛某之间的股权转让行为的效力问题。第一，《证券法》第39条关于“依法公开发行的股票、公司债券及其他证券，应当在依法设立的证券交易所上市交易或者在国务院批准的其他证券交易场所转让”的规定，是对公开发行的证券上市交易行为的规范，陈某转让案涉股份发生在2008年，当时大康公司股票尚未上市，该转让行为不适用《证券法》第39条的规定。

第二，股权是一种财产性与人身性混合的权利，完整的股权转让行为包括交易双方达成股权转让的合意、股权权属变更、股权权能转移。其中，股权转让合同在当事人达成合意时生效，在转让方与受让方之间产生债权债务关系，对股权权属是否进行了变更登记不影响股权转让合同的效力。股权转让合同的生效，仅是股权变动的基础法律关系。在以合同方式转让股权的场合，转让合同的成立、生效与股权变动的生效是两种事实状态。《公司法》第138条规定“股东转让其股份，应当在依法设立的证券交易场所进行或者按照国务院规定的其他方式进行”，是指股权的实际变更应当在规定场所完成，该条文并未对当事人间的股权转让合同签订场所及效力作出明确规定。即使是上市公司股东转让股份，并非只能在证券交易所通过集中竞价交易方式进行，根据深圳证券交易所、上海证券交易所、中国证券登记结算有限责任公司有关《上市公司流通股协议转让业务办理暂行规则》《上市公司非流通股股份转让业务办理规则》《上市公司非流通股股份转让业务办理实施细则》等规定，上市公司股份可以通过协议方式转让，只是股份转让的各方需通过证券交易所申请办理股权变更登记手续。故，即使是大康公司上市后，其股东仍可依法按前述规则以协议方式进行股份转让。本案股份转让口头协议成立后股份一直由陈某代持，尚未发生股权变更，但并不能因此否定双方之间股份转让合同的效力。

第三，结合《证券法》第39条、《公司法》第144条的规定来看，《公司法》第138条规定的“应当在依法设立的证券交易场所进行”指的是上市股份有限公司的股份交易，而陈某转让本案股份在2008年，本案股份当时系非上市股份有限公司的股份。从《公司法》第139条、第140条的规定来看，对于股份有限公司的记名股票和无记名股票，可以采取背书方式或者交付方式进行转让，公司法并未对非上市股份有限公司的股份交易场所进行排他性限制。虽然中国证监会进行了非上市股份公司股份进入证券交易所代办股份转让系统进行股份报价转让试点，一些地方也进行了非上市公司股权交易市场试点，但是目前除对国有股的转让方式及场所有具体要求外，国务院并未对股东转让非上市股份有限公司其他股份的方式及场所作出强制性的特别规定，没有要求所有非上市股份有限公司股份的转让必须全部在其他股权交易场所内进行的规定。根据国务院办公厅《关于严厉打击非法发行股票和非法经营证券业务有关问题的通知》（国办发〔2006〕99号）的规定，“向不特定对象发行股票或向特定对象发行股票后股东予以累计超过200人的，为公开发行，应依法报经证监会核准”“向特定对象发行股票后股东累计不超过200人的，为非公开发行。非公开发行股票及其股权转让，不得采用广告、公告、广播、电话、传真、信函、推介会、说明会、网络、短信、公开劝诱等公开方式或变相公开方式向社会公众发行。向特定对象转让股票，未依法报经证监会核准的，转让后，公司股东累计不得超过200人”。大康公司在2008～2009年时的股东分别为78人和79人，陈某与毛某之间的股份转让协议不违反该通知的禁止性规定，无须报经证券监管部门核准。

第四，大康公司在上市前向证券监管部门提交的《首次公开发行股票招股说明书》《关于申请首次公开发行股票（A股）并上市的律师工作报告》等申请文件记载：“2008年7月16日，陈某等13名股东分别与邓碧海等65人签署股份转让协议，转让方将其所持发行人股份部分或全部转让给受让方。上述股份转让完成后，发行人对公司章程相应内容作了修改并完成了工商登记备案手续。”大康公司上市时的律师事务所湖南启元律师事务所对该股份协议转让出具的法律意见是“本所认为，发行人2008年上述股份转让合法、合规、真实、有效”。前述申请文件经证券监管部门确认，并向社会公告，对外具有公示效力。陈某等人的前述股份转让采取的是协议转让方式，未报经证券监管部门核准，也不是在指定的证券交易场所进行，但大康公司聘请的律师事务所提交给证券监管部门的相关法律意见为陈某等人股份转让合法有效。陈某与毛某之间的股份转让亦为协议转让，除未经章程修改和工商登记备案外，与前述股份转让并无本质不同，且根据公司法规定章程修改或工商登记备案并不是股份有限公司股份转让合同的生效要件，故陈某的该项上诉主张显然与大康公司上市时的法律意见相悖，没有事实和法律依据。据此，二审判决驳回上诉，维持原判。

案例评析

本案中，毛某与陈某之间是股权转让法律关系，因此，本案的争议焦点为股份公司的股权转让未在依法设立的证券交易场所进行，是否导致转让行为无效。

1.《公司法》第138条并非效力性强制性规范

根据《公司法》及《证券法》的规定，股份公司可以分为三种类型，即上市公司、非上市公众公司、非公众股份有限公司。上市公司，是指其股票在证券交易所上市交易的股份有限公司。[1] 非上市公众公司，是指股东人数超过200人，或者虽然没超过200人但股票可以公开转让的非上市股份公司。[2] 除此之外的股东人数在2人到200人，采取发起设立方式组建的股票不能在交易场所公开转让的股份公司则属于非公众股份有限公司。对于股份公司股份转让的场所和方式，在2005年《公司法》修订之前，规定不论股份有限公司的股份发行和交易方式有什

[1] 《公司法》第120条。
[2] 详见《非上市公众公司监督管理办法》第2条。

么不同，其股份转让都必须在依法设立的证券交易场所进行。司法实践中，“证券交易场所外的股份交易”，不受法律保护，也不产生法律效力。[1] 这其实是对股份有限公司股份转让的限制，特别是对于不公开发行股份的公司或者公开发行股份但尚未上市的公司，由于实践中缺乏为其交易而设立的证券交易场所，这一规定更限制了其股份的流通性。[2] 因此，2005 年修订后的《公司法》第 138 条规定：“股东转让其股份，应当在依法设立的证券交易场所进行或者按照国务院规定的其他方式进行。”虽然将“必须”该为了“应当”，并且规定除了在依法设立的证券交易场所进行外，还可以以其他适当的方式进行，具体的方式由国务院规定。从法条字面意义上理解，根据本条规定，股份有限公司的股东转让其股权主要应当在依法设立的证券交易场所进行，依然没有区分上市公司、非上市公众公司、非公众股份有限公司在适用上的不同。这给司法实践的适用带来了困惑，本案出让方即以该条的规定主张转让行为未在指定证券交易场所进行，违反了法律的强制性规定，属于《合同法》第 52 条中规定的“损害社会公共利益”“违反法律、行政法规的强制性规定”行为，因此主张转让行为无效。这显然是对《公司法》第 138 条的错误理解。

《合同法解释（二）》明确规定：《合同法》第 52 条第 5 项规定的“强制性规定”，是指效力性强制性规定，即只有在违反效力性强制性规定时才能导致合同无效。如前所述，无论是从条文本身的文意上理解，从规定本身的立法目的出发，还是结合《公司法》第 140 条关于无记名股票的转让，交付即发生转让的效力的规定，《公司法》第 138 条在性质上显然不属于效力性强制性规范。

2. 股份公司的股份转让未在依法设立的证券交易场所进行，不导致转让行为无效

对于上市公司而言，《公司法》第 144 条规定：“上市公司的股票，

---

〔1〕 详见贵州省贵阳市中级人民法院（1998）筑法民二终字第 60 号。

〔2〕 参见全国人民代表大会常务委员会法制工作委员会编：《中华人民共和国公司法释义》（最新修正版），法律出版社 2013 年版，第 216 页。

依照有关法律、行政法规及证券交易所交易规则上市交易”。《证券法》第 39 条规定：“依法公开发行的股票、公司债券及其他证券，应当在依法设立的证券交易所上市交易或者在国务院批准的其他证券交易场所转让”。因此，上市公司合法的股票交易场所只能是证券交易所，但是该条文并非是对当事人间的股权转让合同签订场所对股权转让效力的规定，而是指股权的实际变更应当在规定场所完成。即使是上市公司股东转让股份，并非只能在证券交易所通过集中竞价交易方式进行，根据深圳证券交易所、上海证券交易所、中国证券登记结算有限责任公司有关《上市公司流通股协议转让业务办理暂行规则》《上市公司非流通股股份转让业务办理规则》《上市公司非流通股股份转让业务办理实施细则》等规定，上市公司股份可以通过协议方式转让，只是股份转让的各方需通过证券交易所申请办理股权变更登记手续。对于非上市公司而言，如果是非上市公众公司的公开转让股份，2012 年 9 月 28 日中国证监会《非上市公众公司监督管理办法》第 4 条规定，公众公司公开转让股票应当在法设立的证券交易场所进行。但是也可以采取协议转让的方式。因此，与上市公司一样，上述规定只是要求股份转让的各方需通过证券交易所申请办理股权变更登记手续，而不是以此否认转让行为的效力。同时，上述规定并非法律、行政法规的范畴，即使违反该规定的转让，也不必然导致转让合同无效。

对于其他类型的股份公司股权转让而言，虽然中国证监会进行了非上市股份公司股份进入证券交易所代办股份转让系统进行股份报价转让试点，一些地方也进行了非上市公司股权交易市场试点，但是目前除了《企业国有资产法》及《企业国有产权转让管理暂行办法》作出了企业国有产权的转让必须进场进行“公开交易”的特别规定外，国务院并未对股东转让非上市股份有限公司其他股份的方式及场所作出强制性的特别规定，没有要求所有非上市股份有限公司股份的转让必须全部在其他股权交易场所内进行的规定。目前，非上市股份公司的股份转让等事宜多由各地方自行规范，并且设有产权交易所为其提供托管、登记、代办转让等服务。如北京市人民政府国有资产监督管理委员会、北京市发展和改革委员会、北京市工商行政管理局于2007年发布的市国资委、市发展改革委、市工商局《关于加强本市非上市股份有限公司国有股权登记管理的通知》(京国资发〔2007〕3号)规定,凡在北京股权登记管理中心托管登记的北京市非上市股份有限公司,涉及股份转让及其他权属变化的,应在北京股权登记管理中心办理股份转让及其他权属变化后的托管登记相关手续。但由于非上市股份公司的股份转让进入产交所交易进行在法律法规层面并非强制性规定,因此,除非是违反了《企业国有资产法》及《企业国有产权转让管理暂行办法》关于企业国有产权的转让必须进场进行"公开交易"的效力性强制性规定,其他类型的股份公司的股权转让未在依法设立的证券交易场所进行,并不因此导致转让行为无效。

综上,本案股份转让发生时公司并未上市,涉及的亦非国有股份转让,当事人双方未在依法设立的证券交易场所进行,并不导致转让行为无效。

七、关联交易或自我交易的认定及对股权转让合同效力的影响

《公司法》第216条第4项界定了关联关系。关联关系,是指公司控股股东、实际控制人、董事、监事、高级管理人员与其直接或者间接控制的企业之间的关系,以及可能导致公司利益转移的其他关系。根据本项规定,关联关系的主要形式有:公司控股股东与其直接或者间接控制的企业之间的关系;公司实际控制人与其直接或者间接控制的企业之间的关系;公司董事、监事、高级管理人员与其直接或者间接控制的企业之间的关系;其他可能导致公司利益转移的其他关系,如同一控股股东或者实际控制人控制下的公司之间的关系、合营企业之间的关系、联营企业之间的关系、主要投资者个人、关键管理人员或与其关系密切的家庭成员和公司之间的关系、受主要投资者个人、关键管理人员或与其关系密切的家庭成员直接控制的其他企业和公司之间的关系等。[1]

---

〔1〕参见全国人民代表大会常务委员会法制工作委员会编:《中华人民共和国公司法释义》(最新修正版),法律出版社2013年版,第216条释义。

因此，具有关联关系的这些主体与公司之间的交易即构成关联交易。

《公司法》第 147 条规定，董事、监事、高级管理人员应当遵守法律、行政法规和公司章程，对公司负有忠实义务和勤勉义务。董事、监事、高级管理人员不得利用职权收受贿赂或者其他非法收入，不得侵占公司的财产。《公司法》第 148 条对董事、高级管理人员的忠实义务进行了专门的规定。其中，第 4 项对“自我交易”禁止规则进行了规定：董事、高级管理人员不得违反公司章程的规定或者未经股东会、股东大会同意，与本公司订立合同或者进行交易。因此，简言之，自我交易就是董事、高管自己与公司交易。

从《公司法》的上述规定来看，公司的董事、高管与公司也构成关联关系，董事、高管与公司的交易也属于关联交易，因此，“自我交易”与“关联交易”属于包含与被包含的关系，自我交易属于关联交易的一种特殊形式。

随着现代经济的发展，关联交易已经成为公司经营管理过程中经常发生的交易行为，关联交易本身有利有弊，它对于稳定公司的经营业务、分散公司的经营风险、促进公司的发展等方面有其可取之处，但弊端是不能避免关联方利用与公司的关联关系，迫使公司从事不利益的交易，如控股股东通过关联交易挪用公司资金或者挪转公司利润，损害公司和公司其他股东的利益。《公司法》虽然规定了由于关联交易给公司造成损失的，关联方应当承担赔偿责任。[1] 但是并不禁止关联交易，对于关联交易应当遵循的程序，也很少有特殊的规定，《公司法》第 124 条虽然对上市公司的管理交易的程序进行了规定，[2] 但是对违反程序的关联交易本身的效力，并未进一步规定。《公司法解释（五)》第 1 条第 1 款规定：“关联交易损害公司利益，原告公司依据公司法第二十一条规定请求控股股东、实际控制人、董事、监事、高级管理人员赔偿所造成的损失，被告仅以该交易已经履行了信息披露、经股东会或者

---

〔1〕《公司法》第 21 条规定：“公司的控股股东、实际控制人、董事、监事、高级管理人员不得利用其关联关系损害公司利益。违反前款规定，给公司造成损失的，应当承担赔偿责任。”

〔2〕该条规定：“上市公司董事与董事会会议决议事项所涉及的企业有关联关系的，不得对该项决议行使表决权，也不得代理其他董事行使表决权。该董事会会议由过半数的无关联关系董事出席即可举行，董事会会议所作决议须经无关联关系董事过半数通过。出席董事会的无关联关系董事人数不足三人的，应将该事项提交上市公司股东大会审议。”

股东大会同意等法律、行政法规或者公司章程规定的程序为由抗辩的，人民法院不予支持。”也说明了关联交易是否符合法定程序往往是作为判断关联交易对公司是否公平的判断依据，但是不能作为判断关联交易本身是否有效的标准。因此，判断关联交易项下的股权转让合同是否有效，并不能以该股权转让行为是否构成关联交易来判断股权转让合同的效力，而应回到《合同法》的框架范围内，根据《合同法》第 52 条的规定加以认定。

《公司法》第 148 条第 4 项规定，董事、高管不得违反公司章程的规定或者未经股东会、股东大会同意，与本公司订立合同或者进行交易。该条规定表明，我国公司法并不禁止自我交易，但是董事、高管与本公司订立合同或者进行交易，须有公司章程规定，或者股东会、股东大会的同意。因此，如果既没有在公司章程中规定，也没有取得股东会、股东大会的同意，自我交易就违反了《公司法》的规定。但是，根据《公司法》第 148 条第 2 款的规定，这种违反规定的自我交易的后果是“董事、高级管理人员违反前款规定所得的收入应当归公司所有”。自我交易下的合同并不因此无效。因此，与关联交易一样，判断自我交易项下的股权转让合同是否有效，并不能以该股权转让行为是否构成自我交易来判断股权转让合同的效力，而应回到《合同法》的框架范围内，根据《合同法》第 52 条的规定进行判断。

典型案例 11

股权转让是否属于关联交易及关联交易对合同效力的影响

——玉清公司与尚志公司股权转让纠纷案〔1〕

裁判要旨

是否存在关联关系，应由主张存在关联关系的一方进行举证，依据《公司法》第 216 条第 4 项的规定予以认定，本案的股权转让不属于关联交易。

〔1〕山东省高级人民法院（2015）鲁商终字第 337 号。本案二审判决作出后，玉清公司不服，向最高人民法院提起再审。最高人民法院作出（2016）民申字 724 号民事裁定书，裁定驳回玉清公司的再审申请。

即使属于关联交易，根据《公司法》第21条的规定，其法律后果是承担赔偿责任，而不是关联交易行为无效，因此关联交易并不能成为《股权转让协议书》无效的依据。

基本案情

上诉人（原审被告）：玉清公司。

被上诉人（原审原告）：尚志公司。

2009年12月16日，远耀公司（甲方）与玉清公司（乙方）签订《股权转让协议书》一份。约定甲方与乙方就正源公司51%的股权2500万元出资额，以5200万元转让给乙方，股权转让协议在商丘市工商行政管理局备案。其后，《股权转让协议书》已经过政府主管部门审批同意。2010年4月28日，正源公司完成了股权变更登记手续。玉清公司支付股权转让款2600万元，剩余的2600万元股权转让款没有支付。2014年7月31日，远耀公司与尚志公司签订债权转让协议一份。约定远耀公司将其所拥有的对玉清公司2600万元的债权及相关权益转让给尚志公司。2014年8月5日，远耀公司就该债权转让事宜书面告知了玉清公司。尚志公司提起本案诉讼，请求判令玉清公司向尚志公司支付2600万元股权转让款。玉清公司辩称时任玉清公司董事长的王某是远耀公司的实际控制人，根据香港公司注册处的查询及其他证据显示王某在远耀公司持有股份。远耀公司与玉清公司之间的股权转让系关联交易，《股权转让协议书》无效。

法院裁判

一审判决玉清公司向尚志公司支付2600万元股权转让款及利息损失。玉清公司不服，提起上诉。其主要理由是，玉清公司的原法定代表人王某系远耀公司的股东，王某与远耀公司已构成关联关系，王某未履行董事禁止自我交易的义务，涉案股权转让合同侵害了玉清公司的合法权益，违反了公司法的禁止性规定，应为无效。二审判决驳回上诉，维持原判。

生效裁判认为，关于本案股权转让协议效力的问题。《公司法》(2005年修订) 第217条第4项规定：“关联关系，是指公司控股股东、实际控制人、董事、监事、高级管理人员与其直接或者间接控制的企业之间的关系，以及可能导致公司利益转移的其他关系。但是，国家控股的企业之间不仅因为同受国家控股而具有关联关系。”而本案玉清公司提供的经过证明的远耀公司的公司资料证明并未显示，2009年7月17日远耀公司与玉清公司签订《股权转让协议书》时，王某是远耀公司的股东。并且玉清公司也未能提供证据证实王某是远耀公司的实际控制人。所以，2009年7月17日远耀公司与玉清公司签订《股权转让协议书》时，远耀公司与玉清公司并不存在关联关系。

退一步讲，即使王某当时是远耀公司的实际控制人，也并不必然导致远耀公司与玉清公司签订的《股权转让协议书》无效。理由：《公司法》(2005年修订) 第21条规定公司的控股股东、实际控制人、董事、监事、高级管理人员利用其关联关系损害公司利益的法律后果是应当赔偿给公司造成损失，并没有规定关联交易行为无效，关联交易行为只有存在《合同法》第52条规定情形时才应被认定为无效。就本案而言，玉清公司没有证据明远耀公司与玉清公司所签订的《股权转让协议书》存在第52条所规定的无效情形。在远耀公司与玉清公司签订《股权转让协议书》之前，即2009年7月2日，玉清公司已召开董事会，并形成了董事会决议，各董事一致同意玉清公司以5200万元收购远耀公司所持有的正源公司51%股权，并且玉清公司各股东委派的董事均在董事会决议上签字，玉清公司与远耀公司签订《股权转让协议书》符合玉清公司各股东的意愿。至于股权转让价格，股权转让价格受多种因素的影响，包括出资额、净资产、公司发展前景等，公司净资产仅是影响股权转让价格的一个因素，股权转让价格与净资产并不必然成同比。本案玉清公司基于“商丘市城市人口已超过了86万人，但是相对应的城市供水的规模较小；鉴于目前城区供水管网改造基本完成，政府已下决心关闭城区自备井，具备了供水效益大提高的条件，因此，商丘市水务市场的发展潜力巨大，具有良好的投资价值”的考虑，同意以5200万元价格受让远耀公司持有的正源公司51%的股权，本案股权转让价格是玉清公司与远耀公司双方协商一致的结果，并不影响本案股权转让协议的效力。所以一审法院认定本案股权转让协议合法有效正确，本院予以维持。

案例评析

本案的争议焦点在于，股权转让合同是否存在公司法定代表人与其关联公司之间的关联交易以及关联交易是否导致股权转让合同无效。

1. 本案是否存在关联关系的界定

本案玉清公司主张其法定代表人王某是股权受让方远耀公司的实际控制人，虽然《公司法》第216条没有直接规定“法定代表人”是构成关联关系的主体，但是基于法定代表人的内涵，其当属于隐藏的主体。法定代表人是指依法代表法人行使民事权利、履行民事义务的主要负责人。《公司法》第13条第1句规定，公司法定代表人依照公司章程的规定，由董事长、执行董事或者经理担任，并依法登记。董事长、执行董事属于“董事”范畴，经理属于“高级管理人员范畴”。因此，公司法定代表人与其直接或者间接控制的企业之间的关系，以及可能导致公司利益转移的其他关系，属于《公司法》第216条界定的关联关系范畴。本案玉清公司主张王某是让方远耀公司的股东，但是在不属于控股股东或者有其他控制关系的情况下，即使王某是让方远耀公司的股东，远耀公司与玉清公司进行股权转让亦不能构成关联交易。玉清公司还主张王某是远耀公司的实际控制人，实践中，公司实际控制人通过股权以外的其他安排来控制目标公司的手段比较隐蔽、复杂，如何审查认定某人是否为公司的实际控制人是案件审理工作的难点问题。虽然《公司法》第216条第3项规定，实际控制人，是指虽不是公司的股东，但通过投资关系、协议或者其他安排，能够实际支配公司行为的人，但立法没有就此作出进一步的解释。审判实践中，可以参照证监会、证券交易所的有关规定来理解“实际支配公司行为”的内涵和外延。[1] 但需要主张者就公司是否被某人实际控制进行举证，本案玉清公司未能就此提供充分证据予以证实，故法院认定签订《股权转让协议书》时，远耀公司与玉清公司并不存在关联关系。

2. 股权转让合同并不因关联交易而无效

《公司法》第21条规定：“公司的控股股东、实际控制人、董事、监事、高级管理人员不得利用其关联关系损害公司利益。违反前款规定，给公司造成损失的，应当承担赔偿责任。”根据该规定，当公司的控股股东、实际控制人、董事、监事、高级管理人员利用其关联关系且损害了公司利益时，其法律后果是承担赔偿责任，而不是关联交易行为无效。因此玉清主张的远耀公司与玉清公司是关联关系，本案所涉股权转让是关联交易的事实并不能成为本案《股权转让协议书》无效的依据。关联交易行为只有存在《合同法》第52条规定情形时才应被认定为无效。本案中，《股权转让协议书》已经过政府主管部门审批同意，其内容不违反法律和法规的强制性规定，本案股权转让事宜及价格系经玉清公司董事会讨论予以确定，在没有证据证明玉清公司受到胁迫和欺诈的情况下，本案股权转让价格是玉清公司与远耀公司双方协商一致的结果。在没有证据明远耀公司与玉清公司所签订的《股权转让协议书》存在《合同法》第52条所规定的无效情形的情况下，《股权转让协议书》并不因存在关联交易而无效。

---

[1] 如上海证券交易所在其2019年修订的《股票上市规则》中，从大股东控制上市公司的角度对控制进行了释义。该规则第18.1条规定：“控制：指能够决定一个企业的财务和经营政策，并可据以从该企业的经营活动中获取利益的状态。具有下列情形之一的，构成控制：(1) 股东名册中显示持有公司股份数量最多，但是有相反证据的除外；(2) 能够直接或者间接行使一个公司的表决权多于该公司股东名册中持股数量最多的股东能够行使的表决权；(3) 通过行使表决权能够决定一个公司董事会半数以上成员当选；(4) 中国证监会和本所认定的其他情形。”深圳证券交易所也有类似规定。

典型案例12
公司高管违反自我交易禁止规则与公司进行股权交易行为的效力
——宋某与恒远公司、高某股权转让纠纷案〔1〕

裁判要旨

公司高管违反自我交易禁止规则与公司进行股权交易，股权转让合同并不因此无效。但是交易双方恶意串通，具有不正当目的，损害公司及他股东利益，该股权转让行为无效。

基本案情

上诉人（原审被告）：宋某。

被上诉人（原审原告）：恒远公司。

被上诉人（原审被告）：高某。

原审第三人：百瑞公司。

高某是恒远公司的股东，任恒远公司执行董事兼经理并担任法定代表人。百瑞公司成股权构成为：恒远公司出资960万元，占73.85%，高某出资340万元，占26.15%。高某任公司执行董事兼总经理，宋某任监事，两人系夫妻关系。2013年2月26日，高某与恒远公司签订股权转让协议，协议载明：恒远公司将持有的百瑞公司73.85%股权转让给高某，股权的转让价格、支付方式、支付时间由双方自行决定。宋某在转让方处签名，并加盖恒远公司印章，高某在受让方处签名。2013年2月27日，高某办理了股权登记变更手续，将恒远公司持有的百瑞公司73.85%的股权变更到自己名下。恒远公司向一审法院起诉请求：（1）确认恒远公司与高某于2013年2月26日签订的《股权转让协议书》无效；（2）高某返还恒远公司持有的百瑞公司73.85%股权，并

〔1〕山东省济南市中级人民法院（2018）鲁01民终3909号。

协助办理工商登记手续。

法院裁判

一审法院判决恒远公司与高某于2013年2月26日签订的《股权转让协议书》无效；高某返还恒远公司持有的百瑞公司73.85%股权，并协助办理工商登记手续。二审法院维持了确认《股权转让协议书》无效的判决。

生效判决认为，2013年2月26日恒远公司与高某签订《股权转让协议书》时，高某系恒远公司和百瑞公司两个公司的法定代表人。恒远公司在没有召开股东会、没有征得公司其他股东同意的情况下，与高某签订股权转让协议，导致在高某没有支付任何对价的情况下，就获得恒远公司持有的百瑞公司的股权。高某作为恒远公司高管，违反了董事、高级管理人员对恒远公司的忠实义务。宋某作为高某配偶，不是恒远公司的股东、在恒远公司也没有任职，却直接参与了股权转让事宜，并代表恒远公司在协议书上签字并加盖恒远公司公章，将恒远公司股权转让给高某。根据高某对于股权转让目的的陈述可以看出，高某和宋某转让恒远公司股权存有不正当目的。鉴于高某与宋某系夫妻关系，二人对于该股权转让存在恶意串通行为，损害了恒远公司其他股东的合法权益。

《合同法》第12条第1款规定："合同的内容由当事人约定，一般包括以下条款：（一）当事人的名称或者姓名和住所；（二）标的；（三）数量；（四）质量；（五）价款或者报酬；（六）履行期限、地点和方式；（七）违约责任；（八）解决争议的方法。"而涉案《股权转让协议书》除了约定了转让的股权数量之外，对于股权的转让价格、支付方式、支付时间约定由双方自行决定。但是至今双方也没有就上述事项进行约定，高某作为恒远公司与百瑞公司两个公司的法定代表人，与其配偶宋某实施的股权转让行为必然损害恒远公司及恒远公司其他股东和债权人的利益。综上分析，2013年2月26日恒远公司与高某签订《股权转让协议书》符合《合同法》第52条第2项"恶意串通，损害国家、集体或者第三人利益"的情形，应认定为无效。故一审法院认定《股权转让协议书》无效的结论正确。

案例评析

本案涉及公司高管违反自我交易禁止规则与公司进行股权交易行为的效力。

《公司法》第147条规定，董事、监事、高级管理人员应当遵守法律、行政法规和公司章程，对公司负有忠实义务和勤勉义务。董事、监事、高级管理人员不得利用职权收受贿赂或者其他非法收入，不得侵占公司的财产。《公司法》第148条对董事、高级管理人员的忠实义务进行了专门的规定。其中第4项对“自我交易”禁止规则进行了规定：董事、高级管理人员不得违反公司章程的规定或者未经股东会、股东大会同意，与本公司订立合同或者进行交易。因此，简言之，自我交易就是董事、高管自己与公司交易。

公司法之所以规定董事、高管与公司的“自我交易”禁止规则，是因为从事交易的董事、高级管理人员本身总是直接或间接地与该交易存在经济利益关系，但其同时又担任公司的代理人或代表人，所以会面临这样的冲突：一方面，他们要为自己的利益争取最好的交易条件；另一方面，他们的行为又必须符合公司的最佳利益。这种利益的冲突势必会影响到董事、高级管理人员的商业决策，公司利益因此存在受损的巨大风险。[1] 而股东并不直接控制公司的经营权，因此股东与公司交易不构成自我交易。监事行使的是监督职能，不直接参与公司的经营，因此监事也不会构成自我交易。公司法的上述规定表明，我国公司法并不完全禁止自我交易，对于董事、高管与本公司订立合同或者进行交易，须有公司章程规定，或者股东会、股东大会的同意（包括事先同意和事后追

〔1〕《公司高级管理人员自我交易损害公司利益的行为无效》，载法信网：http：//www.faxin.cn/lib/cpal/AlyzContent.aspx？isAlyz = 1&gid = C1289274&userinput，最后访问时间：2019年11月30日。

认）。因此，如果既没有在公司章程中规定，也没有取得股东会、股东大会的同意，该种交易就不具有合法性。公司可以对违反“自我交易”禁止规则的董事、高管主张损害赔偿。

在判断交易行为效力时，违反前述程序性规定的自我交易的后果是“董事、高级管理人员违反前款规定所得的收入应当归公司所有”，因此判断自我交易项下的股权转让合同是否有效，并不能以该股权转让行为是否构成自我交易来判断股权转让合同的效力，也不能仅以股权转让合同构成自我交易同时违反了《公司法》第148条第1款第4项的规定，“违反公司章程的规定或者未经股东会、股东大会同意，与本公司订立合同或者进行交易”，来否定股权转让合同的效力。《公司法》该条规定并不是效力性强制规范，违反该条规定并不导致法律行为的绝对无效。因此，判断该种股权转让合同的效力，应依据《合同法》第52条的其他规定进行判断。

《合同法》第52条第2款规定，“恶意串通，损害国家、集体或者第三人利益的”合同无效。本案的股权交易行为首先属于“自我交易”且未经股东会、股东大会同意，违反了“自我交易”禁止规则；其次，涉案《股权转让协议书》除约定了转让的股权数量之外，对于股权的转让价格、支付方式、支付时间等重要内容均无约定，损害了恒远公司公司的利益。高某作为恒远公司与百瑞公司两个公司的法定代表人，与其配偶宋某实施的股权转让行为具有不正当的目的。上述行为符合《合同法》第52条第2款规定的“恶意串通，损害国家、集体或者第三人利益的”情形，一、二审法院因此认定涉案的股权转让协议为无效。

八、违反章程限制性规定的股权转让协议的效力

《公司法》第71条第4款赋予了有限责任公司通过公司章程对股权转让进行自治规范的权利，同时未禁止非上市股份公司通过章程对股份转让进行一定程度的约束。《公司法》第141条规定，公司章程可以对公司董事、监事、高级管理人员转让其所持有的本公司股份作出其他限制性规定。而根据

《公司法》第 11 条第 2 句规定，公司章程对公司、股东、董事、监事、高级管理人员具有约束力。可见，无论是有限责任公司还是股份有限公司，立法均允许其通过公司章程对股权或股份转让作出一定程度的限制。那么，《股权转让协议》对章程条款的违反是否影响其法律效力？

笔者认为，公司章程是股东之间意思表示一致的产物，是公司在组织与行为方面的自治性规范，对全体股东均具有拘束力。但公司章程并不属于《合同法》第 52 条第 5 项规定的法律、性质法规的“强制性规定”，因此违反公司章程并不必然导致股权转让合同无效。虽然合同效力不会因此受影响，但由于可能不会得到其他股东和公司认可，最终不会产生股权变动的法律效果，可能影响股权转让协议最终目的的实现，但这是合同解除问题，与股权转让协议的效力无涉。

典型案例 13
程某等与余某股权转让纠纷案[1]

案例要旨

公司章程对公司及股权股东有约束力。虽然公司章程约定股东向股东以外的人转让股份应当经股东大会作出决议，本案股权转让亦未经公司股东大会决议，但公司章程并不属于《合同法》第 52 条第 5 项规定的法律、法规的“强制性规定”，因此违反公司章程并不必然导致股权转让合同无效。

基本案情

上诉人（原审被告）：程某。

被上诉人（原审原告）：余某。

原审第三人：晓程公司、周某。

[1] 北京市第一中级人民法院（2018）京 01 民终 792 号。

晓程公司于2000年11月6日经发起设立，注册资本4110万元。2009年公司章程第29条规定，股东有权优先购买其他股东转让的出资。第33条规定，股东大会的职权包括对股东向股东以外的人转让股权作出决议。2009年8月24日，余某通过银行转账向程某支付450万元。2009年8月25日，甲方程某与乙方余某签订《股权转让协议》，约定："1. 双方同意乙方以450万元购买甲方名下持有的晓程公司的股票100万股。2. 乙方将购买后的股票挂于甲方名下。3. 并在相关法律、法规允许的情况下变现。"2010年11月12日，晓程公司在深圳证券交易所创业板上市，此后，经多次资本公积金转增配股，《股权转让协议》约定的100万股已增至目前的500万股。余某向一审法院起诉请求：（1）确认程某持有的晓程公司股票中的500万股归余某所有；（2）判令晓程公司协助办理上述股票登记的相关手续。

法院裁判

一审法院认为，涉案章程规定未剥夺股东通过转让股份而退出公司或减持股份的权利，未对股东权中的人身权与财产权构成实质侵害，未违反公平原则及法律、法规的效力性强制性规定，应属有效。涉案《股权转让协议》系余某与程某秘密签署，未事先通知其他股东行使优先购买权，也未经股东大会决议，违背了章程的规定。那么，《股权转让协议》对章程条款的违反是否影响其法律效力，这就涉及如下两个问题：一是合同效力的判断依据，二是公司章程的效力范围。根据《合同法》第52条及合同法解释的相关规定，影响合同效力的规范性文件的法律位阶须是法律与行政法规，且须是效力性强制性规定，对其他管理性强制性规定的违反均不导致合同无效。因此，公司章程并非《股权转让协议》效力判断的法定依据，违反章程并不必然导致合同无效。即使确实存在损害其他股东优先购买权的情形，也不会导致《股权转让协议》无效的法律后果。公司章程是股东之间意思表示一致的产物，是公司在组织与行为方面的自治性规范，对全体股东均具有拘束力。《公司法》第11条规定："设立公司必须依法制定公司章程。公司章程对公司、股东、董事、监事、高级管理人员具有约束力。”第147条第1款规定：“董事、监事、高级管理人员应当遵守法律、行政法规和公司章程，对公司负有忠实义务和勤勉义务。”由此，公司章程的效力范围限于公司、全体股东及董事、监事、高级管理人员，不具有对外效力。而与股东从事股权交易的外部人员不受公司章程的拘束，也就没有关注并执行公司章程的法定义务。《股权转让协议》签订时，程某系晓程公司发起人兼董事，依法应遵守公司章程；而余某当时虽在晓程公司的子公司富根公司担任总经理，但其并非晓程公司股东，也未在晓程公司任职，其不应受晓程公司章程约束，也没有特别关注晓程公司章程的法定义务。因此，《股权转让协议》虽违反晓程公司章程关于股权转让的相关规定，但不应影响合同效力。

程某不服，提起上诉。二审法院认为，在案证据尚未表明协议内容存在合同法规定的合同无效的情形，虽然晓程公司章程约定股东向股东以外的人转让股份应当经股东大会作出决议，而本案程某向余某转让股份并未经晓程公司股东大会决议，但违反公司章程的法律后果并不必然导致《股权转让协议》无效，故一审法院认定《股权转让协议》合法有效并无不当。二审判决驳回上诉，维持原判。

案例评析

本案中，《股权转让协议》系余某与程某秘密签署，未事先通知其他股东行使优先购买权，也未经股东大会决议，违背了章程的规定。那么，《股权转让协议》对章程条款的违反是否影响其法律效力？

1. 有限责任公司章程限制股权转让的合理性基础

如前所述，无论是有限责任公司还是股份有限公司，《公司法》均允许其通过公司章程对股权或股份转让作出一定程度的限制，其合理性基础在于有限责任公司的人合性，即由于有限责任公司的股东人数较少，公司更多地依赖股东之间的信赖关系对公司进行经营管理，公司股票不能在公开市场交易等特征，股东更希望信任的成员加入公司，因此对股权的股权转让有一定的限制。《公司法》第71条规定了有限责任公司股东向公司股东以外的主体转让股权，需书面征求其他股东过半数同意，其他股东有优先购买权。同时又规定公司章程对股权转让另有规定的，从其规定。这体现了2013年修订后的《公司法》所主张的公司自治基本原则。公司章程作为公司内部的权威性文件，对公司、股东、董事、监事及公司高级管理人员均具有约束力。原则上，只要不违反法律的强制性规定及社会公序良俗，公司章程可以对公司的管理及运行事项包括股权转让事项作任意规定。

实践中，公司章程对股权转让及优先购买权所作的合理限制对公司股东有约束力，章程甚至可以规定诸如对退休员工股东实行强制股权转让，但是限制程度应限于不得禁止或变相禁止股权或股份流通的范围内，不得剥夺股东通过股权或股份转让而退出公司的权利。这是因为，第一，股权具有财产性，如果完全限制其自由流动，不利于社会经济的发展；第二，除了人合性，有限责任公司也有资和性，股东的退出权应是其固有权利之一，作为公司的“根本大法”，章程的规定也不应剥夺股东的这种权利；第三，从立法目的上来看，《公司法》第71条前三款的规定是并列的，第2款、第3款是对股东股权转让的限制，第4款“公司章程对股权转让另有规定的，从其规定”应也限于限制的范围内，如果直接禁止股权转让，显然违背了立法本意；第四，从法律后果来说，如果完全禁止股权转让，容易导致公司僵局的出现，致使公司及股东利益受损，也不利于整个社会经济的发展。从其他国家的公司法立法看，日本的《有限公司法》、法国的《商事公司法》等都规定了强制放行制度，以保证拟出让股权的股东的退出权。[1] 因此，即使《公司法》允许有限责任公司的章程对股权转让作出“另行规定”，但是不得禁止股权转让。

涉案公司章程未禁止股东对外转让股份，其虽未对股东大会对此的表决程序、方式、时间及表决不通过时股东的救济途径作出明确规定，

---

〔1〕 参见甘培忠：《企业与公司法学》，北京大学出版社2007年版，第311页。

但不宜就此径行认定其变相剥夺了股东对外转让股份的权利。上述未予明确的行为规则可交由股东大会决议，修改公司章程来补足，或参照有限责任公司的相关规定来执行。故涉案公司章程对股份转让的限制性规定有效。

2. 违反公司章程限制性规定，并不导致股权转让协议无效

公司章程是股东之间意思表示一致的产物，是公司在组织与行为方面的自治性规范，对全体股东均具有拘束力。但公司章程并不属于《合同法》第52条第5项规定的法律、性质法规的“强制性规定”，因此违反公司章程并不必然导致股权转让合同无效。就损害股东优先购买权的股权转让合同的效力问题，杜万华表示，对此类合同的效力，公司法并无特别规定，不应仅仅因为损害股东优先购买权认定合同无效、撤销合同，而应当严格依照合同法规定进行认定。[1] 因此即使确实存在损害其他股东优先购买权的情形，也不会导致《股权转让协议》无效的法律后果。从法律关系角度出发，《股权转让协议》只是在合同双方形成股东出让股权与受让方给付转让价款的债权债务关系，没有遵守公司章程关于股权转让的限制性规定，并不影响该债权行为的效力。因此，只要股权转让协议不违反法律、行政法规关于合同无效的规定，即使违反公司章程设限性规定，也不导致股权转让协议无效。虽然合同效力不会因此受影响，但由于可能不会得到其他股东和公司认可，最终不会产生股权变动的法律效果，可能影响股权转让协议最终目的的实现，但这是合同履行及解除问题，并不能因此否认股权转让协议的效力。

九、瑕疵出资股权转让行为的效力

瑕疵出资，是指公司股东违反公司法或公司章程的规定，未未履行或者未全面履行出资义务。我国对有限责任公司注册资本实行的是认缴制，《公司

---

〔1〕《最高人民法院发布公司法司法解释（四）》，载 http：//www. court. gov. cn/zixun – xiangqing – 57552. html，最后访问时间：2019 年 11 月 30 日。

法》第26条第1款规定："有限责任公司的注册资本为在公司登记机关登记的全体股东认缴的出资额。"第3条第2款前半句规定："有限责任公司的股东以其认缴的出资额为限对公司承担责任"。根据《公司法》第32条第2款的规定，只要出资人已经记载于公司股东名册，该股东就取得了股东资格。因此，在现行《公司法》框架范围内，出资义务的履行与否并不是判断股东资格实际取得的依据。《公司法》第34条[1]及《公司法解释（三）》第16条[2]对瑕疵出资股东特定权利的行使作出了限制，但是《公司法》并未禁止瑕疵出资股权的转让，股权是否存在瑕疵出资也不影响股权的可转让性。

关于瑕疵出资股权转让行为的效力，无效说的核心论点在于认为公司股东出资义务的履行与股东资格存在直接的对应关系，未履行出资义务的股东无法取得完整的股权，不具有转让权，如前所述，无效说观点缺乏依据。可撤销说认为合同虽然有效，但是应结合《合同法》第54条的规定，判断转让方是否具有欺诈或重大隐瞒行为的故意，且受让方因此陷入错误认识而受让瑕疵出资股权，如果存在上述情况，受让方可选择申请撤销股权转让合同。可撤销说看似有一定的合理性，但是公司的章程及相关登记机关对股东的出资及实缴情况都会有明确的记载，对于公司股东之间的股权转让，能推定受让方对股权是否存在出资瑕疵是知情，其不能以此请求撤销股权转让合同。对公司股东以外的受让人而言，也有义务核实股权对应的出资是否实际缴纳，因此，除非有明确证据证明出让方故意实施了隐瞒股权瑕疵出资情况构成了欺诈，受让人基于重大误解受让瑕疵股权，受让人可以受欺诈为由请求撤销股权转让合同外，实践中受让方仅以股权存在瑕疵出资的事实为由主张撤销

---

〔1〕该条规定："股东按照实缴的出资比例分取红利；公司新增资本时，股东有权优先按照实缴的出资比例认缴出资。但是，全体股东约定不按照出资比例分取红利或者不按照出资比例优先认缴出资的除外。"

〔2〕该条规定："股东未履行或者未全面履行出资义务或者抽逃出资，公司根据公司章程或者股东会决议对其利润分配请求权、新股优先认购权、剩余财产分配请求权等股东权利作出相应的合理限制，该股东请求认定该限制无效的，人民法院不予支持。"

股权转让合同，很难得到支持。[1] 因股权的实际价值与股权是否完成出资并无直接对应的关系，在瑕疵股权转让情况下，受让方要求继续履行合同但主张不交或少交股权出让款的，法院不予支持。

典型案例14
郝某与安某股权转让纠纷案[2]

案例要旨

公司股权转让的是股权的价值，即公司净资产的价值，而不是注册资金的价值，股权价值大小和公司成立时的注册资金多少两者不存在必然联系。股东未履行或者未全面履行出资义务即转让股权，不影响股权转让合同的效力。

基本案情

上诉人（被申诉人、原审原告）：郝某。

被上诉人（申诉人、原审被告）：安某。

2013年11月25日，郝某作为转让方（以下简称甲方）与作为受让方的安某（以下简称乙方）签订酷创公司股权转让协议一份，协议主要约定：甲方将持有的酷创公司50%的股权共（50万元）出资额以50万元转让给乙方；甲方保证所转让给被告的股权是其在酷创公司的真实出资，是其合法拥有的股权，甲方拥有完全的处分权，甲方保证对所转让的股权，没有设置任何抵押、质押或担保，并免遭任何第三人的追索，否则，由此引起的所有责任，由甲方承担；股权转让后，甲方在酷创公司原享有的权利和应承担的义务，

---

〔1〕 如上海市高级人民法院《关于审理涉及公司诉讼案件若干问题的处理意见（二）》（沪高法民二［2003］15号）规定："有限责任公司股东未足额出资即转让股权，受让人以转让标的存在瑕疵或者受到欺诈为由主张撤销合同的，人民法院不予支持，有法律规定的特殊情形除外。"

〔2〕 河南省郑州市中级人民法院（2018）豫01民终677号。

随股权转让而转由乙方享有与承担；乙方承认酷创公司章程，保证按章程规定履行义务和责任；酷创公司经工商行政管理机关同意并办理股东变更登记后，乙方即成为酷创公司的股东，按出资比例及章程规定分享公司利润与分担亏损。在协议签订当日，上述股东变更事宜经酷创公司召开股东会形成决议后即在工商行政管理部门完成注册变更登记。安某至今未按股权转让协议约定向郝某支付 50 万元股权转让款。双方就此产生争议诉至法院。

法院裁判

生效判决认为，关于公司注册资金与股权转让的关系。注册资金实缴制是当时成立公司的要求，实缴资金的多少与公司经营一段后的净资产价值即股权价值并不存在必然的联系，现公司成立的注册资金已改为认缴制度。公司股权转让的是股权的价值，即公司净资产的价值，而不是注册资金的价值，股权价值大小和公司处理时的注册资金多少两者不存在必然联系。关于股东未履行或者未全面履行出资义务即转让股权，受让人是否知情问题。最高人民法院《公司法解释（三）》第 18 条第 1 款前半句规定："有限责任公司的股东未履行或者未全面履行出资义务即转让股权，受让人对此知道或者应当知道，公司请求该股东履行出资义务、受让人对此承担连带责任的，人民法院应予支持。"据此，有限责任公司的股东未履行或者未全面履行出资义务即转让股权，依法认定受让人对此知道或者应当知道。本案中，安某和郭凯曾经为夫妻关系，且安某一直参与酷创公司的经营，对本公司的成立及公司资产情况不会不清楚。据此，安某与郝某的签订的股权转让协议是安某的真实意志表示。

双方签订的股权转让协议系各方当事人真实意思表示，内容不违背法律、法规的强制性规定，为有效合同，应受法律保护。股权转让合同签订后，郝某已按合同约定将自己拥有的酷创公司 50% 的股权转让给安某，并依法在工商行政管理机关办理了股权变更登记，其依法享有要求安某按照合同约定支付股权转让款的权利，安某未按合同约定期限支付股权转让款属违约行为，应承担违约责任。安某所作涉案股权转让协议因原告出资不实而归无效的观点与本案诉讼不属于同一法律关系。郝某要求安某支付股权转让款50万元及逾期付款利息的诉讼请求，符合有关法律规定，本院予以支持。

案例评析

瑕疵出资指公司股东违反公司法或公司章程的规定，未未履行或者未全面履行出资义务。本案的争议焦点为股东未履行或者未全面履行出资义务，即转让股权是否影响股权转让协议的效力及履行。

1. 出资瑕疵不影响股权转让合同的效力

《合同法》第52条可谓合同效力的“金科玉律”，只要没有《合同法》第52条规定的情形，股权转让合同原则上有效。根据公司法的相关规定，股东出资不实等情形会导致某些股东权利受限，但是并不影响股权的可转让性。《公司法解释（三）》第18条规定：“有限责任公司的股东未履行或者未全面履行出资义务即转让股权，受让人对此知道或者应当知道，公司请求该股东履行出资义务、受让人对此承担连带责任的，人民法院应予支持；公司债权人依照本规定第十三条第二款向该股东提起诉讼，同时请求前述受让人对此承担连带责任的，人民法院应予支持。受让人根据前款规定承担责任后，向该未履行或者未全面履行出资义务的股东追偿的，人民法院应予支持。但是，当事人另有约定的除外。”该条明文规定了未全面履行出资义务情况下股权转让后的出资责任，并未否定股权转让合同的效力，亦从法律方面肯定了瑕疵股权转让合同的效力。因此，单纯的瑕疵出资不影响股权转让合同的效力。

2. 受让人不知股权出资瑕疵的处理原则

转让人与受让签订股权转让合同时，将出资瑕疵的事实告知受让人，或者受让人知道或者应当知道出资瑕疵的事实，仍然受让转让人转让的股权，股权转让合同当然有效，当事人应当依约履行。如果转让人与受让人签订股权转让合同时，隐瞒了出资瑕疵的事实，受让人并不知道也不应当知道出资瑕疵的事实，并因此而受让股权，股权受让人能否因此撤销或变更股权转让合同？《合同法》第54条中规定，一方以欺诈、胁迫的手段或者乘人之危，使对方在违背真实意思的情况下订立的合同，受损害方有权请求人民法院或者仲裁机构变更或者撤销该合同。《民通意见》第68条规定，“一方当事人故意告知对方虚假情况，或者故意隐瞒真实情况，诱使对方当事人作出错误意思表示的，可以认定为欺诈行为”。对于出让方隐瞒出资瑕疵是否构成欺诈行为，在现实中应当具体分析，主要看受让人的受让股权行为是否受到出资瑕疵的重大影响，如果出资瑕疵不影响受让方行使股东权利，则难以认定为属于隐瞒重大事实的行为。事实上，出让方是否实际缴纳出资体现在工商登记上，在股权转让协议签订过程中，受让方作为利害关系人，有一定义务去了解股权的出资情况且不存在障碍，因此很难认定出让方刻意隐瞒出资情况。对此，上海市高级人民法院《关于审理涉及公司诉讼案件若干问题的处理意见（二）》（沪高法民二〔2003〕15号）规定，“有限责任公司股东未足额出资即转让股权，受让人以转让标的存在瑕疵或者受到欺诈为由主张撤销合同的，人民法院不予支持，有法律规定的特殊情形除外”。

3. 受让方不能以股权出资瑕疵不支付股权转让款

关于出资瑕疵与股权转让的履行。股东的出资义务与其获得的股权属于不同的法律关系，民事主体获得股权的前提是其取得相应的股东资格，而取得股东资格主要依据在于公司章程、股东名册和公司登记的确认，并不以履行出资义务为必要条件。[1] 因此，股权转让中，受让人受让的并不是股东的出资，而是受让股权而成为公司的股东。因此，瑕疵出资并不影响股权出让方履行其交付股权的义务。公司股权转让的是股

〔1〕详见最高院人民法院（2008）民抗字第59号。

权的价值，股权的价值包括公司的净资产价值、流动资金、知识产权、产品竞争能力以及人员素质等多方面因素，与股权对应的注册资金多少两者不存在必然联系。股权转让时，受让人亦有义务核实出资情况。因此，出让人是否出资与受让人是否取得股权属于不同的法律关系。在股权已经完成变更登记的情况下，即使存在股东未履行或者未全面履行出资义务即转让股权的情况，受让人也不得以此为由主张不履行支付股权转让款的义务。

本案中，虽然双方将“保证真实出资”约定在了股权转让协议中，但是并没有将真实出资作为支付股权转让款的条件。在出让人交付股权并完成股权工商变更登记后，受让人安某已经达到了获取股权转让的合同目的，其有义务按约定支付股权转让款。受让人是否因出资不实产生损失，与本案不属于同一法律关系，其可另案主张，但不能以此为由不支付股权转让款。

十、夫妻一方转让夫妻共有股权的效力

如果未进行财产分割，夫妻一方在婚姻存续期间取得的、登记在其个人名下的股权为夫妻共同财产。作为共同共有人，夫妻双方对该项财产享有平等的占有、使用、收益和处分的权利。《婚姻法解释（一）》第17条第2项规定：“夫或妻非因日常生活需要对夫妻共同财产作重要处理决定，夫妻双方应当平等协商，取得一致意见。他人有理由相信夫或妻一方作出的处理为夫妻双方共同意思表示的，另一方不得以不同意或不知道为由对意抗善第三人”。因此，夫或妻一方转让共同共有的公司股权的行为，属于对夫妻共同财产作出重要处理，应当由夫妻双方协商一致并共同出让。

夫或妻一方与他人订立股权转让协议转让夫妻共有股权的，属于无权处分，对于股权转让合同的效力，应当适用《合同法》第51条的规定，经权利人追认或者无处分权的人订立合同后取得处分权的，转让合同有效。同时，根据《公司法解释（三）》第25条第1款的规定，股权可以适用《物权法》第106条规定的善意取得制度，如果符合善意取得制度条件的，应当认定股

权转让协议有效。如果夫妻一方转让夫妻共有股权，既无《合同法》第51条规定的合同有效的条件，也不符合《物权法》第106条规定的善意取得制度，根据《婚姻法解释（一）》第17条第2项的规定，此种情况下股权转让协议的效力问题，应当根据案件事实，结合股权受让方对股权转让是否明知、受让人是否为善意等因素进行综合分析。如果能够认定另一方明知股权转让，且受让人是基于善意，则股权转让协议有效，对于另一方具有约束力。如果受让人明知夫或妻一方无权处分的事实，则不属于善意第三人，股权转让协议损害了夫妻另一方的权利，根据《合同法》第52条第2项的规定，股权转让合同应当认定为无效。

夫妻一方转让股权引起的争议，司法实践中还有一种情况比较典型，即在婚姻及财产纠纷过程中，夫妻一方主张所持股权为代他人持股，不属于夫妻共同财产，而另一方则主张是夫妻共同财产。在这种情况下，夫妻一方主张代持股份，其正当目的性存疑，存在多占有夫妻共同财产的可能。因此，法院认定是否构成代持及以代持名义将股权转让并变更登记至第三人名下的股权转让合同效力，应持谨慎态度，除了考虑是否有代持合同以及其他的一些事实和证据，还需要考虑是否存在代持股的必要性、合理性等情况，综合考虑予以认定。

典型案例15

夫妻一方转让共有的股权，其效力应综合案件事实予以认定

——彭某与梁某、王某、金海岸公司股权转让侵权纠纷案[1]

案例要旨

夫妻在设立公司时并未进行财产分割，应当认定是以夫妻共同共有财产出资设立公司，夫妻作为共同共有人，对共有财产享有平等的占有、使用、

[1] 最高人民法院（2007）民二终字第219号，载《最高人民法院公报》2009年第5期（总第151期）。

收益和处分的权利。夫妻一方与他人订立的权转让协议，如果能够认定夫妻另一方明知股权转让，且受让人是基于善意，则股权转让协议对于另一方具有约束力。

基本案情

彭某与梁某是夫妻关系，双方共同出资设立了河北金海岸房地产开发有限公司（以下简称金海岸公司）。丈夫梁某占80%股份，妻子彭某占20%股份。夫妻二人经中间人尹广宗介绍认识了王某1。2005年11月7日，原告彭某和被告梁某作为甲方，与作为乙方的被告王某1和王某2签订了一份合同书，就转让金海岸公司股权及其相关事宜达成协议。梁某将其持有的金海岸公司80%股份转让给王某1，彭某将其持有的金海岸公司20%股份转让给王某2。彭某参与了合同的谈判，但是没有在合同上签名，她签名由梁某代签。在执行合同过程中的一系列文件上，包括召开股东会形成决议以及办理工商变更登记等，彭某的签名也都是由梁某代签的。当时金海岸公司中标从部队得到了几块军用土地，王某1已经在协议签订之前代金海岸公司向部队支付了200万元。协议签订后王某1又支付了4944万元。

后来彭某起诉梁某、王某1、王某2，称三被告共同伪造了她的签字，股份转让协议应属无效，她仍应拥有金海岸公司20%的股权。被告梁某承认彭某所述属实。但是被告王某1认为彭某参与了合同的谈判过程，知道转让事宜，并未表示反对，也知道王某1已经先行替金海岸公司向部队支付200万元，后来又向梁某、彭某夫妇支付了4944万元；梁某代彭某签字是夫妻双方共同真实的意思表示，现在彭某反悔企图撕毁协议也是夫妻双方恶意串通的。[1]

---

〔1〕 案情简介引用注锦清：《公司法学》（上），清华大学出版社2017年版，第360~361页。

法院裁判

河北省高级人民法院一审判决梁某有表见代理权，股权转让协议有效，原告败诉后向最高人民法院上诉。

最高人民法院认为，上诉人彭某与被上诉人梁某系夫妻关系，金海岸公司是其夫妻二人共同开办的，丈夫梁某占80%的股份，妻子彭某占20%的股份。夫妻二人共同出资设立公司，应当以各自所有的财产作为注册资本，并各自承担相应的责任。因此，夫妻二人登记注册公司时应当提交财产分割证明。但是，本案当事人夫妻二人在设立公司时并未进行财产分割，应当认定是以夫妻共同共有财产出资设立公司。彭某和梁某用夫妻共同共有财产出资成立公司，在夫妻关系存续期间，丈夫或者妻子的公司股份是双方共同共有的财产，夫妻作为共同共有人，对共有财产享有平等的占有、使用、收益和处分的权利。根据本院《婚姻法解释（一）》第17条第2项规定："夫或妻非因日常生活需要对夫妻共同财产作重要处理决定，夫妻双方应当平等协商，取得一致意见。他人有理由相信其为夫妻双方共同意思表示的，另一方不得以不同意或不知道为由对抗善意第三人。"彭某与梁某转让金海岸公司股权的行为属于对夫妻共同财产作重要处理，二人均应在股权转让合同、股东会决议、公司章程修正案上签名。但是，对于梁某代彭某订约、签名的效力问题应当综合本案事实，根据彭某对于股权转让是否明知、王某1是否为善意等因素予以分析认定。本案查明的事实是，彭某与梁某夫妻二人由中间人尹广宗介绍认识了王某1，共同协商股权转让事宜；王某1在签订股权转让协议前，通过上诉人夫妇提供的部队账户，以金海岸公司的名义向某部队支付土地出让金200万元；王某1持有金海岸公司的全部证照、印章、资料原件，金海岸公司的住所地进行变更；王某1已经支付了4944万元的股权转让款，变更了金海岸公司的股东手续，股权转让合同履行后实际控制了金海岸公司。上述事实证明上诉人彭某参与了股权转让的签订和履行，转让股权是夫妻二人的真实意思表示。王某1有理由相信梁某能够代表妻子彭某签订股权转让合同、股东会决议、公司章程修正案。梁某在诉讼过程中陈述彭某曾中途停止谈判，股权不再转让。但是，彭某不能举证证明其是否通知王某1终止股权转让。彭某知道股权转让的事实，并未提出异议和阻止其丈夫梁某转让其股份，应当视为同意转让，梁某代彭某订约、签名转让股权，对于彭某有约束力。彭某上诉主张股权转让合同的当事人梁某和王某1恶意串通，侵犯了其优先购买权，但是，彭某并没有提供证据证明王某1与梁某恶意串通构成侵权的事实。法院判决上诉人彭某败诉。

案例评析

本公报案例确定的裁判规则是：夫妻双方共同共有公司股权的，夫妻一方与他人订立的权转让协议，如果能够认定夫妻另一方明知股权转让，且受让人是基于善意，则股权转让协议对于另一方具有约束力。

关于婚后出资，登记在夫妻一方名下的公司的股权，如果夫妻双方未以书面方式约定婚姻关系存续期间所得的财产归各自所有，应当认定为夫妻双方以共同共有财产出资设立公司，在夫妻关系存续期间，属于夫妻共同共有。作为共同共有人，夫妻双方对该项财产享有平等的占有、使用、收益和处分的权利。

关于夫妻一方转让共同共有的公司股权，其效力如何认定的问题。《婚姻法》第17条第2款规定："夫妻对共同所有的财产，有平等的处理权。"《婚姻法解释（一）》第17条"婚姻法第十七条关于'夫或妻对夫妻共同所有的财产，有平等的处理权'的规定，应当理解为：（一）夫或妻在处理夫妻共同财产上的权利是平等的。因日常生活需要而处理夫妻共同财产的，任何一方均有权决定。（二）夫或妻非因日常生活需要对夫妻共同财产做重要处理决定，夫妻双方应当平等协商，取得一致意见。他人有理由相信其为夫妻双方共同意思表示的，另一方不得以不同意或不知道为由对抗善意第三人。"《民通意见》第89条规定："共同共有人对共有财产享有共同的权利，承担共同的义务。在共同共有关系存续期间，部分共有人擅自处分共有财产的，一般认定无效。但第三人善意、有偿取得该财产的，应当维护第三人的合法权益；对其他共有人的损失，由擅自处分共有财产的人赔偿。”根据《公司法解释（三）》的规定，股权可以参照《物权法》的善意取得制度，《物权法》第106条第1款善意取得制度规定：“无处分权人将不动产或者动产转让给受让人的，所有权人有权追回；除法律另有规定外，符合下列情形的，受让人取得该不动产或者动产的所有权：（一）受让人受让该不动产或者动产时是善意的；（二）以合理的价格转让；（三）转让的不动产或者动产依照法律规定应当登记的已经登记，不需要登记的已经交付给受让人。”

根据上述规定，认定夫妻一方未征得配偶同意与他人签订的转让共同共有股权的合同是否有效，关键是判断受让人是否属于法律保护的善意第三人。本案彭某知道股权转让的事实，并未提出异议和阻止其丈夫梁某转让其股份。梁某代彭某订约、签名转让股权，没有证据表明受让人王某1知晓代签的事实。现股权转让已经实际履行，并办理了公司变更登记手续，即使事后查明梁某系代彭某订立股权转让合同、签署股东会决议、公司章程修正案，但本案符合股权的善意取得，应当认定股权转让合同合法有效。

典型案例16
夫妻一方擅自转让夫妻共有股权，受让人不属于善意第三人，该股权转让协议无效

——张某某与信东公司、陈某宁股权转让纠纷案[1]

案例要旨

转让夫妻共有的股权，需要由夫妻双方协商一致决定。一方未经另一方同意，将共有股权转让给第三人，构成无权处分。第三人知晓该无权处分的

〔1〕 广东省广州市中级人民法院（2016）粤01民终16332号。

事实，且未支付转让款，不构成善意取得，股权转让合同应为无效。

基本案情

上诉人（原审原告）：张某某。

被上诉人（原审被告）：信东公司、陈某宁。

原审第三人：胡某等六人。

张某某与陈某宇于1999年7月登记结婚，婚后育有二女。2012年4月20日，双方签订《夫妻财产约定书》，约定对婚姻关系存续期间取得的财产进行相应安排。

2012年4月27日，陈某宇与陈某宁签订《信东公司股权转让合同》，约定陈某宇同意将持有该公司39.67%的股权共3173600元转让给陈某宁，陈某宁在合同订立十五日内以现金形式一次性支付陈某宇所转让股权等条款。2012年5月3日，信东公司股东包括陈某宇、胡某等六人及陈某宁召开股东会议（代表100%股东表决通过）并形成决议，决议中有同意陈某宇将持有公司注册资本39.67%的股权共3173600元的出资以该额转让给陈某宁、同意就上述变更事项修订公司章程，启用新章程等内容。2012年6月1日工商行政管理部门核准信东公司股东变更登记。2013年3月13日，陈某宇因病死亡。张某某以陈某宇侵害夫妻共同财产为由，诉请《信东公司股权转让合同》无效，确认涉案股权归其所有。并变更登记。

法院裁判

广东省广州市天河区人民法院经审理认为，根据《夫妻财产约定书》的约定，涉案股权应属于陈某宇个人自有资产，故陈某宇予以处分并未侵害张某某权益，判决驳回张某某的诉讼请求。张某某不服，提起上诉。

生效判决认为，涉案股权虽然登记在陈某宇名下，但系在张某某与陈某宇婚姻关系存续期间取得，《夫妻财产约定书》中对涉案股权并无约定，应当认定涉案股权属于夫妻共同财产。涉案股权的价值较高，转让该股权属于非因日常生活需要对夫妻共同财产做重要处理决定，应由陈某宇与张某某协商一致决定。现陈某宇未经张某某同意，擅自与陈某宁签订《信东公司股权转让合同》，将涉案股权转让给陈某宁，构成无权处分，除非陈某宁构成善意取得，否则应认定《信东公司股权转让合同》无效。至于陈某宁是否构成善意取得的问题，经查，陈某宁与陈某宇是兄弟关系，其应知道陈某宇与张某某系夫妻关系，涉案股权是两人夫妻存续期间取得，在涉案《夫妻财产约定书》对涉案股权无约定的情况下，陈某宁无理由相信涉案股权属于陈某宇个人财产，或转让股权是陈某宇与张某某的共同意思表示，无法认定其具有主观善意。此外，陈某宁虽主张其已实际支付涉案股权转让价款3173600元，但其提交的证据不足以证明其主张，应认定其未支付对价。综上，陈某宁取得涉案股权不构成善意取得，二审法院判决确认《信东公司股权转让合同》无效。因案股权属于张某某与陈某宇的夫妻共同财产，陈某宇于2013年3月13日去世，双方对于涉案股权如何分割并无约定，应根据等分原则处理。胡某等六人明确表示同意张某某成为信东公司股东，二审法院判令确认涉案股权的一半归张某某所有，信东公司、陈某宁及胡某等六人应予以配合办理变更登记手续。涉案股权的另一半应作为陈某宇的遗产处理，在案证据不足以证明陈某宇是否有遗嘱、陈某宇的继承人情况、继承人是否放弃继承等事实，无法确定张某某应占份额，张某某主张该部分股权归其所有据理不足。如因该部分股权产生纠纷，陈某宇的合法继承人可另循法律途径解决。

案例评析

本案涉及两个争议焦点，一是陈某宇转让的股权是否属于夫妻共同财产，二是涉案《股权转让合同》的效力问题。关于涉案股权是否属于夫妻共同财产，本案一审、二审对此认定存在差异，该问题属于婚姻法范围内的事实判断问题，在此不予讨论。根据二审法院的认定，涉案股权属于夫妻共同所有。本案陈某宇未经其他共有人同意而擅自处分共有财产，事后也未获得其他共同共有人的追认，属于无权处分。

关于夫妻一方转让共同共有的公司股权，其效力如何认定的问题。根据《公司法解释（三）》第25条的规定，股权可以参照《物权法》的善意取得制度。《物权法》第106条第1款善意取得制度规定："无处分权人将不动产或者动产转让给受让人的，所有权人有权追回；除法律另有规定外，符合下列情形的，受让人取得该不动产或者动产的所有权：（一）受让人受让该不动产或者动产时是善意的；（二）以合理的价格转让；（三）转让的不动产或者动产依照法律规定应当登记的已经登记，不需要登记的已经交付给受让人。"

根据上述规定，认定夫妻一方未征得配偶同意与他人签订的转让共同共有股权的合同是否有效，关键是判断受让人是否属于法律保护的善意第三人。本案陈某宁与陈某宇是兄弟关系，其应当知晓陈某宇转让的股权系夫妻共有，因此陈某宁不属于善意第三人。同时，陈某宁未支付股权转让协议的对价，虽然完成了股权变更登记，但是亦不符合善意取得制度的构成要件。因此，根据《合同法》第52条第2项的规定，陈某宁与陈某宇就涉案股权签订的转让合同，系恶意串通，损害了第三人的利益，故涉案《股权转让合同》应当认定为无效。

典型案例17
夫妻一方以代持为由无偿转让股权的效力认定
——余某与罗某股权转让纠纷案[1]

案例要旨

夫妻离婚期间，一方将其以代持股为由将其名下股权无偿转让给第三人，在没有证据证明是股权代持的情况下，该无偿转让股权的行为符合恶意串通，损害第三人利益的情形，股权转让合同无效。

---

[1] 广东省韶关市中级人民法院（2017）粤02民终1777号。

基本案情

上诉人（原审被告）：余某1。

上诉人（原审被告）：余某2。

被上诉人（原审原告）：罗某。

罗某与余某1为夫妻关系，双方于1998年3月9日登记结婚。余某2为余某1之父。2004年11月12日，余某2、余某1签订《出资协议书》，约定共同出资成立韶关市某公司，其中余某1出资60万元，余某2出资40万元。同年12月8日，余某2、余某1作为公司发起人向工商行政管理部门申请韶关市某公司的设立登记。其后，双方完成了注册资本的缴纳。

1月25日，韶关市某公司登记成立，余某2为公司法定代表人，余某2名下持有公司40%的股权，余某1名下持有公司60%的股权，该股东信息、股权比例记载于公司股东名册。2007年9月5日，余某2向韶关市某公司转账支付200万元，余某1向韶关市某公司转账支付300万元，均用于公司增资。

增资完成后，公司注册资本由100万元变更为600万元，余某2出资由40万元变更为240万元，余某1出资由60万元变更为360万元，股权比例仍为余某240%、余某160%。2016年5月10日，余某1、余某2签订《韶关市某公司股权转让合同》，约定余某1所持的韶关市某公司59%股权，以356万元的价格转让给余某2，还约定余某2于合同订立之日起15日内以现金形式支付股权转让款给余某1。5月12日，韶关市某公司到工商行政管理部门办理了股权变更登记手续，将原登记的余某1名下60%、余某2名下40%变更为余某11%、余某299%。双方约定的股权转让款未支付。

另查明：2015年8月至2016年6月，罗某与余某1产生夫妻矛盾，双方多次提到离婚，但因协商未果，罗某遂于2016年8月16日向一审法院提起离婚之诉，要求与余某1离婚，依法分割夫妻共同财产。此外，罗某于2017年5月8日向一审法院申请财产保全，并已提供担保。一审法院依法作出裁定，查封了余某2和余某1在韶关市景江房地产开发公司59%和1%的股权。

罗某诉至法院，请求确认余某2、余某1于2016年5月10日所签订的《股权转让合同》无效。余某2、余某1将韶关市某公司股权比例恢复至2016年5月10日时，即余某2名下40%，余某1名下60%。

法院裁判

一审法院判决：(1) 确认余某1、余某2于2016年5月10日签订的《股权转让合同》无效。(2) 余某1、余某2应将股权恢复至2016年5月10日时即余某2名下40%，余某1名下60%的状态。判决后，余某1、余某2不服，提起上诉。其主要理由为余某1在韶关市某公司的股权，系余某2为工商登记及经营方便，以其儿子余某1名义持有其中60%股权，该股权的所有出资，均由余某2支付，系代持股法律关系。双方系通过股权转让的方式将股权变更至权利人名下，合法有效。二审判决驳回上诉，维持原判。

法院生效裁判认为，关于余某1是否代持股权以及是否实际出资人的问题。从工商登记、韶关市鸿信会计师事务所《验资报告》、银行现金交款单证实，余某1、余某2为韶关市某公司的股权持有人，2016年5月12日前余某1占60%股权，余某2占40%股权。余某2、余某1虽提出余某1仅为股权代持人，但双方均认可未签订任何股权代持协议，亦未提交余某1为余某2代持股权的股东决议或工商备案等其他相关证据。余某1、余某2提交的证据不足以证明余某1在韶关市某公司成立时未实际出资。对于增资部分，并不能证明增资款项是属于余某2。对于增资开出的支票，存根由余某2签名的情况也不能证明所支取款项为余某2个人款项，因其是该公司的法定代表人，而该公司的股东为余某2、余某1二人，此款属于韶关市某公司所有。而《记账凭证》和《收款收据》为往来款，余某2、余某1提交的证据不能证明余某1的出资及增资的所有款项均属于余某2个人所有，亦不能证明余某1在公司设立及增资时并未实际出资，余某2、余某1对此应承担举证不能的责任。

关于余某2、余某1之间签订的《股权转让合同》是否属于无效合同的问题。依照《合同法》第52条的规定，本案中，余某2、余某1确认未签订股权代持协议，也从未向罗某提及余某1所持的韶关市某公司60%股权为代余某2持有，双方签订《股权转让合同》的事宜亦未告知罗某。从股权登记、股东名册中显示，余某1一直是韶关市某公司的股东，持有60%的股权，因韶关市某公司设立于余某1与罗某夫妻关系存续期间，余某1对韶关市某公司的出资及增资行为均应视为以夫妻共同财产从事经营性活动的行为。而余某2在得知罗某与余某1在办理离婚事宜后，与余某1协商签订《股权转让合同》，余某1无偿将余某1所持的韶关市某公司59%股权转让给余某2，损害了罗某的合法利益，故一审法院认定该行为属恶意串通，该合同无效，并无不当。余某2因该合同取得的股权，应返还给余某1。故余某2、余某1应将韶关市某公司股权比例恢复至余某2名下40%、余某1名下60%的状态。

案例评析

本案涉及两个方面的争议焦点，一是余某2、余某1是否构成代持股份的法律关系。二是《股权转让合同》的效力问题。

股权代持，也称隐名出资，是指实际出资人出于各种各样的原因和理由，不愿意成为公司的名义股东，而由其他民事主体代替实际出资人成为公司名义股东，登记于公司登记机关，并记载于公司章程等公司文件当中，名义股东并未实际出资。实际出资人也叫隐名股东，名义股东也叫显名股东或挂名股东。根据《公司法解释（三）》第24条第1款的规定，有限公司的实际出资人与名义出资人通过合同约定实际出资人出资并享有相关投资权益，以名义出资人为名义股东，双方对该持股合同效力发生争议，如没有《合同法》第52条关于合同无效规定的情况，人民法院应当认定该合同为有效合同。实践中，股权代持纠纷有两种类型，一种是名义股东与实际出资人就是否构成代持产生的争议，即名义股东否认实际股东的投资权益，实际股东则主张自己是股权的实际出资人及权利人。由于实际出资人与名义股东间一般是通过协议确定存在代为持有股权或股份的事实，并在协议中约定了双方的权利义务。因此，在有合同约定的情况下，主要通过考量双方的合同约定并结合其他一些事实证据，如实际出资情况，股东参与公司事务的情况，股权收益权的行使等方面因素，来认定股权的归属。还有一种是实际出资人、名义股东与第三人之间就是否构成代持产生的争议，即名义股东与实际股东认为构成代持关系，而第三人则否认成立代持关系。产生这种争论的原因是由于是否构成代持会影响到第三人的利益，实践中，以在婚姻及财产纠纷过程中，夫妻一方主张所持股权为代他人持股，不属于夫妻共同财产，而另一方则主张是夫妻共同财产为典型。在这种情况下，夫妻一方主张代持股份，其正当目的性存疑，存在多占有夫妻共同财产的可能。因此法院认定是否构成代持应持谨慎态度，除了考虑是否有代持合同以及其他的一些事实和证据，还需要考虑是否存在代持股的必要性、合理性等情况，综合考虑予以认定。

本案属于第二种情况，即夫妻一方主张夫妻双方婚姻关系存续期间其所持股权是代持，并通过无偿股权转让的方式转让给第三人。而另一方否认是代持关系，认为是夫妻共同财产。本案中，余某1、余某2主张双方之间属于代持关系，主要理由是余某2主张其是余某1所持股权的实际出资人，但余某2、余某1提交的证据不能证明余某1的出资及增资的所有款项均属于余某2个人所有。同时，双方未签订任何股权代持协议，亦无余某1为余某2代持股权的股东决议或工商备案等其他相关证据。考虑到余某2与余某1系父子关系，而《股权转让合同》为余某1与罗某办理离婚事宜后所签，余某2、余某1亦未就其代持股的原因及合理性进行说明。因此余某1主张其代持股权的陈述明显不能成立，一审、二审法院均不予认定余某2、余某1存在代为持股的意思表示。

因余某1主张的代持股法律关系不存在，因此，其所持的股权为夫妻共同财产，其将股权无偿转让给余某2的行为侵犯了其他共有人的权益，属于无权处分。虽然无权处分并不导致合同无效，股权也完成了变更登记，但是本案不能参照《物权法》第106条的善意取得制度处理，因为受让人余某2不属于善意第三人。判断是否属于第三人应从两个方面进行衡量，一是其是否知晓有其他权利人，二是转让价款是否合理。本案余某2显然都不符合上述情况。本案余某1在与罗某办理离婚事宜后，与余某1协商签订《股权转让合同》，无偿将其所持的韶关市某公司59%股权转让给余某2，损害了罗某的合法利益。该行为符合《合同法》第52条关于恶意串通，损害国家、集体或者第三人利益的合同无效的规定，故一审、二审法院均认定该合同无效。余某2因该合同取得的股权，应返还给余某1。故余某2、余某1应将韶关市某公司股权比例恢复至余某2名下40%、余某1名下60%的状态。

十一、名义股东或隐名股东转让股权的效力

隐名股东也叫实际出资人，是指为了规避法律或出于其他原因，借用他人名义设立公司或者以他人名义出资，但在公司的章程、股东名册和工商登记中记载为他人。与此对应，名义股东是指记载于公司章程、股东名册和工商登记资料上而没有实际出资的人，亦称为显名股东。

（一）隐名股东及名义股东的法律地位

对于隐名股东和名义股东的法律地位，《公司法解释（三）》确立的处理原则是“双重标准，内外有别”。隐名股东和名义股东之间因投资权益的归属发生争议，属于内部纠纷，依照契约自由、意思自治的原则，在合同法范畴内处理。根据合同相对性，双方的约定仅仅在实际出资人与名义股东内部发生法律效果，并不能发生对外效力。如果涉及公司以外的第三人，则要遵循商事外观主义原则，尊重公司登记制度的公示效力。名义股东乃公司文件登记之股东，有权直接行使股权。当名义股东行使股权时，内部约定的违反并不否定名义股东股权行使之效力，名义股东所为之行为原则上在公司内部以及外部发生法律效力。因此，名义股东是对外民事行为的适格主体，而隐名股东不是。

（二）名义股东未经实际出资人同意向第三人转让股权的效力

由于隐名股东和名义股东上述法律地位的区别，导致了隐名股东或名义股东转让股权行为效力的争议。司法实践中，因隐名出资而引发的股权转让纠纷效力争议主要有两种：一是名义出资人未经实际出资人同意而向第三人转让股权行为的效力，这是隐名投资股权转让纠纷中的核心问题；二是隐名股东直接与第三人订立股权转让协议而名义股东拒绝履行由此对股权转让协议效力产生的争议。

对于名义股东未经实际出资人同意而向第三人转让股权行为的效力，根据《公司法解释（三）》第 25 条第 1 款的规定："名义股东将登记于其名下的股权转让、质押或者以其他方式处分，实际出资人以其对于股权享有实际权利为由，请求认定处分股权行为无效的，人民法院可以参照物权法第一百零六条的规定处理"。核心的处理思路是考察第三人受让股权是否是善意，包括是否知晓隐名出资的事实、转让的价款是否合理等因素。如果第三人出于善意受让股权，根据商事公示主义和外观主义原则，从更好地保护善意第三人的利益，维护交易安全和交易秩序角度出发，应当认定这种股权转让协议有效。若第三人在受让股权时明知实际出资人的存在且名义股东无权处分股权，此时应适用《合同法》第 51 条关于无权处分的规定，根据实际出资人是否对股权转让行为予以追认判断股权转让协议的效力。如果在这过程中出让方与受让方恶意串通损害了实际出资人的利益，依据《合同法》第 52 条第 2 款的规定，该股权转让行为当属无效。

（三）隐名股东直接向第三人转让股权的效力

由于隐名股东并非是公司的章程、股东名册和工商登记中记载、登记的股东，因此隐名股东不是对外行使股东权利的主体。实践中之所以会产生这种争议，是因为受让人知晓隐名股东的身份，愿意从隐名股东处直接受让股权。如果名义股东以工商登记和股东名册记载为由提出反对，隐名股东必须要先向公司申请确认股东资格，得到公司的确认后，股权转让方能进行，即隐名股东在满足公司确认隐名股东身份条件下签订的股权转让协议有效。如果名义股东未提出反对，隐名股东亦未向公司确认股东资格，此时实际出资人和第三人之间转让的不是股权，而是实际出资人的隐名投资地位，相当于债权债务的转移，此时股权仍然归名义股东享有，受让方是隐名股东，不能直接向公司主张股权权利。

典型案例18

名义股东转让股权的效力

——崔某某、俞某某与荣耀公司、燕某、孙某某等人股权转让纠纷案[1]

案例要旨

名义股东转让其名下股权属于无权处分，在受让方受让股权是出于善意并且有偿取得，实际行使了股东权利并使股权发生重大变化情况下，从保护善意第三人、鼓励交易、维护交易安全以及维持公司法律关系稳定性出发，应当适用股权的善意取得制度，认定股权转让合同有效。

基本案情

上诉人（原审原告）：崔某某、俞某某。

被上诉人（原审被告）：荣耀公司、燕某等四人。

被上诉人（原审第三人）：孙某某等五人。

2002年7月，荣耀公司取得无锡市荣华大厦房地产开发项目。2003年5月12日，荣耀公司与崔某某、俞某某三方共同出资成立了世纪公司，注册资本为500万元。其中崔某某出资270万元占54%股份，荣耀公司出资200万元占40%股份，俞某某出资30万元占6%股份。

2003年9月25日，荣耀公司、燕某等四人与崔某某、俞某某分别签订一

---

〔1〕 最高人民法院（2006）民二终字第1号。

份《股东会决议》及五份《股权转让协议》，分别按14%、10%、10%、10%、10%的比例受让崔某某在世纪公司54%的股权，荣耀公司同时还受让了俞某某6%的股权，并到江苏省无锡市工商行政管理局办理了相应的工商变更登记手续。

2003年12月17日，荣耀公司、燕某等四人与孙某某等五人分别签订了五份《股权转让协议》，约定荣耀公司、燕某等四人将其在世纪公司的股份转让给孙某某等五人。同日，荣耀公司、燕某等四人与孙某某等五人及市政公司三方又共同签订一份《补充协议》，约定荣耀公司、燕某等四人将世纪公司总计80%的股权分别转让给孙某某等五人（分别为孙某某占40%、王某某占10%、蒋某某占10%、尤某某占10%、忻某占10%），转让款为4000万元，付款义务由市政公司代为履行。在签订协议前，孙某某等到工商管理部门核实，荣耀公司、燕某等四人确实拥有世纪公司全部股份。同年12月29日，合同当事人办理了工商变更登记手续，变更后的世纪公司的股权组成为荣耀公司持有20%股份，孙某某等五人持有80%股份，由孙某某担任世纪公司的法定代表人。市政公司支付了股份转让的部分对价。

2004年3月9日，崔某某、俞某某得知其二人的股权被转让，认为《股东会决议》《股权转让协议》上的签名不是本人书写，而是他人假冒。遂于同年3月18日、23日分别向江苏省无锡市工商行政管理局提出申请，以其股份被非法转让为由，请求撤销股东变更登记，并恢复原登记事项。江苏省无锡市工商行政管理局受理了申请，并委托江苏省无锡市人民检察院进行笔迹鉴定，鉴定结论为2003年9月25日《股权转让协议》《股东会决议》中崔某某、俞某某的签名不是由本人签署，而是他人模仿。

2004年4月20日，世纪公司与市政公司签订一份《合作开发经营房地产合同》，约定荣华大厦项目由双方共同开发建设，世纪公司与市政公司的投资比例分别为45%和55%，世纪公司将项目所有的证照过户或办理到市政公司名下，合同还约定了出资日期、出资额及其他事项。协议签订后的同年5月，市政公司开始办理项目相关过户手续，目前已经全部转到市政公司名下。

2004年9月，崔某某、俞某某向无锡市崇安区人民法院提起行政诉讼，要求撤销工商局变更登记的行政行为并且要求恢复原登记事项。

2004 年 12 月 27 日，荣耀公司与锡山市第二建筑安装工程实业有限公司发生民事纠纷，在案件执行过程中，江苏省无锡市中级人民法院以［2004］锡执字第 239—1 号民事裁定书裁定荣耀公司在世纪公司的 20% 股权归无锡市天成房地产开发有限公司所有。

2004 年 12 月，荣耀公司、燕某等四人向江苏省高级人民法院提起诉讼，以其对出让股份没有处分权为由，要求确认其与孙某某等五人之间签订的《股权转让协议》及《补充协议》无效，恢复原股东崔某某、俞某某的股东身份，并且确认世纪公司与市政公司签订的《合作开发经营房地产合同》无效，恢复世纪公司对荣华大厦项目的所有权，由孙某某等五人赔偿其损失 1000 万元并承担本案诉讼费用。同时，还追加崔某某、俞某某及世纪公司、市政公司为该案第三人。在该案诉讼过程中，崔某某、俞某某申请作为该案有独立请求权的第三人参加诉讼，并向该院递交了诉状。该院同意崔某某、俞某某的申请，将其列为该案有独立请求权第三人参加诉讼。此后，荣耀公司、燕某等四人向该院申请撤诉，该院以［2005］苏民二初字第 001 号民事裁定准许撤诉后，以崔某某、俞某某为原告，以荣耀公司、燕某等四人为被告，以孙某某等五人为第三人的案件继续审理，崔某某、俞某某提起诉讼的诉讼请求为：(1) 确认崔某某与荣耀公司、燕某等四人于 2003 年 9 月 25 日签署的世纪公司《股权转让协议》不真实，无效；(2) 确认俞某某与荣耀公司于 2003 年 9 月 25 日签署的世纪公司《股权转让协议》不真实，无效；(3) 确认崔某某、俞某某与荣耀公司于 2003 年 9 月 25 日签署的世纪公司《股东会决议》不真实，无效；(4) 判决荣耀公司与孙某某于 2003 年 12 月 17 日签署的世纪公司《股权转让协议》中世纪公司 20% 股权的部分无效；(5) 判决燕某、黄某某、杜某、李某某与孙某某、王某某、蒋某某、尤某某、忻某于 2003 年 12 月 17 日签署的世纪公司《股权转让协议》无效；(6) 确认崔某某、俞某某分别在世纪公司中享有 270 万元、30 万元股权；(7) 判令荣耀公司、燕某等四人承担本案全部诉讼费用。

孙某某等五人认为，崔某某、俞某某将股权转给荣耀公司、燕某等四人是其真实意思表示，并且已经实际履行完毕，因此荣耀公司、燕某等四人对本案所争议的股权有处分权，请求法院认定转让协议有效。

法院裁判

江苏省高级人民法院经审理认为，崔某某、俞某某转让股权的《股东会决议》以及《股权转让协议》，均非本人签名，荣耀公司、燕某等四人对本案争议的股权不享有处分权。孙某某等五人受让荣耀公司、燕某等四人的股权可以适用善意取得制度，涉及的《股权转让协议》应当认定有效。理由：第一，孙某某等五人受让荣耀公司、燕某等四人转让的股权时，并不明知转让的股权中有部分股权实际属于崔某某和俞某某。而且，在股权转让前，孙某某等五人还到工商管理部门调查，证实世纪公司的股东就是荣耀公司、燕某等四人，其已尽到谨慎注意义务。同时，工商行政部门的登记具有公信力，公示性最强，就权利外观而言，孙某某等五人有理由相信本案争议股权的所有人就是荣耀公司、燕某等四人。另外，处理世纪公司内部纠纷时须按照实质约定来确定当事人的权利义务，对外则主要应当遵循公示主义原则和外观主义原则，侧重于保护交易安全以及善意第三人，公司内部纠纷不得对抗善意第三人。第二，孙某某等五人通过交换取得股权，支付了合理对价。第三，孙某某等五人在工商部门办理了相关股权变更手续，此后又实际行使股东权利。在孙某某等五人行使股东权利的过程中，世纪公司的经营情况已经发生了重大变化，即使孙某某等五人返还股权，崔某某、俞某某所获权益与其所受侵害亦不对等。综上，该院认为孙某某等五人受让股权是出于善意并且有偿取得，实际行使了股东权利并使股权发生重大变化，从保护善意第三人、鼓励交易、维护交易安全以及维持公司法律关系稳定性出发，应当保护孙某某等五人对受让股权的权利。崔某某、俞某某所受损失应当由荣耀公司、燕某等四人依法予以赔偿，但由于崔某某、俞某某于本案中并未对此提出相应的诉讼请求，可由其另行主张。崔某某、俞某某不服提起上诉。最高人民法院二审认为，原审判决认定事实清楚，适用法律正确，二审判决驳回上诉，维持原判。

案例评析

本案的争议焦点在于：孙某某等五人受让荣耀公司、燕某等四人转让的股权，是否应按照物权法上的善意取得制度来确定股权的归属。

《物权法》第106条第1款善意取得制度规定："无处分权人将不动产或者动产转让给受让人的，所有权人有权追回；除法律另有规定外，符合下列情形的，受让人取得该不动产或者动产的所有权：(一)受让人受让该不动产或者动产时是善意的；(二)以合理的价格转让；(三)转让的不动产或者动产依照法律规定应当登记的已经登记，不需要登记的已经交付给受让人。"股份不属于动产，也不同于一般的动产，而是一种抽象的财产，但是按照司法解释的规定,[1] 股份同样可以适用《物权法》第106条规定的善意取得制度。[2] 本案中，荣耀公司、燕某等四人伪造崔某某、俞某某的签名，制作虚假的《股东会决议》《股权转让协议》，并到工商行政管理机关办理了股权变更登记手续，将崔某某、俞某某在世纪公司60%的股权，变更到荣耀公司、燕某等四人名下。此后，荣耀公司、燕某等四人通过与孙某某等五人签订《股权转让协议》，将已经在工商行政管理机关登记其名下的世纪公司80%的股权转让给孙某某等五人。从上述事实可以看出，在股权转让过程中，荣耀公司、燕某等四人属于名义上的股东，其转让股权属于无权处分，是一种冒名转让。由于《公司法》第32条第3款规定股东姓名或名称未向公司登记机关登

[1] 《公司法解释(三)》第25条规定："名义股东将登记于其名下的股权转让、质押或者以其他方式处分，实际出资人以其对于股权享有实际权利为由，请求认定处分股权行为无效的，人民法院可以参照物权法第一百零六条的规定处理。名义股东处分股权造成实际出资人损失，实际出资人请求名义股东承担赔偿责任的，人民法院应予支持。"第27条第1款规定："股权转让后尚未向公司登记机关办理变更登记，原股东将仍登记于其名下的股权转让、质押或者以其他方式处分，受让股东以其对于股权享有实际权利为由，请求认定处分股权行为无效的，人民法院可以参照物权法第一百零六条的规定处理。"

[2] 朱锦清：《公司法学》(上)，清华大学出版社2007年版，第355页。

记或变更登记的，不得对抗第三人，因此，第三人凭借对登记内容的信赖，一般可以合理地相信登记的股东（名义股东）就是真实的股权人，可以接受该名义股东对股权的处分，当真实权利人主张处分股权行为无效时，应当坚持商事的外观主义原则，按照《物权法》第106条规定的善意取得制度处理。按照权威解释，虽然《公司法解释（三）》第25条规定的名义股东指的是“显名股东”，[1] 但与本案的“冒名股东”一样，均是第三人凭借对登记内容的信赖而合理地相信登记的股东（名义股东）就是真实的股权人，转让人均属于无权处分，在适用善意取得条件方面，与本案并无不同。因此，《公司法解释（三）》第25条的规定对于本案的情形也是适用的。

根据《物权法》第106条之规定，股权转让适用善意取得制度需符合三个条件：受让人受让股权时为善意、以合理的价格转让、转让的股权依照法律规定已经登记。根据公司法及其司法解释的相关规定，此处的登记主体应是公司登记机关，如果只是在公司的股东名册变更登记，不得对抗第三人，不产生善意取得的法律效力。“善意”作为一种主观状态，随着时间的推移常常会发生变化。[2] 作为股权受让人想要取得善意取得制度的保护，实现从无处分权人处取得股权，需要在完成股权转移登记之时仍应为善意，即不知道且不应当知道转让人无处分权的事实。

本案中，孙某某等五人与荣耀公司、燕某等四人在签订本案《股权转让协议》时，曾经到工商行政管理机关查阅过世纪公司的股权登记，尽到了充分的注意义务，并依据协议支付了部分股权转让款，股权变更登记已经经过多年，且没有证据证明在股权变更登记之前，其知晓无权处分的事实，或者存在股权受让价格不合理等情况。因此，可以认定孙某某等五人受让股权系善意。虽然孙某某等五人系从无权处分股权的荣

---

〔1〕 最高人民法院民事审判第二庭编著：《最高人民法院关于公司法解释（三）、清算纪要理解与适用》，人法院出版社2011年版。

〔2〕 参见程新文、司伟：《善意取得的构成要件与适用排除解释》，载《人民法院报》2016年5月4日。

耀公司、燕某等四人处受让股权，但孙某某等五人在本案涉及的股权交易中没有过错，为了保护商事交易的安全及善意第三人的信赖利益，应认定股权转让协议有效，受让人取得诉争股权。由于荣耀公司、燕某等四人转让其无权处分的股权造成原权利人崔某某、俞某某损失，崔某某、俞某某有权要求其承担赔偿责任。

典型案例19
隐名股东转让股权的效力

——徐某1与韩某、徐某2股权转让纠纷案[1]

案例要旨

虽然隐名股东不是对外行使股东权利的主体，但在名义股东同意，受让方明知出让方系隐名股东，且公司及其他股东均未对股权转让提出异议的情况下，隐名股东系股权转让的适格主体，股权转让协议合法有效。

基本案情

上诉人（原审被告）：徐某1。

被上诉人（原审原告）：韩某、徐某2。

韩某、徐某2与科技公司就废塑料裂解燃料油项目进行洽谈，并于2007年6月23日签订了设备购销合同书，约定由韩某、徐某2向科技公司购买废塑料裂解燃料油设备，并支付定金90万元人民币。嗣后，徐某1有意参与该项目。经协商，双方决定成立富阳友邦公司参与项目合作。2008年5月29日，富阳友邦公司与科技公司签订了合作协议书。合作协议书约定，双方成立合资公司（友邦能源公司），科技公司以设备价款900万元人民币中的400万元出资，占股份20%，富阳友邦公司以现金、场地、原料出资，占股份

---

[1] 浙江省温州市中级人民法院（2014）浙温商终字第1368号。

80%；双方同意韩某、徐某2与科技公司于2007年6月23日签署的设备购销合同书废止，双方重新签订设备购销合同书，韩某、徐某2已付的定金90万元人民币转为富阳友邦公司履行本协议的定金；本协议生效即视为富阳友邦公司已付定金90万元人民币，2008年6月28日前，富阳友邦公司支付第二期设备款150万元人民币，2008年8月28日前富阳友邦公司应付清260万元人民币作为设备进度款。协议书还约定了其他一些事项。徐某1在协议书上签字，韩某及徐某2的授权代表作为原设备购销合同书的签署方在协议书上签字确认。同时，富阳友邦公司与科技公司签订了新的设备购销合同书，设备价格及付款方式按照双方签订的合作协议书执行。同日，徐某1出具承诺书一份，言明"韩某、徐某2为履行2007年6月23日签订的设备购销合同书付出的定金和前期投入，按照200万元人民币计算，作为对富阳友邦公司的出资。富阳友邦公司新股东确认该200万元人民币是韩某代表其与徐某2对富阳友邦公司的已出资款项"。2008年6月13日，富阳友邦公司经工商登记成立，由徐某1担任法定代表人，注册资本为60万元人民币，登记股东为韩某及徐某1，各占50%股份。2008年7月9日，韩某、徐某2与徐某1签订一份转让股权协议书。协议书约定，韩某、徐某2自愿将所持的富阳友邦公司50%的股份转让给徐某1，对应的转让价格为410万元，对应的项目和权益为在富阳举办塑料炼油项目中韩某、徐某2所拥有的各项合同权利和人际关系权利，包括韩某、徐某2在塑料炼油项目中20%的股份；协议生效之日起10日内双方到工商部门办理股权变更手续，徐某1向韩某、徐某2付款310万元人民币，另外100万元人民币在2008年8月20日之前付清；如徐某1未在约定的期限付清款项，则应将已受让的股份按比列回转给韩某、徐某2。协议签订后，2008年7月10日，双方办理了工商变更手续，富阳友邦公司的公司性质由有限责任公司变更为一人有限责任公司，股东为徐某1一人，占100%股权。2008年10月14日，徐某1支付韩某、徐某290万元人民币。2008年10月28日，徐某1注销富阳友邦公司工商登记。

韩某、徐某2以徐某1向法院提起诉讼，要求判令：徐某1向韩某、徐某2支付股份转让金余款320万元及逾期付款利息（按日利率万分之三计算）。

法院裁判

一审判决徐某1支付韩某、徐某2股份转让款320万元及逾期付款利息损失。徐某1不服，提起上诉。二审判决驳回上诉，维持原判。

生效裁判认为，关于徐某2是否涉案股权转让的出让方及本案是否需要追加案外人朱某为当事人的争议。徐某1以徐某2不是富阳友邦公司公司登记股东为由主张徐某2不是涉案股权转让的出让方。本院认为，徐某2虽然不是富阳友邦公司工商登记的股东，但从徐某1出具的承诺书来看，徐某1对韩某、徐某2共同向富阳友邦公司出资200万元的事实已经予以确认，原审法院由此认定徐某2属于富阳友邦公司的隐名股东并认可徐某2的股权出让人资格是正确的。至于徐某1出具的承诺书中还有案外人朱某签字的问题，因朱某最终并没有成为富阳友邦公司的登记股东或隐名股东，且涉案股权转让亦与案外人朱某不具有法律上的关联性，徐某1提出本案应追加朱某为当事人的上诉主张没有事实和发法律依据，二审法院不予支持。

关于上诉人是否可以涉案转让股份协议书约定的股份回转条款对抗被上诉人的付款请求权的争议。涉案转让股份协议书虽然约定徐某1未在约定期限付清款项，则应将其已受让的股份按比例回转给被上诉人，但该内容对于被上诉人而言仅属于可选择的权利性条款，并非必须履行的义务性条款。在徐某1实际注销富阳友邦公司导致股份回转不能实现的情况下，原审法院判决支持被上诉人提出的支付股权转让款的请求并无不当。

关于被上诉人主张的日万分之三的利息损失是否有法律依据的争议。上诉人徐某1没有按照转让股份协议书的约定支付股权转让款，其行为显然构成违约，依法应承担相应的违约责任。最高人民法院《关于逾期付款违约金应当按照何种标准计算问题的批复》（法释〔1999〕8号）规定："对于合同当事人没有约定逾期付款违约金标准的，人民法院可以参照中国人民银行规定的金融机构计收逾期贷款利息的标准计算逾期付款违约金。中国人民银行调整金融机构计收逾期贷款利息的标准时，人民法院可以相应调整计算逾期付款违约金的计算标准”。另外，中国人民银行《关于人民币贷款利率有关问题的通知》（银发〔2003〕251号）关于罚息利率问题规定“逾期贷款（借款人未按合同约定日期还款的借款）罚息利率由现行按日万分之二点一计收利息，改为在借款合同载明的贷款利率水平上加收30%～50%……对逾期或未按合同约定用途使用借款的贷款，从逾期或未按合同约定用途使用贷款之日起，按罚息利率计收利息，直至清偿本息为止。对不能按时支付的利息，按罚息利率计收复利”。根据上述司法解释，原审法院判定的日万分之三逾期付款利息损失标准基本符合中国人民银行上述逾期贷款利息的计算标准，二审不再予以调整并予以维持。

案例评析

本案争议的焦点问题是隐名股东能否转让其股权。

1. 隐名股东的法律地位

隐名股东也叫实际出资人，是指为了规避法律或出于其他原因，借用他人名义设立公司或者以他人名义出资，但在公司的章程、股东名册和工商登记中记载为他人。与此对应，显名股东是指记载于公司章程、股东名册和工商登记资料上而没有实际出资的人。

关于隐名股东的法律地位，《公司法解释（三）》第24条规定：“有限责任公司的实际出资人与名义出资人订立合同，约定由实际出资人出资并享有投资权益，以名义出资人为名义股东，实际出资人与名义股东对该合同效力发生争议的，如无合同法第五十二条规定的情形，人民法院应当认定该合同有效。前款规定的实际出资人与名义股东因投资权益的归属发生争议，实际出资人以其实际履行了出资义务为由向名义股东主张权利的，人民法院应予支持。名义股东以公司股东名册记载、公司登记机关登记为由否认实际出资人权利的，人民法院不予支持。实际出资人未经公司其他股东半数以上同意，请求公司变更股东、签发出资证明书、记载于股东名册、记载于公司章程并办理公司登记机关登记的，人民法院不予支持。”可见，对于隐名股东的法律地位，《公司法解释(三)》确立的处理原则是“双重标准，内外有别”。隐名股东和显名股东之间因投资权益的归属发生争议，属于内部纠纷，依照契约自由、意思自治的原则，在合同法范畴内处理。根据合同相对性，双方的约定仅仅在实际出资人与名义股东内部发生法律效果，并不能发生对外效力。如果涉及公司以外的第三人，则要遵循商事外观主义原则，尊重公司登记制度的公示效力。名义股东乃公司文件登记之股东，有权直接行使股权。当名义股东行使股权时，内部约定的违反并不否定名义股东股权行使之效力，名义股东所为之行为原则上在公司内部以及外部发生法律效力。因此显名股东是对外民事行为的适格主体，而隐名股东不是。

2. 在满足一定条件下，隐名股东能行使股东权利

虽然隐名股东不是对外行使股东权利的主体，但在满足一定条件下，隐名股东能行使股东权利。如果隐名股东要行使股东权利，如请求公司办理变更股东、签发出资证明书、记载于股东名册、记载于公司章程并办理公司登记机关登记等，此时隐名股东的要求就已经突破了前述双方合同约定的范围，隐名股东将从公司外部进入公司内部、成为公司的成员，对于公司和其他股东而言，这近似于发生了股权的对外转让。为了保障公司之人合性，维护公司内部关系之稳定，此时应当参照《公司法》第71条第2款规定的股权外部转让规则，经由公司其他股东过半数同意时，隐名股东才能取代原名义股东成为公司股东，否则隐名股东不能成为公司股东。隐名股东要向他人转让其实际股权，如果股权转让的受让人明知其系隐名股东，且公司及其他登记股东均未对股权转让提出异议，亦不涉及优先购买权的问题，此时隐名股东的股东权利得到了确认，则股权转让协议合法有效，[1] 受让方能依据股权转让协议向公司主张股东权利。

---

〔1〕 详见最高人民法院（2016）最高法民终18号民事判决。

3. 本案的隐名股东是股权转让的适格主体

如前所述，如隐名股东与显名股东之间的代持股协议不违反法律、行政法规的规定，股权转让的受让方明知出让方系隐名股东，且公司及其他股东均未对股权转让提出异议，隐名股东系股权转让的适格主体，股权转让协议合法有效。本案中，徐某2虽然不是富阳友邦公司工商登记的股东，但从徐某1出具的承诺书及实际出资来看，徐某2属于富阳友邦公司的实际股东，本案涉及的股权转让协议的当事人涉及目标公司的全部股东，应视为富阳友邦公司及公司股东对股权转让行为的认可。因此，徐某2虽然是隐名股东，但是其在本案签订的股权转让协议是合法有效的。

本案还涉及逾期付款违约金的计算标准问题，对于未约定逾期付款违约金以及约定的逾期付款违约金过高的，司法实践的通常做法是以中国人民银行公布的同期同档贷款逾期罚息利率标准作为计算逾期付款违约金的起算标准，依据是最高人民法院《关于逾期付款违约金应当按照何种标准计算问题的批复》（法释〔1999〕8号）规定[1]及《买卖合同司法解释》第24条第4款的规定。[2] 但是自2019年8月20日起，中国人民银行不再公布贷款基准利率，而是授权全国银行间同业拆借中心于每月20日（遇节假日顺延）9时30分公布贷款市场报价利率（简称LPR）。在这种情况下，逾期付款违约金应当参照全国银行间同业拆借中心公布的贷款市场报价率起算。在确定具体的逾期付款违约金计算标准时，法院应当结合违约方的过错、合同履行情况及守约方主张的具体损害赔偿综合考虑。本案根据原告的诉讼请求，判决按日万分之三的利息计算逾期付款违约金，符合上述计算标准。

---

〔1〕该批复规定：“对于合同当事人没有约定逾期付款违约金标准的，人民法院可以参照中国人民银行规定的金融机构计收逾期贷款利息的标准计算逾期付款违约金。中国人民银行调整金融机构计收逾期贷款利息的标准时，人民法院可以相应调整计算逾期付款违约金的计算标准。”

〔2〕该款规定：“买卖合同没有约定逾期付款违约金或者该违约金的计算方法，出卖人以买受人违约为由主张赔偿逾期付款损失的，人民法院可以中国人民银行同期同类人民币贷款基准利率为基础，参照逾期罚息利率标准计算。”

典型案例20
企业工会代持的职工股东是否具有股东身份
——房开公司与韩某股权转让纠纷案[1]

案例要旨

在涉及公司内部法律关系时，应遵照意思主义原则，以当事人的意思表示和实际履约行为作为确认股东资格的依据，坚持实质要件优于形式要件原则。职工实际缴纳了出资，为公司的实际出资人，并不因工会代持而影响其股东权利。

基本案情

上诉人（原审被告）：房开公司。

被上诉人（原审原告）：韩某。

房开公司原系政府设立的企业化管理的事业单位。韩某原系房开公司职工，现已退休。房开公司经企业改制及后续分配，使韩某共持有房开公司职工股563000股。房开公司工商登记显示股东为公司工会和淮南市房屋建设开发公司。2012年12月25日，韩某与房开公司签订了《股份回购协议》，其中约定：(1) 房开公司同意回购韩某持有的公司股份，回购价格每股1.5元。(2) 回购方在五年内回购出让方持有的原始股，即每年回购原始股份额20%，并支付相应数额的款项给出让方。第一次的支付时间应当在协议签订后一个月之内，以后的同月同日为剩余相应款项的支付日期。(3) 回购方将对出让方持有的新增股份在第五年一次性回购并支付相应的款项。(4) 当回购方资金不足以保障回购款项支付时，回购方可视情况延期支付，但要按当年银行同期存款双倍利率标准支付利息，并同时约定，因回购期限为五年，

[1] 安徽省淮南市中级人民法院（2018）皖04民终931号。

五年期限内，出让方未被回购的股份仍可享受分红。（5）回购方在本协议签订后，应及时支付回购款项，当资金不足需要延期支付时，应提前一个月通知出让方，且推迟支付期限最长不得超过两年，但要确保利息的支付。协议签订后，房开公司按照协议支付了三期股份回购款，第四期回购款支付期限到期后，房开公司至今未付。现韩某以房开公司无故停止支付股份回购款以及相应的利息和分红，且已超出协议约定的延迟期两年，经双方多次协商未果为由，向法院提起诉讼，请求判令房开公司履行《股份回购协议》，支付第四年股份回购款及双倍同期银行存款利息。房开公司辩称韩某不是房开公司的股东，不具有签订《股份回购协议》的主体资格。

法院裁判

一审法院判决房开公司支付韩某第四期股份回购款及相应利益。二审法院维持原判。

生效判决认为：关于韩某是否是房开公司的股东，是否具有签订《股份回购协议》的主体资格。房开公司上诉称韩某的出资是由房开公司股东淮南房屋建设开发公司工会收取，即工会代韩某持有股份，韩某不是公司股东。这里涉及当工商登记与股东名册登记的股东不一致时，应当如何认定的问题。对此本院认为，在涉及公司的法律关系中，既包括外部法律关系，也包括内部法律关系。在涉及公司外部法律关系时，应遵从保护善意第三人和交易安全原则，体现商法的公示主义和外观主义的要求，因此，在涉及债权人与股东、债权人与公司之间外部法律关系时，确认股东资格坚持形式要件优于实质要件原则，工商登记材料可以作为确认股东资格的主要证据。在涉及公司内部法律关系时，应遵照意思主义原则，以当事人的意思表示和实际履约行为作为确认股东资格的依据，坚持实质要件优于形式要件原则。本案中，2005 年经过修改的房开公司《公司章程》第 10 条规定："公司股东分为在职职工股、退休职工股，非公司职工股"。以及房开公司发起人（股东）名册上载明韩某入股金额，均可以表明韩某作为原房开公司的职工，向房开公司交纳了股本金，享有股东的权利。至于工商登记房开公司工会为股东系特定历史时期企业改制形成的特殊现象，但韩某并不因工会代持股而改变其实际出资人的身份，否则将损害职工合法权益，有违企业改制的初衷。故韩某作为股东，享有股东资格，从而具有签订《股份回购协议》的主体资格。

案例评析

本案的争议焦点为记载于股东名册的职工股东，因被企业工会代持股而未登记在工商部门，是否能认定其股东身份。

职工股份既可由其本人以自然人身份直接持有，在全员持股的有限责任公司股东超过50人的情况下，也可由企业工会或者设立职工持股会对职工股进行集中管理持有，在此情况下，工商登记显示的股东就是代表机关而非职工个人。发生争议时，就涉及如何确认股东资格的问题。《公司法》第32条规定："有限责任公司应当置备股东名册，记载下列事项：(一）股东的姓名或者名称及住所；(二）股东的出资额；(三）出资证明书编号。记载于股东名册的股东，可以依股东名册主张行使股东权利。公司应当将股东的姓名或者名称及其出资额向公司登记机关登记；登记事项发生变更的，应当办理变更登记。未经登记或者变更登记的，不得对抗第三人。"可见，股东名册具有确认股东资格的确定效力、推定效力，也就是说，公司只以股东名册上记载的股东为本公司的股东。换言之，股权转让从变更股东名册时开始生效。但是，在某些情况下，如代持股，就有可能出现股东名册记载与公司登记记载之间不一致的情况。此时，如果通过受让出资等方式成为公司股东并记载于股东名册后，如果没有在公司登记机关办理相关登记的，对公司以外的第三人，其股东资格无效。因此，在涉及当工商登记与股东名册登记的股东不一致时，如何确定持股股东的身份问题，在实践中应区别公司内部和公司外部两种关系予以处理。内部关系是指股东名册登记的股东与代表股机关或公司之间的关系，外部关系则是指指股东名册登记的股东与代表机关和公司以外的其他主体之间的关系。在涉及公司外部法律关系时，应遵从保护善意第三人和交易安全原则，体现商法的公示主义和外观主义的要求，这是因为商事活动的最高价值应是稳定，公示主义能够维护交易安全，保护善意第三人，使商事活动处于稳定和可预测的状态。因此，在涉及债权人与股东、债权人与公司之间外部法律关系时，确认股东资格坚持形式要件优于实质要件原则，工商登记材料可以作为确认股东资格的主要证据。在涉及公司内部法律关系时，应遵照意思主义原则，以当事人的意思表示和实际履约行为作为确认股东资格的依据，坚持实质要件优于形式要件原则，此时，股东名册可以作为确认股东资格的主要证据。

本案中，2005 年经过修改的房开公司《公司章程》第 10 条规定，"公司股东分为在职职工股、退休职工股，非公司职工股"。房开公司发起人（股东）名册上载明韩某入股金额，由此可以表明韩某作为原房开公司的职工，向房开公司交纳了股本金，享有股东的权利。虽然工商登记房开公司工会为股东，但韩某并不因工会代持股而改变其实际出资人的身份。本案是韩某与房开公司就《股份回购协议》履行产生的争议，涉及的是实际股东与公司的内部法律关系，应以实质要件作为确认股东资格的标准，因此，本案韩某享有股东资格，具有签订《股份回购协议》的主体资格。

典型案例 21
股权转让方不具有公司股东资格的股权转让协议的效力

——弘同公司与冯某股权转让纠纷案[1]

案例要旨

根据《买卖合同司法解释》第 3 条第 1 款"当事人一方以出卖人在缔约时对标的物没有所有权或者处分权为由主张合同无效的，人民法院不予支持"

[1] 北京市第二中级人民法院（2018）京 02 民终 3736 号。

的规定，股权转让不具有公司股东资格并不导致股权转让合同无效。其他股东自愿代转让方交付股权，属于合同的变更，需要受让方的同意。

基本案情

上诉人（原审被告）：弘同公司。

被上诉人（原审原告）：冯某。

2015年3月15日，弘同公司作为甲方与冯某作为乙方签订《股权转让及股权代持协议》，约定甲方在弘同公司占公司总股本的100%的股份，对应出资2000万元，甲方拟将其持有的弘同公司25%的股权转让给乙方，乙方对应自行出资500万元。自协议签订之日起，乙方即成为弘同公司实质上的股东，甲方作为标的股权形式上的拥有者。协议签订后，冯某支付了200万元转让款。后冯某以弘同公司“既不符合公司法中对股权转让合同主体的规定，也无权处理公司股东的股权”为由，要求确认转让协议无效及弘同公司返还200万元股转让款。

法院裁判

法院生效判决认为，《买卖合同司法解释》第3条第1款规定：“当事人一方以出卖人在缔约时对标的物没有所有权或者处分权为由主张合同无效的，人民法院不予支持”，第45条第1款规定：“法律或者行政法规对债权转让、股权转让等权利转让合同有规定的，依照其规定；没有规定的，人民法院可以根据合同法第一百二十四条和第一百七十四条的规定，参照适用买卖合同的有关规定”。冯某要求确认转让协议无效的诉讼请求，法院不予支持。弘同公司系有限责任公司，由自然人投资，弘同公司本身并不享有股权。而弘同公司的股东自愿将其持有公司股份的10%转让与冯某，属于对合同内容的变更，应经冯某同意。按照转让协议的约定，弘同公司事实上不能履行合同，双方当事人就其他履行方式亦未达成合意，故法院判决弘同公司返还冯某已支付的股权转让款。

案例评析

本案涉及股权转让协议中，因出让方不具有公司股东资格，由此产生的法律后果。

《公司法》第 71 条规定："有限责任公司的股东之间可以相互转让其全部或者部分股权。股东向股东以外的人转让股权，应当经其他股东过半数同意。……"因此，只有股东才有权将其股份转让给他人。根据《买卖合同司法解释》第 3 条第 1 款的规定："当事人一方以出卖人在缔约时对标的物没有所有权或者处分权为由主张合同无效的，人民法院不予支持"。出让人不是股东（包括隐名股东）的股权转让虽然属于无权处分，但是转让合同并不因此无效。转让合同虽然不会因此被认定为无效，但是实际上无法履行，由此导致合同目的不能实现，受让方可以因此主张解除合同。

本案中，弘同公司作为出让方转让其并不持有的弘同公司股权，不符合公司法中对股权转让合同主体的规定，属于无权处分。虽然转让协议不因此认定无效，但是实际上无法履行。虽然公司其他股东自愿将其持有的股份转让给冯某，但是这属于合同主体的变更，如果合同另一方不同意，不能按照变更后的合同履行。本案中，虽然冯某要求确认合同无效的诉讼请求没有得到支持，但其要求退还转让款的诉讼请求得到法院的支持，这个判决结果没问题，但是程序值得商榷。因为虽然冯某提出要返还款项，但是其前提是在主张合同无效基础上提出的诉讼请求，而法院并未认定合同无效，而是以合同不能履行为由判决返还已付款项，这与原告主张的法律性质不一致。根据《民事证据规定》第 35 条第 1 款的规定，"诉讼过程中，当事人主张的法律关系的性质或者民事行为的效力与人民法院根据案件事实作出的认定不一致的，不受本规定第三十四条规定的限制，人民法院应当告知当事人可以变更诉讼请求"。因此，法院如果认定合同有效，应该释明原告变更诉讼请求，再依变更后的诉讼请求予以裁判。

十二、股权转让协议中处分公司资产约定的效力

股权，即股东权利，是指公司股东依法享有资产收益、参与公司重大决策和选择管理者等权利。股权转让，是公司股东依法将自己的股东权益有偿转让给他人，使他人取得股权的民事法律行为。《公司法》规定，有限责任公司的股东之间可以相互转让其全部或者部分股权，也可以向股东以外人的人转让股权。股份有限公司股东持有的股份可以依法转让。而资产，是指企业拥有或控制的能以货币计量的经济资源，包括机器设备、土地厂房、生产资料、现金等具体财产形态，资产转让是就上述公司具体财产形态的转让。

法律保护合法的交易行为，但双方当事人在股权转让协议中的意思自治不得违反法律的禁止性规定。《公司法》第 3 条第 1 款规定："公司是企业法人，有独立的法人财产，享有法人财产权。"公司的独立法人人格和财产权是公司法的基本原则之一。公司的财产属于公司享有，股东的出资一旦投入公司，即成为公司的资产，非经法定程序，股东不得抽回出资。公司的流动资产、固定资产、债权债务均属公司享有，应由公司依法行使占有、使用、收益和处分的权利，股东应按投资比例或章程的规定享有利润分配权和其他权利。《公司法》第 20 条第 1 款前半句规定："公司股东应当遵守法律、行政法规和公司章程，依法行使股东权利，不得滥用股东权利损害公司或者其他股东的利益。"根据此规定，公司股东不得滥用股东权利侵占和处分公司财产。股权转让过程中，如果约定目标公司的固定资产、流动资产、债权等公司资产归受让方所有，属于双方恶意串通，因其违反了公司法的禁止性规定，损害了目标公司的利益而无效。

典型案例22

方某与甘某股权转让纠纷案[1]

案例要旨

公司流动资金关系公司的发展和所有股东利益，双方的约定违反公司资本维持的原则。公司是否分配利润、利润分配的形式、份额等事项属于公司意思自治，在股东会没有决定是否分配利润时，股权转让合同中约定的利润分配事宜约定违反公司法中关于资本维持的原则，为无效条款。

基本案情

上诉人（原审被告、反诉原告）：方某。

上诉人（原审原告、反诉被告）：甘某。

2015年6月15日，甘某与方某签订两份股权转让付款协议，两份协议内容均为甘某向方某转让其持有西藏力源商贸有限公司35%的股份，但两份股权转让协议的转让金额分别为700万元和315万元，其中，股权转让款315万元的股权转让协议上有公司另一名股东签字且该协议在工商局备案。按35%拥有公司流动资金213.5万元所有权，同时按持股拥有2015年度1月至6月的经营收益。双方签订的700万股权转让协议中约定方某除支付股权转让价格700万元外，还约定按35%拥有公司流动资金213.5万元所有权，同时按持股拥有2015年度1月至6月的经营收益。2016年5月13日双方签订的补充协议中写明因方某未按700万元履行付款义务再次签订股权转让补充协议。协议签订后，方某支付转让款480万元。

甘某向一审法院起诉请求：（1）方某向甘某支付股权转让款5333700元（包含未支付股权转让款220万元、公司流动资金213.5万元及相应的经营收

---

[1] 西藏自治区高级人民法院（2017）藏民终字49号。

益)、违约金533370元;(2)方某向甘某按照年利率24%支付起诉之日至实际付清之日逾期利息。

方某向一审法院提出反诉请求:甘某向方某返还超付的股权转让款165万元。

法院裁判

一审法院判决:(1)方某向甘某支付股权转让款22万元;(2)方某向甘某支付违约金533370元(按未付款220万元的30%计算)。方某、甘某均不服,提起上诉。甘某的上诉理由主要是认为流动资金和分红的约定是转让价款的一种形式,双方的约定并没有损害到公司和其他股东的利益,约定是有效的。二审判决驳回上诉,维持原判。

生效裁判认为,本案争议焦点为:(1)双方实际履行的是哪份股权转让协议的问题。(2)协议对"按35%拥有公司流动资金213.5万元所有权,同时按持股拥有2015年度1~6月的经营收益。"约定是否合法的问题。

1. 关于争议焦点一,对于实际履行的是哪份协议双方各执一词。方某认为,签订股权转让价格为700万元的协议是附条件的,只有在王守强完成了该协议第7条中"从墨竹工卡县甲玛乡党委、政府将华泰龙矿区各生产建设单位协调统一到矿区加油站"后双方履行股权转让价格为700万元的协议。由于到目前王守强未能实现相关协调的义务,故双方实际履行的是315万元的转让协议。该协议另一方股东签字并在工商备案。甘某认为,双方签订315万元的转让协议是为了避税,故此协议在工商部门备案。双方实际履行的是700万元转让协议。本院认为,双方实际履行应为700万元的股权转让协议。理由如下:第一,双方认可方某已支付了转让款480万元的事实,但方某超付部分未能作出合理解释;第二,2016年5月13日双方签订的补充协议中写明因方某未按700万元履行付款义务再次签订股权转让补充协议,对此协议的内容方某也认可是协商一致达成;第三,根据双方认可的5张收据证实方某分别在2015年7月3日、15日(两次)转款共350万元后在2016年3月、

4月30日又支付130万元，与方某主张履行的是315万元的股权转让协议超付165万元。因此，本院认为方某以实际支付证实双方在履行700万元的协议。

2. 关于争议焦点二，双方签订的股权转让协议中约定方某除支付股权转让价格700万元外“按35%拥有公司流动资金213.5万元所有权，同时按持股拥有2015年度1～6月的经营收益”。本院认为，公司流动资金关系公司的发展和所有股东利益，双方的约定违反公司资本维持的原则。根据《公司法》的相关规定，公司是否分配利润、利润分配的形式、份额等事项属于公司意思自治，但公司利润分配不得违反资本维持原则。根据双方在一审提交，且对内容及真实性无异议的力源公司章程（2014年6月19日）第26条第5项明确规定利润分配等由股东会审议批准。《公司法》第166条亦规定，公司首先要对经营所得纳税后进行弥补亏损、提取公司法定的公积金后剩余经营所得才属于可分配的利润。故在股东会没有决定是否分配利润时，股权转让合同中公司股东无权决定利润分配事宜，该约定违反公司章程也违反公司法中关于资本维持的原则。故一审法院对股权转让协议中流动资金和分红的约定，侵害了公司其他股东的合法权益，属于无效约定的认定符合法律规定，故甘某主张流动资金和分红的上诉请求本院不予支持。

案例评析

本案的争议焦点为两份股权转让写中双方实际履行的是哪份以及股权转让协议约定受让方“按35%拥有公司流动资金213.5万元所有权，同时按持股拥有2015年度1～6月的经营收益”是否有效。

1. 如何判断双方履行的是哪一份协议

实践中，在股权转让交易过程中有时存在就同一事项签订转让款不同的两份转让协议的现象，其原因有可能是当事人就同一股权转让事项进行了协商变更，以签订在后的协议取代了签订在前的协议；有可能是当事人签订的“阴阳合同”，主要原因是交易当事人为了规避法律法规或相政策，顺利完成股权的变更登记，也可能存在逃避税收等其他目的；还有可能是当事人在真实意思表示之外另签订一份协议，用来满足一方当事人某种不正当目的，如多分遗产。在发生争议时，双方往往对履行的是哪一份协议而各执一词，在判断应当依据哪一份协议确定股权转让价款的问题上，法院应根据两份合同的签订情况、合同的内容、合同的履行情况等证据，并结合日常情理、交易习惯等确定双方实际履行的是哪一份协议。本案虽然有两份转让协议，但是结合后续的补偿协议及履行情况，很容易得出双方实际在履行700万元的协议。

2. 股权转让协议中处分公司资产的约定无效

法律保护合法的交易行为，但双方当事人在股权转让协议中的意思自治不得违反法律的禁止性规定。《公司法》第3条第1款规定：“公司是企业法人，有独立的法人财产，享有法人财产权。”公司的独立法人人格和财产权是公司法的基本原则之一。公司的财产属于公司享有，股东的出资一旦投入公司，即成为公司的资产，非经法定程序，股东不得抽回出资。公司的流动资产、固定资产、债权债务均属公司享有，应由公司依法行使占有、使用、收益和处分的权利，股东应按投资比例或章程的规定享有利润分配权和其他权利。《公司法》第20条第1款前半句规定：“公司股东应当遵守法律、行政法规和公司章程，依法行使股东权利，不得滥用股东权利损害公司或者其他股东的利益。”根据此规定，公司股东不得滥用股东权利侵占和处分公司财产。股权转让过程中，如果约定目标公司的固定资产、流动资产、债权等公司资产归受让方所有，属于股东滥用股东权利非法转移目标公司财产、侵害目标公司利益的行为。如果允许这一行为存在，就会侵害公司的法人财产，影响公司的对外偿债能力，动摇公司的独立法人地位，造成债权人及其他股东的损失。同时这种行为也属于违反社会基本商业道德、破坏市场公平秩序的行为。[1]

---

〔1〕参见吕红兵、尹秀超、李继泉、吴春岐编著：《公司法适用疑难问题通览——法律原理、观点、实例及依据》，人民法院出版社2013年版，第230页。

因此，股权转让协议中处分目标公司资产的约定违反了公司法中的强制性规范，根据《合同法》第52条第5项的规定，应属无效。根据《合同法》第56条的规定，处分公司资产的约定部分无效，不影响股权转让合同其他部分效力，其他部分仍然有效。

本案中，甘某与方某在转让协议中分别约定了股权的转让价款、流动资金所有权、2015年上半年经营收益。其中，关于流动资金的约定涉及公司资本，根据公司的资本维持原则公司在资本全部收缴完成后的存续过程中，必须经常保持与其注册资本额相当的财产，以确保公司债权人等利益相关者的利益；股东按照公司章程足额完成出资义务，是股东基本义务，也是确定公司资本的重要途径，股东向公司缴纳出资后，即转化为公司的资本金，与股东个人没有关系，股东无权处分公司的资本或资金。甘某作为力源公司原股东，在进行股权转让时约定拥有公司流动资金213.5万元所有权，属于无权处分，明显违反了资本维持原则，当属无效约定。

需要注意的是，公司是一个拟制的民事主体，其行使权利、履行职责需要具体的经营者来行使。由于有限责任公司的人合性特征，实践中，有限责任公司的股东通常既是公司的经营者，又是公司资产的具体掌管者。因此，如果双方在股权转让协议中关于出让方需要向受让方交付公司的设备、设施等资产但是无须办理产权变更登记的约定，实际是出让方向受让方履行股权交付义务的一部分，应属股权转让的附随义务，不属于处分公司资产的约定，不能因此否定股权转让合同该部分约定的效力。

十三、公司盖章的情况下，法定代表人签字的真伪对股权转让合同效力的影响

《合同法》第32条规定："当事人采用合同书形式订立合同的，自双方当事人签字或者盖章时合同成立。"当事人是自然人的，应在合同书上签署自己的姓名或者加盖个人印章；当事人是法人或者其他组织的，该法人或者其

他组织在合同书上加盖公章或其法定代表人或代理人的签字，均应认定为是公司行为，由公司承担法律后果。因此，对公司作为合同主体而言，除了法律规定加盖公章为生效要件，如票据行为，在合同没有明确约定法定代表人或代理人签字同时加盖公章才视为合同成立的情况下，法定代表人签字或者公司盖章只要选择其一即可，不必同时既有法定代表人签字又有公司盖章，法定代表人签字或公司盖章均属于合同成立的方式。

对于自然人而言，签字或加盖个人印章都由其自身完成，二者具有同等效力，一般不存在争议。而公司本身是个组织体，其加盖公章的行为需要由具体的自然人来实施，因此，司法实践中会产生无权代表人或代理人加盖的工作，能不能认定为是公司行为的争议。同时，法定代表人虽然能代表公司签订合同，但是其本身也是一个自然人民事主体，因此，司法实践中会产生法定代表人的签字能不能代表公司从事民事行为的争议。由此，实践中在公司作为主体签订合同时，合同相对方最稳妥的做法是要求既要有公司盖章同时有法定代表人的签章，但是如果公司的盖章和法定代表人的签字二者之一被认定为是虚构，对合同效力有无影响？比如公司盖章的情况下，法定代表人签字的真伪对股权转让合同效力的影响。笔者认为，就此不能一概而论，应结合具体的案情予以判断。如果盖章是公司的真实意思表示，即使法定代表人的签字是伪造，也不影响合同的成立与生效。如果某无权代理人加盖了公章，并且伪造法定代表人签字，此时，合同行为并非公司的真实意思表示，对合同的效力判断需要考虑合同相对方是否为善意。

典型案例23
今世福公司与国开公司股权转让纠纷案[1]

裁判要旨

涉案《股权转让协议》加盖的公章是真实的，无论是公司法定代表人持

〔1〕 最高人民法院（2017）最高法民终568号。

公章加盖的，还是其他人持公章加盖的，在没有合同相对方为非善意的证据时，应维护合同相对人的合理信赖利益，认定为是公司的意思表示。仅凭法定代表人签字被认定是伪造不能否认公司真实意思表示，从而否定《股权转让协议》的效力。

基本案情

上诉人（原审原告）：今世福公司。

被上诉人（原审被告）：国开公司。

原审第三人：平某；颐和公司。

颐和公司原股权结构为：国开公司（占有43.76%股份）、平某（占有51.44%股份）、今世福公司（占有4.8%股份,）。2015年7月8日，颐和公司召开股东会，今世福公司、国开公司、平某三方股东做出《（原）股东会议决议》，决议载明：（1）修改公司章程；（2）变更股东；（3）今世福公司将其在颐和公司持有的4.8%股权转让给国开公司，转让金额12000万元。今世福公司在股东盖章、签字处盖章、法定代表人李洪磊签字；国开公司在股东盖章、签字处盖章签字；平某在股东盖章、签字处签字。同日，今世福公司与国开公司签订《股权转让协议》，主要约定：（1）今世福公司同意将其持有的颐和公司4.8%股权转让给国开公司；（2）转让价格为12000万元人民币。今世福公司在出让方处盖章，法定代表人李洪磊签字；国开公司在受让方处盖章签字。2015年7月20日，颐和公司向天津市自由贸易实验区市场和质量监督管理所申请颐和公司变更登记，变更后的颐和公司股东持股情况为：国开公司占48.56%股份；平某占51.44%股份。同日，工商行政管理机关对颐和公司的申请事项予以变更登记。

根据今世福公司的申请，一审法院依法委托天津市津实司法鉴定中心对《股权转让协议》及《（原）股东会议决议》中，今世福公司法定代表人李洪磊的签字，与样本上“李洪磊”是否为同一人书写进行司法鉴定。结论为：《股权转让协议》及《（原）股东会议决议》落款出让方、股东签字盖章处

“李洪磊”的签名与提供样本上“李洪磊”签名，不是同一人书写。

今世福公司向一审法院起诉，请求确认2015年7月8日国开公司与今世福公司签订的《股权转让协议》无效。

法院裁判

一审法院判决驳回今世福公司全部诉讼请求。二审法院维持原判。

生效判决认为，今世福公司原为颐和公司股东，其主张2015年7月与国开公司签订的《股权转让协议》上法定代表人的签名非本人签名，股权转让是虚假的，请求认定股权转让无效。今世福公司的主张不成立。

根据我国社会交往的相关规范、习惯及通常的认识水平，公章是机关、团体、企事业单位签发文件使用的印鉴，加盖公章，代表该单位的确认。案涉《股权转让协议》上加盖了今世福公司的公章，表明该公司认可《股权转让协议》。一般情况下，公司对外行为是由法定代表人代表公司行使的，特殊情况下，公司的其他人员执行公司职务发生的法律后果，也由公司承受。案涉《股权转让协议》加盖的今世福公司公章是真实的，无论是今世福法定代表人持公章加盖的，还是其他人持公章加盖的，在没有关于股权受让方国开公司为非善意的证据时，应维护合同相对人的合理信赖利益，今世福公司以此为由主张股权转让行为系虚假的事实，难以成立。今世福公司上诉主张，《股权转让协议》中法定代表人“李洪磊”的签字是刻意伪造的，更说明其欲盖弥彰虚构事实的行为。由于他人模仿签名存在经本人授权或者未经授权模仿代签名等多种可能，仅模仿签名情节不足以否定《股权转让协议》非今世福公司真实意思表示，故今世福公司的该上诉观点，本院不予采信。案涉《股权转让协议》仅有一页，在合同文本底部注有关于“股东是法人和其他组织的由法定代表人或负责人签字，并加盖公章，本文书格式供参考”的记载，因该内容有供参考的记载，在双方当事人关于法定代表人签字和加盖公章同为合同生效要件有争议的情况下，本院认定当事人在签订协议时对此没有形成共同意思表示，仅为参考要件。今世福公司上诉主张今世福公司与颐和公司系同一实际控制人，其公章曾借给颐和公司使用等，因股权转让发生在国开公司与今世福公司之间，其主张的该情形不能证明国开公司在受让股权时有不当行为等，故该情形与本案没有关联性，本院对此不予审理。今世福公司上诉主张案涉股权转让未支付转让款的事实，国开公司予以认可，但国开公司辩称该股权转让款已经折抵今世福公司欠其债务。鉴于《股权转让协议》的签订是真实的，股权变更登记已经超过了一年以上，且国开公司的抗辩观点有一定的合理性，关于股权转让款的支付问题不足以证明国开公司受让股权为非善意，如果当事人之间关于股权转让款的支付存在争议，可以另行协商解决。

案例评析

本案的争议焦点为法定代表人签名被认定为伪造的情况下，仅有公司加盖的公章是否影响合同的效力。

1. 公司盖章行为的法律意义

公章是国际机关、社会团体、企事业单位签发文件使用的印鉴，加盖公章，代表该单位的确认。一旦合同上加盖了公司的公章，就代表了公司的意思表示，公司应当承担由此产生的法律后果。虽然对于公司而言，公章有这么高的法律效力，但是根据《合同法》第32条之规定,[1]公司盖章并不是公司作为主体签订的合同成立的必要条件，因为公司法定代表人或代理人代表公司签订合同的签名也能使合同成立，由此产生的合同权利义务就会归属于公司。法定代表人虽然能代表公司签订合同，但是其本身也是一个自然人民事主体，合同相对人难以仅凭法定代表人的签字判断其是个人行为还是代表公司的职务行为。一般而言，只能通过加盖公章来区别，如果同时盖有公章，就代表该行为是公司行为而非个人行为，应由公司承担法律后果，因此，法定代表人或代理人在合同

[1] 该条规定："当事人采用合同书形式订立合同的，自双方当事人签字或者盖章时合同成立。"

书上加盖公章的行为，表明该行为是职务行为而非个人行为，应由公司承担法律后果，从这个方面来说，公章具有自然人签字所不具备的功能。因此，在合同书上加盖公司公章的法律意义在于，盖章之人所为的是职务行为，即其是代表或代理公司作出意思表示。[1]

一般来说，虽然合同上有公司的盖章，即代表公司的行为，但是公司是个组织体，需要通过法定代表人或代理人盖章才能表达其意志。在代表公司签订合同的过程中，可能存在法定代表人或代理人无权代理或超越权限的情况，而无代表权或代理权人加盖的公章，对公司来说，不产生合同成立并有效的预期效果。但对合同相对人来说，合同加盖公章的情况下，其可以信赖公章显示的主体为合同当事人，并推定这是公司的意思表示。至于该意思表示是否真实，盖章之人有无代表权限等问题，均不能通过盖章行为本身直接得到确认。为维护善意相对人因信赖产生的利益，保障交易秩序，合同法规定了表见代理制度，即使法定代表人或代理人超越了代表权限或代理权限，如果合同相对方是善意的且有理由相信法定代表人或代理人有权代表公司的情况下，合同仍然对公司产生约束力。除《公司法》第16条等法律对其职权有特别规定的情形外，法定代表人在合同上加盖公章的行为，应由法人承担相应的后果，即使加盖的是假公章，除非合同相对方知道，不影响合同的效力。但如果合同相对方明知法定代表人在超越职权，仍与之进行民事活动，或者与之恶意串通，损害公司的利益，即使加盖了公章，合同也不因此有效。这就是判断盖章行为效力的“看人不看章”规则，即通过判断盖章之人是否有代表权或代理权来认定盖章行为的效力。因此，从这个意义上说，盖章行为的效力也不是绝对的。

2. 法定代表人签字的真伪对合同效力的影响

如前所述，盖章并不是以公司作为主体的合同成立并生效的绝对条

---

〔1〕 贺小荣主编：《最高人民法院民事审判第二庭法官会议纪要》，人民法院出版社2018年版，第310页。

件，根据《合同法》第32条的规定，公司法定代表人的签字也能使合同成立并生效。在仅有法定代表人签字而没有加盖公章的情况下，合同相对方在判断法定代表人是否代表公司履行职务方面，有更高的注意义务。如果在没有加盖公司公章的情况下，法定代表人的签字被认定为是伪造的，签字行为不是该法定代表人的真实意思表示，不能认定为公司法定代表人的签字，在既无公司盖章也无法定代表人签字的情况下，达不到合同成立的条件。

在公司在合同上盖章且加盖的公章是真实的情况下，无论是公司法定代表人持公章加盖的，还是其他人持公章加盖的，能推定为是公司的意思表示。即使盖章之人没有代表权限或超越代理权限，在没有合同相对方为非善意的证据时，应维护合同相对人的合理信赖利益，认定为是公司的意思表示，公司法定代表人的签字被认定为是伪造，并不能否定盖章行为的法律效力，合同也不能仅因此被认定为无效。此时，公司只能通过举证证明代理人加盖公章的行为超越了代理权限，合同相对方为恶意来否定合同的效力。

本案中，虽然《股权转让协议》上法定代表人的签字被认定为伪造，但是协议上加盖了今世福公司的公章。通常来说，公章是公司意思表示的体现，这就意味着在协议上加盖公章，公司应承担由此产生的民事责任，除非有充分证据证明加盖公章行为不是公司的真实意思表示。公司公章既可以由公司法定代表人加盖，也可以由其他职员或者委托的第三方加盖，在合理使用的范畴内，均不影响加盖行为的法律效力。本案今世福公司虽然否认公章是其加盖的，但是在没有证据证明受让方国开公司为非善意的情况下，为维护合同相对人的合理信赖利益，法院未予采纳今世福公司关于股权转让行为系虚假的事实、《股权转让协议》无效的诉讼主张。案涉股权已经完成公司变更登记，《股权转让协议》已经得到了部分履行，是否支付股权转让款项是合同履行问题，不涉及本案争议的合同效力问题，因此一、二审法院均未予审理。

十四、第三方能否以股权转让合同损害其购回权为由主张合同无效

股权购回权，是指股权的出让方有权按照约定的条件购回其已经出卖的股权，这里的股权购回权是出让方享有的一项权利，要不要购回的主动权在出让方。而在在股权投资领域的对赌协议中，投资人与股权出让方约定一定的条件，如果约定的条件成就，投资方有权要求股权出让方以一定的价格回购股权，则应该是一种股权回购请求权，出让方购回股权是履行一定的合同义务。无论是股权购回权还是股权回购请求权，它是基于合同约定产生的权利，是权利人要求合同另一方按照约定进行交易的权利，是包含双方互为给付的请求权，因此，回购权是一种相对权，不是债权。故此，权利人不能对权利标的进行直接支配，而只能请求义务人配合，这种权利不具备对抗第三人和物权的效力。一般而言，第三人不能以股权转让合同损害其购回权为由主张合同无效。

典型案例 24
天津鑫茂公司与甘肃汇能公司、酒泉汇能公司股权转让纠纷案[1]

裁判要旨

股权出让方依据《股权转让及购回协议》享有的股权购回权属于相对权，必须经过受让方公司履行合同义务后才能得到实现。权利人以受让方划转股权行为损害其股权购回权为由主张合同无效，不予支持。

基本案情

上诉人（原审原告）：天津鑫茂公司。

被上诉人（原审被告）：甘肃汇能公司、酒泉汇能公司。

---

〔1〕 最高人民法院（2017）最高法民终 205 号。

被上诉人（原审第三人）：甘肃鑫汇公司。

天津鑫茂公司（甲方）与甘肃汇能公司（乙方）共同出资设立甘肃鑫汇公司。其中，天津鑫茂公司持有公司40%股权，甘肃汇能公司持有公司60%股权。

2012年6月28日，甘肃汇能公司作为甲方、天津鑫茂公司作为乙方，签订《股权转让及购回协议》，约定：现因项目执行过程中需要融资，办理银行贷款，故乙方同意将其所持有的甘肃鑫汇公司30%股权转让至甲方名下，由甲方持有，股权转让后天津鑫茂公司与甘肃汇能公司所占公司股比为1∶9。第3条：甘肃鑫汇公司获得此次银行的贷款审批及按计划时间放款，是本合同签订且生效的唯一先决条件。如出现银行贷款进程受阻、未按计划及时放款、所贷款项被挪作他用而未用于解决甘肃鑫汇公司所用等情况，本协议约定股权转让事项自动终止，甲方应当立即将甘肃鑫汇公司30%股权无条件转让回乙方。第4条：在本合同签订并按照第3条之约定生效之日起24个月内，乙方在满足银行贷款所必须条件的情况下可随时要求甲方将甘肃鑫汇公司30%的股权转让回乙方。第5条：甲方承诺，在本合同签订并按照第3条之约定生效之日起24个月内，同意乙方在满足银行贷款所必须条件的情况下可随时要求甲方购回的甘肃鑫汇公司30%股权不被转让、抵押、质押和用于担保及不被查封。第6条：甲方承诺，在本协议签订并按照第3条之约定生效之日起24个月内，在不影响甘肃鑫汇公司与银行正常信贷关系的前提下，无条件同意乙方可将购回后的30%股权及其另外所持有的10%股权转让给第三方，并配合办理相关手续。同等条件下，甲方按《公司法》和公司章程规定享有优先购买权。第7条：本合同签订并按照第3条的约定生效届满24个月之日起，甲方对外转让甘肃鑫汇公司股权不再受任何限制，但乙方按照《公司法》和公司章程规定享有优先购买权。同日，双方将公司章程第1条中的双方持股比例由6∶4变更为9∶1，并变更了出资额。

2012年10月24日甘肃鑫汇公司与国家开发银行签订的《人民币资金借款合同》，约定了贷款金额及资金到账日期。该合同项下最后一笔借款资金到账日为2014年8月28日。

2014年9月1日，甘肃电力集团召开党政联席会议，决定甘肃汇能公司将持有的甘肃鑫汇公司等股权转移至酒泉汇能公司。2014年12月16日，甘肃省国资委作出同意批复。2014年9月4日，甘肃汇能公司与酒泉汇能公司签订《股权划转协议》，约定甘肃汇能公司将持有的甘肃鑫汇公司90%股权39600万元划转给酒泉汇能公司，两方应各自分别作出股东决议或公司决议，同意本协议项下的股权划转并修改甘肃鑫汇公司章程。同日，甘肃鑫汇公司作出股东会决议：(1) 同意甘肃汇能公司将持有的甘肃鑫汇公司39600万元出资额变更为酒泉汇能公司持有；(2) 根据上述变更内容，修改公司章程有关条款。本次股东会决议没有天津鑫茂公司签字。2014年11月28日，甘肃鑫汇公司办理了工商变更登记。

经查，酒泉汇能公司是甘肃汇能公司的全资子公司，甘肃汇能公司是甘肃电力集团的全资子公司，甘肃电力集团是甘肃省人民政府出资设立的政策性国有独资公司，是甘肃省人民政府授权的投资主体和国有资产管理主体。天津鑫茂公司主张该部分股权转让无效，主要理由是，依据《股权转让及购回协议》，甘肃汇能公司转让案涉股权时该协议尚未生效，天津鑫茂公司对该部分股权享有回购权。

法院裁判

一审判决驳回天津鑫茂公司的诉讼请求，二审维持原判。

生效判决认为，关于天津鑫茂公司主张案涉股权转让行为损害其股权购回权的理由是否成立的问题。根据《股权转让及购回协议》第3条、第4条的约定，甘肃鑫汇公司获得银行贷款审批及按计划时间放款是合同生效的唯一条件，合同生效之日起24个月内天津鑫茂公司在满足银行贷款条件的情况下可随时要求甘肃汇能公司将甘肃鑫汇公司30%的股权转让回天津鑫茂公司。根据合同的目的和诚实信用原则，该条款的真实意思应当是，甘肃鑫汇公司获得银行贷款审批及获得银行全部放款是合同生效的唯一条件。据此，合同生效的时间应当是甘肃鑫汇公司收到银行最后一笔贷款的时间，即2014年8

月28日，天津鑫茂公司享有股权购回权的期间应认定为2014年8月28日起24个月内。甘肃汇能公司与酒泉汇能公司之间的股权划转属于合同行为。根据《合同法》第44条第1句的规定，依法成立的合同自成立时生效。甘肃汇能公司与酒泉汇能公司于2014年9月4日签订《股权划转协议》，故应当认定双方的股权划转行为发生于该日。天津鑫茂公司主张甘肃汇能公司、酒泉汇能公司之间的股权划转行为发生于天津鑫茂公司享有股权购回权期间，理由成立，应予采纳。至于甘肃汇能公司、酒泉汇能公司之间的股权划转行为是否因为发生于天津鑫茂公司享有股权购回权期间而导致该划转行为无效。本院认为，天津鑫茂公司依据《股权转让及购回协议》享有的股权购回权属于相对权，必须经过甘肃汇能公司履行合同义务后才能得到实现。天津鑫茂公司在未请求甘肃汇能公司履行合同义务，其股权购回权尚未得以实现的情况下，主张甘肃汇能公司与酒泉汇能公司之间的股权划转行为损害其股权购回权，应认定为无效，缺乏依据。甘肃汇能公司划转股权的行为是否发生在天津鑫茂公司享有股权购回权期间，并不影响法院对甘肃汇能公司与酒泉汇能公司之间划转股权行为效力的认定。甘肃汇能公司如不能依法履行合同义务，应当向天津鑫茂公司承担违约责任。

案例评析

本案的争议焦点是天津鑫茂公司以甘肃汇能公司与酒泉汇能之间股权转让行为损害其股权购回权为由主张《股权划转协议》无效的请求是否成立。

1. 股权购回权的法律属性

本节涉及的股权购回权，是指股权的出让方有权按照约定的条件购回其已经出卖的股权。换言之，出让方享有的是其按照约定的条件提出购回股权时，股权受让方有义务向出让方转让股权，这种约定的回购价款通常高于出让的价款。因此，股权购回权的标的不是单一的给付行为，而是一项交易，它包含双方的互为履行，即一方支付价款，另一方交付股权。民法上的权利是要求义务人为或不为一定行为的能力，表明上看，与债权请求权一样，购回权的权利人也有权要求对方履行一定行为，但是其实二者的区别很大。首先，债权是权利人得向债务人所主张的单向的给付请求权，不以权利人对待给付为条件，而购回权包含受让方向出让方交付股权的同时也包含出让方需要按照合同的约定支付股权转让款；其次，债权若达到履行条件，权利人有权径直要求债务人履行，而购回权在未约定履行顺序的情况下，应视为同时履行，如权利人没有履行相应的义务，合同另一方有权拒绝履行；最后，债权人可以单方转让债权，只要通知债务人就对其发生效力，而购回权是要求对方签订协议的一种权利，不能单方转让，同时，也不适用继承。综上所述，购回权不同于债权。

2. 第三方能否以股权转让合同损害其购回权为由，主张合同无效

本案涉及的股权购回权，是双方当事人在《股权转让及购回协议》中约定的，协议生效之日起24个月内，天津鑫茂公司在满足银行贷款条件的情况下可随时要求甘肃汇能公司将甘肃鑫汇公司30%的股权转让回天津鑫茂公司的权利。这种股权购回权对应的权利义务系通过当事人约定形成，属于约定权利，权利人享有的是请求权，即必须经过合同另一方履行合同义务后权利才能得到实现。请求权，是指法律关系的一方主体请求另一方主体为或不为一定行为的权利。权利人不能对权利标的进行直接支配，而只能请求义务人配合。这种权利不具备对抗第三人和物权的效力。因此，在权利人未提出购回股权请求的情况下，自不影响合同相对方对涉案股权的处理。即使权利人提出了购回请求，在合同义务方将股权转让给第三人的情况下，因其不能履行合同义务，权利人主张救济的途径只能是主张违约金或违约损害赔偿，而无法直接否认合同相对方与第三人之间转让合同的效力。

本案中，天津鑫茂公司在约定的条件成就后，享有股权购回权。即使甘肃汇能公司划转股权的行为发生在天津鑫茂公司享有股权购回权期间，因天津鑫茂公司未请求甘肃汇能公司履行合同义务，故其享有的购回权并不导致肃汇能公司与酒泉汇能公司之间划转股权行为无效。因此，一、二审法院均未支持天津鑫茂公司的诉讼请求。同时，二审法院在判决中表示甘肃汇能公司如不能依法履行合同义务，应当向天津鑫茂公司承担违约责任，保留了天津鑫茂公司另行主张权利的空间。

十五、是否经过民主议定程序对村委会转让股权行为效力的影响

根据《村民委员会组织法》第 24 条的规定，[1] 涉及村民利益的事项须经村民会议决定等民主议定程序决定方可办理。村委会转让属于村集体所有的股权，当属该条第 1 款第 8 项规定的“以借贷、租赁或者其他方式处分村集体财产”，须经村民会议讨论决定。实践中往往出现村集体组织[2]和村干部违背上述规定，未经民主议定程序，擅自对村集体财产进行处置，并以村集体名义签订相应的合同，由此产生对合同效力的争论。对于这种情况下村集体组织签订的合同的效力，法律并无明确规定。司法实践中判决合同无效的主要理由是认为《村民委员会组织法》第 24 条第 1 款关于民主议定程序的规定为效力性强制性规定，违反该规定的合同无效。反之，认为上述规定是管理性强制规定的，则不以合同违反村集体民主议定程序而无效。还有法院依据《物权法》第 63 条第 2 款的规定，[3] 判决撤销合同。

对此笔者认为，《村民委员会组织法》第 24 条第 1 款第 8 项规定的“以借贷、租赁或者其他方式处分村集体财产”须经村民会议讨论决定，是因为村集体财产属于村民共有，村民委员会不是村集体财产的所有权主体，因此，

---

[1] 该条规定：“涉及村民利益的下列事项，经村民会议讨论决定方可办理：（一）本村享受误工补贴的人员及补贴标准；（二）从村集体经济所得收益的使用；（三）本村公益事业的兴办和筹资筹劳方案及建设承包方案；（四）土地承包经营方案；（五）村集体经济项目的立项、承包方案；（六）宅基地的使用方案；（七）征地补偿费的使用、分配方案；（八）以借贷、租赁或者其他方式处分村集体财产；（九）村民会议认为应当由村民会议讨论决定的涉及村民利益的其他事项。村民会议可以授权村民代表会议讨论决定前款规定的事项。法律对讨论决定村集体经济组织财产和成员权益的事项另有规定的，依照其规定。”

[2] 包括村民委员会、村民小组和村集体经济组织。

[3] 该款规定：“集体经济组织、村民委员会或者其负责人作出的决定侵害集体成员合法权益的，受侵害的集体成员可以请求人民法院予以撤销。”

村民委员会无权处分村集体财产。村民委员会违反规定未经村集体民主议定程序，擅自对外处分村集体财产，侵权了集体成员的合法权益，属于无权处分。对于这种行为的效力，根据《村民委员会组织法》第24条的规定，如果法律对其效力有规定的，从其规定。没有规定的，应当适用《合同法》关于无权处分的规定确定其效力，不能仅以其违反《村民委员会组织法》第24条的规定而认定其无效。

典型案例25
肖某与上河溪村村委会股权转让纠纷案[1]

案例要旨

《村民委员会组织法》第24条第1款第8项并没有明确规定未经村民会议讨论决定的相关合同无效，且村委会签订的合同仅涉及合同双方当事人的利益，该条规定是为了对村委会的行为进行规范管理，村委会与他人签订的合同的行为并不为法律所禁止，故该条规定并不属于效力性强制性规定，不能仅以违反民主议定原则为由认定村委会转让集体所有的股份行为无效。

基本案情

上诉人（原审被告）：肖某。

被上诉人（原审原告）：上河溪村村委会。

梭罗溪煤矿是2006年7月26日成立的集体所有制企业。上河溪村村委会在未经召开村民会议讨论决定，于2008年8月8日，确认肖某为梭罗溪煤矿的合法股东，并于2012年4月12日晚，通过村支两委召开会议的方式，将村办集体企业梭罗溪煤矿的股份转让给肖某。2013年4月，肖某又将该股份转让给案外人，并收取了相应的转让款。2015年11月30日，政府关闭梭罗溪

---

〔1〕 湖南省张家界市中级人民法院（2018）湘08民终113号。

煤矿。上河溪村村委会以其将股份转让给肖某时未经召开村民会议讨论决定为由主张转让合同无效，诉请肖某交还股权转让款。

法院裁判

一审法院认为，上河溪村村委会在未经召开村民会议讨论决定，擅自将村办集体企业梭罗溪煤矿的股份予以转让，违反法律禁止性规定，属于无效转让。肖某不具有梭罗溪煤矿的合法股东身份，擅自转让梭罗溪煤矿的股份，属于无权转让，所得转让款应当交付给上河溪村委会。因此，判决肖某向上河溪村委会退还相应的股权转让款。二审法院撤销一审判决，改判驳回上河溪村委会的诉讼请求。

法院生效裁判认为，村民委员会作为基层群众性自治组织，有权进行民事法律行为，代表集体处分相关财产、签订有关合同。然而，《村民委员会组织法》规定，涉及村民利益的重大事项，需经村民会议讨论决定方可办理，如处分集体财产等。对于村委会未经村民会议讨论决定而签订的合同是否有效，法律并未明确规定。《合同法》第 52 条第 5 项规定，违法法律、行政法规的强制性规定的合同无效。最高人民法院《合同法解释（二）》第 14 条规定，《合同法》第 52 条第 5 项规定的“强制性规定”，是指效力性规定。一般认为，强制性规定分为管理性强制性规定和效力性强制性规定，只有违反效力性强制性规定的合同才是无效合同。法律、行政法规的强制性规定仅关系当事人利益的，该规定仅是为了行政管理或纪律管理需要的，一般为管理性规定。《村民委员会组织法》第 24 条第 1 款第 8 项规定，以借贷、租赁或其他方式处分村集体财产，需经村民会议讨论决定方可办理。该法并没有明确规定未经村民会议讨论决定的相关合同无效，且村委会签订的合同仅涉及合同双方当事人的利益，该条规定是为了对村委会的行为进行规范管理，村委会与他人签订的合同的行为并不为法律所禁止，故该条规定并不属于效力性强制性规定。村办企业梭罗溪煤矿的股份转让后，已经履行了多年，村委会一直没有对合同的效力提出异议。至于转让股份时是否履行民主议定程序，为村委会分内之事，没有遵守民主议定原则，系违反法律的规定。但是，以违反民主议定原则为由认定转让股份行为无效，有碍交易的稳定性和安全性，而且会一定程度上影响农村经济秩序，违背了诚实守信及鼓励交易的市场原则，也容易使违法一方从自己的违法行为中受益，显然违背立法的本意和法律的公平原则。且现在梭罗溪煤矿已关闭停止生产经营，并完成了井筒炸毁，场地平整、恢复地貌等工作，因此不宜认定股份转让行为无效。

案例评析

本案争议焦点在于，村委会转让股权未经民主议定程序讨论决定，是否必然导致股权转让合同无效。

1.《村民委员会组织法》第24条规定的民主议定程序的性质

《村民委员会组织法》第24条规定涉及村民利益的事项须经村民会议讨论决定，并且采用列举的方式规定了8类须由村民会议讨论决定涉及村民利益的事项。对该条规定属于效力性强制规定还是管理性强制规定，司法实践中的认定并不一致。有文章调研相关的案例发现，在《村民委员会组织法》2010年修改后，认定村委会实施的违反《村民委员会组织法》第24条规定的合同无效的比例从77.6%提高到84.3%，认定为有效的仅占15.7%。[1] 援引该规定认定合同无效的裁判文书基本上都是以第24条为效力性强制条款为由，对该规定的具体性质不会进一步论述。[2] 反之，认定合同有效的判决大多认为第24条为管理性强制性规定，并且往往会对该规定的性质进行论述。如有判决认为《村民委员会组织法》第24条规定系规定的内部决议程序问题，目的是防止村集体利益受到侵害，不能仅凭未按照《村民委员会组织法》第24条规定进行民

---

〔1〕参见匡君：《论违反村集体民主议定原则的合同效力——基于北大法宝上128个案例的分析》，载《法大研究生》2017年第1辑。

〔2〕如最高人民法院（2015）民申字第2760号民事裁定、甘肃省高级人民法院（2015）甘民申字第547号民事裁定。

主议定程序而否认本案拍卖行为的效力;[1] 有判决认为《村民委员会组织法》第24条并没有明确规定未经村民会议讨论决定的相关合同无效,且村委会签订的合同仅涉及合同双方当事人的利益,该条规定是为了对村委会的行为进行规范管理,村委会与他人签订的合同的行为并不为法律所禁止,故该条规定并不属于效力性强制性规定;[2] 还有判决认为认定这种情况下合同有效并不会损害国家利益和社会公共利益。[3]

对此笔者认为,《村民委员会组织法》第24条第1款规定了8类须由村民会议讨论决定涉及村民利益的事项,这8类事项既包括村民的误工补贴、拆迁补偿等与村民个人利益相关的事项,还包括农村的公益事业、农村土地承包经营、宅基地的使用方案等涉及国家层面的重大政策和事项。除上述规定外,《村民委员会组织法》第24条第3款同时还规定"法律对讨论决定村集体经济组织财产和成员权益的事项另有规定的,依照其规定"。因此,对于《村民委员会组织法》第24条第1款规定的须经村集体民主议定程序的规定是属于效力性强制性规范还是管理性强制性规定,应当结合其他法律、行政法规的规定予以判断。如《土地管理法》就对农村土地承包相关事项的民主议定作了特殊规定,[4] 因为农村土地承包经营是农民的头等大事,土地承包经营方案对于稳定和完善以家庭承包经营为基础、统分结合的双层经营体制、赋予农民长期而有保障的土地使用权,保障农村土地承包人的合法权益,促进农业、农村经济发展和维护农村社会稳定具有重要意义。因此,《村民委员会组织法》第24条第1款第5项关于土地承包经营方案须经村集体民主议定程序的规定属于效力性强制性规范,违反该项规定的合同无效。而对于诸

---

〔1〕参见山东省高级人民法院(2016)鲁民终1601号民事判决。
〔2〕参见湖南省张家界市中院(2018)湘08民终113号民事判决。
〔3〕参见湖南省永州市中院(2012)永中法民一终字第191号民事判决。
〔4〕《土地管理法》第14条第2款规定:"在土地承包经营期限内,对个别承包经营者之间承包的土地进行适当调整的,必须经村民会议三分之二以上成员或者三分之二以上村民代表的同意,并报乡(镇)人民政府和县级人民政府农业行政主管部门批准。"第15条第2款规定:"农民集体所有的土地由本集体经济组织以外的单位或者个人承包经营的,必须经村民会议三分之二以上成员或者三分之二以上村民代表的同意,并报乡(镇)人民政府批准。"

如误工补贴的人员及补贴标准的规定、村集体经济所得收益的使用等事项，属于村集体的内部事项，且没有其他法律、法规的另行规定，不属于效力性强制规范，而应将其理解为管理性强制规定。《物权法》第63条第2款规定："集体经济组织、村民委员会或者其负责人作出的决定侵害集体成员合法权益的，受侵害的集体成员可以请求人民法院予以撤销。"这即能说明，违反上述事项规定的，并不导致合同无效。

2. 是否经过民主议定程序对村委会转让股权行为效力的影响

根据《村民委员会组织法》第24条第1款第8项之规定，以借贷、租赁或者其他方式处分村集体财产的经村民会议讨论决定方可办理，本案村委会处分村办企业所有的股权，属于处分村集体财产，根据上述规定，须经村民会议讨论决定方可办理。如前所述，虽然《村民委员会组织法》规定处分村集体财产需经民主议定，但并未明确违反的后果是合同无效，亦无其他法律、性质法规明确村委会对外处分村集体财产须经村集体民主议定程序为效力性强制性规范，不能仅以该行为违反《村民委员会组织法》第24条的规定而认定合同无效。对于该类合同的效力，应在《合同法》的框架范围内容，结合合同法的相关规定予以判定。

村集体财产所有权的主体是本集体经济组织的全体成员，《村民委员会组织法》规定处分村集体财产需经民主议定，是因为根据《物权法》的规定，处分共有财产的，应当经占份额三分之二以上的按份共有人或者全体共同共有人同意。因此，村委会未经民主议定程序的财产处分行为本质上属于无权处分，无权处分下的合同从性质上说属于效力待定的合同。根据《合同法》第50条的规定，[1] 合同相对人是否知道或者应当知道村委会越权，是认定该行为是否属于表见代表、合同是否有效的关键，即应通过判断合同相对方是否为善意第三人，从而认定合同的效力。当合同相对方为善意，不知道也不应当知道村委会超越代表权限时，

---

〔1〕《合同法》第50条规定："法人或者其他组织的法定代表人、负责人超越权限订立的合同，除相对人知道或者应当知道其超越权限的以外，该代表行为有效。"

为保护善意第三人的利益，合同应为有效。合同相对方知道或者应当知道村委会超越代表权限时，合同效力待定，如果事后补充了相关的民主议定程序手续或者在合同履行过程中，村集体事实上同意了合同的履行，则合同应认定为有效合同。否则，村集体或村民代表有权提起合同效力确认之诉。当然，如果存在恶意串通，损害集体利益的情况的，当依《合同法》第52条第2项规定确认合同无效。

本案中，梭罗溪煤矿的股份转让后，已经履行了多年，村委会一方一直没有对合同的效力提出异议，其在本案中提出合同无效的诉讼请求不应得到支持。理由如下，首先，如前所述，不能仅仅因村委会转让村集体所有的股权未履行村集体民主议定程序而认定合同无效。其次，如果以违反民主议定原则为由认定转让股份行为无效，有碍交易的稳定性和安全性，而且会一定程度上影响农村经济秩序，违背了诚实守信及鼓励交易的市场原则，也容易使违法一方从自己的违法行为中受益，显然违背立法的本意和法律的公平原则。最后，《村民委员会组织法》规定涉及村集体利益的事项需要村集体民主议定程序，主要是为了避免村委会滥用权利，损害村集体的利益，现村委会违反法律规定，未履行程序，如果股权转让合同被认定为无效，村委会应当对合同的无效承担全部或大部分的过错，这些损失实际最终也要由村集体承担，不利于农民利益的保护。因此，村委会作为诉讼原告以未经村集体民主议定程序为由主张其签订的股权转让合同无效，二审法院不予支持。如果村民代表提起诉讼，则应根据合同法关于无权处分的规定结合合同的履行情况审查股权合同的效力。

十六、公司被吊销营业执照期间实施的股权转让行为是否有效

公司被吊销营业执照期间，公司实施的民事法律行为是否有效？否定论认为，根据《公司法》第180条、第183条、第186条的相关规定，企业法人被吊销营业执照后，应当依法进行清算。清算期间，公司存续，但不得开展与清算无关的经营活动。因此，公司被吊销营业执照期间实施的法律行为

因违反《公司法》的强制性规定，当属无效。肯定论认为，企业的法人资格并不因被吊销营业执照而消灭，《公司法》规定企业法人被吊销营业执照后，应当依法进行清算；清算期间，公司存续，但不得开展与清算无关的经营活动。只不过是对吊销营业执照的公司的行为能力作出了限制，属于管理性规定，不属于效力性规定，违反该规定不影响被吊销营业执照的公司与他人签订合同的效力。《公司法》第205条规定，公司在清算期间开展与清算无关的经营活动的，由公司登记机关予以警告，没收违法所得。可见，公司在清算期间开展与清算无关的经营活动，需要受到行政处罚，但是不影响合同效力。因此，公司实施的股权出让行为不因公司处于被吊销营业执照期间而无效。

典型案例26
苏某等与新柳商业城、新柳集团公司股权转让纠纷案[1]

案例要旨

吊销营业执照是工商行政管理部门的行政处罚行为，其后果是公司法人的经营资格被剥夺，丧失从事经营活动的行为能力，但不必然导致法人人格的消灭，公司实施的股权转让行为并不因被吊销营业执照而无效。

基本案情

上诉人（原审原告）：苏某、李某、朝矿公司。

被上诉人（原审被告）：新柳商业城、新柳集团公司。

苏某、李某、朝矿公司系新柳集团公司股东。丹东新柳饭店于1997年12月5日登记成立，注册资本为50万元，其中新柳商业城出资40万元，2005年12月23日，丹东新柳饭店有限公司召开股东会决议，经全体股东研究，达成如下决议，新柳商业城出资于丹东新柳饭店有限公司40万元股权全部转

[1] 辽宁省丹东市中级人民法院（2018）辽06民终538号。

让给新柳集团公司。同日，新柳商业城与新柳集团公司签订转让出资协议书，协议如下：（1）新柳商业城同意将其出资于丹东新柳饭店有限公司股份人民币肆拾万元全部转让给新柳集团公司；（2）转让出资后，新柳集团公司以出资额为限承担股东义务，并享有股东权利。2005年12月26日，丹东新柳饭店有限公司进行了公司变更登记。另查，新柳商业城于2003年12月15日被吊销。苏某、李某、朝矿公司诉请法院判决判决股权转让出资合同无效，理由是：企业被吊销营业执照后，就意味着企业法人资格被强行剥夺，其民事主体资格、经营资格随之消亡，企业不得继续从事市场经营活动，只能依法进行清算。新柳商业城在没有法人资格，没有依法清算的情形下，于2005年12月与新柳集团公司签订股权转让协议，其行为侵害了苏某、李某、朝矿公司的合法权益，依法应被认定为无效。

法院裁判

一审法院认为，关于苏某、李某、朝矿公司提出新柳商业城的行为违反《公司法》第183条等相关规定应认定为无效一节，因转让行为发生于2005年，根据最高人民法院《公司法解释（一）》第1条的规定，公司法实施后，人民法院尚未审结和新受理的民事案件，其民事行为或事件发生在公司法实施以前的，适用当时的法律规定和司法解释。此规定中的公司法指的是2006年1月1日开始实施的新《公司法》，故本案不能适用新公司法的规定，只能适用1994年7月1日实施的旧公司法，而当时的《公司法》并没有规定将吊销营业执照作为公司解散的条件，也未规定公司吊销营业执照后应当进行清算、清算的时间及未清算的法律后果，故原告主张转让协议无效无法律依据。苏某、李某、朝矿公司不服，提起上诉。二审法院认为，新柳商业城因未年检于2003年12月15日被吊销营业执照，但该吊销是工商行政管理部门的行政处罚行为，其后果是公司法人的经营资格被剥夺，丧失从事经营活动的行为能力，但不必然导致法人人格的消灭，公司法人只有在注销后才会消灭，也未有相关法律规定被吊销营业执照的公司不能进行股权变更，故上诉人提出被吊销企业法人营业执照后，企业不具有民事权利能力和行为能力，于法无据，法院不予支持。综上，二审判决驳回上诉，维持原判。

案例评析

吊销企业法人营业执照，是工商行政管理机关依据国家工商行政法规对违法的企业法人作出的一种行政处罚。企业法人被吊销营业执照后，应当依法进行清算，清算程序结束并办理工商注销登记后，该企业法人才归于消灭。[1] 故公司被吊销营业执照后至被注销登记前，其法人资格依然存在，仍具有民事权利能力和民事行为能力。

根据《公司法》第 180 条、[2] 第 183 条、[3] 第 186 条[4]的相关规定，企业法人被吊销营业执照后，应当依法进行清算。企业法人被吊销营业执照后，应当依法进行清算。清算期间，公司存续，但不得开展与清算无关的经营活动。公司于清算期间被称为“清算中的公司”，又称清算法人，即公司在清算期间，法人的地位仍然存在，但行为能力受到限制，只能从事与清算有关的业务，不能开展与清算无关的经营活动。对于在清算期间公司开展与清算无关的经营活动的，《公司法》第 205 条规定，“公司在清算期间开展与清算无关的经营活动的，由公司登记机关予以警告，没收违法所得”。由此可见，《公司法》第 186 条第 3 款规定主要是出于维护一定的交易秩序，立法目的在于保护债权人的利益，属于管理性强制性规定，而非影响合同效力的效力性强制性规定。

---

〔1〕 最高人民法院《关于企业法人营业执照被吊销后，其民事诉讼地位如何确定的复函》（2000 年 1 月 29 日法经〔2000〕24 号函）。

〔2〕 该条规定：“公司因下列原因解散：…… （四）依法被吊销营业执照、责令关闭或者被撤销。”

〔3〕 该条规定：“公司因本法第一百八十条第（一）项、第（二）项、第（四）项、第（五）项规定而解散的，应当在解散事由出现之日起十五日内成立清算组，开始清算。有限责任公司的清算组由股东组成，股份有限公司的清算组由董事或者股东大会确定的人员组成。逾期不成立清算组进行清算的，债权人可以申请人民法院指定有关人员组成清算组进行清算。人民法院应当受理该申请，并及时组织清算组进行清算。”

〔4〕 该条第 3 款规定：“清算期间，公司存续，但不得开展与清算无关的经营活动。公司财产在未依照前款规定清偿前，不得分配给股东。”

对于未依法进行清算而侵害债权人利益的，《公司法解释（二）》第18条规定了清算义务人怠于履行清算义务所应承担的民事责任，但是公司的法律地位并不因此受影响，被吊销营业执照的公司仍然是独立的法人。因此，公司被吊销营业执照并不属于《合同法》第52条规定的影响合同效力的强制性规定，而仅仅属于工伤登记部门处理的管理性规定，公司被吊销企业法人营业执照之后，不管是否进行清算，不能仅仅以此否认公司从事相关经营活动如转让股权行为的法律效力。

本案新柳商业城因未年检于2003年12月15日被吊销营业执照，虽然根据《公司法》第180条、第183条的规定，应当依法进行清算，但清算义务人一直未进行清算，根据《公司法解释（二）》第18条的规定，清算义务人应当承担相应的责任，但新柳商业城并未被注销，其法人主体资格仍然存在，因此，不能仅因其被吊销营业执照而否认其转让股权的效力。本案股权转让合同并不涉及其他合同无效的情形，因此，苏某、李某、朝矿公司主张股权转让合同无效，一、二审法院均未予以支持。

十七、合同义务与附生效条件股权转让合同中的条件

《合同法》第45条第1款规定："当事人对合同的效力可以约定附条件。附生效条件的合同，自条件成就时生效。附解除条件的合同，自条件成就时失效。"上述条文是对附条件合同效力的规定。所谓附条件的合同，是指合同的双方当事人在合同中约定某种事实状态，并以其将来发生或不发生作为合同生效或者不生效的限制条件的合同。依所附条件不同可分为生效条件和解除条件，生效条件是指使合同的效力发生或者不发生的条件。在条件成就之前，合同处于成立但未生效状态，当条件成就后，合同生效，当条件确定不成就，则合同状态为确定不生效。

在审判实务中，容易将合同义务认定为附生效条件合同中的条件，如双方在股权转让合同中约定了以目标公司获取相应的资质作为合同生效的条件，而在此过程中，股权办理了变更登记手续，双方对合同效力产生争议，出让方往往以股权转让合同已经履行完毕为由主张合同已生效。事实上，合同义

务不能成为条件，理由在于：第一，合同义务的确定直接决定债务人的履行内容，债务人应当全面、适当地履行合同义务；而条件只是一种事实，是否能够成就时不确定的，当事人不负有使条件成就的义务。第二，合同义务没有完成，当事人要承担违约责任；而条件没有成就，影响的是合同是否生效的问题，当事人不承担违约责任。第三，合同义务没有完成，原则上不能拟制其已经完成；而拟制成就是条件制度的重要内容。第四，依法成立的合同具有约束力和确定性，所谓附条件法律行为的不确定是合同确定性的例外。如果将条件的范围扩大到合同义务，那么条件天然的不确定性将毁灭合同的确定性本身。第五，条件的作用是限制合同效力，如果合同义务可以作为条件，则合同效力将完全取决于当事人的履行意愿。第六，合同义务可以是法定的，而条件必须是当事人意志而不是法定的。因此，认定股权转让合同是附生效条件合同，在条件未成就的情况下，即使一方履行了义务，如果另一方不接受，也不能因此认定合同生效。

典型案例 27
林某与王某等股权转让纠纷案[1]

案例要旨

双方约定了合同生效的条件，因条件未成就，合同属于未生效法律状态。出让方办理股权的工商变更登记，属于履行合同义务的范畴，但是受让方对此不予接受，因此不属于股权转让合同的变更，故案涉合同还是处于未生效状况。

基本案情

上诉人（原审原告）：林某。

---

〔1〕 福建省莆田市中级人民法院（2017）闽03民终3339号。

被上诉人（原审被告）：王某等。

林某与王某系莆发公司显名股东，2015 年 10 月 6 日，莆发公司实际股东曾某与王某签订《股权转让协议》，约定曾某在莆发公司林某代持的股份转让给王某，并特别备注协议在曾某保证耀隆公司在当月底前向莆发公司下达生产订单才生效。同年 11 月 5 日，林某将其持有的莆发公司全部股份转让给王某，并办理了变更登记手续。林某向一审法院起诉，请求：（1）王某等共同偿还林某股权转让款，并自 2015 年 10 月 7 日起按月利率 2% 计算利息。（2）王某等支付林某违约金 100 万元。王某等辩称，本案《股权转让协议》系附生效条件的协议，而生效条件未成就，故协议未生效。

法院裁判

一审判决驳回林某的诉讼请求。林某不服，提起上诉。其主要上诉理由是，林某认为股权转让是一种物权变动行为，林某于2015 年 11 月 5 日将名下的股权变更给王某，已经履行了股权转让协议的主要义务，所以按照《合同法》的规定，受让方应按照合同约定支付对价即股权转让款。

二审法院认为，股权转让实质上是在公司内部产生的一种民事法律关系，就股权转让行为的性质而言，股权转让合同签订后，是否办理工商变更登记，属于合同履行问题。就股权转让行为的外部效果而言，股权的工商变更登记仅为行政管理行为，该变更登记并非设权性登记，而是宣示性登记，旨在使公司有关登记事项具有公示效力，故是否进行工商变更登记对股权转让合同的效力问题不应产生影响，工商登记并非股权转让合同效力的评价标准，不应导致股权转让行为是否生效或有效问题。如上所述，因讼争的《股权转让协议》处于效力待定状态，现林某主张其将名下的股权变更给王某，已履行主要合同义务，应按合同约定由受让人王某及担保人莆发公司支付股权对价及利息，于法无据，不予支持。

案例评析

本案的争议焦点是，在附生效条件的股权转让合同下，虽然条件未成就，但是出让方履行了股权变更登记义务，是否能认定为股权转让合同已生效。

附条件合同中的条件，与合同义务是不同的。在附生效条件合同中，条件的实质是合同双方当事人对合同生效所约定的限制，条件成就与否是不确定的。依法成立并生效的股权转让合同，出让方的主要义务是转让股权，受让方的主要义务是支付股权转让价款。是否办理工商变更登记，属于合同履行问题。而合同的履行需要以合同的成立并生效为基础，如果合同不生效，对当事人不具有法律约束力。对未生效的合同，一方履行了义务，如果另一方不接受，不能因此认定合同生效。同时，股权的工商变更登记仅为行政管理行为，该变更登记并非设权性登记，而是宣示性登记，旨在使公司有关登记事项具有公示效力，故是否进行工商变更登记对股权转让合同的效力问题不应产生影响，工商登记并非股权转让合同效力的评价标准，不应导致股权转让行为是否生效或有效问题。另外，《公司法》并未把变更登记作为股权转让的成立或生效条件，因此未经工商变更登记，也不会导致合同无效。[1] 因此，未生效的股权转让协议不会因为办理了工商变更登记而有效，依法成立的股权转让协议也不会因为未办理工商变更登记而导致转让合同无效。股权是否经过工商变更登记，不影响转让合同的效力。

本案中，双方约定了合同生效的条件，因条件未成就，合同属于未生效法律状态。出让方办理股权的工商变更登记，属于履行合同义务的范畴，但是受让方对此不予接受，因此不属于股权转让合同的变更，故

〔1〕 参见潘杰：《不应将合同义务认定为限制合同生效的条件——再审申请人乔连生与被申请人蚌埠日报社股权转让合同纠纷案》，载最高人民法院民事审判第一庭编：《民事审判指导与参考》[2015 年第 2 辑（总第 62 辑）]，人民法院出版社 2015 年版，第 211 ~ 212 页。

案涉合同还是处于未生效状况。在此情况下，出让方即使办理了股权变更登记，受让人没有支付股权转让款的合同义务。

十八、股权转让纠纷中“对赌条款”的性质及法律效力

（一）对赌条款的内涵

“对赌条款”，是指在股权投资领域，以企业未来的经营业绩或上市情况以及非财务业绩等为准调整投资者进入时对企业的估值的约定条款，也称为“估值调整条款”或“对赌协议”。对于投资方与融资方而言，双方合作实现融资的方式有很多，如股权转让、定向增资、增发债券等，上述融资方式的交易价格是投资者根据对所投资企业经营情况的预估为基础计算的，而预估的业绩往往与未来实际的业绩不一致，即使所投企业也无法完全确定，因此如果实际经营情况与预估情况偏差太大，则交易双方必有一方会遭受损失，导致双方对融资对价往往难以协商一致。用对赌条款对交易价格进行调节，则可使交易趋于公平，应该说对交易双方都是一定程度的保护。“估值调整条款”或“对赌条款”更多的是对这种条款调整运行机理的描述，并非特定的法律概念。

关于其内涵，司法实践早已涉及，如有裁判文书认为“对赌条款，即私募股权投资领域中的一种估值调整机制，它以企业未来的经营业绩为准调整投资者进入时对企业的估值”。〔1〕关于其核心内容，也有判决认为“对目标公司业绩的预测是投资者估值、投资的主要依据，但由于各种各样的原因，目标公司的预期业绩与实际业绩之间可能存在一定差距，影响估值的准确性。故此，投资者和融资者往往约定以目标公司在一定时间内实现的业绩目标作为调整估值的依据，高估企业价值时，融资者补偿投资者，低估企业价值时，投资者补偿融资者，是为对赌协议”。〔2〕理论界的观点也基本一致，认为估

---

〔1〕详见福建省厦门市中级人民法院（2014）厦民初字第137号民事判决。
〔2〕详见江苏省南京市中级人民法院（2015）宁商终字第29号民事判决。

值调整协定是投融资双方因对融资企业估值不确定而产生的一种调整机制，是根据企业未来的实际经营情况对当前企业估值及投资价格所进行的调整或修正。[1]

(二) 对赌条款的类型及对赌方式

对赌标的及对赌的业绩补偿承诺是对赌条款中最重要的内容。

1. 对赌条款的类型

以对赌标的不同，对赌条款主要有以下类型：

(1) 财务业绩型。这是对赌条款的核心要义，是指以目标公司在约定的时间能否实现承诺的财务业绩作为对赌标的。若达到一定财务业绩，投资方向融资方管理层奖励部分的股份；若达不到上述条件，融资方需按照约定条件对投资方持有的股份进行回购或现金补偿投资方。财务业绩对赌一般发生在融资方属于创业型、成长型的企业中。

(2) 上市时间型。关于“上市时间”的约定，赌的是目标公司是否能在约定的时间内上市。若融资方公司可以成功上市，投资方按照对赌协议的内容继续投资或转让相应的股权；若融资方不能在规定年限内完成上市，投资方有权要求融资方对股份进行回购或转移对公司的控制权。上市时间对赌主要适用于融资方属于发展成熟的企业。但是，这种方式受外部监管条件等影响太大，融资方风险很大，比较典型的案例为俏江南与鼎晖对赌案。

(3) 非财务业绩型。非财务业绩，是指除了财务业绩等指标外，对赌标的还可以是 KPI（关键绩效指标）、用户数、专利数、产品销售量等。

实践中，除上述类型外，双方还会在对赌条款中混合约定不同的对赌标的，以让对赌条件更加均衡可控。

2. 对赌的方式

根据业绩补偿承诺的不同，对赌条款主要有以下方式：

---

[1] 参见俞秋玮、夏青：《也谈股权投资股指调整协定的法律效力》，载《商事审判指导》2013 年第 4 辑（总第 36 辑）。

（1）股权回购。投资方通过受让融资公司股东的股权或与融资公司签订增资协议，约定投资方认购公司的增资，并持有相应的股权，双方约定融资公司收回投资公司的条件及计算方式。如果对赌条件没有实现，融资方按一定的本息回购投资方投资的股权。

（2）货币补偿。投资方通过支付受让款取得融资方的股权，双方对融资公司的业绩进行约定，若融资方未能在对赌期间内实现对赌条件，则融资方应当向投资方直接进行货币补偿，投资方亦有权选择是否继续履行对赌协议。实务中，有对赌条款会约定在投资方选择继续履行对赌协议时，融资方须得向投资方支付违约金。或者在股权转让中，设立一个共管账户，业绩达标，转让人才可以收取该款项。

（3）控制权转移。如果公司对赌条件没有实现，由融资方按约定直接将公司经营权的控制权转移给投资方。

（4）股权稀释。如果对赌条件没有实现，融资方承诺由投资方作为股东按约定的股权比例进行增资，通过增资稀释融资方的股权比例，增大投资方对融资公司的控制权。

（5）股本激励。如果公司对赌条件没有实现，如承诺的业绩没有完成或公司上市没有成功，则由融资方无偿给投资方一定数量比例的公司股权。

（6）股权优先型。包括优先分红、优先出售及公司破产清算或解散时的优先受偿。

除了上述类型，双方还可以对引进其他投资者、公司董事的席位、股权的投票权等作出约定。

（三）对赌条款的性质

关于“业绩补偿条款”或“估值调整条款”的性质，有认为是附生效条件的合同，也有认为是射幸合同、担保合同等，虽然从特点上来说，与上述合同都有一定相似性，但不足以概括其全部特征。

“对赌条款”或“估值调整条款”是私募股权投资基金与所投资企业或原股东之间达成的，对于未来不确定的情况进行的一种约定。如果约定的条件未成就，则投资方有权行使一种权利，以弥补高估企业自身价值的损失；如果约定的条件成就，融资方则有权行使一种权利，以弥补企业价值被低估的损失。因此，将“对赌条款”界定为附条件民事法律行为更为妥当。所谓附条件的法律行为，是指当事人在法律行为中特别规定一定的条件，以条件是否成就来决定法律行为效力的发生或消灭的法律行为。[1] 我国《民法总则》第158条规定：“民事法律行为可以附条件，但是按照其性质不得附条件的除外。附生效条件的民事法律行为，自条件成就时生效。附解除条件的民事法律行为，自条件成就时失效。”具体来说，业绩目标是否实现即为“条件”，它符合“条件”的三特征：将来的状态；发生与否并不确定；应当是合法的。而嗣后的内容即为具体的法律行为，该法律行为依据“条件”是否成就而定。将“业绩补偿条款”或“估值调整条款”界定为附条件的民事法律行为合法法理及逻辑，能很好地解决实践中此类争议问题。

(四) 对赌条款的效力

认定对赌条款的效力，主要是考察对赌条款中股权回购条款及公司业绩补偿条款的效力。

关于股权回购条款的效力，在［2012］民提字第11号苏州工业园区海富投资有限公司与甘肃众星锌业有限公司、香港迪亚有限公司一案中，最高人民法院认为，投资者与目标公司对赌协议无效。《增资协议书》中约定，如果世恒公司实际净利润低于3000万元，则海富公司有权从世恒公司处获得补偿。这一约定使海富公司投资可以取得相对固定的收益，该收益脱离了世恒公司的经营业绩，损害了公司利益和公司债权人利益，因而无效。但迪亚公司的补偿承诺并不损害公司及债权人的利益，不违反法律法规的禁止性规定，有效。在股权回购效力方面，该案确立的公司固定收益承诺条款无效，股东的承诺补偿有效，即与公司对赌无效，与股东对赌有效的观点，在司法实践中直接被认定为是股权回购条款效力判断的标准。如山东省高级人民法院民

---

[1] 王利明：《民法总论》(第2版)，中国人民大学出版社2015年版，第262页。

二庭《关于审理公司纠纷案件若干问题的解答》（2018 年 7 月 17 日施行）第 11 条规定："如何认定'对赌协议'的效力？答：'对赌协议'又称估值调整协议，其核心条款通常表现为，投资方与融资方约定目标公司需要在未来一定期间内实现一定业绩或达到一定条件，一旦目标公司未达到上述约定业绩或条件，则投资方有权要求融资方给付一定的现金补偿或以股权回购、转让的方式获得补偿。关于'对赌协议'的效力，因合同相对方的不同而有所区别：目标公司直接与投资方签订的'对赌协议'，因协议内容会降低公司责任能力，违背资本维持原则，进而损害公司债权人利益，故应认定无效；公司股东与投资方签订的'对赌协议'，如果系双方当事人之间的真实意思表示，且不违反法律、行政法规的效力性强制性规定，应贯彻意思自治原则，认定为有效。"

在（2014）中国贸仲京裁字第 0779 号仲裁裁决书中，仲裁机关认为，股权回购条款是否损害公司利益？投资补偿条款是投资人在成为股东前与公司签订的，不损害公司的独立性。公司可以通过减资的方式回购股东的股权，不违反公司法的有关资本维持、资本减少限制的原则。股权回购条款是否损害债权人利益？评价是否侵害债权人利益的前提是存在债权人，且债权人的债权因公司与股东之间的对赌在清偿上受到影响。如不存在上述情形，则不应一概而论地认定实现对赌条款时必然侵害债权人的利益。如债权人认为侵犯其利益，可以单独主张合同无效或撤销合同。仲裁机关认为：（1）投资补偿条款具有独立性。并不侵犯法人独立财产权或违反公司法的有关资本维持、资本减少限制的原则。（2）对赌过程并不存在需要法律特殊保护的利益方。（3）业绩补偿并未显失公平。股权回购条款是有效条款。

上述两种不同的观点各有不同的侧重点。关于对赌条款中股权回购条款的效力问题，笔者认为，《公司法》并未禁止有限公司回购股份，《公司法解释（二）》规定公司与股东可以协商由公司回购股份，股份转让或注销前，股东不得以公司收购其股份为由对抗公司债权人。因此，有限责任公司回购公司股份没有法律障碍，严格按法定程序进行的回购也设置了保护债权人利益的条款。

但是，如果回购的主体是股份公司，一旦触发回购条款，根据《公司法》第 142 条“公司不得收购本公司股份”的规定，回购条款将会产生违反公司法禁止性规定的情形。客观上将可能导致公司财产受损，并随之影响公司其他股东及公司债权人的利益。因此，最高人民法院在“海富案”中确定的与公司对赌无效的观点虽然在实践中存在一些争议，但是从保护公司债权人利益角度出发，确实有其可取之处。

在“海富案”过去 7 年之后，2019 年 11 月 8 日公布的《会议纪要》对与目标公司“对赌”的效力进行了修正，[1] 确定了投资人与目标公司“对赌”的约定有效，但基于公司资本维持原则，《会议纪要》同时规定目标公司履行回购义务，必须先完成减资程序。如果目标公司未完成减资程序，投资方要求目标公司履行回购义务的，法院不予支持。

这一修正的重大进步在于，体现了不轻易否定符合经济发展的合同效力的司法政策导向，将侧重保护公司债权人利益调整为既要保护投资人利益，以鼓励投资，缓解融资难的问题，又保护公司债权人利益，以贯彻公司资本维持原则。根据《公司法》第 177 条的规定，[2] 如果依法进行了减资程序，债权人的利益是得到保障的，因此，依法减资就是保护债权人的利益。但是减资是需依法定程序进行的公司行为，法院难以判决强制履行，在目标公司拒不进行减资程序时，投资方的投资利益难以通过公司回购的方式实现。因

---

〔1〕《会议纪要》第 5 条规定：投资方与目标公司订立的“对赌协议”在不存在法定无效事由的情况下，目标公司仅以存在股权回购或者金钱补偿约定为由，主张“对赌协议”无效的，人民法院不予支持，但投资方主张实际履行的，人民法院应当审查是否符合公司法关于“股东不得抽逃出资”及股份回购的强制性规定，判决是否支持其诉讼请求。投资方请求目标公司回购股权的，人民法院应当依据《公司法》第 35 条关于“股东不得抽逃出资”或者第 142 条关于股份回购的强制性规定进行审查。经审查，目标公司未完成减资程序的，人民法院应当驳回其诉讼请求。投资方请求目标公司承担金钱补偿义务的，人民法院应当依据《公司法》第 35 条关于“股东不得抽逃出资”和第 166 条关于利润分配的强制性规定进行审查。经审查，目标公司没有利润或者虽有利润但不足以补偿投资方的，人民法院应当驳回或者部分支持其诉讼请求。今后目标公司有利润时，投资方还可以依据该事实另行提起诉讼。

〔2〕该条规定：“公司需要减少注册资本时，必须编制资产负债表及财产清单。公司应当自作出减少注册资本决议之日起十日内通知债权人，并于三十日内在报纸上公告。债权人自接到通知书之日起三十日内，未接到通知书的自公告之日起四十五日内，有权要求公司清偿债务或者提供相应的担保。”

此，投资方通过对赌方式进行投资时，应当要有目标公司可能拒不履行减资程序的预期，并在协议签订过程中把有关问题考虑周全，避免因目标公司不能回购股权而影响投资利益。通过目标公司减资的方式进行股份回购，实践中还存在一些难点，《会议纪要》没有给出进一步规定，如入股的投资款溢价部分转化为公司资本公积金后，公司通过减资程序进行回购，回购价款应如何确定。此时，应结合公司法的规定、协议的约定、股东会决议等具体情况加以考虑。

至于目标公司的业绩补偿，根据《会议纪要》的上述规定，投资方请求目标公司承担金钱补偿义务的，法院应当依据《公司法》第35条关于“股东不得抽逃出资”和第166条关于利润分配的强制性规定进行审查。经审查，目标公司没有利润或者虽有利润但不足以补偿投资方的，法院应当驳回或者部分支持其诉讼请求。今后目标公司有利润时，投资方还可以依据该事实另行提起诉讼。上述规定，一方面体现了保护财务投资人利益的出发点，给投资人预留了另行主张的空间；另一方面也考虑维护企业可持续发展能力，避免业绩补偿可能挤压公司经营、发展的空间。

典型案例28

吴某、范某与远大医药公司、天津晶明公司股权转让纠纷案[1]

案例要旨

本案所涉共管账户剩余的1000万元应为附条件支付，股权出让方未完成业绩承诺，不满足该1000万元的支付条件，出让方要求受让方公司给付1000万元的请求不能成立。同时，根据约定，出让方未完成协议书约定的业绩承诺，受让方有权在保持获得的股份比例不变情况下，要求出让方按照约定的计算方式退还相应的股权转让款。

[1] 湖北省高级人民法院（2017）鄂民终3228号。

基本案情

上诉人（原审原告、反诉被告）：吴某、范某。

被上诉人（原审被告、反诉原告）：远大医药公司。

原审第三人：天津晶明公司。

天津晶明公司成立注册资本100万元，公司类型为有限责任公司。吴某持股70%，范某持股30%。法定代表人吴某。2014年12月22日，吴某（甲方1）、范某（甲方2）和远大医药公司（乙方）、天津晶明公司（丙方）签订《关于转让天津晶明公司股权的协议书》，约定天津晶明公司的财务数据、资产以及现有、在研以及未来计划的全部技术、业绩承诺与保证均作为本次股权转让交易的作价基础，吴某、范某转让给远大医药公司73.3%的股权对价为10130万元，剩余26.7%的股权转让亦附有相应条件及约定的对价。乙方将向甲乙双方开设的共管账户内支付10130万元，完成相关股权转让变更登记及交接等手续后，乙方配合将共管账户中的款项向甲方指定账户支付9130万元。协议约定，2015年1月1日起至6月30日，仍由甲方1负责丙方运营。甲方承诺：如果丙方2015年1月1日至6月30日国内销售所产生的净利润不低于500万元，则乙方配合甲方将共管账户中剩余的款项1000万元向甲方1指定账户支付，如果丙方上述6个月的净利润（以乙方内部审计结果为准）未达到以上承诺的，乙方有权获得如下补偿：保持乙方已获得的股份比例不变，在乙方股权比例不变的前提下，甲方退还乙方股权转让款为：乙方已支付的股权转让款（含支付至共管账户中的款项）×（1－该6个月内丙方的实际净利润÷500万元）。协议书签订后，甲、乙、丙三方还就协议书签订《备忘录》一份。其中第2条约定，协议书约定的共管账户包括了甲方完成协议书所约定条件时乙方应配合甲方支取的1000万元，在甲方如期完成了该约定条件的前提下，此1000万元存款所产生的利息收入归甲方所有。吴某、范某在协议书签订后依约向远大医药公司转让了73.3%的股权，并完成了工商变更登记、公司章程修改、高管人员变更和印鉴及资料移交等工作，远大医药公司亦向吴某、范某支付了9130万元股权转让款。吴某负责天津晶明公司生产经营一直到2015年6月30日，内部审计报告中确认2015年上半年的的利润为3952218.93元。

吴某、范某向一审法院起诉请求远大医药公司向吴某、范某支付股权转让价款1000万元及违约金1013万元；远大医药公司反诉请求吴某、范某返还1000万元存单及相应的股权转让款。

吴某、范某向一审法院起诉请求：(1) 远大医药公司向吴某、范某支付股权转让价款1000万元；(2) 远大医药公司向吴某、范某支付违约金1013万元。

远大医药公司向一审法院反诉请求：(1) 吴某、范某向远大医药公司返还股权转让款2573万元；(2) 吴某、范某向远大医药公司返还1000万元定期存款单一张；(3) 吴某、范某配合远大医药公司解除二个银行账户的共管。

法院裁判

一审法院判决：一、吴某、范某向远大医药公司返还股权转让款21228044.48元；二、吴某、范某向远大医药公司返还案涉1000万元定期存单；三、吴某、范某协助远大医药公司解除案涉银行账户共管。

吴某、范某不服，提起上诉。其上诉理由是：(1) 吴某、范某已完成业绩承诺，远大医药公司在诉讼期间自行编制的审计结论，不能作为业绩未完成的依据，业绩承诺完成情况，并非由远大医药公司随意决定。(2) 原审判决以调查笔录和退休声明为依据，认定业绩考核期内由吴某负责经营管理错误。第一，天津市滨海新区市场和质量监督管理局调查笔录和《关于吴某先生退休涉及相关事宜的声明函》中关于“负责公司的生产经营管理”的陈述与实际情况不符。第二，业绩考核期内，天津晶明公司实际由远大医药公司控制。第三，业绩考核期内，远大医药公司已经全面接管天津晶明公司并负责经营管理。远大医药公司并未按约定将天津晶明公司交吴某、范某经营管理，使股权转让协议第3.5条业绩考核条款不具备适用的前提和条件。(3) 原审判决未对业绩考核期内远大医药公司违反协议约定、承诺与保证，对吴某、范某造成严重影响的事实予以认定，属于事实认定错误。第一，业绩考核期内，远大医药公司利用自己控制印章证照单方面改变与国内销售代理商的合作模式，人为单方面延长账期2~3个月，造成回款周期加长而影响国内销售，相应责任应由远大医药公司承担。第二，根据股权转让协议附件七，在业绩考核期内，远大医药公司未进行任何销售，对考核期内销售收入造成不利影响。第三，在天津晶明公司产能无增加的前提下，远大医药公司主导优先满足2015年上半年外贸订单，导致2015年3月至5月国内销售旺季时断货，影响国内销售收入。(4) 原审判决将共管账户中的1000万元认定为附业绩承诺条件的股权转让款，未在返还股权转让款中予以扣除，没有法律依据。第一，该1000万元是远大医药公司受让73.3%股权对价中的一部分。第二，股权转让协议第3.5条只是约定在业绩承诺未完成情形下，仅可退还股权转让价款作为违约金，未约定在退还股权转让价款作为违约金的同时，远大医药公司可以不支付剩余股权转让对价1000万元，二者不能重复叠加适用。第三，原审判决对返还股权转让价款的性质认定错误，未依法予以调低不符合法律规定。

生效裁判认为，第一，本案所涉共管账户剩余的1000万元应为附条件支付，吴某、范某未完成业绩承诺，不满足该1000万元的支付条件，吴某、范某要求远大医药公司给付1000万元的请求不能成立。《协议书》约定，远大医药公司受让标的股权转让对价为14130万元；自远大医药公司完成尽职调查（包括财务审计）且结果满足远大医药公司要求同时符合协议第4条约定的情形，远大医药公司将向双方开设的共管账户内支付10130万元；范某将其30%的股权转让给远大医药公司，吴某将其43.3%的股权转让给远大医药公司，且完成以上股权转让的工商变更登记手续，同时将目标公司法定代表人、董事、监事按协议书的相关约定变更，三方按协议书第8条、第9条约定完成交接工作，远大医药公司配合将共管账户中的款项向吴某、范某指定账户支付9130万元；第3.2条至第3.4条就吴某将其所占天津晶明公司剩余26.7%股权分三期转让的比例、条件、对价等进行了约定。协议第3.5条约定，2015年1月1日起至6月30日，仍由吴某负责天津晶明公司运营。吴某承诺：如果天津晶明公司2015年1月1日至6月30日国内销售所产生的净利润（仅指内贸不包含国际贸易所得利润，且不包含灌注液在内）不低于500万元（以远大医药公司内部审计结果为准，允许向下浮动10%），则远大医药公司配合吴某、范某将共管账户中剩余的款项1000万元向吴某指定账户支付，如果天津晶明公司上述6个月的净利润（以远大医药公司内部审计结果为准）未达到以上承诺的，远大医药公司有权获得如下补偿：保持远大医药公司已获得的股份比例不变，在远大医药公司股权比例不变的前提下，吴某、范某退还远大医药公司股权转让款为：远大医药公司已支付的股权转让款（含支付至共管账户中的款项）×（1－该6个月内天津晶明公司的实际净利润÷500万元）。从上述协议约定看，吴某、范某转让股权分三期完成，其中73.3%的股权转让对价为10130万元，即远大医药公司向共管账户内支付10130万元；吴某、范某按约定完成交接工作，远大医药公司配合将共管账户中的款项向吴某、范某支付9130万元；而共管账户中剩余的1000万元则按第3.5条的约定附条件支付。根据查明的事实，2017年2月16日，远大医药公司编制《关于天津晶明新技术开发有限公司自2015年1月1日起至2015年6月30日止期间业绩承诺实现的情况说明》，审核结果为天津晶明公司2015年上半年国内销售考核净利润为3952218.93元，吴某并未完成其业绩承诺。虽然吴某对该份情况说明不予认可，但该份情况说明经会计师事务所审计确认，而吴某未提供相反证据予以反驳，故一审法院对该份《关于天津晶明新技术开发有限公司自2015年1月1日起至2015年6月30日止期间业绩承诺实现的情况说明》予以采信，并无不当。因吴某、范某未完成业绩承诺，不满足该1000万元的支付条件，故吴某、范某要求远大医药公司给付1000万元的请求不能成立。

第二，关于吴某、范某是否应退还股权转让款的问题。根据《协议书》第3.5条第1款的约定，如吴某未完成业绩承诺，则远大医药公司有权在保持已获得股份比例不变的情况下，要求吴某、范某退还股权转让款为远大医药公司已支付的股权转让款（含支付至共管账户中的款项）×（1－该6个月内天津晶明公司的实际净利润÷500万元)。该约定系双方真实意思表示，不违反法律、行政法规的强制性规定，合法有效。如前所述，吴某、范某未完成协议书约定的业绩承诺，远大医药公司有权在保持获得的股份比例不变情况下，要求吴某、范某退还股权转让款符合双方的约定。一审法院根据双方约定的计算标准：远大医药公司已支付的股权转让款（含支付至共管账户中的款项）×（1－该6个月内丙方的实际净利润÷500万元)，10130万元×（1－3952218.93元÷500万元）＝21228044.48元，认定吴某、范某应退还21228044.48元股权转让款并无不当。

据此，二审判决驳回上诉，维持原判。

案例评析

本案的争议焦点为案涉1000万元共享账户款项及业绩补偿条款的性质。

1. 本案涉及的对赌条款类型

根据本案股权转让协议的约定，目标公司的财务数据、资产以及现有、在研以及未来计划的全部技术、业绩承诺与保证均作为本次股权转让交易的作价基础；如果出让方完成了业绩承诺，则受让方将共管账户中的1000万元作为股权转让款支付给出让方，如果未完成业绩承诺，则出让方需按约定返还相应的股权出让款。因此，就本案股权转让合同而言，投资方即为股权受让方，融资方即为股权出让方。本案的“估值调整条款”或“对赌条款”即为双方约定的依目标公司业绩作为确定1000万元存单归属及出让方是否需按约定返还相应的股权出让款。

2. 本案对赌的方式

就本案而言，关于案涉共管账户中的1000万元款项，双方约定支付的条件是如果目标公司完成特定时期内的业绩，则乙方配合甲方向甲方指定账户支付，这是很明显的附条件民事法律行为。根据股权转让协议的约定，该1000万元款项作为股权转让款支付的条件有且仅为完成约定的业绩承诺，现目标公司在约定的期限内未完成业绩承诺，即使双方未约定业绩承诺未完成的情况下可以不支付剩余股权转让对价1000万元，因该1000万元款项支付的条件已不可能成就，故受让方无须支付该1000万元转让款。

股权股权转让协议约定，如果目标公司未完成业绩承诺，则出让方需按约定返还相应的股权出让款的性质，也属于很明显的附条件民事法律行为。即双方约定业绩承诺未实现的情况下，则出让方须按约定返还相应的股权出让款的性质，在这里，业绩承诺未实现是出让方应按约定返还相应的股权转让款的“条件”。

3. 对赌条款与违约金的调整

本案中，出让方认为股权转让协议书中约定的如果未完成业绩承诺，则出让方须按约定返还相应的股权出让款的条款属于违约金条款，应依据《合同法》中违约金不得过分高于损失的规定，调整应返还的股权转让款，这显然混淆了业绩补偿条款与违约金条款的功能。根据对赌条款的估值调整机制，业绩补偿款是未完成业绩承诺时转让方应当向受让方方返还的高估价款，是买卖中的“多退少补”,[1] 是否完成业绩承诺是合同履行中确定出让方是否承担返还款项设定的判断标准，并非转让方应承担的合同义务，而违约金是违约责任的一种承担方式，且基于当事人在合同中的明确约定。从本案约定的返还款项行为的性质上看，其本质是估值调整，双方约定的目的不是保障协议的履行，这与违约金的功能存在本质的不同。因此，业绩补偿条款并非是违约金，通常不存在调整的问题。

4. 业绩补偿条款与显失公平

本案还涉及另一争议事项，即因目标公司未完成业绩承诺，受让方在不支付1000万元转让款的同时要求出让方返还款项，是否属于重复叠

[1] 陈泽桐、赵宇、熊磊铭：《从估值调整原理看对赌条款的合法性与合理性问题》，载 http://www.junzejun.com/Publications/1359251a56cd44-b.html，最后访问时间：2019年11月30日。

加适用，违反了公平原则。

我国《合同法》规定在订立合同时显失公平的，当事人一方有权请求法院撤销合同。《民法总则》第151条也规定："一方利用对方处于危困状态、缺乏判断能力等情形，致使民事法律行为成立时显失公平的，受损害方有权请求人民法院或者仲裁机构予以撤销。"因此，合同成立时是否显失公平，应当判断一方当事人是否乘人之危，致使双方的权利与义务明显违反公平、等价有偿的原则。

本案的股权转让协议针对的是单次交易，并非预先拟定，不属于格式合同或格式条款。约定的业绩补偿条款的本质是双方在缔约过程中对商业风险的安排，属于一种"对赌"，没有一方永远获利的情况，因此不存在显失公平的问题。司法审判中如果轻易认定为显失公平，势必使融资方的造假成本降低，投资者的巨额资金投入将无法得到有效保障，从而导致整个股权投资市场的诚信体系异化，不利于社会诚信机制的建立和完善，也不利于股权投资市场的健康有序发展。[1] 因此，一、二审法院均未认定为本案的约定显失公平。

[1] 参见俞秋玮、夏青：《也谈股权投资估值调整协定的法律效力》，载《商事审判指导》总第36辑。

第二章　股权转让与其他民事法律行为的区别

一、股权转让还是民间借贷

股权转让，是指公司股东依法将自己的股权转让给他人，使他人取得股权的民事法律行为。借款关系，或称民间借贷，是指自然人、法人、其他组织之间及其相互之间进行资金融通的行为。两者在合同标的、合同目的及法律后果等方面均存在显著不同，因此，通常不会对两种法律民事的认定产生争议。但在实务中，民间借贷采取股权转让的形式，或者股权转让协议中同时约定了回购条款，或者基于股权转让形成的欠款等情形，导致产生是股权转让还是民间借贷的争议，而不同的界定结果会产生不同的法律效果，进而影响当事人的利益。

在司法实践中，对于一方当事人主张是股权转让法律关系，一方主张是借款关系时，如何认定当事人的真实意思表示，应当遵循平等、自愿、公平、等价有偿、诚实信用等原则。审判实践中，法院在探究民事法律行为是否是双方的真实意思表示时，一般应结合民事法律行为的具体内容、意思表示的明确程度以及履行的实际状况等加以综合考虑。对于是否属于名为股权转让实为民间借贷，应该从协议约定的内容、履行情况等方面综合考虑。

典型案例1
朱某等与刘某股权转让纠纷案[1]

案例要旨

股东的出资额与股权的价值不一定处于等值状态，不能仅以股东出资额来衡量股权交易价格。在没有《借款协议》等其他证据佐证的情况下，不能仅以股权转让价格过高为由认定双方是名为股权转让，实为借款关系。

基本案情

上诉人（原审被告）：朱某、许某、毛某。

被上诉人（原审原告）：刘某。

从2013年6月8日至11月19日，刘某通过银行转账共向和昌公司汇入资金总金额14333322元；其中，汇入投资款400万元，成为和昌公司的股东，占公司20%股权，余款10333322元系刘某向和昌公司提供借款。2014年1月25日，刘某与朱某、和昌公司签订《资产转让协议书》，约定刘某将持有和昌公司20%的股权与享有对和昌公司的债权10333322元转让于朱某，转让价格为2500万元人民币；支付方式为协议生效后3日内，朱某向刘某支付500万元，其余款项2000万元在和昌公司一期项目开盘后3个月内支付，并按实际天数按月息18‰计算利息从办理完工商变更登记之日至还清为止。2014年2月14日，和昌公司召开股东会并形成股东会决议，决议书载明一致同意刘某股权转让给朱某，该公司同日修改了章程，确认了朱某为该公司股东。2015年5月6日，被告朱某出具内容为关于欠刘某股权转让款，剩余2000万元转让款已到期，在2015年5月等其他欠款收回后一并支付，若仍无法支付，将继续承担利息的书面材料一份。2015年11月17日，刘某与朱某、毛

[1] 四川省德阳市中级人民法院（2018）川06民终318号。

某签订《债权债务确认书》，主要约定：截至2015年11月16日，朱某尚欠刘某本金2000万元人民币，尚欠利息684万元；毛某作为担保人继续承诺对该笔债务承担连带保证责任，直至该笔债务及相关费用全部清偿完毕为止。该确认书列明了借款本金及利息计算表。因朱某未完全履行付款义务，刘某遂向法院提起诉讼，要求朱某及其配偶许某还款，毛某承担连带责任。

法院裁判

一审判决：一、朱某、许某向刘某支付转让款2000万元，并以尚欠的转让款本金为基数，自2015年5月26日起至本判决确定给付之日止按照年利率24%计算并支付利息；二、毛某对上述第一项债务承担连带清偿责任；三、驳回刘某的其他诉讼请求。朱某、许某、毛某不服，提起上诉。其主要上诉理由是，刘某转让的1000多万元系其出借的款项，刘某的出资仅有400万元，《资产转让协议书》亦约定了股权系平价转让，《债权债务确认书》明确了借款事宜，双方的真实意思表示系借贷，刘某获取的回报与其成本的差额属于利息，该利息过高，不应支持。二审判决驳回上诉，维持原判。

法院生效裁判认为，本案焦点为涉案《资产转让协议》的性质系股权转让关系还是民间借贷关系。股权系一种包括财产权在内的集多种权利的综合性权利形态，其价值是由公司的固定资产、流动资金、知识产权、商业秘密等多方面因素构成，股东的出资额与股权的价值不一定处于等值状态，不能仅以股东出资额来衡量股权交易价格。根据当事人意思自治原则，股权转让的双方就转让价格达成一致意见，只要不损害国家和第三人的合法权益的，即受法律保护，各方当事人均应当遵守约定。涉案《资产转让协议》签订前，刘某已具有和昌公司的股东身份，同时享有和昌公司20%股权和10333322元债权，其该两项权利亦成为本案的转让标的物。刘某、朱某与和昌公司就涉案标的物转让事宜于2014年1月25日共同签订的《资产转让协议》，系三方当事人的真实意思表示，不违反法律、行政法规禁止性规定，合法、有效。各方均应按照合同约定履行各自义务。2014年2月14日，和昌公司召开股东会并形成股东会决议，一致同意刘某将股权转让给朱某，同日修改了公司章程，确认了朱某的公司股东身份。结合其后朱某向刘某出具的书面材料以及刘某与朱某、毛某签订的《债权债务确认书》，可知涉案《资产转让协议》的性质系股权转让关系而不是民间借贷关系，刘某将其享有和昌公司20%股权和10333322元债权作为标的物共同转让给朱某，转让价格2500万元包含20%股权价值和10333322元债权本息；虽然《资产转让协议》约定股权平价转让，但其主要目的系便于办理股权工商变更登记，与股权的真实转让价值无关。故朱某、许某、毛某关于双方的真实意思表示系借贷关系的上诉理由不能成立。

案例评析

本案争议焦点在于，刘某与朱某之间为股权转让关系还是民间借贷关系。

1. 股权转让还是民间借贷，不同界定结果产生的影响

如前所述，双方之所以产生股权转让还是民间借贷法律关系的争议，是因为不同的界定结果会产生不同的法律效果，进而影响当事人的利益。

首先是对合同效力的影响。二者虽同属于合同法调整范畴，但是相较于股权转让，民间借贷在合同效力认定方面所涉法律规定显然更多，如《民间借贷司法解释》第14条就明确规定："具有下列情形之一，人民法院应当认定民间借贷合同无效：（一）套取金融机构信贷资金又高利转贷给借款人，且借款人事先知道或者应当知道的；（二）以向其他企业借贷或者向本单位职工集资取得的资金又转贷给借款人牟利，且借款人事先知道或者应当知道的；（三）出借人事先知道或者应当知道借款人借款用于违法犯罪活动仍然提供借款的；（四）违背社会公序良俗的；（五）其他违反法律、行政法规效力性强制性规定的"，出借人被认定为职业放贷的按合同无效处理等。

其次是对管辖的影响。若双方未约定管辖的，股权转让的合同履行地自然是目标公司的所在地，而《民间借贷司法解释》第3条规定，“借贷双方就合同履行地未约定或者约定不明确，事后未达成补充协议，按照合同有关条款或者交易习惯仍不能确定的，以接受货币一方所在地为合同履行地”。因此，民间借贷出借人可在己方所在地法院提起诉讼，便利且节约诉讼成本。

最重要的是对溢价回购款能否得到全额支持的影响。如果股权转让行为被认定为民间借贷，则最终的回购款与支付的股权转让款之间的差价会被认为是利息，司法解释规定了受司法保护民间借贷利率的上限，即24%受法律保护，24%～36%属于自然债务，已经给付的不可要求返还，36%以上属无效约定。而股权的价格受多种因素影响，股权的溢价回购并不会导致条款的无效。因此，如被认定为民间借贷，股权受让方（出借人）所设想的超额收益将会减损。

2. 股权转让还是民间借贷，如何认定双方的真实意思表示

对于是否属于名为股权转让实为民间借贷，应该从协议约定的内容、履行情况等方面综合考虑。

首先，如果双方签订了合同，合同约定的内容具体明确且不违反法律规定，除非提出了相反证据，应以合同的内容认定为双方的真实意思表示。

其次，应综合考虑股权转让程序是否正当、溢价回购是否公允、受让方是否实际行使股东权利等方面因素。将民间借贷包装成股权转让，当事方通常经过了精心设计，单纯考虑某一方面的标准，很难做出有效判断。因此，综合考虑如是否经过了其他股东的过半数同意，有没有经过公司股东会决议等；买入价格与回购约定的价格差是否公允；是否实际行使股东权利，参与公司经营，承担投资风险等方面，能更好地发现双方隐藏的真实意思表示。

对于同时签订了借款协议和股权转让协议，股权转让只是为了担保当债务人不履行债务或不完全履行债务时，债权人能够就已取得的股权保障债权的实现，这属于股权让与担保。股权让与担保是合法有效的，但回购价款受民间借贷合法最高利率的规制。

本案中，被告主张双方的真实意表示是借贷，但是通过股权转让并回购的方式进行。原告支付的股权转让款400万元是借款，被告需要支付的1500万元回购款是最后的还款。在原告对此予以否认的情况下，法院需要结合协议的内容及履行情况等证据，综合考虑。刘某与朱某、和昌公司签订《资产转让协议书》，约定刘某将持有和昌公司20%的股权与享有对和昌公司的债权10333322元转让于朱某，同时约定了股权转让的时间、价款、支付方式，而且公司通过股东会的形式确认受让人成为股东的事实。其后，和昌公司通过股东会决议，并修改了公司章程，确认了朱某的公司股东身份。最后，朱某向刘某出具的书面材料以及刘某与朱某、毛某签订的《债权债务确认书》对《资产转让协议书》的内容进行了确认。朱某认为双方的法律关系是借贷关系，理由是标的物为400万元股权和1033万元债权，转让价格为2500万元，如果认定为股权转让，明显不符合常理。按照朱某的意思，双方是通过先入股后转让股权的形式掩盖了借贷关系的真实意思表示，但是根据查明的事实，《资产转让协议》签订前，刘某已具有和昌公司的股东身份，同时享有和昌公司20%股权和10333322元债权，在朱某未举证证明其陈述理由的情况下，法院难以认定双方是名为股权转让，实为借贷的法律关系。另外，债权转让通常很难溢价转让，因此本案的股权转让属于溢价转让，但是并不能因此认定不符合常理。因为股权投资属于商业投资，风险与利益共存，溢价出让是股权投资者的主要追求目标，但并不能因此否认法律关系的性质。因此，法院未采纳朱某关于双方当事人之间是借贷关系的主张。

二、股权的无偿转让是否属于股权赠与

股权的无偿转让，是指公司股东将自己的股东权益无偿转让给他人，使他人取得股权的民事法律行为。股权赠与就是公司股东将自己的股权通过赠与的方式转移给他人，受赠人表示接受，进而取得股权的民事法律行为。对于无偿转让股权行为性质的认定，司法实践中存在两种截然不同的观点。观

点一认为，当事人双方在协议中明确约定争议股权系无偿转让，受让人亦未实际支付相应对价，应视为《合同法》规定的赠与合同关系。[1] 观点二认为，赠与合同具有单务性、实践性的特征，不能仅凭股权转让的对价来判定股权的无偿转让为赠与，股权的无偿转让虽然不需要支付对价，但是出让方没有赠与的意思表示，受让方也无受赠的意思表示，实际上是对离婚协议中财产分割内容的进一步落实，不属于赠与关系。[2]

对此笔者认为，实务中，区分股权的无偿转让是否属于赠与，应遵循意思表示规则，如果当事人之间的法律行为意思表示真实且清晰，自不存在认定问题；如果从合同文本上对是属于无偿转让还是赠与存有疑义，则应进行多元角度理解。比如，无偿受让股权并非纯获益的行为，受让方可能需要承担未知的风险，因此，在认定是属于无偿转让还是赠与时，应当考虑受让方是否需要承担相应的责任；再如，股权转让的对价是多元的，除了金钱对价，还包括劳务、知识产权等，虽然是零价款受让股权，但受让方此前已为公司付出了劳务和贡献，因而很难认定为是无偿的赠与。

典型案例2

陈某与晏某、中通公司股权转让纠纷案[3]

案例要旨

赠与合同具有单务性、实践性的特征，不能仅凭股权转让的对价来判定股权的无偿转让为赠与，股权的无偿转让虽然不需要支付对价，但与之一并转让的还包括相应的股东义务以及企业经营中的其他责任，因此，股权的无偿转让不等于股权赠与。

---

〔1〕北京市第二中级人民法院（2010）二中民终字第05702号。

〔2〕浙江省高级人民法院（2016）浙民终246号。

〔3〕江苏省高级人民法院（2015）苏审二商申字第00348号。

基本案情

再审申请人（一审被告、二审上诉人）：陈某。

被申请人（一审原告、二审被上诉人）：晏某。

原审第三人：中通公司。

中通电子公司成立于2008年8月，法定代表人为晏某。公司注册资本为300万元，其中晏某出资120万元，股东王某、殷某、顾某、陈某各出资45万元，王某、殷某、顾某的出资实际均由晏某缴纳。陈某的出资是否为晏某缴纳，双方有争议。

2011年8月16日，晏某和王某、殷某、顾某签订股权转让协议，协议主要内容为，王某、殷某、顾某及陈某将在中通公司所持有的所有公司股权无偿转让给晏某。同时，王某、殷某、顾某在董事会决议上签名，该董事会决议主要内容为，经股东表决形成决议同意王某、殷某、顾某及陈某所持股权全部转让给晏某。此后，陈某亦在上述董事会决议和股权转让协议上签名，同意将其所持中通公司股权无偿转让给晏某。

其后，晏某要求陈某配合办理股权变更登记，陈某不予配合，双方发生纠纷，原告晏某起诉至法院。被告陈某一审时辩称该股权转让并非无偿，原告曾口头答应支付转让对价，后被告在二审时辩称该股权转让协议实质为股权赠与，其已撤销该赠与，原告无权要求办理股权变更登记。

一、二审法院均认定2011年8月16日签订的股权转让协议为股权转让合同而非赠与合同。陈某不服，提起再审。

法院裁判

再审法院认为，申请人陈某关于其与晏某签订的股权转让协议系赠与协议的主张不能成立。第一，在受让人晏某与转让人陈某、殷某、王某、顾某等人共同签订的股权转让协议中，并无条款约定陈某等人将股权赠与晏某。同时，股权转让协议第2条关于股权受让人晏某愿意履行并承担陈某等股权转让人在新沂中通电子有限公司中的一切权利、义务及责任的约定表明，尽管陈某等人以无偿转让方式将股权转让给晏某，但与之一并转让的还包括相应的股东义务以及企业经营中的其他责任，故该股权转让有别于单务性的赠与。况且，陈某在一审中从未主张其与晏某之间系赠与关系，因此，陈某等人与晏某签订股权转让协议并非基于赠与目的，也无赠与的意思表示。第二，陈某将其股权无偿转让给晏某具有合理前提。晏某和中通公司在原审中提交的相关证据表明：(1) 截至2008年8月12日，中通公司全体股东缴纳的注册资本合计300万元人民币且全部以货币出资。其中，晏某借用常熟市尚湖镇天翔变压器厂账户于2008年7月30日汇入中通公司验资账户120万元，顾某于2008年8月8日借用无锡中通电子有限公司账户汇入中通公司验资账户40万元，于2008年8月11日直接缴存5万元至验资账户中。陈某于2008年8月11日、12日分别缴存20万元、25万元至验资账户中，王某、殷某于2008年8月12日分别缴存45万元至验资账户中。(2) 2008年8月14日，中通公司分别汇款20万元、115万元给吴某、韩某。在原审以及本院审查过程中，晏某及中通公司依据上述证据证明的事实均主张，上述135万元系晏某为陈某、王某、殷某的注册资金的验资需要所借款项，该款项业在验资完毕即偿还吴某及韩某，陈某等人对中通公司并未实际投资注册资金。陈某在原审中虽提供现金存款凭证以证明其缴存了45万元注册资本，但持有与陈某所持现金缴存凭证相同的殷某、王某均出庭证明未实际投入45万元注册资金，中通公司注册资金所有事宜均由晏某办理，而在本院审查过程中对其进行询问时，陈某先表明其没有用现金方式投入股金，后又改称注资45万元且该45万元系由其同学转来，但又以记忆不清为由无法说清同学姓名，无法对具体款项来源等基本信息予以说明。权衡双方证据，晏某关于陈某并未实际投入45万元注册资金的主张更为可信。因此，鉴于陈某未实际投入注册资金的前提，双方当事人在此基础上达成无偿转让股权的协议较为合理，该无偿转让有别于赠与。综上，再审法院裁判驳回陈某的再审申请。

案例评析

本案的争议焦点为股权的无偿转让能否认定为是股权赠与。

1. 股权无偿转让与赠与的关系

股权的无偿转让是指受让人无偿受让原股东所持有的部分或全部股份的行为。与普通的股权转让行为相比，股权的无偿转让最显著的特征是股权转让的无偿，即无须支付股权转让款。股权之所以可以无偿转让，其一是因为股权转让自由是公司制度的基本精神，转让股权本身是股东的权利，不受价款高低或有偿、无偿的限制。其二是因为虽然股权是一种财产性权利，但是由于有限公司的股权对应的是股东认缴的出资份额，因此股权还伴随着到期需要实缴出资的义务；同时，股权的价值与公司的经营形式密切相关，对于经营不善、资不抵债的公司而言，股权并无实际价值；再者，有限责任公司的股东属于公司的清算义务人，当公司应清算而未清算的时候，作为清算义务人的股东还需要承担相应的侵权责任。因此，股权虽然有财产性利益，但是同时还伴随着相应的股东义务以及企业经营中的其他责任。

而赠与合同是我国《合同法》分则中明确规定的有名合同，股权赠与就是公司股东将自己的股权通过赠与的方式转移给他人，受赠人表示接受，进而取得股权的民事法律行为。股权赠与的一个显著特征就是受赠人取得股权无须支付对价，这与股权的无偿转让中受让方无须支付股权转让款是一致的，因此，股权赠与的实质就是一种无偿的股权转让。在有限责任公司中，无论是股权的无偿转让还是赠与，都涉及其他股东的优先购买权问题。但是，二者还是存在一些区别。

第一，股权的无偿转让与股权赠与的法律性质不同。股权转让合同本质上属于买卖合同，是一种双务、诺成性的合同，即使是无偿的股权转让，也需要双方当事人达成合意；而赠与合同是典型的有名合同，具有单务性、实践性等特点，由于受赠人是纯获利益的，因此在赠与人作出赠与的意思表示后，受赠人表示接受赠与合同即成立。第二，无偿的股权转让合同签订后，除非设有其他条件，受让方可以依据合同的约定要求出让方交付股权；而赠与合同中的赠与人有任意撤销权，在赠与财产的权利转移之前可以撤销赠与，这往往是这一类案件产生争议诉至法院的根源。第三，在股权的无偿转让合同中，受让方虽然无须支付对价，但是可能承担其他义务，违反合同约定的还可能承担违约责任；赠与合同虽然可以附义务，但是受赠人不按约定履行义务不需要承担违约责任。第四，由于赠与合同中受赠人是纯获利益的，因此股权转让中的出让方相比赠与人要承担更重的标的物的瑕疵担保责任。

2. 股权无偿转让是否属于赠与的认定

司法实践中，法院在区分股权的无偿转让和赠与时，不能仅凭股权转让无须支付对价来判定股权处分行为是赠与，而应结合其他因素，多角度进行考虑。第一，严格审核合同文义，探究当事人的真实意思表示。如果合同文本的约定真实且清晰，通过合同的约定就能判断出双方当事人是“无偿转让股权”还是“赠与股权”的意思表示，自不存在认定问题。第二，由于赠与合同具有单务性、实践性等特点，如果股权转让合同中明确约定了合同的生效时间、受让方需承担的其他责任、违约责任等条款，此类协议不符合赠与合同的构成要件，一般难以被认定为赠与。第三，股权转让的对价形式是多元的，除了金钱对价，还包括有劳务、债务负担等，在不支付股权转让款的股权转让中，如果受让方此前已为公司付出了劳务和贡献，实践中比较常见的是股权激励；或者是通过承担公司债务的方式受让股权。这种情况下，股权转让应该是有对价的，并非无偿的赠与。第四，与赠与合同中受赠人纯获利益不同，无偿受让股权并非是纯获利益的行为，无偿受让的股权往往存在硬伤，受让股权也并非意味着受让方资产的必然增加，还可能存在其他的未知风险，因此，目标公司的经营情况也是判断是否属于股权转让需要考虑的因素。第五，如果存在代持情况，或者双方之间存在其他的合同安排，股权的无偿转让只是为了履行其他的具体协议，这种情况下，显然不能将股权处分行为认定为是赠与。第六，还需要考虑合同双方当事人的关系，如果双方股权转让合同双方当事人关系密切，双方通过无偿转让的方式转移股权，可能是基于股权登记部门的规定，也可能是基于税收方面的考虑，此时就应该考虑是否属于“名为股权转让，实为股权赠与”。

虽然股权的无偿转让与赠与存在上述区别和区分特征，但是实践中还是会产生很多争议。因此，为避免股权的无偿转让被认定为是赠与，当事人可以在协议中就无偿转让的原因进行明确约定，如约定考虑公司存在严重亏损等情况后签订的股权转让协议，并且对受让方约定相应的违约责任条款。实践中，对于很多净资产为负的标的公司，为了避免被认定为是股权赠与，往往以1元为对价转让公司股权。

本案中，双方存在代持股的事实，股权受让方本身就是实际出资人，出让方也不是股权的实际权利人，双方在此基础上达成的股权无偿转让实际上是隐名股东显名化的方式，没有赠与的意思表示，也不符合赠与的条件。

三、股权转让还是股权收益权转让

股权，即股东的权利，是指股东基于向公司出资而享有的对公司的各种权利。从广义上将，泛指股东得以向公司主张的各种权利，包括股东身份权、参与决策权、选择、监督管理者权、资产收益权、退股权、知情权、优先受让和认购新股权等。其中的资产收益权即公司法规定的股东利润分配请求权。股权收益权转让，即指股东保留其他权利而转让股权的收益权。

股权转让中，受让方的合同目的是取得股权，因此，出让方需要履行交付股权的义务，同时还涉及公司的优先购买权和其他股东的同意，同时目标公司还有义务办理注销原股东的出资证明书，向新股东签发出资证明书，并相应修改公司章程和股东名册中有关股东及其出资额的记载及办理股权变更登记的义务。而股权收益权转让中，受让方的合同目的是取得股权的收益权。在公司决议确定相应的利润分配方案后，股东可以直接将要求公司分配利润的权利单独转让给第三人，除非公司章程有限制性规定，不需要征得其他股东的同意，也不涉及其他股东的优先购买权，其性质相当于债权转让。股权收益权转让完成后，受让人可以直接向公司主张要求公司分配利润，或者在出让方基于其股东身份获取公司分配的利润后，直接向出让方主张收益。

典型案例3
张某与南阳鑫源公司股权转让纠纷案[1]

案例要旨

从合同约定来看，受让方取得的权利是转让方持有的公司部分股权中涉及矿区开发经营的收益权，该种收益权仅为股权中的自益权，不是贾某持有的公司的股权全部，交易价格的高低不能成为判断交易标的性质的依据。在股权收益权转让后，征得其他股东同意的行为并不能因此认定为是股权转让。

基本案情

上诉人（原审原告）：张某。

被上诉人（原审被告）：南阳鑫源公司。

被上诉人（原审第三人）：贾某。

2010年2月2日贾某（甲方）与张某（乙方）签订的《协议书》约定：(1) 乙方出资购买甲方名下南阳鑫源公司35.25%的股份，但该股份所有权仍归甲方，在公司股东登记名册上仍由甲方具名，并以公司股东身份参与公司相应活动、出席股东会并行使表决权、以及行使公司法与公司章程授予股东的其他权利。(2) 对于乙方出资购买的股份，乙方只享有该股份在公司所辖矿区的开发收益，不承担和享受公司其他固定资产及其他资产所产生的损失和收益。（所辖矿区的开发收益指黄金山庄、选厂、公司享有的银海公司40%股权在开发期间的收益及公司在内乡县域范围内矿山经营收益）……(4) 南阳鑫源公司所辖矿区开发完毕，本协议自行终止，双方围绕股权不存

---

〔1〕 河南省高级人民法院（2015）豫法民三终字第00219号。

在任何纠纷。2011 年 2 月 28 日，双方又签订一份《协议书》，约定“乙方出资购买甲方名下南阳鑫源公司 20% 的股份，该股份在公司股东登记名册上仍由甲方具名，甲方保证其前述股权转让行为的真实性和有效性，并不得将乙方受让的股权份额再行转让或抵押，否则造成的一切后果由甲方承担。本协议自双方签字甲方收到款后生效”。其他内容与前述协议相同。协议签订后，张某支付了全部款项。张某诉至法院请求确认其为南阳鑫源公司的股东及请求判令南阳鑫源公司在 30 日内向河南省内乡县工商行政管理局完成股东变更登记。

法院裁判

一审判决驳回张某的全部诉讼请求。张某不服，提起上诉。其主要上诉理由是：(1) 从协议内容上看，张某、贾某于 2010 年 2 月 2 日、2011 年 2 月 28 日签订的两份协议为股权转让协议而非股权收益权转让协议。(2) 张某受让股权已经过南阳鑫源公司半数以上股东同意，且其他股东在收到通知后无人行使优先购买权，符合有限责任公司股权转让的规定。(3) 从诚实信用原则来看，张某用超过南阳鑫源公司平均股权交易对价 10 倍的价格购买贾某的股份，不应当也不可能只得到部分收益权。二审法院经审委会讨论决定，判决驳回上诉，维持原判。

生效裁判认为，本案争议的焦点是张某与贾某签订的两份协议，约定转让的是贾某持有的南阳鑫源公司 55.25% 股权还是贾某持有南阳鑫源公司部分股权的收益权的问题。

1. 从协议约定的内容判断。本案中诉争的股权是指股东基于向公司出资而享有的对公司的各种权利。包括股东基于股东资格而享有的从公司取得经济利益并且参与公司经营管理的权利。两份协议开始即约定“甲（贾某）、乙（张某）双方本着平等互利原则，经协商，就南阳鑫源黄金有限公司所辖矿区开发收益事宜达成协议如下”；两份协议的第 2 条分别约定“乙方（张某）只享有该股份在公司所辖矿区的收益，不承担和享受公司其他固定资产及其他资产所产生的损失和收益（所辖矿区的开发收益指黄金山庄、选厂、公司享有的银海公司40%股权在开发期间的收益及公司在内乡县域范围内矿山经营收益)”。协议明确约定，张某对其出资购买的份额不享有本协议约定以外的任何受益权或处置权，协议第4条约定了矿区开发完毕，协议自动终止。同时，协议也约定了贾某作为股东登记在股东名册之上，对公司享有实际的股东权利，并以股东身份行使参与公司活动、行使表决权等股东权利，张某不得随意干预贾某作为股东在公司中的正常活动等内容。从合同约定来看，张某从贾某处交易取得的权利范围限定，对南阳鑫源公司矿产开发以外的其他公司业务不享有权利也不承担责任，有存在期限，且约定贾某仍作为股东登记具名，行使股东权利。张某取得的权利是贾某持有的南阳鑫源公司部分股权中涉及矿区开发经营的收益权，该种收益权仅为股权中的自益权，不是贾某持有的南阳鑫源公司的股权全部。

2. 交易价格的高低不能成为判断交易标的性质的依据。本案中，张某在二审庭审中提交了2007年、2016年南阳鑫源公司股东交易价格表，并将其支付的1578万元折算为股价，证明其支付的价格远高于其他股权交易的平均价格，据此主张张某向贾某购买的是贾某持有南阳鑫源公司的股权。本院认为，合同的价款作为合同内容之一，其数额的确定是由合同约定交易标的的市场价格及交易双方协商决定，交易价格高低仅是交易标的价值的反映，不能作为单独认定交易标的种类及性质的依据。张某在二审中提交的2007年、2016年南阳鑫源公司股东交易价格表不是二审中的新证据，本院不予采信。张某主张的折算对比方式，仍是建立在其取得的是贾某股权基础上的假设。在张某从贾某处取得的是股权还是收益权仍为本案争议内容的情况下，该对比缺乏事实依据。另外，在没有其他证据相互印证的情况下，仅以支付价款高低本身不能证明张某取得的就是贾某的股权。

3. 张某在签订协议后，征求南阳鑫源公司其他股东同意的行为不发生股权转让的法律效力。根据《公司法》第71条第2款的规定：“股东向股东以外的人转让股权，应当经其他股东过半数同意。股东应就其转让股权事项书面通知其他股东征求同意，其他股东半数以上不同意转让的，不同意的股东应当购买该转让的股权；不购买的视为同意转让。”依照上述法律规定，有限责任公司股东向股东以外的人转让股权，应当具备两个方面的条件。第一，该股东与他人就转让股权达成协议；第二，由该股东书面通知其他股东其股权转让的有关事项，并征得半数以上股东同意。本案中，依据贾某与张某签订的两份协议，约定转让的是贾某持有的南阳鑫源公司部分股权的收益权，即使张某在协议签订后，实际支付了该部分股权的全部价款，并征得半数以上股东同意股权转让，也不能改变贾某与张某约定转让贾某持有部分股权的收益权的事实，因此，张某征得南阳鑫源公司半数以上股东同意股权转让的事实，不发生张某取得贾某持有的55.25%股权的法律效果。

案例评析

本案主要涉及张某主张确认其为南阳鑫源公司股东能否成立的问题，即周某与贾某签订的两份协议，约定转让的是贾某持有的南阳鑫源公司的股权还是股权收益权。

1. 股权收益权能否单独转让

股权即股东的权利，是指股东基于向公司出资而享有的对公司的各种权利。从广义上将，泛指股东得以向公司主张的各种权利，包括股东身份权、参与决策权、选择、监督管理者权、资产收益权、退股权、知情权、优先受让和认购新股权等。其中的资产收益权即公司法规定的股东利润分配请求权。股权收益权转让即指股东保留其他权利而转让股权的收益权。

对股权收益权是否可以独立于股权单独转让，司法权威观点认为，股东利润分配请求权具有具体的请求权和抽象的请求权双层含义，公司作出分配利润决议，股东享有的是具体利润分配请求权，该权利产生于作为成员权的抽象利润分配请求权，但已经脱离利润分配请求权独立存在，性质上与普通债权无异，故股东可以不转让股权的情况下，将公司利润分配决议已经确定分配的利润转让给他人。受让人即使不是公司的股东，亦可以基于公司利润分配决议向公司主张分配利润。公司未作出利润分配的决议，股东享有的是抽象的利润分配请求权，该抽象利润分配请求权属于股东成员资格的重要内容，请求权更多是不确定的期待权，尚未成为不确定的将来债权，能否单独转让理论上有待研究。[1] 因此，由于股东利润分配请求权属于股权的有机组成部分，只有具有股东资格的主体才可以向公司行使，故股东的利润分配请求权不能单独转让。但是，对于公司已经作出分配利润决议，公司股东得向债权人一样，直接依据公司利润分配决议向公司主张分配利润，此时，股东可以将这种股权收益权单独转让给第三人，受让人受让该权利后，即使不是公司的股东，亦可以基于公司利润分配决议向公司主张分配利润。

2. 股权代持与股权收益权转让的区别

股权转让，是指公司股东依法将自己的股东权益有偿转让给他人，使他人取得股权的民事法律行为，其中就包括确认股东身份权。《公司法》第32条第3款规定："公司应当将股东的姓名或者名称向公司登记机关登记；登记事项发生变更的，应当办理变更登记。未经登记或者变更登记的，不得对抗第三人。"第73条规定，"依照本法第七十一条、第七十二条转让股权后，公司应当注销原股东的出资证明书，向新股东签发出资证明书，并相应修改公司章程和股东名册中有关股东及其出资额的记载。对公司章程的该项修改不需再由股东会表决"。因此，股权转让完成后，受让方有权要求公司在股东名册上的变更记载，并完成在工商行政管理部门的变更登记。而股权收益权的转让，在目标公司作出分配利润决议的情况下，如前所述，受让人可以基于公司利润分配决议及转让协议向公司主张分配利润。或者在出让方基于其股东身份获取公司分配的利润后，直接向出让方主张收益。

形式上与股权收益权转让比较类似的是股权代持，股权代持又称委托持股、隐名投资或假名出资，是指实际出资人与他人约定，以该他人

---

〔1〕 最高人民法院民二庭编著：《公司法解释四理解与适用》，人民法院出版社2017年版，第284页。

名义代实际出资人履行股东权利义务的一种股权或股份处置方式。实践中，要确定是代持股关系往往需要实际出资人与名义出资人通过合同确定存在代持股的事实。否则，很难认定为代持股关系。

3. 本案双方为股权收益权转让而非股权转让

本案中，从协议书约定内容看，一方面，张某仅享有一定期限内南阳鑫源公司部分矿区开发经营的收益权，而非《公司法》第4条规定的所有股东权利；另一方面，张某并不承担公司亏损的风险，与《公司法》第3条第2款关于股东责任的规定亦不相符。因此，上述约定并不能表明张某具有明确的成为南阳鑫源公司股东的意思表示，更不足以得出张某与贾某之间具有隐名持股之合意的结论。在此情况下，交易价格的高低及协议签订之后张某征求南阳鑫源公司其他股东同意的行为，都属于间接证据，不足以认定为是股权转让。

因为不属于股权转让，目标公司没有义务办理注销原股东的出资证明书，向新股东签发出资证明书，并相应修改公司章程和股东名册中有关股东及其出资额的记载及办理股权变更登记的义务。张某只能依据协议的约定另案主张收益。

四、股权转让和资产转让的区别

股权，即股东权利，是指公司股东依法享有资产收益、参与公司重大决策和选择管理者等权利。股权转让，是指公司股东依法将自己的股东权益有偿转让给他人，使他人取得股权的民事法律行为。《公司法》规定，有限责任公司的股东之间可以相互转让其全部或者部分股权，也可以向股东以外人的人转让股权。股份有限公司股东持有的股份可以依法转让。而资产，是指企业拥有或控制的能以货币计量的经济资源，包括机器设备、土地厂房、生产资料、现金等具体财产形态，资产转让是就上述公司具体财产形态的转让。因此，股权转让与资产转让是两个不同的法律概念。然而在实践中，许多公司尤其是一些封闭性很强的公司，由于股东资格与公司人格同化，股东行使股权与公司代表行为混同,[1] 导致公司股东载转让股权时往往同时处理公司的资产，以致司法实践中，合同双方会对转让协议的性质是资产转让协议还是股权转让协议产生争议。因此，有必要厘清股权转让与资产转让的区别，以明确两种不同转让性质的转让行为所产生的不同法律后果。

股权转让与资产转让的主要区别在：一是转让的客体不同；二是交易的主体不同；三是转让的程序不同；四是对公司治理的影响不同。

股权不属于动产或者不动产，但却是具有特殊性质的财产形式。股权转让合同仅能就股权本身进行处分。[2]

股权转让实践中，如果约定目标公司的固定资产、流动资产、债权等公司资产归受让方所有，因其违反了公司法的禁止性规定，损害了目标公司的利益而无效。

典型案例 4
宋某、冯某与许某、郭某等三人股权转让纠纷案[3]

案例要旨

《公司资产与股权转让协议》中约定股权出让方向受让方交付房产、宾馆、饭店及全部设备、设施，以及目标公司房产等不动产无须变更登记的约定，应属案涉股权转让协议的附随义务，该协议性质应为股权转让而非资产转让，也不属于股权转让过程中处分公司财产的条款。

基本案情

上诉人（原审被告）：宋某、冯某。

---

〔1〕 王辛：《应从主体、客体、程度、影响等方面区分公司股权转让与资产转让》，载《人民法院案例选》（总第 81 辑），人民法院出版社 2012 年版。

〔2〕 殷媛：《股权转让中的善意取得》，载最高人民法院民事审判第二庭编：《民商事审判指导》（2008 年第 2 期），人民法院出版社 2008 年版，第 156 页。

〔3〕 黑龙江省高级人民法院（2017）黑民终 323 号。

被上诉人（原审原告）：许某。

原审第三人：郭某等三人。

2013年3月4日，郭某等三人与宋某、冯某签订了《公司资产及股权转让协议书》，约定郭某等三人将持有的景昌公司的全部股权及景昌公司名下房产、土地及宾馆、饭店全部设备、设施及公司名下的财产全部转让给宋某、冯某，协议约定价格为53000000元，扣除郭某等三人欠宋某、冯某的借款及利息33000000元，余款20000000元，如三年内双方有合作项目，该款为郭某等三人入股款，“如果自本协议签订之日起三年内，双方无共同合作项目，宋某、冯某需将剩余20000000元无息给付郭某等三人”“自2013年7月1日起至双方开始合作时止，宋某、冯某每年给付郭某2000000元，如果双方无合作项目，三年期届满后宋某、冯某不再给付甲方2000000元”。由于宋某、冯某二人受让郭某等三人在景昌公司股份成为景昌公司股东，郭某等三人转让给二人的房屋、土地无须办理产权变更登记，郭某等三人不得再对房屋、土地主张权利。后郭某等三人向许某转让涉案债权，并通知了债务人宋某、冯某。许某以股权转让纠纷诉至法院，请求判令宋某、冯某给付未付股权转让款及利息。宋某、冯某辩称，《公司资产及股权转让协议书》因转让标的包含股权及公司全部资产，转让款才达到53000000元，如仅转让股权转让款不能是这个价格，因此，本案为资产转让合同而非股权转让合同。

法院裁判

一审法院认为，关于本案《公司资产及股权转让协议书》的性质及效力问题。一审法院认为：本案的性质是股权转让纠纷，而非公司资产转让。依照《公司法》的相关规定，通常情况下，原股东无权以自己的名义对外转让公司资产。股东处分公司财产，必须召开股东会，形成公司决议，然后由公司对外签订公司资产转让合同，转让所得归入公司，而不是股东个人。股东在股权转让合同中同时约定转让公司资产给股东以外的郭某等三人，属无权处分行为，该条款属效力待定，事后如经公司追认，则资产转让条款有效，否则无效。公司资产变化还要履行登记手续，告知相关的债权人。本案郭某等三人将公司的全部股权转让给宋某、冯某，且公司股东进行了变更登记，宋某、冯某作为景昌公司的股权和公司资产同一受让人当然能形成股东决议，追认原股东处分公司财产的行为，使原股东以个人名义出让公司资产的行为合法化。但此行为受让人属利害关系人，其与原股东串通，将公司资产转让行为隐藏在股权转让条款中，既逃避了税收，又使公司资产经转让变现化作新股东即宋某、冯某的个人财产，使公司变成空壳，必然造成公司承担民事责任的能力减少，从而直接损害了债权人的利益。依照《合同法》第52条第2项“恶意串通，损害国家、集体或者第三人利益”的合同无效的规定，应认定股权转让合同中的的新旧股东转让公司资产条款无效。因此，本案《公司资产及股权转让协议书》的性质只能是股权转让合同，而非资产转让合同。综上，一审判决宋某、冯某于判决生效后10日内给付许某股权转让款14081984.01元及利息。

宋某、冯某不服，提起上诉。

生效裁判认为，关于《公司资产与股权转让协议》性质、效力及本案案由问题。根据《公司资产与股权转让协议》，郭某等三人向宋某、冯某两人转让的标的包括股权及公司名下的土地、房产、宾馆、饭店设备、设施等全部财产。因郭某等三人系景昌公司原股东，依法仅享有股东权益，并不直接享有公司名下的土地使用权及房屋、宾馆饭店设备、设施等财产的所有权，故其三人无权以个人名义转让上述公司财产。郭某等三人将景昌公司股权转让给宋某、冯某二人，但景昌公司享有的前述土地使用权、房产及其他财产所有权，并不因股东的变化而发生权利转移，依法仍应由景昌公司享有，郭某等三人依法亦应将景昌公司所有的全部资产交付新股东宋某、冯某二人占有、使用。故《公司资产与股权转让协议》中关于郭某等三人应向宋某、冯某二人交付房产、宾馆、饭店及全部设备、设施，景昌公司房产等不动产无须变更登记的约定，应属案涉股权转让协议的附随义务，该协议性质应为股权转让，一审判决认定本案为股权转让纠纷正确。《公司资产与股权转让协议》系双方当事人真实意思表示，不违反法律、行政法规的效力性强制性规定，并无证据证实该协议系在恶意串通下签订，应认定有效，一审判决认定不当，本院予以纠正。但是，一审判决结果正确，综上，二审判决驳回上诉，维持原判。

案例评析

本案的争议焦点是公司资产转让和股权转让的区别。

1. 公司资产转让和股权转让的区别

一般而言，股权转让和资产转让的区别包括以下几个方面：股权转让与公司资产转让是两个不同的法律概念，其主要区别如下：(1) 交易的主体不同。资产的所有者是公司，股权的所有者是股东，公司有权转让属于自己的资产，而不能转让属于公司股东的股权；而公司股东也只能转让自己对公司所拥有的股权，无权以个人名义转让公司资产，否则就是对公司权益的侵犯。(2) 转让标的不同。股权转让所转让的是股东持有的股权或股份，股权是一种股东基于股东资格而享有的权利，包括依法享有资产收益、参与公司重大决策和选择管理者等权利，虽然其价值的大小与公司的资产有相当的关联性，但是并不单纯等同于公司资产，股权的价值不仅包括公司的有形资产，还包括无形资产，公司的经营情况，债权、负债情况以及公司控制权的溢价等多方面因素。而资产转让的标的是公司的资产，主要是指有形的财产，一般不涉及债权债务的问题。因此，二者转让对价的确定依据也不同。(3) 转让程序不同。股权转让是股东个人的意志，但是有可能会受优先购买权、公司章程、转让年限的限制。而公司的资产转让，可能需要召开股东会或董事会，形成公司决议，然后由公司对外签订公司资产转让合同，转让所得归入公司，而不是股东个人。(4) 对公司治理的影响不同。股权转让会导致公司的股东发生变化，由此可能会对企业的公司经营及公司法人治理结构带来变化，但不直接引起企业资本构成和资产情况的变化。而资产转让会带来公司本身资产结构和资产负债结构的变化，但对公司本身的治理结构不产生影响。

2. 股权转让协议中处分公司资产的约定无效

法律保护合法的交易行为，但双方当事人在股权转让协议中的意思自治不得违反法律的禁止性规定。《公司法》第3条第1款规定："公司是企业法人，有独立的法人财产，享有法人财产权。公司以其全部财产对公司的债务承担责任。"公司的独立法人人格和财产权是公司法的基本原则之一。公司的财产属于公司享有，股东的出资一旦投入公司，即成为公司的资产，非经法定程序，股东不得抽回出资。公司的流动资产、固定资产、债权债务均属公司享有，应由公司依法行使占有、使用、收益和处分的权利，股东应按投资比例或章程的规定享有利润分配权和其他权利。《公司法》第20条第1款前半句规定："公司股东应当遵守法律、行政法规和公司章程，依法行使股东权利，不得滥用股东权利损害公司或者其他股东的利益。"根据此规定，公司股东不得滥用股东权利侵占和处分公司财产。股权转让过程中，如果约定目标公司的固定资产、流动资产、债权等公司资产归受让方所有，属于股东滥用股东权利非法转移目标公司财产、侵害目标公司利益的行为。如果允许这一行为存在，就会侵害公司的法人财产，影响公司的对外偿债能力，动摇公司的独立法人地位，造成债权人及其他股东的损失。同时，这种行为也属于违反社会基本商业道德、破坏市场公平秩序的行为。[1] 因此，股权转让协议中处分目标公司资产的约定违反了公司法中的强制性规范，根据《合同法》第52条第5项的规定，应属无效。

3. 本案属于公司资产交接而非资产转让

在许多情况下，当事人受让股权除了股权的交接，还涉及对公司资产的交接。资产交接是转让方控制下的管理层向受让方控制下的管理层移交公司的资产，是为了实现公司资产控制权转移的交接，这不同于转

〔1〕 参见吕红兵、尹秀超、李继泉、吴春岐编著：《公司法适用疑难问题通览——法律原理观点实例及依据》，人民法院出版社2013年版，第230页。

让方向受让方转移公司资产的资产转让。

本案的性质是股权转让纠纷，而非公司资产转让。结合上述分析可以看出，本案郭某等三人向宋某、冯某两人转让的标的包括股权及公司名下的土地、房产、宾馆、饭店设备、设施等全部财产。而且，该协议书上约定的股权转让条件已经成就并实际履行，完成了股权变更登记。因郭某等三人系景昌公司原股东，依法仅享有股东权益，并不直接享有公司名下的土地使用权及房屋、宾馆饭店设备、设施等财产的所有权，故郭某等三人无权以个人名义转让上述公司财产。因此，宋某、冯某辩称该协议书实际是资产转让并无相关依据。如前所述，股权的价值与公司的资产价值明确相关，公司是一个拟制的主体，其行使权利、履行职责需要具体的经营者来行使。郭某等三人既是公司股东，同时又是公司的经营者，因此，协议中关于郭某等三人应向宋某、冯某二人交付房产、宾馆、饭店及全部设备、设施，景昌公司房产等不动产无须变更登记的约定，实际是郭某等三人履行股权交付义务的一部分，属于股权转让中的公司资产交接，不属于对公司资产的处分，不能因此否定该部分约定的效力，故二审纠正了一审法院的认定。

五、名为股权转让实为让与担保合同的效力

随着金融市场的日益繁荣，传统意义上的担保方式，如抵押、质押、保证等已不能充分满足商事交易复杂的利益格局，以让渡标的物所有权来实现担保目的的新型担保方式，如让与担保就应运而生。依照学界观点，让与担保，是指债务人或第三人为担保债务的履行，将担保标的物的权利移转于债权人，于债务清偿后，标的物应返还于债务人或第三人，在债务人不履行时，担保权人可就该标的物优先受偿的权利。[1] 股权让与担保则是将股权作为担保标的物，担保人将享有的股权转让给债权人，当债务人不履行债务或不完

---

〔1〕 王泽鉴:《动产担保交易法三十年》，载《王泽鉴法学全集》（第8卷），中国政法大学出版社2003年版，第334页。

全履行债务时，债权人得就已取得的股权保障债权的实现。与传统的抵押权、质押权不同，让与担保是通过转移标的物所有权来保证其权利实现，且未规定于《物权法》中，是一种非典型担保。

（一）股权转让还是股权让与担保的认定

股权让与担保往往需要通过签订股权转让合同的方式实现，因此，司法实务中往往会产生双方是股权转让还是股权让与担保法律关系的争论。股权让与担保虽然从形式上表现为股权转让，但二者存在明显区别。第一，从合同性质上看，股权转让合同是独立的合同，而股权让与担保类似担保合同，属于从合同范畴，往往还会存在一个比如借款合同等的主合同。第二，从合同目的上看，股权转让的受让方的合同目的是取得股权，而让与担保权人的合同目的是为担保主债权的实现。第三，股权转让中，受让方需要支付合同价款，在股权让与担保中，受让方往往不支付对价，股权转让合同只是为了实现股权让与担保的形式。第四，在股权让与担保中，受让方不实际参与公司决策，不实质履行股东权利，承担股东义务。因此，认定一份合同是股权转让还是股权让与担保，不能仅仅看合同的行使和名称，而应结合二者上述的区别，综合各种情况，探究当事人的真实意思表示。

（二）股权让与担保的效力问题

司法实践中，对于股权让与担保合同的效力问题，“无效说”认为，首先，让与担保常往往包含类似“在债务人不清偿债务时，债权人即取股权所有权”的流质条款，当属无效；其次，债权人与债务人签订的名为股权转让实为让与担保的合同，并不是当事人的真实意思表示，而是通谋的虚假意思表示；最后，由于我国物权法的担保制度并未涵盖让与担保，股权让与担保违反了我国物权法定原则。“有效说”认为，让与担保的法律结构是“让与担保设定人是利用所有权的手段来达到担保债权的经济目的，尽管其法律手段超过了经济目的，但当事人的意思是转移真正的所有权，也非通谋虚伪的意思表示”。[1] 况且，也不能以让与担保合同中的流质条款为由否定整个合同的。司法实践中，还有观点认为让与担保合同有效，但不产生物权变动效果。[2]

虽然《物权法》《担保法》及其他相关法律未将让与担保规定为法定的担保方式，但《民间借贷司法解释》第 24 条已经将让与担保认定为是“名为买卖，实为担保”，并且肯定了其效力。在司法实践中，有效说为主流观点，法院普遍承认股权让与担保的效力。[3] 司法权威观点认为，股权让与担保合同是双方的真实意思表示，不违反法律、行政法规的强制性规定，依法应当认定有效。在已经完成股权变更登记的情况下，可以参照最相近的担保物权的规定，认定其具有物权效力。[4] 这是因为，从通谋虚伪意思表示角度看，股权让与担保就是利用转让股权所有权的方式来担保债权的实现，这与当事人转移股权所有权的意思表示一致，因此，不能以存在虚伪意思表示来否定股权让与担保的效力。关于物权法定原则，《物权法》第 15 条[5]已经对物权行为和原因行为进行了区分，因此是否违反物权法定原则本身并不影响合同效力。此外，《物权法》禁止流质、流押，这是因为流质、流押是当事人事先约定在债务人不清偿债务时，担保债权人即当然地取得标的物所有权，而且不负担清算义务，而股权让与担保对担保物与债权额之间的差额有清算义务，二者存在明显差异，因此实践中鲜有以违反流质（或流押）为由否定让与担保合同效力的。[6]

---

〔1〕 王闯：《关于让与担保的司法态度及实务问题之解决》，载《人民司法》2014 年第 16 期。

〔2〕 参见江苏省南京市中级人民法院（2017）苏 01 民终 8741 号民事判决书。

〔3〕 参见蔡立东：《股权让与担保纠纷裁判逻辑的实证研究》，载《中国法学》2018 年第 6 期，在该文中，作者在查询的 71 个案例中，有 68 个案例认定股权让与担保有效，占样本总数的 95.8%。

〔4〕 贺小荣主编：《最高人民法院民事审判第二庭法官会议纪要》，人民法院出版社 2018 年版，第 19 页。

〔5〕 该条规定：“当事人之间订立有关设立、变更、转让和消灭不动产物权的合同，除法律另有规定或者合同另有约定外，自合同成立时生效；未办理物权登记的，不影响合同效力。”

〔6〕 贺小荣主编：《最高人民法院民事审判第二庭法官会议纪要》，人民法院出版社 2018 年版，第 23 页。

（三）股权让与担保权的实现

在合同有效的前提下，股权让与担保合同的履行也是实践难点之一。司法权威观点认为，在已经完成权属变更登记的情况下，可以参照最相近的担保物权的规定，认定其具有物权效力。在主债务期限届满后仍未履行的情况下，名义上的股权受让人对变价后的股权价值享有优先受偿权，但原则上无权对股权进行使用收益，不能享有公司法规定的股东所享有的参与决策、选任管理者、分取红利的权利。[1] 由于股权让与担保属于形式上的股权转让，实质上的担保，受让人不享有所有权。因此，股权让与担保权的实现，除了通过拍卖、折价、变卖的方式，就所得的价款优先受偿，还有自己独特的实现权利的方式。

典型案例5
顾某与陈某、弘润公司股权转让纠纷案[2]

裁判要旨

股权让与担保行为的实质是通过让与股权所有权的方式担保债务的履行，而非一般的股权转让行为。双方约定以股权转让的方式作为债务的担保，系双方当事人的合意，未违反法律、行政法规关于合同效力性的强制性规定，该种担保方式应认定为合法有效。

基本案情

上诉人（原审原告）：顾某。

---

〔1〕 贺小荣主编：《最高人民法院民事审判第二庭法官会议纪要》，人民法院出版社2018年版，第26页。

〔2〕 江苏省无锡市中级人民法院（2015）锡民终字第01094号，案例来源于《人民法院案例选》（总第120辑）。

被上诉人（原审被告）：陈某、弘润公司。

称弘润公司的股东为陈某、吴某。2011年3月20日至5月7日，顾某先后通过银行转账或现金方式借给陈某250万元。

2012年2月18日，陈某与顾某签订《股权转让协议书》1份，约定：(1) 陈某将持有的弘润公司80%股权中的4.7%的股权以250万元转让给顾某；(2) 根据陈某要求，顾某将250万元直接注入公司并办理相关手续；(3) 顾某不参与任何经营管理；(4) 为照顾小股东的利益，对顾某持有的4.7%股权进行保底分红，每年内分配一次，按注入公司的金额不低于15%的红利进行分配，公司转制为股份有限公司后开始与其他股东一样同股同权，分享公司利润分担相应的风险及亏损等。该协议有顾某、陈某签字并盖有弘润公司公章。

2012年2月18日，弘润公司向顾某出具收据1份，载明：收款金额250万元，收款事由投资款。吴某称对陈某于2012年2月18日向顾某转让弘润公司4.7%的股权一事是知情并同意的。此后，弘润公司一直未到工商管理部门办理股东变更登记。顾某提出陈某答应退还股权转让款及相应利息，陈某对此予以否认。

顾某认为，其与陈某签订的《股权转让协议书》约定陈某应为其办理股权转让手续，但陈某一直推诿拖延，拒绝为其办理股权转让手续；其要求陈某退还股权转让金并支付利息，陈某答应退还，但又称弘润公司没赚到钱，无钱退还；双方原拟以弘润公司的股权抵债，但股权未交付，陈某原有的债务仍需偿还。故诉至法院，请求判令：(1) 解除其与陈某签订的《股权转让协议书》；(2) 陈某返还股权转让金250万元并承担自2011年4月1日起到实际付清为止按年息15%计算的利息损失，弘润公司承担连带责任。

陈某、弘润公司则认为，案涉《股权转让协议书》已生效，且顾某也已履行，顾某实际为弘润公司的隐名股东，已取得了弘润公司股权，且陈某不存在任何欺诈或胁迫等恶意或其他致使顾某上当的事由，故无须返还股权转让款，弘润公司更无须承担连带责任。

法院裁判

一审判决驳回顾某的全部诉讼请求。顾某不服，提起上诉。二审法院判决：一、撤销一审法院判决；二、陈某于判决生效后10日内向顾某归还250万元并承担该款自2012年2月18日起按年息15%计算的利息；三、驳回顾某的其他诉讼请求。

生效裁判认为，顾某与陈某一致认可双方原存在250万元的借贷关系，后陈某并未归还上述借款。2012年2月18日双方签订了《股权转让协议书》，该协议书中约定的陈某应支付的“股权转让款”250万元即为上述陈某向顾某的借款转化而来，结合“陈某将其在弘润公司的股权转让给顾某后，顾某不参与弘润公司的任何经营管理，并且享受每年不低于15%的保底分红”的内容，则说明顾某为了保证自己的债权得以实现，要求债务人陈某将股权转让给自己。该行为实质是通过让与股权所有权的方式担保债务的履行，而非一般的股权转让行为。双方约定以股权转让的方式作为债务的担保，系双方当事人的合意，未违反法律、行政法规关于合同效力性的强制性规定，该种担保方式应认定为合法有效。但担保仅是为了保证主债务的履行，在双方当事人存在原借款合同关系的情况下，陈某应首先履行归还借款的义务，而非强制顾某接受弘润公司的股权。退一步讲，即使陈某无法清偿到期借款，也不能直接以其持有的弘润公司的股权直接变更登记给顾某以用于抵偿结欠顾某的债务，系因此行为符合流质契约的性质，应认定无效。综上，《股权转让协议书》无解除的必要性，但陈某应向顾某偿还借款250万元。因双方于2012年2月18日签订的《股权转让协议书》约定顾某每年享受不低于15%的保底分红，应认定本案所涉借款的利息标准不低于15%，故顾某要求陈某按年息15%承担利息并无不当，应予以准许，但利息的起算时间应为双方签订《股权转让协议书》之日即2012年2月18日。因弘润公司并未明确就上述债务的履行为陈某提供担保，故顾某要求弘润公司就250万元及相应利息承担连带责任的依据不足。

案例评析

本案涉及股权让与担保纠纷的处理规则。

1. 股权让与担保的法律性质

让与担保是指债务人或第三人为担保债务人之债务，将担保标的物之权利移转于担保权人，于债务清偿后，标的物应返还于债务人或第三人，债务不履行时，担保权人得就该标的物受偿之非典型担保。股权让与担保则是将股权作为担保标的物，担保人将享有的股权转让给债权人，当债务人不履行债务或不完全履行债务时，债权人就已取得的股权保障债权的实现。与抵押、质押等典型担保不同，让与担保并未规定于《物权法》中，其是一种现实经济需求催生的创新型的非典型性担保，设定让与担保的真实意思即为通过担保标的物的担保实现融资功能。股权特有的融资功能，使实践中股权让与担保最为普遍。股权让与担保的旨趣在于通过股权转让的方式，将股权与担保人的其他责任财产相分离，最大限度地减少乃至消除债务不履行的法律风险，其所具有的增信功能及稳定融资秩序的裨益显而易见。[1]

股权让与担保是双方当事人通过股权所有权的转移来保障债权的实现，因此通常会存在借款协议及股权转让协议两份协议。与一般股权转让行为中受让方合同目的是取得股权不同，股权让与担保中所谓的“转移”只不过是外在的形式，并非民法上实际的所有权交付，目的在于担保债权的实现。至于如何担保债权的实现，通常通过流质条款、股权回购、拍卖、变卖等条款的约定来实现。实践中的“明股实债”也具有股权让与担保的性质。

关于股权让与担保的效力，如前所述，通谋虚伪、物权法定主义及禁止流质（或流押）规则都不是否定股权让与担保合同效力的基础，因

---

〔1〕 蔡立东：《股权让与担保纠纷裁判逻辑的实证研究》，载《中国法学》2018年第6期。

此，判断股权让与担保合同的效力，应回到《合同法》的框架内，根据《合同法》第52条的规定来审视股权让与担保合同的效力。由于受让方属于名义上的股东，因此在对外关系效力上，应当根据商事外观主义要求，遵循“内外有别”的判断规则，保护善意第三人的信赖利益。

2. 本案双方无股权转让的意思表示，实为让与担保法律关系

从本案来看，双方无股权转让的意思表示，实为让与担保法律关系：第一，双方事先存在250万元的借贷关系，随后签订了案涉《股权转让协议书》，双方又一致认可该协议书中约定的陈某应支付的“股权转让款”250万元系陈某向顾某的上述借款转化而来，形式上与股权让与担保完全一致。第二，案涉《股权转让协议书》约定的“顾某不参与弘润公司的任何经营管理”的内容，有别于以获得股东权利和经营权利为目的的一般股权转让，符合让与担保行为中受让人不享有任何处分权的外观形式。第三，《股权转让协议书》还约定了“顾某每年享有按注入公司的金额不低于15%的分红”的内容，该约定区别于股息分红需在公司有可分配利润的情况下才得以享有的一般惯例，也就是说，无论弘润公司是否盈利，均需向顾某分配。同时，该分配并非是参照顾某享有的股权比例，而是以其投入的250万元，乘以15%的固定年化计算所得，更加符合利息的计算方式，而非股息分红的表现形式。第四，案涉《股权转让协议书》自签订日起直至顾某起诉，弘润公司在三年多的时间里均未办理工商变更登记，也说明双方不以办理股权变更登记为目的。故而顾某和陈某虽未明确约定案涉《股权转让协议书》系为担保债务履行而签订，且未约定250万元债务履行完毕后陈某可收回股权，但是结合上述四点，足以认定双方签订《股权转让协议书》的目的是担保案涉250万元债务本息的偿还，而非使顾某继受为弘润公司的股东并享有股东权益。

3. 股权让与担保的实现

通常来说，股权让与担保权的实现方式有回购、流质和清算三种。由于担保中的流质契约条款无效，因此股权让与担保中属于事前归属型的流质条款亦属无效。对于回购条款，如果不违反公司法等的强制性规定，也是合法有效的，但是回购价款受民间借贷合法最高利率的规制。清算型实现方式具体可分为处分型清算和归属型清算。处分型清算主要是指拍卖变价或折价受偿。对于这种实现方式的效力，按照最高人民法院王闯博士的观点，在实现让与担保权时，应当尊重当事人的约定，即在当事人就清偿方法存在约定的时候，在履行清算义务的前提下，应当遵循当事人的约定；在当事人约定有流质契约或代物清偿的场合，只要其履行清算义务，则不应当类推适用流质禁止之规定或拍卖程序，也没有必要强行赋予担保权人必须将标的物换价处分的义务；无论当事人约定何种清偿方法，由于担保债务人负有进行清算的法定义务，因此，其在核算清算金额的时候必须努力地确保标的物评价额的适当性。[1]

就本案而言，如生效裁判所述，双方约定以股权转让的方式作为债务的担保，系双方当事人的合意，未违反法律、行政法规关于合同效力性的强制规定，该种担保方式应认定为合法有效。但担保仅是为了保证主债务的履行，在双方当事人存在原借款合同关系的情况下，陈某应首先履行归还借款的义务，而非强制顾某接受弘润公司的股权。退一步讲，即使陈某无法清偿到期借款，也不能直接以其持有的弘润公司的股权直接变更登记给顾某以用于抵偿结欠顾某的债务，系因此行为符合流质契约的性质，应认定无效。综上，陈某应向顾某偿还借款250万元。因双方于2012年2月18日签订的《股权转让协议书》约定顾某每年享受不低于15%的保底分红，应认定本案所涉借款的利息标准不低于15%，顾某要求陈某按年息15%承担利息并无不当。通常来说，在债务人偿还了借款本息之后，应当将涉及的股权回转至原股东名下，如果当事人没有提出该项请求，法院应当进行释明。如果当事人坚持不在同案中一并解决，其可以就此另诉。

---

〔1〕王俊梅、尹慧：《双方约定以股权转让的方式作为债务的担保，系双方当事人的合意，未违反法律、行政法规的强制性规定，该种担保方式应认定为合法有效》，载《人民法院案例选》总第120辑。

六、股权转让还是增资扩股

增资扩股是指公司向社会募集股份、发行股票、新股东投资入股或原股东增加投资扩大股权，从而增加企业的资本金。对于有限责任公司而言，增资扩股一般指公司增加注册资本，增加的部分由新股东认购或新股东与老股东共同认购，增加的资本金归公司所有，由公司支配。而股权转让，是公司股东依法将自己的股东权益有偿转让给他人，使他人取得股权的民事法律行为。两者都是股权取得的方式，但是在法律性质、资金受让方、实施程序及法律后果等方面存在显著区别。

典型案例6
许某与曹某1股权转让纠纷案[1]

案例要旨

就股东资格取得的途径而言，视注册资本的情况，即公司是否增资而有所区别。一是公司注册资本不变，投资人成为股东的方式有股权转让、隐名股东显名化、股权赠与。二是公司注册资本增加，投资人通过增资扩股成为公司股东。上述成为股东的途径一旦确立，即排除了其他方式。本案公司的注册资本额并未发生变化，未形成增资扩股股东会决议，许某主张的出资并未经过出资验资、工商变更登记等一系列法定程序，现有证据不足以证实股东是通过增资扩股方式取得股权。

基本案情

上诉人（原审被告）：许某。

被上诉人（原审原告）：曹某1。

---

〔1〕 新疆维吾尔自治区乌鲁木齐市中级人民法院（2017）新01民终54号。

万邦公司成立于1998年8月5日，公司注册资本为50.5万元，公司原股东有曹某2和曹某1，曹某2出资43.5万元，占注册资本的86.14%，曹某1出资7万元，占13.86%。

2011年12月12日，曹某2、李某1、许某、李某2签订《合作协议书》，协议约定，四方同意以万邦公司为载体，分别以实物、无形资产及现金出资，以股权转让的方式确认各方股权比例，股权转让后的公司注册资金仍为50.5万元，持股比例为：曹某2出资176750元，持股比例为35%；李某1出资176750元，持股比例为35%；许某出资126250元，持股比例为25%；李某2出资25252元，持股比例为5%。

2011年12月19日，曹某1与许某签订《股权交割证明》，约定：经2011年12月19日股东会同意，曹某1自愿将其持有公司的44747元（占注册资本总额的8.86%）的股权转让给许某，该股权已交割完毕；曹某1与许某签订《股权交割证明》，曹某1自愿将其持有公司的81500元（占注册资本总额的16.14%）的股权转让给许某；曹某1与李某1签订《股权交割证明》，曹某1自愿将其持有公司的176750元（占注册资本总额的35%）的股权转让给李某1。其后，各方办理了工商档案变更登记，四方在工商档案中注册资本投资登记的内容变更为：曹某1出资176750元，占注册资本的35%；李某1出资176750元，占35%；许某出资126247元，占24.9994%；李某2出资25253元，占5.0006%。

曹某1向一审法院起诉请求：请求判令许某给付股权转让费44747元。

法院裁判

一审法院判决许某给付曹某1股权转让款44747元。许某不服，提起上诉。其主要上诉理由是，许某取得股权是通过《合作协议书》约定的增资扩股方式实现的，许某与曹某1之间不存在股权转让行为。

生效裁判认为，关于股权转让方式的认定问题。一审许某提供的工商登记资料证实许某系万邦公司的股东。就股东资格取得的途径而言，投资人成为股东的情形视注册资本的情况，即公司是否增资而有所区别。一是公司注册资本不变，投资人成为股东的方式有股权转让、隐名股东显名化、股权赠与。二是公司注册资本增加，投资人通过增资扩股成为公司股东。但增资扩股并非一般形式上的投入出资，而是公司重大事项，必须履行股东决议、出资验资、工商变更登记等一系列法定程序。上述成为股东的途径一旦确立，即排除了其他方式。结合本案看，签订《合作协议书》后，万邦公司的注册资本额并未发生变化，未形成增资扩股股东会决议，许某主张的出资并未经过出资验资、工商变更登记等一系列法定程序，本案现有证据不足以证实许某是通过增资扩股方式取得股权。一审中曹某1向法庭提交的《股权交割证明》证明双方已达成转让出资8.86%的合意，且对转让价款已作出明确约定，从现有的工商档案材料反映，曹某1已不在持有万邦公司的股份，曹某1原持有8.86%的股份已变更为许某持有，曹某1与许某间股权交割已经完成，并在工商部门办理了变更登记手续。一审法院认定曹某1与许某股权转让关系成立并无不当。

关于《合作协议书》能否作为许某受让曹某1股权的依据。从《合作协议书》约定的内容可以看出：(1) 曹某1并未非该《合作协议书》的订立主体，该协议所约定内容并不对曹某1产生法律约束效力。(2)《合作协议书》中虽有出资的约定，但并未有增加注册资本金的约定，且协议中已明确约定“投入的资金暂不计入公司注册资金”，据此内容说明许某等投入的资金并不产生增资扩股的法律后果。(3)《合作协议书》中约定“以股权转让的方式确认各方股权比例，股权转让后的公司注册资金仍为50.5万元”的内容，实际已确认许某在万邦公司所取得的股权是以股权转让方式所取得，许某提出以增资而取得股权的主张与《合作协议书》约定内容相悖。综上，《合作协议书》不能作为许某受让曹某1股权的依据。

案例评析

本案的争议焦点为许某取得股权是通过增资扩股还是股权转让的方

式取得。

1. 股权转让与增资扩股的区别

(1) 增资扩股和股权转让的法律性质不同。尽管股权转让与增资扩股在形式上均实现了股东的变更以及股东权利的移转，但股权转让与增资扩股在法律性质上有本质的不同。股权转让是股东通过出让股权获得对价，本质上是以股权为标的的买卖行为。而增资扩股是新老股东通过向公司出资的方式，获得或增加公司的股权。因此，股权转让适用合同法中的买卖合同规则、公司法中的股权转让规则，而增资扩股股权出资主要适用公司法中的出资比例限制、评估作价规则等。(2) 资金受让方不同。增资扩股是公司增加资本金扩大股权，原股东股东权益不变；股权转让是公司资本金不变，原股东让渡股东权益。因此，增资扩股的资金接受方是公司，资金用于增加公司的注册资本及资本公积金；股权转让的资金是股权转让的对价，资金受让方是原股东，公司注册资本不变。(3) 增资扩股和股权转让的程序不同。根据《公司法》的规定，公司增加注册资本，必须经股东但会决议，并经代表三分之二以上表决权的股东通过。增加的注册资本要经过会计师事务所的验资，同时变更公司章程，并办理相应的变更登记手续。有限责任公司股东转让股权虽然需要征得其他股东过半数同意并涉及优先购买权问题，但除非公司章程有特别规定，并不需要经股东会决议，股权的交付也不是以变更公司章程以及办理变更登记手续为必须程序。因此，增资扩股体现的是法定程序性，股权转让需要签订股权转让协议，更多体现双方当事人之间的意思表示。(4) 增资扩股和股权转让的法律后果不同。股权转让是股东个人的行为，股权转让完成后，公司的注册资本并不发生改变，其他股东占公司的出资份额也不受影响。而增资扩股后，公司的注册资本必然发生变化，由此导致其他股东股权的稀释。

2. 常见的增资扩股方式

根据《公司法》的规定，公司可以未分配利润、公积金转增注册资本。[1]公司以未分配利润、公积金转增注册资本的，除非公司章程有特殊规定或股东有约定，有限责任公司应当按照股东实缴的出资比例增加股东的注册资本。[2]这种增资扩股仅适用于股东内部。

公司股东或公司股东以外的第三人可以将货币或者其他非货币财产作价投入公司，直接增加公司的注册资本。但是，作为出资的非货币财产应当评估作价，核实财产，不得高估或者低估作价，[3] 在履行这种增资扩股的出资义务时，作为出资的货币应当存入公司所设银行账户，作为出资的非货币财产应当依法办理其财产权的转移手续。[4]

根据《公司法》第161条的规定，上市公司发行的可转换为公司股票的公司债券，可转换为公司股票。转换后公司注册资本增加，债券持有人身份从公司债权人转换成为公司股东。

3. 本案许某成为股东是通过股权转让而非增资扩股实现

本案中，许某已经登记成为万邦公司的股东。《合作协议书》虽然约定的是增资扩股，但是《合作协议书》签订后，万邦公司的注册资本额并未发生变化，未形成增资扩股股东会决议，许某主张的出资并未经过出资验资、工商变更登记等一系列法定程序，说明万邦公司没有增加注册资本，许某不是通过增资扩股方式取得股权，且曹某1也不是《合作协议书》的当事人，因此，《合作协议书》不能作为许某受让曹某1股权的依据。曹某1向法庭提交的《股权交割证明》证明双方已达成转让出资8.86%的合意，且对转让价款已作出明确约定，从现有的工商档案材料反映，曹某1已不持有万邦公司的股份，曹某1原持有8.86%的股份已变更为许某持有，曹某1与许某间股权交割已经完成，并在工商部门办理了变更登记手续。故一、二审均判决许某给付曹某1相应的股权转让款。

---

[1] 《公司法》第168条。
[2] 《公司法》第34条。
[3] 《公司法》第27条。
[4] 《公司法》第28条。

七、股权转让合同中债务加入与保证的区别

债务加入，又称并存的债务承担，是指第三人加入债的关系中，成为新的债务人，与债务人共同承担向债权人履行债务的义务，债权人有权要求原债务人与第三人一同承担还款责任。我国现行法律、行政法规及司法解释并未明文规定债务加入或并存的债务担保,〔1〕《合同法》第84条规定："债务人将合同的义务全部或者部分转移给第三人的，应当经债权人同意。"该条规定的是债务转移，是指债务人把对债权人所负有的合同义务，全部或者部分转移给第三人，由第三人取代债务人的地位，成为合同当事人，向债权人履行债务，原债务人部分或全部脱离债务责任，因此需要债权人同意。而在债务加入中，原债务人没有从原债务中脱离，仍要对债权人履行债务，对债权人并无不利，所以债务加入不需要债权人同意。

保证合同，是指保证人和债权人约定，当债务人不履行债务时，保证人按照约定履行债务或者承担责任的合同。根据《担保法》第17条第2款的规定,〔2〕一般保证人享有先诉抗辩权，而连带责任保证中，保证人不享有这种先诉抗辩权。《担保法》第18条第1款规定："当事人在保证合同中约定保证人与债务人对债务承担连带责任的，为连带责任保证。连带责任保证的债务人在主合同规定的债务履行期届满没有履行债务的，债权人可以要求债务人履行债务，也可以要求保证人在其保证范围内承担保证责任。"

债务加入与保证在形式上、合同目的上多有相似之处，其中，债务加入与连带责任保证对债务均承担连带清偿责任，因此，在实务中如何区分该二者常常成为疑难问题。总体来说，债务加入与保证在性质上、合同形式上、是否存在保障期限以及承担责任后的追偿权问题上存在区别。实务中，区分

---

〔1〕地方法规层面，江苏省高级人民法院《关于设用〈中华人民共和国合同法〉若干问题的讨论纪要（一）》（苏高发审委〔2005〕16号）第17条规定："加入是指第三人与债权人、债务人达成三方协议或第三人与债权人达成双方协议或第三人向债权人单方承诺由第三人履行债务人的债务，但同时不免除债务人履行义务的债务承担方式。"

〔2〕该款规定："一般保证的保证人在主合同纠纷未经审判或者仲裁，并就债务人财产依法强制执行仍不能履行债务前，对债权人可以拒绝承担保证责任。"

债务加入与保证，仍应遵循意思表示规则，如果涉及的法律行为意思表示真实且清晰，自不存在认定问题；如果一个法律行为是债务加入还是保证存有疑义，则可以考虑以“自身的经济的、法律上的利益”作为认定为债务加入的关键依据。另外，因为债务加入人的责任总体而言要重于连带责任保证人，因此，从保证法上保证之形式规定保护第三人的规范目的出发，德国通说实际上已将全部有疑义之情形都优先认定为保证，[1]这也值得我国学界及实务界鉴纳。

典型案例7

季某1与季某2股权转让纠纷案[2]

案例要旨

根据《股权转让合同》和《补充协议》的约定，当事人的真实意思是债务加入而非连带保证，在明确约定是债务加入的情况下，当事人在合同中还约定债务加入人对借款承担连带保证责任，不改变债务加入的法律性质。

基本案情

上诉人（原审被告）：季某1。

被上诉人（原审原告）：季某2。

原审被告：陈某。

原审第三人：登博公司。

2014年2月18日，陈某和案外人董某作为转让方、季某1作为受让方签署《股权转让合同》，约定陈某和董某将其名下各占登博公司注册资本的95%和5%的股权转让给季某1，股权转让款4980.9元，季某1于合同签署已

---

〔1〕 参见王吉中：《债务加入与保证之辨析——从差异比较、意思表示解释与法律适用出发》，载《研究生法学》2015年第6期。

〔2〕 上海市高级人民法院（2018）沪民终545号。

分别向季某2和董某支付转让款。合同还约定登博公司的原有债务均由季某1和/或股权转让后新的登博公司负担。

同日，季某2、董某作为转让方、季某1作为受让方、陈某作为担保方签署《补充协议》，其中第9条约定，鉴于登博公司自注册成立后，季某2陆续以个人名义出借给登博公司4235万元，由季某1和/或新登博公司偿还借款本息。第10条担保条款：(1) 陈某作为保证人，自愿以个人名下的所有财产(包括但不限于：现金存款、有价证券、股权、债权、房产、对外投资及家庭资产等) 为季某1和/登博公司向季某2偿还上述借款的义务承担连带担保责任。(2) 季某1、陈某愿意以其在巴西GIO公司持有的等值股权，为季某1和登博公司对季某2的还款义务提供担保；同时，季某1愿意以其实际控制的登博公司股权，为季某1和登博公司对季某2的还款义务提供担保。

2015年7月28日，季某2和董某作为转让方、季某1作为受让方、陈某作为担保方、案外人爱徒公司作为股权名义受让方共同签署《补充协议二》，约定同意季某1变更登博公司的股权名义受让方为爱徒公司。季某1应当在2015年9月30日之前，向季某2偿还《补充协议》中约定的到期未向季某2偿还的款项中的250万元，其余款项仍然按照《补充协议》的约定继续履行。

法院认定本案借款本金为4235万元，季某1、陈某已向季某2归还的借款总金额为27043531.40元。

季某2向一审法院起诉请求：判令季某1向季某2支付剩余借款本金、借款利息及预期还款违约金。陈某对季某1上述债务承担连带保证责任。

法院裁判

一审判决支持了季某2的诉讼请求。一审判决认为，本案争议焦点主要在于：(1) 季某1、陈某在本案中是作为债务人还是担保人。(2) 季某1、陈某已经归还的款项金额及性质。

关于争议焦点1，季某1、陈某在本案中是作为债务人还是担保人问题。季某2根据《股权转让合同》和《补充协议》约定，认为季某1在受让登博公司股权时同意作为主债务人向季某2偿还款项并承担利息，陈某系季某1连带保证人；季某1、陈某则认为在本案中其均是作为登博公司的担保人，应仅承担担保责任。对此，一审法院认为，由《股权转让合同》第3条第3项关于“登博公司原有债务由季某1和/或股权转让后的新登博公司承担”的约定及《补充协议》第9条关于“季某1和/或新登博公司偿还借款本息”的约定可见，季某1通过债的加入方式与股权转让后的新登博公司共同对登博公司原有债务承担还款责任的意思表示明确。至于《补充协议》第10条季某1、陈某愿意以其在巴西GIO公司持有的等值股权提供担保，也是注明系“为季某1和登博公司对季某2的还款义务”提供担保，并非如季某1、陈某所言系为“季某1的担保责任提供担保”。故季某1、陈某主张季某1在本案中系担保人身份无事实依据。《补充协议》第10条关于“陈某自愿为季某1和/登博公司向季某2偿还上述借款的义务承担连带担保责任”的约定，其文意明确陈某具有为季某1的上述还款义务提供连带担保的意思表示，不存在任何争议。综上，季某1应作为债务人向季某2偿还借款，陈某则应对季某1的前述偿还义务承担连带担保责任。

关于争议焦点2，关于季某1、陈某已归还的款项应当抵扣本金还是利息问题。《补充协议》第9条约定“计息日自2014年2月18日起算，季某1应当于每月18日前支付应付的利息”及“季某1和/或登博公司应当自逾期之日起向季某2承担逾期款项总额每日千分之一的违约金，直至逾期款项付清为止”，结合《补充协议》附件三关于明细款项期限及金额的约定，可见，当事人已明确约定支付本金、利息的时间、金额以及逾期付款需支付违约金。最高人民法院《合同法解释（二）》第21条亦规定了“债务人除主债务之外还应当支付利息和费用，当其给付不足以清偿全部债务时，并且当事人没有约定的，人民法院应当按照下列顺序抵充：（一）实现债权的有关费用；（二）利息；（三）主债务”，故在季某1、陈某未明确归还的是本金还是利息的情况下，季某2有权将季某1、陈某归还款项优先用于抵扣利息、逾期付款违约金。至于季某1、陈某主张《应付季某2款项之付款金额及期限明细表》中季某2计收的逾期付款违约金利率过高问题，一审法院认为，《补充协议》

第9条虽约定了每月0.55%利息和每日千分之一的违约金，但季某2对于季某1、陈某已偿还的金额系按年利率36%计收利息及违约金，符合最高人民法院《民间借贷司法解释》关于借款人不得请求出借人返还已支付的未超过年利率36%部分的利息之规定，故现季某2将季某1、陈某已归还的款项按照前述明细表的计算标准先用以抵扣利息、逾期付款违约金并无不妥。

判决后，季某1不服，提起上诉。二审判决驳回上诉，维持原判。

案例评析

本案的争议焦点在于股权转让合同中债务加入与连带责任保证的区别，即当事人承担的是共同还款责任还是连带保证责任。同时，本案还涉及如何认定已付款项的抵充顺序。

1. 债务加入与连带责任保证的区别

债务加入与保证在形式上都表现为原债权人、债务人之外有第三人加入进来对债务承担责任，其目的均具有担保债权实现的功能，债务加入方与连带责任保证的保证人均享有债务人的抗辩权，债务加入方与连带责任保证人对债务均承担连带清偿责任，但二者也存在一定的区别。第一，根据《担保法》的规定，保证必需采用书面形式，而债务加入则是非要式的。第二，与保证一样，连带责任保证具有从属性，主合同的变更会影响连带责任保证人的责任承担，债务人转移债务需要征得连带责任保证人的同意，而原债务人的债务变更一般不影响债务加入人的责任承担，原债务人转移债务亦不需要债务加入方的同意。第三，与一般保证一样，如没有约定保证期，对于超过履行期限6个月的债务，连带责任保证人不承担保证责任，而债务加入人不享有这种保证期间利益。第四，连带保证人承担保证责任后，享有法定的追偿权，而债务加入人不享有这种法定权益。

2. 债务加入与连带责任保证的实务区分

审判实务中，在当事人对是债务加入还是连带责任保证约定不明时，判断一个行为究竟是债务加入还是连带责任保证，应根据案件的具体情况探究当事人的真实意思表示。当事人之意思不明时，其偏为原债务人之利益而为之者，可认为保证。承担人有直接及实际之利益而为之者，可认定并存的债务承担。[1] 具体而言，由于债务加入人承担的是独立于原债务人的债务，追求的是自己的经济和法律利益，对于与加入人自身有直接利益关系的，在约定不明时，认定为并存的债务承担较为合理。对于并存的债务承担和连带保证的区分，应当结合当事人的内心真意以及客观利益综合考量，在无法探求主观目的时，以第三人加入债务时以原债务人还是自身利益为出发点作为依据。如第三人出于友谊或亲属关系加入到债务中，一般应认定为保证。总体而言，债务加入更有利于保障债权人的利益，债务加入人的责任重于连带责任保证人。[2]

本案中，关于季某1、陈某在本案中是作为债务人还是担保人问题，在《股权转让合同》及《补充协议》中，明确约定了季某1通过债的加入方式与股权转让后的新登博公司共同对登博公司原有债务承担还款责任，该意思表示符合债务加入的特征，属于债务加入。至于在《补充协议》中季某1、陈某愿意以其在巴西GIO公司持有的等值股权“为季某1和登博公司对季某2的还款义务”提供担保，并不能改变季某1债务加入的事实。约定债务人为自己的债务提供担保，没有实际的法律意义，不能因此认定为季某1的身份转变为连带责任保证人。因此，季某1应作为债务人向季某2偿还借款。

3. 如何认定已付款项的抵充顺序

当债务人对债权人所为的给付不足以清偿全部债务时，如何认定已经给付的到底清偿的是哪项债务呢？对此，《合同法解释（二）》第20条、第21条对此进行了规定。该解释第20条规定：“债务人的给付不足以清偿其对同一债权人所负的数笔相同种类的全部债务，应当优先抵充已到

---

〔1〕史尚宽：《债法总论》，中国政法大学出版社2000年版，第751页。
〔2〕谷昔伟、陈燮峰：《并存债务承担的责任范围》，载《人民司法》（案例）2018年第5期。

期的债务；几项债务均到期的，优先抵充对债权人缺乏担保或者担保数额最少的债务；担保数额相同的，优先抵充债务负担较重的债务；负担相同的，按照债务到期的先后顺序抵充；到期时间相同的，按比例抵充。但是，债权人与债务人对清偿的债务或者清偿抵充顺序有约定的除外。”第21条规定：“债务人除主债务之外还应当支付利息和费用，当其给付不足以清偿全部债务时，并且当事人没有约定的，人民法院应当按照下列顺序抵充：(一) 实现债权的有关费用；(二) 利息；(三) 主债务。”

本案中，除了应债务本金，双方还约定了利息及逾期付款违约金，故在季某1、陈某未明确归还的是本金还是利息的情况下，季某2有权将季某1、陈某归还款项优先用于抵扣利息、逾期付款违约金。

八、“名股实债”的认定及回购条款的效力

(一)“名股实债”的含义及其产生的背景

私募基金的投资运作，主要有债权投资、股权投资、夹层投资以及投资于某种特定的权益等模式。当然股权投资的收益没有天花板，存在无限可能。但在清偿顺序上，股权劣后于债权，因此，采用股权投资模式，目标企业若经营不善导致破产，所投资金可能面临较大损失甚至有难以收回本金的风险。同时，对于有存续年限的基金主体来说，在需要清算的时候，股权投资的退出也远没有债权投资到期还本付息容易和方便。基于但不限于上述因素，在投资实操中，为保证所投资金的安全以及能及时退出，投资方大量采用了“股权投资附加回购”的模式。这种方式就是所谓的“名股实债”或“明股实债”。

基金业协会在2017年2月13日发布《证券期货经营机构私募资产管理计划备案管理规范第4号——私募资产管理计划投资房地产开发企业、项目》注释3对名股实债进行了详细定义：“本规范所称名股实债，是指投资回报不与被投资企业的经营业绩挂钩，不是根据企业的投资收益或亏损进行分配，而是向投资方提供保本保收益承诺，根据约定定期向投资方支付固定收益，并在满足特定条件后由被投资企业赎回股权或者偿还本息的投资方式，常见

形式包括回购、第三方收购、对赌、定期分红等。”

根据上述定义及实践操作方法，名股实债事实上就是债权投资，只是采取股权投资形式，投资人采取这种形式的主要目的是降低自己的风险及回避监管的需要。典型的明股实债交易中直接约定固定收益，这种固定收益不受公司未来经营业绩的影响，投资方无须承担公司运营亏损的风险，这也是与一般股权投资的最大区别。但这种固定收益不是由目标公司直接还本付息实现，而是通过交易结构的设计，由目标公司定期分红以及第三方、目标公司实施回购所实现。

（二）名股实债的类型

就金融领域来说，名股实债主要有以下四种情形：[1]

1. 信托公司发行信托计划筹集资金，以信托资金为目标公司进行股权投资，约定固定的收益回报。主要有但不限于以下几种方式：（1）约定目标公司股东在固定期限届满后以本金和固定收益对投资人的股权进行回购。（2）设置对赌条款，如果融资方不能满足其中任一条款，则触发对赌，后果是需以固定溢价回购信托计划所持有的股权。回购方约定为目标公司、股东或关联第三方。（3）约定在目标公司分红以及相关收益不足以保证投资本金和固定收益时，由目标公司、股东或关联第三方承担差额补足义务。

2. 信托公司股权投资加债权投资模式。信托计划用少量资金受让项目公司股权，剩余资金则以股东贷款的名义发放给目标公司。

3. 证券公司或基金公司设立专项资管计划向目标公司进行股权投资，或者股权投资加发放委托贷款模式。在退出方式上，债权部分还本付息退出，股权部分可通过目标公司项目分红，股权回购、股权转让等方式获得固定投资回报。

4. 多层嵌套模式。出资方通过信托公司通道或者证券公司、基金公司通道进行股权投资，约定固定收益回报。

---

〔1〕本部分内容详见贺小荣主编：《最高人民法院民事审判第二庭法官会议纪要》，人民法院出版社 2018 年版，第 65 ~ 66 页。

（三）名股实债的认定

确定登记为股东的投资人享有的究竟是股权还是债权，即当事人的真实意思表示是债权投资还是股权投资，是审理该类案件面临的主要问题。通常来说，在股权投资中，投资者通过获得被投企业的股权，希望获得企业价值增长的收益，并且在股权交付后往往会积极参与公司的经营管理，如参与股东会并行使表决权，派驻董事、管理人员，控制公司的公章，等等。股权投资中回购条款的设置往往不是为了退出被投企业，而是一种估值的调整。而在债权投资中，投资者关心的是本金的安全和固定收益，不寻求高价值、高风险的回报。但是，受限于资质以及监管的需要，同时为了确保所投资金的安全，因此采取了股权投资的形式，回购条款的设置往往是为了退出被投企业，触犯机制是约定的期限而不是其他条件，因此往往在信托投资领域被广泛采用。

在司法实践中，被认定为债权的明股实债案例中，当事人需要提出充分的证据证明双方达成真实合议为债权投资，如在重庆市高级人民法院判决新华信托公司与江峰房地产公司借款合同纠纷[1]案件中，法院考量了双方当事人在《信托合作协议》之外签署了《借款合同》，同时1元受让股权与不符合股权投资的常理，还本付息的约定符合借款合同的表象特征等因素，作出了实质为借款合同的判断。在最高人民法院裁定的范某与北方信托公司、云创公司股权转让纠纷[2]案中，法院认为根据信托计划进行股权投资和清退与企业之间借贷并不相同。北方信托公司将案涉资金投入禹丰公司完成增资入股、登记为股东后，即应承担持股期间出资人的责任。而企业之间借贷，出借人只是借款人的债权人，并非股东，不承担出借款项期间借款人股东的责任。因此，法院倾向认为名股实债的投资主体应该是类似信托公司这样的以收益固定收益为目的的金融投资主体。还有判决虽然认定为名股实债，但信托公司

---

〔1〕（2014）渝高法民初字第00010号。

〔2〕（2015）民申字第1198号。

应承担持股期间出资人的责任。[1]这也是商事外观主义的具体体现。

(四) 回购条款的效力

与对赌协议一样，被投资企业以外主体的回购，包括股东或第三方主体的回购，司法实践中对其效力均不否认，争议点还是被投资企业回购条款的效力。有观点认为，就公司回购股权来说，可能存在因侵害公司及其债权人利益而无效的问题。该观点将名股实债的回购等同于对赌协议的回购条款，虽然对赌协议中投资方退出时的股权回购条款与名股实债在回购条款的设置上非常类似，但是二者存在显著区别。从根本上，名股实债的回购条款是一种债权安排，即使由目标公司回购，也不改变其性质，因此，不存在回购条款的设置因侵害公司及其债权人利益而无效的问题。这从相关部门规章的规定也能看出来，中国银监会颁布《信托公司私人股权投资信托业务操作指引》第 15 条第 1 款规定："信托公司在管理私人股权投资信托计划时，可以通过股权上市、协议转让、被投资企业回购、股权分配等方式，实现投资退出。"第 20 条前半句规定："信托公司管理私人股权投资信托，可收取管理费和业绩报酬，除管理费和业绩报酬外，信托公司不得收取任何其他费用。"根据上述规定，对于认定为债权投资的，目标公司回购条款有效。

典型案例 8
联大集团与安徽高速股权转让纠纷案[2]

案例要旨

股权协议转让、股权回购等作为企业之间资本运作形式，已成为企业之间常见的融资方式。如果并非以长期牟利为目的，而是出于短期融资的需要产生的融资，其合法性应予承认。据此，当事人关于双方股权转让实为融资

[1] 浙江湖州市中级人民法院（2016）浙 0502 民初 1671 号。
[2] 最高人民法院（2013）民二终字第 33 号。

借贷应认定无效的上诉理由不能成立。

基本案情

上诉人（原审原告）：联大集团。

被上诉人（原审被告）：安徽高速。

2003年4月30日，联大集团与安徽高速于安徽省合肥市签订《股权转让协议书》，约定由安徽高速受让联大集团持有的安徽安联高速的49%股权；安徽高速同意在受让该股权后的两年内，在符合约定的回购条件下，联大集团可以按约定的金额回购转让的全部股权，如联大集团两年内没有行使回购权（包括没有提出回购请求，或虽提出回购请求但没有按约支付回购金额），则该权利丧失。

2004年，联大集团主张回购公司股权，双方通过多封函件就回购的相关事宜进行磋商，但未达成一致意见。双方协议股权回购过程中，安徽高速要求按《股权转让协议书》的约定支付股权回购款的同时变更登记股权，联大集团在坚称其有足够的履约能力，但在安徽高速数次函告要求其按照指定账户履行《股权转让协议书》约定的付款义务时，却始终坚持先过户后付款。

联大集团向法院提起诉讼，请求法院：(1) 确认联大集团拥有安徽安联高速40%股权的回购权，安徽高速立即按照合同约定同意联大集团回购；(2) 安徽高速向联大集团交付上述股权，并办理股权变更手续。

法院裁判

一审法院判决驳回联大集团的诉讼请求。联大集团不服，提起上诉。主要上诉理由是：涉案股权转让行为的性质是企业之间的质押借款，即联大集团以股权作为质押物，向安徽高速借款，协议应为无效；安徽高速拒绝签署股权回购协议书，导致联大集团未能按期回购股权，客观上导致无法履行付款义务。

生效判决认为，关于《股权转让协议书》是否名为股权转让，实为企业间借贷的协议。联大集团上诉提出《安徽省高速公路总公司、联大集团关于安联高速公路股份回购致安徽省国资委的请示函》第三段载明“2002年10月联大因流动资金周转暂时困难，拟将所持有安联的股份转让给江苏悦达集团，安高出于双方一贯合作良好且将继续合作、拓展业务的考虑，不希望联大离开安联，并愿意在联大将股权作为质押担保的前提下，借款给联大”。但依据原审法院查明的事实，该函件系联大集团单方起草的请示稿件，未经安徽高速确认，因此不能作为本案的定案依据。联大集团上诉称，在另案终，安徽高速主动提供了该份材料作为证据，但在本案审理中，安徽高速称该文件系按照法院的要求提供，并不因此当然代表其对前述联大集团拟稿文内容的真实性、合法性的认可。鉴于原审法院对其真实性不予认可，二审法院、二审上诉人未提交新的证据充分证明其主张，故联大集团关于以此函件证明双方存在资金借贷关系的上诉主张不能得到支持。同时，安徽省政府关于股权转让的批复文件中已经明确记载，股权转让并非当事人诉称借贷关系。

股权协议转让、股权回购等作为企业之间资本运作形式，已成为企业之间常见的融资方式。如果并非以长期牟利为目的，而是出于短期融资的需要产生的融资，其合法性应予承认。据此，本案上诉人关于双方股权转让实为融资借贷应认定无效的上诉理由不能成立，故其该点上诉主张，二审法院不予支持。

关于联大集团称原审法院对被上诉人安徽高速违反诚信对股权回购恶意设置重重障碍表述为“安徽高速在双方往来函件中提出的要求联大集团解决的《股权转让协议书》约定之外的相关事项，主要系双方及关联企业之间的债权债务，双方在商谈过程中也未达成一致意见，并不影响联大集团先期履行合同义务”属于认定事实错误的上诉主张。二审法院认为，在案涉股权回购条件成熟时，各方当事人可以直接按照双方达成的《股权转让协议书》之约定履行，至于双方在股权回购磋商中提出的种种条件，在未达成一致前，均为单方意思表示。该意思表示不构成对原《股权转让协议书》的变更，亦不影响各方按照该协议履行各自的义务。

《合同法》第62条第5项规定，履行方式不明确的，按照有利于实现合同目的的方式履行。本案股权回购过程中，联大集团在安徽高速陆续发出按照指定账户汇款下，其可以选择索要具体账户或提存等方式履行合同约定的付款义务。上诉人联大集团在本案审理中坚称其有足够的履约能力，但在安徽高速数次函告要求其按照指定账户履行《股权转让协议书》约定的付款义务时，却始终坚持先过户后付款。由于该履约方式违背《股权转让协议书》约定，变更了协议约定的履行方式，最终导致超过该协议约定的回购期限。《合同法》第67条规定："当事人互负债务，有先后履行顺序，先履行一方未履行的，后履行一方有权拒绝其履行要求。先履行一方履行债务不符合约定的，后履行一方有权拒绝其相应的履行要求。"安徽高速依照法律规定及《股权转让协议书》约定，在联大集团违背约定，符合拒绝接受其履约条件下，拒绝其超出约定内容的关于先过户后付款的回购主张，事实及法律根据充分，应予支持。上诉人联大集团依据《合同法》第68条第3项关于应当先履行债务的当事人，有确切证据证明对方丧失商业信誉的，可以中止履行的规定，主张不安抗辩没有证据支持，二审法院不予采信。综上，二审判决驳回上诉，维持原判。

案例评析

本案的争议焦点为《股权转让协议书》的性质、效力及股权回购条件是否成就的问题。

1.《股权转让协议书》的法律性质

本案中，转让方甲公司主张双方签订的《股权转让协议书》名为股权转让，实为企业间的借贷协议，双方签订股权转让协议并将股权变更过户，是转让方甲公司将股权质押给资金出资方作为借款行为的担保。

对于是否属于名为股权转让实为企业间的借贷，应该从协议约定的内容、履行情况等方面综合判断双方当事人的真实意思表示。首先，如果双方签订了合同，合同约定的内容具体明确且不违反法律规定，除非提出了相反证据，应以合同的内容认定为双方的真实意思表示。其次，应综合考虑股权转让程序是否正当、溢价回购是否公允、受让方是否实际行使股东权利等方面因素。将民间借贷包装成股权转让，当事方通常经过了精心设计，单纯考虑某一方面的标准，很难做出有效判断。因此，综合考虑如是否经过了其他股东的过半数同意，有没有经过公司股东会决议等；买入价格与回购约定的价格差是否公允；是否实际行使股东权利，参与公司经营，承担投资风险等方面，能更好发现双方隐藏的真实意思表示。

本案中，《股权转让协议书》中并未明确约定双方为借款关系，在《股权转让协议书》之外，双方亦无其他书面的借款协议。至于甲公司股权转让实为股权质押，但是该股权转让并没有股权出质的内容，也不符合股权出质的法律流程，没有为担保主债务而存在的从属性，亦无担保合同的法律特征。同时，本案亦不具有股权让与担保的性质，让与担保合同是从合同，本案并未借款协议，因此，也不符合股权让与担保的特征。因此，《股权转让协议书》实际性质并不是名为股权转让实为企业之间的质押借款。至于《股权转让协议书》的回购条款，只是股权转让协议中的一种安排，并不能因此认定为是名股实债。

2. 名股实债是否属于通谋虚伪意思表示

有观点认为，一旦确定投资人的真实意思是取得固定收益而非成为真正股东，则往往存在名为股权转让（或增资扩股）实为借贷的问题，构成虚伪意思表示中的隐藏行为。此时存在两个行为，名义上的股权转让（或增资扩股）属于虚伪意思表示，根据《民法总则》第146条有关“行为人与相对人以虚假的意思表示实施的民事法律行为无效。以虚假的意思表示隐藏的民事法律行为的效力，依照有关法律规定处理”的规定，该行为无效。至于隐藏的行为，该条第2款规定：“以虚假的意思表示隐藏的民事法律行为的效力，依照有关法律规定处理。”据此，应当依照民事法律行为的一般有效要件来认定借贷合同的效力。对此笔者认为，与股权的让与担保类似，从通谋虚伪意思表示角度看，投资人出资就是利用受让股权所有权的方式来取得固定收益和保障投资退出，以降低自己投资的风险，投资人有取得股权的目的，这与当事人转移股权所有权的意思表示一致。放贷行为并不隐藏在股权转让行为中，而是直接通过股权转让与回购的方式得到体现。基于商事外观主义原则，投资方还有可能承担持股期间的出资人责任。因此，投资人取得股权是一个真实的行为，并不是一个虚假的行为，不能以存在虚伪意思表示来否定股权转让行为的效力。

3. 股权回购问题

本案中，双方在《股权转让协议书》约定了股权回购的期限及条件，如果出让方要实施回购，应按照约定进行。现其单方变更回购条件，受让方当然有权利拒绝回购请求。由于股权转让方的过错，最终导致该协议约定的回购期限已过，因此转让方不能再据此主张回购权。如果认定为是名股实债，则"出让方"履行了偿还借款及收益之后，借款人理应将股权转回给原股东。

九、以股权转让为主要内容的股东会决议与股权转让协议的关系

典型案例9
郭某与天生林艺公司合同纠纷案[1]

案例要旨

法院判决撤销了违反公司章程规定的股东会决议，但并未对股权转让的决议内容作出评判。因公司股东会决议系由公司内部治理形成，对与公司进行交易的相对方并不具有约束力，故股东会决议的撤销并不必然导致根据决议形成的股权转让协议无效。

---

〔1〕 福建省福州市中级人民法院（2017）闽01民终1196号。

基本案情

上诉人（原审被告）：郭某。

被上诉人（原审原告）：天生林艺公司。

原审第三人：工行福清支行。

2014年7月16日，天生林艺公司与郭某签订了《经营权转让协议》，约定：天生林艺公司将公司目前经营的所有业务的经营权转让给郭某经营十五年，包括已列明的所有固定资产和所有无形资产，每年转让金100万元（原公司与福清市新厝镇棉亭村、蒜岭村签订的土地承包合同中的所有的土地租金由乙方负责缴纳），乙方于本协议生效之日一次性支付给甲方七年转让金共计700万元，从第八年起每年转让金增长幅度由甲乙双方另行商定。如果乙方违反本协议，则甲方可以解除协议并要求乙方承担违约金100万元。郭某于2014年11月实际取得案涉经营权并经营至今。郭某至今未向天生林艺公司支付700万元转让金。天生林艺公司诉请解除《经营权转让协议》。

另查，天生林艺公司股东天生农业公司将其持有的98.4%股权转让给天之力公司，该股权转让经天生农业公司股东会决议确认。天生林艺公司因此办理了股东及法定代表人变更登记。后法院判决撤销该股东会决议。

法院裁判

一审判决解除《经营权转让协议》。郭某不服，提起上诉。其主要理由是，天生农业公司股东会决议被法院撤销，说明天生林艺公司股权转让行为违法，不受法律保护。提起本案诉讼不是天生林艺公司的真实意思表示，天生林艺公司主体不适格。二审法院判决驳回上诉，维持原判。

生效裁判认为，(2016)闽01民终1633号民事判决仅是认为天生农业公司于2015年1月20日召开的临时股东大会在会议召集通知方式、决议表决计票程序及议案提交前置条件等事项上违反了公司章程规定，具备法定撤销事由，据此判决撤销天生农业公司于2015年1月20日形成的2015年第一次临时股东大会决议，但并未对案涉股权转让协议的效力作出评判，故撤销决议并不等于否决股权转让协议的效力。公司股东大会决议系由公司内部治理形成的，对于与天生农业公司进行交易的相对方则并不具有约束力，故上述股东大会决议的撤销并不必然导致案涉股权转让协议的无效，因此，对于郭某的上诉理由，不予采纳。

至本判决作出时，天生林艺公司法定代表人仍为朱某，根据《民法通则》第 38 条关于“依照法律或者法人组织章程规定，代表法人行使职权的负责人，是法人的法定代表人”的规定，法定代表人有权代表公司，本案相关起诉材料均加盖有被上诉人印章并由其工商登记的法定代表人的签字，被上诉人提起本案诉讼主体适格。

案例评析

本案上诉人以公司股东股权转让过程中，股东以股权转让为主要内容的股东会决议被法院撤销，股东的的股转转让协议无效，因此，公司的诉讼主体地位不适格。这显然是缺乏依据的，因为公司是独立的民事主体，公司人格与股东人格相互独立，股东的变化与公司从事的民事法律行为也是相互独立的。本案是郭某与天生林艺公司签订的《经营权转让协议》，无论天生林艺公司股东怎么变化，承担权利、义务的依然是天生林艺公司，股东的变化对公司自身从事的民事法律行为效力并无影响，所以，案涉股转转让协议是否无效，并不影响本案的诉讼。但是，对于案件中争议的以股权转让为主要内容的股东会决议与股权转让协议的关系问题，确有分析的必要。

1. 股东会决议能否代替股权转让协议

根据《公司法》第 72 条之规定，有限公司股东之间股权可以自由转让，不需要其他股东同意，只需要双方签订股权转让协议即可，除非公司章程有特殊规定，不需要就此召开股东会并形成股东会决议。

股东向公司股东以外第三人转让股权的，需要其他股东的过半数同意并放弃优先购买权，这种同意以及优先购买权的放弃行为可以是口头或书面的，也可以通过股东会决议的方式实现。对于公司章程有特殊规定的，也可能需要以股东会决议的形式对股权转让进行确认。

公司股东大会决议系由公司内部治理形成的，其与股权转让协议具有不同的功能。股权转让过程中，股东会决议并不是必需的。即股东会决议是以股权转让为主要内容，其作用也主要是为了保障股权转让协议的履行，因此，以股权转让为主要内容的股东会决议不能取代双方签订的股权转让协议。如果签订了股权转让协议但是没有经过股东会同意，不会因此导致股权转让协议无效，可能会涉及无法履行的问题。如果股东会同意股权转让但事后股东反悔没有签署股权转让协议，则股权转让行为不成立，因此造成另一方实际损失的，也只能追究缔约过失责任。

对于有限公司股东之间的股权转让，双方虽然没有签订股权转让协议，如果股东会决议的内容已经包含了股权转让的比例、价款等股权转让协议通常具有的内容时，且股东会决议上有转让方与受让方签字或盖章，则股东会决议事实上具有股权转让协议的性质和功能，双方可以直接依据股东会决议的内容要求对方履行。

2. 以股权转让为主要内容的股东会决议被判决撤销并不必然导致股权转让协议无效

从《公司法》第 22 条第 1 款关于“公司股东会或者股东大会、董事会的决议内容违反法律、行政法规的无效。股东会或者股东大会、董事会的会议召集程序、表决方式违反法律、行政法规或者公司章程，或者决议内容违反公司章程的，股东可以自决议作出之日起六十日内，请求人民法院撤销”的规定可见，股东大会决议可被撤销的法定事由是会议召集程序、表决方式违反法律、行政法规或者公司章程，或者决议内容违反公司章程等三种事由，只要案涉股东大会决议出现以上任意一种法定事由，即可引发公司股东申请撤销之后果。公司股东大会决议系由公司内部治理形成的，股权转让协议系股东与其他主体的民事行为，股东会决议是否被撤销或者被确认无效，对股权转让协议的效力并无影响。

判断股权转让协议的效力，还是要回到合同法的范畴，依据《合同法》第52条的规定进行处理，这是衡量合同效力的“金科玉律”。因此，以股权转让为主要内容的股东会决议被判决撤销与股权转让协议是否无效并无直接关联性，不能以此确定股权转让协议的效力。

第三章　股权转让合同的履行

一、股权出让方的交付义务

股权转让合同实质上就是以公司股权为标的的买卖合同。股权转让合同的成立并生效只是确定了当事人相应的权利义务，受让方并不当然成为公司的股东，股权的实际转移还有赖于对股权转让合同的实际履行。对股权转让而言，在没有特殊规定的情况下，应该遵循买卖合同的一般规则认定标的物是否转移，即交付。股权交付是在履行股权转让合同过程中最重要的履行内容之一，它是股权变动发生法律效力的标志，直接关系受让方是否实际取得股东资格并享有股权的问题，更是股权转让过程中判断股权出让方是否履行义务的核心内容。

有限责任公司的股东与公司的存续与发展紧密相关。股权的转让意味着原股东的退出和新股东的加入，是财产性和身份性的综合转移，[1]对公司的生产、经营有重大影响。如果不能确定股权的交付标准，受让方从何时开始成为公司的股东就无法确定，将会对公司的经营稳定产生重大影响。因此，厘清公司股权交付标准对维护公司的正常经营秩序有重大意义。在股权转让过程中，股权是否交付决定了股权出让方是否履行了主要的合同义务，也决定了受让方在公司中是否享有相应的权利，因此，确定股权交付的标准亦是保护股权交易安全的重要内容。

---

〔1〕 赵威：《股权转让研究》，中国政法大学出版社 2017 年版，第 115 页。

不同于一般的动产或不动产等有体物，股权是多种权益综合的权利，由于股权的这种特殊性质，股权的交付与动产或不动产的交付转让具有完全不同的特点，因此，完整有效的股权交付应包括股权权属变更和股权权能移转两方面的内容。[1]股权权属证明形式是指能证明股权存在的证明形式，对有限公司而言，股权权属证明形式包括出资证明书、股东名册、公司章程载明的股东情况以及公司登记机关的股东登记情况，对股份有限公司而言，还包括具体的股票。要实现股权的转让首先要根据各种股权特定的权属证明形式进行相应的变更。股权权能转移是指股东将其享有的各种权利，包括依法享有资产收益、参与重大决策和选择管理者的权利转由受让方行使。

如果说权属的变更是属法律上的股权交付，那么，权能的移转就是事实上的股权交付，二者共同构成股权移转不可分割的两个方面。实践中，当事人对股权的交付并不总是能做到权属变更和权能移转的完整交付，只办理了权属变更而未移转权能或只移转了权能而未办理权属变更的情况时常发生，由此产生股权是否交付的争议。

司法实践中，对于股权交付的标准主要存在以下几种观点：

1. 工商变更登记视为交付。该观点主张股权应当于工商变更登记时交付。如有学者认为，"对于股权变动而言，其生效类似于物权变动的生效。股权转让应在办理工商变更登记后才发生权属变更的效力。这是因为，股东的股权产生于公司的工商设立登记，以登记获得的权利通常都以登记形式转移，因此，股权转让当然也应以变更工商登记为要件。这实际上是物权变动登记的公示力和公信力的要求"。[2]对于这种观点，《公司法》第32条第3款已明确规定股权变动未经公司登记机关变更登记，只是具有"不得对抗第三人"的法律效力，不进行工商变更登记，并不影响受让方股东权利的行使。因此，在双方没有约定股权转让标准的情况下，判断股权是否交付的标准不是是否进行工商变更登记。

---

〔1〕 赵旭东：《公司法实务系列之四：股权转让与实际交付》，载《人民法院报》2002年1月25日，第3版。

〔2〕 赵旭东主编：《公司法学》，高等教育出版社2003年版，第304页。

2. 股东名册登记视为交付。该观点认为股权转让合同成立并生效后，公司将受让方记载于股东名册即视为股权交付。《公司法》第32条第2款规定："记载于股东名册的股东，可以依股东名册主张行使股东权利。"所谓股东名册，是指有限责任公司依照法律规定对本公司进行投资的股东及其出资情况登记的簿册。股东名册是法律规定有限责任公司必须置备的文本，股东名册作为公司的内部文件，其效力主要及于公司和股东之间。根据上述规定，在股东名册上记载为股东的，推定其为公司股东。因此，基于股东名册的"权利推定效力"，在股权转让双方没有其他约定的情况下，记载于股东名册应视为股权的交付。但是在记载于股东名册前，必须经股东会决议等合法程序确认，以表明是公司的意志，否则，个别人员私自记载于股东名册的，不能认定为具有股东身份。在一些特殊情形下，如公司未置备股东名册，则需要根据其他证据来确定股权是否交付。

3. 公司章程确认股东身份即视为交付。公司章程对股权确认的重要意义得到普遍认可。因为公司章程由全体股东共同制定，并记载了有关公司的主要事项，包括公司名称和住所、公司的注册资本、股东的出资方式、出资额等，股东要在公司章程中签字并盖章。在公司设立时，公司将章程提交公司登记机关核准，转让股权时要变更公司章程并到公司登记机关申请变更登记。据此，公司章程不仅表明了出资者向公司出资，有作为公司股东的真实意思表示，而且也在一定程度上起到了公示的作用。与股东名册一样，公司章程作为公司的内部文件，其效力及于公司和股东之间，公司章程确认股东身份，属于股权权属变更和股权权能移转，因此，公司章程确认股东身份可以视为股权的交付。

4. 实际享有股东权利视为股权交付。这种观点认为，在股权转让合同成立并生效后，出让方将其在股权之上的所有权益一并转移给受让方，受让方实际享有相应的股东权利，即视为交付。从股权交付的法律构成来说，这应当属于只移转了权能而未办理权属变更的情况，但缺少公司内部程式的认定，受让方在公司内部依然无法拥有股东资格，因此，除非当事人在股权转让合同中有特别规定，出让方转移股权权益难以被认定为是股权的交付。

5. 股权转让款支付完毕视为股权交付。该观点认为股权转让协议成立并生效后，股权受让方支付股权转让款时即取得股权。股权转让合同是典型的双务、有偿合同，支付股权转让款是受让方的主要合同义务，但股权转让款的支付并不当然意味着出让方也履行了对应的交付行为，反之，如果转让方已交付股权给受让方，即使受让方未支付股款，也不会改变股权已经转让的事实。因此，除非合同有特别约定，将受让人支付股权转让款视为股权交付缺乏依据。

6. 以合同约定的内容作为认定股权的交付标准。该观点认为股权交付标准可以由当事人自由约定，若当事人约定了股权的交付标准和交付条件，则符合合同约定的内容时则视为股权已交付。笔者赞同这个观点，这个观点肯定了当事人的意思自治，符合法律的规定。《合同法》第133条规定："标的物的所有权自标的物交付时起转移，但法律另有规定或者当事人另有约定的除外。"因此，关于股权转让合同中标的物股权交付标准的判断，在当事人有约定的情况下，应根据股权转让合同的约定来判断具体的履行行为是否属于股权交付。

实务中，当事人可以在转让合同中约定合同签订之日作为交付交付标准，可以约定以出资证明书交付为履行交付义务的标准，也可以约定在股权变更登记前受让人实际行使股东权利为交付标准，还可以约定虽然股权已经（类似于所有权保留买卖）在公司的章程、股东名册和工商登记中记载为受让方，但是在受让方全部付清股权转让款之前，股权转让人仍然保留股权。

典型案例1

股权转让中的交付义务与变更登记义务的主体

——吴某与徐某、刘某股权转让纠纷案[1]

案例要旨

交付转让股权是股权出让方的义务，虽然股东变更登记需要公司出面向

〔1〕 江西省高级人民法院（2014）赣民二终字第5号。

公司登记管理部门申报，但需要出让方与公司协调并且通知受让方协助配合办理变更登记。本案出让方的身份是公司法定代表人，其未举证主动要求公司办理变更登记，也未通知受让方配合办理变更登记，故最终造成合同无法履行导致合同解除，主要责任在股权出让方。

基本案情

上诉人（原审被告）：吴某。

被上诉人（原审原告）：徐某、刘某。

2011年6月8日，徐某、刘某与吴某签订《股权转让合同书》，约定：吴某将所持有的团山矿业公司5%的股权转让给徐某，价格为1120000元人民币，5%转让给刘某，价格1120000元人民币；吴某承诺负责办理股权转让的相关手续，并保证在合同签订后6个月内（2011年12月31日前）办理完毕所有过户手续，包括但不限于工商登记变更手续、相关部门的审批手续等；其还承诺在本合同签订后，徐某、刘某支付完所有转让款项后，即自2011年6月10日起，即享有受让股权所对应的有关权益，包括分红权、表决权等；由于一方违约，严重影响了另一方的经济利益，使合同履行成为不必要时等情况下可以变更或解除合同。合同签订的当天，徐某、刘某即将股权转让款共计2240000元支付给了吴某。

吴某在承诺的合同签订后6个月内（2011年12月31日前）没有将转让的股权过户到徐某、刘某名下。在《股权转让合同书》签订后将近两年的时间内，徐某、刘某从未享受过合同第4条约定的享有受让股权所对应的权益，从未得到分红，也从未被通知参与股东会行使表决权等事宜，徐某、刘某便于2013年5月3日向吴某发送一份《解除〈股权转让合同书〉的通知》，提出解除双方签订的《股权转让合同书》，返还股权转让款并赔偿损失。双方对于股权转让手续没能办理的原因和责任各执一词。为此，徐某、刘某向法院提起诉讼，要求解除《股权转让合同书》，返还股权转让款并赔偿损失。

法院裁判

一审判决解除《股权转让合同书》，吴某返还股权转让款并按贷款利率赔偿损失。吴某不服，提起上诉。其主要理由是，吴某没有违约行为。股权变更登记是公司的法定义务，而不是出让方，因此受让方应向公司要求办理股权登记变更手续。二审判决驳回上诉，维持原判。

生效裁判认为，从本案合同实际履行情况来看，吴某未能履行应尽的主要义务，徐某、刘某不仅工商登记中没有变更成为公司股东，也没有实际享受股东权利，导致其欲通过股权转让成为公司股东的目的不能实现，该情形符合双方约定“由于一方违约，严重影响了另一方的经济利益，使合同履行成为不必要”，也符合《合同法》第 94 条第 4 项“当事人一方迟延履行债务或者有其他违约行为致使不能实现合同目的，可以解除合同”之规定，徐某、刘某提出解除合同的诉讼请求依法应予支持。

关于合同履行过程中的违约问题。上诉人一直主张履行股东变更手续义务的主体应是公司不是吴某本人，吴某在合同履行过程中没有违约行为。本院认为，本案现有证据表明，吴某占股份最多且为公司法定代表人。显然吴某对于公司股权变更手续及过程非常清楚，但其在之后履行与两被上诉人之间的股权转让合同中却长达两年的时间没有办理相关手续，明显违约。上诉人并未提交证据证明其通知过被上诉人前来办理股权变更手续，虽然股东变更时需要公司出面向工商局申报且需要徐某、刘某提交相关身份证明协助配合，但公司的法人行为具体表现为自然人以公司名义实施，且依据合同约定，变更股权吴某负有主要履行义务，即吴某应占主导及主动地位，在与公司协商后，通知被上诉人提交身份证明及何时协助办理股权变更。徐某、刘某的协助义务在后，何时变更如何变更应以上诉人吴某为主。因为吴某的身份为公司法定代表人，对公司公章的使用及报送材料等方面比两被上诉人更具明显优势，吴某认为应完全由公司来履行股权变更义务，显然不符合双方约定且与本案实际情况相悖。故最终造成合同无法履行导致合同解除，主要责任在上诉人吴某。被上诉人徐某、刘某对吴某在合同约定的时间内未办理工商变更，没有及时提出异议，也未提交书面证据证明在此期间向上诉人吴某或公司提出了办理股权变更的主张，对合同的解除也负有一定责任。原审综合本案实际情况，判决吴某向两被上诉人返还股权转让款并按银行同期贷款利率支付利息比较公平合理，并无不当，二审予以维持。

案例评析

本案的争议焦点在于，股权转让过程中，股权变更登记义务主体是公司还是股权转让方，转让方能否以公司未履行股权变更手续义务作为其没有履行交付义务的抗辩理由。

1. 股权交付义务主体是出让方

股权转让合同实质上就是以公司股权为标的的买卖合同，在没有特殊的规定情况下，应该遵循买卖合同的一般规则认定标的物是否转移，即交付。按照一般商业交易习惯，有偿性质的股权转让法律关系中，合同目的体现为出让方取得转让价款，受让方取得股权，这需要受让方按照约定向出让方支付对价，出让方按照约定交付股权，因此，股权的交付义务主体是出让方。

关于股权转让合同中标的物股权交付时间的判断，应根据股权转让合同的约定和履行行为来判断，其中股权转让合同的约定内容是确定交付标准的主要依据。对此，《合同法》第133条规定："标的物的所有权自标的物交付时起转移，但法律另有规定或者当事人另有约定的除外。"实务中，双方可以在转让合同中约定合同签订之日作为交付标准，或约定以出资证明书交付为履行交付义务的标准，或约定在股权变更登记前受让人实际行使股东权利为交付标准等。在合同没有明确约定的情况下，股权的变更登记并非确定股权归属的依据，而应按照股权转让合同对股权交付的约定及当事人的履约行为来进行判断。

2. 股权变更登记义务主体是公司

不同于一般实物，作为一种无形的财产权，股权转让后，它的变动状态如果没有特定的程序予以确认公示，就无法为第三人客观了解，容易影响交易的安全和效率，因而需要进行股权变更登记。股权变更登记包括两个方面的内容，一是进行股东名册的变更记载，属于公司内部变更登记；二是进行工商变更登记，即外部变更。《公司法》第32条第3款规定："公司应当将股东的姓名或者名称向公司登记机关登记；登记事项发生变更的，应当办理变更登记。未经登记或者变更登记的，不得对抗第三人。"第73条规定："依照本法第七十一条、第七十二条转让股权后，公司应当注销原股东的出资证明书，向新股东签发出资证明书，并相应修改公司章程和股东名册中有关股东及其出资额的记载。对公司章程的该项修改不需再由股东会表诊"。因此，无论是股权在股东名册上的变更记载，还是在工商行政管理部门进行的变更登记，变更登记义务主体是公司而不是股权转让方。

虽然公司有办理股权变更登记的法定义务，但是公司不是股权转让合同的当事人，且实践中，双方往往会在合同中约定办理股权变更登记的义务在于股权转让方。因此，股权出让方在办理股权变更登记过程中占主导及主动地位，包括与公司协调沟通并及时通知公司办理，通知股权受让方提交身份证明及何时协助办理股权变更。根据合同相对性原理，公司不及时变更股东名册和申请工商变更登记，导致合同目的不能实现，应该由股权出让方承担合同责任。如果公司公司不及时变更股东名册和申请工商变更登记，转让方和受让方均可以公司为被告提起请求变更公司登记纠纷之诉。

3. 转让方是否履行交付义务与变更登记的关系

如果双方在股权转让合同中以变更登记作为股权交付的标准，若要完成股权交付，既要办理公司股东名册变更，也要在工商登记机关完成变更登记。但是，股东名册由公司掌管，工商机关的变更登记申请只针对公司而不针对股东，因此，在经其他股东过半数同意、确定没有其他股东行使优先购买权及不违反公司章程规定的情况下，转让方履行交付义务的核心，就在于采取适当措施，促成股东名册记载变更和工商登记的变更。当然，受让方也需要配合办理相关变更登记事宜。如果是因为股权转让方的原因致使变更登记未能完成，则应当视为股权出让方未履行交付义务，应承担合同的违约责任。

本案中，出让方吴某一直主张履行股东变更手续义务的主体应是公司不是吴某本人，吴某在合同履行过程中没有违约行为。但是，吴某没有举证证明其采取了适当措施，促成股东名册记载变更和工商登记的变更，也没有举证证明受让方在合同履行过程中不予配合办理股权变更手续。而且，吴某作为公司的法定代表人及大股东，更有能力促成变更登记手续的完成。因此，吴某没有办理相关手续，导致股权没有交付，违反了合同约定，依法应当承担违约责任。本案系股权转让合同纠纷，公司不是合同当事人，无须承担合同责任。而公司在这过程中亦无过错，因此，转让方不能以此作为自己的免责事由。如果认为公司怠于办理相关登记手续，双方当事人可以公司为被告提起请求变更公司登记纠纷之诉。

典型案例 2
股权登记的对抗效力

——申银万国与国宏公司财产权属纠纷案[1]

案例要旨

第一，股权的挂靠或代持行为，也就是通常意义上的法人股隐名持有。法人股隐名持有存在实际出资人和挂名持有人，双方应签订相应的协议以确定双方的关系，从而否定挂名股东的股东权利。对于一方原本就是法人股的所有人，对方则是通过有偿转让的方式取得法人股的所有权，双方所签订的是法人股转让协议，协议中确定了转让对价以及所有权的转移问题的，不属

---

〔1〕 上海市高级人民法院《最高人民法院公报》2010 年第 3 期（总第 161 期）。

于股权的代持或挂靠，可以认定双方是通过出售方式转移法人股的所有权，即使受让方没有支付过任何对价，出让方也已丧失了对系争法人股的所有权，而只能根据转让协议主张相应的债权。第二，根据我国《公司法》和《证券法》的相关规定，公司股权转让应办理变更登记手续，以取得对外的公示效力，否则不得对抗第三人。同时，根据《证券法》公开、公平、公正的交易原则以及上市公司信息公开的有关规定，对上市公司信息披露的要求，关系社会公众对上市公司的信赖以及证券市场的交易安全和秩序。因此，作为上市公司，其股东持有股权和变动的情况必须以具有公示效力的登记为据。

基本案情

原告：申银万国。

被告：国宏公司。

第三人：上海银行福民支行。

原告申银万国是上海九百前五大股东，拥有上海九百法人股（证券代码：600838）4354560股。中国证监会1996年6月颁布的《证券经营机构股票承销业务管理办法》第15条规定，证券经营机构持有企业7%以上股份，或者为其前五位股东之一的，不得成为该企业的主承销商或副主承销商。原告为了成为上海九百配股的主承销商，于2000年10月10日与被告国宏公司签订法人股转让协议书一份，约定原告同意将所持上海九百法人股400万股（每股面值1元人民币）按每股1.60元人民币的价格转让给被告，转让金额合计640万元人民币；双方同意上述股票及其所有股东权益自中登公司过户之日起归被告所有；被告在协议生效之日起15日内，将上述转让款项划入原告指定账户。上海市静安区公证处就上述转让协议作了公证。同年10月13日，原、被告双方至中登公司办理了相关过户手续，中登公司出具的投资者记名证券持有变动记录载明，被告B880149785账户下证券代码为600838的上海九百法人股数量为400万股，过户类型为非交易变动。后来上海九百送配股，该400万股法人股增至600万股。

原告自2000年3月1日起成为上海九百2000年增资配股的承销商，于2001年3月15日完成配股事宜。为了避嫌，原告让其他公司代持股票，一般在承销工作完成一年后才将股票转回。2001年9月30日，中国证监会发布了《关于加强对上市公司非流通股协议转让的通知》，规定对未按照证券交易所、证券登记结算公司有关业务规则进行上市公司非流通股协议转让的，证券交易所、证券登记结算公司一律不得办理股份转让、过户登记手续。因此，由被告持有的上述法人股一直无法转回到原告名下。

因被告未履行划款义务，原被告双方于2002年1月和2005年7月两次签订质押协议，被告确认对原告负有640万元人民币未履行的债务，并以其名下600万股上海九百法人股作为质押。双方还办理了公证和质押登记手续。

案外人上海宏远房地产经营有限公司、上海鑫久贸易有限公司分别向上海银行福民支行借款810万元、120万元未能按期归还。2002年被告国宏公司因担保关系被判对上述两笔借款的本金及相应利息承担连带还款责任。在判决的执行中，本案系争的600万股上海九百法人股被上海市黄浦区人民法院冻结。

2006年9月22日，被告向原告出具承诺书，称将归还全部600万股上海九百法人股及相应的孳息。

2007年3月21日，上海九百的股票上市流通。诉讼时，系争法人股的市值约3000余万元，被告的负债额已超过1亿元。[1]

法院裁判

一审法院认为，申银万国与国宏公司之间是股权转让而不是股份代持，国宏公司为实际股东，故申银万国主张案涉股份的所有权，缺乏依据。一审判决驳回申银万国的诉讼请求。申银万国不服，提起上诉。

生效裁判认为，第一，上诉人申银万国与一审被告国宏公司所签订的系争法人股转让协议书，“转让”的意思表示明确并约定了转让对价，协议内容

〔1〕 案情引用自朱锦清：《公司法学》（上），清华大学出版社2017年版，第347~348页。

并没有“代持”的意思存在。而且，协议经过了公证，转让的真实意思也已经公证确认，之后，双方又办理了股权转让的登记手续。因此，系争股权转让协议清楚地反映了双方的股权转让关系。国宏公司没有依约履行支付股权对价的义务，仅说明其对申银万国负有债务，并不能证明实际存在代持关系。

第二，上诉人申银万国与一审被告国宏公司在股权转让后又于2002年和2005年两次签订了还款质押协议，协议明确国宏公司对申银万国负有640万元股权转让对价未履行的债务，且将国宏公司名下的系争法人股设定为质押，并办理了质押登记手续。该前后两份还款质押协议对双方债务关系的确认，说明了申银万国与国宏公司签订系争股权转让协议之时的真实意思应是“股权转让”，而不是“股权代持”。

第三，按照上诉人申银万国陈述，其签订股权转让协议是为了规避前五大股东不能获得配股承销权的证监会规定。但是，上海九百1999年年报显示，当时排位第六大股东的持股数为280万股。申银万国若要合法获得承销权，减持股数只需满足相关规定即可，协议约定出让400万股股数不合常理。申银万国关于签订股权转让协议是为了取得配股承销权的陈述，法院难以采信。

第四，按照证监会关于前五大股东不能获得配股承销权的规定，上诉人申银万国作为前五大股东，要取得配股承销权，就必须减持股份，退出前五大股东之列。也就是说，申银万国在获取配股承销权与继续持有相应股权之间，必须作出选择，两者不可兼而得之。既然申银万国选择了获取配股承销权，就只能放弃继续持有相应股权。因此，从申银万国的选择行为来看，能够推断申银万国签订系争股权转让协议之时的意愿应是股权转让，而不应是股权代持。

第五，上诉人申银万国所提供的相关证据难以证明其有关代持的主张。宝鼎公司2002年4月15日出具的报告，其中“及时转回”的表述，并不能当然得出一审被告国宏公司为申银万国代持的结论。因为转回的方式包括了协议转让等依法转让方式，而不只是无对价的归还，即使当时证监会加强了非流通股管理，转回也可理解为国宏公司表达了依法转回的意愿，并不能证明股权转让协议和还款质押协议签订时双方存在代持的意思表示。至于申银万国职员出席上海九百股东会，正如一审法院所认为的，也不能证明申银万国具有隐名持股的事实。国宏公司2006年9月向申银万国所出具承诺书中的挂靠说法，系在法院对其执行期间所作出，其在涉讼后认可申银万国的陈述也是事后说法，均不足以否定双方签约之时所表达的股权转让意思。

综上，上诉人申银万国与一审被告国宏公司之间所存在的应是股权转让关系，申银万国关于其与国宏公司实际是股权代持关系的主张，证据不足，不予采信。系争股权转让协议真实合法，应属有效，系争法人股已依法变更至国宏公司名下，则不能归属申银万国所有。国宏公司没有依约履行支付股权对价的义务，申银万国可向其主张要求支付股权转让对价的债权。

即使按上诉人申银万国所称其与一审被告国宏公司存在实际的代持股权关系，申银万国要求确认系争法人股归其所有的主张，依法亦不能予以支持。因为，申银万国与国宏公司签订股权转让协议后已在中登公司办理了股权转让的变更登记手续，故系争股权已移转于受让人国宏公司名下，即股权变动已发生法律效力。根据我国《公司法》和《证券法》的相关规定，公司股权转让应办理变更登记手续，以取得对外的公示效力，否则不得对抗第三人。该规定遵循的是商法的外观主义原则，立法目的在于维护商事交易安全。该种对抗性登记所具有的公示力对第三人而言，第三人有权信赖登记事项的真实性。同时，根据《证券法》公开、公平、公正的交易原则以及上市公司信息公开的有关规定，对上市公司信息披露的要求，关系社会公众对上市公司的信赖以及证券市场的交易安全和秩序。因此，上海九百作为上市公司，其股东持有股权和变动的情况必须以具有公示效力的登记为据。申银万国称其为了规避证监会有关规定而通过关联企业国宏公司隐名持有股权，并要求确认已登记在国宏公司名下的股权实际为其所有，显然不符合上述相关法律规定，也有违《公司法》所规定的诚实信用原则。现国宏公司被法院执行的债务达亿元之多，而其名下系争股权市值仅3000余万元，远不足以支付对外债务。故国宏公司的债权人基于中登公司登记而申请法院查封执行国宏公司名下系争股权的信赖利益，应依法予以保护。因此，即使如申银万国所称有实际的代持股权关系存在，系争股权也不能归申银万国所有。

案例评析

本案原告申银万国诉请被告国宏公司名下的600万股上海九百法人股归其所有，理由是股份是原告的，只是挂靠在被告的名下，由被告代持，还强调在挂靠期间，原告始终实际履行着股东的权利，包括参加股东大会，行使投票权等。被告同意原告的诉讼请求，承认只是替原告代持股份，并没有支付过对价，愿意归还股份给原告。第三人上海银行福民支行否认双方是代持关系，强调原被告之间的股份转让真实有效，现在股份属于被告所有。原被告之间是恶意串通，目的是规避法院的强制执行。一审的裁判思路是实质性审查申银万国与国宏公司之间的法律关系，认定双方是股份转让而非股份代持，国宏公司为实际股东，并据此判决驳回申银万国的诉讼请求。二审在一审判决的基础上，指出即使如申银万国所称有实际的代持股权关系存在，为保护善意第三人对股权登记的信赖利益，系争股权也不能归申银万国所有。本公报案例确定的裁判规则是：登记的股权具有对抗效力。

1. 股权转让中的变更登记

对于股权转让是否需要进行工商变更登记，我国《公司法》以及《公司登记管理条例》没有明确要求。《公司法》第32条第3款规定："公司应当将股东的姓名或者名称向公司登记机关登记；登记事项发生变更的，应当办理变更登记。未经登记或者变更登记的，不得对抗第三人。"可见，股权的工商变更登记仅为行政管理行为，该变更登记并非设权性登记，而是宣示性登记，旨在使公司有关登记事项具有公示效力。不进行工商变更登记，并不影响受让方股东权利的行使。因此，在双方没有约定股权转让标准的情况下，判断股权是否交付的标准不是是否进行工商变更登记。

2. 股权登记的对抗效力

股权变更登记虽然不是认定股权是否交付的标准，但是《公司法》

第32条第3款[1]规定了有限公司股权登记的对抗性。股权（股东）登记属典型的商事登记，商事登记功能和目的在于保证交易安全和便捷，[2]商事登记对抗效力的基本规定，体现在《民法总则》第65条，“法人的实际情况与登记的事项不一致的，不得对抗善意第三人”。根据该规定，就股权转让而言，采取登记对抗主义决定了股权转让未经变更登记“不得对抗善意第三人”。亦即，股权转让后未进行变更登记的，不影响当事人之间产生股权转移的法律效力，但由于未进行登记或变更登记，对于善意第三人而言，不产生股权变动的效力。比如，股权出让方一股二卖，将股权出让给第三人，第三人基于对股权登记的信赖并以合理的价格受让股权，则在法律上属于善意第三人，基于股权登记的对抗效力，法律保护这种善意第三人的利益。从另一方面来说，如果已经办理了股权登记或变更登记，即使双方不是真实的股权转让关系，导致股权登记的事项与与客观情况不符，但是基于商事外观主义的要求，交易相对人可依外观公示的内容来主张其权利，即本公报案例确定的股权的代持不得对抗善意第三人对公司登记机关的登记和其他公开信息的合理信赖。《公司法解释（三）》第25条第1款规定：“名义股东将登记于其名下的股权转让、质押或者以其他方式处分，实际出资人以其对于股权享有实际权利为由，请求认定处分股权行为无效的，人民法院可以参照物权法第一百零六条的规定处理。”即体现了股权登记的对抗效力。

外观主义是商法的基本原则之一，其意指名义权利人的行为所表现出来的或者有关权利公示所表现出来的构成某种法律关系的外观，导致第三人对于该种法律关系产生信赖，并出于此信赖而为某种民事法律行为时，即使有关法律关系的真实状况与第三人主观信赖的状况不符，只要该第三人的主观信赖合理，其据以做出的民事法律行为效力受法律的

[1] 该款规定：“公司应当将股东的姓名或者名称向公司登记机关登记；登记事项发生变更的，应当办理变更登记。未经登记或者变更登记的，不得对抗第三人。”

[2] 张新宝：《〈中华人民共和国民法总则〉释义》，中国人民大学出版社2017年版，第123页。

优先保护。[1]根据我国《公司法》的规定，公司以股东名册上记载的股东为本公司的股东。换言之，股权转让从变更股东名册时开始生效，一旦公司股东名册对受让人的情况进行了记载，则受让人可以股东身份向公司主张其权利。《公司法》同时规定，公司股权转让应办理变更登记手续，以取得对外的公示效力，否则不得对抗第三人，该规定遵循的是商法的外观主义原则。由此可见，通过受让出资等方式成为公司股东并记载于股东名册后，如果没有在公司登记机关办理相关登记的，对公司以外的第三人，其股东资格无效。如果办理了股权变更登记手续，第三人基于权利外观之信赖而为之民事行为，其效力应予以认可，对于外部人因此取得的民事权利应予以保护，实际权利人由此产生的损失，只能在内部关系中解决。[2]本案中，系争法人股已办理股权变更登记手续，股权变动已发生法律效力，已取得对外的公示效力，第三人有权信赖登记事项的真实性。同时，上市公司信息披露关系社会公众对上市公司的信赖以及证券市场的交易安全和秩序。因此，作为上市公司，其股东持有股权和变动的情况必须以具有公示效力的登记为据，第三人对证券登记的信赖利益，申请法院查封执行国宏公司名下系争股权的信赖利益，应依法予以保护。即使存在股权的代持关系，诉争股权也不能判归申银万国所有。

典型案例3

未办理工商变更登记，如何认定股权是否已交付

——毛某1与宗某股权转让纠纷案[3]

案例要旨

在法律没有强制规定股权转让必须办理工商登记股权转让才生效的情况

---

[1] 徐强胜：《公司纠纷裁判依据新释新解》，人民法院出版社2014年版，第22页。

[2] 张勇健：《商事审判中适用外观主义原则的范围探讨——与〈最高人民法院关于适用《中华人民共和国公司法》若干问题的规定（三）〉相关条文对照》，载《法律适用》2011年第5期。

[3] 重庆市第三中级人民法院（2018）渝03民终364号。

下，通过公司股东会决议，受让方实际已经取得了股权，股权已经交付。

基本案情

上诉人（原审被告）：毛某1。

被上诉人（原审原告）：宗某。

2016年1月21日，宗某作为出让方，毛某1作为受让方，签订了《股权转让协议》。约定宗某将其持有的民得食品公司30%的股份以30万元转让给毛某1，毛某1在本合同订立后六个月内以现金形式一次性支付股权转让款。协议还约定：盈亏分担，本协议经公司股东会决议通过且工商行政管理机关同意并办理股东变更登记后，毛某1即成为公司的股东，按出资比例及章程规定分享公司利润与分担亏损。同日，宗某、第三人毛某2作为公司全体旧股东，毛某1、第三人毛某2作为重公司全体新股东在《公司股东会决议》上签名，该决议决定“一、公司原股东宗某愿意出让其持有公司30万元的资本额，即占本公司注册资本100万元30%股权出让给毛某1，获股东会接纳。转让的具体内容由双方当事人签订股权转让协议执行……三、股权转让后，公司新股东由毛某2、毛某1组成……五、转让后，原股东在公司中的权利、义务终止，新股东继承原股东在公司中相应的权利和义务……七、全体股东共同委托毛某2办理工商变更登记手续”。由于毛某2持有的股权被冻结，导致股权在工商行政机关无法进行变更登记。毛某1以股权未交付，合同目的不能实现为由向宗某主张解除合同，宗某反诉要求毛某1支付股权转让款。

法院裁判

一审法院认为，涉案股权未办理工商变更登记的原因不能归责于宗某，股东会决议已经确定毛某1为公司股东且担任公司的执行董事（法定代表人），毛某1在成为该公司的股东后有权且也能实际参与该公司的经营管理，但其不参与公司经营管理的行为属于其自愿放弃行使股东该项权利的行为，因此，不能以未办理股权工商变更登记而认定股权未交付。综上，一审法院判决驳回毛某1

的诉讼请求，支持宗某的反诉请求。一审判决后，毛某1不服，提起上诉。

生效判决认为，关于股权是否已转让。在审查、认定当事人是否对公司享有投资性权益时，除了工商登记记载的股权关系结构之外，还应当结合当事人之间的相关协议约定、资金投入、资产收益、重大决策、选择管理者等权利的实际行使等多种因素加以判断。本案中，股权转让协议虽将办理工商登记约定为取得股东资格的条件，但同日达成的股东会决议却在没有满足办理工商登记的条件下，确认了毛某1的股东身份、股权份额、股东权利义务，并选举毛某1为新的法定代表人，毛某1也以新股东身份在决议上签字捺印。从决议内容来看，宗某、毛某2、毛某1均认可毛某1的股东身份，并赋予了毛某1参与公司经营的机会。在法律没有强制规定股权转让必须办理工商登记才生效的情况下，《股东会决议》实则是对《股权转让协议》中关于取得股东资格条件的变更，毛某1已实际取得了宗某转让的股权。至于毛某1未能参与公司管理，则是因为公司经营恶化所致，而非其未取得股权，故对毛某1关于股权未转让的上诉理由不予支持。

案例评析

本案涉及的争议焦点是在股权转让协议约定出让方应办理工商变更登记而未办理的情况下，能否认定股权已完成交付的问题。

1. 除非当事人明确约定，股权的交付不以变更登记为衡量标准

股权交付，是指在股权转让中，转让方将股权实际交付给受让方，从而使受让方取得股权成为公司股东的行为。关于股权交付的衡量标准，除非当事人在股权转让协议中明确约定将办理股权变更登记作为认定交付的标准，对于股权转让是否需要进行工商变更登记，我国《公司法》以及《公司登记管理条例》没有明确要求。《公司法》第32条第2款、第3款规定："记载于股东名册的股东，可以依股东名册主张行使股东权利。公司应当将股东的姓名或者名称向公司登记机关登记；登记事项发生变更的，应当办理变更登记。未经登记或者变更登记的，不得对抗第三人。”可见，股权的工商变更登记仅为行政管理行为，该变更登记并非设权性登记，而是宣示性登记，旨在使公司有关登记事项具有公示效力。不进行工商变更登记，并不影响受让方股东权利的行使。因此，判断股权是否交付的标准不是是否进行工商变更登记，而是股权转让行为是否在公司及股东之间产生法律效力，即公司、其他股东均认可受让人的股东资格。

2. 股东会决议确认可以作为认定股权交付的标准

公司的股东会依法作出的股东会决议对公司和股东具有约束力。与公司章程、股东名册一样，股东会决议作为公司的内部文件，其效力及于公司和股东之间，股东会决议确认股东身份，属于股权权属变更和股权权能移转，因此，股东会决议确认股东身份可以视为股权的交付。

本案中，《股权转让协议》虽约定了出让方有义务办理股权变更登记，但同日毛某1作为股东达成的股东会决议却在没有满足办理工商登记的条件下，确认了受让人的股东身份、股权份额、股东权利义务，并选举毛某为新的法定代表人。上述行为表明，通过股东会决议，毛某1成为公司股东已经得到了公司和其他股东的认可。通过实际履行，毛某1成为公司的执行董事及法定代表人，毛某1已经实际取得了宗某转让的股权，属于股权权属变更和股权权能移转，因此，涉案股权已经完成了交付。

3. 受让方能否以未办理股权变更登记为由，不支付股权转让款并解除股权转让合同

股权转让合同中，出让方的主要义务是交付股权，受让方的主要义务是支付股权转让款。在双方并未将办理变更登记作为支付股权转让款条件的情况下，如出让方已交付股权，受让方一般不得以未办理股权变更登记为由主张不支付股权转让款，因为办理变更登记和支付股权转让款不属于对等义务，且办理变更登记义务的主体是公司，因此受让方不能以未办理股权变更登记为由不支付股权转让款。本案中，股权转让协议并未约定办理股权变更登记是支付股权转让款的条件，因此，在受让方实际成为公司股东并享有股东权利后，其应支付股权转让款。

本案双方在股权转让协议中约定出让方须办理股权变更登记，属于出让方应履行的从给付义务。关于一方违反从给付义务，另一方是否能解除合同的问题，《买卖合同司法解释》第25条规定："出卖人没有履行或者不当履行从给付义务，致使买受人不能实现合同目的，买受人主张解除合同的，人民法院应当根据合同法第九十四条第（四）项的规定，予以支持。"根据该规定，出让方违反从给付义务导致合同目的不能实现的，受让方可以就此主张解除合同。

通常来说，在股权转让已经完成后，股权双方均可以要求公司办理股权的变更手续，另一方予以配合。支付股权转让款后，受让方有权要求出让方继续履行办理股权的变更登记，基于股东会决议确定的股东身份，受让方也有权要求公司办理股权的变更登记，如果在此过程中出让方拒不履行配合义务，导致股权变更登记不能实现，这会给受让方的利益带来严重影响，此时，股权受让方可以主张解除股权转让合同。本案中，股权不能完成变更登记的原因是由于毛某2持有的股权被冻结，导致股权在工商行政机关无法进行变更登记，出让方毛某1并无过错，因此，受让方以此要求解除股权转让合同，一、二审法院均未予以支持。

由此可见，在股权转让协议的签订过程中，从受让方角度出发，应当明确约定将完成股权变更登记作为股权交付的标准及支付股权转让款的条件，才能避免在支付股权转让款后还不能取得工商登记的股东资格。

典型案例4
隐名股东转让股权时的交付标准

——陈某、尚某股权转让纠纷案[1]

案例要旨

隐名股东转让股权时的交付标准，以该合同约定为依据，如果合同没有对交付进行约定，通常以出让人将股权转让事宜通知显名股东并得到其同意

[1] 福建省厦门市中级人民法院（2018）闽02民终136号。

作为认定交付的标准，即受让人成为隐名股东即视为已完成交付。

基本案情

上诉人（原审原告）：陈某。

上诉人（原审被告）：尚某。

2015 年 8 月 7 日，尚某与陈某签订《两方协议》，约定陈某将其委托案外人陈福金代持富祥公司 15% 的股权中的 7.5% 作价 975 万元转让给尚某。同日，尚某、陈某、陈福金与富祥公司签订《四方协议》，约定陈某转让7.5%股权给尚某，陈福金确认自协议生效之日富祥公司 7.5% 的股权归属于尚某，在该协议签订后下一轮增资扩股，或引进其他投资者，或该协议签订之日起 12 个月内，陈福金应向其他股东或投资者披露尚某和陈某实际持有富祥公司的股权比例，并负责将讼争股权登记于股东名册且办理工商变更登记。后各方签订《补充协议》，约定陈福金应于富祥公司股改前即 2016 年 1 月 15 日完成工商变更登记事宜。2016 年 3 月 3 日，陈福金名下富祥公司股权被司法冻结。陈某诉请尚某支付剩余股权转让款。

法院裁判

一审法院经审理认为，根据协议约定，讼争股权应于 2016 年 1 月 15 日完成工商变更登记事宜。现上述股权已自 2016 年 3 月 3 日起因多起案件查封冻结，致使合同目的已无法实现，陈某诉请判令尚某继续支付剩余股权转让款不具有事实及法律依据，不予支持。陈某不服，提起上诉。

生效判决认为，关于讼争股权的交付。尚某与陈某在两方《协议书》中约定，陈某将其所有的登记在陈福金名下由陈福金代持的富祥公司 7.5% 股权转让给尚某，尚某同意购买且知悉股权代持的情况，陈福金及富祥公司也在四方《协议书》中确认自协议生效之日起陈福金名义持有的富祥公司股权中 7.5% 归属于尚某。《合同法》第 133 条规定："标的物的所有权自标的物交付时起转移，但法律另有规定或者当事人另有约定的除外。"因此，根据合同约定及上述法律规定，讼争协议生效之日即2015年8月7日陈某已将约定的股权交付给尚某，履行了交付义务，尚某自协议生效之日起即成为陈福金代持的富祥公司7.5%股权的权利人。故二审改判尚某支付剩余股权转让款。

案例评析

本案的争议焦点是，隐名股东转让股权的，如何认定股权是否已交付。

1. 隐名股东转让的“股权”的性质

隐名股东也叫实际投资人，是指依据书面协议或口头协议委托他人代其持有股权的人。因此，隐名股东虽然实际认购了出资，但是并非是公司的章程、股东名册和工商登记中记载、登记的股东，因此，隐名股东不是对外行使股东权利的主体。

关于隐名股东的法律地位，《公司法解释（三）》第24条[1]确立的处理原则是“双重标准，内外有别”。隐名股东和显名股东之间因投资权益的归属发生争议，属于内部纠纷，依照契约自由、意思自治的原则，在合同法范畴内处理。根据合同相对性，双方的约定仅仅在实际出资人与名义股东内部发生法律效果，并不能发生对外效力。如果涉及公司以外的第三人，则要遵循商事外观主义原则，尊重公司登记制度的公示效力。因此，隐名股东向第三人转让的“股权”实际不是股权，而是实际出资人的隐名投资地位，在性质上类似于债权转让，此时隐名股东和第三人之间转让的不是股权，而是实际出资人的隐名投资地位，相当于债

〔1〕 该条规定：“有限责任公司的实际出资人与名义出资人订立合同，约定由实际出资人出资并享有投资权益，以名义出资人为名义股东，实际出资人与名义股东对该合同效力发生争议的，如无合同法第五十二条规定的情形，人民法院应当认定该合同有效。前款规定的实际出资人与名义股东因投资权益的归属发生争议，实际出资人以其实际履行了出资义务为由向名义股东主张权利的，人民法院应予支持。名义股东以公司股东名册记载、公司登记机关登记为由否认实际出资人权利的，人民法院不予支持。实际出资人未经公司其他股东半数以上同意，请求公司变更股东、签发出资证明书、记载于股东名册、记载于公司章程并办理公司登记机关登记的，人民法院不予支持。”

权债务的转移，此时股权仍然归名义股东享有，受让方是隐名股东，不能直接向公司主张股东权利。

2. 隐名股东转让股权时的交付标准

股权转让合同法律关系中，认定股权是否交付，应该遵循买卖合同的一般规则，即《合同法》第133条的规定："标的物的所有权自标的物交付时起转移，但法律另有规定或者当事人另有约定的除外。"但由于隐名股东不是名义上的股东，也往往不参与公司经营管理，因此，与一般的股权转让通过合同约定和履行行为判断是否交付不同，股权转让合同的约定内容是确定隐名股权交付标准的主要依据。如果合同约定了具体的交付标准，以该合同约定为依据，如果合同没有对交付进行约定，通常以出让人将股权转让事宜通知显名股东并得到其同意作为认定交付的标准，即受让人成为隐名股东即视为已完成交付，此时，受让人能直接向显名股东主张隐名股东的权利。与债权转让仅仅通知就债务人即对债务人发生效力不同，隐名股东转让股权之所以还需要名义股东的同意，是因为根据《公司法解释(三)》第26条的规定，[1]名义股东代持股本身需要承担一定的风险。因此，隐名股东转让股权，只有通知显名股东并得到其同意，受让人作为隐名股东的股东权利才能得到确认，股权才能视为交付。

本案中，股权出让方是隐名股东，受让人知晓该事实且同意购买该隐名股权。双方当事人、显名股东及目标公司在四方协议中约定自协议生效之日起显名股东名义持有的股权归属于受让人尚某。本案出让方并不是显名股东，受让方愿意签订股权转让协议，合同目的是取得出让方的隐名股东地位，由于显名股东在股权转让协议上签字，因此四方协议一生效即视为股权已交付，此时受让人成为了隐名股东，合同目的已经实现。涉案股权转让协议履行完毕后，股权的工商变更登记事宜属于受

[1] 该条规定："公司债权人以登记于公司登记机关的股东未履行出资义务为由，请求其对公司债务不能清偿的部分在未出资本息范围内承担补充赔偿责任，股东以其仅为名义股东而非实际出资人为由进行抗辩的，人民法院不予支持。名义股东根据前款规定承担赔偿责任后，向实际出资人追偿的，人民法院应予支持。"

让方作为隐名股东与显名股东以及公司之间的法律关系，不属于本案股权转让协议中出让方需要履行的义务，因此受让人尚某以不能办理工商变更登记为由主张不支付股权转让款，二审法院未予支持。

典型案例5

记名股票的转让方式及是否交付的认定

——风险投公司与新世纪公司、翔宇公司股权转让纠纷案[1]

案例要旨

根据《公司法》第139条第1款的规定，记名股票以背书方式进行转让，背书交付完成即发生股票转移的效力。对于实践中公司没有向股东签发纸质股票的记名股票，应当以股东名册的记载作为认定股票是否交付的依据。

基本案情

上诉人（一审被告，反诉原告）：风险投公司。

被上诉人（一审原告，反诉被告）：新世纪公司。

被上诉人（原审第三人）：翔宇公司。

翔宇公司为股份有限公司。2008年1月15日风险投公司与新世纪公司签订《股权转让协议》，约定风险投公司以1109.5万元将其在翔宇公司拥有的22.28%股权转让给新世纪公司，新世纪公司同意以此价格受让该股权。风险投公司收到股权转让款后20个工作日内，须协助翔宇公司完成转让方和受让方的工商登记变更。2008年7月1日新世纪公司通过转账方式支付风险投公司股权转让款共计1109.5万元，风险投公司向新世纪公司出具了收据。2013年1月24日风险投公司向新世纪公司回函中认可新世纪公司足额支付了股权对价，风险投公司在翔宇公司原享有的股东权利和义务，由新世纪公司承担；

---

[1] 陕西省高级人民法院（2014）陕民二终字第00003号。

并称办理股权转让相关变更手续的主体是翔宇公司。2012年10月翔宇公司工商登记的公司基本情况显示风险投公司仍为翔宇公司股东，持有22.28%股权。2000年12月17日，翔宇公司召开创立大会，风险投公司授权梁某以风险投公司的代表身份签署了创立大会决议。2008年8月25日，风险投公司指派梁某以翔宇公司董事的身份签署了翔宇公司章程修正案。章程第16条规定，公司的股票均为记名股票，经股东大会批准，公司可以发行无记名股票。章程第28条规定，公司股东为依法持有公司股份的人。章程第29条规定，股东名册是证明股东持有公司股份的充分证据。章程第38条规定，公司股东大会每年召开一次，并于上一个会计年度完结之后的6个月之内举行等规定。新世纪公司于2012年8月8日、2012年8月22日、2013年1月17日三次致函风险投公司，督促风险投公司履行配合义务。2013年1月24日风险投公司回函建议新世纪公司向翔宇公司主张相关权利。新世纪公司于2013年2月2日通过特快邮递以书面形式向风险投公司送达了解除《股权转让协议》通知，要求解除合同，返还股权转让款并赔偿损失。风险投公司向法庭提供2013年3月19日翔宇公司的股东情况，证明翔宇公司已将新世纪公司载入股东名册。新世纪公司对其真实性不予认可，并称该股东名册没有变更前后的情况，公司的住所地及联系人及股东的基本情况等。

新世纪公司以风险投公司没有背书转让记名股票，未办理工商变更登记影响合同目的为由，要求解除《股权转让协议》，返还股权转让款并赔偿损失。

法院裁判

一审法院认为，根据法律及翔宇公司章程规定，对于翔宇公司的股权转让依法应基于转让方将记名股票背书转让的形式，而发生股权转移的，未背书转让股权，即未发生股权的流转。风险投公司经新世纪公司多次催要一直没有出具翔宇公司股东会决议，导致新世纪公司无法办理股权变更的工商登记。风险投公司属于严重违约。新世纪公司解除协议的理由成立。判决翔宇公司返还股权转让款及按同期贷款利率支付利息。风险投公司不服，提起上诉。其主要上诉理由是，翔宇公司已将新世纪公司计入股东名册，股权转让协议已经履行；工商变更登记并非股权转让必要条件，是否办理工商变更，不影响新世纪公司作为翔宇公司股东实际享有权利、承担义务。二审法院撤销一审判决，改判驳回新世纪公司的诉讼请求。

生效裁判认为，《股权转让协议》是当事人双方真实意思表示，且不违反法律规定，合法有效。协议签订后，新世纪公司支付了合同约定价款，双方合同的主要义务已履行完毕。虽然双方协议还约定，风险投公司收到股权转让款后20个工作日内，须协助翔宇公司完成转让方和受让方的工商登记变更。但对于股份有限公司是否需要进行工商变更登记，我国《公司法》以及《公司登记管理条例》没有明确要求。本次审理中，风险投公司提供其向西安市工商高新分局咨询答复函："根据《公司法》的相关规定，股份有限公司股东转让股份不需要在工商行政管理部门办理变更登记手续。"因此，不进行工商变更登记，并不影响受让方股东权利的行使。本案中，风险投公司将持有的股份有限公司翔宇公司的股票转让给新世纪公司，不需要召开股东大会及取得股东会决议。《股权转让协议》中新世纪公司的主要合同目的是取得翔宇公司的股东身份，是否办理工商变更登记不影响新世纪公司合同目的实现。审理中新世纪公司并未提供翔宇公司否认其为翔宇公司股东和拒绝为其登记到股东名册的证据以及风险投公司仍然为翔宇的股东的证据。据此，新世纪公司不能以没有办理工商变更登记为由解除合同。况且，在签订《股权转让协议》时，风险投公司未有记名股票一节，新世纪公司也承认从未向风险投公司主张过，应该知道翔宇公司是未发行记名股票的。原审认为风险投公司未持有股票的股权瑕疵没有如实告知新世纪公司，原审认定事实错误。现新世纪公司以没有背书转让记名股票为由要求解除《股权转让协议》，证据不足，本院不予采纳。关于风险投公司是否履行合同配合义务的问题。原审中新世纪公司出具了一份风险投公司的《证明函》，风险投公司证明已将持有的翔宇公司的股份全部转让新世纪公司收到转让价款，并同意办理工商注册变更登记手续，该函表明风险投公司已经履行了配合义务。新世纪公司完全可以向翔宇公司主张股东权利。新世纪公司分别于2012年8月8日、2012年8月22日、2013年1月17日三次致函风险投公司，督促风险投公司履行配合义务。该三份来函并不能证明风险投公司没有履行配合义务，新世纪公司以此发出解除合同函，事实依据不足，也不具备法定的解除条件。2013年1月24日风险投公司回函建议新世纪公司向翔宇公司主张相关权利。并于同日，风险投公司向翔宇公司发函，要求翔宇公司协助新世纪公司完善股权转让相关手续；风险投公司继续履行配合义务的行为并不能得出在前未履行配合义务的结论。2013年1月，新世纪公司已经被记载于翔宇公司的股东名册，这是风险投公司多次催促翔宇公司取得的进展，而登记于股东名册的时间也符合新世纪公司催告函中要求的2013年1月31日前的时限。此外，根据翔宇公司的《公司章程》第29条的规定，股东名册是证明股东持有公司股份的充分证据，新世纪公司被记载于股东名册足以证明其已经取得股权。新世纪公司是持有翔宇公司22.28%股权的股东。该股东名册没有记载股东地址、股票编号的瑕疵，并不影响股东名册证明新世纪公司持有翔宇公司股权的功能。综上，原审认为，风险投公司未背书转让翔宇公司股票也未出具翔宇公司股东会决议，导致新世纪公司股权至今没有在工商部门予以登记，风险投公司属于严重违约的认定，属认定事实不清，适用法律错误。

案例评析

本案的争议焦点为记名股票未以背书方式转让，并且未办理股权的工商变更登记，是否导致股权转让协议的目的不能实现。

1.《公司法》关于记名股票转让的规定

实践中，根据股票上是否记载股东的姓名或者名称，将股票分为记名股票和无记名股票两种。记名股票是指在股东名册上登记有持股人的姓名、名称和地址，并在股票上也注明持有人姓名、名称的股票。无记名股票，是指股东名册上和股票上未记载股东姓名或者名称的股票。根据《公司法》第129条的规定，公司发行的股票，可以为记名股票，也可以为无记名股票。公司向发起人、法人发行的股票，应当为记名股票，并应当记载该发起人或者法人的姓名、名称，不得另立户名或者以代表人的姓名记名。根据《公司法》第139条、第140条的规定，记名股票和无记名股票的转让方式不同。记名股票的持有人因其姓名记载于股票之上，从而使自己成为享有该股份的唯一持有者，不能任意转让给他人，这要求股东在转让股票时必须到公司办理过户手续，为此法律明确规定了记名股票，由股东以背书方式或者法律、行政法规规定的其他方式转让。背书转让是指公司的股份持有人在所持股票上签字而转让给他人的行为，法律、行政法规规定的其他方式则是指公司法和有关法律及国务院颁布的行政法规规定的方式。其次，在公司股份转让后必须由公司将受让人的姓名或名称及住所记载于股东名册，否则，该记名股份的转让对公司不发生效力。此外，在股东大会召开前20日内或者公司决定分配股利的基准日前5日内，记名股票不得进行转让，其目的在于便于股东大会的召开和股利的分配。

2. 记名股票是否交付的认定

根据《公司法》第128条第1款的规定，股份有限公司发行的股票应当采取纸面形式或者国务院证券监督管理机构规定的其他形式。传统的股票多采取纸面形式，即实物券式的股票，股票上应当载明如下事项：(1) 公司的基本情况，包括公司的名称和公司成立日期。(2) 股票的基本情况，具体包括股票的种类、票面金额及代表的股份数。(3) 股票的编号。(4) 如果是发起人的股票，应当标明发起人股票的字样。股票必须由代表公司的法定代表人签名，并由公司盖章。对于记名股票，还应当记载持有人的姓名、名称。对于实物记名股票，应按《公司法》第128条第1款的规定，以背书方式进行转让，背书交付完成及发生股票转移的效力，转让后由公司将受让人的姓名或者名称及住所记载于股东名册。但是实践中，记名股票往往不通过纸面形式体现，比如上市公司，其公司内部并不设置股东名册，也不向股东签发纸质股票，因而不存在背书转让的可能，而是通过证券登记结算机构来进行。上市公司股票托管在证券登记结算机构，与投资者的账户相对应，是记名股票。根据《证券法》第160条第2款“证券登记结算机构应当根据证券登记结算的结果，确认证券持有人持有证券的事实，提供证券持有人登记资料”的规定，证券登记结算机构办理登记过户的时间就是记名股票的交付时间。另外，我国许多省市规定了股份有限公司股权托管制度，对于已经实行股权托管的非上市股份有限公司，应以托管机构的过户登记作为受让人取得股权的标志。但是对于并未实行股权托管的非上市股份有限公司，公司又没有向股东签发纸质股票的记名股票，应当将股东名册的记载作为股票是否交付的依据。这是因为，股东名册是确认记名股票股东身份的根据，也是记名股票股东向公司主张行使股东权利的依据。记名股票的股东按照其股票的记载享有股东权利，但是这种权利的行使是以记名股票的记载与股东名册的记载相一致为前提的，在两者不一致的情况下，以股东名册的记载为依据。例如，记名股票的股东依法对其股份进行了转让，但没有及时办理股东名册的变更，这时该股票的合法受让人就不能以股东的身份向公司主张行使股东权利。〔1〕

本案中，风险投公司是翔宇公司的发起人，翔宇公司向其发行的股票，应当为记名股票。同时，翔宇公司章程第16条规定：公司的股票均为记名股票，经股东大会批准，公司可以发行无记名股票。因此，本案股权转让涉及的股票为记名股票。但是公司没有向股东签发纸质股票，在签订股权转让协议时，双方没有约定要交付的是纸质股票以及需要以背书的方式进行交付，受让方从未向风险投公司主张过以背书方式转让股票，因此受让新世纪公司知晓出让方风险投公司不持有纸质股票，亦不存在背书转让的可能，在此情况下，应当以股东名册的记载作为认定股票是否交付的依据。本案中，新世纪公司已经被记载于翔宇公司的股东名册，而登记于股东名册的时间也符合新世纪公司催告函中要求的时

---

〔1〕 全国人民代表大会常务委员会法制工作委员会编：《中华人民共和国公司法释义：最新修正版》（第2版），法律出版社2013年版，第179页。

限。此外，根据翔宇公司的《公司章程》第29条，股东名册是证明股东持有公司股份的充分证据，因此，新世纪公司被记载于股东名册足以证明其已经取得股权。该股东名册存在没有记载股东地址、股票编号的瑕疵，但是并不影响股东名册证明新世纪公司持有翔宇公司股权的功能，登记在股东名册的股东有权要求公司进行补足。因此，本案转让的记名股票已经完成了交付。

至于受让人新世纪公司能否以未办理股权工商变更登记为由，主张股权转让合同目的不能实现，请求解除股权转让合同。依法成立并生效的股权转让合同，出让方的主要义务是交付股权，主要合同目的是获得转让价款，受让方的主要义务是支付股权转让价款，主要目的是取得股权。对于股权转让是否需要进行工商变更登记，我国《公司法》以及《公司登记管理条例》没有明确要求。《公司法》第32条第2款、第3款规定："记载于股东名册的股东，可以依股东名册主张行使股东权利。公司应当将股东的姓名或者名称向公司登记机关登记；登记事项发生变更的，应当办理变更登记。未经登记或者变更登记的，不得对抗第三人。"可见，股权的工商变更登记仅为行政管理行为，该变更登记并非设权性登记，而是宣示性登记，旨在使公司有关登记事项具有公示效力。不进行工商变更登记，并不影响受让方股东权利的行使。因此，判断股权是否交付的标准不是是否进行工商变更登记，而是股权转让行为是否在公司及股东之间产生法律效力，即公司、其他股东均认可受让人的股东资格。本案中，新世纪公司作为股东已登记在公司股东名册，股票已经完成了交付，是否办理工商变更登记不影响新世纪公司合同目的实现，因此，新世纪公司不能以没有办理工商变更登记为由解除合同。

二、股权受让方的付款义务

股权转让合同是典型的双务合同，与一般买卖合同相似，有偿性质的股权转让法律关系中，合同目的体现为出让方取得转让价款，受让方取得股权，股权转让价款是股权转让合同的核心条款之一。《合同法》第130条规定：

“买卖合同是出卖人转移标的物的所有权于买受人，买受人支付价款的合同。”因此，获取股权转让款是出让方签订股权转让合同的根本目的，对股权受让方而言，其主要的合同义务就是支付股权转让对价。

我国《合同法》奉行契约自由原则，对于股权转让款的数额、采用何种形式、支付方式及支付期限等皆由当事人自主商定。在实践中，由于股权受让方的付款义务产生的纠纷主要集中在以下五个方面：（1）未约定股权转让价款或约定不明的情况下，股权转让价格的确定；（2）股权转让款支付条件是否成就；（3）付款期限问题；（4）受让方能否以出让方未履行从给付义务或附随义务作为拒绝履行付款义务的抗辩；（5）股权转让款是否实际支付等。

典型案例6

股权转让协议未约定转让价款或约定不明，受让方是否需承担付款义务

——马某与李某股权转让纠纷案〔1〕

案例要旨

在没有证据证明双方对合同转让价款及履行义务等事后达成了补偿协议的情况下，不能以股权对应的注册资本认定为股权转让款。可以公司的实际经营状况、股权的真实价值、当事人的意思表示、股权转让合同的履行情况等为依据综合认定受让方是否需要承担付款义务及具体的股权转让款金额。

基本案情

上诉人（原审原告）：马某。

被上诉人（原审被告）：李某。

利源公司注册资本1266万元，股东名称及出资额分别为：袁某认缴出资1225.74万元，实缴出资1096.2万元；马某认缴出资40.26万元，实缴出资

〔1〕 北京市第三中级人民法院（2018）京03民终1608号。

40.26 万元。2016 年 3 月 7 日，利源公司召开股东会会议，会议召集人袁某，出席人袁某、马某，代表股权 100%，股东会会议决议同意股东马某将其在利源公司的全部股权 40.26 万元全部转让给新股东李某所有。同日，马某出具承诺书，承诺：马某愿意出让其持有的利源公司 40.26 万元的资本额，即将占利源公司注册资本 1266 万元的 3.18% 股权出让给股东李某，获股东会接纳；转让的具体内容由马某、李某双方当事人签订股权转让协议执行等。同日，马某（转让人）与李某（受让人）签订《股权转让协议》一份，载明："转让人马某将其在利源公司所拥有的全部股权 40.26 万元，占注册资金的 3.18%，转让给受让人李某所有。转让双方自签字之日起，股权转让交割清楚，转让前引起的债务债权由转让人承担，转让后再发生的债权债务由受让人承担。"2016 年 3 月 8 日双方完成股东变更登记。

马某诉至法院，要求李某按照注册资金的 3.18%，即 40.26 万元支付股权转让款及利息。其主要理由是：股权转让系商事交易行为，应当遵循等价有偿的基本原则；《股权转让协议》中记载的注册资金 3.18% 就是作为股权转让价款；公司有其自身价值。李某的主要抗辩意见是：股权转让时公司已没有价值，马某将股权无偿转让给李某。

法院裁判

一审法院认为，马某主张股权转让价格为注册资金的 3.18% 即 40.26 万元，但其提供的《股权转让协议》中并未反映双方协商确定的股权转让对价，其亦未提供证据证明利源公司股权转让时的实际经营状况及公司价值。马某作为负有举证责任一方，应当承担举证不能的法律后果。对于其主张的要求李某按照注册资金的 3.18% 即 40.26 万元支付股权转让款及利息的诉讼请求，一审法院不予支持。一审判决驳回马某的诉讼请求。马某不服，提起上诉。

生效裁判认为，首先，双方在《股权转让协议》中约定"转让人马某将其在利源公司所拥有的全部股权 40.26 万元，占注册资金的 3.18%，转让给受让人李某所有"，其中并未约定股权转让的对价，且双方已完成股权转让的工商变更登记。其次，在双方未对股权转让价格有约定的情形下，股权转让的对价可以参考股权的真实价值。股权的真实价值，即股权所对应的公司资产的价值。一般情况下，有限责任公司全部股权的价值应等同于公司整体资产的价值，而公司的资产从某种意义上而言，实际是由公司的全部股权所构成，故股权转让实质上是对公司资产的转让，按照等价的交易原则，其转让价格可参考被转让股权所对应的公司资产的价值。经释明，马某无法提供会计凭证、资产负债表等能证明利源公司股权转让时的实际经营状况及公司净资产的证据，且利源公司在股权转让时已经停止经营一年有余。关于袁某的"新型环保防水涂料生产技术"，马某亦未提供证据该技术在股权转让时的价值以及利源公司的使用情况，亦未证明该专利技术与李某进行交接，故"新型环保防水涂料生产技术"无法作为利源公司的资产而计入股权转让的对价。综上，二审判决驳回上诉，维持原判。

案例评析

本案的焦点是，股权转让协议未约定转让价款或约定不明的情况下，出让人要求受让人按转让股权对应的注册资本支付转让价款是否应支持。

1. 股权转让价格的确定

股权转让协议是一种典型的有偿协议，其有偿性表现为股权受让人通过支付一定的股权转让款而获取相应的股权。因此，股权转让价格的确定是股权转让的一个重要内容。与一般的商品买卖合同不同，股权转让合同不仅包含买卖公司股权本身的含义，还包含身份性质的权利内容，这与股权的性质有关。"股权本质上，一方面是一种财产性权利，另一方面作为一种社团性权利，又是因股东资格而享有的权利。"[1]因此，股权的价值包含静态和动态两方面。从静态上看，股权的价值应当是该部分股权所体现的公司的价值，这种价值由多种因素构成，

---

〔1〕 梁开银：《论公司股权之共有》，载《法律科学》（西北政法大学学报）2010年第2期。

如公司净资产、负债情况、流动资金、知识产权、专有技术、产品的竞争力、公司的经营管理水平、公司的分红情况等。从动态上看，股权的价值还体现出公司控制权因素所带来的溢价。公司股份只有经过评估机构专门评估后，方可确定其静态价值。在此基础上当事人达成转让对价的约定，方能客观真实反映出股权转让双方对股权转让价格达成的一致。

一般而言，股权转让价格与公司的注册资本以及股东的实际出资没有关系。公司的注册本反映的是公司法人财产权，非经法定程序，不得增减。公司股东缴纳出资后，就转化为公司财产，用于公司的正常经营。股权转让价格与股权对应的注册资金多少两者不存在必然联系。股东的出资在履行完出资程序后就变成了公司的资产。公司一旦设立并开始经营后，公司的资产就处于不断的变动中，公司既可能会有盈利，也可能发生亏损，甚至不断处于从盈利到亏损再到盈利的变化之中，股东出资份额及股权对应的真实价格也必然处于不停的变动之中，因此，不能以公司的注册资本以及股东原始的出资额来确定股权的市场价值与转让价格。

2. 股权转让协议未明确约定转让价款，出让人要求受让人支付价款的处理

《合同法》第12条规定：合同由当事人约定，一般应包括标的、数量、质量和价款等。该法第61条、第62条规定，当事人就价款没有约定或约定不明的，可以协议补充；不能达成补充协议的，按照合同有关条款或交易习惯确定；仍不能确定的，按照订立合同时履行地的市场价格履行。从以上规定分析，价款或报酬，是有偿合同的必备条款，缺少该内容，合同则无法履行。因此，实践中多数情况下股权转让都是有偿的，只有在某些特定的情况下，股权转让才是无偿的。

有偿的股权转让协议中，股权转让价款是股权转让合同最重要的条款之一，双方会在合同中进行明确约定。有偿的股权转让中，股权受让方需要向出让方支付相应的对价，这种对价通常为给付股权转让价款，但也有其他的表现形式，如受让方给付其他非货币财产、为转让方承担相应的债务、受让方为转让方履行某项义务，等等。不管什么形式的对价，需要出让方和受让方形成一致的意思表示，即需要双方在股权转让协议中就股权转让价格作为明确约定。在当事人双方未就股权转让价格作出明确约定时，判断股权转让是无偿还是有偿，需要结合转让合同之外的因素，予以考虑。这些因素包括双方是否是股权代持关系，公司的经营状况，双方有没有在股权转让合同外有其他书面或口头关于股权转让价款的协议，转让方是否实际履行了出资义务，等等。而不能按交易习惯和订立合同时履行地的市场价格来确定，也不能按公司的注册资本或实际缴纳的出资来确定。

本案转让协议未约定股权转让价款，其中关于“转让人马某将其在利源公司所拥有的全部股权40.26万元，占注册资金的3.18%，转让给受让人李某所有”的约定应是双方对所转让股权的描述，而非对股权转让价款的约定。虽然《合同法》第61条、第62条规定，合同生效后，当事人对价款没有约定的，可以协议补充或按照合同有关条款或者交易习惯确定，或者按照市价、政府定价履行，但是本案一无补充协议，二无可参照的交易习惯，且公司股权的价值受公司净资产、盈利能力、无形资产及公司控制权等多种因素影响，因此，难以适用上述规定确定价款。马某要求李某按转让股权对应的注册资本金支付转让款，根据《民事诉讼法》第64条第1款的规定，当事人对自己提出的主张，有责任提供证据，但是，马某无法举证证明目标公司股权转让时的实际经营状况、公司净资产及无形资产的价值，且目标公司在股权转让时已经停止经营一年有余，股权对应的注册资本金与股权转让时价值的确定亦无直接的对应关系。在马某无法举证证明受让人应当支付的股权转让价款或者无法证明股权转让时股权的价值的，应承担举证不能的后果。故一、二审法院均未支持马某的诉讼请求。

典型案例7
股权转让款支付条件是否成就的认定
——陈某、何某与贾某股权转让纠纷案〔1〕

案例要旨

虽然股权转让合同中约定了受让方支付全部剩余股权转让款的条件，但股权受让方为其自己的利益导致支付全部剩余股权转让款条件的成就很难成就，应视为付款条件已经成就。

基本案情

上诉人（原审被告）：陈某、何某。

被上诉人（原审原告）：贾某。

2011年8月23日，赵某代表同力公司股东贾某等与陈某、何某签订的股权转让协议，约定将同力公司的全部股权及全部资产转让给陈某、何某，转让价款合计为2593万元人民币。同日双方达成的付款约定作为合同附件，约定由于公司债权债务的不确定性，陈某、何某购买同力公司全部股权及全部资产和债权债务整体封顶支付4000万元人民币整，包含付款约定的金额。如超出4000万元人民币，则超出部分由公司原股东自行承担，陈某、何某不承担任何责任。上述协议签订后，贾某按照协议约定向陈某、何某转让了全部股权，交付了资产清单、债权债务凭证，并协助陈某、何某办理了工商变更登记。陈某、何某进厂开始经营的同时，双方亦联合成立了清算小组按约定对公司的债权债务进行清算，但清算工作没有完成，也没有形成双方共同认可的清算结果。对此，陈某、何某称其在清算过程中发现总额已超过4000万元，经双方协商未果，故清算工作搁置，但对此其并未提供有效证据证明。

〔1〕河南省高级人民法院（2017）豫民终268号。

陈某、何某经营同力公司后对剩余股权转让款未予支付。2013年1月25日，陈某将其持有的同力公司的股权转让给何某，同力公司的股东变更为何某一人。2013年4月8日，何某又将其持有的同力公司80%的股权转让给第三人，并签订了股权转让协议，因其名下持有的股权已被查封，股权转让协议签订后未能办理股权变更登记，由此与第三人又产生纠纷。贾某起诉请求陈某、何某支付剩余转让款及利息。

法院裁判

一审支持了贾某的诉讼请求，二审维持原判。

生效判决认为，关于288万元转让款的支付条件是否成就的问题。2011年8月23日双方在签订的股权转让协议中约定了股权转让价款和支付方式、支付时间。2011年8月25日，双方再次签订补充协议，主要内容为由于同力公司债权债务清算的不确定性，将陈某、何某购买同力公司全部股权及全部资产和债权债务整体封顶为支付4000万元人民币整，包含93万元的投入款。如全部公司百分之百股权及全部资产和债权债务不超过4000万元，则以实际发生额度支付。如超出人民币4000万元，则超出部分由股权转让方自行承担。据此，双方在考虑同力公司债权债务清算不确定性的基础上，采用整体封顶方式限制陈某、何某应承担的责任。在全部公司百分之百股权及全部资产和债权债务不超过4000万元的情况下，陈某、何某应该以实际发生额度支付。《合同法》第60条第1款规定："当事人应当按照约定全面履行自己的义务。"在本案二审庭审中，陈某、何某陈述4000万元中已经支付的款项为1978万元，且未能提交证据证明支付公司百分之百股权及全部资产和债权债务已经超过4000万元，因此，陈某、何某应该支付贾某股权转让款和投资款共计288万元。陈某、何某上诉称288万元款项支付条件尚未成就的理由不能成立，法院不予支持。陈某、何某向法院申请调查涉案财物账册并予以审计，因对证明本案288万元付款条件是否成就并无意义，法院依法不予准许。

案例评析

本案的争议焦点是陈某、何某剩余股权转让款的支付条件是否成就的问题。

1. 本案为附延缓支付条件的股权转让

《民法总则》第158条规定："民事法律行为可以附条件，但是按照其性质不得附条件的除外。附生效条件的民事法律行为，自条件成就时生效。附解除条件的民事法律行为，自条件成就时失效。"民事法律行为附条件，是在意思表示当中附有决定该行为效力发生或者消灭条件的民事法律行为。条件依其控制功能，可划分为延缓条件和解除条件。延缓条件，是指限制民事法律行为效力发生，使法律行为只有当约定的事实出现时，才发生效力的条件。本案双方约定的条件即为延缓条件，即只有目标公司百分之百股权及全部资产和债权债务不超过4000万元，出让人才有权要求受让人支付全部剩余股权转让款。

2. 股权出让方的行为导致条件很难成就，应视为不正当阻止条件成就

一旦民事法律行为的履行附有条件，则该项义务是否履行就具有不确定性，条件成就的，义务人需要履行义务，条件不成就的，就无须履行义务。如果当事人为自己的利益不正当地阻止条件成就或不成就，根据诚实信用原则，应做对其不利的解释，从而使其不能从自身的不诚信行为中获利。

《合同法》第60条第1款规定："当事人应当按照约定全面履行自己的义务。"当事人应当遵循诚实信用原则，根据合同的性质、目的和交易习惯履行通知、协助、保密等义务。本案中，陈某、何某辩称根据股权转让协议的约定，剩余30%股权转让款需待双方对确认的债权债务进行整理和清理完毕后才予以支付，而目前债权债务尚未清理完毕，不具备支付条件。但股权转让协议签订后，贾某等股东已将公司全部资产移交给陈某、何某，并将所持有的全部股权进行了变更登记，陈某、何某实际控制并经营同力公司，在此情况下，陈某、何某对确认的债权债务进行整理和清理居主导地位。尽管双方曾联合成立清算组对债权债务进行了一定时间的清算，但清算工作并未完成，对清算工作未能完成的原因陈某、何某未能作出合理解释，其辩称当时发现资产及债权债务总额已超过4000万元，对此并未提供有效证据予以证实。而且，即使该辩称情况实际存在，双方应共同出具清算报告，在其协商未果且未继续履行清算义务的情况下，陈某、何某又将其持有的同力公司的股权进行了处置，违背了诚实信用原则。

由于附条件的合同的生效或者终止的效力取决于所附条件的成就或者不成就，并且所附条件事先是不确定的，因此，任何一方均不得以违反诚实信用原则的方法恶意地促成条件的成就或者阻止条件的成就。《合同法》第45条第2款规定："当事人为自己的利益不正当地阻止条件成就的，视为条件已成就；不正当地促成条件成就的，视为条件不成就。"因此，陈某、何某在对目标公司债权债务进行整理和清理居主导地位的情况下，怠于进行清算，同时，在未完成清算的情况下，又将其持有的同力公司的股权进行了处置，导致事实上清算已经很难进行，系为其自己的利益不正当地阻止支付全部剩余股权转让款条件的成就，应视为付款条件已经成就。

典型案例8
不确定付款期限的确定规则
——吴某、李某与梁某、宋某等股权转让纠纷案[1]

案例要旨

股权转让合同中关于"补偿款的最迟给付期限为楼盘开盘销售后2个月内"的约定，属于履行期限的约定，该期限属于不确定期限，解释该期限时，应以通常的商业人士的合理预期作为标准。

[1] 最高人民法院（2016）最高法民终51号。

基本案情

上诉人（一审原告、反诉被告）：吴某、李某。

上诉人（一审被告、反诉原告）：梁某、宋某、王某。

2009年8月11日，吴某、李某为甲方，龙云公司、王某为乙方签订《股权转让合同》，约定吴某、李某将两人享有的金汎公司全部股权（其中吴某占有95.83%的股权，李某占有4.17%的股权）转让给乙方龙云公司和王某；股权（仅对应土地资产）转让总价款5500万元。

2009年8月17日，吴某、李某（甲方）与王某、龙云公司（乙方）签订一份《补充协议》，约定《股权转让合同》的受让人变更为梁某、宋某、王某。同日，吴某、李某（甲方）与宋某、梁某、王某（乙方）签订一份《补充协议》，确认由梁某、宋某、王某负担《股权转让合同》中的权利和义务。

2010年5月5日，吴某、李某（甲方）与宋某、梁某、王某（乙方）签订《补充协议》，约定：《股权转让合同》对股权所对应资产的土地价格定价太低，为此甲方向乙方提出，要求乙方给予适当的补偿，由原来商定的145万元/亩提高到660万元/亩，经协商达成以下条款：（1）由乙方一次性共补偿甲方1.3亿元人民币，即每亩约486.84万元。（2）本协议第1条约定的补偿款的最迟给付期限为乙方开发《股权转让合同》所对应的土地资产所形成的楼盘开盘销售后两个月内。甲方可以选择以部分开发房产及部分现金的方式要求乙方履行补偿义务，但房产的总价及现金的数额之和应与第1条约定补偿款的数额一致。如果甲方选择乙方以开发的房产冲抵部分补偿款，对此房产的价格乙方应按零售价格的9.5折予以优惠，乙方保证按照市政府要求进行房地产开发，否则以违约论处。（3）甲方因转让金汎公司股权所产生的税费由乙方承担。本协议第1条约定的补偿款与《股权转让合同》中约定的5500万元，一共18500万元及乙方支付给甲方的利息系甲方转让金汎公司股权的税后净收入。（4）为了保证甲乙双方的合法权益，采取如下保全措施：

①在本补充协议签署后，乙方向甲方支付补偿款的利息，年利率为2.5%（350万元人民币），2011年5月6日支付2010年5月6日至2011年5月6日为期一年的利息，以后每年的5月6日为乙方向甲方支付年度利息的时间，直至甲方收到全部补偿款时止。②为保证甲方确实能安全、完整地收到补偿款，甲方保留公司10%的股份作为抵押保证，该股份在乙方完成本协议第2条规定的房地产项目开发之前，履行补偿款的给付和完税后，甲方即将该股份无条件转给乙方。

2010年5月14日，涉案股权办理了变更登记。

吴某、李某以梁某、宋某、王某未依据双方签订的股权转让协议及补充协议的约定支付股权转让款，已构成违约为由提起诉讼，请求法院判令梁某、宋某、王某共同向吴某、李某支付股权转让余款1900万元、补偿款1.3亿元（转让股权所产生的一切税费均由梁某、宋某、王某承担）。梁某、宋某、王某以吴某、李某违约在前为由，提起反诉。

法院裁判

一审法院认为，关于补偿款1.3亿元。根据2010年5月5日《补充协议》的约定，鉴于《股权转让合同》中对股权所对应资产的土地价格定价太低，双方当事人经协商，由梁某、宋某、王某一次性补偿吴某、李某1.3亿元人民币，并约定最迟给付期限为开发土地所形成的楼盘开盘销售后两个月内。该补偿款的支付约定属于附期限的付款。现金汎公司名下土地尚未开发，故该1.3亿元补偿款的给付期限尚未成就，吴某、李某诉请梁某、宋某、王某支付1.3亿元补偿款，依法应不予支持。

一审判决后，各方当事人均不服，提起上诉。最高人民法院改判梁某、宋某、王某向吴某、李某支付1.3亿元。

生效判决认为，关于1.3亿元补偿款的履行期限问题。“5月5日补充协议”约定受让方一次性补偿转让方1.3亿元，并约定最迟给付期限为“乙方（受让方）开发《股权转让合同》所对应的土地资产所形成的楼盘开盘销售后两个月内”。首先，从该补充协议的序言描述看，“5月5日补充协议”的签订背景及原因在于，双方就《股权转让合同》股价对应的土地价格定价偏低这一事实达成合意，所以通过“5月5日补充协议”增加补偿款的形式予以增加，其性质是增加的股权转让款。作为股权转让对价的一部分，受让方自然负有应当履行的义务，所以，双方前述关于该补偿款支付时间的约定，不是条件，不存在条件不成就时无须履行的问题。其次，从性质上看，是否开发楼盘以及何时开发楼盘，系由案涉股权转让后金汎公司及其股东所决定，这种取决于一方主体意思表示或者行为的约定，并不属于条件。再次，“5月5日补充协议”第4条明确约定，受让方须以2.5%的年利率向转让方支付利息，直至一次性付清为止。该约定亦表明，受让方支付前述补偿金的义务自始确定，并不存在条件不成就不予支付的可能性。最后，既然受让方负有确定的给付义务，则当事人有关“最迟给付期限”的约定，性质上属于履行期限的约定，而非合同的生效条件或付款义务的履行条件。一审关于该条款性质的认定并无不当。

“最迟给付期限”为“楼盘开盘销售后两个月内”，并无何时开始支付的约定。转让方认为，该约定与该协议第4条第2项有关剩余10%股权应在“房地产开发之前，履行补偿款的给付和完税之后”转让给受让方的约定并不一致，应视为履行期限约定不明，根据《合同法》第62条第4项之规定，其可随时要求履行。本院认为，综合考虑案涉合同及其补充协议的签订过程以及合同的有关条款，所谓转让方应在受让方“开发《股权转让合同》所对应的土地资产所形成的楼盘开盘销售后两个月内”支付该笔款项的含义是，由于该笔股权转让款的数额较大，受让方在将金汎公司所有的土地使用权完成房地产开发并销售前难以支付，所以受让方以案涉股权转让合同对应的土地开发成楼盘并开盘销售取得一定利润后再支付该笔款项。这种解释，与当事人的签约过程、交易背景及真实意思最为接近，所以，转让方根据《合同法》第62条第4项的规定随时要求受让方支付该笔款项的主张理据不足，本院不予采纳。

但是，双方当事人关于补偿款给付最后期限的约定具有一定的特殊性，它不是固定的或确定的期限，而是以受让方开发楼盘并开始销售作为期限的起算点。如果将开发销售楼盘这一约定解释为完全由受让方自由决定，显然不符合双方当事人签订该补充协议时的合理预期。换言之，解释该期限，应以通常的商业人士的合理预期作为标准，受让方及其控制的金汎公司也负有在合理期限内积极完成楼盘开发销售的诚信义务。所以，在受让方至今未开发销售的背景下，应以该标准认定补偿金交付的合理期限。这是《合同法》第125条规定的合同解释规则的应有之义。本案中，合理期限的确定，取决于何时具备开发条件以及从开发到开盘销售通常需要多长时间这两大因素。受让方已经持有金汎公司90%的股权，受让方的相关人员也已经成为法定代表人，实现了对金汎公司的控制，可以认为自其受让90%股权并完成工商变更之日即2010年5月14日起具备了开发条件。至于土地开发期限，转让方认为房地产开发的最长期限为4年，受让方在其提交的证据中亦认可从开发至销售完毕正常的期限是3年。即使采最长开发期限4年，该期限也已经届满。即便再考虑合同解除之诉使案涉股权的权属处于未定状态，从而将应予开发之日延至广西省高级人民法院于2012年4月18日作出的（2012）桂民再字第6号民事判决生效之日，该期限也已经届满。在合理期限乃至最长开发期限均已经届满的情况下，受让方再不履行合同义务，显然不符合双方当事人订立合同时的合理预期，也违反诚实信用原则。因此，根据《合同法》第125条的规定，转让方有关受让方应向其支付该笔款项的上诉理由成立，一审判决以履行期限未至为由驳回转让方的该项诉讼请求，适用法律错误，应予纠正。当然，转让方在收到该笔款项后，则应根据相关补充协议的约定，亦应履行转让剩余10%股权的合同义务。

案例评析

本案的争议焦点是股权转让合同中关于付款的约定属于附条件还是附期限的问题。

1. 条件与期限的区别

当事人对合同的效力可以约定附条件，也可以约定附期限。《民法总则》第158条规定："民事法律行为可以附条件，但是按照其性质不得附条件的除外。附生效条件的民事法律行为，自条件成就时生效。附解除条件的民事法律行为，自条件成就时失效。"可见，附条件民事法律行为中的条件，是指当事人约定的以未来不确定的事实作为民事法律行为生效或失效的根据。根据影响民事法律行为效力的不同，条件包括生效条件和解除条件。条件成就时民事法律行为发生效力的，为生效条件；条件成就是民事法律行为归于消灭的，为解除条件。

《民法总则》第160条规定："民事法律行为可以附期限，但是按照其性质不得附期限的除外。附生效期限的民事法律行为，自期限届至时生效。附终止期限的民事法律行为，自期限届满时失效。"可见，附期限民事法律行为中的期限，是指当事人约定以将来确定的某一期限作为民事法律行为发生效力或效力终止的的根据。根据本条规定，期限分为生效期限即始期和终止期限即终期。始期是使民事法律行为效力发生的期限，在始期届至之前，民事法律行为不生效或无须履行，在期限到来时，民事法律行为的效力始发生或需要履行。

条件与期限二者虽均为将来之事，但条件具有不确定性，条件指向的事实有可能发生，有可能不发生；而期限所指事实是必然发生的，不确定的只是该事实何时发生。在实践中，当事人约定的内容往往是两者混合使用的，如既有不确定是否发生的事实，又有时限的约定，此时，判断该法律行为是附条件还是附期限就显得特别重要。如在本案中，双方约定剩余的款项从合同对应的土地开发成楼盘并开盘销售后两个月内支付剩余的股权转让款，从形式上看属于履行条件，但就其本质而言，仍属于履行期限的约定。这是因为，支付股权转让款是受让人负有的主要合同义务，除非双方在股权转让设立了对赌条款或估值调整条款，该项义务是必须履行的，因此从合同目的和角度出发，股权转让款的支付可以有期限，但一般不能附条件，因为如果约定附履行条件的话，则在条件不发生时，受让方无须支付股权转让款，显然不符合当事人真实意思表示。

此类约定形式上看是有关履行条件的约定，但就其本质而言则是有关履行期限的约定，只不过约定的是不确定的履行期限。[1]

2. 关于不确定履行期限

凡属期限，必确定到来。学理上根据履行期限的确定性程度，将合同期限分为确定期限和不确定期限。若到来的时日确定（如“今年10月1日”），则称确定期限，反之，则为不确定期限（如“下次下雨时”）。[2] 不确定履行期限在期限的不确定性上近于条件，在约定的事件发生与否不确定的情况下，区分不确定履行期限还是条件，应当结合合同的性质及合同目的，探究当事人的真实意思表示。以股权转让合同为例，当约定的支付股权转让款事项确定不发生时，应考察双方是否具有在该事项不发生时受让方不支付该股权转让款的意思表示。若双方当事人约定的是对赌条款，以事项的发生与否作为履行剩余股权转让款的条件，则该约定为附条件的民事法律行为，条件不成就时受让方无须付款；若出让方无免除出让方付款的意思表示，双方作出这一约定只是出让方基于宽限受让方的付款期限，则为不确定期限，股权受让方仍需支付款项。这种情况下，履行期限存在不确定性，应当根据《合同法》的原则及漏洞填补规则确定履行期限。

关于履行期限的确定，《合同法》第62条第4项规定：“履行期限不明确的，债务人可以随时履行，债权人也可以随时要求履行，但应当给对方必要的准备时间。”根据上述规定，《合同法》第62条第4项的适用范围是履行期限不明确的情况，而本案中，当事人约定“剩余款项从合同对应的土地开发成楼盘并开盘销售后两个月内支付”。从该约定看，双方对剩余款项的支付期限是明确的，只是由于该事项本身的不确定性，导致该付款期限不确定，因此，在确定履行期限时，本案不能适用《合同法》第62条第4项的规定，转让方无权随时要求受让方支付剩余股权

---

〔1〕 贺小荣主编：《最高人民法院民事审判第二庭法官会议纪要》，人民法院出版社2018年版，第157页。

〔2〕 朱庆育：《民法总论》，北京大学出版社2013年版，第131页。

转让款。

在不能适用《合同法》的具体规定确定履行期限的情况下，则应依据诚实信用原则进行确定，该原则要求不确定期限也要受合理期限的限制。[1]本案中，如果将开发销售楼盘这一约定解释为完全由受让方自由决定，显然不符合双方当事人签订该补充协议时的合理预期及公平理念。解释该期限，应以一个正常的开发商会在多久时间内完成开发机开盘销售作为合理标准，所以，在受让方至今未开发销售的背景下，应以该标准认定补偿金交付的合理期限。《民法总则》第159条规定："附条件的民事法律行为，当事人为自己的利益不正当地阻止条件成就的，视为条件已成就；不正当地促成条件成就的，视为条件不成就。"鉴于不确定履行期限在期限的不确定性上近于条件，可类推适用《民法总则》第159条有关条件拟制成就的规定，当事人为自己的利益不正当地阻止条件成就或不成就、加速或推迟期限届满的，根据诚实信用原则，都应作对其不利的解释，这也是诚实信用原则的要求。就此而言，《民法总则》第159条以及《合同法》第45条第2款[2]的规定具有一般性的意义，其不仅适用于附条件的合同，还可以适用于附期限的合同，甚至还可以适用于履行期限、履行条件的确定。[3]

本案中，在合理期限乃至最长开发期限均已经届满的情况下，受让方再不履行合同义务，显然不符合双方当事人订立合同时的合理预期，也违反诚实信用原则。因此，受让方应向转让方支付剩余股权转让款项。

---

[1] 贺小荣主编：《最高人民法院民事审判第二庭法官会议纪要》，人民法院出版社2018年版，第161页。

[2] 该款规定："当事人为自己的利益不正当地阻止条件成就的，视为条件已成就；不正当地促成条件成就的，视为条件不成就。"

[3] 贺小荣主编：《最高人民法院民事审判第二庭法官会议纪要》，人民法院出版社2018年版，第162页。

典型案例9
受让方能否以出让方未履行移交资料等义务抗辩股权转让款的支付
——新龙达公司与鑫联鑫公司等股权转让纠纷再审案[1]

案例要旨

从给付义务与主给付义务一般并不处于对待给付地位，除非出让方不履行该从给付义务将导致受让方取得的股权价值严重受损，股权出让方违反从给付义务时，受让方无权抗辩拒绝履行自己的主给付义务。

基本案情

申诉人（一审被告、二审上诉人、原再审申请人）：新龙达公司。

被申诉人（一审原告、二审上诉人、原被申请人）：鑫联鑫公司。

2008年1月10日，鑫联鑫公司与新龙达公司签订《股权转让协议书》一份，约定：鑫联鑫公司（乙方）将其在华夏鑫龙公司50%股权以1380万元转给新龙达公司（甲方）。协议还约定，新龙达公司在合同签订后7个工作日内向鑫联鑫公司支付480万元股权转让款，鑫联鑫公司须在3个工作日内协助新龙达公司办理完章程修改股东变更，变更后新龙达公司在3个工作日内支付鑫联鑫公司下余900万元。其中，第4条关于移交约定“企业章程修改及股东变更后，乙方全部工作人员在3个工作日向甲方办理工作、物件和资料移交，乙方不得带走华夏鑫龙公司的任何物件和资料，否则甲方有权追究乙方相关责任”。

协议签订后，新龙达公司依约在7个工作日内，即2008年元月21日前支付给鑫联鑫公司480万元。鑫联鑫公司于2008年1月25日前协助新龙达公司办理完企业章程修改、股东变更，新龙达公司于2008年2月27日向鑫联鑫公

[1] 湖北省高级人民法院（2015）新民一终字第67号。

司支付余款900万元。鑫联鑫公司以新龙达公司未按时支付转让款为由，请求判令新龙达公司承担200万元违约金。

法院裁判

一审以双方均存在违约为由判决驳回鑫联鑫公司的诉讼请求。鑫联鑫公司不服，提起上诉。二审撤销一审判决，改判新龙达公司向鑫联鑫公司支付违约金200万元。其主要理由是，根据《股权转让协议书》的约定，鑫联鑫公司的义务为协助新龙达公司办理完企业章程修改、股东变更事宜，并未规定鑫联鑫公司直接到工商部门办理变更登记手续。因鑫联鑫公司的协助义务业已在2008年1月25日17:30分前完成，不存在违约，故原审对鑫联鑫公司违约的认定有误。终审后，新龙达公司不服，提起再审，再审法院维持原二审判决。湖北省人民检察院抗诉认为，鑫联鑫公司只协助履行了章程修改、股东变更事宜相关签字手续，并未按协议内容要求依约履行相关资料、物品移交义务，故新龙达公司享有同时履行抗辩权，依法不应承担延期支付余款的责任。湖北省高级人民法院维持再审判决。

生效裁判认为，根据《股权转让协议》约定，鑫联鑫公司的主要合同义务为在新龙达公司支付首付480万元股权转让款后3天内协助新龙达公司办理工商变更登记手续。2008年1月24日，新龙达公司致函鑫联鑫公司，要求鑫联鑫于2008年1月25日17：30分前协助华夏鑫龙公司在办理完企业章程修改、股东变更，并于2008年1月30日17：30分前办理完工作资料及物品的移交。这份函件属于在合同履行过程中一方当事人单方作出变更合同的意思表示，对于其中加重鑫联鑫公司合同义务即提前办理完工作资料及物品移交的义务，鑫联鑫公司未予回复。根据《合同法》第78条的规定，“当事人对合同变更的内容约定不明确的，推定为未变更”，故不应以鑫联鑫公司的沉默行为即认定其接受了新龙达公司的要求。

同时履行抗辩权，系指当事人互付债务，没有先后履行顺序，应当同时履行，一方在对方履行之前有权拒绝其履行要求。但从本案股权转让合同条文的逻辑结构来看，鑫联鑫公司移交资料的义务与自行安置人员、保守商业秘密、提供必要协助等义务一并约定在第4条“其他”条款当中，因此，移交资料等义务仅为本案合同中的辅助义务，且与新龙达公司支付剩余900万元转让款的主要合同义务之间不构成同时履行的对待给付。原二审判决认定主要义务与辅助义务的履行顺序为“新龙达公司应先于鑫联鑫公司的辅助义务履行其向鑫联鑫公司支付下余股权转让款的主要义务”，并不不当。根据《合同法》第67条的规定，在新龙达公司未依约履行向鑫联鑫公司支付下余股权转让款的主要义务前，鑫联鑫公司有权拒绝履行上述辅助义务。检察机关抗诉及新龙达公司申诉认为，新龙达公司支付鑫联鑫公司的余款900万元系华夏鑫龙公司账上资金，鑫联鑫公司不履行相关物品和资料移交义务，新龙达公司就无法提取公司的财务账款，无法支付余款900万元，故鑫联鑫公司移交义务的不履行直接影响新龙达公司付款义务的履行。对此，本院认为，股权转让合同约定由新龙达公司分两期向鑫联鑫公司支付股权转让款，即使新龙达公司不能从华夏鑫龙公司账上提取资金，新龙达公司亦应按照合同约定向鑫联鑫公司支付转让款。故能否从华夏鑫龙公司账上提取资金与新龙达公司未支付900万元余款之间不具有必然的、法律上的因果关系。故抗诉机关关于新龙达公司享有同时履行抗辩权的抗诉理由，亦不能成立。

案例评析

本案的争议焦点在于股权转让合同中，双方约定的出让方物品、资料移交等义务的法律性质，其能否作为受让方主张同时履行抗辩权，不支付股权转让款的依据。

1. 物品、资料移交义务应属于股权转让合同的从给付义务

就给付义务是相对于主给付义务而言，合同中的主给付义务是指合同关系中所固有的、必备的、自始确定的，并且能够用来决定合同类型的基本义务。而从给付义务，是指双方约定的不具有独立的意义，仅具有补足主给付义务功能的义务。从给付义务本质上从属于主给付义务，如果没有主给付义务则从给付义务没有存在的价值，但从给付义务能最大限度满足合同当事人的最大利益，与主给付义务一样，共同确保合同目的的实现。

就股权转让合同而言，出让方交付股权与受让方支付转让款为合同的主给付义务。从给付义务是指不具有独立的意义，仅具有辅助主给付义务的功能的义务，其存在的目的，在于确保债权人的利益能够获得最大限度的满足。公司的物品、资料等属于公司的财产，通常情况下，股东转让股权不得处分公司的财产。但是，股权的价值与公司的资产价值明确相关，公司亦是一个拟制的主体，其行使权利、履行职责需要具体的经营者来行使，如果股权出让方既是公司的股东，又是公司的经营者或实际控制人，掌管、控制公司的物品和资料，股权转让协议中约定交付物品和资料，能最大限度满足股权受让方的最大利益，实际是出让方履行股权交付义务的一个辅助义务，因此，本案出让方移交物品、资料等义务应属股权转让的从给付义务。

2. 从给付义务与附随义务的区别

在实践中，从给付义务与附随义务有诸多相似之处。附随义务，是指合同履行过程中，为协助实现主给付义务，遵循诚实信用原则，根据合同的性质、目的和交易习惯而履行的通知、协助、保密等义务。关于二者的区别，司法权威观点认为，从给付义务与附随义务的区别，应以能否单独通过诉讼方式请求履行为判断标准，能够独立以诉讼请求履行的为从给付义务，不能够以独立的诉讼请求履行的为附随义务。换言之，从给付义务可以单独诉请履行，与此不同，附随义务的违反通常仅发生替代性的损害赔偿问题。也有学说从价值取向的角度区分从给付义务与附随义务，认为从给付义务在于促使履行利益得到基本满足，为了实现债权利益的最大化；附随义务则是强调当事人不应因合同的履行而使固有利益受到损害，因此更多的是一种保护性义务。当然，在合同履行的过程中，可能会有从给付义务与附随义务交叉的情况，这时应当从义务设定的目的角度观察，如果该义务是为了辅助主给付义务履行，应当认定为从给付义务；如果该义务是为了保护当事人的固有利益不受损害，则应认定为是附随义务。[1]

3. 受让方能否以出让方未履行从给付义务作为自己拒绝履行主要义务的理由

如前所述，如出让方未按合同约定履行移交公司物品、资料等从给付义务，受让方有权单独提起诉讼要求其履行，要求其承担违约责任。但本案中，在出让方要求受让方支付股权转让价款时，受让方以其未履行物品交付义务为由拒绝支付股权转让款，亦即，一方当事人以另一方当事人违反从给付义务为由行使同时履行抗辩权，该如何处理？

无论是同时履行抗辩权还是先履行抗辩权，其行使的共同要件之一就是当事人之间因同一双务合同而互负债务。这种互负的债务是指双方当事人之间所负的债务具有牵连性和对价关系，属于对待给付义务。双务合同中，一方当事人的主给付义务与另一方当事人的主给付义务处于对价关系，形成对待给付义务，当一方当事人不履行自己的主给付义务时，另一方当事人基于合同而期待获得的利益将完全无法实现，合同目的落空，其自然有权抗辩，拒绝履行自己应负的主给付义务。而从给付义务的目的和功能仅在于保障债权的最大限度地实现，从给付义务的违反通常只会导致对方当事人的合同利益不能最大限度地满足，但不会导致合同目的落空，因此，从给付义务与主给付义务一般并不处于对待给付地位，一方当事人违反从给付义务时，对方当事人无权抗辩拒绝履行自己的主给付义务。

《买卖合同司法解释》第25条规定："出卖人没有履行或者不当履行从给付义务，致使买受人不能实现合同目的，买受人主张解除合同的，人民法院应当根据合同法第九十四条第（四）项的规定，予以支持。"根

---

〔1〕奚晓明主编、最高人民法院民事审判第二庭编著：《最高人民法院关于买卖合同司法解释理解与适用》，人民法院出版社2012年版，第405页。

据该规定，出让方违反从给付义务导致合同目的不能实现的，受让方可以就此主张解除合同。因此，当从给付义务与合同目的的实现有密切关系时，如物品、资料对公司及其重要，不履行该义务将导致受让方即使取得股权也会导致股权的价值严重受损，此时从给付义务与主给付义务便具有了牵连关系，从给付义务的不履行，会导致合同目的落空。在这种情况下，股权出让方即使是违反的从给付义务，受让方也可以行使履行抗辩权，拒绝支付股权转让款。因此，就双务合同而言，主给付义务之间才能构成对待给付关系，一方当事人未为给付前，另一方当事人可以拒绝自己的对待给付。一方的从合同义务与对方的主给付，是否立于互为对待给付关系，能否发生同时履行抗辩权，应视其对契约目的之达成是否必要而定。[1] 只有与合同目的密切相关，不履行从给付义务将导致合同目的不能实现，受让方才得以出让方未履行从给付义务作为自己拒绝履行主要义务的抗辩理由。

本案中，从股权转让合同条文的逻辑结构来看，鑫联鑫公司移交资料的义务与自行安置人员、保守商业秘密、提供必要协助等义务一并约定在第4条“其他”条款当中，因此，移交资料的义务与“自行安置人员、保守商业秘密、提供必要协助等义务”是处于相同地位的。保守商业秘密、提供必要协助等义务是常见的附随义务，其履行与否并不影响合同目的的实现，不影响受让方取得公司股权。虽然未移交资料可能导致公司的经营受到影响，这种影响相对于主给付义务来说是属于从属地位的，并没有证据显示股权的价值将会因资料的不移交而严重或显著受损。因此，移交资料等义务仅为本案合同中的辅助义务，且与新龙达公司支付剩余900万元转让款的主要合同义务之间不构成同时履行的对待给付。其只能依据合同的约定单独就此起诉鑫联鑫公司，要求其承担相应的违约责任。

---

〔1〕 参见王泽鉴：《债法原理》（第2版），北京大学出版社2013年版，第80～81页。

典型案例10
股权受让方能否以其为代持人为由不履行付款义务

——永彬公司与绿能公司股权转让纠纷案[1]

案例要旨

股权转让协议为出让方与显名股东签订，双方是合同当事人，隐名股东虽然是股权实际持有人，但是其不是股权转让协议的当事人，根据合同相对性，股权出让方不能直接向隐名股东主张股权转让款。

基本案情

上诉人（原审被告）：永彬公司。

被上诉人（原审原告）：绿能公司。

绿能公司与永彬公司于2012年10月12日签订股权转让协议，约定绿能公司将持有的A公司34%的股份及对应的各项权利和义务转让给永彬公司，同时绿能公司将其持有的向促进中心捐赠的20%及由促进中心代持的31%中相关权利和义务一并转让给永彬公司，永彬公司同意按3045万元的价格受让。同时约定，股权转让款分三期支付：协议签订后，A公司股东会决议生效5个工作日内，永彬公司将首期股权转让款1000万元支付至绿能公司指定账户；股权变更工商登记手续完成后5个工作日内，永彬公司将第二期股权转让款1045万元支付至绿能公司指定账户；2013年4月30日前，永彬公司将第三期股权转让款1000万元支付至绿能公司指定账户，如果上述股权变更工商登记手续已办理完毕后，至2013年4月30日永彬公司未按上述约定向绿能公司支付全部股权转让款，永彬公司除了继续履行还款义务外，应于次日起每天按未付款项总额的万分之五向绿能公司支付滞纳金。协议签订后，

[1] 北京市第二中级人民法院（2014）二中民终字第04049号。

A公司召开股东会，决议同意上述股权转让事项。2013年2月4日，股权转让工商变更登记完成即A公司变更后的股东为永彬公司及促进中心。

永彬公司于2013年1月11日支付股权转让款1000万元、于2013年4月26日支付400万元、于2013年5月13日支付300万元、于2013年8月2日支付200万元。截至2013年4月30日，永彬公司仍有1145万元股权转让款未付。绿能公司诉至法院要求判令永彬公司支付股权转让款1145万元，并支付自2013年5月1日起至实际付清之日止的违约金，按日万分之五计算。

法院裁判

一审判决永彬公司支付绿能公司股权转让款1145万元及违约金。永彬公司不服，提起上诉。其主要上诉理由是：永彬公司仅是股权代持人，实际股权受让人是旅商公司，应由股权实际持有人旅商公司向绿能公司支付股权转让款，故一审法院应当追加旅商公司为独立请求权的第三人进入诉讼，涉案的《股权转让协议》的实际履行理应转移至旅商公司负责。二审法院判决驳回上诉，维持原判。

生效裁判认为，绿能公司与永彬公司签订的《股权转让协议》是双方当事人的真实意思表示，内容不违反国家法律与行政法规的强制性规定，应属合法有效。绿能公司在履行了股权转让义务并办理工商变更登记后，永彬公司应当依约支付相应股权转让款。绿能公司与永彬公司并未就该项付款义务全部转移给案外人达成过一致意见，永彬公司的具体付款方式和途径不影响《股权转让协议》中关于付款约定的法律效力，故依据双方合同约定，本案中承担支付股权转让款义务的主体仅为永彬公司，永彬公司关于一审法院遗漏当事人的上诉意见，缺乏法律依据，本院不予采信。绿能公司依照合法有效的合同，向永彬公司主张相应的逾期付款责任，于法有据，一审法院予以支持并无不当。此外，对永彬公司关于捐赠与绿能公司委托性代持问题的上诉理由，缺乏相应法律依据，本院亦不予采信。

案例评析

本案的争论焦点在于股权转让合同中受让方能否以其为股权代持人而不支付股权转让款，股权实际持有人是否应作为股权转让纠纷的适格被告。本案所涉及的主要法律问题是合同相对性原则。

1. 合同相对性原则基本含义

合同相对性，是指合同主要在特定的当事人之间发生法律约束力，只有合同当事人一方能基于合同向对方提出请求或提起诉讼，而不能向无关的第三人提出合同上的请求，也不能擅自为第三人设定合同上的义务，合同债权也主要受《合同法》的保护。合同的相对性是债权相对性原则的体现。《民法通则》第84条规定："债是按照合同的约定或者依照法律的规定，在当事人之间产生的特定的权利和义务关系。享有权利的人是债权人，负有义务的人是债务人。债权人有权要求债务人按照合同的约定或者依照法律的规定履行义务。"可见，债是相对权、对人权，即只在债的相对人之间产生请求权，在效力上具有相对性。

合同相对性原理具体体现在：(1) 主体的相对性，指合同关系只能发生在特定的主体之间，只有合同当事人一方能够向合同的另一方当事人基于合同提出请求或提起诉讼。(2) 内容的相对性，指法律、合同另有规定以外，只有合同当事人才能享有合同规定的权利，并承担合同规定的义务，当事人以外的任何第三人不能主张合同上的权利，更不负担合同规定的义务，在双方合同中，还表现为一方权利就是另一方的义务，权利义务互相对应。(3) 责任的相对性，指违约责任只能在特定的合同关系当事人之间发生，合同关系以外的人不负违约责任，合同当事人也不对其承担违约责任。(4) 效力判断的相对性，指在认定某个合同有效、无效、可撤销或者效力未定时，应当基于该合同本身提供的事实作出判断，看合同本身是否满足《合同法》要求的全部要件。[1]《合同法》第

---

[1] 孙黎：《合同相对性要求不能向与其无合同关系的第三人提出合同上的请求，不可以其为被告提起诉讼》，载 http://www.faxin.cn/lib/cpal/AlyzContent.aspx? isAlyz = 1&gid = C673537&userinput，最后访问时间：2019年11月30日。

121条也体现了合同相对性。

2.《合同法》第121条的理解

《合同法》第121规定："当事人一方因第三人的原因造成违约的，应当向对方承担违约责任。当事人一方和第三人之间的纠纷，依照法律规定或者按照约定解决。"根据本条的规定，当事人一方因第三人的原因造成违约的，应当向对方承担违约责任。即因第三人原因造成一方当事人违约的，由该当事人承担违约责任。换言之，因第三人的原因造成违约的，违约责任不是由第三人承担。其原因就在于合同只对合同当事人具有约束力，而不能约束当事人以外的第三人，违约问题属于合同当事人之间的问题，合同当事人一方有违约行为，就应承担相应的责任，违约行为即使是由于第三人的原因造成的，也由违约的一方当事人承担违约责任，而不能由当事人以外的第三人承担违约责任。[1] 当事人不能以第三人原因作为免责事由。

3. 股权受让方不能以其为股权代持人而不支付股权转让款

作为合同之债的股权转让款而言，其具有相对性，只能在合同当事人之间产生请求权与抗辩权，除合同当事人外，任何其他人不得享有合同上的权利，也不承担合同上的责任。本案中，股权转让协议为绿能公司与永彬公司签订，绿能公司与永彬公司是合同的当事人，旅商公司虽然是股权实际持有人，但是其不是股权转让协议的当事人，因此根据合同相对性，绿能公司不能直接向旅商公司主张股权转让款。

虽然旅商公司不是股权转让协议的当事人，但其是股权的实际持有人，与股权转让协议的履行确实存在实质性的联系，那么在什么情况下应当由旅商公司承担向绿能公司支付股权转让款的义务？

如果是实际控制人委托代持股人签订股权转让协议，代持股人在委托人的授权范围内与第三人订立的合同，根据《合同法》第402条的规定，第三人在订立合同时知道受托人与委托人之间的代理关系的，该合同直接

---

〔1〕 吴高盛：《〈中华人民共和国合同法〉释义及实用指南》，民主法制出版社2014年版，第227页。

约束委托人和第三人，此时，应当由股权实际持有人向出让方承担合同义务。

在协议签订之后，如果达成协议由股权实际持有人直接向出让方支付股权转让款，受让方同意的，属于《合同法》第84条规定的债务转移，此时，亦应当由股权实际持有人向出让方承担合同义务。但本案都不存在上述情况。因此，即使永彬公司与股权实际持有人达成协议由实际持有人向股权转让方支付转让款，本案事实上是案外人向绿能公司支付的部分股权转让款，但是未经股权出让方同意，股权转让款的支付义务并未转移给案外人，永彬公司仍应承担支付股权转让款的义务。

典型案例11

向法定代表人支付的股权转让款能否认定为是出让方公司收取

——张某与鼎鑫公司股权转让纠纷案[1]

案例要旨

公司承担法定代表人从事民事行为法律后果的前提是法定代表人以公司名义从事民事活动，或者是第三人有理由相信法定代表人是以公司名义从事的民事活动。否则，即使盖有公司公章，也不能认定由公司对法定代表人的行为承担法律后果。

基本案情

上诉人（原审原告）：张某。

被上诉人（原审被告）：鼎鑫公司。

庆胜公司成立于2010年1月18日，当时股东为杨某与闻某，杨某为法定代表人。2010年6月2日，原庆胜公司法定代表人杨某向张某出具收条一张，

〔1〕安徽省六安市中级人民法院（2018）皖15民终21号。

内容是："今收到张某投入周集搅拌站入股款伍拾万元整"，收款单位加盖有"霍邱县庆胜混凝土有限公司"公章，收款人为"杨某"。在庆胜公司2010年6月至12月的账目中没有此笔50万元入账记录。2014年12月，杨某退出庆胜公司。2016年3月16日，庆胜公司更名为鼎鑫公司。张某诉请鼎鑫公司返还投资入股款50万元。

法院裁判

一审法院认为，从2010年6月2日杨某出具给张某的收条看，内容是张某入股周集搅拌站，张某称是现金交付。由于搅拌站是特许行业，本案没有证据证明周集搅拌站是一个合法的企业，亦没有证据证明周集搅拌站是庆胜公司的下属单位，庭审已查明收条不是庆胜公司正规收据，此50万元未进入庆胜公司账户。张某作为完全民事行为能力人，依常理应查询并知晓周集搅拌站有哪些股东、入股手续如何办理、周集搅拌站与庆胜公司的关系等信息，但张某多年来在未参与分红也没有成为股东的情况下，而不向庆胜公司主张股东权利，其称入股庆胜公司不符合生活常理。综上所述，可以认为即使杨某收取张某50万元属实，也是张某与杨某之间就入股周集搅拌站事项达成的合意，并不是张某出资50万元入股庆胜公司，由于周集搅拌站不是庆胜公司的资产，该站的债权债务不能转移由原庆胜公司承担。杨某出具的收条上虽然有庆胜公司公章，但由于当年杨某出收据时是庆胜公司法定代表人并掌管公司印章，其完全可以自行加盖，不能仅因加盖了公章就认为是庆胜公司收款。二审法院持相同理由判决驳回上诉，维持原判。

案例评析

本案的争议焦点是，张某持有加盖有公司公章，收款人为法定代表人的收条，能否认定是公司收取的款项。

1. 公司盖章行为的法律意义

公章是国际机关、社会团体、企事业单位签发文件使用的印鉴，加盖公章，代表该单位的确认。一旦合同上加盖了公司的公章，就代表了公司的意思表示，公司应当承担由此产生的法律后果。

一般来说，虽然合同上有公司的盖章，即代表公司的行为，但是公司是个组织体，需要通过法定代表人或代理人盖章才能表达其意志。在代表公司签订合同的过程中，可能存在法定代表人或代理人无权代理或超越权限的情况，而无代表权或代理权人加盖的公章，对公司来说，不产生合同成立并有效的预期效果。但对合同相对人来说，合同加盖公章的情况下，其可以信赖公章显示的主体为合同当事人，并推定这是公司的意思表示。至于该意思表示是否真实，盖章之人有无代表权限等问题，均不能通过盖章行为本身直接得到确认。为维护善意相对人因信赖产生的利益，保障交易秩序，合同法规定了表见代理制度，即使法定代表人或代理人超越了代表权限或代理权限，如果合同相对方是善意的且有理由相信法定代表人或代理人有权代表公司的枪口下，合同仍然对公司产生约束力。但如果合同相对方明知法定代表人在超越职权，仍与之进行民事活动，或者与之恶意串通，损害公司的利益，即使加盖了公章，合同也不因此对公司有效。因此，从这个意义上说，盖章行为对公司的法律效力也不是绝对的。

2. 法定代表人行为是否应认定为是公司行为

虽然对于公司而言，公章有这么高的法律效力，但是根据《合同法》第32条规定，[1]公司盖章并不是公司作为主体签订的合同成立的必要条件，因为公司法定代表人或代理人代表公司签订合同的签名也能使合同成立，由此产生的合同权利义务就会归属于公司。法定代表人虽然能代表公司签订合同，但是其本身也是一个自然人民事主体，合同相对人难以仅凭法定代表人的签字判断其是个人行为还是代表公司的职务行为。一般而言，只能通过加盖公章来区别，如果同时盖有公章，就代表该行为是公司行为而非个人行为，应由公司承担法律后果，因此，法定代表

〔1〕该条规定："当事人采用合同书形式订立合同的，自双方当事人签字或者盖章时合同成立。"

人或代理人在合同书上加盖公章的行为，表明该行为是职务行为而非个人行为，应由公司承担法律后果，从这个方面来说，公章具有自然人签字所不具备的功能。因此，在合同书上加盖公司公章的法律意义在于，盖章之人所为的是职务行为，即其是代表或代理公司作出意思表示。[1]

《民法总则》第62条第2款规定，法定代表人以法人名义从事的民事活动，其法律后果由法人承受。因此，法定代表人有权以公司的名义对外代表公司从事法律行为，由此产生的法律后果，由公司承受。因此，公司承担法律后果的前提是法定代表人以公司名义从事民事活动，或者是第三人有理由相信法定代表人是以公司名义从事的民事活动。《合同法》第50条规定，“法人或者其他组织的法定代表人、负责人超越权限订立的合同，除相对人知道或者应当知道其超越权限的以外，该代表行为有效”。如果法定代表人以公司的名义从事不属于公司事务的民事活动，相对人知道或应当知道的，该行为对公司不产生效力。

本案中，张某主张其支付的50万元款项是为了获取庆胜公司所有的周集搅拌站。但本案没有证据证明周集搅拌站是一个合法的企业，亦没有证据证明周集搅拌站是庆胜公司的下属单位，因此杨某没有权限代表庆胜公司转让不属于庆胜公司所有的股权，明显超越了其法定代表人的权限。由于搅拌站是特许行业，张某作为股权受让人，在支付款项之前有义务查询并知晓周集搅拌站有哪些股东、入股手续如何办理、周集搅拌站与庆胜公司的关系等信息，多年来在未参与分红也没有成为股东的情况下，而不向庆胜公司主张股东权利，其称入股庆胜公司不符合生活常理。杨庆胜出具的收条上虽然有庆胜公司公章，但由于当年杨某出收据时是庆胜公司法定代表人并掌管公司印章，其完全可以自行加盖，在款项是法定代表人个人收取，收取款项不是法定代表人处理公司事务的情况下，杨某加盖公司公章的行为应属无权代理，张某对此是应当知道

---

[1] 贺小荣主编:《最高人民法院民事审判第二庭法官会议纪要》，人民法院出版社2018年版，第310页。

的。故，一、二审法院均未支持张某要求公司返还款项的诉讼请求。

三、目标公司在股权转让合同履行过程中的义务

（一）有限公司股权变更记载和变更登记义务主体是公司

不同于一般实物，作为一种无形的财产权，股权转让后，它的变动状态如果没有特定的程序予以确认公示，就无法为第三人客观了解，容易影响交易的安全和效率，因而需要进行股权变更登记。有限责任公司的股权变更登记包括两个方面的内容：一是进行股东名册的变更记载，属于公司内部变更登记；二是进行工商变更登记，即外部变更。《公司法》第32条第3款规定："公司应当将股东的姓名或者名称向公司登记机关登记；登记事项发生变更的，应当办理变更登记。未经登记或者变更登记的，不得对抗第三人。"第73条规定，"依照本法第七十一条、第七十二条转让股权后，公司应当注销原股东的出资证明书，向新股东签发出资证明书，并相应修改公司章程和股东名册中有关股东及其出资额的记载。对公司章程的该项修改不需再由股东会表决。"《公司登记管理条例》第35条规定："公司登记事项变更涉及分公司登记事项变更的，应当自公司变更登记之日起30日内申请分公司变更登记。"因此，无论是股权在股东名册上的变更记载，还是在工商行政管理部门进行的变更登记，变更登记义务主体是公司而不是股权转让方。法律设定这一义务的目的在于保护股权受让人的权益得以实现，同时也是为了维护登记公示的公信力，保障股权交易的安全。

因公司不是股权转让合同的当事人，公司违反法律规定不履行办理股权变更登记的义务，无须承担合同责任。为了保障股东的权益，《公司法解释（三）》第23条规定："当事人依法履行出资义务或者依法继受取得股权后，公司未根据公司法第三十一条、第三十二条的规定签发出资证明书、记载于股东名册并办理公司登记机关登记，当事人请求公司履行上述义务的，人民法院应予支持。"公司不及时变更股东名册和申请工商变更登记，转让方和受让方均可以公司为被告提起请求变更公司登记纠纷之诉。

（二）股权转让双方当事人的协助义务

《公司登记管理条例》第 34 条第 1 款规定："有限责任公司变更股东的，应当自变更之日起 30 日内申请变更登记，并应当提交新股东的主体资格证明或者自然人身份证明。"根据上述规定，公司办理变更登记除了需要提交申请，同时还需要提供股权转让双方当事人的主体资格证明等材料，因此，虽然公司有履行股权变更记载即变更登记的法定义务，但是需要双方当事人向公司提供协助。其中，转让方有义务采取包括通知、协调等适当措施，促成股东名册记载变更和工商登记的变更，受让方也需要配合办理相关变更登记事宜。如果是因为股权转让法律关系当事人的原因致使变更登记未能完成，则应当视为该当事人未履行义务，应承担合同的违约责任。在这种情况下，不应当认定公司违反股权变更登记义务。

（三）公司有权拒绝履行变更登记义务的情况

公司章程作为公司的内部文件，对公司和股东均有约束力。根据《公司法》第 71 条第 4 款关于"公司章程对股权转让另有规定的，从其规定"的规定，法律允许公司章程对股权转让进行限制。虽然股权转让协议违反公司章程的限制性规定并不因此导致合同无效，但是受让人要求公司履行变更记载及变更登记义务，公司有权拒绝。

与章程作用类似，公司的股东会依法作出的股东会决议对公司和股东具有约束力。股权转让协议违反公司股东会决议的内容，公司也有权拒绝履行变更登记义务。

对于违反《公司法》第 72 条有关其他股东优先购买权或未征得其他过半数股东同意的股权转让，公司也有权拒绝履行变更登记义务。

典型案例12
股东之间的股权转让合同违反公司章程限制性规定，受让方要求公司履行注销、签发出资证明书等义务能否得到支持

——李某与国旅公司股权转让纠纷案〔1〕

案例要旨

股权转让违反公司章程限制性规定，该股权转让对目标公司没有约束力。受让方要求公司履行注销、签发出资证明书等义务，不能得到支持。

基本案情

上诉人（原审原告）：李某。

被上诉人（原审被告）：国旅公司。

李某系国旅公司董事、股东，左某系国旅公司职工、股东。国旅公司章程规定“股东所持股份在股东之间转让时需经董事会同意方可进行”“董事会会议由董事长召集”“董事会会议应作记录，并由出席董事和记录员签字”。李某与左某签订股权转让协议，约定左某将其在国旅公司的股权转让给李某。李某支付款项后要求国旅公司签发出资证明书，国旅公司以股权转让违背公司章程为由，拒绝向李某发放股权证明。李某起诉要求确认李某与左某股权转让协议有效，并判令国旅公司给李某签发出资证明书。

法院裁判

一审法院认为，李某与左某之间的股权转让没有经过董事长召集的董事会同意，不符合公司章程规定，因而转让协议无效，故李某请求国旅公司签发出资证明书的诉讼请求不能成立。李某不服，提起上诉。

---

〔1〕 内蒙古自治区呼伦贝尔市中级人民法院（2018）内07民终74号。

生效判决认为，本案的争议焦点为李某要求国旅公司发放出资证明书的诉讼请求应否得到支持。虽然李某与左某签订了股权转让协议，但因股权转让协议系当事人以转让股权为目的而达成的关于出让方交付股权并收取价金，受让方支付价金得到股权的意思表示。根据一审法院查明的事实，虽然李某与左某均在股权转让协议上签字，但左某与李某并未就股权转让事宜进行真正磋商，而是左某欲退出在国旅公司的股份，李某经时任国旅公司董事长的杨某授意，购买左某的股份，李某也未将股权转让价款直接支付给左某，而是以已借公司款及自筹部分资金等方式交予国旅公司，国旅公司也未将股权转让价款交予左某，而是通过房费等方式抵顶。故本案所涉股权转让并非典型的、无争议的股权转让，仍应通过其他事实加以考量。根据国旅公司的公司章程中关于“股东所持股份在股东之间转让时需经董事会同意方可进行”的规定，公司章程系公司股东一致的意思表示，载明了公司组织和活动的基本准则，公司股东负有义务遵守和执行。左某、李某同为国旅公司股东，在公司章程上亦签字认可，故该股权转让应按公司章程规定的程序进行。虽然李某提供了一份申请，亦有部分董事会成员签字，但该申请并不能当然等同于董事会决议。根据《公司法》第 71 条第 4 款关于“公司章程对股权转让另有规定的，从其规定”的规定，法律是允许公司章程对股权转让进行限制的，且李某作为国旅公司股东，应当知晓公司章程的相关规定，李某又未能提供相应证据证明该公司章程的规定违背了法律、法规的禁止性规定，故李某应当遵循国旅公司章程。该股权转让违反了章程限制，相对于国旅公司而言，该股权转让对国旅公司并无约束力。即使国旅公司未针对股权转让事宜及时召开董事会，也不能当然推定国旅公司董事会对此事表示认同，或当然发生股权变动的效力。故一审法院判令驳回李某的诉讼请求，并无不当。

案例评析

本案的争议焦点为股东之间的股权转让合同违反公司章程限制性规定，是否有效？受让人要求公司履行注销、签发出资证明书等义务能否得到支持。

首先，股权转让协议违反公司章程的限制性规定并不因此导致合同无效。公司章程是股东之间意思表示一致的产物，是公司在组织与行为方面的自治性规范，对全体股东均具有拘束力。但公司章程并不属于《合同法》第52条第5项规定的法律、性质法规的“强制性规定”，因此，违反公司章程并不必然导致股权转让合同无效。就损害股东优先购买权的股权转让合同的效力问题，杜万华表示，对此类合同的效力，公司法并无特别规定，不应仅仅因为损害股东优先购买权认定合同无效、撤销合同，而应当严格依照合同法规定进行认定。[1]因此，即使确实存在损害其他股东优先购买权的情形，也不会导致《股权转让协议》无效的法律后果。从法律关系角度出发，《股权转让协议》只是在合同双方形成股东出让股权与受让方给付转让价款的债权债务关系，没有遵守公司章程关于股权转让的限制性规定，并不影响该债权行为的效力。因此，只要股权转让协议不违反法律、行政法规关于合同无效的规定，即使违反公司章程设限性规定，也不导致股权转让协议无效。本案一审法院以股权转让协议不符合公司章程规定，认定转让协议无效有失妥当。

虽然合同效力不会因此受影响，但是受让人要求公司履行注销、签发出资证明书等义务的，公司有权拒绝。因为章程是公司的基本大法，公司、股东、董事、监事、高级管理人员必须受公司章程的约束，遵守公司章程的规定。《公司法》第73条规定：“依照本法第七十一条、第七十二条转让股权后，公司应当注销原股东的出资证明书，向新股东签发出资证明书，并相应修改公司章程和股东名册中有关股东及其出资额的记载。对公司章程的该项修改不需再由股东会表决。”《公司法》第71条第4款规定，公司章程对股权转让另有规定的，从其规定。根据上述规定，股权依法转让后，公司负有履行注销原股东的出资证明书，向新股

---

〔1〕《最高人民法院发布公司法司法解释（四）》，载 http：//www. court. gov. cn/zixun - xiangqing - 57552. html，最后访问时间：2019年11月30日。

东签发出资证明书等法定义务，但是，公司履行上述义务的前提是股权转让符合法律和公司章程的规定。违反公司章程规定的股权转让，公司有权拒绝进行股权变更登记。

本案中的股权转让违反了章程限制，相对于国旅公司而言，该股权转让对国旅公司并无约束力，国旅公司有权以此为由拒绝履行签发出资证明书。受让人要求公司履行注销、签发出资证明书等义务，一、二审法院均不予以支持。

四、股权转让合同中的附随义务

学理上，根据民事义务履行的依据或基础不同，可以将民事义务分为基本义务和附随义务。基本义务的履行以法律规定和当事人的明确约定为基础，根据履行行为的内容和特征的不同，合同的基本义务分为主给付义务和从给付义务。法律没有规定，当事人也没有明确约定的情况下，为了维护合同当事人的利益和交易安全，合同当事人依据诚实信用原则所产生的，根据合同的性质、目的和交易习惯所应承担的义务，为合同的附随义务。《合同法》第60条规定："当事人应当按照约定全面履行自己的义务。当事人应当遵循诚实信用原则，根据合同的性质、目的和交易习惯履行通知、协助、保密等义务。"此处的通知、协助、保密等义务，即为附随义务。

关于股权转让合同中附随义务的确定。股权转让合同中，主给付义务即为出让方交付股权和受让方支付股权转让款，从给付义务为双方约定的主给付义务以外的其他义务，如双方约定出让方应承担的目标公司物品、资料的移交义务。而附随义务出现的时间和内容都无法提前确定，只能在出现具体情况时根据诚实信用原则作出进一步判断。

对于违反附随义务的法律后果，法律中并没有明确规定，学理上对合同附随义务的法律后果也存在不同意见，但对合同一方当事人违反附随义务时另一方当事人可采取损害赔偿的救济方式并无异议。附随义务的特征决定了违反随义务一般不能成为合同另一方拒绝履行主给付义务的抗辩理由，违反附随义务一般也不会涉及合同目的的实现与否，另一方不能据此要求解除合同。

但也存在例外，一些附随义务的违反也可能会导致合同目的不能实现，但需要根据具体的案情进行判断。如股权转让合同中，即使已经完成了股权的交付，但是股权出让方拒不配合办理股权变更登记，则会严重影响受让方取得股权的合同目的的实现，受让方则有权解除合同。

典型案例 13
股权转让合同中附随义务的确定

——康正公司与天人公司等股权转让纠纷案〔1〕

案例要旨

协议没有约定如何让拟收购方知晓新公司已经注册事实的方式和义务，但并非在一切合同约定有漏洞、概念不确定的情况下，自然构成相对方的附随义务，而是必须具备一定的条件，即根据合同的性质、目的和交易习惯从诚实信用原则出发自然推导出的一个有关履行通知、协助、保密等义务由哪一方当事人履行的问题。

基本案情

上诉人（原审原告）：康正公司（原名为中油公司）。

被上诉人（原审被告）：天人公司、建龙公司。

原审第三人：矾山磷矿。

2007 年 12 月 10 日，河北省涿鹿县人民政府、天人公司、建龙公司三方签订《天人公司、建龙公司收购重组河北矾山磷矿协议书》，约定，天人公司、建龙公司通过收购原矾山磷矿原出资人持有的产权、原债权人拥有的债权的方式，对原矾山磷矿进行收购、重组，同时启动年产 12 万吨磷酸二铵项目。

---

〔1〕 最高人民法院（2012）民二终字第 44 号。

2009年7月27日，天人公司、建龙公司通过签订《产权交易合同》受让中国昊华化工（集团）总公司持有的占原矾山磷矿54.89%的产权。2009年8月6日经北京产权交易所主持交易，8月10日办理股权变更工商登记。

上述过程中，中油公司意欲加人对矾山磷矿的收购重组。2009年7月12日，中油公司（丁方，签字人宫浩）与河北省涿鹿县人民政府（甲方）、天人公司（乙方）、建龙公司（丙方）四方签订《协议书》，约定中油公司对由天人公司、建龙公司正在实施改制的矾山磷矿有权选择投资参股或放弃，其中协议第3条约定："……三、在新公司注册后，丁方必须在三个月内选择以下方式投资参股新公司，并按选择确定的方案同时支付款项：1. 全部收购乙丙方所持新公司90%的股权、全部债权和全部产权以及原矾山磷矿的抵债资产（包括收购原矾化公司的所有项目）。"确定收购对价的原则是：以乙丙方实际用于收购重组矾山磷矿项目的资金（包括但不限于购买产权、股权、债权、抵债资产及其他评估、审计等相关款项），根据投入时间长短，给予相应溢价。并约定了不同投入时间情况下的收购价格。

新公司于2010年4月30日注册登记。

2010年11月17日，中油公司向天人公司、建龙公司发出《履约通知函》，要求行使第3条第1款约定权利。天人公司、建龙公司不同意，认为应为新公司注册的2010年4月30日，3个月内期限是行使选择权的除斥期间。在新公司注册日起3个月届满后，中油公司不再具有投资参股新公司的选择权。双方就该问题产生争议，诉至法院。

法院裁判

一审法院认为，关于天人公司、建龙公司就新公司成立是否具有通知义务等法律所规定的合同附随义务。首先，这里的附随义务不是指先合同义务或后合同义务，而是指合同履行中的附随义务。按照《合同法》第60条规定的"当事人应当按照约定全面履行自己的义务。当事人应当遵循诚实信用原则，根据合同的性质、目的和交易习惯履行通知、协助、保密等义务"。合同的履行及合同目的的实现，需要当事人通力配合，包括：需要双方互通信息的情形；如果依据诚信原则，当事人应当主动地通知对方，便可认为有通知义务存在；而如果不需要主动地通知对方，而是按照协议约定、交易习惯或者诚信原则，作为关注信息的中油公司为实现其选择权或者就其选择应当履行明确表示的义务时就应当对新公司注册信息尽到注意义务，此注意义务又是选择权人同时应负有的义务。具体到本案中，中油公司行使选择权，一方面是合同授予中油公司的权利，另一方面又属于其应当承担的跟进矾山磷矿改制、注意新公司设立的相应义务，对新公司注册情况应具有积极关注义务，而且这种跟进、注意是一段期限而不是一个时间点，不会因选择权一方的一时疏忽而错过。中油公司不能把选择权建立在依靠对方行使告知的基础上。对在矾山磷矿改制过程中需要巨额投资收购原股权、矿上建设急需出资的情况，由于中油公司在作出参加投资的选择后必然需要履行参股或收购等投资义务，那么其行使选择或放弃选择均有可能性。这时，《协议书》赋予中油公司在选择权上处于主动和积极的地位，而且在实际过程中从其有意投资参加原矾山磷矿的收购重组到《协议书》签订后主动发起尽职调查，在原矾山磷矿改制急需资金时刻消极参加，中油公司与涿鹿县人民政府和天人公司、建龙公司存在便利的随时沟通渠道及其他公共信息渠道等，均证明中油公司在跟进和关注原矾山磷矿改制和新公司注册及是否参加的选择权上，确实处于积极、主动的地位。相较中油公司主动地位而言，当天人公司、建龙公司需要中油公司积极履行出资或提前进入角色而中油公司并不积极时，则天人公司在欢迎中油公司加入的心理状态上就或有不积极。那么，在中油公司处于选择权的主动地位情况下，其为取得股权、关心自己的选择权利，对等地就应当履行关注新公司注册的注意义务。中油公司履行该项注意义务，性质上属于债务人（既然中油公司有选择权利，那么其作出选择又同时会成为一项相伴的合同义务，因而中油公司既是权利人又是债务人）在履行合同约定的主义务（选择义务）的同时建立在主义务基础上的附随义务。从另一角度也可以判断天人公司、建龙公司不负有通知附随义务：合同责任，原则上是无过错的严格责任，但违反附随义务的责任往往不采用无过错责任原则，因为附随义务是基于诚实信用原则依法产生的法定义务；如果认定天人公司、建龙公司的通知行为属于附随义务，那么其就应当有过错为前提，但由于在关于新公司注册时间上中油公司本有为自己权利的注意义务，不能推诿他人，因而天人公司、建龙公司不存在过错行为。由此可见，本案天人公司、建龙公司负不负有通知的附随义务。一审判决驳回原告的诉讼请求。

康正公司不服，提起上诉。

生效判决认为，本案《协议书》没有约定如何让拟收购方知晓矾山磷矿新公司已经注册事实的方式和义务，但是并非在一切合同约定有漏洞、概念不确定的情况下，自然构成相对方的附随义务，而是必须具备一定的条件，即根据合同的性质、目的和交易习惯从诚实信用原则出发自然推导出的一个有关履行通知、协助、保密等义务由哪一方当事人履行的问题。就本案而言，本案《协议书》内容为当事人就正在改制中矾山磷矿有关收购、投资参股等权利所作的意向性框架协议，表明了矾山磷矿的股权转让方天人公司、建龙公司对其股权转让所需要的条件的陈述，其目的在于等待相对方作出选择以及股权拟收购方所表示的承诺。因此，对矾山磷矿的股权拟收购方来说，它可以作出全部收购、投资参股或者放弃收购的选择，为其履行权利，同时也必须有义务履行遵守股权拟转让方所提出的有关股权转让的条件，即必须在矾山磷矿新公司注册后 3 个月内作出选择，并按选择确定的方案同时支付款项，否则便不构成完全有效的承诺。本案矾山磷矿作为新公司注册成立的事实，并非属于如股权拟转让方不告知，股权拟收购方便无从知晓的相应信息。有关企业成立信息属公开公示信息，有关当事人完全有能力、有条件采取各种手段措施知晓矾山磷矿新公司注册成立的事实。中油公司并没有提出有关天人公司、建龙公司对其询问矾山磷矿新公司注册事实时拒绝透露相关信息的情况和证据材料。因此，根据本案《协议书》的性质和目的，知晓矾山磷矿新公司注册成立的事实既是中油公司的权利，同时也是中油公司履行其选择权必须主动应尽的注意义务。此时，并不构成股权拟转让方必须对相对方作出有关矾山磷矿新公司注册事实进行主动通知的义务。原审法院判决对此论述详尽全面，本院予以支持。综上，二审判决驳回上诉，维持原判。

案例评析

本案的争议焦点是天人公司、建龙公司是否负有通知的附随义务。

1. 附随义务的特征

我国《合同法》第60条规定："当事人应当按照约定全面履行自己的义务。当事人应当遵循诚实信用原则，根据合同的性质、目的和交易习惯履行通知、协助、保密等义务。"这种合同当事人依据诚实信用原则所产生的，根据合同的性质、目的和交易习惯所应当承担的通知、协助、保密等义务，即为合同附随义务。附随义务不同于给付义务，并非自始确定，而是随着合同关系的发展，于个别情况要求当事人一方有所作为或不作为，以维护相对方的利益。[1] 一般而言，附随义务包括注意义务、告知义务、协助义务、保护义务、保密义务等内容。[2]

附随义务具有如下特征：(1) 附随义务具有强制性。传统的合同理论严格尊重当事人之间的意思表示，但随着合同法理论的完善和诚实信用原则的发展，意思自治不再是合同领域中确定当事人权利义务的唯一准则。附随义务就是以诚实信用原则而非当事人约定为基础的，因此，其性质为强制性的法定义务而非约定义务，原则上当事人不得通过约定排除附随义务的适用。[3] (2) 附随义务具有不确定性。合同附随义务不是当事人预先约定的，其出现的时间和内容都无法提前确认，在具体的交易中，当事人究竟负哪些附随义务，不能一概而论，而应视特别情况依据诚实信用原则做出判断。(3) 附随义务具有从属性与辅助性。附随义务不能独立存在，从属于合同的给付义务，辅助合同目的实现。附随义务无法通过独立诉请履行而得到实现，只有在附随义务被违反且给对

---

〔1〕 施建辉：《同时履行抗辩权之适用限制》，载《华东政法大学学报》2007年第4期（总第53期）。

〔2〕 李敏：《合同法中的附随义务探讨》，载《甘肃政法学院学报》2005年第5期（总第82期）。

〔3〕 最高人民法院民事审判第二庭编著：《最高人民法院关于公司法解释（三） 清算纪要理解与适用》（注释版），人民法院出版社2014年版，第306页。

方造成损害时，才可以成立损害赔偿责任请求权。

2. 股权转让合同中附随义务的确定

对于股权转让合同，主给付义务即为出让方交付股权和受让方支付股权转让款，从给付义务为双方约定的主给付义务以外的其他义务，如双方约定出让方应承担的目标公司物品、资料的移交义务。而附随义务出现的时间和内容都无法提前确定，只能在出现具体情况时根据诚实信用原则作出进一步判断。一般而言，股权转让中的附随义务具体包括：转让人的说明义务，即转让人在将股权转予受让人时，有义务对股权的具体情况、公司的相关情况告知受让人，从而使其更好地预测交易风险的义务，其中当然包括对出资情况的相关说明义务；转让人的辅助义务，即在股权转让过程中及股权转让后，转让人须对受让人在一定时期内遇到的与公司股权、公司事务有关的问题给予相关帮助的义务；当事人的相互通知义务，即在股权的转让过程中，如果发生影响对方当事人利益的重大事项，当事人有义务及时、准确地通知受让方知晓。此外，当事人还存在一些其他的附随义务，这需要根据具体的合同内容和诚实信用原则作出进一步判断。[1]

本案中，《协议书》约定在新公司注册后3个月内，中油公司有权投资参股新公司，但是对如何让中油公司知晓新公司注册的事实，并没有约定，由此产生争议。中油公司主张合同另一方当事人有通知其新公司注册的附随义务，由于天人公司、建龙公司未履行该通知义务，因此应从中油公司知晓新公司注册后计算3个月的权利行使期间。一、二审法院均未支持中油公司的诉讼请求及上述意见，核心理由在于本案《协议书》性质为收购股权的意向性框架协议，类似预约合同，该协议书只是约定了当事人选择权，包括收购、参股、放弃投资参股新公司，并没有直接约定转让股权的行为，因此，不属于严格意义上的股权转让协议。

---

〔1〕 最高人民法院民事审判第二庭编著：《最高人民法院关于公司法解释（三）清算纪要理解与适用》（注释版），人民法院出版社2014年版，第302页。

本案的通知义务不同于股权转让过程中，如果发生影响对方当事人利益的重大事项，当事人有义务及时、准确地通知受让方知晓的通知义务。双方是不是要达成正式的股权转让协议，选择权在中油公司，这种权利能否实现，需要中油公司自己主动去跟进、了解，根据诚实信用原则，拟转让方没有通知中油公司新公司注册成立的附随法律义务。

本案的判决也充分说明了附随义务的不确定性特征，附随义务的具体内容的确定需要结合合同的性质、目的和交易习惯等具体情形，依据诚实信用原则做出判断。如果当事人一方在合同中期待另一方当事人的某种行为，通过协商的方式固定为合同条款并且明确具体的责任，才能更好地维护自身权益。

典型案例14
股权转让合同中违反附随义务的法律后果

——万道公司与古音公司股权转让纠纷案[1]

案例要旨

股权转让合同双方均已履行了合同的主要义务，在此情形下，受让方仅凭目标公司部分证照因客观原因未能直接变更而主张其合同目的无法实现，缺乏依据。

基本案情

上诉人（原审被告）：万道公司。

被上诉人（原审原告）：古音公司。

2014年12月23日，古音公司、万道公司签订《公司股权和资产转让协议》，约定古音公司将A公司的股权及整体资产全部转让给万道公司，转让价

〔1〕上海市第一中级人民法院（2016）沪01民终12393号。

为199000元。合同签订当天，万道公司付给古音公司10000元作为定金暨第一笔款项，古音公司收到款项后，将所有证照交由万道公司，万道公司着手准备各项变更事宜，古音公司需要全力配合万道公司的变更行为，变更项目及变更内容由万道公司自行设定。合同签订日之后7日内，古音公司负责将该药房所在商铺的房东介绍给万道公司，并帮助万道公司与房东签订新的房租协议，新的房租协议签订完成，万道公司支付古音公司80000元作为第二笔转让款。药品经营许可证、医疗器械经营许可证，工商营业执照、组织机构代码证、税务登记证、银行开户许可证、GSP证等所有经营相关的证照变更结束，万道公司将尾款支付给古音公司。古音公司承诺帮助万道公司与药店商铺的房东签订新的房租协议，商铺租金为每月18460元，3年之内不能涨价，具体年限与学校商量而定。根据万道公司要求变更后的药品经营许可证和工商营业执照拿到的当天，为药房正式交接日，双方于交接日进行库存盘点，并且古音公司于当天将药房交给万道公司经营，交接日之前产生的一切经营收益和（或有）债务由古音公司承担，交接日以后产生的一切经营收益和（或有）债务由万道公司承担。古音公司证照如因期限问题不能办理变更，需要古音公司自行办理好换证工作。

签约当日，万道公司支付古音公司10000元。2015年1月20日，古音公司帮助万道公司与药店商铺的房东签订新的房租协议。2015年2月10日，万道公司支付古音公司80000元。万道公司认可股权变更登记已完成，并取得所有经营证照，也已实际经营。

古音公司向一审法院起诉请求：万道公司支付转让款60000元。

法院裁判

一审判决万道公司内支付古音公司转让款59671.60元。万道公司不服，提起上诉。其主要上诉理由是：A公司的药品经营许可证即将在2015年1月21日到期，且该药房不具有新《药品经营质量管理规范》认证的GSP证书，在万道公司努力后仍无法办理药品经营许可证的更新。万道公司只能另注册

B 公司，并通过 B 公司重新申请了全套经营所需证照。万道公司实质上没有取得 A 公司全套经营证照，也未实际经营，不能实现合同目的。根据协议约定，万道公司没有义务支付剩余款项。二审法院判决驳回上诉，维持原判。

生效裁判认为，本案主要争议是万道公司支付尾款的条件是否成就。第一，古音公司根据《公司股权和资产转让协议》约定，已将原 A 公司的资产及经营证照交付万道公司，并已经配合万道公司办理了 A 公司股权的工商变更登记手续。在协议履行中，根据万道公司的安排，现已将 A 公司的企业名称进行了变更，股权也已变更登记为万道公司和金某。第二，现有事实表明，古音公司转让 A 公司股权和资产时，A 公司经营药品所需的相关证照是齐全的，万道公司应当知道前述证照有效期等具体情况，况且古音公司向万道公司进行交接时前述证照均在有效期内。第三，万道公司受让 A 公司股权和资产后，已实际开始经营。万道公司上诉称其未实际经营，与事实不符，也与其一审陈述相矛盾。第四，虽然协议约定万道公司在全部经营证照变更结束后向古音公司支付尾款，但该协议同时约定，证照变更事宜由万道公司负责，古音公司予以配合。现万道公司未能举证证明由于古音公司未予以配合而导致药品经营许可证等证照不能进行变更。也就是说，即使原 A 公司药品经营许可证等证照客观上不能直接进行变更，该结果的产生亦不能归咎于古音公司一方所造成。第五，虽然万道公司通过重新注册公司申请办理了新的药品经营许可证和 GSP 证书，但是，双方根据协议约定已办理股权变更登记，相关证照和资产已进行交接，万道公司亦已支付大部分转让款并已实际经营，即双方均已履行了合同的主要义务。在此情形下，万道公司仅凭 A 公司部分证照因客观原因未能直接变更而主张其合同目的无法实现，与事实不符，亦缺乏相应法律依据。基于上述分析，二审法院认为一审判决万道公司支付古音公司转让款的尾款，并无不当。

案例评析

本案的争议焦点在于股权转让合同中附随义务的认定及违反附随义务的法律后果。

1. 本案股权出让方的附随义务

本案中，古音公司根据《公司股权和资产转让协议》约定，已将原A公司的资产及经营证照交付万道公司，并已经配合万道公司办理了A公司股权的工商变更登记手续。万道公司主张A公司没有完成证照变更事宜，故不同意支付尾款。但是，该协议同时约定，证照变更事宜由万道公司负责，古音公司予以配合。古音公司作为股权出让方的这种配合万道公司办理证照变更事宜的义务，属于其应承担的附随义务。

2. 违反附随义务的法律后果

(1) 违反附随义务与同时履行抗辩权。同时履行抗辩权是指双务合同中，在当事人没有约定履行顺序时，在对方未履行对待给付义务时有权拒绝履行的权利。合同一方当事人违反了主给付义务，另一方当事人自可以行使同时履行抗辩权。而在违反附随义务的情况下，另一方当事人不能行使同时履行抗辩权。这是因为附随义务具有不确定性及从属性与辅助性的特征，其与合同的给付义务并不是对等关系，不构成对待给付，因此，违反合同附随义务不能成为合同另一方拒绝履行给付义务的抗辩理由。

(2) 违反附随义务与合同解除。合同一方违反主给付义务，如果导致合同目的不能实现，可能会导致合同的解除。而在违反附随义务的情况下，因为其往往不会构成根本违约，所以，当事人通常不能解除合同。[1] 这是因为附随义务从属性与辅助性的特征决定了违反附随义务一般不会涉及合同目的的实现与否。但也存在例外，一些附随义务的违反也

---

〔1〕王利明：《合同法研究》（第1卷·修订版），中国人民法学出版社2011年版，第396页。

可能会导致合同目的不能实现，但需要根据具体的案情进行判断。如股权转让合同中，即使已经完成了股权的交付，但是股权出让方拒不配合办理股权变更登记，如果严重影响受让方取得股权的合同目的的实现，受让方则有权解除合同。

（3）违反附随义务的损害赔偿。违反附随义务也是违约行为，应承担相应的后果。虽然违反附随义务一般不导致同时履行抗辩权的产生或合同目的不能实现，但是，给合同另一方当事人造成损失的，应承担损害赔偿的后果。

综上，就股权转让合同来说，股权出让方附随义务履行与否不影响受让方取得公司股权，亦不影响合同目的的实现，股权受让方一方不能据此抗辩股权转让款的支付，也不能据此要求解除合同。在股权转让合同履行过程中，股权受让方违反附随义务，受让方可以要求减少股权转让款的支付。在合同的权利义务终止后，违反附随义务给另一方造成损失的，应承担赔偿责任。

3. 本案股权出让方并未违反合同附随义务

如前所述，本案古音公司作为股权出让方的附随义务是配合万道公司办理证照变更事宜，但是具体的证照变更事宜由万道公司主导，而万道公司未能举证证明由于古音公司未予以配合而导致药品经营许可证等证照不能进行变更，在此情况下未能办理证照变更，过错责任在股权受让方万道公司，而不在于古音公司。如果原A公司药品经营许可证等证照客观上不能直接进行变更，该结果的产生不能归咎于古音公司是否履行附随义务，在双方没有约定由谁承担责任的情况下，亦不能认定为由古音公司承担责任。而事实上，万道公司已经通过另设公司的方式实际经营了A公司，万道公司作为受让方的合同目的已经实现，因此，其应支付剩余股权转让款。

五、股权转让中意思表示的认定

（一）意思表示的构成要素

法律行为的要旨是，根据行为人意志发生相应的法律效果。设定法律效果的行为人意志必须表示于外，才能构成法律交往行为。这一表示于外的意志行为，称意思表示。据此，意思表示可定义为：将欲发生法律效果之意思表示于外的行为。[1]

意思表示由表示与意思两词组合而成，相应地，意思表示的构成也包含两个阶段，一是外部要素，也称客观要素，即把内心意思通过一定方式表达出来的行为，依表示方式的不同，分明示与默示。二是内部要素，也称主观要素，即表意人内心思想的形成。通说认为，意思表示的主观要素包括三项：行为意思、表示意识及效果意思。行为意思，是指行为人自觉从事某项行为的内心意思；表示意识，是行为人通过某种特定方式传达参与某项法律行为的意识；效果意思，是行为人具有发生特定法律效果的意思。

（二）股权转让中，如何认定当事人的真实意思表示

根据意思表示的构成要素，股权转让中，判断当事人具有股权转让的意思表示，应当包含以下要素：首先，出让方有自觉进行股权转让的内心意思，同时，受让方需有自觉受让股权的内心意思；其次，转让方想通过特定方式传达其转让股权的意思，受让人则欲通过特定方式表达其受让股权的意思；最后，股权转让双方通过明示或默示的方式将股权转让的意志表示于外。

---

〔1〕 朱庆育：《民法总论》，北京大学出版社2013年版，第184页。

典型案例15
合同当事人是否具有真实股权转让意思表示的认定
——胡某与华某股权转让纠纷案[1]

案例要旨

结合考虑双方当事人的关系及其他案件事实，法院认定《股权转让协议书》虽然有双方签字，但双方没有转让股权及受让股权的意思表示，《股权转让协议书》不是二人的真实意思表示，不具有法律效力。

基本案情

上诉人（原审原告）：胡某。

被上诉人（原审被告）：华某。

华某、胡某二人分别持有华景园林公司51%和49%的股份。2016年1月22日，胡某与华某签订《股权转让协议书》，约定：胡某将持有的华景园林公司49%股权转让给华某，华某及华景园林公司支付股权转让款2500万元，分别于2016年1月25日付600万元、2016年5月20日付400万元、2016年10月20日付清余款。《股权转让协议书》对股权变更登记事宜未涉及，对华景园林公司的固定资产分配、债权债务承担进行了约定。华景园林公司也在协议上加盖公章。另外，根据《股权转让协议书》第6条记载，该协议书应当附有胡某的债务清单，但胡某未能提供。协议签订至今，华某未支付股权转让款，华景园林公司股东未进行变更登记。另外，2017年4月1日，胡某与华某就华景园林公司申请银行贷款事项召开股东会并形成决议。当日，胡某对华景园林公司申请的600万元借款向银行提供连带责任保证。2016年至今，华景园林公司经营状况恶化，胡某、华某对外有大量债务，其中胡某作

---

[1] 安徽省滁州市中级人民法院（2018）皖11民终1244号。

为被执行人在法院的涉案标的达 1800 万元以上。胡某诉请华某支付股权转让款 2500 万元。

法院裁判

一审法院判决驳回胡某的诉讼请求。胡某不服，提起上诉。

生效判决认为，本案焦点是《股权转让协议书》是否合法有效。本案中，《股权转让协议书》约定胡某将华景园林公司 49% 股权作价 2500 万元转让给华某，而华景园林公司注册资本仅为 2000 万元，且协议书签订时，华景园林公司经营状况恶化，胡某、华某二人均有大量外债，胡某、华某、华景园林公司相互之间的债权债务混同，无法区分，华某以 2500 万元受让胡某持有的 49% 公司股权，不合常理。同时，在协议书签订长达一年多后，胡某仍以华景园林公司股东身份参加股东会表决形成决议，继续行使股东权利，履行股东职责，该事实应当认定胡某没有退出让公司股权的意图。另外，对 2500 万元股权转让款，协议书约定为分期支付，第一笔款项付款时间为协议签订后第 3 日，最后一笔付款时间为 2016 年 10 月，但至今华某从未付款，且胡某自始至终未能提供证据证明曾在诉讼前向华某主张过权利，该事实亦不合情理。综合以上情况，结合胡某、华某二人长期存在特定关系这一事实，法院认定《股权转让协议书》虽然有胡某、华某二人签字，但胡某没有转让股权、华某没有受让股权的意思表示，该份《股权转让协议书》不是二人的真实意思表示，不具有法律效力。故胡某依据《股权转让协议书》要求华某履行给付股权转让款的诉讼请求，法院不予支持。据此，二审法院驳回上诉，维持原判。

案例评析

本案胡某依据《股权转让协议书》要求华某支付股权转让款，华某表示股权转让不是双方的真实意思表示，因此，本案的争议焦点为双方是否具有真实股权转让的意思表示。

《民法总则》第 143 条规定："具备下列条件的民事法律行为有效：

（一）行为人具有相应的民事行为能力；（二）意思表示真实；（三）不违反法律、行政法规的强制性规定，不违背公序良俗。”第146条第1款规定：“行为人与相对人以虚假的意思表示实施的民事法律行为无效。”因此，意思表示真实是民事法律行为生效的一个要件。所谓意思表示，是指将欲发生法律效果之意思表示于外的行为。[1] 而意思表示真实，即指行为人表示于外的意思与其内心真意相一致。简言之，即表示与意思相一致。民事主体从事民事活动，应当遵循平等、自愿、公平、等价有偿、诚实信用等原则，审判实践中，法院在探究民事法律行为是否是双方的真实意思表示时，一般应结合民事法律行为的具体内容、意思表示的明确程度以及履行的实际状况等加以综合考虑。通常来说，如果双方签订了合同，合同约定的内容具体明确且不违反法律规定，则应以合同的内容认定为双方的真实意思表示，除非一方提供了相反证据否认了合同的内容是双方的真实意思表示。

本案中，双方签订了《股权转让协议书》，且协议的内容具体、完整，不违反法律规定，显示双方是股权转让的法律关系。依照常理，协议签订之后，双方当有相应的履行行为，然而在协议书签订长达一年多后，胡某仍以华景园林公司股东身份参加股东会表决形成决议，继续行使股东权利，履行股东职责，该事实应当认定胡某没有退出让公司股权的意图。华某从未付款，且胡某自始至终未能提供证据证明曾在诉讼前向华某主张过权利，该事实不合情理。可见，双方没有任何实际履行股权的行为。其次，华某提交的证据显示，协议书签订时，华景园林公司经营状况恶化，胡某、华某二人均有大量外债，胡某、华某、华景园林公司相互之间的债权债务混同，无法区分，华某以2500万元受让胡某持有的49%公司股权，不合常理。最后，胡某、华某二人长期存在特定关系。案件审理过程中，胡某亦未能提供《股权转让协议书》第6条约定的债务清单，属于不能提供完整的合同。综上，可以看出胡某、华某虽

[1] 朱庆育：《民法总论》，北京大学出版社2014年版，第184页。

然签订了《股权转让协议书》，但是双方并没有真实的股权转让意思表示。在此情况下，胡某以《股权转让协议书》为据，要求华某支付对价，法院未予支持。

典型案例16
股权转让系履行离婚协议内容的具体行为，不属于股权转让法律关系

——张某与宁某艳股权转让纠纷案[1]

案例要旨

本案中，双方当事人通过签订股权转让协议方式实现离婚协议约定的股权分割内容，双方的真实意思并不是股权转让，故受让方无须按照股权转让协议的约定支付对价。

基本案情

上诉人（原审原告）：张某。

被上诉人（原审被告）：宁某艳。

张某与宁某艳曾系夫妻关系。2012年12月15日，张某与宁某艳签订《自愿离婚协议书》，约定张某因过错，自愿放弃夫妻共有财产的分割权利，腾祥混凝土公司和腾祥房地产公司的所有股权和所有权归宁某艳及儿女所有。2012年12月27日，张某与宁某艳在银川市兴庆区民政局办理了离婚手续，在留档的表格式《自愿离婚协议书》财产分割一栏中女方的财产为腾祥房地产公司、腾祥混凝土公司，男方财产为丰田车一辆，个人名下存款。张某与宁某艳自愿离婚后，双方于2013年1月7日签订了《股权转让协议》，约定张某将持有公司90%的股权共900万元（人民币）出资额，以900万元（人

---

〔1〕甘肃省高级人民法院（2015）甘民二终字第60号。本案二审判决作出后，张某不服，向最高人民法院提起再审。最高人民法院作出（2015）民申字第3079号民事裁定书，裁定驳回张某的再审申请。

民币）转让给宁某艳，并依据该协议于2013年1月10日在工商登记部门办理了股权过户手续，宁某艳登记为持有腾祥房地产公司90%股权的股东。张某以宁某艳未向其支付上述《股权转让协议》所约定的900万元股权转让款为由，要求解除《股权转让协议》及宁某艳赔偿损失400万元。

法院裁判

一审判决驳回张某的诉讼请求。张某不服，提起上诉。其主要理由是，股权转让协议明确约定，股权转让金900万元，7日之内履行完毕。宁某艳至今没有履行股权转让协议约定义务，张某有权解除协议并要求张某承担损害赔偿责任。二审判决驳回上诉，维持原判。

生效裁判认为，本案争议的焦点为张某要求解除与宁某艳签订的股权转让协议的诉讼请求是否成立。张某根据《合同法》第94条以及股权转让协议中有关约定提出上述诉讼请求的事实依据是，宁某艳未能在股权转让协议签订后7日内以现金方式支付900万元，故宁某艳是否负有按约定支付900万元的义务成为本案关键所在。本案中，张某与宁某艳虽然签订了股权转让协议，并依据该协议在工商行政管理部门办理完毕股权变更手续，使宁某艳承继了张某在腾祥房地产公司股东地位及股权比例，但双方当事人并非普通市场主体基于交易行为而签订了上述股权转让协议，而是张某与宁某艳曾为合法夫妻关系，二人在银川市兴庆区民政局以协议方式办理离婚手续时，张某书面承诺将其持有的腾祥房地产公司90%股权分割予宁某艳，为履行离婚协议内容才是双方签订股权转让协议的真实目的。根据最高人民法院《关于适用〈中华人民共和国婚姻法〉若干问题的解释（二）》（以下简称《婚姻法解释（二）》）第8条第1款关于"离婚协议中关于财产分割的条款或者当事人因离婚就财产分割达成的协议，对男女双方具有法律约束力"之规定，以及从股权转让协议签订至提起本案诉讼为止，张某均无证据证明存在曾向宁某艳提出了付款请求以及被拒绝的事实可知，双方虽在股权转让协议中约定了宁某艳的付款义务，但此约定并非缔约双方真实意思表示。因张某与宁某艳以签订股权转让协议方式实现离婚协议约定内容并不为目前法律法规所禁止，故宁某艳取得离婚协议中约定股权，依法并不负有向张某支付对价的义务。张某要求解除股权转让协议并赔偿损失的诉讼请求因缺乏事实及法律依据，二审法院不予支持。

案例评析

本案的争议焦点在于：双方签订股权转让协议是为履行离婚协议的具体内容还是就股权转让达成的合意。

1. 本案股权转让协议的目的

按照一般商业交易习惯，有偿性质的股权转让法律关系中，合同目的体现为出让方取得转让价款，受让方取得股权，这需要受让方按照约定向出让方支付对价，出让方按照约定前往行政管理部门办理相关股权的变更登记手续。但是，本案张某与宁某艳先是签订了离婚协议书，约定腾祥房地产公司的所有股权和所有权归宁某艳及儿女所有，后双方在民政局以协议方式办理离婚手续时，张某书面承诺将其持有的腾祥房地产公司90%股权分割予宁某艳。其后双方签订《股权转让协议》，约定张某将持有的腾祥房地产公司90%股权以900万元转让给宁某艳，并依据该协议在工商登记部门办理了股权过户手续。因此，对于《股权转让协议》的真实目的，需结合双方的关系、离婚协议书的内容及履行的过程等进行认定。本案中，虽然离婚协议书签订在前，《股权转让协议》签订在后，但是前后两份协议约定的内容并不冲突，都涉及对张某持有的腾祥房地产公司90%股权的处分，因此，不能认为后签订的股权转让协议是对签订在前离婚协议的变更。

本案离婚协议是夫妻之间在离婚过程中对股权的分割，但是夫妻之间的约定对外不产生效力。《公司法》第71条第2款规定，有限责任公司股东对外转让股份需经其他股东过半数同意，且其他股东在同等条件下享有优先购买权，这种优先购买权不因夫妻之间就股权分割达成一致而被剥夺或限制。《婚姻法解释（二）》第16条第1款第2项规定，以夫妻共同财产出资，股份登记在一方名下的，如果过半数股东不同意股份转让，但愿意出资购买的，法院可以对转让出资所得财产进行分割。正因如此，实践中单纯的离婚协议不能办理工商变更登记，要实现离婚协议中约定的股权分割，需通过其他方式。本案中张某与宁某艳除了在离婚协议书中约定腾祥房地产公司的所有股权归宁某艳及儿女所有，二人在办理离婚手续时，张某书面承诺将其持有的腾祥房地产公司90%股权分割予宁某艳，这显然是双方的真实意思表示。双方签订《股权转让协议》的目的是办理股权的工商变更登记，是为履行离婚协议的内容，这也能从股权转让协议签订至提起诉讼为止，张某均无证据证明存在曾向宁某艳提出了付款请求以及被拒绝的事实可得到印证。

2. “受让方”无须支付股权转让款

如前所述，双方签订《股权转让协议》仅是履行离婚协议内容的具体行为，《股权转让协议》所约定的上述900万元股权对价款，并非双方的真实意思表示。因此，一、二审判决及再审裁定均驳回张某要求解除《股权转让协议》并赔偿损失的诉讼请求。

司法实践中还有类似的案件，但是法院采用了其他的裁判思路。如在（2009）浙商终字第259号浙江省高级人民法院判决傅某与梁某股权转让纠纷一案中，二审法院认为《股权转让协议》和《离婚协议书》对本案股权的处分，均体现当事人的真实意思，《离婚协议书》可作为受让人对抗出让方请求返还股权的抗辩事由。基于当事人行使诉请和人民法院行使审判权方便之考虑，在一审被告抗辩事由成立的情况下，法院即可径行驳回一审原告的诉讼请求，无须告知原告另行起诉确认其享有本案股权。这种思路将《股权转让协议》和《离婚协议书》割裂为两份独立的协议，没有考虑两份协议之间内在的联系及双方当事人的真实意思表示，仅仅从减少诉累的角度予以考虑，有失妥当。

典型案例17

当事人就同一股权转让事项签订有价款不同的两份协议，如何认定哪一份协议是双方的真实意思表示

——鲁兴公司与兴迪尔公司股权转让纠纷案[1]

案例要旨

根据前后两份协议内容、实际履行情况、双方往来函件等情况，签订在前的《协议书》是双方的真实意思表示。一审法院仅依据《股权转让协议》签订时间在后，就认定2014年5月28日的《股权转让协议》代替了2014年5月4日的《协议书》，认定有误，二审法院予以纠正。

基本案情

上诉人（原审原告）：鲁兴公司。

被上诉人（原审被告）：兴迪尔公司。

2014年4月30日，目标公司召开股东会并通过股东会决议。决议一致同意公司原股东鲁兴公司以6860万元价格转让给原股东兴迪尔公司，转让款包括：（1）股权本金：1800万元；（2）归还原股东鲁兴公司借款5742350元；（3）付给原股东鲁兴公司企业所得税后投资收益44857650元。

2014年5月4日，鲁兴公司（甲方）与兴迪尔公司（乙方）签订《协议书》一份，协议约定鲁兴公司将其出资的目标公司1800万元（占注册资本的50%）的股权全部转让给兴迪尔公司，且双方同意上述股权转让款为6860万元。协议约定：双方同意兴迪尔公司支付鲁兴公司股权转让款3000万元，该笔款项最迟支付时间不超过2014年5月20日；另外3000万元自本合同签订之日起，按照同期银行基准年利率计算利息，该款及利息须于2014年12月

---

〔1〕 山东省高级人民法院（2017）鲁民终954号。

25 日前付清；剩余 860 万元须于 2015 年 3 月 25 日前付清同时支付自本合同签订之日起同期银行基准年利率利息。协议还约定：双方在 2015 年 5 月 20 日前办理完工商登记，并将公司资产、合同及印鉴移交给兴迪尔公司。如兴迪尔公司不能按照本协议规定的时间付款，则每逾期一日，按照逾期付款的总额承担日万分之三的违约金。

另查明，2014 年 5 月 28 日，鲁兴公司与兴迪尔公司又签订《股权转让协议》一份。协议约定：（1）甲方（鲁兴公司）同意将其在目标公司的 1800 万元股权（占注册资本的 50%），依法转让给乙方（兴迪尔公司），乙方同意受让上述股权；（2）双方商定上述股权的转让价款为 1800 万元；（3）乙方应将转让价款 1800 万元，在协议签订之日起 3 日内，以货币资金形式支付给甲方；（4）甲方将股权转让给乙方后，其在目标公司的权利、义务，由乙方享有和承担。后该协议在山东省济宁市汶上县工商行政管理局备案。

2014 年 5 月 28 日，目标公司股东会决议由原股东鲁兴公司以货币出资 1800 万元（占注册资本 50%），股东兴迪尔公司以货币出资 1800 万元（占注册资本 50%）；现变更为股东兴迪尔公司以货币认缴出资额 3600 万元（占注册资本 100%），以货币实缴出资 3600 万元。

协议签订后，兴迪尔公司先后于 2014 年 5 月 19 日分两次分别向鲁兴公司支付款项 1500 万元、200 万元；于 2014 年 5 月 21 日支付 300 万元；于 2014 年 5 月28 日支付 1000 万元。

2015 年 7 月 27 日，鲁兴公司向兴迪尔公司致函，载明兴迪尔公司支付首期款项后再没有按照《协议书》中规定的时间支付本金、利息及违约金。2015 年 7 月 31 日，兴迪尔公司向鲁兴公司回函，认可股权转让价格为 6860 万元，且已支付 3000 万元首笔股权转让款。同时对剩余股权转让款提出解决方案。

鲁兴公司向一审法院起诉请求：（1）确认双方于 2014 年 5 月 4 日签订的《股权转让协议书》合法有效；（2）判令兴迪尔公司支付股权转让款 3860 万元及利息；（3）判令兴迪尔公司偿付逾期付款违约金。

法院裁判

一审判决驳回鲁兴公司的诉讼请求。鲁兴公司不服，提起上诉。鲁兴公司的主要上诉理由是：2014年5月28日签订的《股权转让协议》仅用于工商登记的股权的登记变更，并没有废止2014年5月4日《协议书》。从公司董事会决议、股东会决议及付款情况看，2014年5月4日《协议书》是双方的真实意思表示。二审判决撤销一审判决，改判兴迪尔公司支付股权转让款3860万元及利息，并支付逾期付款违约金。

生效裁判认为，关于2014年5月28日签订的《股权转让协议》是否取代了2014年5月4日的《协议书》的问题。首先，从协议的内容上看，涉案两份协议均依据股东会决议而签订，前后两协议约定的支付对价是包含关系。2014年5月28日的《股权转让协议》只约定鲁兴公司转让1800万元的股权（占注册资本的50%）支付的对价为1800万元，该对价并不涉及鲁兴公司对目标公司权益。其次，从涉案款项的支付义务上看，1800万元的股权转让款应由兴迪尔公司支付；而鲁兴公司对目标公司所享有的权益本应由目标公司支付，但兴迪尔公司在2014年5月4日的《协议书》中同意就目标公司应承担的付款义务由其支付。之后，虽然双方签订了2014年5月28日的《股权转让协议》，显然该协议没有涉及鲁兴公司对目标公司的权益事宜，也就是说，鲁兴公司并没有放弃对目标公司的权益，也未免除兴迪尔公司的相关义务。再次，从兴迪尔公司的实际履行情况看，可以认定双方仍依据2014年5月4日协议进行了履行。兴迪尔公司截至2014年5月28日即办理工商登记变更之日，共支付鲁兴公司首期股权转让款3000万元，而2014年5月28日的《股权转让协议》约定的对价金额为1800万元。由此表明，双方是依照2014年5月4日的《协议书》约定实际履行的。兴迪尔公司主张其支付的3000万元中有1200万元系鲁兴公司的借款，但因其未提交相应证据予以证明，本院对此不予支持。最后，从双方往来函件看，兴迪尔公司回函时间为2015年7月31日，系在2014年5月28日的《股权转让协议》之后。兴迪尔公司在回函中认可股权转让价格为6860万元，且已支付3000万元首笔股权转让款。同时对剩余股权转让款提出解决方案。综上，根据前后两份协议内容、实际履行情况、双方往来函件等情况，签订在前的《协议书》是双方的真实意思表示。一审法院仅依据《股权转让协议》签订时间在后，就认定2014年5月28日的《股权转让协议》代替了2014年5月4日的《协议书》，认定有误，二审法院予以纠正。

案例评析

本案的争议焦点是，当事人就同一股权转让事项前后签订了两份价款不同的股权转让协议，如何认定鲁兴公司向兴迪尔公司转让股权的转让金额。

实践中，在股权转让交易过程中有时存在就同一事项签订转让款不同的两份转让协议的现象，其原因有可能是当事人就同一股权转让事项进行了协商变更，以签订在后的协议取代了签订在前的协议；有可能是当事人签订的“阴阳合同”，主要原因是交易当事人为了规避法律法规或相关政策，顺利完成股权的变更登记，也可能存在逃避税收等其他目的；还有可能是当事人在真实意思表示之外另签订一份协议，用来满足一方当事人某种不正当目的，如多分遗产。[1]无论是哪一种情况，应以双方的真实意思表示为准。所谓意思表示真实，系指行为人表示于外的意思与其内心真意相一致。简言之，即表示与意思相一致。意思表示作为法律行为的核心要素，其真实性对于保证行为人正确实现行为目的至关重要。但是当事人达成的前后两份协议对同一内容有不同约定产生冲突时，如何判断双方当事人的真实意思表示。司法权威观点认为，双方当事人在平等自愿基础上达成的前后两份协议，符合法律规定，合法有效，两份协议所约定的内容均应对当事人产生约束力。当两份合同均属有效且前后两份合同对同一内容有不同约定产生冲突时，基于意思表示最新最

〔1〕（2013）三中民初字第00169号。

近，且不违反合同目的，可根据合同成立的先后，确定以后一合同确定的内容为准。如果前后两份合同约定的内容不冲突，仅对合同的内容进行了不同的约定，因此，不能简单地认定后一协议是前一协议的变更，或后一协议是对前一协议的补充和完善。[1]

因此，就股权转让而言，如果双方前后签订的两份协议涉及的股权转让的转让价款均不同，参照《合同法》第30条的规定，承诺的内容应当与要约的内容一致。受要约人对要约的内容作出实质性变更的，为新要约。有关合同标的、数量、质量、价款或者报酬、履行期限、履行地点和方式、违约责任和解决争议方法等的变更，是对要约内容的实质性变更。如果签订在后的转让协议对签订在前的协议就转让的标的、对价及履行方式等都做出了实质性的变更，双方是就同一事项签订的两份独立合同。因两份合同都是双方当事人的真实意思表示，在无其他特殊事由的情况下，根据后约盖前约的原理，此时双方的权利义务关系应当以签订在后的转让协议所确定的内容为准。如果双方如果前后两份合同约定的内容不冲突，仅对合同的内容进行了不同的约定，因此，不能简单地认定后一协议是前一协议的变更，或后一协议是对前一协议的补充和完善。在判断应当依据哪一份协议确定股权转让价款的问题上，法院应根据两份合同的签订情况、合同的内容、合同的履行情况等证据，并结合日常情理、交易习惯等确定双方实际履行的是哪一份协议。

本案中，双方于2014年5月4日签订了转让款为6860万元的《协议书》一份，于2014年5月28日签订了转让款为1800万元的《股权转让协议》一份，并进行了工商备案。两份协议涉及的事项均是同一股权的转让，因此，不能仅仅依据后约盖前约的原理确定真实的转让价款。也不能以工商备案合同作为认定转让价款的根据，因为工商备

---

[1] 详见最高人民法院（2011）民抗字第48号判决书，载《最高人民法院公报》2012年第5期（总第187期）。

案是一种行政行为，当事人违反行政法规的行为应受到行政法规的处罚，承担行政法上的责任，但民事行为方面，仍以其真实意思表示为准。鉴于双方就实际履行的是哪一份协议产生争议，法院应结合本案实际情况进行实质审查。本案中，二审法院结合协议的内容及目标公司的相关公司决议、股权转让款项的实际履行情况以及双方的往来函件等情况考察当事人的真实意思表示，确定2014年5月4日签订的协议是双方之间真实有效的协议，应以此确定股权转让价款。2014年5月28日签订的《股权转让协议》虽然客观存在，但仅为办理工商登记而签订，不能以该协议为依据确认各方当事人在股权转让法律关系中的权利义务。

值得注意的是，本案二审根据守约方的诉讼请求，判决股权受让方兴迪尔公司支付逾期付款违约金并同时支付逾期付款利益，即同时支持守约方同时主张的违约金和损害赔偿，是适当的。因为虽然我国合同法上的违约金系以"补偿性为主、以惩罚性为辅"，但是，基于合同自由原则，当事人可以约定违约金为损害赔偿以外的额外赔偿，[1]此时的违约金仅具有履约担保功能，或者仅具有所谓的惩罚性功能，也即所谓的惩罚性违约金，此时，守约方得一并主张损害赔偿请求权与违约金请求权。所以如果合同中违约金明确约定为惩罚性违约金的，惩罚性违约金可以与损害赔偿并用。[2] 司法实务中也持同样观点。[3] 本案《协议书》既约定了按日万分之三计算逾期付款违约金，又约定了按贷款利率支付未付款利息，同时，约定的违约金也不过高，故二审法院均予以支持。

---

〔1〕 韩世远：《违约金的理论争议与实践问题》，载《北京仲裁》第68辑。

〔2〕 索宏钢主编：《类型化案件审判指引》（商事卷），人民法院出版社2017年版，第183～184页。

〔3〕 详见（2016）川民终1164号。

典型案例18

一方当事人在另案中作为证据提交的股权转让协议，能否在本案中作为认定事实的证据

——蒙一堂公司、赵某与周某等股权转让纠纷案[1]

案例要旨

虽然转让方在另案继承纠纷案件中提交了转让金额为1600万元的《合作协议书》作为证据，但是考虑其在该案件中提交《合作协议书》并非原件，《合作协议书》的股权受让方并非该案的当事人，《合作协议书》的签订及履行情况并非该案的审查焦点问题，出让方在该案中亦有多分遗产的动机。故此，法院认为出让方在另案中的行为属于不诚信诉讼行为，干扰了法院对案件事实的判断，但不能据此认定转让金额为1600万元的《合作协议书》是本案各方当事人的真实意思表示。

基本案情

原告（反诉被告）：蒙一堂公司、赵某。

被告（反诉原告）：周某。

被告：太真子公司、邓某。

太真子公司股东及其出资为：周某出资1984.5万元，占公司股份90%，邓某出资220.5万元，占公司股份10%。蒙一堂公司、赵某向法院起诉，请求确认蒙一堂公司、赵某与周某、邓某就太真子公司100%的股权转让金额为1600万元；并要求周某、邓某将股权变更登记为蒙一堂公司所有，并移交太真子公司相应的证件和资料；太真子公司注销原股东的出资证明书，向蒙一堂公司、赵某签发出资证明书，并相应修改公司章程和股东名册中有关股东

[1] 北京市第三中级人民法院（2013）三中民初字第00169号。

及其出资额的记载。

为此，蒙一堂公司、赵某向法院提交了提交一份加盖有北京市朝阳区人民法院档案科专用章的《合作协议书》复印件。该《合作协议书》于2008年7月18日签署，甲方为太真子公司、张某、周某、邓某，乙方为蒙一堂公司、秦某、王某，丙方为赵某。《合作协议书》约定甲方拟将其持有太真子的公司全部股份转让给乙方、丙方，甲方持有的太真子公司的全部股份资产价值为1600万元，乙方和丙方采用现金支付方式，受让甲方持有的太真子公司股权。协议并约定了付款方式等其他内容。

周某亦向法院提交一份由太真子公司、周某、邓某、蒙一堂公司、秦玉东、王某、赵某于2008年7月18日签署的《合作协议书》原件，甲方为太真子公司、张某、周某、邓某，乙方为蒙一堂公司、秦玉东、王某，丙方为赵某。《合作协议书》约定甲方持有的太真子公司的全部股份，目前所有资产价值为转让金额为2325万元；乙方和丙方采用现金支付方式，受让甲方持有的太真子公司股权。

协议签订后，蒙一堂公司、赵某就股权转让款合计向周某付款1444.5万元，向邓某付款144万元，共计1588.5万元。

蒙一堂公司、赵某起诉请求：确认各方就太真子公司100%的股权转让金额为1600万元；周某、太真子公司、邓某共同将周某所持太真子公司90%的股权变更登记为蒙一堂公司持有，将邓某所持太真子公司10%的股权变更登记为赵某所持有；判决周某、太真子公司共同依法办理并移交太真子公司所有的证照资料。

周某反诉请求：请求确认转让金额为2325万元的《合作协议书》为双方需要遵守执行的合同；判决蒙一堂公司、赵某支付周某尚未支付的股权转让款1000万元及利息。

法院裁判

法院认为，本案的争议焦点是各方当事人实际履行的是哪一份《合作协议书》。

本案中，蒙一堂公司、赵某与周某均认可就本案涉及的太真子公司股权转让于2008年7月18日签订过两份《合作协议书》，现双方为实际履行哪一份《合作协议书》而各执一词。蒙一堂公司、赵某主张先签订股权转让金额为2325万元的《合作协议书》，后经各方协商一致，将转让金额为2325万元的《合作协议书》销毁，又签订了转让金额为1600万元的《合作协议书》，故转让金额为1600万元的《合作协议书》为双方实际履行的合同。周某主张转让金额为1600万元的《合作协议书》签订的目的是周某为了隐瞒真实的股权转让价格，是为了将1600万元与2325万元的股权转让款差价用于偿还太真子公司债务而签订，且转让金额为1600万元的《合作协议书》原件已销毁，双方实际履行的是转让金额为2325万元的《合作协议书》。从两份《合作协议书》的内容上看，除了股权转让价款及付款期限以及付款期限所对应的付款数额不同外，两份《合作协议书》的其他条款及内容均一致。从合同的履行情况来看，2008年7月18日，蒙一堂公司、赵某向周某支付股权转让款300万元；2008年8月26日，蒙一堂公司、赵某向周某支付股权转让款80万元；2008年8月27日，蒙一堂公司、赵某向邓某支付款项20万元；2008年10月10日，蒙一堂公司、赵某向邓某付款40万元；2008年11月3日，蒙一堂公司、赵某向周某付款60万元。上述付款情况与两份《合作协议书》中载明的第1次、第2次、第3次付款期限约定的付款数额均能对应。后续付款情况与《合作协议书》约定的第4次、第5次付款情况并无明显对应关系，但是能确定2010年2月27日，蒙一堂公司、赵某向周某付款804.5万元；2010年3月1日，蒙一堂公司、赵某向周某付款200万元。周某提交的王某于2010年2月27日及2011年3月18日书写的书面材料及2011年3月18日书写的《付太真子明细帐》，均能够与实际付款情况相印证，能够认定2010年3月1日之后，蒙一堂公司、赵某确实仍欠付款项。综合考虑周某提交的转让金额为2325万元的《合作协议书》为原件、王某书写的《付太真子明细帐》及与实际付款情况能相互印证，以及双方当事人在本案的陈述，本院有理由相信，转让金额为2325万元的《合作协议书》是各方当事人的真实意思表示。

虽然周某在15032号案中提交了转让金额为1600万元的《合作协议书》作为证据，并在该案中陈述其与张某关于太真子公司的股权转让款为1600万元，但是考虑到周某在该案件中提交的转让金额为1600万元的《合作协议书》并非原件，蒙一堂公司、赵某并非15032号案的当事人，《合作协议书》的签订及履行情况并非该案的审查焦点问题，周某在该案中亦有多分张某遗产的动机。故此，本院认为周某在15032号案件中的行为属于不诚信诉讼行为，干扰了法院对案件事实的判断，但不能据此认定转让金额为1600万元的《合作协议书》是本案各方当事人的真实意思表示。

法院以此为基础，对双方诉争的其他事项进行了判决。一审判决后，各方当事人均未提起上诉，一审判决已生效。

案例评析

本案的争议焦点是，在诉讼过程中，当事人分别就同一股权转让事项提交了价款不同的股权转让协议，其中一份是合同原件，另一份虽然是合同复印件，但是，由另一方当事人在另案中曾经作为证据提交。在此情况下，如何认定哪一份协议是双方的真实意思表示。

1. 自认的性质及法律后果

本案中，股权受让方提交了一份转让金额为1600万元，系股权出让方在另案遗产继承案件中作为证据证据提交的《合作协议书》复印件，用以证明双方约定的股权转让款为1600万元。出让方主张1600万元合同签订的目的是其为了隐瞒真实的股权转让价格而签订，而且原件已销毁，其在另案中提交是为了多分遗产，双方实际履行的是转让金额为2325万元的《合作协议书》。本案股权出让方在另案中将1600万元的《合作协议书》作为证据提交，相当于在另案对本案争议案件事实的自认，这对本案的事实认定有何影响？

自认是指当事人在民事诉讼中作出的对自己不利的陈述。依自认作出的场合，可分为本案诉讼中的自认和另案诉讼中的自认。对于自认产生的法律效果，《民诉法解释》第92条第1款规定："一方当事人在法庭审理中，或者在起诉状、答辩状、代理词等书面材料中，对于己不利的事实明确表示承认的，另一方当事人无需举证证明。"《民事证据规定》第8条第1款规定："诉讼过程中，一方当事人对另一方当事人陈述的案件事实明确表示承认的，另一方当事人无需举证。但涉及身份关系的案件除外。"根据上述规定，诉讼中的自认一经作出，即产生两方面效果：一是对当事人产生拘束力，即当事人一方对另一方主张的对其不利的事实一经作出承认的声明或表示，另一方当事人即无须对该事实举证证明，而且除特定情形外作出自认的当事人也不能撤销或否认其自认；二是对法院产生拘束力，即对于当事人自认的事实，法院在原则上应当予以支持，不能作出与自认的事实相反的认定，无法定情形不能否定自认的效力。

2. 另案中的自认不能单独作为定案依据

对于本案诉讼中自认的法律效力并无不同观点，而对于另案诉讼中自认的法律效力，法律、司法解释对此并无规定，也存在不同观点，但是权威司法观点认为另案诉讼中自认不能单独作为证据使用。[1] 这是因为，从法理上分析，虽然出于个人趋利避害的天性，当事人在诉讼中陈述的事实一般都对自己有利，若其对不利事实作出自认，则此事实即具有较高的真实性，法院依自认认定该事实亦具有合理性和正当性。但真实性并非自认效力的唯一依据，更深层的原因在于，自认效力的基础即民事诉讼法上的辩论主义。根据辩论主义的基本原理，裁判者所依据的事实必须受当事人主张的约束和限制，即当事人没有主张的事实裁判者不能作为裁判的依据。因此，自认规则只能在诉讼中适用，一旦需要查明的事实经过严格的诉讼程序被双方当事人所认可，即具备了无争议性，对法院的认定形成拘束力。而对于诉讼外发

---

〔1〕 详见最高人民法院（2003）民二终字第150号判决。

生的当事人承认，由于作出的时间、背景、场合不同，自认人在作出自认时与诉讼中所处的地位及维护的利益均不相同，缺乏相应的法律程序的保障，仅能够具有一般的证据效力，不能直接卸除对方当事人的举证负担。[1]

本案中，股权出让方周某在另案法定继承纠纷案件中提交了股权转让款为1600万元的《合作协议书》复印件，并在该案中陈述其与被继承人张某关于太真子公司的股权转让款为1600万元，但是，考虑到周某在该案件中提交的转让金额为1600万元的《合作协议书》并非原件，蒙一堂公司、赵某并非另案的当事人，《合作协议书》的签订及履行情况并非该案的审查焦点问题，周某在该案中亦有多分被继承人张某遗产的动机。同时，另案并未在判决书中直接确认该事实，只是通过庭审笔录记载体现的各方陈述意见。因此，周某在另案中的上述行为，不属于本案诉讼中的自认，不能适用民事诉讼相关法律法规的自认规则直接确认1600万元的《合作协议书》是双方的真实意思表示，仅应作为主要证据使用。在周某与本案中提交了2325万元的《合作协议书》原件后，法院为查清事实需要相关当事人进一步提供两份合同的签订情况、合同的履行情况等证据，法院需要根据各方提交的证据及法庭陈述并结合日常情理、交易习惯等确定双方实际履行的是哪一份协议。本案综合考虑周某提交的转让金额为2325万元的《合作协议书》为原件、实际付款情况与2325万元金额能相互印证，以及周某在本案关于签署两份协议的陈述更具有合理性等方面内容，确定转让金额为2325万元的《合作协议书》是各方当事人的真实意思表示，并据此作出相应的判决。判决后，各方当事人均未提起上诉，一审判决生效。

---

〔1〕 杨夏：《诉讼外限制性自认的适用效力》，载《人民司法》（案例）2018年第26期。

典型案例19
股权转让是无偿转让还是有偿转让的认定
——贾某与麻某股权转让纠纷案[1]

案例要旨

在股权转让合同中，转让价款是最核心的条款之一，判断股权转让是有偿还是无偿，应以股权转让合同的约定为主要依据。一般来说，当事人签订的股权转让协议没有约定受让方应当支付的股权转让款数额、支付时间和履行方式等义务，且没有证据证明双方对合同转让价款及履行义务等事后达成了补偿协议，且目标公司经营状况并不理想的情况下，难以认定是有偿的股权转让协议。

基本案情

上诉人（原审原告）：贾某。

被上诉人（原审被告）：麻某。

2011年4月26日，王某与贾某各自出资50%注册成立康耐森公司，该公司注册资金10万元，由王某担任法定代表人，贾某担任监事。公司注册手续由代办公司代办。后公司进行过两次增资，分别增资到100万元和500万元，亦由代办公司办理手续。两次增资的资金进入公司账号后，均于当日转出至第三方账号中。

2013年11月11日，贾某与麻某签订股权转让协议，贾某将其在康耐森公司所拥有全部出资250万元占注册资本50%的股权全部转让给王某之妻麻某所有；转让方自签字之日起，股权交割清楚，转让前引起的债权债务由转让人承担，转让后再发生的债权债务由受让人承担。同日，康耐森公司召开

[1] 北京市第一中级人民法院（2018）京01民终1619号。

股东会，形成两份股东会决议：一份决议增加新股东麻某、免去贾某监事职务、同意股东贾某将其在康耐森公司全部出资250万元占注册资本50%的股权转让给受让人麻某所有、同意修改原章程；另一份决议组成新一届股东会，选举麻某为监事，确认王某、麻某各出资250万元、占公司注册资本的50%等。2013年12月26日，康耐森公司原股东王某、贾某、新股东王某、麻某在工商登记机关进行了登记备案。

另查，2013年11月4日，王某将康耐森公司所欠贾某的30万元借款偿还贾某。贾某称自2013年11月11日起其一直向麻某主张股权转让款，麻某对此予以否认，贾某未向法院提交于诉讼前向麻某催要转让款的证据。贾某向一审法院起诉请求，要求麻某支付股权转让款100万元。

法院裁判

一审法院判决驳回贾某的诉讼请求。贾某不服，提起上诉，请求撤销一审判决，改判麻某给付贾某股权转让款27万元。主要理由是其二审提交的新证据可以证明贾某与麻某之间系有偿股权转让关系，麻某尚欠贾某股权转让款27万元。二审判决驳回上诉，维持原判。

法院生效裁判认为，本案的争议焦点在于贾某向麻某转让股权是有偿转让还是无偿转让。对此法院认为属于无偿转让，理由如下：（1）有偿合同应当约定价款或报酬，贾某与麻某签订的股权转让协议中未约定转让对价。该协议约定“贾某将其在康耐森公司所拥有全部出资250万元占注册资本50%的股权转让给受让方所有”，从文义分析，250万元是贾某的出资，并非转让款。（2）股权转让协议中未约定转让价款，更未约定支付时间，麻某否认是有偿受让贾某的股权，麻某的主张更符合逻辑。（3）在贾某转让股权之前，王某替康耐森公司向贾某偿还了30万元借款债务，从一个侧面反映出康耐森公司的经营状况并不理想，麻某无偿受让贾某股权存在可能性。（4）贾某认可公司增资手续系委托代办公司所办理，其不能提供实际出资的证据，根据麻某提交的康耐森公司银行流水，可以证明增资当日资金即被转出的事实，故该院采信麻某关于贾某和王某均未实缴资本的观点，麻某关于贾某无偿转让其股权的观点更加合理。综上所述，贾某对于股权系有偿转让的主张负有举证义务，诉讼中，贾某未向法院提交股权有偿转让的证据，其在股权转让行为完成近4年才向麻某索要100万元转让款，缺乏法律依据。贾某提交的二审证据虽然提到了王某欠贾某退康耐森公司50%股东（股权）余款27万元，贾某亦曾进行过催要，但欠条系王某而非麻某出具，录音也是王某与贾某之间的通话，虽然王某与麻某系夫妻关系，但二人在股权转让关系中仍是独立的不同主体，故依据王某出具的欠条和录音仍不足以证明麻某与贾某系有偿的股权转让关系。此外，贾某一审起诉要求麻某支付股权转让款100万元，二审又要求麻某支付27万元，一、二审诉请的金额差额巨大，其作为股权转让的当事人亦未作出合理解释，无法让人信服。

案例评析

本案争议的问题是在股权转让协议没有约定转让价格的情况下，如何确定股权转让是有偿的还是无偿的。

1. 股权转让合同是有偿还是无偿的认定

有偿合同，是指一方当事人能够通过履行合同规定的义务而给予对方某种利益，对方要得到该利益就必须为此支付相应代价的合同。无偿合同，是指一方给付对方某种利益，而对方取得该利益时并不支付任何对价的合同。股权转让协议是一种典型的有偿协议，其有偿性表现为股权受让人通过支付一定的股权转让款而获取相应的股权。与一般的商品买卖合同不同，股权转让合同不仅包含买卖股权本身的含义，还包含身份性质的权利内容，这与股权的性质有关。“股权本质上，一方面，是一种财产性权利；另一方面，作为一种社团性权利，又是因股东资格而享有的权利。”[1]因此，股权的价值包含静态和动态两方面。从静态上看，

---

〔1〕 梁开银：《论公司股权之共有》，载《法律科学》（西北政法大学学报）2010年第2期。

股权的价值应当是该部分股权所体现的公司的价值，这种价值由多种因素构成，如公司净资产、负债情况、流动资金、知识产权、专有技术、产品的竞争力、公司的经营管理水平、公司的分红情况等；从动态上看，股权的价值还体现出公司控制权因素所带来的溢价。

《合同法》第12条规定，合同由当事人约定，一般应包括标的、数量、质量和价款等。该法第61条、第62条规定，当事人就价款没有约定或约定不明的，可以协议补充；不能达成补充协议的，按照合同有关条款或交易习惯确定；仍不能确定的，按照订立合同时履行地的市场价格履行；依法应当执行政府定价或者政府指导价的，按照规定履行。从以上规定分析，价款或报酬，是有偿合同的必备条款，缺少该内容，合同则无法履行。因此，实践中多数情况下股权转让都是有偿的，只有在某些特定的情况下，股权转让才是无偿的。有偿的股权转让中，股权受让方需要向出让方支付相应的对价，这种对价通常为给付股权转让价款，但也有其他的表现形式，如受让方给付其他非货币财产、为转让方承担相应的债务、受让方为转让方履行某项义务，等等。无论什么形式的对价，需要出让方和受让方形成一致的意思表示，即需要双方在股权转让协议中就股权转让价格作为明确约定。在当事人双方未就股权转让价格作出明确约定时，判断股权转让是无偿还是有偿，需要结合转让合同之外的因素，予以考虑。这些因素包括双方是否是股权代持关系，公司的经营状况，双方有没有在股权转让合同外有其他书面或口头关于股权转让价款的协议，等等。

2. 股权转让价格与公司注册资本与股东实缴出资没有必然联系

本案中，股权转让协议约定“贾某将其在康耐森公司所拥有全部出资250万元占注册资本50%的股权转让给受让方所有”，但是没有约定股权转让价款，也没有约定付款期限。这种情况下，不能因此认定股权转让是有偿的，也不能将转让的股权对应的出资额认定为股权转让价款。这是因为，股东的出资义务与其获得的股权属于不同的法律关系，民事主体获得股权的前提是其取得相应的股东资格，而取得股东资格主要依据在于公司章程、股东名册和公司登记的确认，并不以履行出资义务为必要条件。[1]股权转让中，受让人受让的并不是股东的出资，而是受让股权而成为公司的股东。公司股权转让的是股权的价值，股权的价值包括公司的净资产价值、流动资金、知识产权、产品竞争能力以及人员素质等多方面因素，与股权对应的注册资金多少两者不存在必然联系。股东的出资在履行完出资程序后就变成了公司的资产。公司一旦设立并开始经营后，公司的资产就处于不断的变动中，公司既可能会有盈利，也可能发生亏损，甚至不断处于从盈利到亏损再到盈利的变化之中，股东出资份额及股权对应的真实价格也必然处于不停的变动之中，因此，不能以股东原始的出资额来确定股权的市场价值与转让价格。

3. 本案股权转让属于特定情形下的无偿转让

如前所述，在某些特定的情况下，如股权本身存在的瑕疵，目标公司的经营状况不理想，股权转让也可以是无偿的。本案中，公司增资手续系委托代办公司所办理，贾某不能提供实际出资的证据，根据公司银行流水，可以证明增资当日资金即被转出的事实，可以认定是抽逃出资。这种情况下，出让方转让的股权是有瑕疵的，根据《公司法解释（三）》第18条第1款的规定，受让人取得股权后需要就出让人的未出资行为承担连带责任，这种风险的承担与价款上的无偿是有紧密联系的。同时，在贾某转让股权之前，王某替康耐森公司向贾某偿还了30万元借款债务，从一个侧面反映出康耐森公司的经营状况并不理想。贾某在股权转让行为完成近4年才向麻某索要100万元转让款，明显不符合常理。贾某在二审提交的新证据，不足以证明双方在股权转让合同之外就转让价款达成过协议，且其一、二审主张的数额不一致，亦为作出合理说明。因此，法院足以认定本案涉及的股权转让系无偿转让。出让人要求受让人支付价款，一、二审法院均不予支持。

---

〔1〕详见最高院人民法院（2008）民抗字第59号。

六、一股二卖及股权转让中的善意取得

所谓一股二卖，与司法实践中频繁出现的一房二卖相似，是指原股东与受让方签订股权转让合同之后变更登记之前，原股东再次处分股权而发生股权归属争议的法律问题。一股二卖发生的原因，既有原股东不诚信及主观上的恶意，也有股权变动模式及商事外观主义等法律方面的原因。

1. 有限责任公司的股权变动模式。依据民法理论负担行为与处分行为相分离原则，股权转让协议为股权变动的原因行为，股权转让协议的生效并不意味着股权已经发生转移的效力，股权受让方基于股权转让协议仅产生股权变动的请求权。股权的交付，往往需要通知公司并且有公司的参与，由公司变更股东名册，申请股权的变更登记。根据《公司法》第 32 条第 3 款[1]的规定，我国关于有限责任公司的股权变动模式采登记对抗主义，股权变更登记并不是判断股权是否交付的标注。因此，在股权转让合同履行过程中，往往受让方已经支付了股权转让款，股权已经完成了交付，而股权变更登记还未完成，这给了原股东一股二卖的空间。

2. 商事外观主义。根据我国《公司法》的规定，有限责任公司股权转让应办理变更登记手续，以取得对外的公示效力，否则不得对抗第三人。该规定遵循的是商法的外观主义原则，立法目的在于维护商事交易安全。该种对抗性登记所具有的公示力对第三人而言，第三人有权信赖登记事项的真实性。原股东之所以能一股二卖，是因为在原股权转让行为完成后，可能尚未办理股权变更登记，造成真实股东和登记股东不一致的情况。第三人基于对登记机关登记内容的信赖，一般可以合理地相信登记的股东为真实股东，其处分股权的行为合法有效，由此出现一股二卖行为。

一股二卖中第二次股权转让本质上是无权处分行为，针对无权处分行为的效力，《物权法》第 106 条规定了善意取得制度，股权也适用善意取得制

---

〔1〕 该款规定："公司应当将股东的姓名或者名称向公司登记机关登记；登记事项发生变更的，应当办理变更登记。未经登记或者变更登记的，不得对抗第三人。"

度。一股二卖情况下，适用善意取得制度需符合以下条件：第一，出让方为股权仍登记于其名下的原股东；第二，出让方系无权处分；第三，股权转让具备完备的形式要件，且完成了登记程序；第四，第三人应为善意。在第三人善意取得股权的情况下，原股权受让方无法取得股权，只能向出让方主张违约责任。

冒名转让股权时，并不存在权属登记错误导致受让人相信权利外观，而是冒名人通过伪造签章、身份证明、财产权属证明等方式虚构的名义股东的“主体外观”，以真实股东的名义转让股权，等于盗窃。而签章、身份证明、财产权属证明等不具有公示公信效力，合同相对人不能由此产生对权利外观的信赖利益，因此，冒名转让股权行为不适用善意取得制度。但股权被冒名转让，又被再次转让，第二次转让符合善意取得条件的，则适用善意取得制度。

典型案例20

一股二卖的情况下，如何确定股权的归属

——纵横置业公司与马鞍山兴海公司、储某某等人股权转让纠纷案[1]

案例要旨

本案中，第二次股权转让由于客观原因不能完成变更登记，不适用善意取得制度。但受让方已经付清全部款项，且股东登记名册也进行了变更登记，并且已经参与了公司的实际经营管理，股权转让协议已经实际履行。而第一份股权转让协议虽然签订在前，但受让方仅支付了履约保证金，未支付股权转让款，合同并未实际履行。因此，法院确定股权归属于第二次股权转让的受让方。

---

〔1〕 安徽省高级人民法院（2012）皖民二终字第00201号。

基本案情

上诉人（原审原告）：纵横置业公司。

被上诉人（原审被告）：马鞍山兴海公司、储某某。

原审第三人：当涂兴海公司、胡某某。

2005年7月20日，马鞍山兴海公司与博望镇政府签订一份《博望镇“教师新村”开发协议书》，约定马鞍山兴海公司支付200万元土地补偿款取得涉案宗地土地使用权等事项。2007年，马鞍山兴海公司独资设立当涂兴海公司，从事房地产开发。

2009年8月13日，马鞍山兴海公司（甲方）与纵横置业公司（乙方）签订一份《转让协议书》（以下简称8.13协议），约定甲方将其在当涂兴海公司所持有的全部股权及在“书香名门”项目上的前期运作投入与权益以800万元的价格转让给乙方。支付方式为：（1）本协议书签订3日内乙方支付50万元人民币作为履约保证金。（2）甲方委托乙方代建“书香人家”2#主楼，并支付200万元人民币工程款，该款按工程进度予以支付，超过部份由甲方负责支付。开工时间由甲方书面通知，竣工交付时间由甲方确定。（3）在“书香名门”项目宗地块挂牌出让时，乙方支付550万元人民币给当涂兴海公司，甲方以该公司摘牌，并以循环流转方式支付土地出让金，[1]在甲方取得全部土地出让金票据后，协助乙方办理国有土地权证，乙方承担相关办证税费。若“书香名门”项目不能按本协议中以循环流转方式交纳土地出让金，则该转让协议无效，甲方应无条件及时退还乙方已支付款项，并按银行同期贷款利率支付给乙方利息，此转让协议自行终止。在乙方支付完550万元人民币且转让协议能继续生效的情况下，甲方应将当涂兴海公司印章、执照以及“书香名门”项目资料及宗地块土地一并移交给乙方，以便乙方办理有关工商税务变更登记。该协议书由储绍华先生承担不可撤销的连带担保。同年8

---

[1] 该判决书对此进行了说明：该镇的土地开发，先由开发企业与镇政府就土地的开发及费用签订协议，并依约支付；再由镇政府以此款完成土地征用、报批等相关手续后，通过土地部门将土地使用权进入招拍挂程序，由开发企业摘牌，溢价部分土地出让金由开发企业以先交后退还的形式返还。

月17日，纵横置业公司向马鞍山兴海公司支付50万元履约保证金。同年8月27日，当涂县国土资源局对“书香名门”项目宗地块进行拍卖，但因无人竞买而流拍。

2009年12月7日，马鞍山兴海公司（甲方）就8.13协议的转让标的又与胡某（乙方）签订一份《转让协议书》（以下简称12.7协议），价款为1160万元。协议签订后，胡某分4次付清了全部1160万元及项目契税60万元。2010年2月9日，当涂县国土资源局就案涉地块发布国有建设用地使用权出让公告，如竞买申请截止时间竞买人不足3人，按挂牌方式出让。

2010年2月3日，马鞍山兴海公司通知纵横置业公司要求其于2010年2月10日之前将支付550万元。2010年3月5日，纵横置业公司要求向马鞍山兴海公司支付550万元，马鞍山兴海公司以付款超过时间等为由拒绝接收。同年3月12日，当涂兴海公司通过挂牌方式竞得案涉宗地使用权，并支付了价款，办理了建设用地许可证、土地使用权证等。博望镇政府在扣除约270万元费用后将余款返还给了当涂兴海公司。

2010年6月10日，马鞍山兴海公司退还纵横置业公司支付的50万元履约保证金。

2010年7月26日，当涂兴海公司确认了胡某的出资、修改了公司章程、变更了股东名册。同日，胡某召开股东会议，通过公司《章程修正案》、聘任徐杰为公司经理、杨坤为公司副经理。此后，徐杰、杨坤以当涂兴海公司名义对外签订建设工程委托监理合同、测绘合同、勘察测量合同，策划营销方案等，对“书香名门”宗地进行开发，截至案件审理时，已有六栋楼房施工至二层到五层不等。当涂兴海公司在办理胡某的股权变更登记时，因股权被法院冻结而未果。

纵横置业公司向法院提起诉讼，请求判令马鞍山兴海公司继续履行8.13协议，储某某承担连带责任。胡某以其具有独立请求权为由，申请参加本案诉讼，请求判令驳回纵横置业公司的诉讼请求，马鞍山兴海公司办理将涉诉股权变更至胡某名下的登记手续。

法院裁判

一审法院经审理判决驳回纵横置业公司诉讼请求，支持了胡某的反诉请求，主要理由有三。第一，纵横置业公司未按约定时间付款，应属违约。第二，不能以循环流转方式交纳土地出让金为双方协议效力的解除条件。因当涂县政府出台新政策，增收了相应的土地置换专项资金，导致双方签订协议时未知的相应款项不能返还，原来用部分资金通过反复周转来缴纳土地出让金的方式不能得以实现，马鞍山兴海公司将横置业公司的50万元履约保证金退还，表明双方之间转让协议效力因合同约定的解除条件成就而失效。第三，因当涂兴海公司未给纵横置业公司办理股东名册变更，其尚未取得股东实际权利，不符合《公司法解释（三）》第28条规定的条件。胡某与马鞍山兴海公司签订股权转让协议后，履行了合同义务，胡某已取得当涂兴海公司的股东实际权利。纵横置业公司亦未提供证据证明胡某对8.13协议是明知的，且当涂兴海公司工商登记股东仍为马鞍山兴海公司，该登记构成了胡某对马鞍山兴海公司股东身份的一般信赖，胡某应属善意第三人，其取得的财产为有效。

纵横置业公司不服，提起上诉。

生效判决认为，二审的争议焦点有五：(1) 8.13协议、12.7协议是否合法有效；(2) 纵横置业公司于2010年3月5日向马鞍山兴海公司支付550万元是否构成违约；(3) 8.13协议中约定的合同解除条件是否成就，该协议是否失效；(4) 储邵华是否应对8.13协议的履行承担连带担保责任；(5) 胡某主张马鞍山兴海公司办理工商变更登记的请求是否成立。分析认定如下：

关于争议焦点一。首先，8.13协议有效。虽然马鞍山兴海公司就同一标的物与胡某签订12.7协议，有违诚实信用原则，但协议同样有效，理由是：首先，12.7协议签订时，8.13协议尚未全面履行，马鞍山兴海公司仍合法持有股权，其转让该股权给胡某属有权处分。其次，无证据证明胡某明知8.13协议的存在，抑或与马鞍山兴海公司存在恶意串通，损害纵横置业公司的行为。最后，12.7协议符合合同成立生效的形式要件。

关于争议焦点二。根据约定，纵横置业公司本应在项目宗地块第一次挂牌出让时支付550万元，但马鞍山兴海公司通过发送付款通知的方式当方面变更了付款时间，二审认定纵横置业公司在第二次挂牌前要求付款，并不违约。

关于争议焦点三。在8.13协议签订后有关交纳土地出让金政策出现变化，直接影响到“循环流转方式交纳土地出让金”的实现时，双方均作过继续履行协议的意思表示。此种情形下，协议继续有效。

关于争议焦点四。8.13协议中约定“该协议书由储绍华先生承担不可撤销的连带担保”，该约定为《担保法》规定的保证担保方式。姑且不论该种“不可撤销”保证的效力如何，即便其合法有效，根据《担保法》第6条的规定，保证人履行担保义务的前提是“债务人不履行债务”。本案中，纵横置业公司的诉讼请求为判令马鞍山兴海公司继续履行8.13协议，并非请求解决因马鞍山兴海公司不履行8.13协议而在双方间产生的债权债务关系，故纵横置业公司基于本案中的诉讼请求要求储邵华承担连带担保责任于法无据。

关于争议焦点五。本案审理的核心是“一股两卖”的处理问题。《公司法解释（三）》第24条规定，当事人依法履行出资义务或者依法继受取得股权后，可申请变更工商登记。从两份协议的履行情况看，胡某如约支付了全部股权转让款；同时，马鞍山兴海公司向胡某移交了当涂兴海公司的公章、营业执照、组织机构代码证、税务登记证等公司资料，将当涂兴海公司交由其管理。反观8.13协议，纵横置业公司在支付50万元的履约保证金后，协议的其他内容未再履行，案涉股权转让款并未支付。根据《公司法》第33条第2款“记载于股东名册的股东，可以依股东名册主张行使股东权利”的规定，记载于股东名册为股东身份的标志之一。基于12.7协议的履行，当涂兴海公司依据法律和公司章程的规定，召开了股东会、修改了公司章程、变更了股东名册等，完成了公司内部股权变更的相关手续，胡某成为该公司股东名册上登记的股东；且胡某接手当涂兴海公司后，对当涂兴海公司履行了管理职责，并对该公司项目用地进行了开发建设及销售。记载于当涂兴海公司股东名册的胡某可以行使当涂兴海公司的股东权利并已实际行使。对纵横置业公司而言，8.13 协议签订后，当涂兴海公司并未发生相应的股权变动。

综上，二审判决驳回上诉，维持原判。

案例评析

本案的争议焦点在于：本案对同一个股权的两个转让协议有效，在前后股权转让行为均未办理股权变更等登记手续的情况下，如何确定股权的归属。

1. 本案不适用善意取得制度

对于股权转让后原股东再次转让股权的，《公司法解释（三）》第 27 条第 1 款作了规定："股权转让后尚未向公司登记机关办理变更登记，原股东将仍登记于其名下的股权转让、质押或者以其他方式处分，受让股东以其对于股权享有实际权利为由，请求认定处分股权行为无效的，人民法院可以参照物权法第一百零六条的规定处理。"根据上述规定可知，适用物权法善意取得制度处理股权转让后原股东再次转让股权有严格的适用条件，即第一次股权转让协议生效且受让股东支付了转让款，此时股权已经由原股东移转至受让股东，受让股东为实质权利所有者。第二次转让行为是一种处分行为，这种处分需要能够改变股权归属或是设定物权负担。对于股权来说，即特指办理公司变更登记。这是因为，原股东转让股权后，由于未办理公司登记机关的变更登记而处分仍登记于其名下股权时，公司登记材料的内容构成了第三人的一般信赖，为保护第三人之信赖利益，第三人可以以登记的内容来主张其不知道股权归属于受让方并进而终局地取得该股权；但受让方可以举证证明第三人知道或应当知道该股权归属于受让方自己。一旦证明，该第三人就不构成善意取得，处分股权行为的效力就应当被否定，其也就不能最终取得该股权。例如，虽然公司登记机关没有办理相应的变更登记，但公司的股东名册已将转让股东变更为受让人的，则应推定第三人对于股权已经转让给受让方的事实是知道或者应当知道的。

本案中，第二次股权转让由于客观原因并未进行股权变更登记，不符合股权转让的善意取得的条件，因此，本案不适用股权的善意取得制度。

2. 本案判断股权归属的依据

本案8.13协议签订后，纵横置业公司仅支付了履约保证金，未支付股权转让款，股权并未转让至纵横置业公司，此时股权的实际权利人依然是原股东马鞍山兴海公司。12.7协议签订后，虽然受让人支付了转让款，也办理了公司内部的变更登记，但是未在公司登记机关进行变更登记。因此，本案显然不适用《公司法解释（三）》第27条第1款规定的善意取得制度，二审法院并未援引该条规定来确定股权的归属。而是根据付款程度、股东权利的转移、公司内部登记等合同实际履行情况方面加以考虑，确定股权的归属。本案中，胡某已经付清全部款项，且股东登记名册也进行了变更登记，并且已经参与了公司的实际经营管理，12.7协议已经实际履行。反观8.13协议，其虽然签订在前，但纵横置业公司仅支付了履约保证金，未支付股权转让款，合同并未实际履行。因此，法院确定股权归属于胡某。法院这所以这么考虑是因为在股权善意取得的四个条件中，第二次股权转让符合三个。股权虽然没有完成变更登记，但是进行了股东名册的变更记载，这其实属于一种“准登记”，股东名册作为《公司法》明确规定为确定股东资格的依据，应该有一定的对抗效力。同时考虑到效率原则，本案第二次股权转让协议已经全部履行完毕，因此，确定股权归属于胡某。但是，本案的情况应当属于个案的特殊情况，正常来说，在第二次股权转让不符合善意取得的情况下，应当由签订在前的合同受让方取得股权。

马鞍山兴海公司在与纵横置业公司签订了转让协议后又就同一股权与胡某签订转让协议，违背了诚实信用原则，现8.13协议不能履行，纵横置业公司可以另案起诉马鞍山兴海公司承担相应的违约损害赔偿责任。

典型案例21
冒名转让股权下的股权归属
——和顺公司、袁某与何某股权转让纠纷案[1]

案例要旨

股权被冒名转让，不适用善意取得。但是股权被冒名转让后又被再次转让，第二次转让符合善意取得条件的，适用善意取得制度。

基本案情

上诉人（原审被告）：和顺公司、袁某。

被上诉人（原审原告）：何某。

原审被告：周某。

原审第三人：施某、叶某、葛某。

和顺公司成立于2006年4月7日，注册资本2130万元，初始股东为施某、何某和叶某，每人认缴注册资本710万元，分别占注册资本总额的33.33%、33.34%、33.33%，法定代表人为何某。

和顺公司在工商局备案的2008年5月10日《股权转让协议书》载明：转让方为何某、受让方为周某，转让方同意转让对公司的股权326.6万元给受让方，转让金额为326.6万元，受让方保证于2008年5月15日之前支付。协议书还约定了其他内容。和顺公司在工商局备案的2008年5月10日的《股东会决议》载明：同意公司股东施某、何某、叶某变更为施某、周某、浦某、叶某，何某转让股权383.4万元给浦某，何某转让股权326.6万元给周某，叶某转让股权56.8万元给周某，叶某转让股权14.2万元给施某，并由转让各方分别签订出资转让协议，其他股东自愿放弃对该转让股权的优先购

---

[1] 江苏省苏州市中级人民法院（2015）苏中商终字第21号。

买权。

2008年6月16日，和顺公司完成了股权变更手续，将股东变更为施某、叶某、周某、浦某，其中施某724.2万元、占34%，叶某639万元、占30%，浦某383.4万元、占18%，周某383.4万元、占18%。

2009年8月19日，周某与袁某签订《股权转让协议书》，周某将持有的383.4万元股权转让给袁某，股权转让款383.4万元。协议签订后，袁某支付了股权转让款，并完成了股权变更登记。

诉讼中，经鉴定，2008年5月10日《股权转让协议书》及《股东会决议》上何某的签名不是本人所写。

何某向一审法院起诉请求：确认其与周某之间的股权转让协议无效，恢复其在和顺公司的股权。

法院裁判

一审判决：一、何某与周某之间2008年5月10日的《股权转让协议书》无效。二、和顺公司应于本判决生效后三十日内为何某在工商行政管理局部门办理股东变更登记手续，变更登记内容为何某的股东出资额为326.6万元人民币（将登记在袁某名下的出资额326.6万元变更登记至何某名下）。周某、袁某应当协助苏州和顺泵业有限公司办理上述变更登记手续。和顺公司、袁某不服，提起上诉。其主要上诉理由是，即使何某与周某间的股权转让行为无效，之后袁某从周某处再次受让股权的行为也应构成善意取得。二审改判：一、维持一审判决第一项及案件受理费部分；二、撤销一审判决第二项；三、驳回何某的其他诉讼请求。

生效裁判认为：首先，周某与何某之间2008年5月10日的《股权转让协议》非何某本人所签，且无何某本人的授权或追认，对何某不具有法律效力。现有证据亦不足以证明何某与周某之间就转让326.6万元股权形成合意，周某基于他人无权处分行为而取得该股权。同时，周某亦未提供证据证明向何某支付转让对价。因此，何某原持有的和顺公司326.6万元股权虽变更至周某名下，但是周某不属于善意有偿取得，何某有权追回。

其次，周某将理应返还何某的和顺公司 326.6 万元股权转让给袁某，周某系无处分权人。但是，受让人袁某在取得该股权过程中，却存在以下情形：(1) 袁某受让股权时系善意。周某与袁某的股权转让协议签订时间是 2009 年 8 月 19 日，此时周某是和顺公司的登记股东，其名下持有和顺公司 383.4 万元股权。而何某自 2008 年 8 月离开和顺公司后的一年内，并未对周某的股东身份提出异议或主张权利。袁某无从知悉周某的权利瑕疵，也没有证据表明袁某应当知道周某对其名下的和顺公司 326.6 万元股权无处分权。因此，在没有相反证据的情况下，应当认定袁某从周某处受让股权是出于善意。(2) 袁某受让股权已支付合理对价。根据现有证据表明，袁某已经通过代偿债务等方式履行了资产转让协议的付款义务，其支付的款项金额大于袁某与周某的股权转让协议应付款金额。因此，应当认定袁某已就其受让周某的股权支付了合理对价。(3) 袁某在与周某签订股权转让合同后，双方已办理了工商变更登记，相应的股权已登记在袁某名下。因以上情形，原属何某的和顺公司 326.6 万元股权，虽因无处分权人周某转让给袁某，但是袁某取得该股权符合法律规定，何某无权要求袁某返还。

案例评析

本案的争议焦点在于，公司股东制作虚假的《股东会决议》和《股权转让协议》，伪造其他股东签名，并办理了股权变更登记。然后，又将该股权转让给其他人且办理了变更登记，第二次转让中的受让人能否适用善意取得制度，取得案涉股权。

1. 冒名转让他人股权的效力

冒名转让他人股权是冒名人冒充股东签名，在真实股东不知情的情况下将其股权卖掉，属于无权处分行为。在冒名转让股权行为中，被冒名人（真实股东）与受让人之间由于缺乏股权转让的合意，股权转让合同在双方之间自始不存在。一般来说，被冒名人对股权转让合同也根本不知情，因此，被冒名人不是股权转让合同的当事人，对股权转让合同的成立与履行无须承担合同责任。股权转让是冒名人与受让人的意思表示，因此股权转让合同在冒名人与受让人之间成立。但是，冒名人未经真实股东同意，假冒其签名转让股权，当属无权处分。

对于无权处分行为的效力，《合同法》第51条规定："无处分权的人处分他人财产，经权利人追认或者无处分权的人订立合同后取得处分权的，该合同有效。"依据该规定，无权处分的股权转让合同为效力待定合同，股权转让合同经过权利人追认或者处分人取得处分权的有效；反之，没有经过权利人追认且无权处分人之后没有取得处分权的股权转让合同无效。

虽然《合同法》第51条确定了无权处分合同为效力待定的合同，而《买卖合同司法解释》第3条却规定了无权处分买卖合同为有效合同，[1]因此，是否能适用《买卖合同司法解释》第3条的规定，认定冒名转让他人股权合同为有效？答案是不能，这是因为权利转让合同以股权等权利为买卖的标的物，不同于以有体物为标的物的买卖合同。《买卖合同司法解释》第3条所指的标的物采用债权形式主义变动模式，在债权形式主义变动模式中，当事人意思表示达成一致的，只是发生债的效力，物权发生变动仍须履行登记或交付的法定形式，但该变动无须独立的物权行为。在这种模式中，买卖由买卖合同与物的变动两个行为构成：买卖合同只产生债的效力，不发生物权变动，只有完成不动产登记、动产交付的公示后，物权才发生变动。由于买卖合同只产生债权效力，出卖人对标的物是否具有处分权物权不影响买卖合同的效力。[2]因此，处分权的缺失不影响合同的效力。而股权变动采用债权主义的变动模式，在债权意思主义模式中，财产所有权自当事人之间意思表示一致时就发生转

[1] 该条规定："当事人一方以出卖人在缔约时对标的物没有所有权或者处分权为由主张合同无效的，人民法院不予支持。出卖人因未取得所有权或者处分权致使标的物所有权不能转移，买受人要求出卖人承担违约责任或者要求解除合同并主张损害赔偿的，人民法院应予支持。"

[2] 最高人民法院民事审判第二庭编：《最高人民法院关于买卖合同司法解释理解与适用》，人民法院出版社2016年版，第656~657页。

移，买卖合同既产生债的法律关系，又产生物权变动的效力。登记或交付非物权变动的要件，只具有对抗第三人的效力。[1] 在股权转让过程中，股权登记并非确权行为，而只具有对抗第三人的效力，因此，股权转让过程中的负担行为和处分行为不能完全分离，处分权缺失会影响合同效力。因此，认定冒名转让他人股权合同效力不能适用《买卖合同司法解释》第3条的规定认定合同无效，只能依据《合同法》第51条的规定确认其效力。

2. 冒名转让股权行为不适用善意取得制度

《物权法》第106条第1款规定了善意取得制度："无处分权人将不动产或者动产转让给受让人的，所有权人有权追回；除法律另有规定外，符合下列情形的，受让人取得该不动产或者动产的所有权：(一) 受让人受让该不动产或者动产时是善意的；(二) 以合理的价格转让；(三) 转让的不动产或者动产依照法律规定应当登记的已经登记，不需要登记的已经交付给受让人。"善意取得中的无权处分行为是指行为人以自己的名义对标的物实施的处分行为，无权处分人有让合同相对人相信其对标的物享有合法处分权的表象特征，如是动产的实际占有人，或是不动产登记薄记载的权利人，由于占有和登记是一般的社会观念和法律规定对于动产和不动产物权归属的判断准则，因此，在善意取得制度中，处分人虽然是无权处分，但是基于另一方合同当事人对权利外观的信赖，法律规定了善意取得制度，以保护合同相对人对权利外观的信赖利益，这是善意取得制度的核心，即保护民商事交易的安全，维护正常的合同秩序。而在冒名转让股权时，并不存在权属登记错误导致受让人相信权利外观，而是冒名人通过伪造签章、身份证明、财产权属证明等方式虚构的名义股东的"主体外观"，以真实股东的名义转让股权，等于盗窃。而签章、身份证明、财产权属证明等不具有公示公信效力，合同相对人不能由此

---

[1] 最高人民法院民事审判第二庭编：《最高人民法院关于买卖合同司法解释理解与适用》，人民法院出版社2016年版，第656页。

产生对权利外观的信赖利益，因此，冒名转让股权行为不适用善意取得制度，被冒名股东可以取回被冒名转让的股权。

上述规则在《公司法解释（三）》第26条第1款规定中得到体现，[1] 该条规定中的“名义股东”是股东名册记载或工商登记的股东，但并非实际出资人，因此，名义股东处分登记在其名义的股权，虽然属于无权处分，但是基于受让方对股权登记外观的信赖利益，司法解释规定了此种情况下的股权善意取得制度。

3. 股权被冒名转让，又被再次转让，第二次转让符合善意取得条件的，适用善意取得制度

如前所述，冒名转让股权合同属于效力待定合同，如果实际权利人事后对冒名行为予以追认，则股权转让合同因所有权人的追认而有效。如果名义股东拒绝追认，股权转让合同由效力待定变为无效。因为冒名转让股权行为不适用善意取得制度，因此，即使办理了股权的变更登记，受让人也不能取得股权，而应当将股权回转登记至名义股东名下。

但是，如果股权被冒名转让，并且办理了股权变更登记后，股权又再次被转让的，由于第二次股权转让时，转让方是登记的股东，即使前手股权转让合同无效导致其不是真正的权利人，但是受让人享有信赖股权登记的权利外观信赖利益，为了保护善意受让人的这种信赖利益，维护商事交易的安全，如果股权转让符合《物权法》第106条善意取得制度的构成条件，第二次股权转让适用善意取得制度。

本案中，周某与何某2008年5月10日的《股权转让协议》系冒名股权转让协议，为无效合同，即使股权变更至周某名下，但是不适用善意取得制度，何某有权追回。但是，周某其后将涉案股权转让给袁某，而袁某取得股权符合善意取得制度，此时何某无权要求袁某返还股权，只能向周某主张损害赔偿。

---

[1] 该款规定：“公司债权人以登记于公司登记机关的股东未履行出资义务为由，请求其对公司债务不能清偿的部分在未出资本息范围内承担补充赔偿责任，股东以其仅为名义股东而非实际出资人为由进行抗辩的，人民法院不予支持。”

七、股权转让中的预约合同及本约合同

（一）预约合同的概念

预约合同是指约定将来订立本合同的合同，目的是确保合同当事人在将来能够订立特定的合同，亦被称为意向书。而本约合同或本合同是指当事人依据预约合同所最终订立的合同，亦被称为正式协议。关于预约合同的明文规定，见于《买卖合同司法解释》第 2 条，该条规定："当事人签订认购书、订购书、预订书、意向书、备忘录等预约合同，约定在将来一定期限内订立买卖合同，一方不履行订立买卖合同的义务，对方请求其承担预约合同违约责任或者要求解除预约合同并主张损害赔偿的，人民法院应予支持。"根据该规定，预约合同虽然有其特殊合同目的，但是本质上仍为契约，预约合同的成立与效力原则上应适用合同法的一般规定，包括是双方当事人的真实意思表示、符合法律规定的生效要件、签订程序、合同形式及内容必须符合法律规定等。违反预约合同的，亦应当承担违约责任。

（二）预约合同与本合同的区别

预约合同会在一定程度上约束本合同的缔结并影响本合同的内容，二者具有内在的紧密关联，但是，预约合同和本合同在法律上属于两个不同的合同。二者在合同目的和内容、合同的生效、是否能直接履行、违约责任的适用情况等方面存在显著的区别。

司法实践中，区分预约合同和本合同应以合同的具体内容为基础，结合双方当事人的嗣后磋商、合同履行方式及合同履行情况等事实，探究双方当事人的真实意思表示。

典型案例22

《框架协议》属于预约合同还是本约合同

——金鲁班公司与向阳山公司等股权转让纠纷案[1]

案例要旨

本案当事人在《框架协议》中预约订立合同，并以将来订立的股权转让协议为准的意思表示清楚、明确。因此，《框架协议》的性质应为预约合同。

基本案情

上诉人（原审原告）：金鲁班公司。

被上诉人（原审被告）：向阳山公司、陈某、薛某1、薛某2。

向阳山公司股东为陈某，出资200万元，持股10%；薛某1出资1800万元，持股90%；该公司实际控制人为薛某2。

2016年6月20日金鲁班公司（甲方）与陈某（乙方一）、薛某1（乙方二）、向阳山公司（标的公司）签订《向阳山项目合作框架协议》，协议约定甲乙双方一致同意，通过甲方收购乙方持有标的公司股权的方式，成为标的公司股东，双方共同运营向阳山项目。协议还约定了股权转让的数量、价格、违约责任等条款。其中第4.1条约定协议生效后30个工作日内，乙方与甲方（及联合体）就标的公司的股权转让签订协议，同时，约定股权转让相关条款以最终双方签订的股权转让协议为准，股权转让款由甲方（及联合体）在股权转让协议正式签订后3个工作日内支付乙方，付款当日双方立即办理股权转让的工商变更手续等。

2017年2月10日，陈某、薛某1向金鲁班公司发出解约通知书，以金鲁班公司违约，双方已经不具备合作基础，无法实现双方签约目的为由，

---

[1] 山东省高级人民法院（2018）鲁民终2018号。

要求解除《框架协议》。金鲁班公司回函不同意解除。2016年5月6日，金鲁班公司与薛某2签订合作意向书后，金鲁班公司支付诚意金500万元，2016年7月5日向阳山公司、陈某、薛某1、薛某2将诚意金500万元退回金鲁班公司。

金鲁班公司向一审法院提出诉讼请求：(1) 判令陈某、薛某1继续履行《框架协议》，按照协议约定将向阳山公司80%股权转让至金鲁班公司名下，并协助金鲁班公司办理股权登记；(2) 陈某、薛某1向金鲁班公司支付违约金816万元（计算方式4080万元×20%）；(3) 薛某2对1、2请求项下向阳山公司、陈某、薛某1的责任和付款义务承担连带责任。

法院裁判

一审法院判决驳回金鲁班公司的诉讼请求。金鲁班公司不服，提起上诉，其主要上诉理由是：《框架协议》应为本约，而非“预约合同”；被上诉人未履行股权的交付义务，构成违约，应承担违约责任；即便是本案的《框架协议》被认定为预约合同，但仍对当事人双方具有约束力，股权转让的内容非经双方当事人协商一致不得更改，否则也构成对预约合同的违背，作为已经履行了对等义务的预约权利人，可以请求对方履行订立本约的义务或者赔偿损失。

生效裁判认为，本案二审中争议的焦点问题是：(1) 本案所涉《框架协议》是本约合同还是预约合同；(2) 向阳山公司、陈某、薛某1、薛某2是否违约。

关于本案所涉《框架协议》是本约合同还是预约合同问题，根据查明的事实，本案双方当事人签订的《框架协议》第4.1条明确约定：“在本协议生效后30个工作日内，乙方与甲方（及联合体）就标的公司的股权转让签订协议”，同时约定“股权转让相关条款以最终双方签订的股权转让协议为准”，当事人在《框架协议》中预约订立合同，并以将来订立的股权转让协议为准的意思表示清楚、明确。因此，《框架协议》的性质应为预约合同。原审对此认定并无不当，金鲁班公司关于《框架协议》是本约合同的上诉理由不能成立，二审法院不予支持。

关于向阳山公司、陈某、薛某1、薛某2是否违约问题，双方在《框架协议》还约定“股权转让款由甲方（及联合体）在股权转让协议正式签订后3个工作日内支付乙方，付款当日双方立即办理股权转让的工商变更手续等”。金鲁班公司在二审中提交的《向阳山项目合作框架协议之备忘录》中双方仅约定了“在法律法规允许并鼓励的范围内甲方原则上同意配合按照乙方的税务筹划方案进行股权转让价款的支付”，并不能证明双方签订股权转让协议。因此，本案双方在签订《框架协议》后，双方既未按照《框架协议》签股权转让协议以约定双方权利义务，金鲁班公司也未支付股权转让款，双方约定的变更股权条件并未成就。金鲁班公司主张向阳山公司、陈某、薛某1、薛某2未履行股权变更义务构成违约的理由不能成立，二审法院不予支持。据此，二审法院维持原判。

案例评析

本案的争议焦点为案涉《框架协议》是关于股权转让的预约合同还是本约合同。

1. 预约合同与本约合同的区别

第一，合同目的和内容不同。一般而言，预约合同虽然也会约定合同标的、价款、交付方式、违约责任等合同条款，但是都会约定在未来一定时间内订立本合同，因此，通过预约合同的的内容来确保双方订立最终的合同，是订立预约合同的合同目的。当事人并不直接订立本约可能是受法律上或事实上的原因影响，双方以订立预约的方式来确保未来本合同的成立。[1] 就股权转让而言，本合同的内容必须要有明确债权债务关系，双方无须在另行订立合同，合同的目的就是一方取得转让款，

[1] 王泽鉴:《债法原理》(第1册)，中国政法大学出版社2001年版，第104页。

另一方获得股权。

第二，合同的生效不同。在股权转让合同中，特殊股权转让如负面清单以内的涉外股权转让、国有股权的转让按规定属于经批准生效的合同，而当事人在此之前签订的预约合同不涉及股权的直接变更，自双方当事人意思表示一致，签字盖章之日起即生效，无须经审批机关的批准才能生效。

第三，是否能直接履行不同。本合同的内容已经具备履行的功能，故无须再签订别的合同。而预约合同无法直接履行，其约定的内容是为了出现了之后订立的本合同中，所以必须另行订立本合同。《合同法》第37条规定：采用合同书形式订立合同，在签字或者盖章之前，当事人一方已经履行主要义务，对方接受的，该合同成立。因此，如果一份预约合同具备了合同的主要条款，且一方已经履行了该主要义务，另一方接受的，即使没有签订本合同，通常也可以将该预约合同视为一份正式的合同。

第四，违约责任的适用情况不同。在预约合同之中，其合同目的是为将来订立本合同，因此预约合同中的违约责任条款，是为约束合同当事人不按期订立本合同所应当承担的责任。本合同的违约责任，是为约束合同的具体履行。

司法实践中，区分预约合同和本合同应以合同的具体内容为基础，结合双方当事人的嗣后磋商、合同履行方式及合同履行情况等事实，考量双方当事人的真实意思表示。如果合同明确约定了将来订立本约合同条款，并且约定以本约合同的内容为准，即使约定了合同标的物、价款等内容，也不能认定为是本约合同。虽然未签订本约，但是，当事人已经按预约合同的条款履行了主要义务，应认定为双方已经成立本约。

2. 预约合同的法律性质

虽然预约合同和本约合同是分别独立的合同，但订立预约合同的合同目的是确保未来本约合同的成立，其违约责任条款也是为约束合同当事人不按期订立本约合同所应当承担的责任，因此，在本约合同签订后，预约合同的使命完成，预约合同在本约合同签订后即终止。

对于合同一方违反预约合同的约定，不履行订立本约合同的义务，应承担何种责任。《买卖合同司法解释》第2条规定："当事人签订认购书、订购书、预订书、意向书、备忘录等预约合同，约定在将来一定期限内订立买卖合同，一方不履行订立买卖合同的义务，对方请求其承担预约合同违约责任或者要求解除预约合同并主张损害赔偿的，人民法院应予支持。"由此可见，在合同被认定为预约合同之后，当事人的主要义务即为履行订立本约合同，违反这种义务应承担违约责任的理由在于，当事人对本约的期待利益已经固化，违约方一旦违约，守约方的期待利益也随之丧失，而由于时间的关系，守约方亦丧失了与他人订立同类本约合同的机会，从而导致机会损失可能变为现实损失。[1] 因此，对于预约合同的违约责任的认定，应当围绕是哪一方过错导致未签订本约合同来确定。

3. 当事人在《框架协议》中预约订立合同，并以将来订立的股权转让协议为准，属于预约合同

本案中，《框架协议》虽然约定了股权转让的数量、价格等条款，但协议同时约定协议生效后30个工作日内，乙方与甲方（及联合体）就标的公司的股权转让签订协议，同时约定股权转让相关条款以最终双方签订的股权转让协议为准，股权转让款由甲方（及联合体）在股权转让协议正式签订后3个工作日内支付乙方，付款当日双方立即办理股权转让的工商变更手续等。由此可见，双方是以将来签订的股权转让协议作为具体的履行依据。因此，本案《框架协议》属于预约合同。

《框架协议》签订后，金鲁班公司并未履行支付股权转让款的主要合同义务，因此，不能认定双方以实际履行行为认可了将《框架协议》作为正式的股权转让协议。

---

〔1〕最高人民法院民事审判第二庭编：《最高人民法院关于买卖合同司法解释理解与适用》，人民法院出版社2016年版，第58页。

关于违约责任，本案虽然没有签订正式的股权转让协议，但是双方均未举证证明是对方的过错导致协议没有签订，因此不能认定合同哪一方违约。因为《框架协议》作为预约合同，本身不是履行的依据，因此金鲁班公司主张被上诉人未履行协议，一、二审法院均未予采纳。

典型案例23

《股东协议》属于股权转让意向书还是正式协议

——科宏公司与刘某股权转让纠纷案[1]

案例要旨

《股东协议》明确约定了转让标的、价格、付款方式等核心条款，并约定了目标公司的法定代表人变更为由股权收购方的成员担任，受让方也已经依约支付了超过94%的价款，并且实现了法定代表人的变更。所以，无论从协议的内容还是履行情况来看，均证明该协议不是意向书，而是正式的股权转让协议。

基本案情

上诉人（原审原告）：科宏公司。

被上诉人（原审被告）：刘某。

原审第三人：温某、焯荣公司。

焯荣公司是有限责任公司，登记股东为刘某与第三人温某。2015年6月10日，科宏公司与刘某签订《焯荣公司之股东协议》。约定：科宏公司占66.6%股份，刘某占33.4%股份；（1）双方协议以170万元作为科宏公司收购刘某的33.4%股份，付款方式是先扣除120万元科宏公司之私人借款给刘某及另外付50万元分5个月执行，每期10万元；（2）焯荣公司会在6个月

---

〔1〕 广东省广州市中级人民法院（2017）粤01民终19708号。

期限搬离南江电器工业区，超过期限双方再作协议；(3) 焯荣公司之法定代表人由刘某转为科宏公司的成员接手作为法定代表人。签订上述协议后，科宏公司通过债务抵销及委托李树衡转账的方式向刘某支付了共160万元，尚余10万元未付。法定代表人由刘某变更为科宏公司指定的李某担任。

2015年10月21日，科宏公司向刘某发出《律师函》，要求刘某在2015年11月1日前向科宏公司提供焯荣公司的公司章程、对外签订的合同、资产负债情况资料、会计账册、在职人员情况等收购股权所需的基本文件或资料，但没有要求刘某办理股权变更登记手续。科宏公司于2015年10月23日将上述《律师函》通过EMS特快专递的方式寄给刘某，该邮件于2015年10月24日被门卫签收。庭审中，刘某表示愿意随时协助办理股权变更登记手续，科宏公司在庭审表示现在不同意办理股权变更登记手续。

科宏公司诉请刘某返还已支付的股权转让款，主要理由是双方签订的《股东协议》为意向性协议而不是正式协议。

法院裁判

一审法院判决驳回科宏公司的诉讼请求。科宏公司不服，提起上诉。

生效裁判认为，科宏公司主张涉案协议仅为股权转让意向书。二审法院认为，首先，协议明确约定了转让标的、价格以及付款方式，已经具备了股权转让协议的核心要素。其次，从涉案协议履行情况看，协议约定股权转让价款为170万元，科宏公司实际支付了160万元，若涉案协议属于意向书，则前期支付的价款即具有诚意金的性质，科宏公司支付如此高额的诚意金明显有违常理。同时，涉案协议约定“焯荣公司之法人代表（刘某）转由科宏公司成员接手作为新法人代表”。而事实上，焯荣公司的法定代表人亦已由刘某变更为李某。最后，在涉案协议签订次日，焯荣公司以《通告》的形式，向“公司全体同仁、各供应商”通告公司股权重组，原股东刘某、温某不再参与焯荣公司的所有事务。鉴于此，一审法院认定涉案协议不是意向书，而是正式的股权转让协议，并无不当。据此，二审法院维持原判。

案例评析

本案的争议焦点为涉案《股东协议》属于股权转让意向性协议还是正式协议。

1. 意向书的法律性质

意向性协议，又称意向书，是为表示缔结协议的意向而签订的协议。这种协议只是表明一种意向，并不是正式的协议。一旦达成正式协议，意向书便完成了意向性的使命。关于意向书的法律性质，《买卖合同司法解释》第2条规定："当事人签订认购书、订购书、预订书、意向书、备忘录等预约合同，约定在将来一定期限内订立买卖合同，一方不履行订立买卖合同的义务，对方请求其承担预约合同违约责任或者要求解除预约合同并主张损害赔偿的，人民法院应予支持。"该规定将意向书认定为预约合同。因此，意向书具有预约合同的法律性质。

预约合同是与本约合同相对应的概念，是指约定将来订立本约合同的合同，其合同目的是确保未来本约合同的成立。虽然预约合同与本约合同二者具有内在的紧密关联，但是预约合同和本约合同在法律上属于两个不同的合同，预约合同也具有和合同一样的法律效力，当事人虽然不得直接依据预约合同的约定要求对方履行，但是，如果一方违反约定不签订本约合同，也应当承担违约责任。

虽然意向书不具有直接履行内容，但是《合同法》第37条规定：采用合同书形式订立合同，在签字或者盖章之前，当事人一方已经履行主要义务，对方接受的，该合同成立。因此，如果一份意向书具备了合同的主要条款，且一方已经履行了该主要义务，另一方接受的，即使没有签订正式协议，通常也可以将该意向书视为一份正式合同。因此，区分一份协议是意向书还是正式协议，需要根据协议的内容及双方的履行情况进行判断。

2. 本案《股东协议》属于正式协议而非股权转让意向书

本案中，涉案《股东协议》明确约定了转让标的、价格、付款方式，并约定了目标公司的法定代表人变更为由股权收购方的成员担任，上述约定显然不仅仅传达收购“意向”，而是订立了交易的标的、对价等核心条款，该协议对双方具有法律约束力。实际上科宏公司也已经依约履行了其大部分的主要债务，即向刘伟坚支付了超过94%的价款，并且实现了法定代表人的变更。所以无论从协议的内容还是履行情况来看，均证明该协议不是意向书，而是正式的股权转让协议。至于科宏公司提出该协议对焯荣公司的股权价值、资产负债情况、此前的债权债务确认、对外债务处置等细节均未作约定的主张。《合同法解释（二）》第1条第1款规定：“当事人对合同是否成立存在争议，人民法院能够确定当事人名称或者姓名、标的和数量的，一般应当认定合同成立。但法律另有规定或者当事人另有约定的除外。”因此，合同只要具备当事人、标的等基本条款就可以成立。故对股权转让合同而言，股权价值、资产负债情况、此前的债权债务确认、对外债务处置等内容的约定并非合同必备条款。只要当事人没有明确该《股东协议》为意向协议，双方要在未来订立正式协议的意思表示的，应当认定为正式的合同。故一、二审法院均未支持科宏公司主张《股东协议》是股权转让意向书的主张。

八、“补充协议”的性质及对股权转让协议履行的影响

补充协议是指当事人对于合同中的没有约定或者约定不明确的部分而达成的协议。实践中，双方当事人在签订合同后通过补充协议的方式对价款、履行方式、违约责任等内容进行约定非常普遍。《合同法》第61条规定：“合同生效后，当事人就质量、价款或者报酬、履行地点等内容没有约定或者约定不明确的，可以协议补充……”从性质上来说，补充协议也是一种协议，其成立与效力原则上应适用合同法的一般规定，包括是双方当事人的真实意思表示，符合法律规定的生效要件，签订程序、合同形式必须符合法律规定、合同内容不得违反法律法、行政法规的规定等。但是，补充协议是对已经存在的原有合同而言的，其主要目的就是通过协议的方式对业已存在的合同进行补充，因此，如果原合同不成立，或不生效，则不存在补充的基础。不过，

如果原合同存在无效内容或部分，当事人通过补充协议的形式删除或者变更原合同中无效的部分，则原合同其他部分与补充协议应当有效。

关于补充协议，司法实践中双方当事人的争论一般集中于两个方面：一是补充协议与原合同的关系问题，即补充协议到底是对原合同的补充还是属于新的独立的协议；二是补充协议与原合同的效力问题，即补充协议的内容与原合同约定的内容不一致或者相冲突的情况下，应以哪一份约定为依据？对于补充协议是对原合同的补充还是独立于原合同的新的协议的问题，应从补充协议的内容、补充协议签署的时间、补充协议的合同目的等方面进行判断。补充协议是前合同的补充，故补充协议不应完全脱离原合同的内容而存在，不得对合同的性质及合同目的进行变更，如果对原合同的内容作出实质性的变更，即使其冠以“补充协议”的名称，其实质是独立于原合同的新协议。对于补充协议的内容与原合同约定的内容不一致或者相冲突的，一般应以签订在后的补充协议为准，但是，也应考虑补充合同是对原合同的补充，双方构成一个整体的法律关系，因此，补充协议的约定不得违背原合同的目的。如原合同明示不得变更的主要条款，补充协议中对该条款的变更则可能不发生法律效力。

典型案例24
中胜公司与神通公司股权转让纠纷案〔1〕

案例要旨

《补充协议》对《股权转让协议》的标的、对价都作出了变更，且是对《股权转让协议》内容的实质性变更，而非对《股权转让协议》的补充，应当视为双方以《补充协议》的名义就股权转让问题达成了新的合意，《补充协议》实为独立于《股权转让协议》的新协议。根据后约盖前约的原理，此时双方的权利义务关系应当以《补充协议》所确定的内容为准。

〔1〕 四川省高级人民法院（2016）川民终1156号。

基本案情

上诉人（原审原告）：中胜公司。

被上诉人（原审被告）：神通公司。

原审原告：南瑞公司。

中胜公司、南瑞公司系坤鼎车业公司股东，其中中胜公司持有坤鼎车业公司99%的股权，南瑞公司持有坤鼎车业公司1%的股权。2014年4月4日，中胜公司、南瑞公司作为转让方，神通公司作为受让方，坤鼎车业公司作为目标企业，三方签订了《股权转让协议》，约定："本协议项下转让的标的股权为中胜公司、南瑞公司所持有坤鼎车业公司100%股权，其中中胜公司持有99%股权，南瑞公司持有1%股权。转让完成后，中胜公司、南瑞公司不再持有坤鼎车业公司任何股权。股权转让价款为44852720.87元，由中胜公司收取股权转让款44404193.66元，南瑞公司收取股权转让款448527.21元。"双方还约定了合同履行方式及违约责任。协议签订后，神通公司未按约定支付股权转让款。2014年7月10日，三方签订了《补充协议》，约定的标的为新坤鼎车业公司增资扩股后80%的股权。神通公司为此所支付的对价为：(1) 新坤鼎车业公司的注资、增资以及用于经营的流动资金均由神通公司负责；(2) 神通公司负责运作落实坤鼎车业公司76.6亩工业用地由政府无偿转为商住用地，并无条件交由中胜公司、南瑞公司自行开发；(3) 将政府返还给神通公司的收购补贴6000万元中的3000万元支付给中胜公司和南瑞公司。双方并未就上述对价的支付约定具体的履行期限，也未约定违约责任。

2014年9月，中胜公司、南瑞公司要求神通公司搬出租赁经营场地，神通公司于2014年9月10日支付300万元。中胜公司出具收据，该收据载明："收购坤鼎车业公司履约保证金头笔款。"2014年11月12日，中胜公司、南瑞公司再次致函神通公司，要求履行2014年4月4日签订的《股权转让协议》支付股权转让价款，但神通公司仍未履行。2014年12月5日，中胜公司、南瑞公司向神通公司发出解除《股权转让协议》通知书，要求立即解除与神通公司于2014年4月4日签订的《股权转让协议》及相关配套协议。神通公司于2014年12月8日向中胜公司、南瑞公司回函称应该以2014年7月10日签订的《补充协议》为准，神通公司不存在违约事实。中胜公司、南瑞公司向一审法院起诉请求判令：(1) 解除2014年4月4日签订的《股权转让协议》和《补充协议》；(2) 由神通公司承担给付未付股权转让款资金利息损失3158123元；(3) 由神通公司支付违约金1152722元。各方均要求神通公司所支付的300万元履约保证金在本案中一并处理。神通公司同意解除《股权转让协议》及《补充协议》，要求中胜公司、南瑞公司退还收取的300万元。

法院裁判

一审法院判决：(1) 解除《股权转让协议》和《补充协议》；(2) 中胜公司退还神通公司300万元，限判决生效后10日内付清；(3) 驳回中胜公司、南瑞公司的其他诉讼请求。判决后，中胜公司不服，提起上诉，认为一审法院认定《补充协议》变更了《股权转让协议》的履行方式，未约定履行期限和违约责任错误。《补充协议》系《股权转让协议》的补充，《补充协议》未对《股权转让协议》进行变更的，仍应以《股权转让协议》为准。

法院生效判决认为，关于《股权转让协议》与《补充协议》之间的关系的问题。二审法院认为，根据《股权转让协议》关于“本协议项下转让的标的股权为中胜公司、南瑞公司所持有坤鼎车业公司100%股权，其中中胜公司持有99%股权，南瑞公司持有1%股权。转让完成后，中胜公司、南瑞公司不再持有坤鼎车业公司任何股权。股权转让价款为44852720.87元，由中胜公司收取股权转让款44404193.66元，南瑞公司收取股权转让款448527.21元。神通公司向坤鼎车业公司提供80147279.13元的借款，以供坤鼎车业公司履行本次股权转让涉及的债务清偿安排，中胜公司、南瑞公司承担本次借款在本次股权交易完成之前的借款连带担保责任。在中胜公司、南瑞公司与神通公司完成此次股权交易后，神通公司与坤鼎车业公司之间的债权债务关系概由神通公司与坤鼎车业公司负责清理。付款办法为：(1) 神通公司在本协议生效之日起10个工作日内支付6000万元，其中向中胜公司银行账上支付股权转让款22646138.77元，剩余款项用于坤鼎车业公司偿还贷款。(2)上述6000万元履行完毕后，双方应在10日内书面作出完成第一期股权的工商变更登记，使51%的股权登记至神通公司名下。变更后，中胜公司、南瑞公司持有坤鼎车业公司49%的股权，神通公司持有坤鼎车业公司51%的股权。坤鼎车业公司的法定代表人由神通公司委派人员担任。(3)前述(1)、(2)条履行完毕后，神通公司应在10日内向中胜公司、南瑞公司银行账上支付3000万元，中胜公司、南瑞公司收到该款20个工作日内，清偿所贷款项的本金及利息。(4)前述工作完成后，双方应配合在10日内完成剩余股权的工商变更登记，即将中胜公司、南瑞公司所持有坤鼎车业公司49%的股权全部变更登记到神通公司名下。(5)前述第(4)条履行完成后，在中胜公司、南瑞公司主持下，坤鼎车业公司债务公告结束10日内，神通公司一次性付清尾款3500万元。违约责任：(1)中胜公司、南瑞公司未按约定期限及时偿还有关债务，每逾期一日，应按未付款金额的日万分之一的标准向神通公司支付违约金；(2)神通公司未按本协议约定及时履行资金支付义务，每逾期一日，应按未付款的日万分之一的标准向中胜公司、南瑞公司支付违约金”的内容来看，《股权转让协议》所约定的转让标的是中胜公司、南瑞公司所持有的坤鼎车业公司100%的股权，并约定了股权转让对价为：股权转让款44852720.87元以及在80147279.13元的范围内承担坤鼎车业公司的债务清偿，并约定了具体的付款时间和相应的违约责任。

而根据《补充协议》中关于“(一)坤鼎车业公司2万辆新能源车项目按照神通公司占80%，中胜公司占19%，南瑞公司占1%的股权运作新的坤鼎车业公司。新公司的注资、增资以及用于经营的流动资金均由神通公司负责，不影响中胜公司、南瑞公司所占股份。(二)神通公司负责运作落实坤鼎车业公司76.6亩工业用地由政府无偿转为商住用地，并无条件交由中胜公司、南瑞公司自行开发。开发过程中的责任、权利均与神通公司无关。(三)神通公司收购中胜公司、南瑞公司的股权完成后，市政府（国开区）返还给神通公司的收购补贴6000万元，返还款双方各享受3000万元。

（四）双方签订补充协议后，神通公司在最短的时间内以履约的方式支付中胜公司、南瑞公司2000万元。以上1～3条实现后全额退还给神通公司……（七）本协议签订后，中胜公司、南瑞公司分两次开出神通公司股权收购款资金证明（收据），但此仅作为神通公司向市政府争取收购款补贴返回之用，不能作为实际支付收购款的依据”的内容来看，《补充协议》所约定的标的为新坤鼎车业公司增资扩股后80%的股权。神通公司为此所支付的对价为：（1）新坤鼎车业公司的注资、增资以及用于经营的流动资金均由神通公司负责；（2）神通公司负责运作落实坤鼎车业公司76.6亩工业用地由政府无偿转为商住用地，并无条件交由中胜公司、南瑞公司自行开发；（3）将政府返还给神通公司的收购补贴6000万元中的3000万元支付给中胜公司和南瑞公司。双方并未就上述对价的支付约定具体的履行期限，也未约定违约责任。

对比《股权转让协议》与《补充协议》的内容可以看出，《补充协议》对《股权转让协议》的标的、对价都作出了变更，且是对《股权转让协议》内容的实质性变更，而非对《股权转让协议》的补充，参照《合同法》第30条关于“承诺的内容应当与要约的内容一致。受要约人对要约的内容作出实质性变更的，为新要约。有关合同标的、数量、质量、价款或者报酬、履行期限、履行地点和方式、违约责任和解决争议方法等的变更，是对要约内容的实质性变更”规定的精神，应当视为神通公司与中胜公司、南瑞公司以《补充协议》的名义就股权转让问题达成了新的合意，《补充协议》实为独立于《股权转让协议》的新协议，根据后约盖前约的原理，此时双方的权利义务关系应当以《补充协议》所确定的内容为准。虽然《补充协议》并未对神通公司所应支付的新对价的履行期限作出约定，但因神通公司所应支付的新对价与《股权转让协议》中确定的对价已经发生实质性变更，故《股权转让协议》中关于履行期限及其对应的违约责任对神通公司不再发生约束力。中胜公司以《补充协议》系《股权转让协议》的补充，《补充协议》未对《股权转让协议》进行变更的，仍应以《股权转让协议》为准的上诉理由，缺乏事实与法律依据，二审法院不予支持。

二审判决驳回上诉，维持原判。

案例评析

本案的争议焦点是《股权转让协议》与《补充协议》之间的关系的问题，即《补充协议》是独立于《股权转让协议》的新协议还是对前述《股权转让协议》的补充。

1. 补充协议的内涵

依法成立的合同，自成立时生效。合同生效后，根据《合同法》第60条、第107条的规定，当事人应当按照约定全面履行自己的义务，当事人一方不履行合同义务或者履行合同义务不符合约定的，应当承担相应的违约责任。但是，由于由于各种主观或者客观原因，当事人往往不能对合同签订和履行过程中出现的各种情况作出全面的预见和安排，导致在订立合同时对合同标的物的质量、价款或者报酬、履行地点等内容没有约定或约定不明，因此，需要双方通过签订补充协议的方式对合同的权利义务进行补充约定或者重新安排。《合同法》第61条规定："合同生效后，当事人就质量、价款或者报酬、履行地点等内容没有约定或者约定不明确的，可以协议补充……"根据该条规定，当事人可以对质量、价款或者报酬、履行地点等内容进行协议补充。

从性质上来说，补充协议也是一种协议，其成立与效力原则上应适用合同法的一般规定，包括须经双方当事人协商一致，是双方当事人的真实意思表示；必须遵循法律规定的程序，及补充协议的签订需经过要约与承诺两个阶段；必须遵守法律规定的方式，如法律规定应当采用书面形式的，补充协议也应采用书面形式，如果补充协议补充变更的内容涉及的事项依规定应当办理批准、登记等手续的，补充协议自办理批准、登记手续时始生效；必须符合法律规定的生效要件，补充协议不得具有《合同法》第52条规定的合同无效的情形。

2. 补充协议与原合同的关系

补充协议是对原合同的变更和补充，补充协议不能独立存在，须以原合同存在为前提。而原合同是独立的合同，不以“补充协议”的存在为前提。如果原合同不成立或不生效，则不存在补充的基础。如果原合同整体被认定为无效，补充协议自然也是无效，当然，如果当事人通过补充协议的方式删除或者变更了原合同中无效部分的约定，则原合同其他部分与补充协议应当有效。原合同与“补充协议”共同构成一份完整的合同。

对于补充协议的内容与原合同约定的内容不一致或者相冲突的，一般应以签订在后的补充协议为准，但是也应考虑补充合同是对原合同的补充，双方构成一个整体的法律关系，因此，补充协议的约定不得违背原合同的目的。如原合同明示不得变更的主要条款，补充协议中对该条款的变更则可能不发生法律效力。

3. “补充协议”性质的认定及对原合同履行的影响

关于“补充协议”是对原合同的补充还是属于新的独立的协议问题。实践中，“补充协议”一般会注明补充协议为原合同的一部分，补充协议与原合同不一致的，适用补充协议，但是不能仅凭该约定及“补充协议”的标题就认定其性质为对原合同的补充。判断“补充协议”的性质，关键是看“补充协议”是否为对原合同的实质性变更，这应从补充协议的内容、补充协议签署的时间、补充协议的合同目的等方面进行判断。

根据《合同法》第61条的规定，在原合同生效，当事人就对质量、价款、履行地点、履行方式、履行期限、履行费用未作出约定，或者约定不明确造成履行困难的情况下，通过“补充协议”的方式完善没有约定或者约定不明的事项，一般不属于实质性变更。但不能就此认为当事人就上述情况以外的内容进行协商达成的补充协议就属于对原合同的实质性变更。以股权转让合同为例，如果双方在原合同中约定转让公司的10%股权，后因为受让方支付能力等问题，双方协商变更为转让公司8%的股权，这应该属于标的物数量的变更，“补充协议”不视为对原合同的实质性变更，在履行时，双方直接按变更后8%的股权即可。如果双方直接将受让方通过股权转让获得股权变更为通过增资扩股的方式取得股权，则原合同的性质和合同目的都发生了变化，“补充协议”实质为合同当事人达成的新的协议，即双方变更了意思表示，一般无须再履行原合同。又如果原来关于10%股权双方已经全部履行完毕，股权也已完成变更登记，双方通过“补充协议”的方式将股权转让的数额由10%变更为8%，实质是原受让人将2%的股权转让给原出让人，而这显然改变了原股权转让合同的合同目的，因此，“补充协议”应被视为独立于原股权转让合同的新协议，对原合同的履行没有影响，原合同的约定亦不适用于“补充协议”的履行。

本案中，对比《股权转让协议》与《补充协议》的内容可以看出，《补充协议》就股权转让事项对《股权转让协议》的标的、对价及履行方式等都做出了实质性的变更，《股权转让协议》与《补充协议》已完全无被补充与补充的关系，双方是就同一事项签订的两份独立合同。在签订《补充协议》时，双方当事人其实已经变更了签订《股权转让协议》时的意思表示，即将原来的股权收购变成了各方当事人通过成立新的公司的形式运作相应的项目，此时双方的权利义务关系应当以签订在后的《补充协议》所确定的内容为准，无须履行原《股权转让协议》的约定。虽然当事人未在《补充协议》中就违约责任进行约定，但《股权转让协议》约定的违约责任是与《股权转让协议》的性质对应的，《股权转让协议》约定的违约责任条款不适用于《补充协议》的履行。

九、股权转让中的公司法人人格否认

公司法人人格否认，又称揭开公司面纱，是指在公司依法成立后，在特定事件中（如子公司与母公司之间或股东与公司之间）因有滥用公司法人人格之情事时，若在该事件中仍完全承认该公司具有形式上的独立人格，将违反公平正义的原则或侵害第三人的交易安全，则暂时性否认在该特定事件中公司与其背后的股东各自独立的人格及股东的有限责任，责令公司的股东对公司的债权人或公共利益直接负责的一种法律措施。《公司法》在第 20 条第3款[1]明确规定了“公司法人人格否认”规则，以防止股东滥用公司法人人格、有限责任获取非法利益，以保护债权人、维护正常的交易秩序。《公司法》第63条[2]规定了一人公司的股东应就其个人财产是否与公司财产相分离负举证的责任，使在一人公司场合下，债权人主张公司法人人格否认更容易获得法院的支持。

（一）公司法人人格否认规则的构成要件

公司法人人格否认的核心是否定公司人格，使股东对公司的债务承担无限连带责任。很显然，这一原则是对公司独立人格和股东有限责任的一种修正，其主要功能是对滥用股东有限责任和公司独立法人地位情形予以矫正和补救。[3] 因此，典型意义上的公司法人人格否认的适用条件是股东滥用权利，债权人否认公司人格的目的是让股东承担责任。依照我国《公司法》第20条第3款之规定，公司股东滥用公司法人独立地位和股东有限责任，侵害的是债权，因此，公司法人人格否认的实质是追究公司股东的侵权责任，应参照民事侵权行为的构成要件来决定公司法人人格否认的构成要件。但是，公司股东不是其侵害的债权关系的当事人，而是债的关系以外的第三人，这与我国民法理论中的“第三人侵害债权”非常相近，除了这个特殊表现，“第三人侵害债权”的构成要件与一般侵权行为在主体要件、行为要件、结果要件的构成上并无不同。因此，《公司法》第20条第3款规定的公司法人人格否认规则的构成要件主要包括主体要件、行为要件、结果要件。

1. 主体要件

（1）请求权主体的适格性。根据《公司法》第20条第3款的规定，公司法人人格否认的请求权主体为公司的债权人。理论上，此处债权人的范围有

---

[1] 该款规定：“公司股东滥用公司法人独立地位和股东有限责任，逃避债务，严重损害公司债权人利益的，应当对公司债务承担连带责任。”

[2] 该条规定：“一人有限责任公司的股东不能证明公司财产独立于股东自己的财产的，应当对公司债务承担连带责任。”

[3] 施天涛：《公司法学》，法律出版社2018年版，第30页。

学者主张区分自愿债权人、非自愿债权人、民事债权、劳动债权、行政债权等。[1] 我们认为，此处的债权人，应作广义解释。公司债权人既包括自愿债权人，如合同之债的债权人，也包括非自愿债权人，如侵权之债的债权人、无因管理及不当得利之债的债权人，还包括公益债权人，如公司逃税行为产生的税收债权，因环境污染行为产生的相应公益债权，法律规定的相关部门有资格作为原告主体，提起公司法人人格否认之诉。

（2）责任主体的适格性。根据《公司法》第20条第3款的规定，公司法人人格否认责任承担主体为公司股东。但是，并非每个股东都存在滥用公司法人独立人格的可能性。一般而言，在公司经营过程中，参与公司的经营和管理，有管理权的股东即积极股东才可能利用其优势地位滥用权利，而没有管理权，不参与公司经营的股东即消极股东，无法利用公司去损害债权人利益。因此，揭开公司面纱一般只针对积极股东，不针对消极股东。但在股东出资不足或违法清算、怠于清算等情况下，符合公司法人人格否认的行为要件，任意股东均可以成为责任主体。

2. 行为要件

公司股东实施了滥用公司法人独立地位和股东有限责任的行为，是适用公司法人人格否认规则的行为要件。对于该滥用行为的具体类型，我国学者的主流意见将之总结为公司资本显著不足、人格混同、滥用控制权以及公司形骸化，[2] 司法领域也持类似观点[3]。司法实践中，行为要件的认定是此类案件的争议焦点，也是人民法院适用公司法人人格否认原则时，需重点审查的内容。

3. 结果要件

公司法人人格否认制度的结果要件是指公司股东滥用公司法人独立地位

---

〔1〕 雷兴虎、刘斌：《论公司法人格否认诉讼主体适用范围之拓宽》，载《中国商法年刊》2010年。

〔2〕 朱慈蕴：《公司法人人格否认制度理论与实践》，人民法院出版社2009年版，第3~4页。

〔3〕 上海市高级人民法院民事审判第二庭2009年6月25日发布的《关于审理公司法人人格否认案件的若干意见》第6条规定："公司存在资本显著不足，或者股东与公司人格高度混同，或者股东对公司进行不正当支配和控制情形的，可以认定属公司法第二十条第三款规定的股东滥用公司法人独立地位和股东有限责任的行为。"

和股东有限责任的行为客观上逃避债务，且严重损害了公司债权人的利益。对于该要件，应当把握三个要点：第一，滥用公司法人格的行为必须给公司债权人造成损害；第二，滥用公司法人人格的行为与造成的损失之间有直接的因果关系；第三，这种损害不能通过公司自身获得赔偿。

（二）公司法人人格否认规则在司法认定中的具体标准

1. 公司资本显著不足。资本不足有法律上的不足与经济上的不足。法律上的不足，是指股东未按期足额缴纳出资或在公司设立后抽回出资，致使公司资本低于该类公司法定资本最低限额。经济上的不足主要是从偿付能力的欠缺方面而言，是指公司所从事的行业性质和该行业容易发生的风险事件的性质来看资本额不足以支付风险损失，而这种不足是由于股东抽逃出资或者转移公司财产所致。适用公司法人人格否认规则时的公司资本显著不足，并非指将公司资本与公司法上对公司最低资本额的要求相比，而达不到法定标准时的情况。它是指公司实有资本与公司营业性质和由此必然导致的风险所需要的必要的资本额相比过低。

2. 股东利用公司法人人格规避合同义务和法律义务。其中，滥用公司法人格回避契约义务和行为主要表现为：负有竞业禁止等合同上特定的不作为义务的当事人为回避该义务而设立新公司，或者利用旧公司掩盖其真实行为；负有交易上巨额债务的公司支配股东通过抽逃资金或者解散该公司或宣告该公司破产后，再以原有的营业场所、董事会、公司职员等设立经营目的完全相同的新公司，以达到逃脱原来公司巨额债务之不正当目的；利用公司对债权人进行诈欺以逃避合同义务等；股东非法隐匿、转移公司财产。在公司负债的情况下将公司房产转移登记至自己名下，使公司丧失可供执行的财产，[1]或者将应属公司所有的款项归为股东个人所有，未入公司账簿，共同侵犯了公司的财产权。[2]实践中，原告对股东转移公司财产产生合理怀疑进行举证

〔1〕 详见（2012）粤高法审监民再字第52号。

〔2〕 详见（2013）粤高法民申字第1462号。

的，被告股东应当就其正当性承担举证责任。[1]

3. 股东与公司人格混同。法人人格混同具体表现为5个方面：财产混同；人员混同；业务混同；办公场所混同；管理混同。司法实践中，考虑以上因素时，除了财产混同，其他至少需要满足两个以上的标准才能认定为人格混同，而且，其中必须要符合财产混同。如公司重组成立后，原公司并未注销，原公司与重组后的公司经营场地、人员、资产混同，构成人格混同。[2] 同时，上述混同情形的持续性及广泛性，亦须综合考虑予以认定。《公司法》第63条规定了一人有限责任公司的股东不能证明公司财产独立于股东自己的财产的，应当对公司债务承担连带责任，适用举证责任倒置，但是该条款只是确立了在财产混同上，才由一人公司股东承担举证责任。如果债权人主张一人公司存在其他的人格混同情形，则应由债权人承担举证责任，适用《公司法》第20条的规定来予以认定。

（三）司法裁判在否认公司法人人格时采谨慎态度

法人人格否认制度是法人制度具体运用发生异化时产生的一种新的法律制度。法人人格否认制度和法人制度从正反两个方面确保了法人的人格独立和股东的有限责任。法人人格否认制度是对法人制度必要的、有益的补充，是对法人制度的严格遵守，是以维护法人人格独立为使命的。

司法实践中，在否认公司法人独立人格上，无论是在公司资本不足，抑或是股东滥用权利规避法定或约定义务或者是股东与公司构成混同的情况下，法院在运用上述标准时，通常是对各种因素进行综合考虑，在许多情况下，仅仅单一的因素很难构成揭开面纱的充足理由。另外，不同的因素在不同的案件中其作用也不尽相同。司法实践对否认公司法人人格的认定都是非常谨慎的。例如，滥用公司法人独立地位及股东有限责任与股东持股多少并无关

---

〔1〕如在（2015）榕民终字第3353号案中，原告主张财产混同，并证明股东收取了公司款项，法院认为股东需要对款项是否用于公司经营，是否汇入公司账户进行举证，否则构成滥用。

〔2〕详见（2014）湘高法民二终字第40号。

系。[1] 在认定是否存在财产混同上，不能仅以公司指定股东账号作为收款账号来认定财产混同。[2] 公司股东虽然出借了银行账户，但其并无过错，且该账户仅供公司使用，债权债务与股东个人无关，不应判决股东承担连带责任。[3] 公司股东通过个人银行账户向员工发放工资，它是加强而不是减弱公司的偿付能力，不能以此适用公司法人人格否认，让该股东就公司债务承担连带责任。[4] 股东个人替公司偿付债务不构成财产混同，不属于滥用公司法人独立地位和股东有限责任。[5] 但是，如果用公司财产用于股东个人支出，且在庭审中明确拒绝对公司账目进行审计的，属于股东滥用权利行为。[6]

总体来讲，在我国人格否认的司法实践已经比较丰富的前提下，司法实践在人格否认的态度上应当坚持谦抑原则，既审慎适用，又当用则用。在证据已经非常充分，人格否认的构成要件非常齐全的基础上才能动用人格否认制度，否则公司的独立人格和有限责任还是要得到坚持的。

典型案例25
昆明东聚公司与云南官房土地公司、昆明空港管委会股权转让纠纷案[7]

案例要旨

原官渡区工业园区管委会系昆明东聚公司的唯一股东，其资产和债务被整体划入昆明空港管委会，且东聚公司由昆明空港管委会实际管理控制，根据公司法的规定，昆明东聚公司符合一人公司的法律特征，不属于国有独资公司。昆明空港管委会在本案中不承担责任的条件是应证明昆明东聚公司的人事、财产、资金完全独立于昆明空港管委会，但昆明空港管委会并未提交

[1] 详见（2015）川民终字第1034号。
[2] 详见（2015）皖民二终字第00312号。
[3] 详见（2019）冀04民终55号。
[4] 详见（2019）鄂06民终136号。
[5] 详见（2019）京02民终503号。
[6] 详见（2015）鄂民申字第01752号。
[7] 云南省高级人民法院（2017）云民终46号。

相应证据予以证明，故应对昆明东聚公司的债务承担连带责任。

基本案情

上诉人（原审被告）：昆明东聚公司。

被上诉人（原审原告）：云南官房土地公司。

原审被告：昆明空港管委会。

2008年10月29日，云南官房建筑集团、云南官房土地公司、昆明东聚公司三方签订《股权转让合同》，约定昆明东聚公司各出资1亿元人民币购买云南官房建筑集团、云南官房土地公司各持有目标公司玮泉公司40%共80%的股权，合同约定了相应的履行条款及违约金条款。截至2015年3月9日，昆明东聚公司尚欠：云南官房土地公司上述股权转让款1000万元。昆明东聚公司工商登记股东为官渡区工业园区管委会，持股比例为100%，后昆明市成立空港管委会后，官渡区工业园区管委会将昆明东聚公司的股东权利义务全部移交给昆明空港管委会，官渡区工业园区管委会的法人资格已经终止。云南官房土地公司主张昆明东聚公司、昆明空港管委会连带承担支付股权转让款及利息，理由为昆明东聚公司为一人公司，昆明空港管委会作为其唯一股东应根据《公司法》第63条的规定承担责任。昆明空港管委会认为昆明东聚公司系国有独资公司，不应该适用一人公司的规定。

法院裁判

云南省昆明市中级人民法院经审理认为，依法成立的合同，受法律保护。关于本案东聚公司是否应当支付剩余的股权转让款并承担违约金的问题。一审庭审中，东聚公司对其欠官房土地公司股权转让款1000万元的事实并无异议，因此，一审法院予以确认。对于逾期违约金问题。东聚公司认为双方已经对该1000万元的支付时间通过双方的事后行为方式，确认为不定期履行方式。但官房土地公司向东聚公司提交的企业征询函中明确要求主张违约金，可见，在没有其他充分证据佐证的情形下，并不能认定双方就履行时间有过另行约定，故东聚公司的该项主张，一审法院不予支持，其应该按照合同约定，承担相应的违约责任，计算方法应根据东聚公司向官房土地公司支付款项的具体违约时间决定，即以6000万元为本金自2009年2月21日起到2009年3月18日止、以3500万元为本金自2009年3月19日起至2009年5月14日止、以1000万元为本金自2009年5月15日起至付清之日止的利息，利率按照中国人民银行同期流动资金贷款利率计算。关于空港管委会在本案中是否应当承担责任问题。根据《民法通则》第50条的规定，官渡区工业园区管理委员会作为东聚公司的股东，并依法履行了出资义务，故其具备相应的法人资格，应当承担相应的责任。根据一审法院查明的事实，昆明市成立空港管委会后，即开始了东聚公司所在区域内的移交手续，根据文件精神和协议约定，移交包括“资产和债权债务”。可见，东聚公司作为官渡区政府与空港管委会的主要移交内容之一，则与东聚公司相应的债权债务应当按照文件和协议约定移交至空港管委会，该事实与《昆明空港经济区与官渡工业园区实行一体化管理的方案》中，“‘一个核心，两个运行主体公司，三个平台’的构架，全面整合”“两个运行主体公司：即昆明空港投资开发有限责任公司、昆明东聚投资公司”的事实能够相互印证。且随后，云南省编委下文决定将官渡区工业园区管理委员会的牌子交还昆明市。至此，官渡区工业园区管理委员会的法人资格已经终止。与官渡区工业园区管理委员会有关的债权债务应当根据空港管委会与官渡区委、区政府的协议处理，即其债权债务由空港管委会概括承受。关于本案空港管委会是否应当与东聚公司承担连带责任的问题。根据《公司法》第63条的规定，空港管委会认为东聚公司系国有独资公司，不应该适用一人公司的规定，一审法院认为《公司法》第58条第2款已经明确界定“本法所称一人有限责任公司，是指只有一个自然人股东或者一个法人股东的有限责任公司”，东聚公司的工商登记资料显示其为一个法人股东的有限责任公司，因此，空港管委会认为东聚公司不是一人公司的主张不符合法律规定，一审法院不予采纳。根据一审法院查明的事实，原官渡区工业园区管理委员会系东聚公司的唯一股东，其资产和债务被整体划入空港管委会，且东聚公司由空港管委会实际管理控制。其在本案中依法不承担责任应当达到以下条件：(1) 证明原官渡区工业园区管理委员会仍然存续且有完善的组织人事机构；(2) 证明东聚公司的人事、财产、资金完全独立于空港管委会。而在本案审理过程中，各政府性文件已经明确官渡区工业园区管理委员会的牌子已经被收回，其职能和职责已经划归空港管委会，而且，各方对东聚公司的债权债务的处理有明确的协议约定，故空港管委会客观上不能完成第一项证明义务。其次，在本案审理中，空港管委会并未提交证据证明东聚公司的人、事、物独立于该管委会，其应当承担举证不能的后果，即空港管委会根据上级党委、政府的工作安排和与官渡区委、区政府的合同约定，作为东聚公司的实际控制人应当对东聚公司登记在册的股东官渡区工业园区管理委员会在本案中的责任承担责任，即对东聚公司的债务承担连带责任。

昆明东聚公司不服，提起上诉。云南省高级人民法院二审判决：驳回上诉，维持原判。

案例评析

本案的争议焦点有二：一是一人公司与国有独资公司的区别；二是一人公司在股权转让合同履行过程中欠付的股权转让款，其股东是否应承担连带责任。

1. 一人公司与国有独资公司的区别

关于一人公司与国有独资公司的定义，《公司法》对此有明确规定。《公司法》第57条第2款规定："本法所称一人有限责任公司，是指只有一个自然人股东或者一个法人股东的有限责任公司。"第64条第2款规定："本法所称国有独资公司，是指国家单独出资、由国务院或者地方人民政府授权本级人民政府国有资产监督管理机构履行出资人职责的有限责任公司。"从《公司法》的上述规定可以看出，国有独资公司只包括各级国资委直接出资管理的企业，不包括以国有独资公司名义出资设立的全资子公司，故本案的昆明东聚公司不属于国有独资公司，而属于一人公司。

2. 一人公司情形下人格混同的认定

一人公司，是指只有一个股东的有限责任公司。根据《公司法》的规定，应当依据公司登记信息来判断是否属于一人公司。实践中，由于缺乏其他股东的制约，一人公司的股东更容易控制公司，滥用公司独立法人人格。关于一人公司的财产与股东个人财产是否混同的判断，虽然《公司法》第63条规定了一人有限责任公司的股东不能证明公司财产独立于股东自己的财产的，应当对公司债务承担连带责任，适用举证责任倒置，但是该条款只是确立了在财产混同上，才由一人公司股东承担举证责任。如果债权人主张一人公司存在其他的人格混同情形，则应由债权人承担举证责任，适用《公司法》第20条的规定来予以认定。[1]债权人主张一人公司股东存在其他滥用股东有限责任行为的，需遵循关于有限责任公司法人人格否认举证责任分配的一般原则。[2]

本案昆明东聚公司为一人公司，因其欠付1000万元股权转让款，在债权人对公司股东提起诉讼的情况下，昆明空港管委会作为昆明东聚公司的唯一股东，根据《公司法》第63条的规定，应当就其财产独立于昆明东聚公司进行举证，在未就此进行举证的情况下，法院认定人格混同成立，并判令昆明空港管委会对昆明东聚公司的债务承担连带责任。

由于《公司法》第63条规定，一人公司的股东在公司的经营中需要承担很大的风险，而两名以上的股东不会因为特殊关系而被认定为是实质上的一个人公司，[3]因此，成立一人公司需谨慎。司法实践中，一人公司股东要证明自己财产独立与公司财产，需要公司在实际经营中开设独立的存款账户，所制作并经有资质的专业会计师事务所审核的历年财务报表证据可以反映一人公司作为一个独立法人的经营成果、现金流量、利润盈亏等财产状况，亦能反映股东与公司所发生的关联交易及资金结

---

〔1〕 详见（2015）芜中民二终字第00221号、（2014）浙杭知终字第5号。

〔2〕 详见（2014）西中民二终字第00430号。

〔3〕 如在（2019）京02民终503号中，法院认为公司不因仅有夫妻二股东而构成一人公司。

算情况，[1]证明标准非常高。

十、股权转让中不安抗辩权的行使

（一）不安抗辩权的内涵

根据《合同法》第68条的规定，[2]不安抗辩权是指当事人互负债务，有先后履行顺序的，先履行的一方有确切证据表明另一方丧失履行债务能力时，在对方没有履行或者没有提供担保之前，有权中止合同履行的权利。合同法规定不安抗辩权的目的是因为在双务合同中，应当先履行的当事人没有后履行抗辩权，故法律设立不安抗辩权，使其在对方无力履行的情况下享有拒绝履行合同义务的权利，以防止因为情势变更而使先为履行的一方当事人遭受损害。

《合同法》第68条列举了可能导致不安抗辩的4种情形：经营状况严重恶化；转移财产、抽逃资金，以逃避债务；丧失商业信誉；有丧失或者可能丧失履行债务能力的其他情形。根据《合同法》第69条的规定，[3]先履行合同义务的当事人行使不安抗辩权需要履行两项义务，一是及时通知义务，二是需要承担证明对方不能履行合同或者有不能履行合同可能性的举证责任。不安抗辩权行使的后果仅是中止合同，对方当事人对方在合理期限内恢复履行能力并且未提供适当担保的，不安抗辩权便归于消灭。对方当事人在合理期限内既未提供担保，也不能证明自己的履行能力，主张不安抗辩权的当事人有权解除合同。

---

〔1〕详见（2014）浙杭知终字第5号。

〔2〕该条规定："应当先履行债务的当事人，有确切证据证明对方有下列情形之一的，可以中止履行：（一）经营状况严重恶化；（二）转移财产、抽逃资金，以逃避债务；（三）丧失商业信誉；（四）有丧失或者可能丧失履行债务能力的其他情形。当事人没有确切证据中止履行的，应当承担违约责任。"

〔3〕该条规定："当事人依照本法第六十八条的规定中止履行的，应当及时通知对方。对方提供适当担保时，应当恢复履行。中止履行后，对方在合理期限内未恢复履行能力并且未提供适当担保的，中止履行的一方可以解除合同。"

（二）不安抗辩权与《合同法》中因预期违约解除合同的比较

因预期违约解除合同，是指在合同履行期限届满之前，当事人一方明确表示或者以自己的行为表明不履行主要债务的，对方当事人可以解除合同。预期违约分为明示违约和默示违约。《合同法》第94条第2项[1]及第108条[2]规定了预期违约制度。依据《合同法》第94条第2项的规定，当事人一方以自己的行为表明不履行主要合同义务的，另一方可以直接解除合同；而依据《合同法》第68条、第69条的规定，后履行一方当事人有经营状况严重恶化；转移财产、抽逃资金，以逃避债务；丧失商业信誉；有丧失或者可能丧失履行债务能力的其他情形的，另一方当事人只是有条件地享有解除合同的权利，即先中止履行并通知对方，只有对方未在合理期限内恢复履行能力并且未提供时，方可解除合同。上述可能导致不安抗辩的4种情形也可以视为以自己的行为表明不履行主要债务的行为。因此，虽然《合同法》规定的不安抗辩权与预期违约制度是不同的两个法律制度，但在适用上存在相当程度的竞合，即一些情况既可以适用不安抗辩权，也可以适用预期违约制度。

在既有的合同法框架下，如果同时符合行使不安抗辩权及因预期违约解除合同的条件，如何选择使用，应由当事人根据具体情况，从有利于自己利益角度出发予以考虑。如果选择通过不安抗辩权来救济，则不能直接解除合同，必须先中止履行并通知对方，要求对方提供适当的担保，只有对方未在合理期限内恢复履行能力或提供适当担保的情况下，才可以解除合同，要求赔偿损失。因此，选择行使不安抗辩权更着眼于合同的继续履行。如果选择通过预期违约来救济，则可直接解除合同，并追究对方的违约责任。

---

〔1〕该项规定："有下列情形之一的，当事人可以解除合同……（二）在履行期限届满之前，当事人一方明确表示或者以自己的行为表明不履行主要债务。"

〔2〕该条规定："当事人一方明确表示或者以自己的行为表明不履行合同义务的，对方可以在履行期限届满之前要求其承担违约责任。"

典型案例26

钱某、陶某与龚某1股权转让纠纷案[1]

案例要旨

本案中，先履行一方提供的证据不足以证明对方当事人存在丧失或者可能丧失不能履行债务的情形，且没有提交证据证明其在发出解除合同通知书之前，采取先中止履行合同并及时通知对方，故其以不安抗辩权行使解除权亦不符合法定程序。

基本案情

上诉人（原审原告）：钱某、陶某。

被上诉人（原审被告）：龚某1、龚某2。

2012年6月2日，龚某1（乙方）与钱某、陶某（甲方）签订了《南山矿业公司股权转让合同》，转让价款2600万元，其中约定了转让价格及支付方式。还约定：自2012年5月31日起，南山矿业公司采矿权、经营管理权、盈利或亏损属乙方，与甲方无关。2012年6月6日，钱某将南山矿业公司资料移交给龚某1。龚某1支付转让款合计900万元。双方还签订《股权托管协议》，约定由股权受让方在受让南山矿业公司股权后办理股权变更登记前的过渡期内，管理委托方持有的公司股权。

2012年7月23日，钱某、陶某、南山矿业公司为案外人志宏零部件公司（龚某2为该公司法定代表人）1000万元借款承担连带保证责任，龚某1、志宏零部件公司承诺，如因此造成钱某、陶某个人承担任何不良后果，由龚某1、志宏零部件公司承担全部责任。因志宏零部件公司未按期偿还借款，债权人提起仲裁，南山矿业公司、龚某1、龚某2、陶某对上述款项在抵押物不足

---

[1] 安徽省高级人民法院（2015）皖民二终字第00553号。

清偿的情况下承担连带清偿责任。

2013年3月26日，钱某、陶某作出《解除合同通知书》，以龚某1未按2012年6月2日《股权转让合同》的约定履行义务、支付转让价款，致使钱某、陶某签订合同的目的不能实现为由解除合同。钱某、陶某以龚某1、龚某2拒不支付转让款，经营状况严重恶化，丧失商业信誉，有丧失或可能丧失履行债务能力的情形为由，提起本案诉讼，请求：(1) 确认钱某、陶某行使合同解除权合法有效；(2) 龚某1赔偿经济损失1000万元（以评估鉴定结论为准）；(3) 龚某1、龚某2返还企业经营权、撤离现场、停止侵害。

法院裁判

一审判决驳回钱某、陶某的诉讼请求。钱某、陶某不服，提起上诉。

生效裁判认为，其一，龚某1、龚某2是否存在丧失或可能丧失履行债务能力的情形。为此，钱某、陶某主张龚某1、龚某2存在下列几种情形，分析认定如下。(1) 龚某1、龚某2至2012年年底应当向钱某、陶某支付股权转让款1900万元，而龚某1、龚某2仅支付900万元，之后未再支付。根据《股权转让合同》约定，2012年6月5日前龚某1支付了转让款500万元后，钱某、陶某应同时办理股权及法定代表人变更登记手续。在钱某、陶某未履行办理变更登记义务时，龚某1、龚某2有权拒绝支付转让款。钱某、陶某以龚某1、龚某2未履行后履行义务主张不安抗辩权于法相悖。(2) 龚某1、龚某2支付的900万元是志宏零部件公司高息民间借款筹得，并非自身所有。经查，龚某1、龚某2支付的500万元股权转让款在2012年6月6日前，志宏零部件公司向安徽新安典当有限公司借款日期是2012年7月23日，两者在付款及借款时间上存在明显差异，钱某、陶某主张龚某1、龚某2支付的900万元均是民间借贷所得依据不足。(3) 志宏零部件公司借款到期未还，安徽新安典当有限公司已申请仲裁并就仲裁裁决申请法院强制执行，龚某1、龚某2企业资产已全部抵押在该笔借款上，故无任何有效资产用来支付股权转让款。本案中，志宏零部件公司与其股东龚某1、龚某2系相互独立的主体，钱某、陶某以志宏零部件公司经营状况推定龚某1、龚某2丧失或可能丧失履行债务能力依据不足。其次，涉案仲裁裁决志宏零部件公司清偿当金余额890万元及罚息，龚某1、龚某2在志宏零部件公司提供抵押物不足清偿情况下承担连带清偿责任，即龚某1、龚某2承担的是补充清偿责任，且根据钱某、陶某二审中提交的证据《拍卖结果报告》显示，志宏零部件公司被强制执行的厂房及土地使用权拍卖参考价达到4903万元。最后，主张不安抗辩权应当以行使该权利时对方当事人存在有丧失或者可能丧失不能履行债务的情形，安徽新安典当有限公司提起仲裁及执行是在2013年8月之后，而钱某、陶某提出解除合同时间是2013年3月27日。故，钱某、陶某以志宏零部件公司被申请仲裁及强制执行主张龚某1、龚某2丧失偿债能力没有事实与法律依据。(4) 龚某1在法院判决的几百万元债务不能清偿，正在强制执行中。经查，龚某1作为股东，仅以出资额为限对志宏零部件公司承担责任，故，钱某、陶某以此证明龚某1经营状况恶化依据不足。(5) 双方之间为履行合同发生纠纷及龚某1因故意伤害罪被判处刑罚和涉嫌破坏生产经营罪，龚某2存在吸毒被处理、开庭时围殴钱某、陶某等行为，丧失商业信誉和做人道德。钱某、陶某主张的此类情形不属于《合同法》第68条规定的情形，其以此证明龚某1、龚某2丧失商业信誉而行使不安抗辩权没有法律依据。

其二，钱某、陶某行使不安抗辩权解除合同是否符合法定程序。本案中，钱某、陶某并没有提交证据证明其在2013年3月27日发出解除合同通知书之前，采取先中止履行合同并及时通知对方，故其以不安抗辩权行使解除权亦不符合法定程序。据此，二审判决驳回上诉，维持原判。

案例评析

本案涉及的争议焦点在于股权受让方龚某1、龚某2是否丧失或可能丧失履行能力，股权出让方钱某、陶某主张不安抗辩权并要求解除合同是否成立。

1. 行使不安抗辩权的条件

根据《合同法》第68条、第69条的规定，行使不安抗辩权应具备下列要件：(1) 双方当事人因同一双务合同而互负债务，且两债务间具有对价关系。(2) 主张不安抗辩权的一方应当先履行债务，且其债务已届清偿期。如果履行期未届至，先履行方只能暂时停止履行的准备，无从停止履行。不安抗辩权适用的双务合同属于异时履行。异时履行是指双方履行存在的时间顺序，即一方先履行，另一方后履行。[1] (3) 先履行义务人有确切证据证明后履行方履行能力明显降低，有不能为对待给付的现实危险。包括：其经营状况严重恶化；转移财产、抽逃资金、以逃避债务；商业信誉的丧失；其他丧失或者可能丧失履行能力的情况，一般指严重资不抵债，濒临破产或者恶意经营，故意致使财产减少难以履行等情况，期严重程度应该与前面三种情形是对等的。只有当以上任意一种情形出现并且主张不安抗辩权的当事人有确切证据证明时才能依法行使不安抗辩权，否则应承担违约责任。

如果主张不安抗辩权成立的，《合同法》第68条和第69条赋予不安抗辩权当事人依法享有"中止履约权"和"合同解除权"两项权利，因此，与仅属于延期抗辩的同时履行抗辩权和先履行抗辩权不同，不安抗辩权同时具有消灭抗辩权属性并留置担保的性质。[2] 一方当事人因行使不安抗辩权中止履行合同，这将使对方无法如期获得合同利益，从而增加对方的负担。为了保证不安抗辩权的正确行使，也为了平衡合同双方的权利义务，《合同法》第69条规定不安抗辩权的行使必须履行通知义务。行使不安抗辩权的当事人一方行使权利系单方行为，无须征得另一方的同意，单合同法规定权利人在行使不安抗辩权时，应当及时通知对方当事人。一方面，能使对方知悉一方已中止履行的事实，以免其因此

---

〔1〕 吴高盛主编：《〈中华人民共和国合同法〉释义及实用指南》，中国机械工业出版社2014年版，第150页。

〔2〕《不安抗辩权可产生中止履行和解除合同的法律后果》，载 http：//www. faxin. cn/lib/cpal/AlyzContent. aspx？ isAlyz = 1&gid = C1278096&userinput，最后访问时间：2019年11月30日。

而遭受损害；另一方面，是为了使其尽快采取适当措施，设法恢复履行能力或提供担保，以消灭不安抗辩权，获得对方的恢复履行，有利于双方当事人合同权益得到实现，也是为了能防止权利人滥用不安抗辩权。如果先履行的一方不予通知，将使后履行的一方丧失通过提出担保或消除不能履行障碍而排除不安抗辩权继续存在的机会，产生了新的利益失衡，有违诚实信用和公平原则的要求。因此，权利人未采取先中止履行合同并及时通知对方之前，不得以不安抗辩权为由直接解除合同。

2. 行使不抗抗辩权应采取先中止履行合同并及时通知对方的方式

应当先履行的一方当事人行使了不安抗辩权后，及时通知了对方当事人，对方当事人在合理期限内既未提供担保，也不能证明自己仍具有履行能力的，行使不安抗辩权的一方当事人有权解除合同。在现有司法解释未对“合理期限”予以明确规定的情况下，应当结合合同的约定及履行情况，同时既要考虑有利于对方及时提供适当的担保，能有必要的准备时间，也要有利于保障权利人及时行使合同解除权，并参照《买卖合同司法解释》第 15 条关于法律没有规定或者当事人没有约定，经对方当事人催告后，解除权行使的合理期限为 3 个月的规定，综合考虑予以确定。

本案中，股权出让方钱某、陶某行使不安抗辩权，但是并没有确凿证据证明龚某 1、龚某 2 存在《合同法》第 68 条规定的丧失或可能丧失履行债务能力的情形，因此，钱某、陶某并不具有行使不安抗辩权的条件。同时，钱某、陶某未采取先中止履行合同并及时通知对方，故其以不安抗辩权行使解除权亦不符合法定程序。因此，即使钱某、陶某在 2013 年 3 月 27 日发出解除合同通知书，但是其并没有约定或者法定的解除条件，即使解除通知到达对方，对方未在约定或法定期间内提出异议并诉讼的，也不产生合同解除的效力。故一、二审法院均驳回钱某、陶某的诉讼请求。

十一、股权转让方的如实告知义务

（一）出让方如实告知义务的内涵

在尊重股东权利的基础上，为保护受让方的合理期待和未来股东权利的正常行使以及公司价值的存续、发展，依据公司法理以及相关法律的规定，股权转让的过程中，无论是内部转让与外部转让，转让方应负有以下义务：交付股权的义务、股权的权利瑕疵担保义务、移交与移转公司经营资料的义务、协助变更登记义务、如实告知义务等。股权转让方之所以要承担如实告知义务，是因为受让方是否决定受让或投资目标公司股权，是基于对公司真实情况的全面了解，这不仅包括对公司成立、经营、管理等的有关情况、拟转让股权的定价依据进行充分了解，还包括了解公司的债权、债务以及风险状况等重要信息。因此，转让方作为公司的内部人，有义务告知拟受让公司股权的相对人公司的真实情况，并对告知事项的真实性负责。如有违反，则构成欺诈，受让方有权选择撤销合同并追究违约责任或依转让协议追究转让方的违约责任。[1]

本部分探讨的如实告知义务不同于股权转让中附随义务中的告知义务。附随义务的主要作用在于辅助合同中约定义务的履行和保护合同当事人的人身、财产利益，而股权出让方如实告知义务的内容是指在股权转让过程中，对股权转让价款的确定及股权权利行使有重要影响的因素，如股权有无设定担保、公司的负债净资产情况、实际经营情况等内容，也叫信息披露义务，受让方是否知晓该内容对其是否受让方股权及股权价款的确定有重要影响，而股权转让的价款一定是股权转让合同的主要内容。根据《合同法》第 42 条的规定，合同订立过程中出让方如实告知股权转让确定的背景信息属于法定的先合同义务，而非像一般的买卖合同中将告知义务作为附随义务。

---

〔1〕 宋良刚：《公司股权转让方的法律义务》，载《湖南警察学院学报》2012 年第 1 期。

（二）违反如实告知义务的法律后果

《合同法》第42条规定："当事人在订立合同过程中有下列情形之一，给对方造成损失的，应当承担损害赔偿责任：（一）假借订立合同，恶意进行磋商；（二）故意隐瞒与订立合同有关的重要事实或者提供虚假情况；（三）有其他违背诚实信用原则的行为。"因此，违反如实告知义务给受让方造成损失的，出让方应当承担损害赔偿责任。

《民通意见》第68条规定："一方当事人故意告知对方虚假情况，或者故意隐瞒真实情况，诱使对方当事人作出错误意思表示的，可以认定为欺诈行为。"《合同法》第54条第2款规定："一方以欺诈、胁迫的手段或者乘人之危，使对方在违背真实意思的情况下订立的合同，受损害方有权请求人民法院或者仲裁机构变更或者撤销。"根据上述规定，如果出让方违反如实告知义务，严重影响了受让方对股权价值的判断，被认定为欺诈行为的，受让方可以在知道或者应当知道撤销事由之日起1年内主张撤销股权转让合同。

典型案例27
黄某与张某股权转让纠纷案[1]

案例要旨

受让方在涉案股权转让前的1个月左右已负责目标公司的日常经营管理，对公司的财务状况包括未纳税情况应当知情，且在涉案股权转让前与转让方同为公司的股东，故受让方在受让股权前对公司纳税情况应属知情，转让方不存在故意隐瞒公司偷税的情况。

〔1〕浙江省金华市中级人民法院（2018）浙07民终932号。

基本案情

上诉人（原审原告）：黄某。

被上诉人（原审被告）：张某。

黄某与张某原均为龙鼎公司的股东，张某持股20%，黄某持股30%。2012年12月3日，双方签订《股权转让协议》，约定张某将其持有的龙鼎公司30%的股权以2036万元转让给黄某。协议签订后，黄某按约支付了张某股权转让款2036万元，双方办理了股权变更登记。2014年3月4日，金华市国家税务局作出《税务处理决定书》《税务行政处罚决定书》，对龙鼎公司税收违法行为，追缴少缴的税款9087023.71元；认定龙鼎公司属偷税行为，决定对龙鼎公司处罚款2570555.4元。后龙鼎公司按照《税务处理决定书》《税务行政处罚决定书》的决定，足额补交了增值税、企业所得税并交纳了相应罚款、滞纳金。另查明，樊某与张某系夫妻关系，樊某原为龙鼎公司的法定代表人，担任公司总经理。黄某在2012年11月已进入龙鼎公司负责日常经营管理，并实际履行管理职权。2012年12月5日，龙鼎公司的法定代表人由樊某变更为黄某，并办理了变更手续。黄某诉请张某赔偿其损失839933.25元及支付相应利息。

法院裁判

一审法院认为，黄某在股权转让前系龙鼎公司的股东，在股权转让协议签订前一段时间内，黄某已作为龙鼎公司的管理人实际履行总经理职权，黄某在受让股权前对龙鼎公司纳税情况应属知情，张某方不存在故意隐瞒公司偷税的情况，故也不影响黄某在受让时点对受让股权的价值判断。涉案股权转让价格是黄某、张某协商确定，黄某以公司净资产为基础计算出的损失也没有依据。黄某的诉讼请求没有事实与法律依据，应予驳回。黄某不服，提起上诉。

二审法院认为，本案的争议焦点为张某应否赔偿黄某损失。根据已查明的事实，黄某在涉案股权转让前的1个月左右已负责龙鼎公司的日常经营管理，对龙鼎公司的财务状况包括未纳税情况应当知情，且在涉案股权转让前黄某与张某同为龙鼎公司的股东，黄某主张张某在股权转让中隐瞒了龙鼎公司偷税漏税的情况，显然与事实不符。涉案股权转让价款并非以公司净资产作为计算基础，而是双方协商确定的。结合黄某在受让涉案股权前已实际管理公司的情况，该转让价款的确定是在黄某对公司资产、债权债务、财务状况等各方面充分了解的情况下作出的，故黄某要求张某赔偿损失没有事实和法律依据。据此，二审判决驳回上诉，维持原判。

案例评析

本案的焦点是：在《股权转让协议》没有明确约定的情况下，公司因偷税被罚，股权受让方能否向出让方主张赔偿。

1. 股权转让价格的确定机制

本案受让方主张转让方向其赔偿损失的主要理由是：股权是以公司净资产为基础的，公司因股权转让之间的偷税行为导致补缴税款和缴纳罚金，这必然导致公司净资产减少，股权的价值随之减少，出让人应该赔偿受让人该部分损失。受让人实际主张的是要转让人承担违反如实告知义务的赔偿责任。

股权收购属于私法行为，基于收购而实现的资源重组正义，不是一种分配正义，而是一种交换正义。[1] 也就是说，股权转让中股权转让价格的确定，取决于收购双方所做的主观判断，而受让方对影响股权价格的信息是否充分告知，当然影响股权受让方对股权转让价款的主观判断。实践中，股权转让价格不仅包括公司的净资产价值，还包括公司控制权的溢价因素、公司的经营、负债情况等方面的内容，股价也是在此基础上评估或协商确定。公司净资产价值虽然不是决定股价的唯一因素，但二者之间也必然存在一定的关联性。公司补缴税款和支付罚金后，公司

---

〔1〕 北京仲裁委员会/北京国际仲裁中心编：《股权转让案例精读》，商务印书馆 2017 年版，第 491 页。

净资产价值必然减少，自然也会影响其对应的股权价值。在双方没有特别约定的情况下，受让人以此要求原股东赔偿其损失，是否能得到支持，应该考虑在股权转让时，受让方对此是否知情，即转让是否履行了如实告知的义务。

2. 股权转让方是否履行如实告知义务的认定

股权转让中，出让方应当如实告知的信息包括与股权直接相关的信息及其掌握的公司信息，股权信息包括登记情况、实缴出资情况、有无设定担保及查封等，公司情况包括公司的财务及经营情况、重大潜在涉诉情况、其他重大情况如本案涉及的公司偷税行为等，以避免受让方作出不真实的意思表示。实践中，即使股权转让合同约定了受让方负有对公司的资产状况进行尽职调查、尽到合理审慎的注意义务，但并不能因此而免除股权转让披露真实信息的义务。[1] 因为股价是双方协商确定，如果受让方对股权出让方应披露的信息是知情或应当知情的，则能认定确定股价时已经考虑了该事实，应认定其知道股权转让的法律后果，则不能认定出让方未履行如实告知义务。

本案中，黄某在股权转让前系公司的股东，在股权转让协议签订前，其已作为公司的管理人实际履行总经理职权，故可以推定黄某在受让前对公司纳税情况应属知情，股权转让价款是在此基础上协商确定。故即使公司补缴税款和支付罚金后导致公司净资产减少，其也无权向原股东主张损失。对其诉讼请求，一、二审法院均不予支持。

十二、股权转让合同中履约保证金的性质及功能

履约保证金是工程招标投标领域的法律术语，它是指招标人在招标文件中明确规定的，中标人在中标后签订合同前提交给招标人保证履行合同义务的担保金。《招标投标法》第 46 条第 2 款规定："招标文件要求中标人提交履约保证金的，中标人应当提交。"关于履约保证金在工程招标投标领域的性质

---

〔1〕 详见最高人民法院（2014）民申字第 1184 号。

和功能，《招标投标法》第 60 条第 1 款规定："中标人不履行与招标人订立的合同的，履约保证金不予退还，给招标人造成的损失超过履约保证金数额的，还应当对超过部分予以赔偿；没有提交履约保证金的，应当对招标人的损失承担赔偿责任。"由此可见，在工程招标投标领域，履约保证金的主要目的是担保合同的履行。

在一般的民商事行为中如股权转让合同中，很少会约定履约保证金的适用。履约保证金不是定金，也不是违约金，履约保证金的性质及功能需要依据双方当事人的约定来确定。比如，当事人在合同中约定的"履约保证金"合同条款符合《民法通则》第 89 条第 3 项、《担保法》第 89 条、《合同法》第 115 条关于定金罚则的规定，"履约保证金"就具有定金的性质，此时履行保证金的订立、履行、解释及纠纷解决应当适用关于定金的法律规定。如果当事人没有对履约保证金的性质进行约定，亦未约定一方违约时履约保证金的处置，"履约保证金"则不具有法定担保的性质，一方违反合同约定的，合同当事人无权以"履约保证金"比照定金规则主张权利。

典型案例 28
中胜公司与神通公司股权转让纠纷案[1]

案例要旨

履约保证金是合同当事人一方为担保合同的履行，而给付另一方当事人一定的金钱作为债权的担保，其功能在于为合同履行提供一种担保。根据债的担保的性质，履约保证金的性质为补偿性，即当缴纳履约保证金的一方当事人未履行合同约定的义务时，收取履约保证金的一方当事人可以从该保证金中扣除因对方未履行合同约定而给己方所造成的损失。如果双方没有约定违约责任，守约方也没有证明违约方的违约行为给其造成的损失，则应退还履约保证金。

---

[1] 四川省高级人民法院（2016）川民终 1156 号。

基本案情

上诉人（原审原告）：中胜公司。

被上诉人（原审被告）：神通公司。

原审原告：南瑞公司。

中胜公司、南瑞公司系坤鼎车业公司股东，其中中胜公司持有坤鼎车业公司99%的股权，南瑞公司持有坤鼎车业公司1%的股权。2014年4月4日，中胜公司、南瑞公司作为转让方，神通公司作为受让方，坤鼎车业公司作为目标企业，三方签订了《股权转让协议》，约定："本协议项下转让的标的股权为中胜公司、南瑞公司所持有坤鼎车业公司100%股权，其中中胜公司持有99%股权，南瑞公司持有1%股权。转让完成后，中胜公司、南瑞公司不再持有坤鼎车业公司任何股权。股权转让价款为44852720.87元，由中胜公司收取股权转让款44404193.66元，南瑞公司收取股权转让款448527.21元。"双方还约定了合同履行方式及违约责任。协议签订后，神通公司未按约定支付股权转让款。2014年7月10日，三方签订了《补充协议》，约定的标的为新坤鼎车业公司增资扩股后80%的股权。神通公司为此所支付的对价为：(1)新坤鼎车业公司的注资、增资以及用于经营的流动资金均由神通公司负责；(2)神通公司负责运作落实坤鼎车业公司76.6亩工业用地由政府无偿转为商住用地，并无条件交由中胜公司、南瑞公司自行开发；(3)将政府返还给神通公司的收购补贴6000万元中的3000万元支付给中胜公司和南瑞公司。双方并未就上述对价的支付约定具体的履行期限，也未约定违约责任。

2014年9月，中胜公司、南瑞公司要求神通公司搬出租赁经营场地，神通公司于2014年9月10日支付300万元。中胜公司出具收据，该收据载明："收购坤鼎车业公司履约保证金头笔款。"2014年11月12日，中胜公司、南瑞公司再次致函神通公司，要求履行2014年4月4日签订的《股权转让协议》支付股权转让价款，但神通公司仍未履行。2014年12月5日，中胜公司、南瑞公司向神通公司发出解除《股权转让协议》通知书，要求立即解除与神通公司于2014年4月4日签订的《股权转让协议》及相关配套协议。神通公司于2014年12月8日向中胜公司、南瑞公司回函称应该以2014年7月10日签订的《补充协议》为准，神通公司不存在违约事实。中胜公司、南瑞公司向一审法院起诉请求判令：(1)解除2014年4月4日签订的《股权转让协议》和《补充协议》；(2)由神通公司承担给付未付股权转让款资金利息损失3158123元；(3)由神通公司支付违约金1152722元。各方均要求神通公司所支付的300万元履约保证金在本案中一并处理。神通公司同意解除《股权转让协议》及《补充协议》，要求中胜公司、南瑞公司退还收取的300万元。

法院裁判

一审法院判决：(1)解除《股权转让协议》和《补充协议》；(2)中胜公司退还神通公司300万元，限判决生效后10日内付清；(3)驳回中胜公司、南瑞公司的其他诉讼请求。判决后，中胜公司不服，提起上诉，认为案涉300万元的性质为履约保证金，根据履约保证金的性质，只有履约才能退还，不履约则应作为违约金予以没收，因神通公司并未按约履行协议，故该300万元履约保证金不应退还。一审法院认为《补充协议》变更了《股权转让协议》的履行方式，未约定履行期限和违约责任错误。《补充协议》系《股权转让协议》的补充，《补充协议》未对《股权转让协议》进行变更的，仍应以《股权转让协议》为准。

法院生效裁判认为，对比《股权转让协议》与《补充协议》的内容可以看出。《补充协议》对《股权转让协议》的标的、对价都作出了变更，且是对《股权转让协议》内容的实质性变更，而非对《股权转让协议》的补充，参照《合同法》第30条关于“承诺的内容应当与要约的内容一致。受要约人对要约的内容作出实质性变更的，为新要约。有关合同标的、数量、质量、价款或者报酬、履行期限、履行地点和方式、违约责任和解决争议方法等的变更，是对要约内容的实质性变更”规定的精神，应当视为神通公司与中胜公司、南瑞公司以《补充协议》的名义就股权转让问题达成了新的合意，《补充协议》实为独立于《股权转让协议》的新协议，根据后约盖前约的原理，此时双方的权利义务关系应当以《补充协议》所确定的内容为准。虽然《补充协议》并未对神通公司所应支付的新对价的履行期限作出约定，但因神通公司所应支付的新对价与《股权转让协议》中确定的对价已经发生实质性变更，故《股权转让协议》中关于履行期限及其对应的违约责任对神通公司不再发生约束力。

其次，关于神通公司所支付的300万元的性质问题。根据《补充协议》的约定，结合神通公司于2014年9月10日支付300万元，中胜公司出具收据载明“收购坤鼎车业公司履约保证金头笔款”，且神通公司并未提出异议的事实来看，神通公司所支付的案涉300万元的性质应当是基于《补充协议》的约定，而支付的履约保证金。案涉《补充协议》关于该履约保证金的约定，并未明确其具有定金的性质，根据最高人民法院《担保法解释》第118条关于“当事人交付留置金、担保金、保证金、订约金、押金或者订金等，但没有约定定金性质的，当事人主张定金权利的，人民法院不予支持”的规定，案涉300万元履约保证金不具有定金的性质，中胜公司不能基于神通公司未履行合同约定直接扣除全部履约保证金。履约保证金是合同当事人一方为担保合同的履行，而给付另一方当事人一定的金钱作为债权的担保，其功能在于为合同履行提供一种担保，根据债的担保的性质，履约保证金的性质为补偿性，即当缴纳履约保证金的一方当事人未履行合同约定的义务时，收取履约保证金的一方当事人可以从该保证金中扣除因对方未履行合同约定而给己方所造成的损失。如果在扣除违约损害赔偿后履约保证金还有剩余，应当在合同履行完毕或合同解除后，将剩余的履约保证金退还给对方当事人。本案中，当神通公司与中胜公司、南瑞公司同意解除《股权转让协议》及《补充协议》时，案涉《股权转让协议》和《补充协议》即告解除。神通公司并未履行《补充协议》所约定的各项义务，也并未获得坤鼎车业公司的股权，但《补充协议》并未就违约责任进行约定，此时神通公司所承担的违约损害赔偿责任应当以实际损失为基础。而中胜公司、南瑞公司在本案中并未提交证据证明神通公司未履行《补充协议》的约定给其造成的实际损失。故根据本案现有证据，中胜公司应当将案涉300万元履约保证金退还给神通公司。如果中胜公司有新的证据能够证明神通公司未履行《补充协议》的约定而给自己所造成的实际损失，可以另行向神通公司主张。据此，二审判决驳回上诉，维持原判。

案例评析

本案争议焦点是300万元履约保证金的性质及功能。

根据《招标投标法》第60条第1款、第46条第2款及《招标投标法实施条例》、《招标投标办法》等的相关规定，在工程招标投标领域，履约保证金具有以下几个特点：招标人必须在招标文件中明确规定要求中标人提交履约保证金时，此项条款方为有效，如果在招标书中没有明确规定，在中标后不得追加；履约保证金具有单向性，是中标人单向提交的一种定金；履约保证金的比例是有规定的，其比例不得超过工程造价的10%；履约保证金具有独立性，必须由双方认可的机构负责收缴、储存、执行和返还；履约保证金的形式除现金外，还可以是银行保函、保兑支票、银行汇票等。履约保证金的上述特点，使其与定金、违约金存在一定程度的相似性，但是在一般的民商事行为中，“履约保证金并不简单地固定属于法定五种担保方式的哪一种，其性质和效力应视合同中有关履约保证金条款的具体约定而定”。[1]

定金是法定的担保方式，其实现的方式是《合同法》第150条规定的定金罚则。而履约保证金的实现方式较为灵活，如果在招投标领域，应该根据相应法律、法规予以适用。[2]在普通民商事合同中，因履约保证金不属于《担保法》所规定的五种担保方式之一，根据《担保法解

〔1〕徐舟：《履约保证金：法律与现实两面看》，载《政府采购信息报》2009年7月1日。

〔2〕《招标投标办法》第85条第1款规定：“招标人不履行与中标人订立的合同的，应当返还中标人的履约保证金，并承担相应的赔偿责任；没有提交履约保证金的，应当对中标人的损失承担赔偿责任。”

释》第118条“当事人交付留置金、担保金、保证金、订约金、押金或者订金等，但没有约定定金性质的，当事人主张定金权利的，人民法院不予支持”的规定，如当事人在合同中对履约保证金又没有明确约定为定金性质的，一方不能据此主张定金权利。履约保证金也不同于违约金，违约金是指当事人事先约定的，一方违反合同时，向另一方支付一定数额的金钱。履约保证金显然不具有上述功能，因为其只约束一方当事人。因此，除非当事人有明确约定，否则不能将履约保证金视为违约金。

本案中，当事人未对履约保证金的性质进行约定，亦未约定一方违约时履约保证金的处置。因此，当神通公司违约时，中胜公司不能主张不予返还履约保证金。在双方没有约定违约责任的情况下，中胜公司可以主张违约损害赔偿，但应当以实际损失为基础。即使法院支持了违约损害赔偿，但是也不宜直接判决收取履约保证金的一方当事人可以从履约保证金中扣除因对方未履行合同约定而给已方所造成的损失，因为双方属于不同性质的款项，而应分别列在不同的判项。综上，本案一、二审均判决返还履行保证金，是适当的。

可见，在普通民商事合同中，当事人应当对履约保证金的性质及功能进行明确约定，否则，其不产生当事人预设的法律后果。这也提醒我们，在现行法律对担保方式和违约责任有明确规定的情况下，为避免因约定不明而产生不利后果，在从事民商事活动中，最好选择适用法定的法律术语或法律概念，以降低交易成本和风险，提高效率。

十三、数名股东整体转让股权与分别转让股权的不同法律后果

实践中，目标公司多个公司股东拟将股权转让给一人的，各个股东既可以与受让方分别签订股权转让协议，也可以只签订一份股权转让协议，分别将自己的股权转让，这么做的好处是表明合同上载明的这一部分股东是相互同意各自转让股权并且放弃了优先购买权，不需要再依据《公司法》第71条的规定须征得这一部分股东的书面同意，也无须受这一部分股东优

先购买权的影响。数名股东也可以将各自股权委托给一人统一转让，或者所有的股东作为一个转让整体，共同转让股权，以获得股份中蕴含着控制权的溢价利益。

在只有一份股权转让协议的情况下，判断是作为整体共同转让还是各股东分别转让，需要根据股权转让协议的具体约定来进行认定。

对于分别转让来说，各股东股权转让的目的是获取其名下股权对应的价款。由于有限责任公司股东向股东以外的人转让股权，须经其他股东过半数同意，同时还涉及其他股东的优先购买权问题，因此，为了转让程序的简便，两个或两个以上的股东向同一受让方转让股权时，可以与受让方签订一份转让协议。虽然转让协议只有一份，但其中包含的各个股权转让法律关系是相互独立的，包括不同的股权对应不同的价款，股权交付方式的差异等内容。各股东所负有的合同义务和享有的合同权利不同，其分别与受让人构成独立的股权转让法律关系。但各股东只对自己的股份享有所有权和处分权，系就各自所独立拥有的股份与受让方发生股权转让关系。发生纠纷时，不同的股权转让法律关系主体均可单独援引协议约定的违约条款主张权利，责任承担方不能以仅存在一份合同为由主张各主体没有单独主张违约责任的权利。

而作为整体转让来说，各股东股权转让的目的是为了获取股权转让的整体价值。各股东将其名义股权作为一个整体来出让，受让人在购买该股权时，是将所有股东出让的股权视作一个整体标的而购买的。股权转让价款蕴含了对该整体股权所能实现的控制权的估值，蕴含着控制权的附加价值，这往往超过了分别转让情况下各自股权对应的价值。因此，各股东是作为一个整体与受让人达成的股权转让的法律关系，在股权转让协议中体现为只会对股权转让价款进行整体的约定，对合同的履行及违约责任也是统一的安排。发生纠纷时，各股东是作为整体，共同以转让方名义承担合同责任。

典型案例 29

分别转让的，各股权转让法律关系相互独立

——吴某与高某股权转让纠纷案〔1〕

案例要旨

虽然两名股东转让股权只签订一份转让协议，但两个转让方所负有的合同义务和享有的合同权利不同，每个股权转让方各自与股权受让方是相互独立的股权转让法律关系，股权受让方违约的，各转让方有权单独向受让方主张违约责任。

基本案情

上诉人（原审被告）：吴某。

被上诉人（原审原告）：高某。

2016 年，高某、吴某及案外人戚某三人，就三人投资设立的彩艺公司签订了《股权转让协议书》一份，约定高某将其 42% 的股权转让给吴某，转让费 552632 元，戚某将其 15% 的股权转让给吴某，转让费197368元，股权转让后高某与戚某不承担任何债权债务等。合同签订后，高某配合吴某完成了工商变更登记，但吴某至今未按约定支付高某股权转让费。高某诉请吴某支付转让费及协议约定的违约金 50000 元。

法院裁判

一审法院认为，吴某理应按照合同约定及时支付款项，其未按约定付款，损害了高某的合法权益，应当按照约定承担支付相应的违约金。吴某辩称合同约定的 50000 元违约金系对高某及案外人戚某共同的违约金，高某不能单

〔1〕 浙江省杭州市中级人民法院（2017）浙 01 民终 7682 号。

独主张50000元违约金，一审法院认为，案涉股权转让协议系高某、吴某、戚某三方签订，三方均系独立的合同主体，三方均可单独援引违约条款。吴某不服，提起上诉。

二审法院认为，虽然高某、戚某同为股权出让方，但二人所负有的合同义务和享有的合同权利不同。高某、戚某、吴某均系独立的合同主体，现吴某违约，高某有权单独向吴某主张违约责任。据此，二审判决驳回上诉，维持原判。

案例评析

本案的争议焦点是数名股东分别向同一个受让人转让股权，但是只签订一份股权转让协议，股东能否单独依据股权转让协议的约定，分别向受让方主张违约责任。

实践中，目标公司多个公司股东拟将股权转让给一人的，股东既可以将各自股权委托给一人统一转让，以获得股份中蕴含着控制权的溢价利益，也可以分别将自己的股权转让。但由于有限责任公司股东向股东以外的人转让股权，须经其他股东过半数同意，同时还涉及其他股东的优先购买权问题，因此，为了转让程序的简便，两个或以上的股东同为股权出让方，可以与受让方签订一份转让协议。该行为不违反法律规定，是合法有效的。虽然转让协议只有一份，但其中包含的各个股权转让法律关系是相互独立的，各人所负有的合同义务和享有的合同权利不同。发生纠纷时，不同的股权转让法律关系主体均可单独援引协议约定的违约条款主张权利，违约方不能以仅存在一份合同为由主张各主体没有单独主张违约责任的权利。

本案中，目标公司的三个股东就股权转让事项达成了协议，高某将其42%的股权作价552632元转让给吴某，戚某将其15%的股权作价197368元转让给吴某。尽管三方就上述股权转让事宜只签订了一份《股权转让协议书》，高某、戚某同为股权出让方，但该份协议书包含了两个独立的股权转让法律关系，合同各方所负有的合同义务和享有的合同权利不同。吴某未按约定支付高某股权转让费，高某可以根据股权转让协议书的约定，单独援引违约条款，向吴某主张违约责任。

典型案例30
共同转让股权的，应共同承担合同责任
——瞿某等与海峰公司、宋某股权转让纠纷案[1]

案例要旨

数名股东作为整体共同转让股权的，其中虽然约定某个股东先转让股权，但该安排仅系实现合同目的的具体履行步骤，并不能改变数名股东共同作为转让方所作出的违约责任承诺，故在合同解除情形下，返还股权转让款应由该数名股东共同承担，而不是收取股权转让款的股东。

基本案情

上诉人（原审被告）：瞿某等四人。

被上诉人（原审原告）：海峰公司。

被上诉人（原审被告）：宋某。

原审被告：联禾公司。

联禾公司注册资本1000万元，股东由宋某等五人组成。其中，宋某持股55%；瞿某持股20%；刘某持股20%；王某持股4%；张某持股1%。2014年7月2日，宋某等五人作为转让方（甲方）与受让人海峰公司（乙方）签订了《股权转让协议》，约定将其持有的联禾公司100%股权转让给海峰公司，转让对价7300万元。双方对股权转让协议的具体履行及违约责任等进行了约定。《股权转让协议》签订后，海峰公司向宋某支付股权转让款910万

[1] 四川省高级人民法院（2017）川民终216号。

元，宋某将其51%的股权变更为海峰公司持有，联禾公司作出股东会决议并新修订了公司章程，选任了新的法定代表人。后双方产生纠纷，海峰公司诉至法院，要求解除《股权转让协议》，宋某等五人返还股权转让款910万元。宋某等五人同意解除协议。

法院裁判

一审判决宋某等五人返还海峰公司股权转让款910万元。瞿某等四人不服，提起上诉，其主要上诉理由是：瞿某等四人虽与宋某共同与海峰公司签订了《股权转让协议》，但各股东只对自己的股份享有所有权和处分权，系就各自所独立拥有的股份与海峰公司发生股权转让关系，仅为操作便捷方才签署同一份股权转让协议。海峰公司支付的910万元股权转让款是支付给宋某的，仅有宋某交付了股权。因此，该910万元应由宋某一人予以退还。

生效判决认为，双方签订《股权转让协议》，其根本目的在于海峰公司要获得联禾公司100%的股权、实现对联禾公司的完全控制；宋某等五人要全部退出联禾公司并获取相应的股权转让款。为了实现上述合同目的，宋某等五人作出了共同的合同安排，这既反映在宋某等五人共同作为转让方与海峰公司签订《股权转让协议》、对股权转让价款进行整体约定、对付款期限及付款对象进行统一安排上，也反映在宋某等五人共同以转让方名义对己方合同行为及违约责任的共同承诺上，其中，虽有宋某先将51%的股权转让给海峰公司、宋某安排贷款银行出具书面文件等特别安排，但上述合同安排仅系实现合同目的的具体履行步骤，并不能改变宋某等五人共同作为转让方所作出的违约责任承诺，故在合同解除情形下，返还该910万元股权转让款的责任应由与海峰公司发生交易行为的相对方即宋某等五人承担，而不应为宋某一人。据此，二审判决驳回上诉，维持原判。

案例评析

本案的争议焦点是数名股东作为整体出让方共同转让股权的，在合同解除情况下，向受让方返还股权转让款的责任主体是其中收取股权转让款的股东还是作为出让方的全部股东。

本案中，宋某等五人作出了共同的出让方与海峰公司签订《股权转让协议》、对股权转让价款进行整体约定、对付款期限及付款对象进行统一安排。其中，虽有宋某先将51%的股权转让给海峰公司、宋某安排贷款银行出具书面文件等特别安排，但上述合同安排仅系实现合同目的的具体履行步骤，并不能改变宋某等五人共同作为转让方所作出的违约责任承诺，故在合同解除情形下，返还该910万元股权转让款的责任应由与海峰公司发生交易行为的相对方即宋某等五人承担，而不应为宋某一人。

十四、除了股权转让款，受让人还欠付其他债务，如何认定已付款项的抵充顺序

实际生活中，经常会出现债务人对同一债权人负有数笔债务，这些债务有到期与未到期的差别，有是否附设担保的差别，还有所附利息的差别。就股权转让而言，除了股权转让款，受让人还欠付出让方其他债务，当受让人对出让方的给付虽然足以覆盖全部股权转让款，但是不足以清偿全部债务时，如何认定已经给付的到底清偿的是哪项债务呢？此情况下，能否认定受让方已经支付了全部股权转让款？

确定债的清偿抵充顺序的基本原则是，约定优先，债务人指定次之，最后是法定抵充顺序。[1] 股权转让方与受让方达成协议应冲抵哪项债务优先适用，是合同自由、意思自治原则的体现，自无异议。债务人指定清偿的内容，

---

〔1〕 沈德咏主编：《最高人民法院关于合同司法解释（二）理解与适用》，人民法院出版社2015年版，第190页。

是其应有的权利，也少有争议发生。如当事人既无约定，亦无指定情形下，确定债务人已付款项的冲抵顺序问题，可为法定抵充。对此，《合同法解释(二)》第20条、第21条对此进行了规定。该解释第20条规定："债务人的给付不足以清偿其对同一债权人所负的数笔相同种类的全部债务，应当优先抵充已到期的债务；几项债务均到期的，优先抵充对债权人缺乏担保或者担保数额最少的债务；担保数额相同的，优先抵充债务负担较重的债务；负担相同的，按照债务到期的先后顺序抵充；到期时间相同的，按比例抵充。但是，债权人与债务人对清偿的债务或者清偿抵充顺序有约定的除外。"第21条规定："债务人除主债务之外还应当支付利息和费用，当其给付不足以清偿全部债务时，并且当事人没有约定的，人民法院应当按照下列顺序抵充：(一) 实现债权的有关费用；(二) 利息；(三) 主债务。"根据上述规定，除了股权转让款，受让人还欠付其他债务，在没有约定或债务人制定已付款项的抵充顺序情形下的抵充顺序是：(1) 已到期的债务；(2) 没有担保的债务；(3) 担保数额最少的债务；(4) 负担较重的债务；(5) 先到期的债务。以上情况均相同，到期时间也相同的，则按比例抵充。

典型案例31
——丁某1与李某股权转让纠纷案[1]

案例要旨

股权转让协议及补充协议中均未对受让方何时偿还公司债务进行约定，且无证据证明债权人要求债务人进行清偿，在双方没有约定已付款项抵充顺序的情况下，受让方在股权变更登记后的付款应抵充先行到期的股权转让款。

---

[1] 江苏省南京市中级人民法院（2017）闽03民终3339号。

基本案情

上诉人（原审被告）：李某。

被上诉人（原审原告）：丁某1。

丁某1和李某签订股权转让协议，约定丁某1将持有嘉锦公司90%的股权作价500万元整转让给李某，李某承担由双方确认的嘉锦公司债务。协议签订后，丁某1配合办理了股权变更登记手续。丁某1诉称，其委托的收款人丁某2确实曾收到李某支付的730万元，但双方约定李某应承担简称嘉锦公司的债务，而上述款项已实际用于公司经营，丁某1并未收到股权转让款，故请求李某支付股权转让款500万元及逾期利息。

法院裁判

李某经一审法院传唤，未到庭应诉，一审法院支持了丁某1的诉讼请求。李某不服，提起上诉。

生效裁判认为，首先，股权转让协议约定，丁某1在收到李某360万元预付款后立即着手完成公司股权变更事项，李某在核实相关工商变更登记信息后十个工作日内支付剩余140万元股权转让款，结合实际履行过程中，李某在补充协议及付款委托书出具的次日即汇款300万元，而丁某1遂配合办理股权变更登记手续，并完成工商变更登记的事实，应认定该300万元系支付股权转让款具有高度可能性；其次，股权转让协议及补充协议中均未对李某何时偿还公司债务进行约定，且无证据证明丁某1曾代表嘉锦公司要求李某进行清偿，相关付款凭证中亦未载明汇款原因，故李某在股权变更后的付款应抵充先行到期的股权转让款；再次，虽然丁某2于2014年9月17日变更了收款账户，但两账户均登记在丁某2名下，且丁某2与丁某1系兄弟关系，故李某有理由相信丁某2变更账户的行为并未超出原代理范围；最后，李某已按约向丁某1委托的收款人丁某2支付了全部股权转让款，履行了付款义务，至于丁某2是否将款项转付给丁某1，则与本案实体裁判结果无涉。据此，二审法院改判改判驳回丁某1的诉讼请求。

案例评析

本案股权转让过程中，李某需要支付股权转让款，同时应承担目标公司的债务，因此，本案的争议焦点为债的清偿抵充顺序的认定，即李某已支付的款项是支付股权转让款还是用于承担目标公司的债务。

本案中，合同明确约定了500万元股权转让款的支付期限，但是没有约定李某何时偿还目标公司债务，同时也没有证据显示丁某1向李某主张过目标公司的债务。根据《合同法解释（二）》第20条的规定，股权转让款属于已到期的债务，偿还目标公司的债务属于履行期限不明的债务。二审法院根据上述法律事实，同时结合李某的付款时间及丁某1办理股权变更登记手续的情况，认定李某已经支付的730万元款项，包含了全部的500万元股权转让款，李某已经履行了支付股权转让款的义务。

第四章　股权转让合同的解除与撤销

一、股权转让中根本违约的认定标准

（一）根本违约的认定标准

合同解除的类型包括约定解除、协议解除和法定解除。根据《合同法》第 93 条[1]的规定，约定解除合同指当事人双方在订立合同时，在合同中约定一方解除合同的条件，或者在订立合同以后，另行约定一方解除合同的条件；协议解除合同，是指在合同成立以后，当事人双方协商一致终止合同的权利义务。约定解除和协商解除本质上都是合同当事人双方在协商一致的基础上，终止合同的权利义务，具体的解除条件完全有赖于双方的协商一致，是合同自由、意思自治原则的体现。

法定解除也称单方解除，是指合同生效后，没有履行或者未履行完毕前，当事人在法律规定的解除条件出现时，行使解除权而使合同关系消灭。根据《合同法》第 94 条的规定，解除合同的法定条件包括以下五种情形：（1）因不可抗力致使不能实现合同目的；（2）在履行期限届满之前，当事人一方明确表示或者以自己的行为表明不履行主要债务；（3）当事人一方迟延履行主要债务，经催告后在合理期限内仍未履行；（4）当事人一方迟延履行债务或

---

〔1〕该条规定："当事人协商一致，可以解除合同。当事人可以约定一方解除合同的条件。解除合同的条件成就时，解除权人可以解除合同。"

者有其他违约行为致使不能实现合同目的；(5) 法律规定的其他情形。上述第 (4) 项规定的因一方当事人迟延履行或者有其他违约行为不能实现合同目的，即属于根本违约。

在司法实务中，判断某一违约行为是否属于根本违约的实质是判断该违约行为是否导致合同目的不能实现，这需要结合具体的合同性质以及违约的具体形态，结合案件情况，酌情判断。根据权威观点，通常以下情况可以认为构成根本违约的迟延履行：(1) 当事人在合同中明确约定超过期限履行合同，债权人将不接受履行，而债务人履行迟延。(2) 履行期限构成合同的必要因素，超过期限履行将严重影响订立合同所期望的经济利益。比如季节性、时效性较强的标的物，像中秋月饼，过了中秋节交付，就没有了销路。(3) 继续履行不能得到合同利益。致使合同目的不能实现的其他法律行为主要包括：(1) 完全不履行，即债务人拒绝履行合同的全部义务。(2) 履行质量与约定严重不符，无法通过修理、替换、降价的方法予以补救。比如，约定交付的标的物是一级棉花，但交付的却是买方根本无法使用的等外品。(3) 部分履行合同，但该部分的价值和金额与整个合同的价值和金额相比占极小部分，对于另一方当事人无意义，比如，约定交付 100 吨钢材，只交付了 10 吨；或者未履行的部分对于整个合同目的的实现至关重大，比如，成套设备买卖，未交付关键配件，使交付的设备无法运转。[1] 如果一方当事人的迟延履行或违约行为被认定为根本违约，合同另一方则享有合同的法定解除权，可以直接要求解除合同。

(二) 股权转让中根本违约的认定标准

股权转让中一方当事人的违约行为是否导致合同目的不能实现。当然需要遵循上述一般的判断标准。但是与一般的买卖合同相比，股权转让在转让标的、履行程序、交付标准等方面有其特殊性，判断违约股权转让中违约后

---

〔1〕 参见全国人民代表大会常务委员会法制工作委员会编：《中华人民共和国合同法释义》(第 3 版)，法律出版社 2014 年版，第 178 页。

果是否重大、是否导致合同目的不能实现，还需要结合股权转让合同的特点综合考虑。

按照一般商业交易习惯，有偿性质的股权转让法律关系中，合同目的体现为出让方取得转让价款，受让方取得股权，这需要受让方按照约定向出让方支付股权转让对价，出让方按照约定向受让方转移交付股权。因此，判断股权转让中的违约行为是否构成根本违约主要包含两个维度，一是受让方金钱给付义务的延迟履行或拒绝履行是否导致合同目的不能实现，二是出让方股权交付义务的延迟履行或拒绝履行是否导致合同目的不能实现。当然，一些从义务、附随义务的延迟履行或拒绝履行也可能导致合同目的不能实现，这需要结合具体的案情进行分析。

典型案例1

未办理股权工商变更登记是否属于出让方根本违约

——科宏公司与刘某股权转让纠纷案[1]

案例要旨

在股权已经完成交付的情况下，因股权转让协议未对何时办理股权变更登记予以约定，受让方也未曾要求转让办理股权变更登记，且出让方明确表示愿意随时协助目标公司办理股权变更登记手续，因此，股权转让方并无违约行为。

基本案情

上诉人（原审原告）：科宏公司。

被上诉人（原审被告）：刘某。

原审第三人：温某、焯荣公司。

〔1〕 广东省广州市中级人民法院（2017）粤01民终19708号。

焯荣公司是有限责任公司，登记股东为刘某与第三人温某。2015年6月10日，科宏公司与刘某签订《焯荣公司之股东协议》。约定：科宏公司占66.6%股份，刘某占33.4%股份；（1）双方协议以170万元作为科宏公司收购刘某的33.4%股份，付款方式是先扣除120万元科宏公司之私人借款给刘某及另外付50万元分5个月执行，每期10万元；（2）焯荣公司会在6个月期限搬离南江电器工业区，超过期限双方再作协议；（3）焯荣公司之法定代表人由刘某转为科宏公司的成员接手作为法定代表人。签订上述协议后，科宏公司通过债务抵销及委托李树衡转账的方式向刘某支付了共160万元，尚余10万元未付。法定代表人由刘某变更为科宏公司指定的李某担任。

2015年10月21日，科宏公司向刘某发出《律师函》，要求刘某在2015年11月1日前向科宏公司提供焯荣公司的公司章程、对外签订的合同、资产负债情况资料、会计账册、在职人员情况等收购股权所需的基本文件或资料，但没有要求刘某办理股权变更登记手续。科宏公司于2015年10月23日将上述《律师函》通过EMS特快专递的方式寄给刘某，该邮件于2015年10月24日被门卫签收。庭审中，刘某表示愿意随时协助办理股权变更登记手续，科宏公司在庭审表示现在不同意办理股权变更登记手续。科宏公司诉至法院，请求解除科宏公司、刘某于2015年6月10日签订的《股东协议》；刘某返还已支付的股权转让款。

法院裁判

一审法院判决驳回科宏公司的诉讼请求。科宏公司不服，提起上诉。

生效判决认为，关于涉案协议是否应予解除的问题。科宏公司以刘某没有将焯荣公司的债务账册、资产状况证明、在职员工情况、对外债权债务证明等资料交付给科宏公司，且焯荣公司的股权仍未变更工商登记为由，认为其合同目的无法实现，故要求解除合同。本院认为，首先，涉案协议是对焯荣公司股权转让达成的合意，解决的是该公司股权转让标的、价款及支付方式等问题，而有关公司债务账册、资产状况证明、在职员工情况、对外债权债务证明等资料的接管，则是科宏公司在股权受让后所享有的股东权利，一审法院据此认定该问题并非涉案股权转让协议约定的刘某的主要债务，对该问题不作处理并无不当，本院予以支持。其次，对于焯荣公司的股权登记未予变更的问题。虽然科宏公司尚未经工商变更登记成为焯荣公司股东，但焯荣公司原股东刘某、温某均对科宏公司持有该公司100%的股权的事实予以确认，本院认为，在公司内部决议上，股东会作为公司最高权力机关，有权决定公司的内部事务，焯荣公司原两名股东均确认对涉案股权转让无异议，且均确认科宏公司已经通过股权转让持有焯荣公司100%的股权，则涉案协议约定的股权转让目的已经实现，该股权转让行为已经在股东内部产生法律效力。同时，涉案协议也未对何时办理股权变更登记予以约定，科宏公司也未对其曾要求刘某办理股权变更登记予以举证证明，且对于涉案协议约定的股权转让价款，科宏公司亦未支付完毕，刘某也明确表示愿意随时协助科宏公司办理股权变更登记手续，因此，一审法院认定刘某并未违约并无不当。科宏公司要求解除涉案协议的理由不符合《合同法》规定的可以解除合同的情形，不予支持。据此，二审驳回上诉，维持原判。

案例评析

本案的争议焦点为受让方能否以未办理股权工商变更登记为由，主张股权转让合同目的不能实现，请求解除股权转让合同。

1. 有限公司股权变更登记义务主体是公司

《公司法》第32条第3款规定："公司应当将股东的姓名或者名称向公司登记机关登记；登记事项发生变更的，应当办理变更登记。未经登记或者变更登记的，不得对抗第三人。"第73条规定："依照本法第七十一条、第七十二条转让股权后，公司应当注销原股东的出资证明书，向新股东签发出资证明书，并相应修改公司章程和股东名册中有关股东及其出资额的记载。对公司章程的该项修改不需再由股东会表决。"《公司登记管理条例》第35条规定："公司登记事项变更涉及分公司登记事项变更的，应当自公司变更登记之日起30日内申请分公司变更登记。”因此，无论是股权在股东名册上的变更记载，还是在工商行政管理部门进行的变更登记，变更登记义务主体是公司而不是股权转让方。《公司法》之所以定这一义务由公司承担，是因为股权是否办理变更登记不是判断股权是否交付的标准，而由公司承担变更登记义务的目的是保护股权受让人的权益得以实现，同时也是为了维护登记公示的公信力，保障股权交易的安全。

2. 转让方在股权变更登记中的义务

《公司登记管理条例》第34条第1款规定：“有限责任公司变更股东的，应当自变更之日起30日内申请变更登记，并应当提交新股东的主体资格证明或者自然人身份证明。”根据上述规定，公司办理变更登记除了需要提交申请，同时还需要提供股权转让双方当事人的主体资格证明等材料，因此虽然公司有履行股权变更记载即变更登记的法定义务，但是根据诚实信用原则的要求，需要双方当事人向公司提供协助。其中，转让方有义务采取包括通知、协调等适当措施，促成股东名册记载变更和工商登记的变更。出让方的这种义务一般只是协议的附随义务，而不是主要义务。

3. 未办理股权变更登记是否属于出让方根本违约

按合同法的精神，一方违反附随义务，一般并不导致另一方合同目的的丧失，另一方也不因此享有合同的法定解除权。因此，股权转让合同履行过程中，受让方已履行了付款义务，但公司和转让方不履行变更登记义务的，不能认定为是转让方根本违约，受让方不能行使解除权。如果是转让方的原因导致不能办理变更登记，受让方应当要求其继续履行，如果是公司不及时变更股东名册和申请工商变更登记，转让方并无过错的，转让方不承担违约责任，受让方可以公司为被告提起请求变更公司登记纠纷之诉。

但是也不能一概而论。北京市高级人民法院《关于审理公司纠纷案件若干问题的指导意见（试行）》第15条规定：“股权转让款已经实际交付，公司尚未办理股权转让确认或变更登记即被吊销企业法人营业执照，股权受让人能否向股权转让人主张撤销或解除股权转让合同？股权转让协议生效后，股权受让人已经支付了股权转让款，公司尚未办理转让后的股权确认或变更登记即被吊销企业法人营业执照，致使股权受让人对公司的收益权无法实现，股权受让人只有在《合同法》第五十四条、第九十四条规定的情形下，才有权请求撤销或解除股权转让合同。该类诉讼，应当由股权受让人承担举证责任。”可见，受让方能否行使法定解除权关键要看不履行变更登记是否导致合同目的不能实现。

虽然股权转让后未进行变更登记的，不影响当事人之间产生股权转移的法律效力，但由于未进行登记或变更登记，对于善意第三人而言，不产生股权变动的效力。比如，股权出让方一股二卖，将股权出让给第三人，第三人基于对股权登记的信赖并以合理的价格受让股权，则在法律上属于善意第三人，基于股权登记的对抗效力，法律保护这种善意第三人的利益。从另一方面来说，如果已经办理了股权登记或变更登记，受让方就无须承担这种被可能被第三人善意取得股权的风险。因此，如果是因为出让方的原因导致不能办理股权变更登记，使受让方的股东身份长期得不到公示，并影响受让方权利的行使，从而导致其合同目的不能实现的，这当属于根本违约，此时，受让方可行使解除权来维护自己的合法权益。

本案中，目标公司原股东均认可科宏公司目前持有该公司100%的股权的事实，尚未办理股权的工商变更登记，不影响股权转让行为在股东内部产生的法律效力，同时，目标公司的法定代表人也更换为科宏公司指定的人员，科宏公司已经行使了其股东权利，不能因未办理股权变更登记而认定合同目的未实现。另外，办理股权变更需要合同当事人双方配合完成，在双方并未约定具体的办理股权变更的期限，且科宏公司未举证证明其要求出让方办理股权变更登记而出让方明确拒绝的情况下，都不能认定出让方有违约行为。当然，不能因此一概而论。是否认定为根本违约行为关键是看不履行变更登记是否导致合同目的不能实现。如果转让方和公司拒绝做股权变更登记，使受让方的股东身份长期得不到公示，并影响受让方权利的行使，从而导致其合同目的不能实现的，受让方可依《合同法》第94条第4项的规定行使法定解除权来维护自己的合法权益。

典型案例2
迟延支付部分股权转让款是否导致股权转让合同目的不能实现

——绿洲公司与锐鸿公司等股权转让纠纷案[1]

案例要旨

股权是一种综合性的财产权利，不仅包括财产收益权，还包括公司经营决策权等多种权利。股权转让合同的签订与履行不仅直接影响合同当事人的利益，还会影响目标公司的员工、债权人及其他相关第三人的利益。因此，解除股权转让合同除应依据法律的明确规定外，还应考虑股权转让合同的特点。尤其在股权已经变更登记，受让方已经支付大部分款项、且已经实际控制目标公司的情况下，解除股权转让合同应结合合同的履行情况、违约方的过错程度以及股权转让合同目的能否实现等因素予以综合判断。

基本案情

上诉人（原审原告）：绿洲公司。

被上诉人（原审被告）：锐鸿公司、海港城公司、绿创公司。

2015年2月9日，绿洲公司与锐鸿公司及海港城公司签订《股权转让协议》，约定，绿洲公司将持有的海港城公司80%的股权全部转让给锐鸿公司，总价款3.75亿元，同时约定需另外支付恒道置业有限公司应付而未付的股权转让款（咨询服务费）6900万元。其后，各方签订《备忘录》，对《股权转让协议》约定的内容进行了部分变更。上述协议签订后，绿洲公司持有的海港城公司80%的股权已于2015年11月19日过户登记至锐鸿公司名下，锐鸿

[1] 最高人民法院（2017）最高法民终919号。

公司已向绿洲公司支付了2.25亿元股权转让款，约定的6900万元（咨询服务费）锐鸿公司未支付，但双方均认可该6900万元与股权转让款无关。绿洲公司以锐鸿公司未按协议约定履行付款义务，属于延迟履行债务，导致绿洲公司的合同目的不能实现为由，诉请解除《股权转让协议》，锐鸿公司将其持有的海港城公司80%股权返还绿洲公司，并承担其他责任。

法院裁判

一审判决驳回绿洲公司的诉讼请求。绿洲公司不服，提起上诉。

生效判决认为，锐鸿公司支付1.5亿元股权转让款的条件已经成就，其未依约付款构成违约。《股权转让协议》约定的股权转让总价款3.75亿元与恒道置业有限公司应付未付的股权转让款（咨询服务费）6900万元是相互独立的两笔款项，6900万元（咨询服务费）的履行情况不应作为评判本案股权转让交易行为是否违约的依据。

锐鸿公司已支付股权转让款2.25亿元，占全部股权转让款的60%，尚未支付剩余1.5亿元股权转让款虽然构成违约，但并未致使《股权转让协议》的目的不能实现。迟延履行不能实现合同目的，指迟延的时间对于债权的实现至关重要，超过了合同约定的期限履行合同，合同目的就将落空。虽然锐鸿公司存在尚未支付剩余1.5亿元股权转让款的违约行为，但《股权转让协议》并未约定锐鸿公司迟延支付该部分款项，绿洲公司将不接受《股权转让协议》的履行。绿洲公司作为股权的出让方，其转让股权的目的在于收取股权转让款，迟延交付1.5亿元股权转让款虽使其遭受损失，但是通过股权买受人继续履行股权转让款支付义务并承担违约责任等，合同目的仍能实现。现法院认定剩余1.5亿元股权转让款的支付条件已经成就，绿洲公司主张迟延履行支付1.5亿元股权转让款致使《股权转让协议》合同目的不能实现的理由不成立。此外，如前所述，虽然6900万元为《股权转让协议》项下锐鸿公司的支付义务，锐鸿公司尚未支付900万元构成违约行为，但是该款项并不属于锐鸿公司应支付案涉股权的对价，因此，锐鸿公司尚未支付900万元不影响《股权转让协议》目的的实现。

股权是一种综合性的财产权利，不仅包括财产收益权，还包括公司经营决策权等多种权利。股权转让合同的签订与履行不仅直接影响合同当事人的利益，还会影响目标公司的员工、债权人及其他相关第三人的利益。因此，解除股权转让合同除应依据法律的明确规定外，还应考虑股权转让合同的特点。尤其在股权已经变更登记，受让方已经支付大部分款项、且已经实际控制目标公司的情况下，解除股权转让合同应结合合同的履行情况、违约方的过错程度以及股权转让合同目的能否实现等因素予以综合判断。本案中，绿洲公司已将海港城公司80%的股权变更登记至锐鸿公司名下，锐鸿公司已经实际接管海港城公司达两年多，占海港城公司20%股权的股东国升公司明确反对绿洲公司再次进入海港城公司，威斯汀酒店也开业在即，海港城公司在中国银行海口海甸支行的贷款本息已经还清，海港城公司也于2016年2月19日分立为海港城公司和绿创公司。与2015年11月19日案涉股权过户时相比，锐鸿公司持有的海港城公司股权的价值及股权结构均已发生较大变化，案涉股权客观上已经无法返还。综上，锐鸿公司虽然存在迟延支付股权转让款的违约行为，但是依据本案事实和法律规定，《股权转让协议》并不符合法定解除条件应予以解除。据此，二审法院维持原判。

案例评析

本案绿洲公司依据《合同法》第94条第4项的规定主张解除《股权转让协议》，本案的争议焦点是锐鸿公司迟延支付股权转让款是否导致股权转让合同目的不能实现。

1. 受让人延迟支付股权转让款是否构成根本违约的判断标准

根本违约，是指一方当事人的违约行为致对方的合同目的不能实现。迟延履行不能实现合同目的，指迟延的时间对于债权的实现至关重要，超过了合同约定的期限履行合同，合同目的就将落空。《合同法》第94条第4项规定，当事人一方迟延履行债务或者有其他违约行为致使不能实现合同目的，另一方可以解除合同。因此，本案绿洲公司能否以《合同法》第94条第4项的规定解除合同，需要判断锐鸿公司是否存在迟延履行债务等违约行为，如果存在违约行为，是否致使不能实现合同目的。本案中，根据查明的事实，能够认定1.5亿元股权转让款的支付条件已经成就，锐鸿公司未支付该笔款项构成违约。因此，绿洲公司能否主张解除合同，需要判断锐鸿公司的逾期付款行为是否致使《股权转让协议》合同目的不能实现。

在股权转让合同中，支付股权转让款是受让方的主要义务，判定逾期支付股权转让款的违约后果是否重大、是否导致合同目的不能实现一般可以综合考察以下因素：

（1）逾期付款部分的价值或金额占整个合同金额的比例，受让方逾期支付的款项占全部合同金额比例越大，越有可能被认定为是根本违约。

（2）在迟延付款对出让方合同目的的实现的影响程度。一般来说，时间因素不是合同中的决定性要素，股权受让方迟延履行往往也不会导致出让方的合同目的落空，原则上不允许出让方立即解除合同。此时，出让方应向受让方进行催告，只有经催告后债务人在合理期限内仍未履行的，债权人才可以解除合同。但在特定的合同中，例如，出让方转让收取的转让款有特定目的，受让方对此知晓，由于受让方逾期付款导致出让方该特定目的不能实现，则出让方股权在股权转让合同中的目的也不能实现，受让方迟延履行的行为，可以认定为导致转让方的合同目的无法实现，属于根本违约，转让方可以不经催告而直接解除合同。

（3）逾期付款的后果及损害能否得到修补。在适用《联合国国际货物销售合同公约》的条件下，即使违约行为十分严重，可能导致剥夺受害方所期待的东西，但如果这种违约是可以修补的，一般也不认定其构成根本违约。[1] 因此，如果能通过继续履行支付股权转让款及违约金、

〔1〕 最高人民法院民事审判第二庭编：《最高人民法院关于买卖合同司法解释理解与适用》，人民法院出版社2016年版，第409页。

损害赔偿金等方式修补逾期付款的后果，且不会从根本上影响出让方的合同目的，一般也不认为是根本违约。

(4) 考虑股权转让合同的特点。与一般交易合同尤其是普通商品的买卖合同不同，股权转让合同的签订与实际履行不但直接影响转让双方之间的利益格局，而且间接波及合同之外的利益相关者（包括公司、股东、债权人、劳动者）的切身利益关系。股权转让合同一旦被实际履行，不但转让双方之间发生对价的对待给付，而且受让方有参与公司的实际经营管理，进而改变公司的经营理念、经营方针和经营航线，甚至从根本上扭转公司原有的经营与财务状况。倘若股权转让合同嗣后被确认无效或者撤销，必然在转让双方及其公司利益相关者之间掀起轩然大波。[1] 因此，逾期付款是否导致合同目的不能实现，还需要考虑股权转让合同的特点。尤其在股权已经变更登记，受让方已经支付大部分款项、且已经实际控制目标公司的情况下，解除股权转让合同应结合合同的履行情况、违约方的过错程度以及股权转让合同目的能否实现等因素予以综合判断。

2. 本案逾期付款行为不属于根本违约

本案中，虽然锐鸿公司存在尚未支付剩余 1.5 亿元股权转让款的违约行为，但本案逾期付款行为不属于根本违约。理由如下：

第一，逾期付款数占全部金额的比例不超过一半；第二，《股权转让协议》并未约定锐鸿公司迟延支付该部分款项，绿洲公司将不接受《股权转让协议》的履行；第三，双方也没有约定绿洲公司收取该股权转让款有其他的目的，由于锐鸿公司的逾期付款行为，导致合同目的不能实现；第四，绿洲公司出让涉案股权的合同目的是获取股权转让款，迟延交付 1.5 亿元股权转让款虽使其遭受损失，通过请求股权买受人继续履行股权转让款支付义务并承担违约责任等，绿洲公司合同目的仍能实现；

---

〔1〕刘俊海：《股权转让合同效力认定中的若干争议问题》，载中国民商法律网：http：//old. civillaw. com. cn/article/default. asp？id＝35078，最后访问时间：2019 年 11 月 30 日。

第五，绿洲公司已将案涉股权变更登记至锐鸿公司名下，锐鸿公司已经实际接管海港城公司达两年多，锐鸿公司持有的海港城公司股权的价值及股权结构较过户前均已发生较大变化，案涉股权客观上已经无法返还。因此，从维护交易安全的角度出发，不支持解除合同有利于保护目标公司股东利益，维护公司诚信经营，保障市场交易的安全。综上，一、二审法院均未支持绿洲公司要求解除《股权转让协议》的诉讼请求。

典型案例3

股权转让完成后原股东转移公司主要生产设备，能否认定为股权转让合同目的不能实现

——代某与夏某、谭某股权转让纠纷案[1]

案例要旨

本案出让方并未完成股权变更登记，并将目标公司主要设备转移，公司不能正常营业，股权转让协议的目的已经无法实现，受让方有权解除股权转让合同。

基本案情

上诉人（原审被告）：代某。

被上诉人（原审原告）：夏某、谭某。

原审第三人：何某、恒升公司。

恒升公司为有限责任公司，注册资本为30万元，股东为代某及何某，代某占该公司40%的股份比例，何某占该公司60%的股份比例。2014年4月15日，夏某、谭某及代某、何某签署了《股份和资产转让协议书》，约定代某将向恒升公司出资12万元（占公司注册资本40%）的股权转让给夏某、谭某，

---

〔1〕 广东省广州市中级人民法院（2017）粤01民终23505号。

其中谭某出资6万元注册资金及8万元设备转让金，占股份的20%；夏某出资6万元注册资金及8万元设备转让金，占股份的20%。并约定：恒升公司的红利收益按2014年4月15日开始计算，转让方享有转让前的红利、承接方享有转让后的红利；转让的成品、半成品、原材料、货架、材料架、转运车、工具柜、地苔板总金额以双方核定为准，但核定时间最迟不能超过2014年4月20日；恒升公司必须提供公司的财务报表和资产负债表（截止日期2014年4月15日前）给承接方，而且该报表必须是真实无虚假；该协议经各股东签字生效，并经当地工商部门受理后，承接方必须于2个工作日内付清转让方注册资本、设备款、模具费；各类成品、半成品、原材料等生产设备的转让费应以双方核定为准，但核定时间最迟不能超过2014年4月20日，核准后承接方必须于2个工作日内付清转让方，在未付清转让费前，原股东仍旧行使股东的权利。同时，该协议书附有各类对外应收款项、机械设备的清单列表，双方均签字确认。2014年4月30日，各方签订《补充协议》，约定了场地使用、资产转让、债券债务的各项交接转移事宜。双方确认协议签订后未前往行政主管部门办理恒升公司的股权转让手续，夏某、谭某未按照协议约定向代某支付转让金。恒升公司现时的工商注册登记地址厂房内的设备已被搬迁，现时并无正常生产经营。夏某、谭某称双方仍未就恒升公司的资产盘点达成一致，代某未履行股权转让合同的义务，未向夏某、谭某支付恒升公司分摊的餐费、电费，同时隐瞒恒升公司存在劳资纠纷严重的情况，恒升公司注册经营地址的厂房已空置、无正常经营，诉请解除股权转让协议。代某称夏某、谭某已成为恒升公司股东，其已将股权转让所涉及的相关资产移交，并退出公司的经营，后续的经营情况其并不清楚，而双方协议并无约定须履行移交公章、证照等行为，是夏某、谭某没有支付转让金，违约在先。

法院裁判

一审法院经审理认为，转让协议书实现的目的为夏某、谭某希望通过支付转让款的方式，取得代某所持有的恒升公司40%的股权，及该股权份额内所对应的恒升公司的各项资产及权益。按照一般商业交易习惯，有偿性质的股权转让法律关系中，双方的基本义务为：受让方按照约定向出让方支付对价，出让方按照约定前往行政管理部门办理相关股权的变更登记手续。夏某、谭某及代某均未履行完毕上述基本义务。现双方约定转让的股权所指向的恒升公司，其注册登记地址厂房内的设备已被搬迁，没有其他证据证实该公司目前还在实际正常经营，现已不能实现协议书所签署的目的，而协议书所涉及的恒升公司40%的股权仍登记在代某名下。一审法院支持夏某、谭某要求解除转让协议的请求。代某不服，提起上诉。

生效判决认为，本案二审的争议焦点为：代礼生主张其已完全履行转让协议义务，不应解除《广州恒升机械有限公司股份和资产转让协议书》的理据是否充分。第一，2014年3月31日恒生公司召开股东会发生在《广州恒升机械有限公司股份和资产转让协议书》签订之前，应视为为签订《广州恒升机械有限公司股份和资产转让协议书》作准备，而非夏某、谭某依据《广州恒升机械有限公司股份和资产转让协议书》行使股东权利的体现。第二，《广州恒升机械有限公司股份和资产转让协议书》约定了交接前后收取红利的主体，但代某并未提交证据证实夏某、谭某在《广州恒升机械有限公司股份和资产转让协议书》约定的2014年4月15日之后实际收取了红利。第三，代某提交的八份盘点表，刚好反映了双方没有按照《广州恒升机械有限公司股份和资产转让协议书》约定时间在2014年4月20日之前盘点完资产。在夏某、谭某既未登记为恒升公司股东，也没有证据证实夏某、谭某已经接收恒升公司证照、公章，且恒升公司原有股东何某尚未退出经营的情况下，代某抗辩称上述盘点清单中的资产由夏某、谭某控制和处分缺乏现实可行性。另外，根据《广州恒升机械有限公司股份和资产转让协议书》的约定，在夏某、谭某付清转让款之前，代某仍旧行使股东权利。至于恒升公司与金派门业公司因就餐费发生的纠纷，并不能充分证实夏某、谭某已经接手公司经营并处分了恒升公司资产。因此，代某关于上述资产已由夏某、谭某控制和处分的主张理据不足，二审法院不予采信。第四，代某也未提交证据证实已经按照《广州恒升机械有限公司股份和资产转让协议书》的约定提供了财务报表和资产负债表给夏某、谭某。综上，现恒升公司内设备已经搬迁，公司未能正常营业，《广州恒升机械有限公司股份和资产转让协议书》的目的已经无法实现，故一审判决解除《广州恒升机械有限公司股份和资产转让协议书》正确，二审法院予以维持。

案例评析

本案的争议焦点为，转让方在股权转让过程中转移公司设备，是否足以导致受让方的合同目的不能实现。

根据《合同法》第94条第4项的规定，当事人一方迟延履行债务或者有其他违约行为致使不能实现合同目的，另一方可以解除合同。因此，本案夏某、谭某能否以《合同法》第94条第4项的规定解除合同，需要判断代某是否存在迟延履行债务等违约行为，如果存在违约行为，是否致使不能实现合同目的。

股权是一种综合性的财产权利，其对应的股东权利包括资产收益、参与重大决策和选择管理者等权利。因此，股权转让合同中，受让方期望取得的股权绝不仅仅是对应的出资份额，更看重的是股权对应的具体的股东权利。虽然公司的资产与股东的资产是相分离的，但是公司毕竟是一个拟制的主体，其行使权利、履行职责需要具体的经营者来行使。由于有限责任公司的人合性特征，实践中，有限责任公司的股东通常既是公司股东身份，又是公司的经营者，同时还是公司资产的具体掌管者。因此，在许多情况下，当事人受让股权除了股权的交接，还涉及对公司资产的交接，实际是出让方向受让方履行股权交付义务的一部分，应属股权转让的附随义务。如果公司在股权转让过程中不履行这种义务甚至恶意转移公司的核心资产，影响股权受让方的合同目的，受让方可以据此解除合同。

本案中，双方就目标公司股权及相应资产达成了转让协议，但是代某未按照协议的约定前往当地工商部门办理相关股权的变更登记手续，也未按照约定移交相关的资产，违反了合同的约定。根据双方签订的《转让协议书》及补充协议的内容来看，夏某、谭某作为受让方，其受让股权及资产的目的在于取得股权对应的财产收益、公司经营决策等权利。由于目标公司内设备已经搬迁，公司未能正常营业，双方约定的内容已失去履行基础，应当认定合同目的不能实现。因此，一、二审法院对夏某、谭某解除转让协议书的请求予以支持。

二、股权转让合同能否部分解除

依合同法理，部分解除是合同解除的一种特殊形式，指合同解除仅发生了部分权利义务终止的法律后果。与部分解除相对应的是全部解除。就合同解除是针对合同的全部抑或仅就其一部分发生之不同，合同解除区分为全部解除与一部解除。[1] 这里的一部解除，即指部分解除。

合同法总则并未规定合同部分解除制度，不过，《合同法》分则第九章买卖合同部分第164~166条规定了合同部分解除内容。上述关于部分解除的规定发生在主物与从物（第164条）、标的物为数物而其中一物不符合约定（第165条）、出卖人分批交付的标的物中一批标的物不交付或者交付不符合约定（第166条）的场合，其共同特点在于标的物的可分性。[2]

关于股权转让合同能否部分解除的问题，实践中的争论主要体现为能不能将作为合同标的的股权按比例分割解除的问题。以转让方为原告，比如股权已经交付且完成了工商变更登记，受让方仅支付了部分股权转让款并且丧失了继续支付股权的能力，转让方为了止损，要求解除未付款部分的股权转让合同。以受让方为原告，比如转让方已经交付了一部分股权，由于客观原因比如被法院查封，剩余股权没办法继续交付及办理变更登记，受让方也可能要求解除未交付部分的股权转让合同。主张股权可以部分解除的主要理由有二，一方面《公司法》《合同法》并未禁止股权转让合同的部分解除，法

---

〔1〕 韩世远：《合同法总论》，法律出版社2004年版，第591页。
〔2〕 韩世远：《履行障碍法的体系》，法律出版社2006年版，第353页。

无禁止即可为；另一方面认为股权是可分标的，部分行使不存在技术上障碍。笔者不赞同这种观点，除非股权转让合同中明确约定了可以部分解除合同，否则合同一方当事人不能主张部分解除合同，这是由股权本身的特征及股权转让合同目的的特殊性决定的。因为股权虽然本身可分，但是分割后的股权将丧失其整体价值，如果允许部分解除股权合同，将导致原来的股权转让合同目的无法实现。

典型案例4
吴某某等与黄某某股权转让纠纷案[1]

案例要旨

股权受让方要求解除合同未履行的部分，因合同法总则未规定合同部分解除制度，而本案中不宜准用买卖合同部分解除的规定。本案股权已经完成交付，受让方支付了大部分股权转让款并已经实际控制并经营相关目标公司等实际情况，为稳定交易市场，继续履行有利于双方实现合同的目的。黄某某违反合同约定的同业禁止条款，应当按照合同约定支付违约金给吴某某，双方应继续履行合同，不应解除合同。

基本案情

黄某某实际拥有快捷公司100%的股权，是该公司的实际所有者。2013年1月9日，黄某某与吴某某签订《股权转让合同》，约定黄某某将快捷公司90%的股权作价9580万元转让给吴某某。合同约定了双方的权利、义务。其中约定，如黄某某违反同业禁止条款，吴某某有权解除本合同，黄某某应退还吴某某所有已经支付的款项并按照合同总金额的10%向吴某某承担违约责任。合同签订后，吴某某支付转让款共计6706万元。黄某某诉请吴某某支付

[1] 广东省高级人民法院（2017）粤民再289号。

剩余股权转让款，吴某某以黄某某违反同业禁止条款为由，反诉主张解除合同未履行部分，黄某某支付违约金。

法院裁判

一审法院经审理认为，吴某某反诉要求解除合同未履行的部分，因合同法总则未规定合同部分解除制度，而本案中不宜准用买卖合同部分解除的规定，但吴某某要求黄某某返还多支付的款项，并同意按照注册资本金额向黄某某支付股权转让款项，其处理效果与上述合同全部解除一致，故一审法院判决解除合同。

二审、再审认为合同应继续履行，主要判决理由是：在履行合同过程中，黄某某虽违反了《股权转让合同》约定的同业禁止条款，吴某某行使合同解除权，但鉴于双方对相关目标公司股权已另行签订《股权转让协议》并委托他人办理股权变更登记，双方对相关目标公司资产已确认按《资产交接总表》完成交接，吴某某已经支付6706万元股权转让款，可见，双方已按合同约定履行了大部分权利义务。再结合黄某某已实际交付相关目标公司股权及资产且吴某某已经实际控制并经营相关目标公司等实际情况，为稳定交易市场，继续履行有利于双方实现合同的目的。黄某某违反合同约定的同业禁止条款，应当按照合同约定支付违约金给吴某某，双方应继续履行合同。吴某某请求解除合同，是脱离本案实际状况，也不利于企业的正常经营运转，故对其请求不予支持。

案例评析

本案中，股权转让方完成了股权的交付，受让方支付了一部分的股权转让款，转让方要求受让人支付剩余的股权转让款，受让方以转让方违反合同约定的同业禁止条款为由，反诉要求解除未履行部分的股权转让合同。因此，本案的一部分争议焦点是：股权转让合同能否部分解除。

1. 合同部分解除的适用条件

《合同法》总则并未规定合同部分解除制度，《合同法》分则买卖合同部分规定了合同部分解除内容。其主要内容包括：标的物的从物不符合约定被解除的，解除的效力不及于主物；[1]买卖合同的标的物为数物时，其中一物不符合约定使合同目的不能实现时，买受人可以就该物解除，原则上不及于其他物；[2]分批交付标的物的情况下，出卖人不履行某一批标的物的交付，如果出卖人对该批的不履行致使该批标的物不能实现合同目的，但不影响其他批次标的物的，买受人仅可就该批标的物主张解除。[3]其他部门法也有零星的规定，如《旅游法》第67条第2项规定："合同解除的，组团社应当在扣除已向地接社或者履行辅助人支付且不可退还的费用后，将余款退还旅游者；合同变更的，因此增加的费用由旅游者承担，减少的费用退还旅游者。"

根据《合同法》第164～166条的规定，部分解除的发生原因似乎出现了"不能实现部分合同目的"的情况，而这不同于《合同法》第94条前四项只有因不可抗力或者根本违约，才能依法解除合同的规定。如果只是部分不能实现合同目的，或者部分违约，当事人一方是不享有解除合同的权利的，而应当按照违约责任来处理，可以要求违约方实际履行、采取补救措施、赔偿损失等。因此，合同能否部分解除，取决于其能否分割履行，取决于违约救济是否具有可分性。如果合同是可分割履行的，解除不履行部分不影响其他部分的效力，买受人有权解除出卖人不履行的那一部分合同；或者某批次的交付根本违约，买受人解除该批次及以

---

[1] 《合同法》第164条规定："因标的物的主物不符合约定而解除合同的，解除合同的效力及于从物。因标的物的从物不符合约定被解除的，解除的效力不及于主物。"

[2] 《合同法》第165条规定："标的物为数物，其中一物不符合约定的，买受人可以就该物解除，但该物与他物分离使标的物的价值显受损害的，当事人可以就数物解除合同。"

[3] 《合同法》第166条规定："出卖人分批交付标的物的，出卖人对其中一批标的物不交付或者交付不符合约定，致使该批标的物不能实现合同目的的，买受人可以就该批标的物解除。出卖人不交付其中一批标的物或者交付不符合约定，致使今后其他各批标的物的交付不能实现合同目的的，买受人可以就该批以及今后其他各批标的物解除。买受人如果就其中一批标的物解除，该批标的物与其他各批标的物相互依存的，可以就已经交付和未交付的各批标的物解除。"

后的各批标的物，不影响已交付部分的效力的，买受人有权解除该批次及以后的各批标的物。如果某批标的物与整个合同的其他各批标的物可能是相互依存、不可分的，部分解除将使整个合同的履行将不可能或者没有意义，则不得部分解除。在这种情况下，买受人可以就整个合同主张一并解除。

但是，如果将要解除的部分条款构成了合同的主要内容，或者该部分条款的解除将使合同的主要目的不能实现，或者部分解除将使当事人权利义务严重不对称、进而损害另一方当事人合法权益时，该部分条款不能被单独解除。[1] 可见，当事人起诉解除构成合同主要内容的条款，不能得到支持。

2. 部分解除的法律后果

根据《合同法》第164～166条的规定，部分解除仅对该部分的标的物发生履行终止的法律效果，而不涉及合同其他部分。而当部分违约涉及主物或影响数物中的其他物或者其他各批标的物时，依然可以沿用《合同法》第94条合同整体解除的逻辑，就主从物、数物或其他各批标的物解除合同。[2] 正因如此，第164条规定“因标的物的主物不符合约定而解除合同的，解除合同的效力及于从物”，第165条规定“该物与他物分离使标的物的价值显受损害的，当事人可以就数物解除合同”，第166条第2项和第3项分别规定当“今后其他各批标的物的交付不能实现合同目的”或“该批标的物与其他各批标的物相互依存”时，可以就已交付的和其他未交付的标的物同时解除合同。

如果只是部分不能实现合同目的，或者部分违约，达不到约定或法定的解除条件，当事人一方不享有解除合同的权利的，应当按照违约责任来处理，可以要求违约方实际履行、采取补救措施、赔偿损失等。如

---

〔1〕王林清：《构成合同主要内容的条款不能被单独解除——董明树与朱宪军、李文科股权转让合同纠纷上诉案》，载《民事审判指导与参考》（总第43集）。

〔2〕陆青：《论法定解除事由的规范体系——以一般规范与特别规范的关系为中心》，载《华东政法大学学报》2015年第1期。

果符合部分解除的条件，当事人一方主张部分解除的，部分解除仅对该部分的标的物发生终止履行的法律效果，不涉及其他部分或其他批次的标的物；恢复原状或者采取其他补救措施也仅针对该部分标的物；合同部分解除后，当事人因合同解除而受到损失的，其主张赔偿损失也仅能与该部分标的物相关。

3. 股权转让合同不能部分解除

股权转让合同不能适用部分解除制度，原因在于：第一，受让方以特定价格在购买特定比例的股权时，是将该比例的股权视作一个整体作为标的，其价格蕴含了对该比例之下股权所能实现的控制权的估值，股权出让方主张部分解除，应视为对标的进行的重大变更，标的不同，部分解除就无从谈起；第二，允许股权转让合同部分解除违反民法中的平等自愿原则，转让股东转让股权是一种要约，受让方只有同意全部购买才构成承诺，而部分解除并不构成承诺，而是一种新的要约，如果允许部分解除，则这种转让不符合民法中关于要约与承诺的最基本的构成要件；第三，允许受让方部分解除将损害出让方的实质利益，股东转让的股份中蕴含着控制权的附加价值，如果允许受让方部分解除，转让方将因股权被分化而使转让条件中的控制权被解构，剩余部分的股权价值将因此大大降低，这剥夺了股东出售控制权的溢价利益，损害了股东既有和应得的利益；[1]第四，股权转让合同的目的及股权的上述特征也决定了在部分解除后，如果当事人因合同部分解除而受到损失而主张损害赔偿的，无法确定具体的损害赔偿数额。

本案系股权转让纠纷，《合同法解释（一）》第45条规定，法律或者行政法规对债权转让、股权转让等权利转让合同有规定的，依照其规定。不同于一般的物品，股份本身虽然可以分割，但是作为整体转让的股份中蕴含着控制权的附加价值，如果允许部分解除合同，股权将被分化而使转让条件中的控制权被解构，剩余部分的股权价值将因此大大降低，

〔1〕 陈立斌：《股权转让纠纷》（第3版），法律出版社2015年版，第122页。

这剥夺了转让人出售控制权的溢价利益，或者损害了买受人所期待的控制权利益，[1]股权转让合同目的难以实现。因此，在双方没有明确约定的情况下，不能部分解除股权转让合同。本案中，吴某某以黄某某违反同业禁止条款为由，反诉主张解除合同未履行部分，不能得到支持。

三、分期付款股权转让合同解除权的特殊性

《合同法》第 167 条第 1 款规定："分期付款的买受人未支付到期价款的金额达到全部价款的五分之一的，出卖人可以要求买受人支付全部价款或者解除合同。"根据该规定，买受人未支付到期价款的金额达到全部价款的五分之一，出让买人可以选择让价款支付加速到期，让买受人支付全部价款或者出卖人无须履行催告程序就可以径行解除合同。关于有限责任公司股权转让是否可以适用上述规定，股权转让方可以不经催告而解除股权分期付款转让合同的问题，在司法实践中存在一定争议。支持适用的自然直接援引《合同法》第 167 条第 1 款规定直接判决确认转让方的合同解除诉求，[2]而不支持适用的裁判理由与裁判标准不尽一致。有判决认为《合同法》是第 167 条关于分期付款买卖合同中对买卖双方权利义务的规定，而股权转让合同与一般买卖合同性质并不类似，[3]但并未就此进一步阐释；有判决认为《合同法》第 167 条的适用范围一般是经营者与消费者之间的，股权的价值存在于目标公司，不会因转让而产生无法收回款项的风险，故不能参照《合同法》第 167 条的规定予以适用。[4]

2016 年 9 月 19 日，最高人民法院发布了指导案例 67 号"汤长龙诉周士海股权转让纠纷案"，确定了如下审判规则：有限责任公司的股权分期支付转让款中发生股权受让人延迟或者拒付等违约情形，股权转让人要求解除双方签订的股权转让合同的，不适用《合同法》第 167 条关于分期付款买卖中出

---

[1] 杜万华主编、最高人民法院民事审判第二庭编著：《最高人民法院〈公司法司法解释（四）〉理解与适用》，人法院出版社 2017 年版，第 407 页。

[2] 详见（2016）鲁 04 民终 1132 号、（2016）浙 0303 民初 2963 号、（2013）港商初字第 0113 号。

[3] 详见（2015）杭西商初字第 3300 号。

[4] 详见（2014）川民终字第 432 号。

卖人在买受人未支付到期价款的金额达到合同全部价款的五分之一时即可解除合同的规定。

典型案例5
汤某诉周某股权转让纠纷案[1]

案例要旨

有限责任公司的股权分期支付转让款中发生股权受让人延迟或者拒付等违约情形，股权转让人要求解除双方签订的股权转让合同的，不适用《合同法》第167条关于分期付款买卖中出卖人在买受人未支付到期价款的金额达到合同全部价款的五分之一时即可解除合同的规定。

基本案情

原告汤某与被告周某于2013年4月3日签订《股权转让协议》及《股权转让资金分期付款协议》。双方约定：周某将其持有的青岛变压器集团成都双星电器有限公司6.35%股权转让给汤某。股权合计710万元，分4期付清，即2013年4月3日付150万元；2013年8月2日付150万元；2013年12月2日付200万元；2014年4月2日付210万元。此协议双方签字生效，永不反悔。协议签订后，汤某于2013年4月3日依约向周某支付第一期股权转让款150万元。因汤某逾期未支付约定的第二期股权转让款，周某于同年10月11日，以公证方式向汤某送达了《关于解除协议的通知》，以汤某根本违约为由，提出解除双方签订的《股权转让资金分期付款协议》。次日，汤某即向周某转账支付了第二期150万元股权转让款，并按照约定的时间和数额履行了后续第三期、第四期股权转让款的支付义务。周某以其已经解除合同为由，

---

〔1〕 最高人民法院指导案例67号，载最高人民法院《关于发布第十四批指导性案例的通知》（2016年9月19日，法〔2016〕311号）。

如数退回汤某支付的4笔股权转让款。汤某遂向人民法院提起诉讼，要求确认周某发出的解除协议通知无效，并责令其继续履行合同。

另查明，2013年11月7日，青岛变压器集团成都双星电器有限公司的变更（备案）登记中，周某所持有的6.35%股权已经变更登记至汤某名下。

法院裁判

一审判决：驳回原告汤某的诉讼请求。汤某不服，提起上诉。

二审判决：(1) 撤销原审判决；(2) 确认周某要求解除双方签订的《股权转让资金分期付款协议》行为无效；(3) 汤某于本判决生效后10日内向周某支付股权转让款710万元。周某不服四川省高级人民法院的判决，以二审法院适用法律错误为由，向最高人民法院申请再审。最高人民法院裁定驳回周某的再审申请。

法院生效判决认为，本案争议的焦点问题是周某是否享有《合同法》第167条规定的合同解除权。

1.《合同法》第167条第1款规定，"分期付款的买受人未支付到期价款的金额达到全部价款的五分之一的，出卖人可以要求买受人支付全部价款或解除合同"。第2款规定，"出卖人解除合同的，可以向买受人要求支付该标的物的使用费"。最高人民法院《买卖合同司法解释》第38条规定，"合同法第一百六十七条第一款规定的'分期付款'，系指买受人将应付的总价款在一定期间内至少分三次向出卖人支付。分期付款买卖合同的约定违反合同法第一百六十七条第一款的规定，损害买受人利益，买受人主张该约定无效的，人民法院应予支持"。依据上述法律和司法解释的规定，分期付款买卖的主要特征为：一是买受人向出卖人支付总价款分三次以上，出卖人交付标的物之后买受人分两次以上向出卖人支付价款；二是多发、常见在经营者和消费者之间，一般是买受人作为消费者为满足生活消费而发生的交易；三是出卖人向买受人授予了一定信用，而作为授信人的出卖人在价款回收上存在一定风险，为保障出卖人剩余价款的回收，出卖人在一定条件下可以行使解除合同的权利。

本案系有限责任公司股东将股权转让给公司股东之外的其他人。尽管案涉股权的转让形式也是分期付款，但由于本案买卖的标的物是股权，因此，具有与以消费为目的的一般买卖不同的特点：一是汤某受让股权是为参与公司经营管理并获取经济利益，并非满足生活消费；二是周某作为有限责任公司的股权出让人，基于其所持股权一直存在于目标公司中的特点，其因分期回收股权转让款而承担的风险，与一般以消费为目的分期付款买卖中出卖人收回价款的风险并不同等；三是双方解除股权转让合同，也不存在向受让人要求支付标的物使用费的情况。综上，股权转让分期付款合同，与一般以消费为目的分期付款买卖合同有较大区别。对案涉《股权转让资金分期付款协议》不宜简单适用《合同法》第167条规定的合同解除权。

2. 本案中，双方订立《股权转让资金分期付款协议》的合同目的能够实现。汤某和周某订立《股权转让资金分期付款协议》的目的是转让周某所持青岛变压器集团成都双星电器有限公司6.35%股权给汤某。根据汤某履行股权转让款的情况，除第2笔股权转让款150万元逾期支付两个月，其余3笔股权转让款均按约支付，周某认为汤某逾期付款构成违约要求解除合同，退回了汤某所付710万元，不影响汤某按约支付剩余3笔股权转让款的事实的成立，且本案一、二审审理过程中，汤某明确表示愿意履行付款义务。因此，周某签订案涉《股权转让资金分期付款协议》的合同目的能够得以实现。另查明，2013年11月7日，青岛变压器集团成都双星电器有限公司的变更（备案）登记中，周某所持有的6.35%股权已经变更登记至汤某名下。

3. 从诚实信用的角度，《合同法》第60条规定，“当事人应当按照约定全面履行自己的义务。当事人应当遵循诚实信用原则，根据合同的性质、目的和交易习惯履行通知、协助、保密等义务”。鉴于双方在股权转让合同上明确约定“此协议一式两份，双方签字生效，永不反悔”，因此周某即使依据《合同法》第167条的规定，也应当首先选择要求汤某支付全部价款，而不是解除合同。

4. 从维护交易安全的角度，一项有限责任公司的股权交易，关涉诸多方面，如其他股东对受让人汤某的接受和信任（过半数同意股权转让），记载到股东名册和在工商部门登记股权，社会成本和影响已经倾注其中。本案中，汤某受让股权后已实际参与公司经营管理、股权也已过户登记到其名下，如果不是汤某有根本违约行为，动辄撤销合同可能对公司经营管理的稳定产生不利影响。

综上所述，本案中，汤某主张的周某依据《合同法》第167条之规定要求解除合同依据不足的理由，于法有据，应当予以支持。

说明

1. 生效判决的裁判依据

《合同法》第174条规定："法律对其他有偿合同有规定的，依照其规定；没有规定的，参照买卖合同的有关规定"；《买卖合同司法解释》第45条规定："法律或者行政法规对债权转让、股权转让等权利转让合同有规定的，依照其规定；没有规定的，人民法院可以根据合同法第一百二十四条和第一百七十四条的规定，参照适用买卖合同的有关规定。权利转让或者其他有偿合同参照适用买卖合同的有关规定的，人民法院应当首先引用合同法第一百七十四条的规定，再引用买卖合同的有关规定。"依据上述规定，本案确定分期付款股权转让合同的解除不适用第167条的规定，主要依据如下：

第一，股权转让与以消费为目的的一般买卖特点不同。依据《合同法》第167条及《买卖合同司法解释》第38条的规定，分期付款买卖的主要特征为：一是买受人向出卖人支付总价款分三次以上，出卖人交付标的物之后买受人分两次以上向出卖人支付价款；二是多发、常见在经营者和消费者之间，一般是买受人作为消费者为满足生活消费而发生的交易；三是出卖人向买受人授予了一定信用，而作为授信人的出卖人在价款回收上存在一定风险，为保障出卖人剩余价款的回收，出卖人在一定条件下可以行使解除合同的权利。尽管案涉股权的转让形式也是分期付款，但由于本案买卖的标的物是股权，因此具有与以消费为目的的一般买卖不同的特点：一是汤某受让股权是为参与公司经营管理并获取经济利益，并非满足生活消费；二是周某作为有限责任公司的股权出让人，基于其所持股权一直存在于目标公司中的特点，其因分期回收股权转让款而承担的风险，与一般以消费为目的分期付款买卖中出卖人收回价款的风险并不同等；三是双方解除股权转让合同，也不存在向受让人要求支付标的物使用费的情况。第二，从合同目的角度，周某出让涉案股权的合同目的是获取股权转让款，汤某除第2笔股权转让款150万元逾期支付两个月，其余3笔股权转让款均按约支付，周某签订股权转让合同的目的能够实现。第三，从诚实信用的角度，周某也应当首先选择要求汤某支付全部价款，而不是直接解除合同。第四，从维护交易安全的角度，不支持解除合同有利于保护目标公司股东利益，维护公司诚信经营，保障市场交易的安全。

2. 指导案例67号适用过程中应注意的事项

(1) 67号指导案例虽认为有限责任公司的股权分期付款违约情形下的合同解除，不适用《合同法》第167条的规定，但该指导案例并未排除出让人依法解除的权利，分期付款的股权转让合同中的受让方分期付款违约行为导致出让方合同目的不能实现的，出让方可以依照《合同法》第94条的规定依法解除合同。[1]

(2) 根据《合同法》第167条第1款的规定，买受人未支付到期价款的金额达到全部价款的五分之一，赋予了出让人两种救济方式，出让人可以选择让价款支付加速到期，也可以选择解除合同。在分期付款股权转让合同中，67号指导案例只是确定出让方不因此享有合同解除权，对于出让方选择要求受让方一次性支付转让款的权利，并未排除适用。因此，出让方选择让价款支付已到期或加速到期，要求受让方一次性支付全部股权转让款项，法院不能以67号指导案例为由驳回原告的起诉。[2]

(3) 虽然分期付款股权转让合同中出让方不能以《合同法》第167条的规定行使解除权，但是不能因此免除出让方因迟延履行、拒绝履行或不能履行支付股权转让款而应承担的违约责任。本案的二审法院即认为，“至于汤某

---

〔1〕 详见（2018）最高法民终874号、（2019）琼97民初7号。

〔2〕 详见（2017）鄂民终34号。

逾期支付第二笔股款构成违约，应承担违约责任，因周某在本案中未提起反诉，本院在本案中不予处理”。

四、股权转让合同解除权的消灭

解除权是一种形成权，是法律赋予守约方单方解除合同的权利，其行使不以违约方的同意为前提。当解除权成就后，原来基于合同而建立起来的法律关系就会受到影响。如果解除权人通知对方解除合同，那么就产生权利义务终止的法律后果；但是，如果解除权人不通知对方解除合同，甚至还接受了对方履行合同，此时，解除权的存在犹如悬在合同上方的利剑，使合同处于一种不确定的状态。如果解除权人可以选择随时行使解除权，不仅将使合同双方当事人之间的法律关系处于长期不稳定状态，影响正常的民商事交易，也将使合同相对方无法安心继续履行合同，违背商事交易倡导的效率价值。因此，为了避免这种情况的发生，解除权之行使应当有一定的行使期限。

《合同法》第95条规定：“法律规定或者当事人约定解除权行使期限，期限届满当事人不行使的，该权利消灭。法律没有规定或者当事人没有约定解除权行使期限，经对方催告后在合理期限内不行使的，该权利消灭。”该条规定了合同解除权应当受法律规定或者当事人约定期限的限制，除此之外，在对方催告后亦应在合理期限行使，否则，解除权消灭。但是，上述规定在适用中存在一定的局限性。第一，对于很多常见类型的合同（如买卖、租赁、借款等），法律没有规定解除权的行使期限，只是对个别类型的合同进行了规定，[1]因此，《合同法》第95条中关于解除权人在法定期限内不行使解除权的将导致解除权消灭的规定几乎是形同虚设。[2]第二，从司法实践情况来看，

---

〔1〕《保险法》第16条第2款、第3款规定：“投保人故意或者因重大过失未履行前款规定的如实告知义务，足以影响保险人决定是否同意承保或者提高保险费率的，保险人有权解除合同。前款规定的合同解除权，自保险人知道有解除事由之日起，超过三十日不行使而消灭。自合同成立之日起超过二年的，保险人不得解除合同；发生保险事故的，保险人应当承担赔偿或者给付保险金的责任。”《商品房买卖司法解释》第15条第2款规定：“法律没有规定或者当事人没有约定，经对方当事人催告后，解除权行使的合理期限为三个月。对方当事人没有催告的，解除权应当在解除权发生之日起一年内行使；逾期不行使的，解除权消灭。”

〔2〕王小莉：《关于合同解除权消灭的探讨》，载《仲裁研究》2014年第1期。

当事人在合同的约定中多数会重视解除权的产生，但往往容易忽视解除权的行使期限，因此，符合解除权人未在约定期限内行使解除权的情况也不多见。第三，如果既无法定或约定行使期限，且对方没有催告，转让方怠于行使解除权的情况下，解除权是否仍应有合理期限，该条未明确规定。因此，一旦纠纷发生，很容易出现截然相反的结论。在法定或约定的解除权行使期限且相对人没有催告的情况下，有观点认为可以参照适用《商品房买卖司法解释》第 15 条规定的 1 年时间予以处理。[1]对此笔者认为，《商品房买卖司法解释》明确规定适用的是商品房买卖合同纠纷案件的审理，在没有法定或约定解除权且相对人没有催告的情况下，在其他案件的审理中，解除权行使的合理期限是否能参照适用应根据不同合同类型和具体的案件情况予以考虑。

解除权的消灭除了上述提及的《合同法》第 95 条的规定，如果当事人在实际履行过程中以自己的行为放弃了解除权的行使，如继续履行合同，接受对方的履行，或者双方通过补充协议的方式继续履行合同，则应也视为解除权的消灭。这是因为在合同约定的解除条件成就与违约责任之间，解除权人应当就解除合同还是继续履行择其一行使，解除权人既然选择了继续履行合同，就意味着其放弃解除合同。若解除权人接受了相对方的履行，还允许其享有解除权，无疑将损害相对人的利益，违反合同法规定的诚实信用原则，也不符合解除权的立法本意。

股权转让合同受《合同法》的规制及调整，自然也适用上述规定，如果股权转让方怠于行使解除权，符合《合同法》第 95 条规定的条件，其法律后果是解除权消灭。如果转让方怠于行使解除权，但双方没有约定解除权行使期限，对方没有催告，解除权是否仍应有合理期限，应结合股权本身的特征及股权转让合同目的的特殊性予以考虑。股权一旦进行工商变更登记、完成权属的转移，如果放任解除权行使的合理期限过长，不仅将使股权的归属处于长期不确定状态，影响股权的正常交易和公司的经营，也将使新股东无法安心对公司进行投入经营使公司资产不断增值，违背商事交易倡导的效率价

---

〔1〕 详见（2018）最高法民申 4613 号。

值。因此，股权转让合同解除权的行使，即便对方不催告，亦应有合理期限。至于何为“合理期限”，应当由法院结合具体案情予以认定。而这实际上赋予了法官一定的解释权限，为防止法官自由裁量权在司法实践中的滥用，有必要在法律规定层面对其进行完善。有鉴于此，《民法典》（草案）第564条第2款明确规定：“法律没有规定或者当事人没有约定解除权行使期限，自解除权人知道或者应当知道解除事由之日起一年内不行使，或者经对方催告后在合理期限内不行使的，该权利消灭。”《民法典》（草案）的上述规定从法律层面明确了合同解除权的除斥期间，解决了没有约定解除权的行使期限或对方没有催告的情况下，一方当事人的解除权能否消灭以及何时消灭的问题，甚为可取。

典型案例6

股权转让合同中，出让方怠于行使解除权的认定及法律后果

——董某与某养殖场股权转让纠纷案[1]

案例要旨

在案涉股权工商变更登记距今已逾4年、出让方主张的股权已经转换为债权、双方合同履行义务转化为金钱给付之债的情况下，股权出让方依法应就其怠于履行合同解除权的行为承担不利的法律后果，其要求解除股权转让合同的诉讼请求，法院不予支持。

基本案情

上诉人（原审原告）：董某。

被上诉人（原审被告）：某养殖场。

2013年9月24日，董某（合同甲方）与某养殖场（合同乙方）签订一

[1] 福建省福州市中级人民法院（2018）闽01民终955号。

份《股权转让协议》，约定：股权转让价格与付款方式：（1）甲方同意将其持有的官坞公司12%的股权共60万元人民币出资额，以60万元转让给乙方，乙方同意按此价格及金额购买该股权。（2）乙方同意在本协议签定之日起3日内，将转让费60万元人民币以现金（或转账）方式一次性支付给甲方。协议的变更与解除：发生下列情况之一时，可变更或解除协议，但双方必须就此签订书面变更或解除协议。……（3）由于一方或双方违约，严重影响了守约方的经济利益，使协议履行成为不必要。2013年9月29日，双方进行股权变更工商登记。之后，某养殖场未向董某支付转让款60万元。某养殖场现为官坞公司唯一登记注册股东。董某向一审法院起诉请求：依法解除《股权转让协议》；某养殖场将官坞公司的12%股权恢复登记至董某名下。

法院裁判

一审法院认为，董某与某养殖场是平等的民事主体，双方协商转让股权，并已办理工商变更登记，不违反法律规定，该转让行为依法成立并受法律保护。现因双方纠纷股权已经工商变更登记，距今已经4年，股权已经转换为债权，双方合同履行义务转化为金钱给付之债。经释明，董某不同意变更诉讼请求，故董某主张解除股权转让合同，恢复股权至董某名下，于法无据，不予支持。董某不服，提起上诉。

生效判决认为，第一，2013年9月24日，双方签订《股权转让协议》，约定某养殖场应于2013年9月27日前一次性将转让款60万元支付给董某。在董某于2013年9月27日已发现某养殖场违反合同约定未付转让款并严重影响董某经济利益的情况下，董某非但未行使解除权，却在2013年9月29日协助某养殖场完成了股权变更工商登记。第二，自某养殖场未依约支付转让款至董某提起本案诉讼已时隔多年，本案并无证据显示在此期间董某曾向某养殖场主张过解除权。第三，案涉股权工商变更已逾4年之久，官坞海洋开发有限公司的经营情况及财产状况均已发生变化，股权返转登记的客观条件亦已不具备。故综合董某的以上行为足以认定，董某在本案中的真实意思是愿意继续履行诉争股权转让合同。在案涉股权工商变更登记距今已逾4年、董某主张的股权已经转换为债权、双方合同履行义务转化为金钱给付之债的情况下，董某依法应就其怠于履行合同解除权的行为承担不利的法律后果。据此，二审判决驳回上诉，维持原判。

案例评析

本案的争议焦点是股权出让方董某行使合同解除权是否超出合理期限，即解除权是否消灭的问题。

1. 解除权消灭的条件

解除权是一种破坏性权利，为维护合同法律关系的稳定性，平衡当事人之间的利益，必须对解除权予以限制。我国台湾地区学者郑玉波也认为，解除权“乃破坏性之权利，不宜久存，否则使相对人长期处于不安地位，殊嫌不妥”。当合同解除权产生后，解除权人即已获得了决定解除或继续履行合同的选择权，若解除权人怠于行使该项权利就会使合同进入一种效力不稳定的状态，这会对合同交易的安全秩序产生不利影响。[1]

《合同法》第95条规定：“法律规定或者当事人约定解除权行使期限，期限届满当事人不行使的，该权利消灭。法律没有规定或者当事人没有约定解除权行使期限，经对方催告后在合理期限内不行使的，该权利消灭。”由此可见，合同解除权应在合理期限内行使，否则，合同是否解除处于不确定的状态不利于合同的履行。根据《合同法》第95条的规定，解除权在以下两种情形下消灭：其一，因解除权行使期限的届满而消灭；其二，在对方催告后因合理的期限届满而消灭。同时，《合同法》第77条第1款规定，“当事人协商一致，可以变更合同”。因此，如双方通过协商的方式继续履行合同，应视为有解除权的一方放弃解除权，解除权消灭。

---

〔1〕 冯慧波：《论合同解除权的行使》，载 http：//sxxzzy. chinacourt. org/article/detail/2013/10/id/11-16626. shtml，最后访问时间：2019年11月30日。

2. 股权转让合同中，出让方虽怠于行使解除权但不符合《合同法》第95条的规定，解除权是否仍应有合理期限

《合同法》第95条规定了合同解除权应当受法律规定或者当事人约定期限的限制，除此之外，在对方催告后应在合理期限行使。若对方没有催告，解除权是否仍应有合理期限，该条未明确规定。但《商品房买卖合同解释》第15条针对商品房买卖合同之解除权的行使，就未催告时的期限明确规定："……对方当事人没有催告的，解除权应当在解除权发生之日起一年内行使；逾期不行使的，解除权消灭。"根据类推适用的民法基本原理，本案是股权转让合同，尽管与商品房买卖合同不同，但股权转让合同与商品房买卖合同在性质上均属于价值较大的转移财产所有权的合同，具有一定的参照性。[1] 同时，以股权作为合同交易标的股权转让纠纷，更有其特殊性；从合同目的角度，转让人出让股权的目的是获取股权转让款；从诚实信用的角度，出让人也应当首先选择要求受让人支付全部价款，而不是直接解除合同；从维护交易安全的角度，不支持解除合同有利于保护目标公司股东利益，维护公司诚信经营，保障市场交易的安全。[2] 由于股权的转移与公司的经营权、财产状况及盈亏情况等是紧密相连的，在股权变更已存续较长时间的情况下，公司的经营状况已经发生了巨大变化，解除股权转让协议后的恢复原状，如股权返转登记及经营权移交已不具备客观条件。因此，因出让人怠于行使解除权，股权返转登记的客观条件已不具备，出让人以受让人逾期未付款为由主张解除转让合同的，是难以得到支持的。此外，针对同样是形成权的撤销权，《民法总则》第152条第2款规定："当事人自民事法律行为发生之日起五年内没有行使撤销权的，撤销权消灭。"该规定对解除权的行使期限也具有参照性。[3]

---

〔1〕 详见（2018）最高法民申4613号。

〔2〕 此部分内容详见最高人民法院《关于发布第十四批指导性案例的通知》（2016年9月19日，法〔2016〕311号），汤长龙诉周士海股权转让纠纷案。

〔3〕 详见（2018）最高法民申4613号。

就本案而言，出让人董某在解除权成就时未及时行使合同解除权，而继续办理股权转让登记，至其提起诉讼已时隔多年，并无证据显示在此期间董某曾向某养殖场主张过解除权。案涉股权工商变更已逾4年之久，目标公司经营情况及财产状况均已发生变化，股权返转登记的客观条件亦已不具备。由于董某怠于行使合同解除权，该权利已消灭，董某依法应就其怠于履行合同解除权的行为承担不利的法律后果，故其要求解除股权转让协议的诉讼请求，一、二审法院均不予支持。

典型案例7

解除权成就后，双方重新签订协议，并继续履行合同，解除权是否消灭

——张某、李某等与博晟公司股权转让纠纷案〔1〕

案例要旨

股权出让方在解除权成就后，未通知对方解除合同，反而重新签订协议，约定了新的转让价款。虽然法律并未规定此种情况下解除权消灭，但是出让方的行为表明了继续履行合同的意愿，根据诚信原则及从维护交易安全角度出发，这应视为出让方以自己的行为放弃了《公司转让合同》约定的解除权。

基本案情

张某、李某系今正公司股东，张某为法定代表人，王某系博晟公司的法定代表人。2014年4月9日张某和王某签订今正公司股权转让协议，张某将公司注册资本的5%的股份转让给王某，转让后张某所持有股份为90%，李某和王某所持股份各为5%，公司的法定代表人变更为王某，并办理了相关变更手续。2014年2月20日，张某、李某委托××办理今正公司的股权转让事宜。2014年3月3日博晟公司接管今正公司。2014年6月13日，××与博晟

〔1〕 青海省海东市中级人民法院（2017）青02民终474号。

公司签订《公司转让合同》，约定：张某、李某将所属的今正公司转让给博晟公司，转让价款为1460万元，博晟公司于2014年5月13日前给付定金400万元，并于2014年6月20日前付款760万元，如未能在2014年6月20日前支付价款，张某、李某有权收回转让给王某的5%的股份及不予退还400万元定金。由于一方在合同约定的期限内没有履行合同达30日，另一方书面告知对方后可解除合同。2014年7月20日，双方又签订了《公司转让协议书》，约定：张某、李某将今正公司的股权（已转让王某5%的公司股权）和该转让公司整体转让给博晟公司，转让价款为1475万元，博晟公司受让张某、李某的股权后，博晟公司成为唯一股东，由博晟公司控股并实际经营公司，张某、李某不再参与经营管理。博晟公司于2014年5月13日前支付定金400万元，并于2014年6月20日前一次性支付转让款775万元，支付完毕后，定金400万元抵充转让款。博晟公司未能在2014年6月20日前支付775万元转让款，张某、李某有权终止该转让合同，且博晟公司所交的定金400万元不予退还，张某、李某之前交付王某5%的股份由其收回；由于一方在合同约定的期限内没有履行合同达30日，另一方书面告知对方后可解除合同。合同签订前后，即从2014年2月24日至2015年9月17日，博晟公司共向张某、李某支付转让款555万元。双方均认《公司转让协议书》是对2014年6月13日签订的《公司转让合同》的补充完善与替代。张某、李某以对方逾期付款为由起诉解除2014年7月20日签订的《公司转让协议书》，不返还400万元定金。

法院裁判

一审法院经审理认为，双方就股权转让约定的内容应以2014年7月20日签订的《公司转让协议》为准。该协议签订的时间为2014年7月20日，协议中约定的履行期限为2014年6月20日，双方的履行时间从2014年2月24日至2015年9月17日，表面双方变更了付款时间，应视为履行期限不明确，在转让人未证明其要求对方履行的情况下，不得以逾期付款为由主张解除合同。张某、李某不服，提起上诉。

生效判决认为，双方在《公司转让协议书》中对支付转让款的时间约定等于未约定，属于双方对履行期限约定不明的情形，在转让人未证明其要求对方履行的情况下，不得以逾期付款为由主张解除合同。张某、李某在2014年7月20日没有书面告知博晟公司解除合同，反而是与博晟公司重新签订了《公司转让协议书》，在《公司转让协议书》解除条件不成就时，张某、李某无权要求解除该协议书。据此，二审判决驳回上诉，维持原判。

案例评析

本案的争议的焦点为：解除权成就后，双方重新签订合同，并继续履行合同，解除权人是否还能行使解除权。

有关合同解除权消灭的情形，《合同法》第95条作出了规定："法律规定或者当事人约定解除权行使期限，期限届满当事人不行使的，该权利消灭。法律没有规定或者当事人没有约定解除权行使期限，经对方催告后在合理期限内不行使的，该权利消灭。"本案中，根据《公司转让合同》的约定，博晟公司未能在2014年6月20日前支付760万元转让款，张某、李某有权在2014年7月20日书面告知对方解除合同。但张某、李某未书面告知博晟公司解除合同，反而与张某、李某重新签订了《公司转让协议书》，约定了新的转让价款。法律并未规定此种情况下解除权消灭，因此，本案不适用《合同法》第95条的规定。

根据《合同法》第94条的规定，解除合同的情形除了因不可抗力致使不能实现合同目的和法律规定的其他情形，主要在于违约方不履行合同主要债务，或者导致合同目的不能实现时，守约方方可行使解除权。对于约定解除权的行使亦应遵循相同原则。本案中，博晟公司未能在2014年6月20日前支付775万元转让款，已构成违约。根据约定，张某、李某有权终止该转让合同，且博晟公司所交的定金400万元不予退还，张某、李某之前交付王某5%的股份由其收回；由于一方在合同约定的期限内没有履行合同达30日，张某、李某书面告知对方即后可解除合同。然而张某、李某在解除权产生之后，并未行使其解除权，反而与张某、李某重新签订了《公司转让协议书》，约定了新的转让价款。张某、李某的行为表明了继续履行合同的意愿，根据诚信原则及从维护交易安全角度出发，这应视为张某、李某以自己的行为放弃了《公司转让合同》约定的解除权，其基于博晟公司违反《公司转让合同》约定而享有的解除权已经消灭。因2014年7月20日签订《公司转让协议书》时，“2014年6月20日”系已经过的时间节点，张某、李某对于博晟公司在该时间节点未履行支付转让款775万元的事实也已明知。双方重新签订股权转让协议表明了继续履行的意愿，协议签订后，张某、李某亦接受了博晟公司支付的转让款。如果认定“2014年6月20日”为付款时间节点，则表示协议一签订，张某、李某即可立即解除该协议，显难符合双方重新签订转让协议的合同目的。因此，前一份合同约定的付款时间已不产生效力，鉴于双方在《公司转让协议书》中对支付转让款的付款期限约定不明，债务人可以随时履行支付义务，债权人也可以随时要求被履行。但是，转让人未证实其曾主张要求履行支付转让款，故履行期限未确定，其以对方逾期付款为由主张解除合同，法院未予支持。同时，目标公司由博晟公司接管后，实际经营管理至今，且要求继续履行股权转让协议。如果不是博晟公司有根本违约行为，动辄解除合同可能对公司经营管理的稳定产生不利影响。综上，一、二审法院均未支持张某、李某要求解除《公司转让协议书》的请求。

五、通知解除的认定

在我国的《合同法》框架范围内，具备解除条件或解除权只是合同解除的前提，合同要最终解除，必须要有解除行为，即必须要有解除的意思表示，“解除之意思表示，民法上为不要式，得以裁判外及裁判上为之。在裁判上得依诉状、答辩书送达于相对人，或依口头辩论上攻击或防御之方法为之”。[1]

---

〔1〕 史尚宽：《债法总论》，中国政法大学出版社2000年版，第550页。

因此，当事人可以采取自力救济或公力救济的方式行使解除权，前者包括通知解除和协议解除，后者即是指诉讼（仲裁）解除，这也是我国采取的三种合同解除的方式。

《合同法》第96条第1款规定了通知解除方式，“当事人一方依照本法第九十三条第二款、第九十四条的规定主张解除合同的，应当通知对方。合同自通知到达对方时解除。对方有异议的，可以请求人民法院或者仲裁机构确认解除合同的效力”。解除权性质上属于形成权，因此享有解除权的当事人发出解除通知并送达对方即可发生合同解除的效力，不需要对方当事人的同意。如果对方当事人对解除合同通知有异议，应当通过诉讼或仲裁的方式，由法院裁决合同司法解除。但是该条没有规定具体的异议期，因而若相对方不及时提出异议，则会使合同的效力长期处于不确定的状态。为此，《合同法解释（二）》第24条规定：“当事人对合同法第九十六条、第九十九条规定的合同解除或者债务抵销虽有异议，但在约定的异议期限届满后才提出异议并向人民法院起诉的，人民法院不予支持；当事人没有约定异议期间，在解除合同或者债务抵销通知到达之日起三个月以后才向人民法院起诉的，人民法院不予支持。”虽然《合同法解释（二）》第24条的实施有利于督促合同相对方尽快提出异议，但是并未对发出通知一方是否实质享有解除权作出明确要求，因此导致无解除权而解除合同的情况频繁出现，由此产生了一个法律问题，即一方通知另一方解除合同，法院在认定合同是否解除时，应否审查通知方有无合同解除权？

否定说认为法院不应再审查通知方是否具有解除权，主要理由是在通知方向对方发出解除通知后，由于解除权是否客观存在并不明确，如果不尽快将合同效力确定下来，双方都将处于风险之中。因此，只要异议期一过，就应当认定合同已经解除，这样可以鼓励相对方及时提起诉讼，从而及时解决纠纷，促使合同关系尽早稳定下来。如果通知方没有解除权，守约方可以向其主张承担损害赔偿责任等违约责任。肯定说认为，不享有解除权的一方擅自发出解除通知，本身就具有某种程度的过错。在此情况下，无过错的守约方本可置之不理，但如果要求守约方必须要通过主动提出诉讼的方式来消解此种行为，对守约方不公。就此而言，应当明确《合同法解释（二）》第24条适用的前提是发出解除通知的一方享有合同解除权。[1] 这是因为只审查异议期虽然能充分保障效率价值，但是不利于保护守约方的合法权益。就此，最高人民法院于2013年6月4日在向浙江省高级人民法院作出的答复中正式对这一问题的处理进行了指导性的规定，要求"当事人根据合同法第九十六条的规定通知对方要求解除合同的，必须具备合同法第九十三条或者第九十四条规定的条件，才能发生解除合同的法律效力"。《会议纪要》第46条也明确规定只有享有解除权的当事人才能以通知方式解除合同，从而明确了没有法定或约定解除权，通知解除不产生合同解除的法律后果。

典型案例8
新瑞安公司与李某某股权转让纠纷案[2]

案例要旨

股权受让方未举证证明其有法定或约定的解除权，其向合同相对方发出解除通知，不产生合同解除的法律后果。

基本案情

上诉人（原审被告、反诉原告）：新瑞安公司。

被上诉人（原审原告、反诉被告）：李某某。

2014年9月27日，李某某受其他股东委托与新瑞安公司签订《转让协议》，明确李某某系螺蛳湾置业登记在册的合法股东，持有公司20.7250%的股权，向新瑞安公司进行转让。双方对转让金额及付款方式进行了约定，并约定了支付相应款项后，李某某协助新瑞安公司办理股权的工商变更登记手

---

〔1〕 贺小荣主编：《最高人民法院民事审判第二庭法官会议纪要》，人民法院出版社2018年版，第220页。

〔2〕 云南省高级人民法院（2017）云民终823号。

续。李某某承诺，截至2014年12月底止，目标公司的总负债不超过1.5亿元，目标公司账簿记载的资产真实、完整，且已对目标公司的债务按本协议附件四的内容向新瑞安公司进行了披露。如在股权转让日之后，目标公司在两年内的诉讼时效之内因出现未披露债务需要清偿时，由李某某负责处理，与新瑞安公司无关。李某某须积极配合新瑞安公司和目标公司办理完因本次股权转让引起的工商变更登记。李某某不按约定配合新瑞安公司办理股东变更工商登记或者不按约定向新瑞安公司移交所持目标公司事务、文件的，新瑞安公司除有权顺延下一笔转让价的支付外，逾期移交超过15天或以上的，视为李某某拒绝履行本协议，新瑞安公司有权解除协议；新瑞安公司不按约定支付转让价的，李某某有权解除合同。在合同签订之后，新瑞安公司仅支付了履约定金1433250元，此后应当支付的款项就未再进行支付。新瑞安公司抗辩其未再进行支付的理由认为，李某某在履行合同的过程中有违约的行为。新瑞安公司还主张螺蛳湾置业的财产有所缩减，严重影响了新瑞安公司的股权收购的股权价值，合同目的不能实现。李某某向法院主张继续履行合同，新瑞安公司反诉解除股权转让协议。

法院裁判

一审法院经审理认为，新瑞安公司抗辩其未再进行支付的理由为李某某在履行合同的过程中有违约的行为，主要表现为李某某并未实际取得其所转让的股权，没有按约定移交标的公司的相应文件，以及未配合办理变更登记手续。对此，李某某具体在何时取得了螺蛳湾置业的20.7272%股权，无论新瑞安公司主张是在双方合同签订前还是双方合同签订后，均没有影响双方合同的履行，也没有任何的权利人对李某某转让的股权提出过权利的主张，相反从证据反映，李某某的家人始终均认可李某某的行为，对其进行授权，没有提出过异议。新瑞安公司未支付第二次的付款，没有证据可以表明其要求李某某办理变更登记手续，也没有证据可以表明其要求李某某提供何种手续，或者进行何种移交。新瑞安公司主张螺蛳湾置业的财产有所缩减，严重影响了新瑞安公司的股权收购的股权价值。新瑞安公司提供的证据均是一些形成于2010年的协议，这些协议产生于李某某和新瑞安公司的合同签订之前，作为商事合同的签订，双方须是在明确了解了合同的目的、标的公司的状况、背景的审慎前提之下签订的，不存在合同目的不能实现。因此，判决驳回新瑞安公司要求确认合同解除的反诉请求。

新瑞安公司不服，提起上诉，其中的一项上诉理由为，新瑞安公司已根据《转让协议》的约定，于2016年5月6日向李某某发出《律师函》，解除双方签订的《转让协议》，李某某于2016年5月8日收到《律师函》后，在3个月内未向人民法院提起解除合同异议的诉讼，故《转让协议》已于2016年5月8日解除。二审法院认为，新瑞安公司未举证证实李某某存在可由新瑞安公司行使合同解除权的违约行为，新瑞安公司向李某某发出解除通知，不产生合同解除的法律后果。据此，二审法院判决驳回上诉，维持原判。

案例评析

本案的争议焦点是，新瑞安公司向李某某发出解除通知，李某某收到后，在3个月内未向人民法院提起解除合同异议的诉讼，《转让协议》是否已解除？

1. 发出解除通知的一方须有法定或约定的解除权

如前所述，根据《最高人民法院研究室对〈关于适用《中华人民共和国合同法》若干问题的解释（二）〉第二十四条理解与适用的请示的答复》（法研〔2013〕79号），发出解除通知的一方须有法定或约定的解除权，没有解除权，通知解除不产生合同解除的法律后果。

本案新瑞安公司未按约定支付股权转让款，当属违约。其以李某某存在违约行为作为抗辩意见，主要表现为李某某并未实际取得其所转让的股权，没有按约定移交标的公司的相应文件，以及未配合办理变更登记手续。李某某受其他股东委托转让股权，有权转让涉诉股权。新瑞安公司仅支付了第一笔履约定金，其后再未付款，根据协议约定，李某某无须办理股权变更登记手续。关于移交标的公司的相应文件，属于股权转让中的附随义务，双方对文件的具体内容无明确约定，也没有约定具体的交付日期，如何履行及何时履行，有待于双方的进一步协商确定，但是不影响付款义务的履行。一、二审法院均认为李某某未违反协议约定，新瑞安公司不享有约定的合同解除权。新瑞安公司在签订协议时，已明知螺蛳湾置业对外负有巨额债务，即使李某某存在隐瞒债务的行为，新瑞安公司亦可依约向李某某主张权利，并不导致新瑞安公司签订合同的目的不能实现。在此情况下，李某某在收到新瑞安公司解除合同的通知后未在三个月内提起诉讼，是否应认定转让协议已经解除？

根据《合同法》第96条的规定，当事人一方依据约定的解除权解除合同和《合同法》第94条规定的情形解除合同的，应当通知对方，合同自通知到达对方时解除。对方有异议的，可以请求人民法院确认解除合同的效力。《合同法解释（二）》第24条规定，当事人对《合同法》第96条规定的合同解除虽有异议，但在约定的异议期限届满后才提出异议并向人民法院起诉的，人民法院不予支持；当事人没有约定异议期间，在解除合同通知到达之日起3个月以后才向人民法院起诉的，人民法院不予支持。该条规定系在赋予非解除权人异议权的同时，防止异议权人不提异议而使合同是否解长期处于不确定和不稳定状态，但并非赋予不享有约定解除权或法定解除权的一方单方任意解除合同的权利。当事人依据《合同法》第96条的规定通知对方要求解除合同的，前提必须是合同约定的解除条件成就或者符合《合同法》第94条规定的情形，即通知解除合同的当事人必须具有解除权，否则，即使解除通知到达对方，对方未在约定或法定期间内提出异议并诉讼的，也不产生合同解除的效力。故本案涉及的《转让协议》并不因李某某在收到新瑞安公司解除合同通知后3个月内未提起诉讼而必然导致解除。因双方约定的新瑞安公司的解除权没有成就，新瑞安公司亦不享有法定解除权，故新瑞安公司向李某某发送的解除合同通知不发生解除合同的效力。

2. 关于通知解除下合同解除时间点的认定

根据《合同法》第96条的规定，对于通知解除无异议的，通知自到达相对人时合同解除。如果相对方对解除有异议，如果异议成立，自不存在解除时点的问题，如果异议不成立，依《合同法》第96条的规定，合同应从发出解除通知达到之日起解除。而当事人未经过通知直接向法院提起诉讼，合同解除时间的确定存在实践和理论上的争议，争论的焦点主要在于是应将判决生效的时间还是起诉状副本送达之日作为合同解除的时间。司法权威观点认为从起诉状送达对方之日起解除，[1]主要理由还是由解除权的形成权性质决定的，起诉状副本相当于解除通知，解除通知到达之时合同效力即已确定，当事人在法院诉讼中解决的只是起诉人有无解除权的问题。同理，如果当事人在起诉时没有提出解除合同，但是，在诉讼中增加诉讼请求要求解除合同或者反诉解除合同，也应以该诉讼请求送达对方当事人时作为合同时间点。

六、股权转让合同中的欺诈

（一）股权转让合同中欺诈的构成要件

《合同法》第54条第2款规定，一方以欺诈、胁迫的手段或者乘人之危，使对方在违背真实意思的情况下订立的合同，受损害方有权请求人民法院或者仲裁机构变更或者撤销。可见，通过欺诈行为使对方在违背真实意思的情况下订立的合同属于可撤销合同的范围。《民通意见》第68条规定，“一方当事人故意告知对方虚假情况，或者故意隐瞒真实情况，诱使对方当事人作出错误意思表示的，可以认定为欺诈行为”。可见，欺诈的构成要件主要有：（1）主观上须有欺诈的故意，并以诱使对方当事人作出错误的意思表示为目的；（2）客观上有欺诈行为，包括虚假陈述和掩盖行为，至于掩盖行为既可

---

〔1〕 贺小荣主编：《最高人民法院民事审判第二庭法官会议纪要》，人民法院出版社2018年版，第222页。

以是积极的行为，也可以是消极的保持沉默，当然该沉默是存在于须有告知义务的场合；(3) 被欺诈人因受欺诈而陷于错误判断；(4) 被欺诈人基于错误判断而为意思表示。[1] 如果在合同签订之前或签订过程中，合同一方明知对方实施了欺诈行为，仍然签订了合同，因一方当事人并未因另一方欺诈行为产生错误认识，则不构成欺诈。

就股权转让而言，股权的价格条款是主要条款。股权转让价格不仅包括目标公司的投入经营状况、市场前景、技术水平，还包括公司控制权的溢价因素、负债情况等影响公司净资产价值等多方面内容，股价也是在此基础上评估或协商确定。因此股权转让中，出让方应当如实告知的信息包括与股权直接相关的信息及其掌握的公司信息，股权信息包括登记情况、实缴出资情况、有无设定担保及查封等，公司情况包括公司的财务及经营情况、重大潜在涉诉情况、其他重大情况如本案涉及的公司偷税行为等，以避免受让方作出不真实的意思表示。实践中，即使股权转让合同约定了受让方负有对公司的资产状况进行尽职调查、尽到合理审慎的注意义务，但并不能因此而免除股权转让披露真实信息的义务。[2] 因为股价是双方协商确定，如果受让方对股权出让方应披露的信息是知情或应当知情的，则能认定确定股价时已经考虑了该事实，应认定其知道股权转让的法律后果，则不能认定出让方未履行如实告知义务。

在股权转让过程中，出让方应如实告知受让人影响目标公司资产权益的真实情况，如果出让人故意隐瞒，并使买受人因隐瞒行为产生错误认识而签订股权转让协议，出让人的行为即构成欺诈。但是，影响公司股权价格的事项很多，出让人不可能也没有义务将目标公司所有情况事无巨细全部告知，作为交易主体，受让方亦应当在商事活动中尽谨慎、合理的注意义务，通过合理途径了解、调查目标公司的具体经营状况。如果受让人是目标公司本身的股东或高管，其具有掌握目标公司信息的天然优势，因此，在认定其是否

---

[1] 王利明：《民法》，中国人民大学出版社 2000 年版，第 106 页。

[2] 详见最高人民法院（2014）民申字第 1184 号。

知情的问题上，相对于普通受让人，应负有更高标准的举证即说明义务。也就是说，在认定出让人因隐瞒事实构成欺诈的问题上，可构成出让方“欺诈”的事实应当是出让方明知，而受让方所具有的身份、职务通常也无法获知该信息。

（二）股权转让合同中构成欺诈的法律后果

《合同法》第54条第2款规定：“一方以欺诈、胁迫的手段或者乘人之危，使对方在违背真实意思的情况下订立的合同，受损害方有权请求人民法院或者仲裁机构变更或者撤销。当事人请求变更的，人民法院或者仲裁机构不得撤销。”根据上述规定，在认定构成欺诈后，法律赋予了被欺诈方的选择权，即要求撤销合同或者变更合同条款后继续履行，从而最大限度地保护受损害方的利益。《合同法》第58条规定：“合同被撤销后，因该合同取得的财产应予返还；不能返还或没有必要返还的，应折价补偿。有过错的一方应赔偿对方因此所受到的损失，双方都有过错的，应各自承担相应的责任。”因此，股权转让合同被撤销的主要法律后果是返还财产与赔偿损失。

典型案例9
出让方未告知受让方股权在转让之前已经办理了质押登记，属于隐瞒重大事实的行为

——于某与闫某等股权转让纠纷案〔1〕

案例要旨

本案中，转让方签订协议时并未告知受让方涉案股权在签订协议之前已进行质押的事实，《股份转让协议》上亦未载明质押情况，且转让方向受让方保证股权不存在第三人的请求权，没有设置任何质押，据此可以认定股权转让未履行告知义务，当属于隐瞒重大事实的行为。

〔1〕 新疆维吾尔自治区高级人民法院（2015）新民一终字第67号。

基本案情

上诉人（原审原告）：于某。

上诉人（原审被告）：闫某1。

被上诉人（原审被告）：闫某2。

原审被告：和能公司。

闫某1在和能股份出资400万元，持股比例为10%。2009年8月15日，闫某1（出质人）与担保公司（质权人）签订《股权质押合同》，约定闫某1将其持有的和能股份公司10%的股权（400万元）作质押，为第三人的借款向担保公司提供质押担保。股权质押合同规定，必须经过担保公司事先同意方可转让，而且，转让所得的价款应向担保公司提前清偿债务或提存。同日，闫某1向担保公司提出股权出质设立登记申请，并办理了质押登记手续。

2013年1月17日，闫某2就其弟弟闫某1持有的和能股份公司10%的股份，以闫某1的名义与于某签订了《股份转让协议》，约定闫某1将其持有的和能股份公司10%的股权（400万元）以款400万元转让给于某。同日，和能股份公司召开股东会议，作出股东会纪要，同意该转让行为。协议签订后，于某在2013年1月28日将400万元转让款付给闫某2。闫某2给于某出具了收款凭证。2013年8月1日，闫某1与于某再次签订《股权转让协议》，对股权转让事宜进行约定，在该协议中闫某1保证其向于某转让的股权不存在第三人的请求权，没有设置任何质押，未涉及任何争议及诉讼。

于某以闫某1以欺诈的手段使其在违背真实意思的情况下订立《股份转让协议》为由，请求撤销协议，闫某1返还股权转让款并赔偿损失，闫某2应当承担连带责任。

法院裁判

一审判决撤销《股份转让协议》，闫某1返还股权转让款并赔偿相应的利息损失。闫某1不服，提起上诉。其主要理由是，闫某1告知了于某股权已经办理质押登记；股权出质登记制度是一种公示制度（又称为信息披露制度、公开披露制度)，其目的就是使投资者充分了解情况。闫某1在工商行政管理机关办理了股权出质设立登记手续，这就意味着股权出质这件事向全社会公开披露了，谁都无法“故意隐瞒真实情况”。由此也可证实即使无人告知，于某也知道或者应当知道股权质押事实。于某已被记载于《股东名册》，故应认定于某受让股权的目的已实现，股权出质并不妨碍于某取得并行使股东权利。于某亦提起上诉，认为闫某2应当承担连带责任。二审判决驳回上诉，维持原判。

生效裁判认为，本案争议的焦点在于双方签订的股权转让合同是否构成欺诈，是否应予撤销。本院认为，《民通意见》第68条规定“一方当事人故意告知对方虚假情况，或者故意隐瞒真实情况，诱使对方当事人作出错误意思表示的，可以认定为欺诈行为”，本案中，闫某1在与于某签订协议时并未告知涉案股权在签订协议之前已进行质押的事实，闫某1亦无证据证明其对质押等情况进行如实的披露，双方签订的《股份转让协议》上未载明上述情况，况且闫某1保证向于某转让的股权不存在第三人的请求权，没有设置任何质押，据此可以认定闫某1未履行告知义务，应当属于隐瞒重大事实的行为。而上述情况必然成为于某考虑是否签约的重要因素，闫某1的行为对于于某签订合同的意思表示有实质性影响，致使其做出了不真实的意思表示。另外，《物权法》第226条第2款规定“以基金份额证券登记结算机构登记的股权出质的，质权自证券登记结算机构办理出质登记时设立；以其他股权出质的，质权自工商行政管理部门办理出质登记时设立”。根据该规定，闫某1向工商行政管理部门办理了出质登记的行为产生股权质权的创设效力，而非对抗第三人的效力。故闫某1关于其在工商行政管理局部门办理股权出质登记之日起，就意味着股权出质的事实已向社会公众公开，于某在签订《股权转让协议》时已知晓涉案股权已质押、闫某1没有故意隐瞒真实情况等上诉理由不能成立，本院不予支持。按照《合同法》的规定，一方以欺诈、胁迫的手段或者乘人之危，使对方在违背真实意思的情况下订立的合同，受损害方有权请求人民法院或者仲裁机构变更或者撤销。合同被撤销后，当事人需承担返还财产的民事责任。由于系争协议上载明的合同签订方为于某、闫某1，故原审法院判令撤销《股份转让协议书》，并无不当，本院予以维持。至于于某称闫某2、闫某1存在恶意串通，欺诈于某的行为，闫某2应当承担连带责任。但于某在审理中未提供闫某1、闫某2存在恶意串通，共同欺骗于某的证据及无举证证明闫某2的代理行为属违法行为，损害到于某的合法权益的情形。于某关于闫某2与闫某1恶意串通，假借闫某1的名义与其签订《股权转让协议》，损害了于某的合法权益，应由闫某2及妻子承担连带清偿责任的上诉理由亦不能成立。二审予以维持。

案例评析

本案的争议焦点在于，出让方未告知受让方股权在转让之前已经办理了质押登记，是否可以认定为欺诈行为，受让方能否以此撤销合同。

1. 出让方未告知受让方股权已办理出质登记的事实，构成欺诈

按照《民通意见》第68条“一方当事人故意告知对方虚假情况，或者故意隐瞒真实情况，诱使对方当事人作出错误意思表示的，可以认定为欺诈行为”的规定，闫某1在《股权转让协议》中保证其向于某转让的股权不存在第三人的请求权，没有设置任何质押，未涉及任何争议及诉讼。但闫某1在签订股权转让协议时并未告知涉案股权在签订协议之前已进行质押的事实，于某是在不知涉案股权已被质押的情况下签订的股权转让协议，闫某1隐瞒其已将涉案股权进行质押并办理出质登记的事实，属于隐瞒重大事实的行为，构成对受让人于某的欺诈。

2. 股权在工商行政管理局部门办理出质登记，能否推定受让方知晓或应当知晓股权已质押的事实

本案中，出让方主张股权出质登记制度是一种公示制度（又称为信息披露制度、公开披露制度），其目的就是使投资者充分了解情况。闫某1在工商行政管理机关办理了股权出质设立登记手续，这就意味着股权出质这件事向全社会公开披露了，谁都无法“故意隐瞒真实情况”。由此也可证实即使无人告知，于某也知道或者应当知道股权质押事实。显然，闫某1故意歪解了物权法关于股权出质登记制度的立法目的。

《物权法》第226条规定，“以基金份额、股权出质的，当事人应当订立书面合同。以基金份额、证券登记结算机构登记的股权出质的，质权自证券登记结算机构办理出质登记时设立；以其他股权出质的，质权自工商行政管理部门办理出质登记时设立。基金份额、股权出质后，不得转让，但经出质人与质权人协商同意的除外。出质人转让基金份额、股权所得的价款，应当向质权人提前清偿债务或者提存”。根据该规定，股权质押必须进行公示登记，才能使股权所设定的质权成立，并产生公信力及其权利推定效力。这种登记具有公示公信的效力，是相对于股权质押权而言的，其立法目的是防止出质人在存续期间将该证券登记结算机构登记的股权非法转让或者将其重复质押给其他人的情况发生，从而为质权人能够顺利实现质权提供了非常有力的保障。[1] 公示公信并不等于公众知晓或应当知晓的信息，因为只有利害关系人通过查询才能取得该信息，但是公众并没有义务去查询该信息，因此，股权出质登记虽然具有公示公信效力，但是不属于公知的信息。除非当事人有法定或约定的的查询义务，否则，不能以此推定当事人知道或者应当知道股权已质押的事实。本案中，协议明确约定没有设置任何质押，于某作为受让方，其并不知晓涉案股权已经质押的事实，且也没有法定或约定的查询义务，因此，不能以办理股权出质登记推定受让人知道或应当知道，也不能以此免除出让方的告知义务。

3. 本案《股权转让协议》属于可撤销合同，受让方可以行使撤销权

可撤销合同是指因意思表示不真实，通过当事人行使撤销权，使已经生效的意思表示归于无效合同的后果。本案双方当事人之间签订的《股权转让协议》不属于法定无效合同，应归于可依当事人申请撤销或变更的合同。

关于闫某1主张涉案股权的质押行为对《股权转让协议》的形成和

---

〔1〕 最高人民法院物权法研究小组编著：《〈中华人民共和国物权法〉条文理解与适用》，人民法院出版社2007年版，第665页。

履行并没有造成影响，于某的合同目的已经实现的问题。按照一般商业交易习惯，有偿性质的股权转让法律关系中，合同目的体现为出让方取得转让价款，受让方取得股权。不同于一般实物，作为一种无形的财产权，股权转让后，它的变动状态如果没有特定的程序予以确认公示，就无法为第三人客观了解，容易影响交易的安全和效率，因而需要进行股权变更登记。因此，《公司法》第32条第3款规定，“公司应当将股东的姓名或者名称向公司登记机关登记；登记事项发生变更的，应当办理变更登记。未经登记或者变更登记的，不得对抗第三人”。由于股权被质押，无法进行变更登记，其不能取得完整的股东权利，势必导致受让方所期望的合同目的不能实现。

综上，闫某1在股权转让过程中故意告知虚假事实并隐瞒真实情况的行为已构成欺诈，致使于某作出了错误的意思表示。在法律赋予于某对其错误意思表示可以行使撤销权的情况下，于某申请撤销《股权转让协议》应予准许。

当然，本案闫某1在股权转让过程中，隐瞒了股权设定质押登记的事实，应承担瑕疵担保责任。同时，设定质押登记的股权不能办理变更登记，导致合同目的不能实现，受让方于某在不申请撤销合同或撤销权消灭后，也可以主张解除股权转让协议。

典型案例10
股权出让方隐瞒目标公司主营业务不能继续经营的事实，是否构成欺诈

——程某与王某股权转让纠纷案[1]

案例要旨

本案中，转让方并未将目标公司必须转行并不能再继续经营洗车业务的重大事实告知受让方，构成欺诈并导致受让方在违背真实意思的情况下订立

〔1〕 新疆维吾尔自治区乌鲁木齐市中级人民法院（2018）新01民终2167号。

了股权转让合同，故而受让方起诉主张撤销合同有事实及法律依据，依法应予支持。

基本案情

上诉人（原审被告）：程某。

被上诉人（原审原告）：王某。

2017年3月16日，王某与程某签订《转让协议》，约定程某将其持有的轩辕公司100%股权转让给王某，转让款41万元；并约定转让前所产生的所有债权债务均由程某承担，与王某无关。王某承诺继续完成程某前期办理的洗车美容会员卡未消费的项目。合同签订后，王某共计向程某支付转让款41万元。2017年4月1日，在工商局办理了股权转让变更登记手续。2017年4月24日，润泽物业公司告知王某，轩辕公司因长期洗车致使房屋地面下沉，造成地下室大面积漏水，机器转动噪声扰民及配电室多处重要设施损坏、频繁断电等诸多问题，引起小区业主的强烈不满，影响业主们的正常生活。后轩辕公司未能正常经营。

王某向一审法院起诉请求：（1）依法判令撤销双方于2017年3月16日签订的《转让协议》；（2）判令程某返还股权转让款41万元。

法院裁判

一审法院判决撤销王某与程某签订的《转让协议》；程某返还王某股权转让款41万元。二审法院维持原判。

生效判决认为，首先，关于轩辕公司的主营业务问题。对此，一方面，王某已提交了证人证言、润泽物业公司的证明及告知书、轩辕公司的保证书、公证书等证据能够相互印证，足以证实轩辕公司自成立直至王某受让该公司，轩辕公司始终系以洗车为其公司的主营业务。另一方面，尽管轩辕公司营业执照上载明的经营范围众多，但根据已查明事实，无论是从轩辕公司经营场所的状况，还是所租赁房屋的用途及所购置的设备和办公物品等情况均显示，轩辕公司除兼营一部分销售业务外，主要仍系以洗车为常业。程某虽否认该事实，但并未提供证据足以反驳，故对其就此提出的上诉理由，本院不予采纳。

其次，关于王某要求撤销涉案合同有无事实及法律依据的问题。对此，综合双方签订合同的时间点系在“轩辕公司承诺保证转行的最后期限”临近前，而协议内容仍载明“王某承诺继续完成程某前期办理的洗车美容会员卡未消费的项目”。由此可以反映，程某并未将轩辕公司必须转行并不能再继续经营洗车业务的事实告知王某，存在欺诈行为。程某亦未对其已将上述事实如实告知王某进行举证，故而可以认定程某在转让轩辕公司股权及资产时隐瞒了有关轩辕公司不能从事洗车业务的重大事实，构成欺诈并导致王某在违背真实意思的情况下订立了涉案合同，故而起诉主张撤销合同有事实及法律依据，依法应予支持。程某虽上诉对保证书的真实性存疑，但该保证书与润泽物业公司出具的《关于责令新疆轩辕洗车房转型改行的告知书》及证明能够相互印证，而程某并未提交证据足以反驳。另其关于不知晓以上保证书所载明事实的辩解亦与常理不符，本院不予采信。关于合同被撤销之后能否恢复原状，属于合同被撤销后的法律后果，应结合各自的过错，由各自承担相应民事责任的问题，但并不能因此成为合同在符合法定撤销情形下而不应被撤销的理由。

案例评析

本案的争议焦点为股权出让方隐瞒目标公司主营业务不能继续经营的事实，合同是否可撤销。

股权是一种综合性的财产权利，不仅包括财产收益权还包括公司经营决策权等多种权利。因此，在股权转让合同签订过程中，转让方应当根据诚信原则告知受让方目标公司存在的影响公司股权价格的资产负债情况以及公司的经营情况。如果转让人存在欺诈故意，虚假陈述或故意隐瞒与之有关的重要内容，导致受让人依据转让方的欺诈行为在股权转让过程中作出错误判断，因此作出了有缺陷的意思表示，必然会导致双方的利益失衡，损害受让人的利益。因此，法律赋予了受损害方请求法院变更或者撤销合同的权利。

本案中，程某转让的轩辕公司主营业务是洗车，王某之所以与程某签订转让协议的目的就是经营该业务。程某在转让轩辕公司时有意隐瞒洗车业务不能正常经营的事实，导致王某作出不真实的意思表示，影响股权转让协议的效力。洗车业务不能正常开展对王某的权益和轩辕公司今后的经营发展必然产生重要影响。王某在签订转让协议后才知晓上述隐瞒的事实。因此，王某要求撤销双方于2017年3月16日签订的《转让协议》的诉讼请求，一、二审法院均予以支持。《合同法》第58条规定："合同无效或者被撤销后，因该合同取得的财产，应当予以返还；不能返还或者没有必要返还的，应当折价补偿。有过错的一方应当赔偿对方因此所受到的损失，双方都有过错的，应当各自承担相应的责任。"因此，股权转让合同被撤销的主要法律后果是返还财产与赔偿损失。本案中，因《转让协议》被撤销，程某因股权转让协议而取得的转让款应当返还给王某。

典型案例11
出让方未如实告知目标公司资不抵债的事实，是否构成欺诈

——侯某、张某与王某股权转让纠纷案[1]

案例要旨

转让方在转让股权前，已向案外人借款300.93万元，并以目标公司资产作为抵押，在涉案股权转让协议签订时，转让方未将借款事实向受让方明确告知。本案受让方虽然为目标公司职员，但是无法推定其知晓目标公司对外借款及抵押的事实。本案转让方的行为构成欺诈。

〔1〕 新疆维吾尔自治区高级人民法院（2017）新民终159号。

基本案情

上诉人（原审被告）：侯某、张某。

上诉人（原审原告）：王某。

2007年9月4日，张某与侯某（二人为夫妻关系）发起成立音西洗煤公司，侯某持有该公司80%的股权，张某持有该公司20%的股权。2008年11月，王某与音西洗煤公司开始进行原煤加工合作，并于2010年7月受音西洗煤公司的委托，代表公司对外办理业务。王某与侯某、张某于2010年11月28日签订《股东转让出资协议》、2011年4月1日签订《股权转让补充协议》，协商一致转让音西洗煤公司股权，并达成《股东转让出资协议》《股权转让补充协议》，王某支付转让款255万元取得侯某51%的公司股权及51%的公司总资产支配权。补充协议约定，原公司的债务问题应在公司变更前妥善处理，在王某在场知情情况下由张某和债权人签订债务偿还协议。在王某与侯某、张某签订股权转让补充协议前，即2011年3月28日，音西洗煤公司、侯某、张某向刘某、靳某借款3009300万元，并承诺以音西洗煤公司资产作抵押及股东股份等个人资产作还款保证。该借款通过曹某个人银行卡汇入侯某个人银行卡。上述股权转让协议签订后，侯某收到股权转让款合计225万元，因音西洗煤公司拖欠拜城县农村信用社贷款的原因未能办理变更股权登记。且因音西洗煤公司未及时归还上述3009300万元借款，导致音西洗煤公司财产被人民法院采取保全措施。后经新疆维吾尔自治区高级人民法院终审判决，判令音西洗煤公司归还曹某借款2344395.4元、支付违约金338291.4元，侯某、张某承担连带责任。王某以侯某、张某以受欺诈订立股权转让协议为由向法院起诉请求撤销股权转让协议，并要求返还款项及赔偿损失。

法院裁判

一审判决撤销《股东转让出资协议》《股权转让补充协议》中侯某与王某关于股权转让部分的约定，并判决侯某返还股权转让款及相应利息。侯某、张某不服，提起上诉。二审维持了撤销侯某与王某之间的股权转让协议，因一审法院对侯某收到股权转让款具体数额认定有误，二审改判侯某返还实际收到的股权转让款及相应利息。

生效判决认为，王某与侯某签订的《股东转让出资协议书》及《股权转让补充协议》是否因欺诈而应予以撤销。从《股东转让出资协议书》及《股权转让补充协议》中内容来看，侯某作为音西洗煤公司的股东将自己的股东权益有偿转让给王某，由王某取得股权，双方之间形成股权转让法律关系。侯某作为股权转让的出让方不仅负有股权的权利瑕疵担保义务，即负有股权不存在查封、冻结、质押、第三方权利等法律瑕疵，同时亦应当负有如实告知义务，有义务告知股权受让人公司及股权的真实情况，并对告知事项的真实性负责，如有违反，则构成欺诈。最高人民法院《民通意见》第68条规定："一方当事人故意告知对方虚假情况，或者故意隐瞒真实情况，诱使对方当事人作出错误意思表示的，可以认定为欺诈行为"，《合同法》第54条第2款规定："一方以欺诈、胁迫的手段或者乘人之危，使对方在违背真实意思表示的情况下订立的合同，受损害方有权请求人民法院或者仲裁机构变更或者撤销。"本案中，王某与侯某签订《股东转让出资协议》及《股权转让补充协议》的目的是取得音西洗煤公司51%的股权及51%的总资产支配权益，并享有完整的股东权利，而侯某、张某在签订《股权转让补充协议》前，已向刘某、靳某借款3009300元，并承诺以音西洗煤公司资产作为抵押及股东股份等资产作为还款担保，该行为使音西洗煤公司的资产权益发生重大变化，亦与王某所受让的股权之间存在利害关系。股权作为一种财产权，其价值不仅包括实物资产，也包括无形资产等，且公司股权价值亦因公司经营状况的变化而产生变化。在涉案股权转让协议签订时，音西洗煤公司已属资不抵债，侯某应当将借款事实向受让方王某明确告知，侯某主张王某作为公司管理人员，对于公司财务中的巨额或大宗收支情况知道和应当知道的上诉理由，法院不予支持，理由为：首先，从侯某、张某提供的由王某签发的公司财务凭证内容来看，均为电话费、餐饮费、增值税发票等系由公司日常经营所产生的票据，无法证实王某知晓音西洗煤公司对外借款及抵押的事实。其次，即便存在王某签署过向曹某还款28万元电汇凭证，但亦不能以此推定王某明知在曹某处的借款与刘某、靳某的借款系同一笔借款，借款金额为3009300元的事实。最后，侯某、张某主张《股权转让补充协议》第8条约定的“公司因申请银行贷款续贷，所有银行续贷手续都要使用原公司证件办理……”的内容即表明其已向王某履行了告知义务并已商订继续贷款的事实，但通过该条约定亦不能看出其就音西洗煤公司重大资产负债情况进行了明确具体的告知。况且，当事人以默示方式产生相应的法律后果应当以法律有明确规定或者当事人有明确约定为前提，侯某以王某签发过音西洗煤公司的部分银行凭证、以《股权转让补充协议》中内容约定并不具体的条款，推定王某明知在《股权转让补充协议》签订前应当知道音西洗煤公司对外借款3009300元，从而减轻或免除其应履行的告知义务无法律依据。故，《股东转让出资协议》及《股权转让补充协议》中侯某与王某之间的股权转让符合可撤销合同的法定情形，一审法院予以撤销并无不当，二审法院予以维持。

案例评析

本案中，法院认定出让方在股权转让合同签订时隐瞒目标公司真实情况构成欺诈，而对股权转让合同予以撤销的案例。案件的主要争议焦点为出让人未如实告知公司的真实情况是否构成欺诈。

本案中，侯某、张某在签订《股权转让补充协议》前，已向刘某、靳某借款3009300元，并承诺以音西洗煤公司资产作为抵押及股东股份等资产作为还款担保，在涉案股权转让协议签订时，音西洗煤公司已属资不抵债。侯某未将借款事实向受让方王某告知，属于故意隐瞒影响重要事实，该事实足以使音西洗煤公司的资产权益发生重大变化，亦与王某所受让的股权之间存在重大利害关系。因王某为目标公司管理人员，因此，在判定其是否知晓该事实的过程中，生效判决进行了详细且充分论述。首先，并无直接证据证明王某知晓音西洗煤公司涉及本案借款及抵押的事实。其次，间接证据即股权转让协议的约定亦不足以证明或推定王某知晓该事实。最后，王某的本身职务也不足以表明其知晓该事实。因此，法院对出让方关于王某知道或应当知道该事实的理由，不予支持。本案中，因股权转让协议被撤销，侯某因股权转让协议而取得的转让款应当返还给王某。关于赔偿损失，法院根据王某的诉讼请求，判决出让方按照相应的贷款利率支付利息。

七、所附条件不能成就时，是否导致股权转让合同显失公平

条件是指将来发生的决定法律行为效力的不确定的事实，在意思表示当中附有决定该行为效力发生或者消灭条件的民事法律行为，称为附条件的民事法律行为。条件依其控制功能，可划分为延缓条件和解除条件。延缓条件，是指限制民事法律行为效力发生，使法律行为只有当约定的事实出现时，才发生效力的条件。与条件是不确定事实不同，期限是影响合同效力发生或消灭的未来确定会发生的事实。条件与期限二者虽均为将来之事，但条件具有不确定性，条件指向的事实有可能发生，有可能不发生；而期限所指事实是必然发生的，不确定的只是该事实何时发生。在实践中，当事人约定的内容往往是两者混合使用的，如既有不确定是否发生的事实，又有时限的约定，判断该法律行为是附条件还是附期限需要结合合同性质、合同目的及具体的合同内容加以判断。

我国合同法规定在订立合同时显失公平的，当事人一方有权请求法院撤销合同。《民法总则》第 151 条亦规定："一方利用对方处于危困状态、缺乏判断能力等情形，致使民事法律行为成立时显失公平的，受损害方有权请求人民法院或者仲裁机构予以撤销。"因此，合同成立时是否显失公平，应当判断一方当事人是否乘人之危，致使双方的权利与义务明显违反公平、等价有偿的原则。如果能认定民事法律行为所附的条件致使双方权利义务明显违反公平、等价有偿的原则，对一方当事人明显不公，则该当事人享有合同的撤销权。

典型案例12

陈某与张某股权转让纠纷案[1]

案例要旨

双方约定转让方在2017年6月1日前将涉案宾馆第三层的13间客房在消防部门登记注册，但其未能完成上述登记注册行为，支付剩余股权转让款的条件未成就。转让方称对方在签订《股权转让合同》前已明知涉案宾馆系违建，不能办理消防登记注册，《补充合同》显失公平，应当予以撤销，但未能提供证据予以证明，本案不构成显失公平。

基本案情

上诉人（原审原告、反诉被告）：陈某。

被上诉人（原审被告、反诉原告）：张某。

2016年11月24日，陈某与张某签订《股权转让合同》，约定陈某将其持有的涉案宾馆的100%的股份全部转让给张某，转让款为1080000元。2017年3月1日，双方再次签订了《补充合同》，约定：陈某实际转让给张某的房间数与消防部门注册登记房间数严重不符合，故达成此次补充协议；陈某承诺能在90天之内（2017年6月1日前）保证能将宾馆第三层的13间客房在消防部门登记注册，登记注册完毕张某再将剩余股权转让款付清。上述合同签订后，张某共计向陈某支付了700000元的股权转让款。双方确认，涉案宾馆的三层因被确定为违章建筑，现已经被拆除。陈某述称，因宾馆三层系违建的原因，故无法在消防部门办理登记注册手续。双方就张某是否应支付剩余股权转让款发生争议。

陈金良在一审中起诉请求，要求张某向陈金良支付股权转让款

---

[1] 北京市第二中级人民法院（2018）京02民终6465号。

380000 元。

张某向一审法院提出反诉请求：要求陈某赔偿其装修费用及违约赔偿共计 380000 元。

法院裁判

一审判决驳回陈某、张某的诉讼请求。陈某不服，提起上诉。

生效裁判认为，根据陈某与张某签订的《补充合同》，张某向陈某支付剩余的 380000 元股权转让款的条件为，陈某在 2017 年 6 月 1 日前将涉案宾馆第三层的 13 间客房在消防部门登记注册，但陈某未能完成上述登记注册行为，支付剩余股权转让款的条件未成就。陈某上诉称，张某在签订《股权转让合同》前已明知涉案宾馆系违建，不能办理消防登记注册，《补充合同》显失公平，应当予以撤销，但未能提供证据予以证明，故法院对陈某的该项上诉主张不予采信。据此，二审判决驳回上诉，维持原判。

案例评析

本案股权转让双方在《补充协议》中约定了受让方支付剩余股权转让款的条件，即将涉案宾馆第三层的 13 间客房在消防部门登记注册，但由于三层建筑系违建，无法在消防部门办理登记注册手续，且已被拆除，因此，所附付款条件事实上永远不能成就。出让方主张该所附的条件导致合同显失公平，应当予以撤销。因此，本案争议的法律问题是补充协议中所附条件是否致股权转让合同显失公平。

1. 本案所附的是条件而非期限

本案中，陈某承诺能在 90 天之内（2017 年 6 月 1 日前）保证能将宾馆第三层的 13 间客房在消防部门登记注册，因此，双方约定剩余的股权转让款的条件是上述 13 间客房在消防部门登记注册完毕张某再将剩余股权转让款付清。虽然从股权转让合同目的来看，获取股权转让款是出让方的主要合同目的，因此，股权转让款的支付可以有期限，但一般不能附条件，因为如果约定附履行条件的话，则在条件不发生时，受让方无须支付股权转让款，不符合转让方转让股权的真实意思表示。但是，本案有特殊之处，首先，受让方已经支付了大部分的股权转让款，双方约定的“剩余款项”占全部股权转让款的比例并不高；其次，本案股权转让目标公司的主业务就是经营宾馆，客房是否能办理消防登记注册对公司的经营有重大影响，进而也直接影响股东的利益。因此，本案约定的是条件，而非期限，类似于股权转让中的对赌条款或估值调整条款，即以是否能按约定将宾馆第三层的13间客房在消防部门登记注册作为是否支付剩余款项的条件。且该条件为延缓条件，即只有条件成就时，出让人才有权要求受让人支付剩余股权转让款。由于该条件永远不可能成就，因此，受让人张某无须支付剩余款项。陈某主张受让人在签订《补充协议》时已知晓该条件无法成就，该约定对陈某显失公平，主张予以撤销。

2. 本案所附条件并不显失公平

本案中，首先，并没有证据证明在《补充协议》签订时，受让人张某知晓宾馆三层房屋系违法建筑，故不存在乘人之危。其次，三层13间房屋能不能办理消防登记也会对受让人的权益产生重要影响，因此，双方约定的剩余款项支付条件亦符合正常的商业规则，不导致双方合同权利义务明显失衡。综上，本案约定的附条件合同条款不存在显失公平，陈某以此为由主张撤销该合同条款，法院不予支持。

第五章 股东优先购买权

一、损害股东优先购买权的股权转让协议的效力

有限责任公司的股东优先购买权是法律规定股东在同等条件下对其他股东拟对外转让的股份享有的优先购买的权利，是一种为保证有限责任公司的人合性而赋予股东的权利[1]。《公司法》第71条规定："有限责任公司的股东之间可以相互转让其全部或者部分股权。股东向股东以外的人转让股权，应当经其他股东过半数同意。股东应就其股权转让事项书面通知其他股东征求同意，其他股东自接到书面通知之日起满三十日未答复的，视为同意转让。其他股东半数以上不同意转让的，不同意的股东应当购买该转让的股权；不购买的，视为同意转让。经股东同意转让的股权，在同等条件下，其他股东有优先购买权。两个以上股东主张行使优先购买权的，协商确定各自的购买比例；协商不成的，按照转让时各自的出资比例行使优先购买权。公司章程对股权转让另有规定的，从其规定"。但是，对侵权股东优先购买权的股权转让合同的效力，《公司法》并未明确规定。

无效说认为侵犯优先购买权的股权转让合同无效，主要理由是《公司法》规定的有限责任公司股东的优先购买权属于法律、行政法规的强制性规定，根据《合同法》第52条第5项的规定，违反该规定的民事法律行为当属无效。但《公司法》的上述规定规制的并非合同行为本身，违反该规定并不绝

〔1〕 详见最高人民法院（2003）民二终字第143号民事判决书。

对地损害国家利益和社会公益，不符合最高人民法院《关于当前形势下审理民商事合同纠纷案件若干问题的指导意见》关于强制性规定的认定规制，因此，不能认定《公司法》的上述规定为效力性强制性规定。可撤销说认为转让股东损害其他股东的优先购买权往往是以欺诈、恶意串通等手段实施，“此种股权转让违反了公司法有关出让股东行使处分权的法定限制条款，侵害了老股东的法定优先购买权；又鉴于老股东是否有意、是否具有财力行使优先购买权并不确定，此类股权转让合同应界定为可撤销合同”。[1]但是，其他股东并非合同当事人，“按照《合同法》的规定，无论对合同的撤销权抑或解除权，其行使目的均系保护合同双方当事人的信赖与期待。其他股东作为转让股东与受让方合同关系之外的当事人行使上述权利，并无直接法律依据”。[2]因此，其他股东主张撤销股权转让合同并非适格当事人。效力待定说认为损害股东优先购买权的股权转让合同是效力待定的合同，主要法律依据是认为有限责任公司股东不得擅自对外转让股权，“这与欠缺处分权而为的民事行为类似，应类推适用《合同法》有关无权处分的规定，认定该行为为效力待定的民事行为”。[3]但首先未征得其他股东同意或损害其他股东优先购买权，不能被认定为无权处分；其次，根据《买卖合同司法解释》第 3 条[4]的规定，即使是无权处分合同，也并非一定是效力待定合同；最后，即便认为无权处分为效力待定的学者，也认为权利受限制或其他瑕疵，如未得其他共有人同意而出卖共有物、出卖抵押物、出卖租赁物均不适用《合同法》第 51 条，可有第 150 条的适用，从而在体型上解释了两条之间的相容性。[5] 因此，不能认定损害股东优先购买权的股权转让合同为效力待定的合同。综上，认定损害股东优先购买权的股权转让合同为无效、可撤销或者效力待定均缺乏法律

---

[1] 刘俊海：《论有限责任公司股权转让合同的效力》，载《法学家》2007 年第 6 期。

[2] 魏玮：《论现有股东优先购买权诉讼模式的局限及其完善——以〈公司法〉第 72 条第 3 款的制度目的为视角》，载《法律适用》2012 年第 4 期。

[3] 赵万一、吴民许：《论有限公司出资转让的条件》，载《法学论坛》2004 年第 5 期。

[4] 该条规定：“当事人一方以出卖人在缔约时对标的物没有所有权或者处分权为由主张合同无效的，人民法院不予支持。出卖人因未取得所有权或者处分权致使标的物所有权不能转移，买受人要求出卖人承担违约责任或者要求解除合同并主张损害赔偿的，人民法院应予支持。”

[5] 崔建远：《无权处分辨——合同法第 51 条规定的理解与适用》，载《法学研究》2003 年第 1 期。

依据。

随着司法实践的发展，对损害优先购买权的股权转让合同的效力的观点也逐渐统一为有效，这是因为，“股东优先购买权的行使目的在于通过保障其他股东优先获得拟转让股份而维护公司内部信赖关系，因此法律所要否定的是非股东第三人优先于公司其他股东取得公司股份的行为，而不是转让股东与第三人间成立转让协议的行为”。[1]部分地方高级人民法院出台了相关指导意见，确认损害优先购买权或第三人提出优先购买权的，不影响股权转让合同的效力。[2]《公司法解释（四）》第21条的规定也体现了这一立场，最高人民法院认为，除转让股东和第三人恶意串通损害其他股东优先购买权订立的合同无效外，一般情况下，转让股东与第三人之间订立的股权转让合同是有效的。[3] 除非股权转让合同具备合同无效、可撤销或者效力待定的其他情形，否则该合同应认定为有效。《会议纪要》第9条亦明确规定股权转让合同不因仅侵犯优先购买权而无效。但合同有效并不意味着其他股东不能行使优先购买权，只要不超过《公司法解释（四）》第21条规定的行使优先购买权的期间，股权转让合同有效不影响其他股东主张优先购买权。如果其他股东行使优先购买权导致买受方不能实现合同目的的，买受方可以请求转让股东

---

〔1〕 潘福仁：《股权转让纠纷》，法律出版社2007年版，第100页。

〔2〕 如山东省高级人民法院民二庭《关于审理公司纠纷案件若干问题的解答》第8条规定：“股东与非股东第三人签订股权转让合同后，其他股东主张优先购买权的，是否影响股权转让合同的效力？答：股东优先购买权行使与否不影响股东与非股东第三人之间转让协议的效力，但影响该协议能否实际履行。理由：第一，转让股东与非股东第三人间股权转让合同效力具有独立性，该股权转让协议是否有效应当按照协议自身的内容，根据合同法关于合同效力的规定加以认定。即便优先权股东行使了股东优先购买权，只要该协议本身符合合同法关于合同效力的规定，协议仍然有效。第二，转让股东与非股东第三人之间能否实际履行股权转让协议，取决于其他股东是否行使优先购买权。其他股东决定不行使优先购买权，则该股权转让协议可获得实际履行；其他股东决定行使优先购买权，则直接产生阻断股权转让于第三人的效力，导致该股权转让协议履行不能。第三人可以根据与转让股东之间协议的内容，追究转让股东的违约责任。第三，关于其他股东行使优先购买权的时限，根据《最高人民法院关于适用〈中华人民共和国公司法〉若干问题的规定（四）》第二十一条第一款的规定，优先权股东自知道或者应当知道行使优先购买权的同等条件之日起三十日内没有主张，或者自股权变更登记之日起超过一年的，从维护交易安全和公司稳定的原则出发，不再享有优先权。”

〔3〕 杜万华主编、最高人民法院民事审判第二庭编著：《最高人民法院〈公司法司法解释（四）〉理解与适用》，人民法院出版社2017年版，第461页。

承担相应的民事责任。

典型案例1
桂某与陈某股权转让纠纷案[1]

案例要旨

股权转让合同的当事人为规避其他股东的优先购买权，恶意串通，以公司股东的名义代为购买股权，根据《合同法》第52条第2款的规定，股权转让协议无效。

基本案情

上诉人（原审被告）：桂某。

被上诉人（原审原告）：陈某。

原审被告：韩某。

原审第三人：百大集团。

百大集团系有限责任公司，其制定的《公司章程》中规定：股东之间可以相互转让其全部出资或者部分出资。未经股东大会同意，不得向股东以外的其他人转让出资。经股东同意转让的出资，在同等条件下，其他股东对该出资有优先购买权。陈某、韩某、桂某均为改制后百大集团的股东。2013年12月27日，桂某与韩某签订《股权转让协议》，协议约定韩某将股权原价全部转让给桂某。2014年2月26日，陈某向百大集团提出《异议书》，认为桂某的股权增加系桂某代股东之外的人以股东名义收购，该行为侵害了股东的知情权及优先购买权。经查，自2013年下半年以来，百大集团确有部分股东转让股权，公开的情况是陈某在收购，马某等人也在委托股东代为收购，本案股权转让协议系案外人马某委托桂某代为收购。

---

〔1〕 云南省曲靖市中级人民法院（2016）云03民终字第366号。

陈某向人民法院提起诉讼，请求判决确认桂某与韩某于2014年1月6日签订的《股权转让协议》无效。

法院裁判

一审判决韩某与桂某签订的《股权转让协议》无效。桂某不服，提起上诉。

生效裁判认为，《公司法》第71条规定："有限责任公司的股东之间可以相互转让其全部或者部分股权。股东向股东以外的人转让股权，应当经其他股东过半数同意。股东应就其股权转让事项书面通知其他股东征求同意，其他股东自接到书面通知之日起满三十日未答复的，视为同意转让。其他股东半数以上不同意转让的，不同意的股东应当购买该转让的股权；不购买的，视为同意转让。经股东同意转让的股权，在同等条件下，其他股东有优先购买权。两个以上股东主张行使优先购买权的，协商确定各自的购买比例；协商不成的，按照转让时各自的出资比例行使优先购买权。公司章程对股权转让另有规定的，从其规定。"本案中，上诉人桂某、被上诉人陈某、原审被告韩某均为第三人百大集团的股东，公司章程中规定"未经股东大会同意，不得向股东以外的其他人转让出资。经股东同意转让的出资，在同等条件下，其他股东对该出资有优先购买权"。上诉人桂某与原审被告韩某签订的《股权转让协议》，从形式上看系公司股东之间相互转让股份，但实质上上诉人桂某是代股东之外的人以股东名义收购股权，对该事实有被上诉人陈某在一审提交的录音资料、证人证言等证据予以证实；且百大集团也陈述公司上下均知道上诉人系代非股东收购股权，曲靖市麒麟区商务局在《信访告知书》中也对非股东委托上诉人收购股权的事实作出表述，告知被上诉人依法维权；上诉人桂某收购股权的资金亦来自委托其收购股权的不具有公司股东身份的案外人。故上诉人桂某与原审被告韩某签订的《股权转让协议》违反了法律的强制性规定及公司章程的相关规定，该《股权转让协议》无效。据此，二审法院判决驳回上诉，维持原判。

案例评析

本案的争议焦点在于桂某以股东名义代非股东收购公司股权的行为是否有效。

1. 损害股东优先购买权对股权转让合同效力的影响

对侵权股东优先购买权的股权转让合同的效力，《公司法》并未明确规定。因此，探讨该类合同的效力还是应根据《合同法》的规定进行判断。

《合同法》第52条可谓判断合同效力的“金科玉律”。首先，股东隐瞒其未征求其他股东的意见或者虚构其他股东同意转让并放弃优先购买权，使股权受让方产生错误的认识而签订合同，即使被侵犯优先购买权的股东是国有企业，因国有企业利益非国家利益，[1]也不符合第52条第1项“一方以欺诈、胁迫的手段订立合同，损害国家利益”的规定。其次，损害股东的优先购买权也不符合第52条第3项、第4项规定的“以合法形式掩盖非法目的”“损害社会公共利益”。最后，《公司法》第72条规定的股权转让不得侵犯其他股东优先购买权并非效力性强制性规范。所谓效力性强制性规定是指法律、行政法规明确规定违反了这些禁止性规定将导致合同无效的规范；或者是法律、行政法规虽然没有明确规定违反这些禁止性规范将导致合同无效，但是如果使合同继续有效将损害国家利益和社会公共利益的规范。因此，既无《公司法》规定侵害《公司法》第71条规定的股东优先购买权将导致股权转让合同无效，合同有效也不损害国家和社会公共利益。因此，不能认定《公司法》第71条关于股东优先购买权的规定属于效力性强制性规定。

如前所述，股权转让合同并不仅因损害其他股东的优先购买权而无效，判断股权转让合同的效力，应结合《合同法》第52条的规定，判断股东和受让方是否存在恶意串通损害其他股东优先购买权的行为。对于

〔1〕 详见最高人民法院（2018）最高法民终892号民事判决书。

股权受让方仅仅知道或应当知道股权转让人未征得其他股东的同意，不足以认定为第52条第2项的“恶意”。因为在现实交易生活中，股权受让人在签订合同时虽然知道股权转让还需征得其他股东同意，但往往寄希望在合同签订后其他股东能放弃优先购买权。而且，恶意串通不仅要求双方都有恶意，还要求双方之间存在共同的意思联络和目的指向，这与股权受让方的恶意还有区别。[1] 因此，除转让股东和第三人恶意串通损害其他股东优先购买权，属于第52条第2项“恶意串通，损害国家、集体或者第三人利益”导致合同无效外，一般情况下，转让股东与第三人之间订立的股权转让合同不因损害其他股东的优先购买权而无效。

2. 为规避其他股东行使优先购买权，股东代非股东购买公司股权，属于恶意串通，损害第三人利益，股权转让合同应认定为无效

有限责任公司的股东优先购买权是公司法规定股东在同等条件下对其他股东拟对外转让的股份享有的优先购买的权利，是一种为保证有限责任公司的人合性而赋予股东的权利。[2] 因此，有限责任公司股东依法享有的优先购买权是一种合法权利，受法律保护。在股权转让过程中，股权受让方明知没有取得其他股东的同意，而与出让方恶意通谋，采取某种“合法”的手段，签订股权转让协议，恶意规避其他股东的优先购买权，从而导致其他股东无法实际享有在同等条件下的优先购买权。这种行为恶意串通行为损害了其他股东的利益，股权转让合同当属无效。实践中多表现为两种形式，一是恶意串通，隐藏真实的股权转让条件，比如签订转让价款一高一低的“阴阳合同”；二是利用《公司法》第71条关于有限责任公司的股东之间可以自由转让股权的规定，通过其他股东代为购买等形式，规避其他股东的优先购买权。

本案中，目标公司以公司内部章程的方式对股权转让作出了规定，

---

〔1〕 王闯：《试论出卖他人之物与无权处分——兼论合同法第132条与第51条之间的关系》，载《人民司法》2000年第11期。

〔2〕 详见最高人民法院（2003）民二终字第143号民事判决书。

明确表示在股权对外转让时股东享有优先购买权。而股东桂某以自己的名义代马某收购股权的行为，表面上看是公司股东之间股权的合法转让，实质上是避开了告知公司股东陈某并征求其在是否愿意在同等条件下行使优先购买权的程序。而本案陈某也有收购涉案股权的意愿，因此，股权转让当事人的这种恶意通谋行为损害了陈某作为公司股东的利益，违反了诚实信用原则，属于《合同法》第52条第2项的“恶意串通，损害国家、集体或者第三人利益”，因此，一、二审法院均判定本案的股权转让合同无效。

3. 优先购买权收到侵害的其他股东主张股权转让合同无效的同时，必须主张优先购买权

值得注意的是，2017年9月1日起施行的《公司法解释（四）》第21条规定：“有限责任公司的股东向股东以外的人转让股权，未就其股权转让事项征求其他股东意见，或者以欺诈、恶意串通等手段，损害其他股东优先购买权，其他股东主张按照同等条件购买该转让股权的，人民法院应当予以支持，但其他股东自知道或者应当知道行使优先购买权的同等条件之日起三十日内没有主张，或者自股权变更登记之日起超过一年的除外。前款规定的其他股东仅提出确认股权转让合同及股权变动效力等请求，未同时主张按照同等条件购买转让股权的，人民法院不予支持，但其他股东非因自身原因导致无法行使优先购买权，请求损害赔偿的除外。股东以外的股权受让人，因股东行使优先购买权而不能实现合同目的的，可以依法请求转让股东承担相应民事责任。”根据上述规定，在转让股东未就其股权转让事项征求其他股东意见，或者以欺诈、恶意串通等手段，损害其他股东优先购买权的情况下，其他股东应当自知道或者应当知道行使优先购买权的同等条件之日起30日内主张，或者自股权变更登记之日起超过1年内主张。如果仅提出确认股权转让合同及股权变动效力等请求，未同时主张按照同等条件购买转让股权的，其请求不应支持。因此，如果本案适用《公司法解释（四）》，是应当驳回原告诉讼请求的。

二、股东优先购买权能否部分行使

关于股东优先购买权能否部分行使，在学理上主要有肯定说与否定说之争议。[1]

肯定说认为，优先购买权可以部分行使。第一，《公司法》并未禁止优先购买权的部分行使，法无禁止即可为；第二，优先购买权的制度目的在于保护有限公司的人合性，保障原股东通过优先购买权的形式维持其对公司的控制权，允许部分行使符合优先购买权的立法目的；第三，有限责任公司的股权是可分标的，部分行使不存在技术上障碍。[2]

肯定说所谓的"法无禁止即可为"，是在私权利和公权利关系调整中权利让渡的问题，[3]而优先购买权本身是各利益主体之间私权利的平衡，不存在"法无禁止即可为"的适用空间。法律已明确规定"同等条件"作为优先购买权的行使条件，股东行使优先购买权时自然应当依照"同等条件"的含义进行。当然，如果公司章程规定或者全体股东另有约定，抑或转让股东和第三人同意可以部分行使优先购买权，那么自然允许优先购买权部分行使。

否定说认为，除非获得转让股东的同意，否则股东的优先购买权不得部份行使。原因在于：第一，"同等条件"应当包含数量因素，第三人以特定价格在购买特定比例的股权时，是将该比例的股权视作一个整体作为标的，其价格蕴含了对该比例之下股权所能实现的控制权的估值，股东部分行使优先购买权，视为对标的进行的重大变更，[4]标的不同，"同等条件"就无从谈起；第二，允许其他股东部分行使优先购买权违反民法中的平等自愿原则，

---

〔1〕 本部分内容参见杜万华主编、最高人民法院民事审判第二庭编著：《最高人民法院〈公司法司法解释（四）〉理解与适用》，人法院出版社 2017 年版，第 406～408 页。

〔2〕 王欣新、赵芬萍：《再谈有限责任公司股权转让法律问题》，载《人民法院报》2002 年 7 月 19 日；李建伟：《公司法学》（第 2 版），中国人民大学出版社 2011 年版，第 265 页。

〔3〕 杜万华主编、最高人民法院民事审判第一庭编著：《最高人民法院〈物权法司法解释（一）〉理解与适用》，人民法院出版社 2016 年版，第 290 页。

〔4〕 赵旭东：《公司法学》（第 3 版），高等教育出版社 2012 年版，第 321 页。

转让股东转让股权是一种要约，受让方只有同意全部购买才构成承诺，而优先购买人只同意购买部分出资并不构成承诺，而是一种新的要约，如果允许部分优先购买，则这种转让不符合民法中关于要约与承诺的最基本的构成要件；[1]第三，允许部分行使优先购买权将损害转让股东的实质利益，股东转让的股份中蕴含着控制权的附加价值，如果允许部分行使优先购买权，转让股东将因股权被分化而使转让条件中的控制权被解构，剩余部分的股权价值将因此大大降低，这剥夺了股东出售控制权的溢价利益，损害了股东既有和应得的利益。[2]

对于优先购买权能否部分行使，部分地方高级人民法院就该问题出台了相关指导意见，如山东省高级人民法院《关于审理公司纠纷案件若干问题的意见（试行）》（鲁高法发〔2007〕3 号）第 49 条规定："股东向非股东转让股权时，其他股东主张优先购买部分股权的，视为放弃优先购买权。但转让人同意其他股东部分购买，且受让人同意继续购买剩余股权的除外。"

最高人民法院在《公司法解释（四）》采否定说，该解释第 18 条规定："人民法院在判断是否符合公司法第七十一条第三款及本规定所称的'同等条件'时，应当考虑转让股权的数量、价格、支付方式及期限等因素。"股权转让合同中，标的数量往往是合同中的核心条款之一，故股权数量也应是衡量"同等条件"的核心因素之一，其他股东在行使优先购买权时，必须按照转让股东与第三人约定转让的股权数量行使，即股东的优先购买权不得部分行使。[3]

---

〔1〕 赖淑春：《特定情形下优先购买权有无之判断》，载《山东审判》2008 年第 6 期。

〔2〕 陈立斌：《股权转让纠纷》（第 3 版），法律出版社 2015 年版，第 122 页。

〔3〕 杜万华主编、最高人民法院民事审判第二庭编著：《最高人民法院〈公司法司法解释（四）〉理解与适用》，人民法院出版社 2017 年版，第 399 页。

典型案例 2
环益公司与陈某某股权转让纠纷案[1]

案例要旨

数名股东作为一个整体共同转让51%股权，对目标公司具有控股权，整体转让的利益明显高于分别转让的利益，在该转让条件下，各个出让方的股权转让不可分割，无法确定每个股东的股份在该整体定价中对应的价格。其他股东仅就其中一名股东的股权主张优先购买权，不属于行使优先购买权的同等条件，法院不予支持。

基本案情

上诉人（原审原告）：环益公司。

被上诉人（原审被告）：陈某某。

环益公司、陈某某均系大地公司的股东。大地公司注册资本为2273万元，系有限责任公司，环益公司持有该公司44%的股权，陈某某与章某某等8名自然人股东持有该公司56%股权，其中陈某某持有1.50%的股权。2016年1月12日，大地公司8名自然人股东的共同代表人章某某致函环益公司，告知："八人合计持股56%，现准备将其中的51%股权进行转让（吴某某股东保留5%股权）。经公证与现其他公司达成转让协议（详见附件）。"该函告知环益公司在同等条件下具有优先购买权，要求于2016年1月21日前签订股权转让协议并缴纳一期20%转让款，否则视为同意该股权转让行为并放弃优先购买权。环益公司于2016年1月21日书面告知陈某某及章某某，要求行使优先权，要求按同等条件受让陈某某持有的1.50%大地公司股权。2016年1月25日，8名自然人股东以章某某为代表，致函环益公司，认为受让方一次

[1] 浙江省宁波市中级人民法院(2017)浙02民终1283号。

性受让大地公司51%股权是构成本次交易的价格、交割等其他要素的核心条件，无法分割出售。如不按照《股权转让协议》中列明的全部交易条件购买拟出让股权，不购买的，视作同意转让。环益公司又于2016年2月2日致函陈某某，要求优先受让1.50%股权，并尽快签署股权转让协议。转让股东代表章某某又于2016年2月20日发给环益公司缴款通知书，告知拟将所持大地公司51%的股权以总价9588万元对外出售。现拟受让方已经将首期保证金1632万元汇付至其指定的账户（详见汇款凭证），待转让协议签订之日再缴285.60万元以满足协议约定条件，其余转让款的支付按照协议约定的时间履行。环益公司若有意行使优先购买权，请于2016年2月26日前将交易保证金1632万元汇入指定账户，并且在3日内与全体拟出让股东整体签订《股权转让协议》，并将首期转让款支付至转让总价的20%，即1917.60万元。如未在上述时间内汇入保证金并签订股权转让协议，视为放弃优先购买权。

2016年4月11日大地公司召开股东会，股东吴某某同意将3.80%股权转让，保留5%股权，放弃优先购买权，8名自然人股东一致意见将持有51%股权整体转让给高能公司，环益公司表示不同意，股东以多数意见形成股东会决议。同日，章某某、吴某某、陈某某等8名股东与高能公司签订《股权转让协议》，8名股东将持有大地公司的51%股权，以9588万元转让给高能公司，并约定声明、费用、权利、义务保密条款和争议解决条款等。而环益公司则要求对陈某某持有1.50%的股权行使优先购买权。

法院裁判

一审法院认为，陈某某及其他股东整体转让的是51%股权，对大地公司具有控股权，整体转让的利益明显高于分别转让的利益，在该转让条件下，陈某某的股权转让和其他股东的股权转让不可分割，其股权转让系以和其他股东的股权一并转让为条件的，转让定价也是针对合计51%股权的整体定价，无法确定每个股东的股份在该整体定价中对应的价格。陈某某等拟转让股东多次将整体转让大地公司51%股权书面通知环益公司可以行使优先购买权，已经尽到告知义务，也保障了环益公司行使优先购买权的时间，如果其愿意以同等的价格受让陈某某等股东的51%的股权，其就优先于高能公司受让上述股权，而环益公司现在仅要求就部分股东的股权行使优先购买权，同陈某某等股东与高能公司商谈的51%的股权转让条件不属同等条件。且陈某某的股权如单独转让环益公司，则导致其他股东股权转让给高能公司的条件不成就，原定的转让目的无法实现，其他股东的正当权益受损，陈某某依约也要承担由此给其他股东造成的损失，其利益也会受损，故环益公司提出的受让条件与高能公司提出的受让条件给转让股东造成的获益结果亦不同等。陈某某等股东向高能公司转让股权的行为并没有侵犯环益公司的优先购买权。环益公司要求对陈某某转让的大地公司1.50%股权享有优先购买权的请求不能成立。

环益公司不服，提起上诉。二审法院判决驳回上诉，维持原判。

案例评析

本案的争议焦点是数名股东作为一个整体共同转让股权，其他股东能否就其中一人的股权主张优先购买权。

1. 股东优先购买权制度的价值基础

股东优先购买权是指有限责任公司的股东经其他股东过半数同意向股东以外的人转让股权时，其他股东凭借其股东身份在同等条件下对该拟转让的股权享有优先于非股东进行购买的权利。《公司法》第72条对股东对外转让股权的程序及股东优先购买权作出了明确规定。《公司法》规定股东优先购买权的价值基础是维护有限责任公司的人合性，以保护股东的预期，维持有限责任公司内部控制权及其经营的稳定。

所谓人合性，是指有限公司的建立以股东之间的相互信任为基础，公司股东的构成相对稳定，并相对封闭，公司股东之间，存在某种个人关系，这种关系很像合伙成员之间的那种相互关系。当股权对外转让后，新股东的加入会影响到原股东相对稳定的共存状态及信赖关系，甚至影响公司的运营，应通过一定程序性限制维护股东之间这种人身信任关系。同时，股东虽与公司是两个独立的主体，但公司是一个拟制的主体，其行使权利、履行职责需要具体的经营者来行使。在有限责任公司，股东往往是实际经营者，不同于股份有限公司所有者与实际经营者相分离的方式，有限责任公司的运营方式体现出“所有与控制相结合”的特征，股权结构一旦发生变动，势必会影响公司内容控制权及经营的稳定，因此，优先购买权制度可以在一定程度上减少这种由于股权变动给公司稳定造成的影响。

股东的优先购买权体现的是缔约顺序上的优先，是一种程序上的优先权，不会因其享有优先购买权而得到交易中的实体优惠；转让股权的股东仅受交易对象选择的限制，不因存在其他股东的优先购买权而使其股权转让或变现价值受损。[1] 若股东优先购买权的行使会实质影响转让股东的实体利益，阻碍股权转让股权的意愿达成，造成股权无法全部或部分转让，即构成对股权转让自由的不正当限制。此种限制因与股东优先购买权制度的涉及初衷相悖，故不应具有正当性与合理性。[2] 因此，其他股东行使优先购买权必须符合“同等条件”。

2. 股东优先购买权的部分行使不属于“同等条件”

如前所述，为保证优先购买权的形式不损害转让股东的实质性权利，《公司法》在优先购买权制度中将对股权转让自由的限制限定于“同等条件”，即只有在同等条件下，其他股东对于拟转让的股权才享有优先购买的权利。以“同等条件”来适当约束股东对优先购买权的行使，可以在一定程度上解决出让股东、其他股东和公司外第三人之间的权益冲突，一平衡股权转让之中的各方利益。此是“同等条件”设置的价值之所在。[3]

---

〔1〕 沈富强：《股东股权法律事务——股权运作与保护》，立信会计出版社2006年版，第4版。

〔2〕 林晓镍、陈亚男：《股东优先购买权审判实务问题研究》，载《商事审判指导》（总第36辑），人民法院出版社2018年版。

〔3〕 张园园：《有限责任公司股东优先购买权之同等条件的探讨》，载《法治博览》2015年第5期。

股东优先购买权的部分行使不属于“同等条件”。第一，股权转让数量作为股权转让合同中的核心条款，自然应当是“同等条件”的最重要因素之一，优先购买权不能部分行使是同等数量条件下的应有之义。第二，从维护转让股东和第三人利益的角度，第三人以特定价格在购买特定比例的股权时，是将该比例的股权视作一个整体标的，转让股东同样是将股权作为整体在出售，如果分割开来，就破坏了交易的同一性，改变了转让股东与第三人之间约定的条件。作为整体转让的股权比例越高，第三人购买股权后控制公司决策的可能性越大，期待利益越高，而一旦购买的股权一部分被其他股东购买，第三人可能不再愿意购买剩余比例的股权或者不愿按照约定的价格购买股权。因此，若允许对其中部分股权行使优先购买权，将严重损害转让股东与第三人的利益。

具体到本案案情，陈某某等 8 名股东欲将其持有的 51% 股权整体转让给第三人公司，并且确定了具体的价款及付款方式。而作为整体转让来说，各股东股权转让的目的是获取股权转让的整体价值。各股东将其名义股权作为一个整体来出让，受让人在购买该股权时，是将所有股东出让的股权视作一个整体标的而购买的。股权转让价款蕴含了对该整体股权所能实现的控制权的估值，蕴含着控制权的附加价值，这往往超过了分别转让情况下各自股权对应的价值。因此，各股东是作为一个整体与受让人达成的股权转让的法律关系，在股权转让协议中体现为只会对股权转让价款进行整体的约定。在该转让条件下，陈某某的股权转让与大地公司其他 7 名股东的股权转让是不可分割的，该拟转让价格系以整体转让为条件，并以整体转让确定转让价格，无法确定每一股东在整体转让价格中对应价格。该 51% 的股权除了其自身价值，还包含着公司控制权的附加价值，环益公司完全可以对全部拟出让的 51% 股权行使优先购买权，现其仅要求对陈某某持有的大地公司 1.50% 的股权行使优先购买权，势必会影响剩余股权的价值，将严重损害其他转让股东的利益，与第三人公司整体受陈某某等 8 名自然人股东的 51% 股权不属于同等条件，故环益公司的要求缺乏法律依据，法院不予支持。

三、股东优先购买权的行使

长期以来，受限于《公司法》相关规定的不明确，司法实践中关于股东优先购买权行使的判断条件及标准并不一致，随着理论研究的深入及司法实践的发展，对股东优先购买权的行使前提及条件的确定逐渐清晰。根据《公司法解释（四）》第17条的规定，股东向除股东以外的受让方转让股权的情况下，必须将转让事项告知其他股东。不同于《公司法》第74条规定的仅限于书面通知，解释还规定了可以其他合理方式进行通知，因此，以下通知方式应当视为转让股东已尽到通知义务：一是向其他股东发出了公告，并且为其他股东所知晓；二是在诉讼、仲裁等法律程序中转让股东陈述股权对外转让事项或者优先购买权相关事项，并且为其他股东所知晓；三是转让股东虽以口头方式通知其他股东，但有证据证明其他股东已经知晓。[1] 除了规定通知的方式，《公司法解释（四）》第17条、第18条还明确了通知内容中的“同等条件”应当包含转让股权的数量、价格、支付方式及期限等因素，“同等条件”的判断是股东行使优先购买权过程中的重点和难点。

除了上述内容，《公司法解释（四）》第19条对其他股东在受让方股权转让通知后的优先购买权的行使期间进行了明确，根据该条规定，行使期限的确定原则如下：首先，以章程约定的期间为准。其次，如果章程对此未作约定，则由转让股东在通知中自行确定。但是通知确定的期限应多于30日，否则优先购买权的行使期间为30日。最后，通知上没有明确行使期间的，行使期间为30日。值得注意的是，《公司法解释（四）》第19条确定的优先购买权行使期间，属于不可变期间，不适用中止、中断或延长的相关规定。这种理解与公司法的宗旨相符，即禁止抽逃出资作为公司法的基本原则，有限责任公司的股东欲退出公司，终止风险，一般只能通过转让股权的方式实现。因此，在公司法价值评判的序列里，对转让股东股权处分权的保护，终究要

---

〔1〕 杜万华主编、最高人民法院民事审判第二庭编著：《最高人民法院〈公司法司法解释（四）〉理解与适用》，人法院出版社2017年版，第379页。

高于对其他股东优先购买权的保护。[1] 如果优先购买权的行使期间属于可变期间，允许其中止、中断或延长，则转让股东可能需要无休止地等待其他股东的意思表示，这对转让股东和股权受让方显然不公平。

《公司法解释（四）》第21条规定了优先购买权受到侵害的股东应如何行使优先购买权，根据该条规定，有限责任公司的股东向股东以外的人转让股权，未就其股权转让事项征求其他股东意见，或者以欺诈、恶意串通等手段，损害其他股东优先购买权，其他股东依然有权主张优先购买权，但是应当自知道或者应当知道行使优先购买权的同等条件之日起30日内主张，或者自股权变更登记之日起超过1年内主张。其他股东在上述期限内主张优先购买权的，转让股东和第三人之间订立的股权转让合同，与转让股东和其他股东之间订立的股权转让合同，可能同时存在。如果出现前述情况，转让股东和第三人之间订立的股权转让合同的效力，不受转让股东和其他股东之间订立的股权转让合同的影响。股权转让合同也不仅因损害其他股东优先购买权而无效。因此，如果其他股东仅主张否定对外转让合同的效力及股权登记效力，而不主张优先购买转让股权，法院一般不会支持效力之诉，即使支持了效力之诉，其他股东的合同效力或者股权变动诉讼并无实际价值，反而浪费司法资源，因此，优先购买权收到侵害的其他股东主张股权转让合同效力问题的同时，必须主张优先购买权。

除了正常的点对点股权转让，实践中还存在大量的通过产权交易所或者拍卖机构公开转让股权的行为。有观点认为，进场交易或拍卖交易与优先购买权存在天然的矛盾，不存在优先购买权的行使基础。[2] 该观点显然有失偏颇，根据《公司法》第72条的规定，法院强制执行下的股权转让，其他股东有优先购买权；最高人民法院《关于人民法院民事执行中拍卖、变卖财产的

---

[1] 胡晓静：《论股东优先购买权的效力》，载《环球法律评论》2015年第4期。

[2] 谭元满、彭长虹：《论优先购买权与拍卖规则的冲突》，载《中国律师》2006年第5期；郭台宏：《对优先购买权的立法建议》，载《法制与社会》2008年第3期。

规定》第16条也肯定了拍卖、变更过程中的优先购买权。[1]这是因为，优先购买权是《公司法》所规定的股东法定实体权利，而拍卖或进场交易只是股权转让的方式或程序，不应以此程序而对股东的法定权利施加阻碍。[2]在拍卖或场内交易中，股权转让通常采用竞价或询价的方式，主要表现为普通竞买者之间的竞争，而不是优先权股东和普通竞买者之间的竞争，因此，有观点认为，优先购买权的股东不需要参加全部的竞拍程序，而只是在最高价格出现后决定是否行使权利。至于实践中应当如何处理，《公司法解释（四）》第22条规定可以参照产权交易所的交易规则。

典型案例3

优先购买权受到侵害的股东应如何行使优先购买

——李某与祝某等股权转让纠纷案[3]

案例要旨

优先购买权收到损害的其他股东主张优先购买权，应以《股权转让协议》中约定的转让条件为同等条件。主张优先购买权的股东以同等条件发生变化为由，拒绝按照《股权转让协议》中约定的转让条件购买股权，应视为其不愿以同等条件行使优先购买权。

基本案情

上诉人（原审被告）：李某。

被上诉人（原审原告）：祝某。

被上诉人（原审被告）：冯某、刘某。

---

〔1〕该条规定："拍卖过程中，有最高应价时，优先购买权人可以表示以该最高价买受，如无更高应价，则拍归优先购买权人；如有更高应价，而优先购买权人不作表示的，则拍归该应价最高的竞买人。顺序相同的多个优先购买权人同时表示买受的，以抽签方式决定买受人。"

〔2〕夏青：《关于股东优先购买权的法律冲突及解决途径》，载《甘肃社会科学》2005年第4期。

〔3〕四川省广安市中级人民法院（2017）川16民终1541号。

滴水岩煤业公司成立于2003年12月17日，注册资本200万元，类型为有限责任公司，法定代表人祝某，2013年3月1日的该公司章程载明股东：祝某，出资53万元，占股26.5%；李某，出资147万元，占股73.5%。公司章程第19条载明："股东向股东以外的人转让股权，应当经其他股东过半数同意。股东应就其股权转让事项书面通知其他股东征求同意，其他股东自接到书面通知之日起满三十日未答复的，视为同意转让。其他股东半数以上不同意转让的，不同意的股东应当购买该转让的股权；不购买的，视为同意转让。"2015年4月2日，李某（甲方）与刘某、冯某（二人共同作为乙方）签订股份转让协议，主要约定：甲方将其持有的滴水岩煤业公司35%的股份转让给乙方，价款368万元。该股份转让协议并于2015年4月2日生效。这之前李某没有书面通知祝某。李某称已于2017年5月18日以手机短信和EMS特快专递的方式书面告知祝某股权转让的事实，但其提供的证据不足以证实该手机短信和EMS邮件是否为祝某收悉，同时也不能证明李某在签订其股份转让协议之前已经书面通知祝某。祝某虽主张享有优先购买权，但在庭审中表示行使优先购买权的同等条件应以该股权的现有价值为购买条件，而不应以《股份转让协议》约定的转让条件为同等条件。

祝某以其优先购权受到侵害为由，诉请撤销李某、刘某、冯某之间签订的股份转让协议。

法院裁判

广安市邻水县人民法院经审理认为，李某签订股份转让协议时未告知祝某相关事宜，祝某本人对股权转让不知情，其优先购买股权的权益受到侵害。因此，祝某有权请求撤销该协议，以恢复其受到侵害的权利，并维持公司的人合性。股份转让协议被撤销后，李某可在就其股权转让事项书面通知祝某征求同意的前提下，再行转让股权。因此判决撤销股份转让协议。李某不服，提起上诉。

生效裁判认为，祝某主张《股权转让协议》中股份转让指向的滴水岩煤业公司的主要财产为煤矿，该煤矿现已关闭，因煤矿关闭致使《股权转让协议》约定转让的公司股份财产价值下降，得以主张优先购买权的同等条件的确定，应按照《股权转让协议》约定转让股份的现有财产价值作为同等条件。但现无法确定案涉转让股份的财产价值，且主张优先购买权同等条件的确定应以《股权转让协议》中约定的转让条件为同等条件。被上诉人祝某以同等条件发生变化，拒绝按照《股权转让协议》中约定的转让条件购买上诉人李某向被上诉人刘某、冯某转让的股份，应视为祝某不愿以同等条件购买李某转让的股权。根据最高人民法院《公司法解释（四）》第21条第1款、第2款之规定，祝某仅以上诉人李某损害了其优先购买权为由主张撤销上诉人李某与被上诉人刘某、冯某签订的《股权转让协议》，而未主张按照同等条件购买转让股份，对其要求撤销上诉人李某与被上诉人刘某、冯某签订的《股权转让协议》的诉讼请求，应不予支持。据此，二审法院判决撤销一审判决，改判驳回祝某的诉讼请求。

案例评析

本案的争议焦点在于：优先购买权受到损害的股东，能否仅提出撤销转让合同或确认股权转让合同及股权变动效力等请求，而不同时主张按照同等条件购买转让股权。

1. 一般而言，侵犯公司股东优先购买权，不导致股权转让合同无效或可撤销

有限责任公司的股东优先购买权是公司法规定股东在同等条件下对其他股东拟对外转让的股份享有的优先购买的权利，是一种为保证有限责任公司的人合性而赋予股东的权利。[1]《公司法》第71条规定，有限责任公司的股东之间可以相互转让其全部或者部分股权。股东向股东以外的人转让股权，应当经其他股东过半数同意。股东应就其股权转让事

[1] 详见最高人民法院（2003）民二终字第143号民事判决书。

项书面通知其他股东征求同意，其他股东自接到书面通知之日起满30日未答复的，视为同意转让。其他股东半数以上不同意转让的，不同意的股东应当购买该转让的股权；不购买的，视为同意转让。经股东同意转让的股权，在同等条件下，其他股东有优先购买权。两个以上股东主张行使优先购买权的，协商确定各自的购买比例；协商不成的，按照转让时各自的出资比例行使优先购买权。公司章程对股权转让另有规定的，从其规定。

根据上述规定，有限责任公司股东依法享有的优先购买权受法律保护，但是股东优先购买权是对其他股东自由转让股权这一权利的限制，因此，股东行使优先购买权亦应严格按照法律规定进行。[1]具体而言，由于其他股东是在“同等条件下”享有的优先购买权，因此，优先购买权得以行使的前提是转让人与第三人已经就股权转让达成合意，该合意不仅包含意思表示，还包括拟受让人的有关情况、拟转让股权的数量、价格及履行方式等主要转让条件。在此种情况下，转让人就股权转让事实通知其他股东，其他股东主张优先购买权的，从其意思表示到达转让人时起，在转让人与优先权人之间成立股权转让合同。这一合同的内容与转让人与第三人之间的意思表示相同，导致实践中，转让股东和第三人之间订立的股权转让合同，与转让股东和其他股东之间订立的股权转让合同，可能同时存在。对于转让人与第三人先前签订的股权转让合同，即先合同，会产生何种影响？对此，有代表性的主张包括：“无效说”“附法定生效条件说”“效力待定说”“可撤销说”“有效说”。[2]最高人民法院的主流观点为“有效说”，其认为，除转让股东和第三人恶意串通损害其他股东优先购买权订立的合同无效外，一般情况下，转让股东与第三人之间订立的股权转让合同是有效的，主要理由如下：股东优先购买权的行使目的在于通过保障其他股东优先获得拟转让股份而维护公司

〔1〕详见最高人民法院（2012）民抗字第32号民事判决书。

〔2〕对各种学说的介绍详见胡晓静：《论股东优先购买权的效力》，载《环球法律评论》2015年第4期。

内部信赖关系，因此，法律所要否定的是非股东第三人优先于公司其他股东取得公司股份的行为，而不是转让股东与第三人之间成立转让协议的行为。并不是只有撤销股权转让合同或否定股权转让合同的效力才能保护其他股东的优先购买权。事实上，合同的效力是可以与权利变动的结果相区分的，法律可通过在权利变动领域施以控制以保护相关利害关系人的权益，而不必在合同效力领域加以干涉。而且，在否定合同效力情况下，第三人只能通过缔约过失的责任机制获得救济，在肯定合同效力情况下，第三人则可以凭借违约为由，追究转让股东的责任。而合同有效下的违约责任与合同不生效或无效下的缔约过失责任，无论在归责要件上还是在追责力度上都不可同日而语。违约责任可以不以违约方的过错为要件，只要合同未能履行，就要承担违约责任，但缔约过失责任则必须以缔约当事人的过错为责任要件。违约责任不仅可以就守约方的实际损失请求赔偿，还可以就间接损失即合同履行后可得利益的损失请求赔偿，但缔约过失责任的赔偿范围则只能限于当事人实际遭受的损失。因此，一般而言，侵犯公司股东优先购买权，不导致股权转让合同无效或可撤销。

2. 股东主张优先购买权后达成的股权转让协议对原股权转让协议的效力并无影响

转让股东和第三人之间订立的股权转让合同，与转让股东和其他股东之间订立的股权转让合同，二者可以相互独立。[1] 即股东优先购买权的行使不应对转让人与第三人之间的股权转让合同的效力构成影响，因此，在优先购买权股东提出行使优先购买权的同时提出撤销转让合同或确认股权转让合同及股权变动效力等请求时，应以《合同法》的基本原理和规定对先合同的效力进行判断，如果未出现《合同法》第 52 条规定的情形，先合同为有效合同，同理，是否为可撤销合同，也需依照《合

〔1〕杜万华主编、最高人民法院民事审判第二庭编著：《最高人民法院〈公司法司法解释（四）〉理解与适用》，人法院出版社 2017 年版，第 462 页。

同法》第55条的规定进行判断。如果优先权人主张的优先购买权成立，其与转让人之间成立了股权转让合同，优先权人要先于第三人获得股权，因此，即使转让人与第三人之间的合同有效，因合同目的无法实现，该合同事实上也将无法履行。因此，股东主张优先购买权后达成的股权转让协议对原股权转让协议的效力并无影响。

3. 优先购买权受到侵害的其他股东主张股权转让合同效力问题的同时，必须主张优先购买权

《公司法解释（四）》第21条第1款、第2款规定，“有限责任公司的股东向股东以外的人转让股权，未就其股权转让事项征求其他股东意见，或者以欺诈、恶意串通等手段，损害其他股东优先购买权，其他股东主张按照同等条件购买该转让股权的，人民法院应当予以支持。但其他股东自知道或者应当知道行使优先购买权的同等条件之日起三十日内没有主张，或者自股权变更登记之日起超过一年的除外。前款规定的其他股东仅提出确认股权转让合同及股权变动效力等请求，未同时主张按照同等条件购买转让股权的，人民法院不予支持。但其他股东非因自身原因导致无法行使优先购买权，请求损害赔偿的除外”。根据上述规定，优先购买权受到损害的其他股东，如果仅提出确认股权转让合同及股权变动效力等请求，未同时主张按照同等条件购买转让股权的，其请求不应支持。这是因为，其他股东主张优先购买权受到损害，那么，法律要做的就是保护其优先购买权，对其权利进行救济。而优先购买权的救济方式首先应当是支持其行使优先购买权的主张。如果其他股东主张其优先购买权受到损害，同时，又不主张优先购买权，而提出其他主张，那么其他主张就没有依据。这时需要法院作出释明。如果原告坚持不改变诉讼请求的，那么对其诉讼请求只能驳回。例外情况是，在非因自身原因导致无法行使优先购买权的情况下，其可以提出损害赔偿，同时，也可以提出确认股权转让合同及股权变动效力等请求。[1]

具体到本案，祝某的原审诉请仅为撤销诉争股权转让协议，显然并不包括按照同等条件优先购买转让股权的主张，其提出的撤销股权转让合同而不予行使优先购买权的诉讼请求不符合《公司法解释（四）》第21条的规定，因此，二审法院判决驳回其诉讼请求。

典型案例4
在产权交易所转让股权的如何行使优先购买权
——中静公司诉电力公司等股权转让纠纷案[2]

案例要旨

虽然国有产权转让应当进产权交易所进行公开交易，但因产权交易所并不具有判断交易一方是否丧失优先购买权这类法律事项的权利，在法律无明文规定且股东未明示放弃优先购买权的情况下，享有优先购买权的股东未进场交易，并不能根据交易所自行制定的“未进场则视为放弃优先购买权”的交易规则，得出其优先购买权已经丧失的结论。

基本案情

原告：中静公司。

被告：电力公司、水利公司。

第三人：新能源公司、产交所。

中静公司和电力公司为第三人新能源公司股东，两公司分别持股38.2%、61.8%。2012年6月1日，电力公司未经中静公司同意将其持有的股份在产

[1] 杜万华主编、最高人民法院民事审判第二庭编著：《最高人民法院〈公司法司法解释（四）〉理解与适用》，人法院出版社2017年版，第467页。

[2] 上海市第二中级人民法院（2014）沪二中民四（商）终字第1566号，载《最高人民法院公报》2016年第5期（总第235期）。

交所挂牌交易，中静公司于2012年7月2日向第三人产交所提出异议，明确表示保留优先购买权，要求暂停交易重新进行信息披露。在水利公司未缴纳保证金情况下，电力公司于2012年7月3日与水利公司签订了产权交易合同，产交所于2012年7月6日向中静公司送达交易不予中止决定通知书。中静公司认为，电力公司擅自转让股份侵害了其股东优先购买权，水利公司和产交所以中静公司未进场交易为由认定中静公司放弃优先购买权没有法律依据。故请求判令：中静公司对电力公司与水利公司转让的新能源公司的61.8%股权享有优先购买权，并以转让价48691000元人民币（以下币种均为人民币）行使该优先购买权。审理中，中静公司表示愿意接受电力公司、水利公司签订转让合同的条件。

法院裁判

一审法院判决：中静公司对电力公司与水利公司转让的新能源公司的股权享有优先购买权；中静公司应当在判决生效之日起20日内行使优先购买权，否则视为放弃；中静实公司优先购买权的行使内容、条件，与电力公司和水利公司签订的产权交易合同相同。一审宣判后，电力公司、水利公司不服，提出上诉。

生效判决认为，第一，考虑到有限公司的人合性特征，我国《公司法》等相关法律法规规定了股东向股东以外的人转让股权的，应当向其他股东充分履行通知义务。其他股东在同等条件下享有优先购买权。此处所涉通知的内容，应当包括拟转让的股权数量、价格、履行方式、拟受让人的有关情况等多项主要的转让条件。结合本案，首先，在上诉人电力公司于一审第三人新能源公司股东会议中表示了股权转让的意愿后，被上诉人中静公司已明确表示不放弃优先购买权。其次，电力公司确定将股权转让给上诉人水利公司后，也并未将明确的拟受让人的情况告知中静公司。故而对于中静公司及时、合法的行权造成了障碍。而权利的放弃需要明示，故不能当然地认定中静公司已经放弃或者丧失了该股东优先购买权。

第二，被上诉人中静公司在一审第三人产交所的挂牌公告期内向产交所提出了异议，并明确提出了股东优先购买权的问题，要求产交所暂停挂牌交易。但产交所未予及时反馈，而仍然促成上诉人电力公司与水利公司达成交易，并在交易完成之后，方通知中静公司不予暂停交易，该做法明显欠妥。需要说明的是，产交所的性质为经市政府批准设立，不以营利为目的，仅为产权交易提供场所设施和市场服务，并按照规定收取服务费的事业法人。基于此，产交所并非司法机构，并不具有处置法律纠纷的职能，其无权对于中静公司是否享有优先购买权等作出法律意义上的认定。故当中静公司作为新能源公司的股东在挂牌公告期内向产交所提出异议时，产交所即应当暂停挂牌交易，待新能源公司股东之间的纠纷依法解决后方恢复交易才更为合理、妥当。故其不应擅自判断标的公司其余股东提出的异议成立与否，其设定的交易规则也不应与法律规定相矛盾和冲突。据此，二审法院判决驳回上诉，维持原判。

案例评析

本公报案例确定的裁判规则是，在进场交易中，在产权交易所交易本身不代表视为已经通知到了其他股东，产权交易所并不具有判断交易一方是否丧失优先购买权的权利。

1. 股东优先购买权制度的理论基础

股东优先购买权是指有限责任公司的股东经其他股东过半数同意向股东以外的人转让股权时，其他股东凭借其股东身份在同等条件下对该拟转让的股权享有优先于非股东进行购买的权利。《公司法》第72条对股东对外转让股权的程序及股东有限购买权作出了明确规定。公司法规定股东优先购买权的目的是基于维护有限责任公司的人合性，所谓人合性，是指有限公司的建立以股东之间的相互信任为基础，公司股东的构成相对稳定，并相对封闭，公司股东之间，存在某种个人关系，这种关系很像合伙成员之间的那种相互关系。当股权对外转让后，新股东的加入会影响原股东相对稳定的共存状态及信赖关系，甚至影响公司的运营，应通过一定程序性限制实现股东之间这股东之间人身信任关系的维护。优先购买权制度的设计一方面能够使拟转让股权的股东实现自己的利益，另一方面也可以减少因新股东加入而产生的矛盾和摩擦。[1]

2. 在产权交易所交易不代表履行了《公司法》第71条第2款规定的"通知"义务

《公司法》第71条第2款规定，股东向公司现有股东以外的其他人转让股权应当遵守法定程序，即须将其股权转让事项书面通知其他股东征求同意。公司法之所以规定股东在出让股权给股东以外第三人时要向其他股东履行通知义务，就是从上述优先购买权制度的理论基础出发，保证其他股东知悉股权出让的事实，以充分保障其他股东的优先购买权。之所以要求采用书面方式：一是便于对股东间是否达成合意进行判断，从而具备证据效力；二是当由于股权出让导致股东身份变化时，也会引起后续的一系列法定程序的启动（如修改公司章程、变更公司的注册登记事项、向原审批机关办理变更审批手续等），而这些程序都需要以书面材料作为事实依据。

股权在产权交易所交易后，产权交易所发布的交易公告针对的是不特定群体，无法确保其他股东知悉股权转让的事实，因为无法保证其他股东行使优先购买权，这与优先购买权制度设立的初衷是相悖的。因此，股权在产权交易所交易，并不产生《公司法》第71条第2款规定的"通知"效果。

3. 产权交易所并不具有判断交易一方是否丧失优先购买权的权利

其他股东提出优先购买权后，是在该股东与转让股东之间即成立了股权转让合同关系，还是优先购买权的形式仅是一个要约，需要出让方的承诺，存在一定争议。《公司法》第71条还规定优先购买权需要在一

[1] 北京仲裁委员会/北京国际仲裁中心编：《股权转让案例精读》，商务印书馆2017年版，第336页。

定的期限内行使。在股东主张优先购买权而产生争议后，应诉至法院加以解决。而产权交易所只是交易平台，并不具有处置法律纠纷的职能，在交易过程中，其无权对其他股东是否享有优先购买权等作出法律意义上的认定。因此，在本案中，当中静公司作为新能源公司的股东在挂牌公告期内向产交所提出异议时，产交所即应当暂停挂牌交易，待新能源公司股东之间的纠纷依法解决后方恢复交易才更为合理、妥当。其不应擅自判断标的公司其余股东提出的异议成立与否，其设定的交易规则也不应与法律规定相矛盾和冲突。

4. 股权进场交易中优先购买权的行使方式

股权在产权交易所挂牌交易一般有以下两种交易方式，一是协议转让，即交易双方通过协商的方式确定交易内容、价格、条件，并签订股权转让合同，从而完成股权交易的交易方式。二是公开竞价，即由产权交易机构按照公开、公平、公正、择优透明的方式决定交易价格。公开竞价包括拍卖、招投标、网络竞价及其他竞价方式。

如果是通过协议转让的方式，其他股东行使优先购买权与一般的股权转让方式和条件相同，自无异议。如果是通过拍卖的方式，根据《公司法解释（四）》第22条第1款的规定，应根据根据相关法律、司法解释确定。最高人民法院《关于人民法院民事执行中拍卖、变卖财产的规定》第16条规定："拍卖过程中，有最高应价时，优先购买权人可以表示以该最高价买受，如无更高应价，则拍归优先购买权人；如有更高应价，而优先购买权人不作表示的，则拍归该应价最高的竞买人。顺序相同的多个优先购买权人同时表示买受的，以抽签方式决定买受人。"该条采取了"询价法"，且允许第二轮竞拍，既保护了优先购买权，又保证了一定程度的价格竞争，其所确定"同等条件"更趋公平。[1] 根据上述规定，在拍卖中，具有优先购买权的股东并非竞买人，其无须全程参与竞

---

〔1〕 杜万华主编、最高人民法院民事审判第二庭编著：《最高人民法院〈公司法司法解释（四）〉理解与适用》，人法院出版社2017年版，第507页。

买程序，而是以“询价法”为基础确定优先购买权的同等条件，在有更高出价人时，与最高出价人比价。

如果是通过招投标的方式转让股权，根据《招标投标法》的规定，招标、竞标、评标方案在招投标过程中必须严格保密，且实践中，转让方除考虑股权转让价格以外，还考虑投标人主体的资质及实力、后续经营方案等因素，确定综合权重得分高者为中标人，在确定其他股东的优先购买权时，很难判断“同等条件”。在这种情况下，只有根据案件的具体情况，确定相对合理的解决路径。

四、股权赠与、继承、互易、划拨等情形下，其他股东能否行使优先购买权

有限责任公司的股东优先购买权是法律规定股东在同等条件下对其他股东拟对外转让的股份享有的优先购买的权利，是一种为保证有限责任公司的人合性而赋予股东的权利。根据《公司法》第 71 条的规定，有限责任公司股东优先购买权是对其他股东自由转让股权这一权利的限制，股东行使优先购买权的前提是其他股东欲转让股权。这种“转让”的实质自然包括等价有偿的转让关系，但在股权赠与、继承、互易、离婚分割及国有股权的无偿划拨等情况下，其他股东能否行使优先购买权，《公司法》对此并无明确规定，实践中亦不无争议。

公司法规定股东优先购买权的价值基础是维护有限责任公司的人合性，以保护股东的预期，维持有限责任公司内部控制权及其经营的稳定。因此，判断上述行为下其他股东能否行使优先购买权，应结合优先购买权的制度基础及立法目的加以判断。

1. 在股权赠与的情况下。赠与其实与无偿转让无异，因此，与等价有偿转让一样，它是在原有股东的基础上引进了新的股东，这势必会影响公司的人合性，因此，应当允许其他股东行使优先购买权。至于行使的具体方式，在经过评估后，赠与股东获得优先购买权股东支付的对价后，可将对价转手

赠与受赠人，由此，受赠人的利益得到了妥当的保护。[1]

2. 股权继承的情况下。《公司法》第 75 条规定："自然人股东死亡后，其合法继承人可以继承股东资格；但是，公司章程另有规定的除外。"根据该规定，如果公司章程对股东资格的继承无任何限制，继承人继承股权没有障碍，其他股东不得就股权继承主张优先购买权。如果公司章程或股东之间约定对继承人获得股东资格作出了限制，明确其他股东有优先购买权，在继承过程中，则应当允许其他股东行使优先购买权。

3. 股权互易的情况下。股权互易是不同公司股东之间将各自持有的股权全部或部分相互交换，从而分别成为对方公司的新股东。股权互易在本质上是一种等价有偿交换，因此，应当允许其他股东行使优先购买权。但是，互易的对价不仅包含互易的股权价值因素，还涉及公司主体的身份与实力等与金钱无法衡量的因素，此时，很难判断"同等条件"。这种情况下发生的优先购买权争议，只有根据案件的具体情况，确定相对合理的解决路径。

4. 离婚分割股权情况下。《婚姻法解释（二）》第 16 条规定："人民法院审理离婚案件，涉及分割夫妻共同财产中以一方名义在有限责任公司的出资额，另一方不是该公司股东的，按以下情形分别处理：（一）夫妻双方协商一致将出资额部分或者全部转让给该股东的配偶，过半数股东同意、其他股东明确表示放弃优先购买权的，该股东的配偶可以成为该公司股东；（二）夫妻双方就出资额转让份额和转让价格等事项协商一致后，过半数股东不同意转让，但愿意以同等价格购买该出资额的，人民法院可以对转让出资所得财产进行分割。过半数股东不同意转让，也不愿意以同等价格购买该出资额的，视为其同意转让，该股东的配偶可以成为该公司股东。用于证明前款规定的过半数股东同意的证据，可以是股东会决议，也可以是当事人通过其他合法途径取得的股东的书面声明材料。"因此，离婚分割股权情况下其他股东行使优先购买权，应按上述司法解释的规定行使。

---

[1] 索宏钢主编：《类型化案件审判指引（商事卷）》，人民法院出版社 2019 年版，第 567 页。

典型案例5
鑫茂公司与甘肃汇能公司等股权转让纠纷案[1]

案例要旨

本案的股权转让实质是基于甘肃电力集团的决定对国有资产进行划拨，故该股权划转行为不应当适用关于股权转让的规定，其他股东不存在行使优先购买权的基础。

基本案情

上诉人（原审原告）：鑫茂公司。

被上诉人（原审被告）：甘肃汇能公司、酒泉汇能公司。

被上诉人（原审第三人）：甘肃鑫汇公司。

鑫茂公司（甲方）与甘肃汇能公司（乙方）共同出资设立甘肃鑫汇公司。其中鑫茂公司持有公司40%股权，甘肃汇能公司持有公司60%股权。

2012年6月28日，甘肃汇能公司作为甲方、鑫茂公司作为乙方，签订《股权转让及购回协议》，约定：现因项目执行过程中需要融资，办理银行贷款，故乙方同意将其所持有的甘肃鑫汇公司30%股权转让至甲方名下，由甲方持有，股权转让后鑫茂公司与甘肃汇能公司所占公司股比为1∶9。第3条：甘肃鑫汇公司获得此次银行的贷款审批及按计划时间放款，是本合同签订且生效的唯一先决条件。如出现银行贷款进程受阻、未按计划及时放款、所贷款项被挪作他用而未用于解决甘肃鑫汇公司所用等情况，本协议约定股权转让事项自动终止，甲方应当立即将甘肃鑫汇公司30%股权无条件转让回乙方。第4条：在本合同签订并按照第三条之约定生效之日起24个月内，乙方在满足银行贷款所必须条件的情况下可随时要求甲方将甘肃鑫汇公司30%的股权

---

[1] 最高人民法院（2017）最高法民终205号。

转让回乙方。第5条：甲方承诺，在本合同签订并按照第3条之约定生效之日起24个月内，同意乙方在满足银行贷款所必须条件的情况下可随时要求甲方购回的甘肃鑫汇公司30%股权不被转让、抵押、质押和用于担保及不被查封。第6条：甲方承诺，在本协议签订并按照第3条之约定生效之日起24个月内，在不影响甘肃鑫汇公司与银行正常信贷关系的前提下，无条件同意乙方可将购回后的30%股权及其另外所持有的10%股权转让给第三方，并配合办理相关手续。同等条件下，甲方按《中华人民共和国公司法》和公司章程规定享有优先购买权。第7条：本合同签订并按照第三条的约定生效届满24个月之日起，甲方对外转让甘肃鑫汇公司股权不再受任何限制，但乙方按照《中华人民共和国公司法》和公司章程规定享有优先购买权。同日，双方将公司章程第一条中的双方持股比例由6∶4变更为9∶1，并变更了出资额。

2012年10月24日甘肃鑫汇公司与国家开发银行签订的《人民币资金借款合同》，约定了贷款金额及资金到账日期。该合同项下最后一笔借款资金到账日为2014年8月28日。

2014年9月1日，甘肃电力集团召开党政联席会议，决定甘肃汇能公司将持有的甘肃鑫汇公司等股权转移至酒泉汇能公司。2014年12月16日，甘肃省国资委作出同意批复。2014年9月4日，甘肃汇能公司与酒泉汇能公司签订《股权划转协议》，约定甘肃汇能公司将持有的甘肃鑫汇公司90%股权39600万元划转给酒泉汇能公司，两方应各自分别作出股东决议或公司决议，同意本协议项下的股权划转并修改甘肃鑫汇公司章程。同日，甘肃鑫汇公司作出股东会决议：(1)同意甘肃汇能公司将持有的甘肃鑫汇公司39600万元出资额变更为酒泉汇能公司持有；(2)根据上述变更内容，修改公司章程有关条款。本次股东会决议没有鑫茂公司签字。2014年11月28日，甘肃鑫汇公司办理了工商变更登记。

经查，酒泉汇能公司是甘肃汇能公司的全资子公司，甘肃汇能公司是甘肃电力集团的全资子公司，甘肃电力集团是甘肃省人民政府出资设立的政策性国有独资公司，是甘肃省人民政府授权的投资主体和国有资产管理主体。鑫茂公司主张该部分股权转让无效，主要理由是，股权转让行为程序违法，损害其优先购买权。

法院裁判

一审判决驳回鑫茂公司的诉讼请求。鑫茂公司不服，提起上诉。

生效判决认为，关于鑫茂公司主张甘肃汇能公司与酒泉汇能公司之间股权转让程序违法，损害其优先购买权的理由是否成立的问题。经查，甘肃鑫汇公司于2014年9月4日作出股东会决议，同意甘肃汇能公司将持有的甘肃鑫汇公司39600万元出资额变更为酒泉汇能公司持有。该股东会决议上只有甘肃鑫汇公司和股东甘肃汇能公司的签章，没有鑫茂公司的签字。甘肃鑫汇公司章程第21条规定，董事长认为必要时，公司可直接制作股东会决议文本提交各股东分别签署，签字股东所代表表决权达到本章程规定的比例时，上述决议构成有效的股东会决议。本案签字的股东甘肃汇能公司所代表表决权已达到甘肃鑫汇公司章程规定的比例，鑫茂公司虽然没有签字，但不能否定股东会决议的效力。未通知召开股东会、未提前告知股权划转只能证明甘肃鑫汇公司的股东会召开程序存在瑕疵，不能证明甘肃汇能公司与酒泉汇能公司之间的股权转让程序违法。甘肃鑫汇公司章程第14条第3款规定，股东不得将股权无偿赠予他人，但根据国有资产无偿划拨规定的不在此限，且无偿划拨不适用关于股权转让的规定。本案甘肃汇能公司和酒泉汇能公司均系国有独资公司。2014年9月1日，甘肃电力集团召开党政联席会议，决定甘肃汇能公司将持有的甘肃鑫汇公司等股权转移至酒泉汇能公司，转移完成后，收购酒泉汇能公司100%股权作为电投股份公司非公开发行股票的募集资金收购项目，其后亦取得甘肃省国资委的同意。甘肃汇能公司向酒泉汇能公司划转股权亦未约定对价，其实质是基于甘肃电力集团的决定对国有资产进行划拨，故该股权划转行为不应当适用关于股权转让的规定。一审法院认定鑫茂公司不存在行使优先购买权的基础正确。据此，二审驳回上诉，维持原判。

案例评析

本案的争议焦点是国有股权的无偿划拨，其他股东能否行使优先购买权。

本案中，甘肃汇能公司和酒泉汇能公司均系国有独资公司。2014年9月1日，甘肃电力集团召开党政联席会议，决定甘肃汇能公司将持有的甘肃鑫汇公司等股权转移至酒泉汇能公司，转移完成后，收购酒泉汇能公司100%股权作为电投股份公司非公开发行股票的募集资金收购项目，其后亦取得甘肃省国资委的同意。甘肃汇能公司向酒泉汇能公司划转股权亦未约定对价，其实质是基于甘肃电力集团的决定对国有资产进行划拨。国有股权的无偿划拨是一种比较纯粹的政府行为，不是市场主体之间的买卖交易，因此，不适用公司法关于优先购买权的规定。同时，根据甘肃鑫汇公司章程第14条第3款的规定，股东不得将股权无偿赠予他人，但根据国有资产无偿划拨规定的不在此限，且无偿划拨不适用关于股权转让的规定。因此，本案鑫茂公司不存在行使优先购买权的基础。

本案股东会决议是对甘肃汇能公司与酒泉汇能公司之间的股权变更的确认，未通知召开股东会、未提前告知股权划转只能证明甘肃鑫汇公司的股东会召开程序存在瑕疵。对于股东会召开的程序瑕疵，《公司法》第22条第2款规定，股东会或者股东大会、董事会的会议召集程序、表决方式违反法律、行政法规或者公司章程，或者决议内容违反公司章程的，股东可以自决议作出之日起60日内，请求人民法院撤销。股权划拨是股东之间的法律关系，股东会决议是否被撤销并不能影响甘肃汇能公司与酒泉汇能公司之间的股权划拨程序的效力。综上，一、二审法院均未支持鑫茂公司主张优先购买权的诉讼请求。

第六章　股权转让合同的责任承担

一、股权转让合同的违约责任

违约责任是股权转让合同、买卖合同等交易类合同中非常重要的内容，是指合同当事人一方不履行合同义务或履行合同义务不符合合同约定所应承担的继续履行、采取补救措施、支付违约金、赔偿损失等民事责任。对于合同当事人而言，其合同目的只有通过合同的履行才能实现。《合同法》第60条第1款规定："当事人应当按照约定全面履行自己的义务。"全面履行合同义务是法律的基本要求，如果一方不履行合同义务或履行合同义务不符合合同约定，存在违约行为，则应当承担违约责任。因此，当事人承担违约责任的前提和条件是其存在违约行为，违约责任只有存在违约事实的情况下才能产生。

（一）违约行为的类型

根据《合同法》的规定，违约行为可以作以下分类：

1. 根据违约行为的主体不同，违约分为单方违约和双方违约。单方违约，是指合同一方当事人的违约，包括因自己的作为或不作为导致的违约以及根据《合同法》第121条[1]的规定，因第三人侵权而导致的违约。单方违

〔1〕 该条规定："当事人一方因第三人的原因造成违约的，应当向对方承担违约责任。当事人一方和第三人之间的纠纷，依照法律规定或者按照约定解决。"

约的，由该违约方承担责任。双方违约，是指合同双方当事人分别违反了各自合同义务的行为。《合同法》第120条规定：“当事人双方都违反合同的，应当各自承担相应的责任。”在双方违约的情况下，应当根据双方的过错程度及因其过错而给对方当事人造成的损害程度而确定各自的责任。

2. 根据违约行为发生时间的不同，违约行为分为预期违约和实际违约。预期违约也叫先期违约，是指在履行期到来之前的违约，包括明示违约和默示违约。《合同法》第108条规定：“当事人一方明确表示或者以自己的行为表明不履行合同义务的，对方可以在履行期限届满之前要求其承担违约责任。”由于预期违约行为表现为将来不履行义务，并未违反到期债债务的履行，因此，预期违约只是一种违约的可能。参照《合同法》第69条关于不安抗辩权的处理，在预期违约方采取适当措施如提供担保后，合同应当继续履行。实际违约，是指合同履行期届满后，当事人不履行合同义务或履行义务不符合合同要求而构成的违约。实际违约行为包括不履行和不完全履行。其中，不履行包括履行不能和拒绝履行；不完全履行包括迟延履行、部分履行、不正确履行及其不完全履行，如标的物的质量瑕疵。实践中的违约现象，主要是实际违约。实际违约的，应当按照《合同法》第107条[1]的规定承担违约责任。

3. 根据违约行为所致后果的严重程度，违约分为根本违约和非根本违约。根本违约，是指一方的违约致使另一方的合同目的不能实现的违约方的严重违约行为。根据《合同法》第94条的规定，当事人一方迟延履行主要债务，还不能称为根本违约，只有当其迟延履行行为或其他违约行为致使对方合同目的不能实现，才能称为根本违约。非根本违约，是指一方的违约行为并未导致另一方的合同目的不能实现，或者使其遭受重大损失。根本违约和非根本违约的主要区别是：根本违约情况下，合同另一方当事人享有法定解除权；而在非根本违约的情况下，非违约方可以要求违约方承担违约责任，但不能

[1] 该条规定：“当事人一方不履行合同义务或者履行合同义务不符合约定的，应当承担继续履行、采取补救措施或者赔偿损失等违约责任。”

解除合同。

（二）违约责任的形式

违约责任的形式，即承担违约责任的具体方式。根据《合同法》的规定，违约责任主要有继续履行、采取补救措施、赔偿损失、违约金及定金五种形式：

1. 继续履行

继续履行，是指当事人一方违约时，应当按照对方当事人的要求，承担继续按照合同约定履行其合同义务的一种责任形式。继续履行的前提是该合同能够履行且有继续履行的必要。虽然守约方可以主张违约方继续履行，但是违约方既然已经违约，也就不愿意继续履行，因此，守约方想要继续履行，通常需要向法院提起诉讼，由法院判决违约方继续履行合同。

2. 采取补救措施

采取补救措施是一个概括性的违约责任类型，是指在违约方给对方当事人造成损失后，为了尽可能实现对方当事人订立合同的目的，防止损失的进一步扩大，由违约方依法承担重作、修理、更换、补足数量等义务的一种责任形式。[1]

3. 赔偿损失

赔偿损失，在合同法上也称违约损害赔偿，是指违约方给对方当事人造成损失后，依法承担支付赔偿金等义务的一种责任形式。《合同法》第 113 条第 1 款是关于赔偿损失的基本规定，该条规定："当事人一方不履行合同义务或者履行合同义务不符合约定，给对方造成损失的，损失赔偿额应当相当于因违约所造成的损失，包括合同履行后可以获得的利益，但不得超过违反合同一方订立合同时预见到或者应当预见到的因违反合同可能造成的损失。"

---

〔1〕《合同法》第 111 条规定："质量不符合约定的，应当按照当事人的约定承担违约责任。对违约责任没有约定或者约定不明确，依照本法第六十一条的规定仍不能确定的，受损害方根据标的的性质以及损失的大小，可以合理选择要求对方承担修理、更换、重作、退货、减少价款或者报酬等违约责任。"

（1）赔偿损失的基本原则

赔偿损失的基本原则主要有以下几项：

①完全赔偿原则。根据《合同法》第113条第1款的规定，我国对赔偿损失采用完全赔偿原则，即因违约行为造成的全部损失，违约方都应赔偿。因此，实际的赔偿范围包括直接损失和间接损失两个部分。直接损失，又称积极损失、现实损失，是指现有财产的减损、灭失以及费用的支出，是一种现实的财产损失。间接损失，是指一方当事人的违约行为，导致对方当事人本来可以获得的利益没有得到，即失去了原来可以预期取得的利益，又称可得利益损失。

②可预见规则。根据《合同法》第113条第1款的规定，可预见规则是指违约方赔偿损失的范围应以违约方在订立合同时预见或者应当预见到的损失为限。由于合同法并未规定可预见原则的标准，因此在实践中，如果一项损失是社会一般人在订立合同时能够预见到的，就视为违约方应当预见到；如果一项损失一般人难以预见，到由于身份、职业的情况，违约方可能比一般人更了解受害人因其违约可能遭受的损失，就应当按照实际预见能力确定损害范围，但需要非违约方需就此进行举证。

③减轻损失规则。根据《合同法》第119条〔1〕及《民法通则》第114条〔2〕的规定，一方违约造成损害以后，另一方必须采取合理措施以防止损失的扩大，否则，违约方不对扩大部分的损失承担损害赔偿责任。

④混合过错规则。根据《买卖合同司法解释》第30条的规定，买卖合同中作为受害人的一方对损害的发生也有过错时，应当扣减相应的损失赔偿额。值得注意的是，本条规定的混合过错规则的适用前提之一是非违约方对损失的发生有过错，而非损害的扩大有过错。如果非违约方对损害的扩大有过错，应适用减轻损失规则。混合过错规则也不同于《合同法》第120条规定的双

〔1〕该条规定："当事人一方违约后，对方应当采取适当措施防止损失的扩大；没有采取适当措施致使损失扩大的，不得就扩大的损失要求赔偿。当事人因防止损失扩大而支出的合理费用，由违约方承担。"

〔2〕该条规定："当事人一方因另一方违反合同受到损失的，应当及时采取措施防止损失的扩大；没有及时采取措施致使损失扩大的，无权就扩大的损失要求赔偿。"

方违约，混合过错规则适用的情形，通常仅发生一个损害，而在双方违约的情况下，发生了两个损害，因而需要相互承担违约损害赔偿责任。

⑤损益相抵规则。《买卖合同司法解释》第31条规定："买卖合同当事人一方因对方违约而获有利益，违约方主张从损失赔偿额中扣除该部分利益的，人民法院应予支持。"根据损益相抵规则在买卖合同中，若合同一方当事人因对方违约而造成违约损害的同时，也因此而受有利益的，在损失计算时，违约方可主张从违约损失赔偿额中扣除受害方所获利益。

上述①②③项是《合同法》总则规定的赔偿损失的基本原则及规则，当然适用股权转让合同损害赔偿的确定；④⑤项虽然规定于《买卖合同司法解释》，但是符合民事法律行为的公平原则，且法律对股权转让合同并无其他相反的规定，因此，也适用股权转让合同损害赔偿的认定。

（2）可得利益损失的认定

可得利益损失是指一方未全面履行合同等违约行为导致守约方所丧失的财产性损失，即在合同履行前并不为当事人所拥有的，而为当事人所期望在合同全面履行以后可以实现和取得的财产权利。《合同法》第113条规定了可得利益损失的赔偿问题，同时，根据《买卖合同司法解释》第29条[1]的规定，因合同一方当事人违约给对方造成损失的，对方当事人可就其遭受的可得利益损失主张违约方承担赔偿责任，但违约方赔偿的具体数额应受到可预见性标准、减轻损失规则、混合过错规则以及损益相抵规则之限制。

①可得利益损失的适用条件

可得利益损失的适用条件有以下五点：第一，合同成立且有效。未成立或者无效的合同不应予以履行，故当事人逾期通过履行合同可以获得的利益，为非法利益，不受法律保护，[2]自无可得利益损失的适用空间。第二，存在违约行为，即一方当事人不履行合同或不适当履行合同。第三，违约行为与

---

〔1〕 该条规定："买卖合同当事人一方违约造成对方损失，对方主张赔偿可得利益损失的，人民法院应当根据当事人的主张，依据合同法第一百一十三条、第一百一十九条、本解释第三十条、第三十一条等规定进行认定。"

〔2〕 详见最高人民法院（2014）民一终字第277号判决。

可得利益损失之间存在因果关系。第四，可得利益具有一定的确定性。尽管可得利益并非守约方实际享有的利益，但如果没有违约行为，这种利益已经具备实现的条件，因此，可得利益必须具有一定的确定性。第五，可得利益是可预见的。

②可得利益损失的计算规则

法院在计算可得利益损失时，应当综合运用可预见规则、减损规则、损益相抵规则以及过失相抵规则等，从非违约方主张的可得利益赔偿总额中扣除违约方不可预见的损失、非违约方不当扩大的损失、非违约方因违约获得的利益、非违约方亦有过失所造成的损失以及必要的交易成本。存在《合同法》第113条第2款规定的欺诈经营、《合同法》第114条第1款规定的当事人约定损害赔偿的计算方法以及因违约导致人身伤亡、精神损害等情形的，不宜适用可得利益损失赔偿规则，[1]同时，违约导致人身伤亡、精神损害等情形，不属于可预见范围，也不适用可得利益损失规则，上述情形是可得利益损失赔偿规则适用的例外。

在具体案件中，确定可得利益损失赔偿数额一般要经过如下步骤：第一步，确定受害人可得利益损失额，受损人对此负举证责任；第二步，确定这些可得利益损失哪些是违约方在订约时可以预见的，对此法院可酌情裁量；第三步，确定受损人对损失是否有过错，对此违约方负举证责任，如果受损人有过错，则应承担相应的责任；第四步，确定受损人是否因违约而或有不当得利，如有，则应从损失中扣除；第五步，确定受损人有没有采取合理措施减少损失，对此，违约方负举证责任；第六步，考察受损人获取可得利益的能力和条件，确定合理的赔偿额，对此法院有自由裁量权。[2]

③可得利益损失赔偿规则在司法适用中存在的问题

第一，对可得利益损失的赔偿较为谨慎。根据北京某法院的一项调研，

〔1〕详见最高人民法院印发《关于当前形势下审理民商事合同纠纷案件若干问题的指导意见》的通知（2009年7月7日，法发〔2009〕40号）。

〔2〕《聚焦合同法律适用问题，推动商事司法审判发展——就合同法司法实务问题访最高人民法院民二庭庭长宋晓明》，载最高人民法院民事审判第二庭编：《商事审判指导》2009年第4辑（总第20辑），人民法院出版社2010年版，第8页。

2018年北京市中级法院审理的涉及可得利益损失的生效判决共148件，其中支持可得利益损失的案件为31件，占比不足21%。在支持可得利益损失的案件中，70%系房屋买卖合同纠纷，因房屋价格上涨，违约方赔偿守约方的房屋差价损失。总体来看，法院在支持可得利益损失时较为谨慎，证据把握严格，以依据不足为由驳回的情形较为常见。这显然不利于保护非违约方当事人的利益，及防止当事人随意和恶意违约因此，法官要充分认识可得利益损失的制度价值，当判则判，以保护守约方合法权益。

第二，可得利益损失的事实查明不足。这是因为可得利益是一种未来利益，同时具有确定性和不确定性，该特性决定了可得利益损失的证明标准较高，守约方很难证明具体的可得利益损失数额。显然，让守约方承担可得利益天然不确定性的风险并不公平，因此，有必要降低可得利益确定性的证明标准，既符合可得利益的属性，也能满足司法实践的需求。[1]

第三，可得利益损失数额的计算标准不统一。司法实践中，法院在确定可得利益损失数额时，多为酌定，缺少明确的论证过程和计算依据。虽然在确定合理的赔偿额时，法官有自由裁量权，但还是应当尽量结合案情阐明酌定的依据，比如可以参照同类合同、同时期内实际履行所获得的收益作为酌定的依据，以更好地让当事人明白和理解其酌情确定具体损失数额的合理性。

4. 违约金

违约金是指当事人一方违反合同时应当向对方支付的一定数量的金钱或财物。根据《合同法》第114条的规定，违约金的数额由当事人预先约定，因此很难准确预计违约造成的真实损失，难免出现实际损失高于或低于约定违约金的情况，因此，对于约定的违约金低于造成的损失的，当事人可以请求人民法院或者仲裁机构予以增加；约定的违约金过分高于造成的损失的，当事人可以请求人民法院或者仲裁机构予以适当减少。这就是违约金适用的填平原则，这既能避免由于违约金约定过低而损害守约方的利益，也能防止守约方获得不正当的利益。司法实践中，违约金的适用主要存在以下一些

---

〔1〕 李阿侠：《融资租赁案件裁判精要》，法律出版社2018年版，第402页。

问题：

（1）法院能否依职权主动调整违约金数额

根据《合同法》第114条及《合同法解释（二）》第29条的规定，违约金是调整需依当事人申请进行，对于当事人未对违约金过高提出调整请求的，法官可否主动释明，司法实践中存在一定争议。一种观点认为法官不得主动调整，另一种观点认为法官可以就违约金调整进行释明。司法权威观点认为，法院未经当事人请求不得调整违约金的数额，但对明显过高或过低的违约金约定应当向当事人进行释明。[1]但是，法官在行使释明权应当遵守以下限度：释明时一般不需要明确表达出本案中违约金已经过分高于损失这一看法，仅需向当事人说明违约金调整制度的存在以及运用的相关规定。[2] 实践中，针对当事人仅提出“并没有违约、不应当承担违约责任”之类抗辩主张时，法官一般会向当事人作如下释明：假设合议庭认定你方存在违约行为，对违约金的数额有何异议。

（2）违约金是否过高的标准

《商品房买卖合同司法解释》第16条将30%作为确定商品房买卖合同中违约金是否过高及调整违约金的衡量标准。但根据《合同法解释（二）》第29条[3]的规定，当事人约定的违约金超过造成损失的30%的，一般可以认定为过分高于造成的损失。这里用了“可以认定过高”而不是“应当认定过高”，表明30%只是作为法院认定违约金过高的参考标准之一，而不是唯一标准。这是因为，各个类型的合同由不同的性质和特征，违约有善意和恶意、轻微和重大违约之分，合同的履行程度及守约方的实际损失也各有不同，不适宜用一个30%来作为判定违约金过高的标准。硬性“一刀切”的做法，非

[1] 最高人民法院研究室编著：《最高人民法院关于合同法司法解释（二）理解与适用》，人民法院出版社2015年版，第262页。

[2] 参见李勇主编：《买卖合同纠纷》，法律出版社2015年版，第250页。

[3] 该条规定：“当事人主张约定的违约金过高请求予以适当减少的，人民法院应当以实际损失为基础，兼顾合同的履行情况、当事人的过错程度以及预期利益等综合因素，根据公平原则和诚实信用原则予以衡量，并作出裁决。当事人约定的违约金超过造成损失的百分之三十的，一般可以认定为合同法第一百一十四条第二款规定的‘过分高于造成的损失’。”

常容易出现以偏概全，挂一漏万的问题，并将会引发新的裁判规则不公平的问题。[1] 因此，不宜单纯使用统一固定的比例标准裁量违约金是否过高。根据《合同法解释（二）》第29条的规定，衡量违约金是否过高，“应当以实际损失为基础，兼顾合同的履行情况、当事人的过错程度，以及预期利益等因素，由人民法院根据公平原则、诚实信用原则予以衡量”。即以参考相关司法裁量重要因素为主，以一定比例为辅，弹性刚性相结合。

认定违约金过高后，需要对过高的违约金进行调整违约金是否过高的判断标准当然也适用违约金过高的调整原则。

（3）违约金与其他违约责任能否并用

第一，在合同不存在履行不能的情况下，根据《合同法》第114条第3款的规定，当事人主张违约金的同时可主张继续履行、采取其他补救措施。

第二，根据《买卖合同司法解释》第26条[2]的规定，在根本违约导致守约方解除合同的情况下，违约金与合同解除可以并用。

第三，《合同法》第116条的规定仅是一种任意性规定，当事人在违约金及定金责任中可以任选一种。在当事人明确约定违约金和定金可以并用的情况下，违约金和定金可以并用。约定的违约金及定金数额之和过分高于违约行为所造成的损失时，违约一方当事人可以请求人民法院减少违约金数额。[3]

第四，当事人既约定违约金，又约定损失赔偿数额计算方法的，且未约定两者排除适用的，依据守约方主张，违约金与损害赔偿可以并用，但是违约金与损害赔偿数额之和也受违约金调整规则的限制。

5. 定金

定金属于担保法范畴，《合同法》第115条规定：“当事人可以依照《中华人民共和国担保法》约定一方向对方给付定金作为债权的担保。债务人履

---

〔1〕 最高人民法院研究室编著：《最高人民法院关于合同法司法解释（二）理解与适用》，人民法院出版社2015年版，第260页。

〔2〕 该条规定：“买卖合同因违约而解除后，守约方主张继续适用违约金条款的，人民法院应予支持；但约定的违约金过分高于造成的损失的，人民法院可以参照合同法第一百一十四条第二款的规定处理。”

〔3〕 吴庆宝主编：《商事裁判标准规范》，人民法院出版社2006年版，第109页。

行债务后，定金应当抵作价款或者收回。给付定金的一方不履行约定的债务的，无权要求返还定金；收受定金的一方不履行约定的债务的，应当双倍返还定金。”据此，定金也是一种违约责任形式。

除了上述涉及的法定的违约责任承担方式，当事人还会在合同中约定“履约保证金”“保证金”“履约定金”等保障合同履行的违约责任承担方式。如果当事人明确约定了具体的实现方式，则根据合同自由原则，当事人应当按照约定的条款承担违约责任，如果约定其具有违约金或定金的功能，实质上等同于违约金或定金等违约责任承担方式。

典型案例1
股权转让合同中违约金是否过高的认定标准

——富春置业公司与金易投资公司股权转让纠纷案[1]

案例要旨

关于股权转让协议约定的违约金数额是否过高，应以实际损失数额为确认的基础。参照《民间借贷司法解释》第30条的规定，本案股权转让方的实际损失为以欠付款项为基数，按照24%的年利率，从履行期限届满之日至付清之日。又因约定的违约金不可超过造成损失的30%，故违约方应支付的违约金最高为上述损失的130%。故本案约定的未支付股权转让款年息20%的违约金标准不过高。

基本案情

上诉人（原审原告）：富春置业公司。

被上诉人（原审被告）：金易投资公司。

2015年12月30日，富春置业公司（甲方，股权转让方）与金易投资公

〔1〕 湖北省武汉市中级人民法院（2018）鄂01民终5326号。

司（乙方，股权受让方）签订股权转让协议，协议约定甲方将其持有的湖北三江旅游发展有限公司 27.5% 的股权全部转让给乙方，股权转让价款为 14575000 元。协议约定，甲方协助办理完毕股权转让工商变更登记前，乙方支付 20% 的股权转让款，即 2915000 元；剩余 80% 股权转让款 11660000 元，于 2016 年 9 月 30 日前付清。关于违约责任约定，乙方逾期支付股权转让款，以欠款金额为基数，自股权转让登记之日起，按年息 20% 向甲方支付违约金。甲方授权代表陈杰、乙方授权代表胡军分别签字、签章。

协议签订次日，双方办理了股权变更登记。金易投资公司分别于 2015 年 12 月 31 日、2016 年 10 月 11 日、2016 年 10 月 24 日、2016 年 10 月 27 日向富春置业公司支付股权转让款 2915000 元、2660000 元、3800000 元、5200000 元，合计 14575000 元。富春置业公司诉请金易投资公司支付逾期付款违约金 1997834 元。

法院裁判

一审法院认为，本案中，富春置业公司未提交证据证明其实际损失，该损失应以违约方逾期给付股权转让款所造成的资金占用损失为准，参照中国人民银行规定的金融机构计收逾期贷款利息的标准计算，即按中国人民银行规定的同期贷款基准利率上浮 50% 为利率进行计算。故股权转让协议约定按年息 20% 的标准计算违约金，明显过高，超过上述损失的 30%，应予以调整，按照上述认定的损失标准进行计算。

生效判决认为，关于股权转让协议约定的违约金数额是否过高，应以实际损失数额为确认的基础。本案中，因富春置业公司并未提交证据证明其因金易投资公司的逾期付款行为而遭受的实际损失情况，一审法院以金易投资公司逾期给付股权转让款所造成的资金占用损失为准，并无不当。该资金占用损失的计算主要涉及：第一，损失起算时间。股权转让协议约定，剩余 80% 股权转让款应于 2016 年 9 月 30 日前付清。若金易投资公司遵循该约定按期付款，富春置业公司将不存在任何损失。故富春置业公司可预见的损失从

2016 年 10 月 1 日才会发生，2016 年 10 月 1 日应为损失的起算时点。一审法院认为实际损失应依照协议约定的自股权转让登记之日起计算，无事实依据，法院予以纠正。第二，损失计算标准。最高人民法院《民间借贷司法解释》第 30 条规定："出借人与借款人既约定了逾期利率，又约定了违约金或者其他费用，出借人可以选择主张逾期利息、违约金或者其他费用，也可以一并主张，但总计超过年利率 24% 的部分，人民法院不予支持"，故资金占用的最高计息标准为年利率 24%。因本案需要评判当事人约定的违约金数额是否过高，本院参照法律法规认可的该最高计息标准去衡量，即损失计算标准为年利率 24%。综上，富春置业公司遭受的资金占用最大损失为：以欠付款项为基数，按照 24% 的年利率，从 2016 年 10 月 1 日计算至付清之日。根据三次付款时间分段计算至 2016 年 10 月 27 日，该资金占用损失为 171524.38 元。又因约定的违约金可超过造成损失的 30%，故金易投资公司应支付的违约金最高为 222981.69 元（171524.38 元 ×130%）。双方约定的违约金标准不超过该计算方式，因此无须调整。

案例评析

本案涉及股权转让纠纷中违约金过高时如何调整？如何根据案件的不同情况，最大限度地维护守约方的利益？

1. 股权转让合同过程中违约金是否过高的认定原则

根据《合同法》第 114 条、《合同法解释（二）》第 29 条的规定，违约金在实际适用中有以下特点：（1）违约金具有补偿性和惩罚性双重性质，以补偿性为主、惩罚性为辅，即以填补守约方的损失为主要功能，而不以严厉惩罚违约方为目的；（2）约定违约金过高的，可以请求人民法院调减，约定违约金过低的，可以请求人民法院增加；（3）合同当事人可以约定高于实际损失的违约金，但约定的违约金不得超过造成损失的 30%。

认定违约金是否过高，要遵循公平原则和诚实信用原则，在尊重合同自由的基础上做好各方利益的平衡，根据案件的具体情况，在合理合法的范围内最大化保证守约方的利益。同时，需要考量以下因素：

第一，合同的履行情况。本案涉及股权转让方逾期支付股权转让款而产生违约责任，因此应当重点考虑未付款额占全部合同价款的比例，即已支付款项的程度，据此来衡量是否存在约定的违约金过高的情形。

第二，违约方的主观恶意及过错程度。在调整违约金的过程中，违约方的过错程度也是应当考量的重要因素，“如果违约方仅具有轻微过失，则不应对其实施过重的惩罚，应适当减轻其违约金责任”。[1]因此，违约方是恶意违约还是过失违约，直接决定违约金的补偿性和惩罚性功能的彼此消长。就股权转让而言，受让方欠款期限的长短、逾期付款的理由及转让方在催缴后的态度都属于应当考虑的因素。

第三，违约金条款是否显失公平。普通民事主体之间的股权转让，合同主体之间的权利义务大致相当，公平合理。但是如果一方利用对方急于促成合同的签订，在约定违约金条款时利益过于失衡导致显失公平的，则应当予以调整。而在一些特殊股权转让如对赌协议中，由于对赌本身是一种带有风险性的投资方式，因此难以认定为显失公平，因此对赌协议一般也不存在违约金调整的余地。

第四，违约的后果。在衡量违约造成损失时，还应考虑守约方可得利益损失及因其他后果。如果双方当事人明确了股权转让款的特定用途，受让方逾期支付股权转让款导致该特定民事法律行为下出让方遭受了严重后果，也是在调整违约金时应考量的因素。

第五，30%比例。实践中，违约金调整的的上限一般应不超过造成损失的30%，法官应结合上述情况，并根据诚实信用及公平原则，综合确定相应的违约金数额。

2. 股权转让合同中因逾期付款导致的损失如何计算

如果没有特殊的情况，实践中一般以不超过损失的30%作为最高的

---

〔1〕 王利明：《违约责任论》，中国政法大学出版社2003年版，第642页。

违约金标准，此处的“损失”并非合同标的。

关于实际损失如何计算的问题。根据《合同法》的规定，如果违约方认为约定的违约金过分高于造成的损失的，并请求法院适当减少的，守约方应该举证证明其因对方违约产生的实际损失。法院应以实际损失为基础，兼顾合同的履行情况、当事人的过错程度以及预期利益等综合因素，根据公平原则和诚实信用原则予以衡量。就股权转让合同而言，出让方转让股权的合同目的为取得转让款，因此，如果作为守约方的出让人没有举证证明存在其他实际损失，因受让方延期付款导致的违约行为，对转让方造成的损失为资金占用损失。在进行违约金调整时，应以资金占用损失为基础，结合《合同法》及司法解释的相关规定，审视双方合同约定的起算时间及计算标准，酌情确定。

本案中，富春置业公司未举证证明其存在其他实际损失，因此，富春置业公司由于金易投资公司逾期付款产生的实际损失为资金占用的损失。双方股权转让协议约定，剩余80%股权转让款应于2016年9月30日前付清，因此资金占用损失从2016年10月1日才会发生。股权转让协议约自股权转让登记之日起计算违约金，明显超过了实际损失的范畴，因此二审法院予以调整，将2016年10月1日认定为损失的起算时点。关于资金占用损失的计算标准，二审法院参照《民间借贷司法解释》第30条的规定，[1]以欠付款项为基数，按照24%的年利率，从2016年10月1日计算至付清之日，以此计算出资金占用损失，该资金占用损失即确定为实际损失。同时，根据《合同法解释（二)》第29条的规定，约定的违约金可达造成损失的30%，因此，二审法院用上述实际损失×130%，确定了一般情况下，未支付股权转让款的最高的违约金标准。本案双方约定的违约金标准不超高该最高上限，因此无须调整。

但是，在《会议纪要》出台后，裁判文书中有关未付款损失的计算

---

〔1〕该条规定：“出借人与借款人既约定了逾期利率，又约定了违约金或者其他费用，出借人可以选择主张逾期利息、违约金或者其他费用，也可以一并主张，但总计超过年利率24%的部分，人民法院不予支持。”

标准表述应当进行调整。《会议纪要》第50条规定，除借款合同外的双务合同，作为对价的价款或者报酬给付之债，并非借款合同项下的还款义务，不能以受法律保护的民间借贷利率上限作为判断违约金是否过高的标准，而应当兼顾合同履行情况、当事人过错程度以及预期利益等因素综合确定。该规定强调在认定未付款损失时，24%标准不能泛化使用，亦不能将24%标准作为认定损失的最高限额，而应考虑案件实际情况来确定损失，但至于如何确定损失，该纪要并未举例说明。对此笔者认为，既然该纪要如此规定，裁判文书中不宜直接表述以年利率的24%作为计算违约金和赔偿金的上限标准，守约方的具体损失应结合案情进行确定，但是在一些情况下，24%标准可以作为法官内心判断违约金条款是否公平的因素之一加以考量。

上述二审法院关于违约金的计算方式，充分考虑到了案件实际情况，在符合《合同法》及其司法解释的规定的情况下，最大化保证了守约方的利益。

典型案例2
股权转让合同中违约金与损害赔偿能否并用
——马某、程某与宏铭公司股权转让纠纷案〔1〕

案例要旨

《股权转让协议书》约定，若一方违约，由违约方赔付守约方500万元违约金，并赔偿相应的实际经济损失。该条款虽约定了违约时违约方应支付的违约金具体数额，但同时又约定对守约方的实际损失应予赔偿，表明双方一致认可违约赔偿应以守约方的实际损失为据，若约定违约金不足以弥补守约方实际损失的，守约方可要求增加赔偿。

〔1〕 四川省高级人民法院（2016）川民终1164号。

基本案情

上诉人（原审被告）：马某、程某。

被上诉人（原审原告）：宏铭公司。

原审被告：成正公司。

2013 年 6 月 20 日，宏铭公司（甲方）与马某（乙方）签订《股权转让协议书》，约定宏铭公司将持有的乾金矿业 66.7% 的股权转让给马某。《股权转让协议书》载明：“……一、股权转让价格：甲方将自己在原公司的全部股权以 2000 万元人民币转让给乙方。二、转让款的支付方式：乙方应按本合同约定的币种和金额将股权转让款以银行转账方式分三次支付给甲方，具体如下：1. 第一次付款：签订本合同后，乙方当天一性支付甲方订金 200 万元；2. 第二次付款：甲乙双方 10 个工作日内在洛南县工商局依法进行股东变更，变更时乙方当日一次性付款 800 万元，并由乙方和王某 2 个股东组成新的乾金矿业公司；3. 第三次支付 1000 万元必须在合同签订 180 日内一次性支付。……四、违约责任：1. 本合同双方应自觉严格依约履行。若一方违约，由违约方赔付守约方 500 万元违约金，并赔偿相应的实际经济损失。……五、其他约定：1. 本协议未尽事宜，双方另行协商签订补充协议，补充协议与本协议具有同等效力。如协商不成，可向甲方所在地人民法院提起诉讼。……”同日，马某通过银行转账向宏铭公司支付 200 万元。此后，宏铭公司依约向马某转让了《股权转让协议书》约定的股权。2013 年 7 月 12 日，马某通过银行转账向宏铭公司支付 400 万元。同日，成正公司出具《担保书》，载明：“兹有韩城市成正工贸有限责任公司，法人代表孙继立，全权担保马某收购洛南县乾金矿业有限公司原股东攀枝花市宏铭工贸有限公司 66.7% 股份应履行所签订的股权转让协议，并承担相关责任。”2013 年 7 月 15 日，马某通过银行转账向宏铭公司支付 400 万元，此后马某未再履行支付股权转让款的义务。宏铭公司遂于 2014 年 7 月 16 日向一审法院提起诉讼。

法院裁判

一审判决马某、程某共同向宏铭公司支付剩余股权转让款1000万元及违约金500万元；以人民银行公布的同期贷款基准利率为计息标准向宏铭公司支付逾期付款利息；成正公司对上述义务承担连带清偿责任。

马某、程某不服，提起上诉。其主要上诉理由是：马某、程某上诉主张，宏铭公司履约过程中存在违约和欺诈行为，一审判令马某、程某承担500万元违约金明显过高；同时，一审在支持违约金诉请的情况下，又判令马某、程某承担逾期利息不当，应予纠正。

生效判决认为，根据《股权转让协议书》的约定，宏铭公司作为股权转让方，负有提供真实的账务、合同、资产清单，办理资产移交及确认债务等义务，马某、程某主张宏铭公司违反以上约定义务，但并未证明宏铭公司向其提供了不真实的资料、资产清单，也未证明宏铭公司未配合其办理资产移交且未按其要求进行债权债务确认，马某、程某关于宏铭公司违约的主张依据不足。同时，即使宏铭公司未按约履行以上义务，由于协议并未约定马某支付转让款应以宏铭公司履行完毕上述义务为前提，根据《合同法》第120条关于“当事人双方都违反合同的，应当各自承担相应的责任”的规定，其以此主张调减逾期付款违约金的上诉理由不能成立，应不予支持。马某、程某还主张宏铭公司构成合同欺诈，但既未证明宏铭公司存在的欺诈行为，也未向人民法院提出撤销《股权转让协议书》的申请，其以此主张不承担违约责任的理由不能成立。

《股权转让协议书》约定，马某应当在合同签订180日内一次性支付剩余的1000万元股权转让款，而马某并未按约履行付款义务，构成违约，应承担逾期付款的违约责任。《股权转让协议书》约定，若一方违约，由违约方赔付守约方500万元违约金，并赔偿相应的实际经济损失。该条款虽约定了违约时违约方应支付的违约金具体数额，但同时又约定对守约方的实际损失应予赔偿，表明双方一致认可违约赔偿应以守约方的实际损失为据，若约定违约金不足以弥补守约方实际损失的，守约方可要求增加赔偿。本案中，宏铭公司提出的诉请明确要求马某在承担违约金500万元的同时承担1000万元欠款的逾期利息，实质是认为约定的违约金不足以弥补实际损失，申请人民法院在支持违约金的同时，另行支持其相应的资金占用损失，以弥补其因马某逾期付款行为而遭受的损失。按照约定的履行期限，马某应于2013年12月20日前支付剩余的1000万元股权转让款，而马某并未依约支付，且本案纠纷至今未解决，宏铭公司遭受的损失仍在持续扩大，根据《合同法》第114条第2款关于"约定的违约金低于造成的损失的，当事人可以请求人民法院或者仲裁机构予以增加；约定的违约金过分高于造成的损失的，当事人可以请求人民法院或者仲裁机构予以减少"的规定，一审法院在支持宏铭公司提出的违约金诉请的同时，判令马某承担从宏铭公司起诉之日，即2014年7月16日起的逾期付款利息，并无不当。同时，一审法院按照中国人民银行同期贷款基准利率计算资金占用损失的实体处理并不导致双方利益失衡，符合民法公平原则，法院对此予以确认。最高人民法院《买卖合同司法解释》第24条第4款规定适用于合同没有约定逾期付款损失计算方法的情形，并不适用于本案转让人申请增加损失赔偿的情形。马某以此主张不应支付逾期利息的理由不能成立。据此，马某、程某关于一审判令其按约承担违约金明显过高且同时判令其承担逾期利息不当的上诉理由不能成立，不予支持。

案例评析

本案的争议焦点是，股权受让方未依约支付转让款，出让方依据股权转让合同的约定，主张违约方应支付逾期付款违约金并承担逾期付款利息，亦即，守约方同时主张违约金和损害赔偿，法院是否应当支持。

1. 在当事人明确约定的情况下，违约金和赔偿金可以并用

《合同法》第60条第1款规定："当事人应当按照约定全面履行自己的义务。"如果未全面履行合同义务，则应当承担违约责任。第107条规定："当事人一方不履行合同义务或者履行合同义务不符合约定的，应当承担继续履行、采取补救措施或者赔偿损失等违约责任。"第114条第1

款规定："当事人可以约定一方违约时应当根据违约情况向对方支付一定数额的违约金，也可以约定因违约产生的损失赔偿额的计算方法。"因此，在一方当事人违约的情况下，有可能同时产生违约金请求权与损害赔偿请求权，此时，守约方是否能同时主张违约金和赔偿金？

我国合同法上的违约金系以"补偿性为主、以惩罚性为辅"的违约金，补偿性乃其主要属性。因此，就违约金的补偿性而言，违约金本质上属于损害赔偿额之预定，其主要功能在于填补守约方损失，相当于履行之替代。根据《合同法》第114条第2款〔1〕及《合同法解释（二）》第28条〔2〕和第29条〔3〕之规定，当事人在确定违约金条款时，应当估计到一方违约可能给另一方所造成的损失，违约金数额不应与将来违约所造成的损失不相称。如果违约金数额过分高于因违约造成的损失的，当事人可以请求适当减少；当违约金数额低于因违约造成的损失的，当事人可以请求增加。因此，违约金的损失填补功能和替代履行作用决定了若违约金请求权与合同解除后损害赔偿请求权指向的是同一损害，则应避免同时适用，否则将会出现债权人双重获益之结果。〔4〕但是，基于合同自由原则，当事人可以约定违约金为损害赔偿以外的额外赔偿，〔5〕此时的违约金仅具有履约担保功能，或者仅具有所谓的惩罚性功能，也即所谓的惩罚性违约金，此时，守约方得一并主张损害赔偿请求权与违约金请求权。这是因为，就赔偿性违约金而言，在其与损害赔偿请求权

〔1〕该款规定："约定的违约金低于造成的损失的，当事人可以请求人民法院或者仲裁机构予以增加；约定的违约金过分高于造成的损失的，当事人可以请求人民法院或者仲裁机构予以适当减少。"

〔2〕该条规定："当事人依照合同法第一百一十四条第二款的规定，请求人民法院增加违约金的，增加后的违约金数额以不超过实际损失额为限。增加违约金以后，当事人又请求对方赔偿损失的，人民法院不予支持。"

〔3〕该条规定："当事人主张约定的违约金过高请求予以适当减少的，人民法院应当以实际损失为基础，兼顾合同的履行情况、当事人的过错程度以及预期利益等综合因素，根据公平原则和诚实信用原则予以衡量，并作出裁决。当事人约定的违约金超过造成损失的百分之三十的，一般可以认定为合同法第一百一十四条第二款规定的'过分高于造成的损失'。"

〔4〕最高人民法院民事审判第二庭编著：《最高人民法院关于买卖合同司法解释理解与适用》，人民法院出版社2012年版，第426页。

〔5〕韩世远：《违约金的理论争议与实践问题》，载《北京仲裁》2009年第1辑（总第68辑）。

利益指向同一的情况下，债权人不得同时请求损害赔偿，而就惩罚性违约金而言，债权人得一并主张违约金请求权与损害赔偿请求权。[1] 这是因为二者指向的利益并非同一。

在认定违约金与损害赔偿能否并用时，司法实务界认为，《合同法》所确定的原则是：(1) 当事人在合同中约定了违约金的，原则上应当按照约定违约金执行。(2) 当事人约定的违约金低于违约方的违约行为所造成的损害的，非违约方可以请求法院予以增加。(3) 当事人约定的违约金过分高于违约行为所造成的损失的，违约方可以请求人民法院适当减少。(4) 合同中未约定违约金，而当事人仅主张违约金而未主张赔偿损失的，对其主张不予支持。(5) 当事人既约定违约金，又约定损失赔偿额的计算方法的，且未约定两者排斥适用的，则应当依照当事人的主张选择适用。因为合同法上规定的违约金，一般认为是赔偿性违约金，所以如果合同中违约金明确约定为惩罚性违约金的，惩罚性违约金可以与损害赔偿并用。[2] 与上述理论界观点基本一致。

2. 违约金和赔偿金并用时的违约金计算标准问题

如前所述，当事人既约定违约金，又约定损失赔偿额的计算方法，且未约定两者排斥适用的，此时守约方既可以主张支付违约金，也可以主张损害赔偿，但违约金请求权应受制于违约金酌减条款，[3]亦即，《合同法》第 114 条第 2 款关于违约金标准过高调整的规定同样适用于惩罚性违约金，否则与“民法不以惩罚为目的、重在补偿受害人损失”的基本理念相冲突。[4]

司法实践中，对于未约定逾期付款违约金以及约定的逾期付款违约金过高的，司法实践的通常做法是以中国人民银行公布的同期同档贷款逾期罚息利率标准作为计算逾期付款违约金的起算标准，依据是最高人

---

[1] 韩世远：《合同法总论》，法律出版社 2010 年版，第 669 页。

[2] 索宏钢主编：《类型化案件审判指引（商事卷）》，人民法院出版社 2017 年版，第 183～184 页。

[3] 王洪亮：《违约金请求权与损害赔偿请求权的关系》，载《法学》2013 年第 5 期。

[4] 参见崔建远：《整体、基点、度》，载崔建远主编：《民法九人行》（第 2 卷），金桥文化出版（香港）有限公司 2004 年版，第 147 页。

民法院《关于逾期付款违约金应当按照何种标准计算问题的批复》(法释〔1999〕8号)〔1〕及《买卖合同司法解释》第24条第4款的规定,〔2〕以未支付款项的年利率24%为上限标准,《民间借贷司法解释》规定的关于民间借贷利率的规制采取的上限也是24%。

但是,法院认定惩罚性违约金是否过高的标准不能简单等同于赔偿性违约金,应当结合合同的约定、违约方的过错、合同履行情况及守约方主张的具体损害赔偿综合考虑。通常而言,在守约方没有明确证明其具体损失的情况下,法院在确定违约金和赔偿金并用时的违约金计算标准问题时,以未支付款项的年利率24%为计算违约金和赔偿金的上限标准。但是,在《会议纪要》出台后,根据第50条的规定,裁判文书中不宜直接表述以年利率的24%作为计算违约金和赔偿金的上限标准,守约方的具体损失应结合案情进行确定。

本案中,《股权转让协议书》约定,若一方违约,由违约方赔付守约方500万元违约金,并赔偿相应的实际经济损失。该条款一方面约定了违约方应支付的违约金具体数额,另一方面又约定对守约方的实际损失应予赔偿,因此,该协议约定的违约金,不是赔偿损失,而是担保债务的履行,当属于惩罚性违约金。按照约定的履行期限,马某应于2013年12月20日前支付剩余的1000万元股权转让款,而马某并未依约支付,且本案纠纷至诉讼时一直未解决,宏铭公司遭受的损失仍在持续扩大。至起诉时,宏铭公司主张的500万元违约金并同时,按照中国人民银行同期贷款基准利率计算资金占用损失,该两项加起来不超过以未支付款项1000万元的年利率24%为计算的上限标准。因此,一、二审法院支持了宏铭公司主张的500万元违约金,未予酌减,同时,按照中国人民银

〔1〕 该批复规定:“对于合同当事人没有约定逾期付款违约金标准的,人民法院可以参照中国人民银行规定的金融机构计收逾期贷款利息的标准计算逾期付款违约金。中国人民银行调整金融机构计收逾期贷款利息的标准时,人民法院可以相应调整计算逾期付款违约金的计算标准。”

〔2〕 该款规定:“买卖合同没有约定逾期付款违约金或者该违约金的计算方法,出卖人以买受人违约为由主张赔偿逾期付款损失的,人民法院可以中国人民银行同期同类人民币贷款基准利率为基础,参照逾期罚息利率标准计算。”

行同期贷款基准利率计算资金占用损失（《会议纪要》发布后，利息的裁判标准由银行同期贷款利率改为贷款市场报价利率），该处理并不导致双方利益失衡，符合民法公平原则。

典型案例 3
股权受让人未按合同约定履行举牌义务致使合同不能履行，如何计算守约方的可得利益损失

——康佳集团、壹视界公司与顺威公司股权转让纠纷案[1]

案例要旨

本案双方可以通过履行《股权转让意向协议》完成股权转让，无须在本案协议以外另行达成新的合意，因此，《股权转让意向协议》具有本约合同的性质。关于可得利益，股权出让方主张以股权转让约定价扣减股权对应的净资产，再扣减各项费用后的最终所得计算损失，法院不予采纳。法院综合考虑本案协议的履行情况、股权交易的价格、当事人的过错程度等因素，根据公平原则和诚实信用原则，酌定违约方赔偿相应的可得利益损失。

基本案情

上诉人（原审原告）：康佳集团、壹视界公司。

被上诉人（原审被告）：顺威公司。

2015 年 11 月，康佳集团（乙方）、壹视界公司（丙方）与顺威公司（甲方）签订《股权转让意向协议》，约定康佳集团将其持有的壹视界公司 60% 股权提交国有产权交易所进行公告挂牌转让，顺威公司同意以不低于 7200 万元参与标的股权的举牌。之后顺威公司未按协议约定在公告期内举牌。

康佳集团、壹视界公司向一审法院起诉请求：（1）解除康佳集团、壹视

---

[1] 广东省深圳市中级人民法院（2017）粤 03 民终 5299 号。

界公司和顺威公司签订的《股权转让意向协议》；（2）顺威公司赔偿康佳集团因顺威公司违反《股权转让意向协议》所造成的直接损失1188703.15元及可得利益损失63375976.85元；（3）顺威公司赔偿壹视界公司因顺威公司违反《股权转让意向协议》所造成的直接损失115270.95元，以上合计64679950.95元。

法院裁判

一审法院判决：（1）康佳集团、壹视界公司与顺威公司签订的《股权转让意向协议》于2016年3月16日解除；（2）顺威公司应向康佳集团赔偿直接损失150880元；（3）顺威公司内向壹视界公司赔偿直接损失27576.6元。康佳集团、壹视界公司不服，提起上诉。二审法院在维持上述判决的基础上，改判顺威公司赔偿康佳集团可得利益损失720万元。

生效判决认为，关于可得利益损失问题。首先，虽然三方签署涉案股权交易的合同名称采用了意向协议的表述，协议中有关股权估值及转让价格也采用了暂定的表述，但协议对标的股权、转让款的支付条件及期限、人员安排、尽职调查、国有股权挂牌转让步骤、违约责任等内容均作了详细的约定，已经具备股权转让合同所需的主要条款。而且，康佳集团在签订协议后依约积极履行了一系列行为，包括经其董事会审议通过股权转让议案、委托中介机构评估审计资产并出具法律意见、经其控股企业华某城集团审批、在国有资产评估项目登记备案、在上海联合产权交易所公开挂牌转让等，本院认为双方可以通过履行《股权转让意向协议》完成股权转让，无须在本案协议以外另行达成新的合意，因此，《股权转让意向协议》具有本约合同的性质。顺威公司关于《股权转让意向协议》为预约合同，顺威公司违反预约合同的赔偿责任仅限于信赖利益损失的辩解，本院不予采纳。其次，《股权转让意向协议》第9条违约责任第2款明确约定，如果顺威公司不举牌，顺威公司应当赔偿康佳集团挂牌预期收益，即可得利益损失。该约定表明挂牌预期收益在《股权转让意向协议》约定的损害赔偿范围之内，顺威公司在订立协议时对于其不举牌所造成的康佳集团可得利益损失是应当能够预见的。本案中，虽然协议约定在发现存在对交易有实质性影响的重大事实或康佳集团、壹视界公司提供虚假、误导信息，影响顺威公司对壹视界公司价值判断的情况下，受让方顺威公司有权单方面终止协议，但是，同时也约定顺威公司应在约定的期限内对壹视界公司的资产、业务、财务状况及涉诉情况等进行尽职调查和审计。顺威公司在其已承诺按照不低于7200万元参与标的股权的举牌、康佳集团已按协议约定履行一系列义务的情况下，无证据证明已进行相关的尽职调查和审计工作，亦未提交证据证明存在对涉案交易有实质性影响的重大事实或康佳集团、壹视界公司提供了虚假的信息影响其对标的股权的价值判断，其直至标的股权公开挂牌后才以降低投资风险为由放弃举牌，违反了协议的约定，且顺威公司对于自己不履行合同义务会导致康佳集团不能实现可得利益这种后果是能够预见的，故顺威公司应当就康佳集团的可得利益损失予以赔偿。最后，关于可得利益赔偿的具体数额，虽然协议明确约定顺威公司不举牌时应赔偿康佳集团挂牌预期收益，但对可得利益赔偿计算方法并未作出约定。康佳集团主张以股权转让约定价扣减康佳集团持有的壹视界公司60%股权对应的净资产，再扣减各项费用后的最终所得计算损失。本院认为，股权的交易只是股权价值的变现，公司股份的价值由多种因素组成，包括固定资产、流动资金、知识产权、产品竞争能力以及人员素质等多方面因素。公司的净资产额虽然在一定程度上反映了公司的财务状况，但由于不能体现公司资金的流转等公司运作的重要指标，因而不能全面反映公司经营的实际状况及股权的价值。而且，康佳集团主张的此种损失计算方法是顺威公司签订合同时不能预见到的，因此，本院对康佳集团主张的可得利益损失计算方法不予采纳。本院综合考虑本案协议的履行情况、股权交易的价格、当事人的过错程度等因素，根据公平原则和诚实信用原则，酌定顺威公司赔偿康佳集团可得利益损失720万元。

案例评析

虽然本案最终争议的是可得利益损失的具体数额，但是诉讼中双方对《股权转让意向协议》属于本约合同还是预约合同产生了争议，这是因为，如认定为是预约合同，将会对最终的损失赔偿数额产生根本性的影响。

1. 违反预约合同的赔偿范围

预约合同是指约定将来订立本合同的合同，目的是确保合同当事人在将来能够订立特定的合同，亦被称为意向书。而本合同是指当事人依据预约合同所最终订立的合同，亦被称为正式协议。关于违反预约合同的赔偿范围，“因预约合同的履行只是发生签订本约合同的行为，即建立一个新的合同关系。预约合同履行行为本身并无任何交易发生，没有生成任何经济利益。若未达成本约，仅是丧失一次订立合同的机会，并无可得利益损失。而本约合同的履行，则是完成交易之行为，能够直接产生经济利益，这种利益就是合同的履行利益，其中包含可得利益。因此，我们认为，在违约责任方面，预约合同与本约合同的最大区别之一在于，预约合同违约没有可得利益损失，本约合同违约可能存在可得利益损失”。[1]因此，违反预约的行为既是预约的违约行为，也可以视为本约的缔约过失行为，通常没有产生经济利益，因此，违反预约合同没有可得利益损失。预约合同的损害赔偿应以信赖利益为限，信赖利益损失通常包括守约方为订立合同、准备履约和实际履约所支付的费用，在最高不超过履行利益的范围内，由法官酌情确定。

本案中，首先，虽然三方签署涉案股权交易的合同名称采用了意向协议的表述，协议中有关股权估值及转让价格也采用了暂定的表述，但协议对标的股权、转让款的支付条件及期限、人员安排、尽职调查、国有股权挂牌转让步骤、违约责任等内容均做了详细的约定，已经具备股

〔1〕 最高人民法院民事审判第二庭编著：《最高人民法院关于买卖合同司法解释理解与适用》，人民法院出版社 2016 年版，第 62 页。

权转让合同所需的主要条款。而且，康佳集团在签订协议后依约积极履行了一系列行为，包括经其董事会审议通过股权转让议案、委托中介机构评估审计资产并出具法律意见、经其控股企业华某城集团审批、在国有资产评估项目登记备案、在上海联合产权交易所公开挂牌转让等，在产权交易所挂牌只是股权转让最后一个步骤，因此，《股权转让意向协议》具有本约合同的性质。

2. 本案确定可得利益损失的裁判思路

关于本案康佳集团可得利益损失的计算问题。虽然协议明确约定顺威公司不举牌时应赔偿康佳集团挂牌预期收益，但对可得利益赔偿计算方法并未进行约定。结合本案事实，对康佳集团因顺威公司不举牌导致的预期可得利益损失，应综合考虑以下因素予以确定。首先，康佳集团需举证证明其可得利益损失额。康佳集团主张以股权转让约定价扣减康佳集团持有的壹视界公司60%股权对应的净资产，再扣减各项费用后的最终所得计算损失。但是，公司的净资产并不能全面反映公司股权的价值，且康佳集团主张的此种损失计算方法是顺威公司签订合同时不能预见到的，因此，二审法院对康佳集团主张的可得利益损失计算方法未予采纳。本案中，康佳集团未能出售股权，但并未丧失再交易的机会，再交易中股权价值是涨是跌，亦不确定。因此，对康佳集团因为丧失本次交易机会产生的损失，只能由法院酌情确定。其次，康佳集团为合同履行所支付的费用，应属于可得利益的损失。最后，法院综合考虑客观情况，酌情予以确定。

本案二审法院综合考虑本案协议的履行情况、股权交易的价格、当事人的过错程度等因素，根据公平原则和诚实信用原则，酌定顺威公司赔偿康佳集团可得利益损失720万元。合议庭虽然没有在判决书中交待损失额的计算标准问题，但是作为本案来说，法院是有权酌定的。

典型案例4
违约方不能因其违约行为而获益
——上海锐利公司与袁某某、三协公司股权转让纠纷案〔1〕

案例要旨

本案中，双方对于涉案股权价款的真实意思表示既是500万日元，也是39.39万元人民币，两者本身并不冲突，在双方转让股权之时，无论采取哪种解释方式对股权转让款进行解读，其实际价值相差无几。由于受让方逾期支付股权转让款，致使500万日元和39.39万元人民币的价值出现偏离。因此，在双方对合同价款的认定发生争议，也均有证据支撑时，应以保护守约方为原则进行解释。

基本案情

上诉人（原审被告）：上海锐利公司。

被上诉人（原审原告）：袁某某。

原审第三人：三协公司。

2010年10月25日，浦东区政府同意合资设立三协公司；公司投资总额7000万日元；注册资本5000万日元，其中，上海锐利公司出资1500万日元，以等值人民币现金折合投入，占注册资本的30%；袁某某出资500万日元，以等值人民币现金折合投入，占注册资本的10%；三协会社出资3000万日元，以日元现汇投入，占注册资本的60%。后三协公司依法成立并经工商登记。2014年2月15日，三协公司作出董事会决议：（1）三协会社的60%股权按投资金额转让给上海锐利公司；（2）袁某某10%股权按投资金额转让给上海锐利公司。2014年4月22日，袁某某、上海锐利公司及三协会社签订《股权

〔1〕 上海市第二中级人民法院（2016）沪02民终10583号。

转让协议书》，约定袁某某、上海锐利公司将各自拥有的三协公司10%、60%的股份分别以39.39万元和3000万日元转让给上海锐利公司。协议书约定支付日期为协议书生效之日起10日内支付；不能按期支付股权转让款的，按日万分之五给付违约金；生效条件为本协议书经三方签章并经浦东区政府批准生效，三方应于协议书生效后依法向工商行政管理机关办理变更登记手续。2014年7月21日，浦东区政府作出《关于同意三协包装机械（上海）有限公司股权转让和变更企业类型的批复》，同意上述股权转让，股权转让后，公司由中外合资企业变更为内资企业。袁某某按约将其持有的三协公司10%股权转移至上海锐利公司名下，上海锐利公司未依约支付股权转让款。经查，在上海市浦东新区商务委员会档案室存档的董事会决议中明确记载，三协公司董事会一致通过决议：袁某某将所持有的占公司10%的股权，以39.39万元人民币（按以前实际出资日汇率计算=500万日元）的价格转让给上海锐利公司。而浦东市场监管局备案的协议书中记载了转让价款为500万日元。此外，在上海锐利公司提供的其于2015年6月27日发送给袁某某的电子邮件的附件《和解协议》中，明确记载"上海锐利公司应支付给袁某某的39.39万元股权转让款中扣除……"的内容。

袁某某诉请上海锐利公司支付股权转让款39.39万元及违约金，上海锐利公司对此不予认可，认为股权转让款应以工商部门备案的协议书为准，即支付500万日元；协议书上载明的投资款项为日元，因为最初投资的是日元，故转让时也以日元转让。

法院裁判

一审法院经审理认为，除了浦东市场监管局备案的协议书内容，并未有证据证明转让价款为500万日元。况且，根据当事人陈述，相关股权转让款的合同页面确实存在被更换的可能性。因此，袁某某主张其与上海锐利公司就股权转让价款协议确认为39.39万元，具有高度盖然性，一审法院判决认定转让款为39.39万元。上海锐利公司不服，提起上诉。

生效判决认为，双方均对己方观点提供了一定的证据予以佐证，且均具备相当的证明效力。根据相关部门备案的股权转让协议，价款均为500万日元，这也符合三协公司原来中外合资企业的特性。然而，上海市浦东新区商务委员会备案的董事会决议却载明价款为39.39万元人民币，亦应是各方真实意思表示，且能够与双方的电子邮件往来内容相印证。而从浦东区政府《关于同意设立三协包装机械（上海）有限公司的批复》的内容来看，上海锐利公司出资1500万日元，袁某某出资500万日元，皆以等值人民币现金折合投入，可见上海锐利公司与袁某某都实际以人民币进行投资。从上海锐利公司收购三协会社、袁某某持有的三协公司股权形式、价格来看，其实也均以股权出售方当初购入原价进行收购。结合董事会决议“39.39万元人民币（按以前实际出资日汇率计算=500万日元）的价格”的这一表述，法院认为双方在本案中对于价款的认识和主张均不全面，其实双方对于涉案股权价款的真实意思表示既是500万日元，也是39.39万元人民币，两者本身并不冲突，在双方转让股权之时，无论采取哪种解释方式对股权转让款进行解读，其实际价值相差无几。而之所以在本案中双方对于计价货币存在如此争议，是由于上海锐利公司长时间拖延支付股权转让款，随着汇率波动，致使500万日元和39.39万元人民币的价值出现偏离。因此，在双方对合同价款的认定发生争议，也均有证据支撑时，应以保护守约方为原则进行解释。一审法院采信守约方即袁某某的观点，认为上海锐利公司应支付的转让价款为39.39万元，更符合情理，也更符合双方当事人在进行股权转让时的真意。据此，二审判决驳回上诉，维持原判。

案例评析

本案的争议焦点在于：股权转让价款为500万日元还是39.39万元人民币。

诚实信用原则是民法的基本原则，简称诚信原则，要求人们在民事活动中应当诚实、守信用，正当行使权利和履行义务。如果一方当事人因为违约行为所能获取的利益要大于实际履行合同所能获得的利益，那么违约将会因而受到鼓励，这显然有悖于民法基本理念和诚实信用原则。因此，违约方不能因其违约行为而获益应是诚实信用原则的基本要求。

本案股权转让协议约定的转让款是39.39万元，但是相关部门备案的股权转让协议中约定的转让款为500万日元，而在相关部门存档的董事会决议中记载，袁某某将所持有的占公司10%的股权，以39.39万元（按以前实际出资日汇率计算=500万日元）的价格转让给上海锐利公司。上述证据均能在一定程度上佐证双方当事人的观点，但是二审法院认为，双方在本案中对于价款的认识和主张均不全面，其实双方对于涉案股权价款的真实意思表示既是500万日元，也是39.39万元人民币，两者本身并不冲突。这主要是基于以下理由：三协公司在股权转让前系中外合资企业，从浦东区政府《关于同意设立三协包装机械（上海）有限公司的批复》的内容来看，上海锐利公司出资1500万日元，袁某某出资500万日元，皆以等值人民币现金折合投入，可见，上海锐利公司与袁某某都实际以人民币进行投资并折算成相应的日元在相关部门登记。故在实际的转让中，双方约定的转让价款是人民币。而在相关部门备案的股权转让协议中约定的转让款为日元，很可能是为了与批复设立时的日元出资登记相一致。并且，在双方转让股权之时，39.39万元人民币与500万日元的实际价值相差无几。而三协公司董事会决议记载的“以39.39万元（按以前实际出资日汇率计算=500万日元）的价格”也能表明，双方对于涉案股权价款的真实意思表示既是500万日元，也是39.39万元人民币。在此种情况下，上海锐利公司可以在合同约定的付款时间内选择支付500万日元或是39.39万元人民币作为股权转让款的给付。

由于上海锐利公司未按约支付股权转让款，随着汇率波动，致使500万日元和39.39万元人民币的价值出现偏离（人民币对日元大幅升值）的情况下，上海锐利公司要求确定股权转让款为500万日元，显然有悖诚实信用原则。因此，应坚持违约方不能因其违约行为而获益的原则，在债务人违反合同约定的情况下，其选择权已丧失，或者转移至债权人，此时需充分考虑守约方当事人的意思表示。本案中，根据守约方袁某某的主张，法院判决确认以 39.39 万元人民币为股权转让款，充分体现了诚实信用原则在司法审判中的准确适用，保护了守约方的利益。

二、股权转让合同无效、被撤销或解除后的法律责任

合同无效是指合同因欠缺一定生效要件而致合同当然不发生效力。合同撤销，是指当事人对合同的内容有重大误解或显失公平，经利害关系人请求，撤销该合同，使其已经发生的法律效力归于消灭。

《合同法》第 58 条规定：“合同无效或者被撤销后，因该合同取得的财产，应当予以返还；不能返还或者没有必要返还的，应当折价补偿。有过错的一方应当赔偿对方因此所受到的损失，双方都有过错的，应当各自承担相应的责任。”《民法通则》第 61 条第 1 款规定：“民事行为被确认为无效或者被撤销后，当事人因该行为取得的财产，应当返还给受损失的一方。有过错的一方应当赔偿对方因此所受的损失，双方都有过错的，应当各自承担相应的责任。”根据上述法律规定，可以看出在合同无效或者被撤销的情形下，以返还财产为恢复原状的原则。同时，因合同的无效或者被撤销而给对方当事人造成的损失，主观上有故意或者过失的当事人都应当赔偿对方的财产损失。

合同解除是指合同成立并生效后，在合同解除条件或事实成就时，因合同中一方或双方当事人的意思表示，从何使合同溯及自始地予以消灭或向将来发生消灭效力的法律行为。[1]

《合同法》第 97 条规定：“合同解除后，尚未履行的，终止履行；已经履行的，根据履行情况和合同性质，当事人可以要求恢复原状、采取其他补救措施，并有权要求赔偿损失。”第 98 条规定：“合同的权利义务终止，不影响合同中结算和清理条款的效力。”《民法通则》第 115 条规定：“合同的变更或解除，不影响当事人要求赔偿的权利。”《买卖合同司法解释》第 26 条规定：“买卖合同因违约而解除后，守约方主张继续适用违约金条款的，人民法院应

〔1〕 王利明：《合同法新问题研究》，中国社会大学出版社 2003 年版，第 538 页。

予支持；但约定的违约金过分高于造成的损失的，人民法院可以参照合同法第一百一十四条第二款的规定处理。”根据上述法律规定可以看出，合同解除后的法律后果主要有恢复原状、采取其他补救措施、赔偿损失及支付违约金，具体的责任承担形式，需要根据合同的约定及当事人选择来确定。

就股权转让合同而言，审判实践中比较难以确定的，就是合同无效、被撤销以及解除后的恢复原状及赔偿损失问题。

（一）股权转让合同中的恢复原状

所谓恢复原状，是指回复到合同尚未履行时的原有状态。在我国《合同法》框架内，合同无效、被撤销或者解除的法律后果均包括恢复原状。关于恢复原状请求权的性质，有不同的观点，第一种观点认为是不当得利请求权，即债权请求权，第二种观点认为是所有物返还请求权，即物权请求权。第三种观点认为，恢复原状是指给付返还的债的请求权，而不是物的返还请求权，也不是不当得利返还请求权。这种返还应是一种全面返还，包括标的物原物（或作价）、利息、果实以及使用利益的返还、投入费用的偿还等，甚至还包括原物返还不能时的风险分担。[1] 第三种观点显然更具合理性。因此，恢复原状的具体内容包括返还合同标的物、孳息，对于在返还过程中产生的费用，应由权利人进行偿还。

但是在有的情况下，财产是不能返还或者没有必要返还的，在此种情况下，为了达到恢复原状的目的，就应当折价补偿对方当事人。不能返还可分为法律上的不能返还和事实上的不能返还。法律上的不能返还，主要是受善意取得制度的限制。即当一方将受领的财产转让给第三人，而第三人取得该项财产时在主观上没有过错，不知道或者没有责任知道该当事人与另一方当事人的合同无效或者被撤销，善意第三人就可以不返还该原物，并且该原物也是不可替代的，此时，该当事人就不能返还财产，他就必须依该物在当时的市价折价补偿给另一方当事人。事实上的不能，主要是指标的物灭失造成

---

〔1〕 韩世远：《合同法总论》，法律出版社2004年版，第618页。

不能返还原物，并且原物又是不可替代的。在这种情况下，取得该财产的当事人应当依据该原物当时的市价进行折价补偿。[1]

在股权转让合同中，合同无效、被撤销或解除后，如果出让方已经交付了股权，受让方也已支付了转让款，恢复原状或返还原物主要就是指受让方将其依据合同取得的股权及孳息返还给股权出让方，即股权的转回，以及出让方应当将转让款及孳息返还给受让方。司法实务中，主要存在如下争议问题：

1. 股权价值在受让方持有期间发生了变化，是否影响股权转回

实践中，受让方成为公司股东后，可能会参与公司的经营，由此导致股权的价值会随着公司的经营状态发生变化，在股权转让合同被确认无效、被撤销或解除后，是否影响股权转回？对此笔者认为，只要不存在不能返还的情形，受让人因此取得的股权应当予以返还。这是因为，股权，也即股东权，是指股东就其拥有的股份享有的权利，对有限责任公司而言，股权是指股东在公司认缴的出资额。而公司经营的好坏对股权对应认缴的出资额并无影响，因此，股权价值的变化不影响股权的返还。

2. 如何确定应返还的股权孳息

所谓孳息，是指由原物所生的物或收益。孳息包括天然孳息和法定孳息。在股权转让法律关系中，受让方在受让股权后取得的分红，包括货币分红及转增的股份，是股权产生的收益，当为股权的法定孳息，应当予以返还。如果受让方在持股期间，还担任了公司董事或高管，其因此取得的收入属于劳动报酬，不属于股权的孳息范围，无须返还。如果是公司的增资行为或其他股东转让股权，受让方基于其股东身份认购或受让的股权，不属于因股权转让合同取得的财产，且受让方支付了相应对价，不属于应返还的范围。当然如果公司对此有异议，可以就增资行为另行提起诉讼。转让方如对增资行为有异议，其也可以就此向公司提出相应的诉讼，要求撤销增资行为。

---

〔1〕《中华人民共和国合同法第五十八条释义》，载 http：//www. faxin. cn/lib/twsy/TwsyCon-tent. aspx? gid = A191925&twsygid = 288&tiao = 58，最后访问时间：2019 年 11 月 30 日。

3. 受让股东将认缴注册资本予以实缴，是否影响股权返还

股权是指股东在公司认缴的出资额，因此是否实缴注册资本金对股权转移本身并无影响，在受让股东实际缴纳了注册资本金后，股权返还并无障碍。但是受让方缴纳出资，属于对标的物在管理过程中产生的费用，应由转让方支付给受让方。

4. 股权的返还是否需要其他股东同意

恢复原状是合同解除的一种法定后果，是合同履行的一种逆向回归，但需要法律上或客观上能够恢复原状为前提。股权转让合同解除，涉及股权受让人将股权恢复变更至股权出让人名下，虽然此种股权变动并非基于法律行为的股权变动，但同样涉及有限责任公司的人合性问题。在有限责任公司其他股东不同意股权出让人恢复股东身份时，股权出让人无权请求恢复原状，而只能选择其他救济方式。[1] 如受让方不能返还股权给原股东，则应当按照股权价值，向出让方折价赔偿。

（二）股权转让合同无效、被撤销或解除后的赔偿损失

1. 合同无效、被撤销后赔偿损失与合同解除后赔偿损失的区别

根据《合同法》第58条的规定，合同无效或者被撤销后，有过错的一方应当赔偿对方因此所受到的损失。这种责任的性质在学理上一般认为是缔约过失责任。原因在于违约责任存在的前提是违约行为，违约行为需要以合同有效存在为前提，而合同无效自始无效，不产生相应的合同义务，故违约责任无从谈起。缔约过失责任违反的是先合同义务而非合同义务，先合同义务是缔约双方为签订合同相互接触磋商开始酌减产生的注意义务，而非合同有效成立而产生的给付义务，因此，法律保护的是缔约当事人之间的信赖利益而非合同履行利益。信赖利益的损失是指缔约人信赖合同有效成立，但因法定事由发生，致使合同不成立、无效或被撤销等而遭受的损失。

合同解除后的赔偿损失实际上属于违约责任的范畴，违约责任以合同的

---

〔1〕 详见北京市第一中级人民法院（2014）一中民终字第04528号民事判决。

有效成立为前提，法律保护的是当事人的履行利益，其赔偿范围不仅包括因解除合同而造成的实际损失，也应包括可得利益损失。这是合同无效、被撤销后的赔偿损失与合同解除后的赔偿损失最根本的区别，上述区别从合同法的规定中也能体现出来。《合同法》第 58 条规定：“合同无效或者被撤销后……有过错的一方应当赔偿对方因此所受到的损失……”而《合同法》第 113 条规定：“当事人一方不履行合同义务或者履行合同义务不符合约定，给对方造成损失的，损失赔偿额应当相当于因违约所造成的损失，包括合同履行后可以获得的利益……”与第 58 条相比，第 113 条的规定多了“包括合同履行后可以获得的利益”，“包括合同履行后可以获得的利益”指的就是履行利益。因此，合同无效、被撤销后的赔偿损失不同于合同解除后的赔偿损失。

实践中，股权转让合同无效、被撤销或解除后的赔偿损失主要存在以下一些常见问题。

2. 股权转让期间股权贬值，出让方是否可以要求受让方赔偿损失

股权的价值是由公司的经营状况及资产负债情况决定的，因此，股权转让合同无效、被撤销或解除后，股权贬值不影响股权的转回。但是，股权贬值肯定会使出让方的利益受损，根据《合同法》第 58 条的规定，如果受让方对股权转让合同无效或撤销有过错，受让方应赔偿出让方因股权价值贬值所受到的损失，这也符合公平原则。根据《合同法》第 113 条的规定，如果受让方对股权合同解除有过错因此给出让方造成损失的，法院应当以当事人实际损失为基础，兼顾合同的履行情况、当事人的过错程度以及预期利益等综合因素，根据公平原则和诚实信用原则，判决过错方赔偿相应的损失。

3. 受让方在股权转让期间侵权行为的处理

在股权转回之前，受让方作为公司股东可能会实施损害公司、其他股东或债权人利益的行为。《公司法》第 20 条规定：“公司股东应当遵守法律、行政法规和公司章程，依法行使股东权利，不得滥用股东权利损害公司或者其他股东的利益；不得滥用公司法人独立地位和股东有限责任损害公司债权人的利益。公司股东滥用股东权利给公司或者其他股东造成损失的，应当依法承担赔偿责任。公司股东滥用公司法人独立地位和股东有限责任，逃避债务，

严重损害公司债权人利益的，应当对公司债务承担连带责任。”根据上述规定，受让方滥用股东权利给公司造成损失的，出让方不能直接向受让方主张损害赔偿，而应由公司或其他股东提起损害赔偿之诉。如果受让方在公司经营期间，滥用公司法人独立地位和股东有限责任，逃避债务，严重损害公司债权人利益的，即使股权转回，仍不能免除其应当对公司债务承担的连带责任。

典型案例5

股权转让协议无效，但股权返还已不可能，如何认定折价补充数额及应赔偿的损失

——宗宗公司与李某股权转让纠纷案〔1〕

案例要旨

《股权转让协议》被仲裁为无效合同，受让方应当将股权返还给出让方，但是受让方将股权又转让给了善意第三人，属于返还不能，受让方应当折价补偿。有过错的一方还应当赔偿对方当事人的损失。本案出让方的损失为折价补偿款的占用费损失，由于双方对《股权转让协议》的无效具有同等过错，因此，受让方应当赔偿转让方一半的折价补偿占用费损失。

基本案情

上诉人（原审被告）：宗宗公司。

被上诉人（原审原告）：李某。

2010年2月5日李某与宗宗公司达成《股权转让协议》约定：李某将自己持有的A公司55%的股权以3400万元转让给宗宗公司。协议签订后，宗宗公司支付了300万元和700万元也抵扣了1700万元债权，剩余700万元未付。

〔1〕 湖南省郴州市中级人民法院（2018）湘10民终351号。

2010年2月8日宗宗公司与尚某签订委托协议约定转让给宗宗公司的55%股权登记在尚某名下，并办理了变更登记。2011年、2012年，尚某分数次将登记在其名下的A公司55%股权分别转让给数人，共得股权转让款3410万元，并完成了股权变更登记。李某于2014年4月1日向郴州仲裁委员会申请仲裁，郴州仲裁委员会于2015年12月1日作出郴仲裁字（2014）10号裁决书，裁决李某与宗宗公司签订的《股权转让协议》为无效合同。李某向法院提起诉讼，要求宗宗公司支付700万元差价损失并按年利率6.4%支付资金占用费损失。

法院裁判

一审判决：（1）宗宗公司补偿李某股权转让折价款700万元；（2）宗宗公司赔偿李某资金占用损失（从2014年4月1日起按年利率3.2%计算至股权转让折价款付清为止）。宗宗公司不服，提起上诉。

生效裁判认为，本案中，李某转让给宗宗公司的股份已被其转让给他人，且已进行了变更登记，合同已履行完毕，已无返还之可能，因此仅能折价补偿。宗宗公司将从李某处转让的55%股份又转让给他人，虽实际收到的转让款为2805万元，但经庭审查明及其陈述，真实的转让款应为3410万元，其中的605万元抵扣了胡某的借款，因此，本案应以3410万元作为折价补偿的计算依据和考量，减去双方均认可的已经支付的2700万元，因而李某诉请折价补偿700万元合理，予以支持。

关于赔偿损失，由于《股权转让协议》无效，因此，基于该协议的关于付款期限的约定均为无效条款，本案不再适用。虽宗宗公司在2012年8月29日将股权最终转让给胡某时，所持的股份已全部转让完毕，但李某并无证据证实此时已向宗宗公司主张权利，因此，损失计算的起始时间应从李某向郴州仲裁委员会申请仲裁时开始计算，即从2014年4月1日开始计算其损失；关于损失的计算标准，根据《合同法》第174条以及最高人民法院《关于审理买卖合同纠纷案件适用法律问题的解释》第24条第4款的规定，李某主张按年利率6.4%计算资金占用费损失并无不当，但由于协议无效双方均有同等过错，故二审法院确认以年利率3.2%计算资金占用费损失至实际给付之日止。据此，二审判决驳回上诉，维持原判。

案例评析

本案的争议焦点在于股权转让合同虽然被认定为无效，但是股权已经再次转让给了第三人，股权返还已不可能，如何认定折价补充的数额及应赔偿的损失。

1. 股权转让合同被认定无效后的折价补偿

根据《合同法》第58条的规定，合同无效后，不能返还或者没有必要返还的，应当折价补偿。折价补偿是在因财产不能返还或者没有必要返还时，按照所取得的财产的价值进行折算，以金钱的方式进行补偿的责任形式。不能返还可分为法律上的不能返还和事实上的不能返还。法律上的不能返还，主要是受善意取得制度的限制；事实上的不能，主要是指标的物灭失造成不能返还原物，并且原物又是不可替代的。

本案属于法律上的不能返还。李某与宗宗公司签订的《股权转让协议》被仲裁为无效合同，因此，宗宗公司应当将股权返还给李某，但是宗宗公司将登记在其名义下的股权又转让给了善意第三人，并且完成了付款及股权变更登记，而第三人取得股权时在主观上没有过错，且取得股权符合股权的善意取得制度，第三人可以不返还案涉股权。在这种情况下，为了达到恢复原状的目的，宗宗公司应当折价补偿李某。对于合同被确认无效后的折价补偿的范围，主要应适用不当得利制度予以调整，[1]同时应考虑公平原则及诚实信用原则。因为原物的返还不能或没有必要，此时折价补偿实际成了消除对方不当得利的方法。[2]

---

〔1〕许德风：《论合同违法无效后的获益返还——兼议背信行为的法律规制》，载《清华法学》2016年第2期。

〔2〕隋彭生：《合同法要义》，中国政法大学出版社2005年版，第193页。

关于折价补偿及损失赔偿额的具体认定标准，《合同法》等都没有对此作出具体的规定。因此，应交由法官自由裁量，酌情考虑。如何进行自由裁量，应当考虑案件的具体情况以及当事人的经济状况等因素。

对股权的折价补偿而言，应首先考虑股权交付时的价格。考量股权价格有主客观两种标准，客观标准即股权的评估价格，主观标准及双方约定的转让价格。对股权来说，由于包含公司控制权等溢价因素，公司的注册资本、暂时的盈利亏损、净资产及负债情况等客观方面并非股权转让对价的唯一评判标准，股权转让对价更多为转让双方根据目标公司未来商业前景的预估通过自愿磋商所得。因此，在适用折价补偿而确定股权价格时，应适用股权转让合同中约定的价格，这更能代表股权转让合同双方的真实意思表示，符合公平原则。

对于因第三人善意取得造成股权不能返还的情况下，因为涉及二次转让，如果该股权在二次转让中产生了溢价，则应考虑受让人对于财产增值的贡献及受让方是否存在过错等因素予以考虑。如前所述，股权转让价格是双方协议确定，具有很大主观因素，如果受让方通过谈判策略在二次转让中卖出了高价，或者是在取得股权后积极经营公司，使公司股价上涨，原受让人股权转让的溢价有着巨大的贡献。此时在确定折价补偿数额时，应考虑受让方的贡献。对于因股权获得的公司利润分配是否应一并返还，也应考虑受让方对公司经营的贡献。

另外，要考虑双方对于合同无效的过错程度，保护善意的无过失的人。在折价补偿中，应遵守诚实信用原则及公平原则，坚持过错方不能因其过错行为而获益的原则。多考虑善意无过失当事人的利益，而在一定程度上削减过错当事人的利益。这也是确定损失赔偿额的原则。在合同被确认无效或者被撤销后，一般都会产生损害赔偿的责任。在合同被确认无效或者被撤销后，凡是因合同的无效或者被撤销而给对方当事人造成的损失，主观上有故意或者过失的当事人都应当赔偿对方的财产损失。因合同已归于无效，这种损失是基于缔约过失责任，赔偿的范围限于“信赖利益”损失。

本案中，在确定折价补偿数额时，应以股权转让协议约定的转让价格作为确定折价补偿的基础标准。如果不存在溢价转让或者第二次转让的价格低于原转让价格，则以原转让价格作为计算依据，如果存在溢价转让，则考虑双方对协议无效的过错程度和受让方对股权溢价转让的贡献程度。本案双方当事人对股权转让协议无效具有同等过错，本案的溢价转让款为10万元，因此，法院应酌情考虑将一部分溢价款返还给原出让人。本案原出让人只要求按原协议约定的转让价格作为折价补偿的计算依据，当然应予以支持。

2. 股权转让合同被确认无效后，损失赔偿额的认定标准

如前所述，股权转让合同被确认无效后，对于不能返还股权的，受让方应当折价补偿，对于折价补偿后仍无法消弭的损失，应当赔偿损失。

关于赔偿损失，由于《股权转让协议》无效，因此基于该协议的关于付款期限的约定均为无效条款，故对损失计算的起始时间，法院确定为从李某向仲裁机关申请申请仲裁时开始计算。关于损失的计算标准，即资金占用费损失，实践中一般参考逾期付款违约金的确定标准。司法实践的通常做法是以中国人民银行公布的同期同档贷款逾期罚息利率标准作为计算逾期付款违约金的起算标准，依据是《买卖合同司法解释》第24条第4款的规定[1]及最高人民法院《关于逾期付款违约金应当按照何种标准计算问题的批复》（法释〔1999〕8号）的内容。[2]李某主张按年利率6.4%计算资金占用费损失不高于该标准，但由于协议无效双方均有同等过错，故法院确认以年利率3.2%计算资金占用费损失。

---

〔1〕 该款规定："买卖合同没有约定逾期付款违约金或者该违约金的计算方法，出卖人以买受人违约为由主张赔偿逾期付款损失的，人民法院可以中国人民银行同期同类人民币贷款基准利率为基础，参照逾期罚息利率标准计算。"

〔2〕 该批复规定："对于合同当事人没有约定逾期付款违约金标准的，人民法院可以参照中国人民银行规定的金融机构计收逾期贷款利息的标准计算逾期付款违约金。中国人民银行调整金融机构计收逾期贷款利息的标准时，人民法院可以相应调整计算逾期付款违约金的计算标准。"

典型案例6
股权转让合同被确认无效后，股权受让方认购的新股是否应返还
——宋某与恒远公司、高某股权转让纠纷案〔1〕

案例要旨

股权转让协议无效，受让方基于该无效协议取得的股权应予以返还，但其认购的新股应当不属于返还的股权收益。因为目标公司出现增资行为，公司的注册资金增加，因返还的股权占公司股权股权的比例发生变化，因此，法院判决受让方应返还的股权应用出资额而不是股权比例来表述。

基本案情

上诉人（原审被告）：宋某。

被上诉人（原审原告）：恒远公司。

被上诉人（原审被告）：高某。

原审第三人：百瑞公司。

高某是恒远公司的股东，任恒远公司执行董事兼经理并担任法定代表人。百瑞公司成立于2002年8月6日，注册资本1300万元。截至2013年2月26日，该公司股权构成为：恒远公司出资960万元，占73.85%，高某出资340万元，占26.15%。高某任公司执行董事兼总经理，宋某任监事，两人系夫妻关系。2013年2月26日，高某与恒远公司签订股权转让协议，协议载明：恒远公司将持有的百瑞公司73.85%股权转让给高某，股权的转让价格、支付方式、支付时间由双方自行决定。宋某在转让方处签名，并加盖恒远公司印章，高某在受让方处签名。2013年2月27日，高某办理了股权登记变更手续，将恒远公司持有的百瑞公司73.85%的股权变更到自己名下。2014年11月20日，百瑞公司股东由高某变更为高某、宋某，注册资金由1300万元变更为

〔1〕山东省济南市中级人民法院（2018）鲁01民终3909号。

5600 万元，高某认缴 5320 万元，宋某认缴 280 万元；2016 年 4 月 6 日，济南誉鲁会计师事务所有限公司做出的济誉鲁会审（2016）第 36 号审计报告的记载，百瑞公司实收资本 5600 万元，其中高某 5320 万元，宋某 280 万元。

恒远公司向一审法院起诉请求：(1) 确认恒远公司与高某于 2013 年 2 月 26 日签订的《股权转让协议书》无效；(2) 高某返还恒远公司持有的百瑞公司 73.85% 股权，并协助办理工商登记手续。

法院裁判

一审法院判决恒远公司与高某于 2013 年 2 月 26 日签订的《股权转让协议书》无效；高某返还恒远公司持有的百瑞公司 73.85% 股权，并协助办理工商登记手续。

生效判决认为，根据《合同法》第 58 条的规定，合同无效或者被撤销后，因该合同取得的财产，应当予以返还。因涉案股权转让协议无效，故高某基于该无效协议取得的股权应予以返还。因为百瑞公司出现增资行为，百瑞公司的注册资金已经增加至 5600 万元，因此，一审法院认定高某返还恒远公司曾持有的百瑞公司 73.85% 的股权，忽视了百瑞公司注册资本的变化这一事实，本院依法予以纠正。因此，高某应当返还 960 万元的股权，而不应认定返还 73.85% 的股权。据此，二审法院维持了《股权转让协议书》无效的判决，改判高某返还恒远公司在百瑞公司 960 万元的股权，并协助办理工商登记变更手续。

案例评析

本案涉及股权转让后公司进行了增资扩股，股权转让合同被确认无效后，如何确定返还的股权范围。

《合同法》第 58 条规定，合同无效或者被撤销后，因该合同取得的财产，应当予以返还。对股权转让合同而言，在合同被确认无效后，受让人因此取得的股权应当予以返还。股权，也即股东权，是指股东就其拥有的股份享有的权利。对有限责任公司而言，股份是指股东在公司认缴的出资额。因此，在股权转让合同被确认无效后，受让人应当将该部分认缴的出资额返还给合同转让方。

如果因为公司的增资行为，受让方基于其股东身份认购的股份，是否属于应返还的股东权益，有一定的争议。最高人民法院于 2015 年 2 月 5 日发布的《公司法解释（四）草案》第 43 条规定，“股权转让合同解除后，出让方起诉主张受让方在返还股权时一并返还其持有该股份在公司所获得的红利、配送新股及因该股份而认购的新股等股东权益的，人民法院应予以支持”。因此有观点认为该草案认为，受让方基于其股东身份认购的新股属于应当返还的股东权益的观点可以作为参考依据。而本案持否定观点，认为认购的股份不属于应当返还的股权收益的范围。对此笔者认为，上述规定只是草案，且最终并未实施，因此不应作为定案依据。红利、配送的新股属于股权的法定孳息，当属于应当返还的范围。而受让方基于股东身份认购的新股不属于因股权转让合同取得的财产，且受让方支付了相应对价，且是否认购新股的决定权在股东本人，并不属于股权的法定孳息，因此不属于应返还的范围。这与受让方基于股东身份行使优先购买权购买的其他股东股权一样，不属于应当返还的范围。当然，不返还不代表没有救济途径，如果公司对此有异议，可以就增资行为另行提起诉讼，主张增资行为无效或要求撤销增资行为。对于出让方而言，即使取得了返还的股权，但是，由于股权比例的变化，其作为股东在百瑞公司的权利如公司管理权、投票权与股权转让之前相比均受到了巨大削弱。恒远公司如有异议，可以对公司的增资行为另行提起诉讼。因此，本案高某认缴的 5320 万元新增公司注册资本，不属于应当返还的股权范围。

本案中，股权转让完成后，百瑞公司股东由高某变更为高某、宋某，注册资金由 1300 万元变更为 5600 万元，原来对应的 960 万元出资额占公司注册资本的比例也发生了变化。《公司法》第 26 条规定，有限责任公司的注册则本为在公司登记机关登记的全体股东认缴的出资额，如果公司注册资本不变，一定的出资额对应公司的股权比例也不会变，因此公司的股权往往又用占公司注册资本的百分比来表示。但是，如果公司注册资本增加了，一定的出资额占公司的股权比例必然会产生变化，涉及返还原物时，就不能再用百分比来对应股权，而应用出资额来替代。因此，二审法院改判为由高某返还恒远公司在百瑞公司960万元的股权。

典型案例7
其他股东行使优先购买权致股权转让协议终止履行后的责任承担
——新奥特集团诉华融公司股权转让合同纠纷案[1]

案例要旨

股权转让的双方在签订股权转让协议时，应当预见股权转让协议可能因其他股东行使优先权而终止但没有预见的，双方对合同的终止履行均有过错，一方当事人因准备合同履行及实际履行中产生的损失应由双方共同承担。

基本案情

上诉人（原被告）：华融公司。

被上诉人（原审原告）：新奥特集团。

2002年6月28日，华融公司与新奥特集团等签订《股权转让协议》，约定：新奥特集团等以不低于3亿元的价格收购华融公司持有的北广集团的全部股权。同日，北广集团召开股东会，就上述收购事项进行决议。北广集团的另一股东电子公司未在相关决议上签章认可。并于9月23日，提起仲裁请求确认其所享有的优先购买权。

2002年9月27日，华融公司与新奥特集团等签订《关于股权转让相关问题的协议书》，约定：新奥特集团等于9月28日前交付股权转让款3亿元，

[1] 载《最高人民法院公报》2005年第2期（总第100期）。

若华融公司在仲裁中败诉，造成协议无法履行，新奥特集团不得追究其承担资金占有产生的利息责任等。2002 年 12 月 9 日，上述仲裁做出裁决，电子公司有权行使优先购买权。依据上述裁决，华融公司将其拟转让给华融公司的 55% 股权转让给了电子公司。

新奥特集团提起诉讼，请求判令华融公司赔偿因违反股权转让协议造成的损失。

法院裁判

一审法院判决华融公司对合同目的不能实现负有责任，应酌情赔偿新奥特集团的损失。华融公司提起上诉，称其对不能履行股权转让协议无任何过错。

最高人民法院认为，华融公司与新奥特集团、比特科技签订的股权转让协议是当事人的真实意思表示，且不违反相关的法律、行政法规的禁止性规定，属有效合同。股权转让协议未能继续履行的原因在于北京仲裁委员会生效的裁决书裁决案外人电子公司对华融公司拟转让的股权享有同等条件的优先购买权，且电子公司与华融公司已在仲裁裁决指定的时间内，签订协议并向华融公司给付了 3 亿元股权转让款。电子公司实际行使优先权的行为，使华融公司与新奥特集团签订的股权转让协议的标的不复存在，继续履行已不可能。原审判令该股权转让协议终止履行并无不当，双方当事人也未对此提起上诉，故二审法院对该项判决予以维持。

现本案争议的焦点之一是，股权转让协议终止履行后，给新奥特集团造成的损失如何承担。华融公司和新奥特集团在签订股权转让协议时，均知悉公司法规定的其他股东在同等条件下享有优先购买权，也知悉电子公司不放弃优先权的态度。由于法律对股东行使优先权的方式、期限等没有明确规定，华融公司采取通知函的形式，限期电子公司行使优先权，逾期视为放弃。新奥特集团完全认同华融公司已经以此方式排除了电子公司行使优先权的权利。双方在认为电子公司已丧失优先权的情况下签订了股权转让协议。此后的仲裁裁决没有支持华融公司与新奥特集团在优先权问题上的判断，而裁决电子公司有权行使优先权。电子公司实际行使优先权的行为，最终导致本案股权转让协议终止履行。由于华融公司与新奥特集团在签约时，应当预见该合同可能因电子公司行使优先权而终止，但没有预见，造成合同终止履行，对此双方均有过错。新奥特集团因准备合同履行及实际履行中产生的损失应由华融公司、新奥特集团各自承担50%。原审认定华融公司的责任大于新奥特集团，与事实不符，二审法院应予纠正。华融公司认为其履行生效的仲裁裁决而无法继续履行与新奥特集团的股权转让协议，没有过错，不应承担新奥特集团的损失，其理由与事实不符，二审法院不予支持。华融公司以协议约定股权不能过户的风险由新奥特集团承担为由，要求不承担协议终止履行造成的损失，因华融公司与新奥特集团在协议中，只约定了股权迟延过户的风险，并没有约定不能过户风险的承担问题，故华融公司的该上诉理由也不能成立，二审法院不予支持。优先购买权是法律规定股东在同等条件下对其他股东拟对外转让的股份享有的优先购买的权利，是一种为保证有限责任公司的人合性而赋予股东的权利。优先权的规定并不是对拟转让股份的股东股权的限制或其自由转让股份的限制。电子公司依法行使优先权，并不能证明华融公司对其持有的股权不享有完全的、排他的权利。新奥特集团以华融公司违反协议约定为由，要求其承担全部赔偿责任的上诉请求，没有事实和法律依据，二审法院不予支持。

本案争议的另一焦点是，股权转让协议终止履行造成损失的计算问题。第一，关于新奥特集团支付2亿元股权转让款损失问题。《有关股权转让相关问题的协议书（二)》明确约定，如华融公司在仲裁案件中败诉，造成转让的股权不能过户，股权转让协议不能继续履行时，新奥特集团不得追究华融公司应当或可能负有的对2亿元的资金所产生的利息、融资成本、可预期利益、赔偿等相关责任。该约定是双方当事人的真实意思表示，不违反相关法律、行政法规，应为有效。该约定免责的前提是华融公司在仲裁中的败诉，而非新奥特集团主张的在华融公司败诉的情况下，还应让新奥特集团及电子公司再行竞价。新奥特集团在华融公司仲裁败诉后即收回2亿元资金的行为也说明其不存在再行竞价的意愿。新奥特集团自愿放弃与2亿元相关的赔偿，系其处分权利的行为。故新奥特集团上诉提出华融公司应赔偿其因支付2亿元股权转让款而造成6435750元损失的请求二审法院不予支持。第二，关于新奥特集团因支付1亿元股权转让款所产生的损失问题。股权转让款如何筹集是新奥特集团自身的行为，资金的来源可能有多种，华融公司可以预见的合理损失只应是其实际占有资金期间的利息损失，而不应包括新奥特集团对外融资所产生的实际费用，故该部分损失应以华融公司实际占有资金的时间、金额，按照中国人民银行半年定期存款利率计算。第三，新奥特集团为履行合同所支付的咨询费、审计费、财务顾问费、人员工资等，是其为实现合同目的，诚意履约而实际支付或必须对外支付的款项，应认定为合同不能履行所产生的损失。其中，咨询费已付200万元，但根据新奥特集团与完善管理有限公司的合同，新奥特集团有权要求完善管理有限公司退还100万元，故咨询费的实际损失应认定为100万元。人员工资损失应按照实际从事股权收购的人员、时间计算，即386490元。审计费按实际支付金额55000元计算。财务顾问费按新奥特集团被追索的2248265.75元计算。上述咨询费、审计费、财务顾问费、人员工资损失共计3689755.75元，由华融公司承担50%，即1844877.88元。新奥特集团主张的股权收益459万元，因证据不足，二审法院不予支持。

案例评析

本案的争议焦点为股东以外的股权受让人因股东行使优先购买权而不能实现合同目的，受让方由此产生的损失的承担及计算问题。

关于损失的承担问题。股权转让合同关系的调整虽然不能完全适用合同法的规定，但是对于合同法关于违约责任的规定基本上还是可以适用的。[1]本案审理时，法律对于股东行使优先购买权的方式、期限等没

---

〔1〕 人民法院出版社编：《最高人民法院司法观点集成》（第3版）（商事卷①），人民法院出版社2017年版，第306页。

有明确规定[1]。如果公司章程没有规定，有限责任公司股东不能以没有在通知函规定的期间行使优先购买权而排除其他股东的优先购买权。华融公司和新奥特集团在签订股权转让协议时，均知悉公司法规定的其他股东在同等条件下享有优先购买权，也知悉电子公司不放弃优先权的态度。因电子公司行使优先购买权，最终导致股权转让协议终止履行。因合同终止履行系双方过错所致，一方当事人因准备协议履行及实际履行中产生的损失，应由双方共同承担民事责任。

关于损失的计算，及赔偿损失的数额，应当遵循可预见性规则的要求。本案的裁判意见也确立了股权转让合同不能履行时所产生的损失的计算原则，即守约方为实现合同目的，诚意履约而实际支付或必须对外支付的款项。推而广之，合同不能履行时，计算过错方应赔偿的损失，应遵循诚实信用原则，须为实现合同目的，且损失必须是实际发生的。[2] 本案中，对于已付款项所产生的损失问题。二审法院认为可以预见的合理损失只应是其实际占有资金期间的利息损失，按照相应的存款利率计算，而不应报告资金支付方对外融资所产生的实际费用。另外股权受让人为履行合同所支付的咨询费、审计费、财务顾问费、人员工资等，是其为实现合同目的，诚意履约而实际支付或必须对外支付的款项，应认定为合同不能履行所产生的损失，属于合理损失的范围。

典型案例8
股权转让合同解除后，出让方垫付的工人工资由谁承担
——孙某与钱某股权转让纠纷案[3]

案例要旨

本案实际系双方股权转让合同解除的后续问题，即股权转让期间的工人

[1] 《公司法解释（四）》对此进行了相应的规定。
[2] 《最高人民法院裁判意见精选》（下），人民法院出版社2011年版，第785页。
[3] 江苏省盐城市中级人民法院（2017）苏09民终3425号。

工资成本由谁承担的问题。公司作为一个独立法人，其系用工主体，无论实际控经营者是谁，公司在存续期间必然要产生相应的工人工资成本，与公司的实际经营者是谁无关。出让方在受让方持股期间垫付的工人工资，与受让方无关。

基本案情

上诉人（原审原告）：孙某。

被上诉人（原审被告）：钱某。

鸿鹄物业公司注册资本 100 万元人民币，该司且有三级物业服务资质，资质证书有效期至2014 年 12 月 5 日止。2014 年 11 月 15 日，孙某与钱某签订股权转让协议，约定孙某将其持有的鸿鹄物业公司的 100% 股权以 60000 元的价格转让给钱某，60000 元股权受让金用于支付鸿鹄物业公司经营的小区物业项目 2014 年 11 月 15 日前的员工工资和水电费，不足部分由孙某承担，协议还约定了其他履行事项。协议签订后，钱某向孙某支付了股权转让价款；孙某亦将鸿鹄物业公司证件、印章及相关的资料、设备设施向钱某作了移交，并由钱某实际负责鸿鹄物业公司及金色家园小区物业项目的经营。

2015 年 1 月 28 日，双方又签订了一份补充条款，约定孙某给予钱某 30000 元作为押金，待孙某将鸿鹄物业公司股权、法人、税务、资质等变更给钱某后由钱某返还孙某；孙某承诺2015 年 2 月 19 日前将鸿鹄物业公司资质延期成功，所有费用由孙某承担并变更给钱某；孙某承诺在所有变更手续前结清所有债务，但孙某与金色家园业主委员会之间的债权归孙某所有；如孙某违反以上条款，钱某有权单方面解除协议，并要求孙某返还股权转让金及赔偿损失。补充条款签订后，孙某于2015 年 1 月 30 日向钱某支付了履约保证金 30000 元，此期间因金色家园小区物业服务费收取困难等原因，钱某于 2015 年 2 月退出鸿鹄物业公司及金色家园小区物业项目的经营，孙某于 2015 年 2 月 9 日重新回到鸿鹄物业公司并负责金色家园小区物业项目的经营至 3 月 31 日合同期满。期间，钱某于 2015 年 2 月 21 日给孙某发出一份关于解除转让协议的函，要求解除股权转让协议。后双方产生纠纷，法院生效判决判定：(1) 解除钱某与孙某于2014年11月15日签订的股权转让协议；(2) 孙某返还钱某股权转让价款60000元，扣减钱某应返还孙某的履约保证金30000元，余款30000元于判决生效后10日内履行完毕。

孙某自述其于2015年2月9日重新回到鸿鹄物业公司并负责金色家园小区物业项目的经营。期间，其代钱某向鸿鹄物业公司员工发了2015年1月、2月工资计34650元。故孙某提起本案诉讼，请求判令钱学春立即归还代付款34650元，并承担从2015年2月10日起至还清全部款项期间按年利率24%计付的利息。

法院裁判

一审法院判决驳回孙某的诉讼请求。孙某不服，提起上诉。其主要理由为钱某对其经营公司期间的收支及盈亏承担，因此孙某代为支付的工人工资属于个人之间的债务。钱某实际经营公司，并向小区业主收取物业费用，根据权利对等原则，钱某亦应应承担工人工资的发放责任。

法院生效裁判认为，孙某在本案主张其代钱某支付鸿鹄物业公司工人工资34650元，孙某仅提供了工资发放单，但未提供其他证据证明受托代发的事实，对该主张钱某也予以否认，故钱某个人并没有委托孙某代发鸿鹄物业公司工人工资的意思表示，双方之间并不存在委托代付的合意。

本案实际系双方股权转让合同解除的后续问题。涉案股权转让合同及补充协议依法解除后，钱某返还了100%公司股权。但由于双方转让标的为整个公司，公司运转维持需要支出成本，因而涉案股权转让期间的工人工资成本由谁承担成为双方争议的问题。孙某认为钱某实际控制经营着公司，并收取了物业费用，钱某应承担该期间的公司工人工资费用。对此，法院认为，鸿鹄物业公司作为一个独立法人，其系用工主体，无论鸿鹄物业公司实际控经营者是谁，鸿鹄物业公司在存续期间必然要产生相应的工人工资成本，该成本系鸿鹄物业公司正常运营的商业成本，与鸿鹄物业公司的实际经营者是谁无关。如孙某认为合同解除后相关账务没有清理，应依照《合同法》和合同订立、履行及解除的事实另行向钱某主张。如孙某认为钱某在经营期间私自收取物业费用，则其与鸿鹄物业公司产生其他法律关系，亦与本案无关，因此，孙某要求直接判决由钱某归还“代付款”没有依据。据此，二审判决驳回上诉，维持原判。

案例评析

本案涉及的股权转让合同解除的后续问题，即股权转让期间目标公司的工人工资成本由谁承担。

本案双方的股权转让合同已经生效判决确认解除，因此，本案主要解决的是股权转让合同解除的法律后果问题。《合同法》第 97 条规定，“合同解除后，尚未履行的，终止履行；已经履行的，根据履行情况和合同性质，当事人可以要求恢复原状、采取其他补救措施，并有权要求赔偿损失。”因此，合同解除后的主要法律后果是恢复原状和赔偿损失。然而，与一般交易合同尤其是普通商品的买卖合同不同，股权除了具有财产属性，即股权本身的价值及可转让性，还包括股东对公司资产的收益权及参与公司重大决策和选择管理者等权利。股权转让合同的签订及实际履行不但直接影响转让双方之间的利益格局，而且，直接或间接波及合同之外的利益相对方，包括公司、职工、债权人等的切身利益。股权出让方的义务除了交付股权，还涉及公司证件和印章等与公司管理相关的资料等的移交。股权转让合同履行后，受让方极有可能参与公司的实际经营管理，进而改变公司的经营理念、经营方针及经营战略。因此，股权转让合同解除的法律后果除了适用合同法的相关规定，还应结合公司法的规定综合认定。即除了涉及股权的转回及股权转让款的返还，还涉及在股权转让期间的损失承担问题。

公司是企业法人，有独立的法人财产，享有法人财产权。作为一个独立法人，公司存续期间，员工的工资是公司运转维持需要支出的必要成本，无论公司实际控经营者和股东是谁，该成本应由公司承担，与公司实际经营者无关。公司股东代公司支付的劳动者报酬，实际已经转变为公司的资产和收益，应当由公司承担债务。因此，股权转让合同解除后，股东或者受让人作为公司的实际经营者，其代公司垫付的费用，与股权转让合同的其他当事人没有关系，应该向公司主张相关法律关系。《合同法》第98条规定，“合同的权利义务终止，不影响合同中结算和清理条款的效力”。因此，对当事人在股权转让合同中对这种费用的承担进行了约定的，法院应尊重转让双方的契约自由，根据双方的约定进行处理。

本案股权转让合同签订后，孙某将目标公司的经营管理权移交给了受让人钱某，但是未办理股权及法定代表人的变更登记。孙某主张钱某应返还其在股权转让期间支付鸿鹄物业公司工人工资34650元，因工资的支付主体是鸿鹄物业公司，现没有证据证明钱某委托其代为支付，双方在股权转让合同中亦未就此进行约定，因此，该项费用的承担主体不应是钱某。至于钱某在经营期间获取的利益，如果收取的是公司的利润分配、配送股份，则应予以返还，但本案不存在这种情形。如果是以公司的名义私自收取的费用，因该行为损害了公司或公司股东的利益，则公司或公司股东可以对其提起损害赔偿之诉，但也不是本案钱某需承担支付公司工人工资的理由。故一、二审法院均未支持孙某的诉讼请求。

三、违反报批义务致股权转让合同未生效的损害赔偿

《合同法》第44条规定：“依法成立的合同，自成立时生效。法律、行政法规规定应当办理批准、登记等手续生效的，依照其规定。”《合同法解释(一)》第9条前半句规定：“依照合同法第四十四条第二款的规定，法律、行政法规规定合同应当办理批准手续，或者办理批准、登记等手续才生效，在一审法庭辩论终结前当事人仍未办理批准手续的，或者仍未办理批准、登记等手续的，人民法院应当认定该合同未生效。”因此，审批生效合同在未获审批前，其效力状态为未生效。未生效虽然不是有效，但是未生效也不同于无效，与无效合同自始无效不同，未生效合同仍可因审批的通过而生效，且未

生效合同中的报批义务对当事人有拘束力，违反该报批义务的，应当承担相应的法律责任。

（一）报批义务的内容

根据《合同法解释（二）》第8条的规定，报批义务包括“办理申请批准或者申请登记等手续”的义务，但是实践中，仅仅履行了“申请”义务很难被认定为履行了报批义务，报批义务还包含其他内容。在我国，报批义务的具体内容法律未明确规定，但报批义务源于诚实信用原则，诚实信用原则作为已经法律化的道德准则，性质上属于一般条款，其实质在于，当出现立法空白时，法院可以依其行使公平裁量权，直接调整当事人的权利义务关系。[1] 因此，报批义务人应当在诚实信用原则下，根据合同及报批的具体情况，尽最大努力采取必要措施全面履行报批义务。其中包括申请报批前积极准备材料，严格按照程序进行，审批没有通过情况下的积极补正义务等，只要审批机关没有明确表示不不同意，审批义务人有义务持续履行报批义务。但报批义务人不对报批结果负责，如果审批机关明确表示不同意报批的内容，则报批义务终止，合同的效力状态为确定未生效。

（二）报批义务的性质

对审批生效合同而言，审批起着使合同生效的作用。从行政法的角度看，合同的审批是一种依申请的行政许可行为，只有适格主体依法定程序提交申请才能启动。报批行为虽属行政许可程序中的申请行为，但因其具有促成合同生效的功能，与合同之间存在密切的联系，因而具有重要的私法上的意义。[2] 报批义务产生的法理依据在于诚实信用原则。从时间上看，报批义务并非产生于合同自身，而是产生于前合同的法律关系，即使当事人并未对报批义务进行约定，也同样存在法定的报批义务。因此报批义务不属于后合同

〔1〕 梁慧星：《民法总论》（第4版），法律出版社2011年版，第50页。
〔2〕 张华：《论合同报批义务的独立性》，载《人民司法》2013年第11期。

义务。从功能上看，报批义务以通过行政审批、促进合同生效为其目的，并不属于从合同义务或附随义务。报批义务旨在获得审批从而促使合同生效，且不存在给付内容。在性质上，报批义务应属于先合同义务。[1]

（三）报批义务的可诉性

对于违反报批义务的法律责任，《合同法》与合同法司法解释并未涉及。事实上，因当事人的合同义务尚未生效，报批义务也就不具有可诉性，报批义务与合同生效之间形成了一个“未经审批合同不生效，合同不生效则无从履行报批义务”的纠结地带。[2] 但是，依照法律、行政法规规定须经批准或者登记才能生效的合同，负有办理批准或者登记手续义务的当事人于合同成立后怠于办理批准或者登记手续的，将导致合同不能生效的结果。因此，如果报批义务不具有可诉性，将造成报批义务人具有主导合同生效或者不生效的主动，这显然违背诚实信用原则，降低了报批条款对报批义务人的约束。但如果认定报批义务具有可诉性，一是缺少具体的法律规定，二是对于报批义务何时应继续履行，何时终止均无确定的判断标准。

鉴于此，《合同法解释（二）》第 8 条提出了一些解决方案，规定有义务履行报批义务的一方当事人不按照法律规定或者合同约定报批的，人民法院可以根据相对人的请求判决相对人自己办理有关手续。该规定虽然在一定程度上赋予了报批义务的可履行性，但仍局限于相对人自己办理，没能从理论和实践层面破解义务人办理报批手续的难题。对此，最高人民法院《关于审理外商投资企业纠纷案件若干问题的规定》（以下简称《外商投资纠纷规定》）作了开创性的探索，该司法解释第 1 条规定，当事人在外商投资企业设立、变更等过程中订立的合同，未经批准合同不生效，但不影响合同中当事人履行报批义务条款及因该报批义务而设定的相关条款的效力。该条司法解

---

〔1〕 尚连杰、刘胜军：《违反报批义务的损害赔偿——以外商投资企业股权转让二婚头为例》，载《商事法论集》2015 年第 1 期。

〔2〕 沈德咏等主编：《最高人民法院关于合同法司法解释（二）理解与适用》，人民法院出版社 2009 年版，第 75 页。

释在外商投资企业设立、变更等过程中订立的合同范围内赋予了报批义务的独立性，有效地解决了报批与合同生效之间的矛盾。[1] 上述司法解释不仅规定了报批义务的独立性，还对相应的司法救济程序进行了明确，该司法解释第5条、第6条规定："外商投资企业股权转让合同成立后，转让方和外商投资企业不履行报批义务，经受让方催告后在合理的期限内仍未履行，受让方请求解除合同并由转让方返还其已支付的转让款、赔偿因未履行报批义务而造成的实际损失的，人民法院应予支持。""外商投资企业股权转让合同成立后，转让方和外商投资企业不履行报批义务，受让方以转让方为被告、以外商投资企业为第三人提起诉讼，请求转让方与外商投资企业在一定期限内共同履行报批义务的，人民法院应予支持。受让方同时请求在转让方和外商投资企业于生效判决确定的期限内不履行报批义务时自行报批的，人民法院应予支持。转让方和外商投资企业拒不根据人民法院生效判决确定的期限履行报批义务，受让方另行起诉，请求解除合同并赔偿损失的，人民法院应予支持。赔偿损失的范围可以包括股权的差价损失、股权收益及其他合理损失。"这也是参照违反生效合同的"实际损失"标准进行，与《合同法解释（二）》中所规定的缔约过失责任中的信赖利益损失相比，显著扩大了赔偿的范围，从而在经济上制裁违约方，使其无法从其不诚信的行为中获益。[2] 上述司法解释第9条规定："外商投资企业股权转让合同成立后，受让方未支付股权转让款，转让方和外商投资企业亦未履行报批义务，转让方请求受让方支付股权转让款的，人民法院应当中止审理，指令转让方在一定期限内办理报批手续。"因此，报批义务具有可诉性。

（四）违反报批义务的后果

《外商投资纠纷规定》虽然适用于外商投资领域，但是对其他审批生效的合同有相当的参考作用。根据该规定第5条、第6条、第8条的规定，违反报

---

〔1〕 张华：《论合同报批义务的独立性》，载《人民司法》2013年第11期。

〔2〕 北京仲裁委员会/北京国际仲裁中心编：《股权转让案例精读》，商务印书馆2017年版，第197页。

批义务的，相对人可以要求义务人继续履行、解除已成立但未生效的合同、赔偿损失。上述处理原则也体现于《会议纪要》第 40 条。[1] 其中赔偿损失的范围是实践中的难点。

根据《合同法》第 42 条及《合同法解释（二）》第 8 条的规定，出让方未依约履行报批义务致使股权转让合同未生效，应承担缔约过失责任。缔约过失责任通常只赔偿信赖利益的损失，由于合同未生效并实际履行，损失不包括可得利益等履行利益。但是，在最高院判决的标榜公司与鞍山财政局等股权转让纠纷案中，最高人民法院明确，报批义务人未履行报批义务致股权转让合同未生效，其应对合同相对人所主张的可得利益损失应予适当赔偿。

典型案例 9
标榜公司与鞍山财政局等股权转让纠纷案[2]

案例要旨

报批义务人未履行报批义务且恶意阻止合同生效，致股权转让合同未生效，应承担缔约过失责任。通常情况下，缔约过失责任人对善意相对人缔约过程中支出的直接费用等直接损失予以赔偿，即可使善意相对人利益得到恢复。但如果善意相对人确实因缔约过失责任人的行为遭受交易机会损失等间接损失，则缔约过失责任也应当予以适当赔偿。交易机会损失数额应考虑缔约过失人获益情况、善意相对人交易成本支出情况等，综合衡量确定。

---

〔1〕该条规定：【判决履行报批义务后的处理】人民法院判决一方履行报批义务后，该当事人拒绝履行，经人民法院强制执行仍未履行，对方请求其承担合同违约责任的，人民法院依法予以支持。一方依据判决履行报批义务，行政机关予以批准，合同发生完全的法律效力，其请求对方履行合同的，人民法院依法予以支持；行政机关没有批准，合同不具有法律上的可履行性，一方请求解除合同的，人民法院依法予以支持。

〔2〕最高人民法院（2016）最高法民终 802 号，载《最高人民法院公报》2017 年第 12 期（总第 254 期）。

基本案情

上诉人（原审原告）：标榜公司。

上诉人（原审被告）：鞍山财政局。

2011 年 11 月 29 日，鞍山财政局委托沈交所将其所有的鞍山银行 69300 万股国有股权挂牌出让。2012 年 4 月 17 日，转让方鞍山财政局与受让方标榜公司签订《股份转让合同书》，该合同主要约定的内容为：鞍山财政局将其持有的标的公司 8.9987% 即 22500 万股份以 5 亿元的价格转让给标榜公司；本次转让依法应上报有权审批机关审批；双方应履行或协助履行向审批机关申报的义务。并尽最大努力，配合处理任何审批机关提出的合理要求和质询，以获得审批机关对本合同及其项下股权交易的批准；第 11.2 条规定，标榜公司作为乙方保证向甲方及沈交所提交的各项证明文件及资料均真实、准确、完整。2013 年 6 月 6 日，鞍山财政局作出《关于终止鞍山银行国有股权转让的函》，决定终止本次鞍山银行国有及国有法人股的转让。标榜公司向一审法院起诉请求：判令鞍山财政局赔偿标榜公司交易费用损失、交易保证金利息损失以及交易可得利益损失。2014 年 7 月 24 日，鞍山财政局将案涉股权 5 亿股以每股高于协议 0.5 元的价格即每股 2.5 元转让给了华阳公司。

法院裁判

一审判决支持了标榜公司要求鞍山财政局赔偿标榜公司交易费用损失、交易保证金利息损失的诉讼请求，驳回了交易可得利益损失的诉请；二审在维持一审判项基础上，改判鞍山财政局赔偿标榜公司相应的可得利益损失。

生效判决认为，鞍山财政局对标榜公司所主张的可得利益损失应予适当赔偿。

1. 当事人客观合理的交易机会损失应属于缔约过失责任赔偿范围。缔约过失责任制度是实现诚实守信这一民法基本原则的具体保障。通过要求缔约过失责任人承担损害赔偿责任，填补善意相对人信赖利益损失，以敦促各类民事主体善良行事，恪守承诺。通常情况下，缔约过失责任人对善意相对人缔约过程中支出的直接费用等直接损失予以赔偿，即可使善意相对人利益得到恢复。但如果善意相对人确实因缔约过失责任人的行为遭受交易机会损失等间接损失，则缔约过失责任人也应当予以适当赔偿。一方面，免除缔约过失责任人对相对人间接损失的赔偿责任没有法律依据。《合同法》第42条规定的“损失”并未限定于直接损失。最高人民法院《合同法解释（二）》第8条规定在报批生效合同当事人未履行报批义务的，如合同尚有报批可能，且相对人选择自行办理批准手续的，可以由相对人自行办理报批手续，并由缔约过失责任人赔偿相对人的相关实际损失。上述规定均未排除缔约过失责任人对相对人交易机会损失等间接损失的赔偿责任。另一方面，缔约过失责任人对于相对人客观合理的间接损失承担赔偿责任也是贯彻诚实信用原则，保护无过错方利益的应有之义。虽然交易机会本身存在的不确定性对相应损害赔偿数额的认定存在影响，应当根据具体案情予以确定，但不应因此而一概免除缔约过失责任人的间接损失赔偿责任。

2. 关于鞍山财政局应否对标榜公司其他损失承担赔偿责任的问题。

首先，鞍山财政局恶意阻止合同生效的过错明显。鞍山财政局作为政府部门，在国有产权交易过程中，既应践行诚实信用价值观念，有约必守；更要遵循政务诚信准则，取信于民，引领全社会建设诚信守信市场秩序。但在本案中，其在能够将涉案合同报送有权机关批准的情况下，拒不按照银监部门的要求提交相应材料，导致银监部门对相关行政许可事项不予以受理，致使合同不能生效。不仅如此，还将涉案股权在很短时间内另行高价出售。鞍山财政局恶意阻止涉案合同生效，其行为明显违反诚实信用原则，过错明显。

其次，标榜公司存在客观合理的交易机会损失。标榜公司主张的可得利益损失实际系丧失取得涉案股权的交易机会所带来的损失。所谓机会，是指特定利益形成或者特定损害避免的部分条件已经具备，但能否最终具备尚不确定的状态。而所谓机会损失，则是当事人获取特定利益或避免特定损害的可能性降低或者丧失。一般而言，在交易磋商阶段，合同是否能够订立以及合同订立所带来的交易机会能否最终实现均属未知，故此时交易机会尚不具有可能性。但如果双方已经达成合意并签订合同，在合同生效要件具备前，双方的相互信赖的程度已经达到更高程度，因信赖对方诚实守信的履行相关义务从而获取特定利益的机会也具有相当的可能性。此时，如一方当事人不诚实守信履行报批义务，其应当预见对方因此而遭受损失。就本案而言，涉案《股份转让合同书》订立后，虽须经有权机关批准方才生效，但双方已就标榜公司购买鞍山银行股权达成合意，在无证据证明该合同不能获得有权机关批准的情况下，标榜公司有合理理由信赖鞍山财政局恪守承诺，及时妥善的履行报批手续，从而使涉案合同的效力得到确定，进而通过合同的履行实际取得涉案股权，获取相关利益。因此，标榜公司获得涉案股权的可能性现实存在。但因鞍山财政局拒不将涉案合同报批，继而还将涉案股权另行高价出售，其不诚信行为直接导致标榜公司获得涉案股权的可能性完全丧失，导致标榜公司因此而获得相关利益的现实性完全丧失。综上，标榜公司因鞍山财政局的不诚信行为存在客观现实的交易机会损失。

最后，鞍山财政局对标榜公司交易机会损失承担赔偿责任是维护公平正义和市场交易秩序的需要。一方面，鞍山财政局对标榜公司交易机会损失承担赔偿责任符合公平原则。鞍山财政局所获得的股权出售价差利益，是以标榜公司丧失购买涉案股权的机会为代价。在鞍山财政局因其过错行为获得利益的情况下，如果不对标榜公司的交易机会损失予以赔偿，将导致双方利益严重失衡，不符合公平原则。另一方面，鞍山财政局在赔偿标榜公司直接损失的基础上，对标榜公司间接损失承担适当赔偿责任，以使其为不诚信行为付出相应代价，有利于敦促各类民事主体善良行事，恪守诚实信用，也有利于维护诚实守信的市场交易秩序。

3. 关于标榜公司交易机会损失的数额认定问题。结合本案事实，对标榜公司因合同未生效导致交易机会损失数额，应综合考虑以下因素予以确定：首先，鞍山财政局的获益情况。如前所述，鞍山财政局违反诚实信用，以2.5元/股的价格将涉案股权另行出售，其所获得的0.5元/股的价差，系其不诚信行为所得。标榜公司丧失涉案股权交易机会的损失数额，可以以此作为参考。其次，标榜公司的交易成本支出情况。因涉案合同未生效并已解除，标榜公司未实际支付对价，亦未实际取得涉案股权，其主张应当以鞍山财政局转售股权价差的全部作为标准进行赔偿不符合本案情况，不应支持。本案中，即使标榜公司实际取得涉案股权，因双方合同对股权再转让有期限限制的约定，故约定期限届满之后，涉案股权价值是涨是跌，尚不确定。另外，标榜公司虽丧失购买涉案股权的交易机会，但并不妨碍其之后将资金另行投资其他项目获得收益。综上，对标榜公司交易机会损失，本院酌定按鞍山财政局转售涉案股权价差的10%予以确定，以涉案股权转售价2.5元/股减去涉案股权转让合同价2元/股乘以22500万股再乘以10%计算，即1125万元。该损失应由鞍山财政局予以赔偿。

案例评析

本案的争议焦点是，股权出让方未依约履行报批义务致合同未生效，是否应赔偿合同守约方所主张的可得利益损失。

1. 出让方未依约履行报批义务致使股权转让合同未生效，应承担缔约过失责任

《合同法》第42条规定："当事人在订立合同过程中有下列情形之一，给对方造成损失的，应当承担损害赔偿责任：(一) 假借订立合同，恶意进行磋商；(二) 故意隐瞒与订立合同有关的重要事实或者提供虚假情况；(三) 有其他违背诚实信用原则的行为。"上述法律规定确立了缔约过失责任，即在合同缔约过程中，如一方当事人违背诚实信用原则，不履行相关先合同义务，其应对相对人因此所受损失承担赔偿责任。关于何为"其他违背诚实信用原则的行为"，对此，《合同法解释（二)》第8条规定，依照法律、行政法规的规定经批准或者登记才能生效的合同成立后，有义务办理申请批准或者申请登记等手续的一方当事人未按照法律规定或者合同约定办理申请批准或者未申请登记的，属于《合同法》第42条第3项规定的"其他违背诚实信用原则的行为"，人民法院可以根据案件的具体情况和相对人的请求，判决相对人自己办理有关手续；对方当事人对由此产生的费用和给相对人造成的实际损失，应当承担损害赔偿责任。因此，违反报批义务应当承担缔约过失责任。

根据本案查明的事实，应认定涉案合同报批义务由鞍山财政局负担。但鞍山财政局违反合同约定，未履行报批义务，亦未按照有权机关要求补充报送相关材料，其行为属于《合同法》第42条第3项规定的“其他违背诚实信用原则的行为”，应承担缔约过失责任。

2. 缔约过失责任人是否应对赔偿善意相对人的可得利益损失

可得利益损失是指一方未全面履行合同等违约行为导致守约方所丧失的财产性损失，即在合同履行前并不为当事人所拥有的，而为当事人所期望在合同全面履行以后可以实现和取得的财产权利。《合同法》第113条规定：“当事人一方不履行合同义务或者履行合同义务不符合约定，给对方造成损失的，损失赔偿额应当相当于因违约所造成的损失，包括合同履行后可以获得的利益，但不得超过违反合同一方订立合同时预见到或者应当预见到的因违反合同可能造成的损失。经营者对消费者提供商品或服务有欺诈行为的，依照《中华人民共和国消费者权益保护法》的规定承担损害赔偿责任。”可见，可得利益损失属于一种间接损失。通说认为，缔约过失责任的赔偿范围仅包括对信赖利益的损害赔偿，而因契约履行所得之利益，则不在得请求赔偿之列。[1] 司法实践也持同样观点。[2] 通常情况下，缔约过失责任人对善意相对人缔约过程中支出的直接费用等直接损失予以赔偿，即可使善意相对人利益得到恢复。因为合同没有实际履行，无须赔偿可得利益损失等间接损失。本案一、二审法院支持的交易费用损失、交易保证金利息损失，属于标榜公司的直接损失，应由鞍山财政局承担赔偿责任。

但如果双方合同权利义务明确，当事人基于信赖关系已经履行了部分合同义务，且善意相对人确实因缔约过失责任人的行为遭受交易机会损失等间接损失，此时如果仍然坚持只能赔偿信赖利益，显然不符合公

---

〔1〕 参见王泽鉴：《民法学说与判例研究》（第5册），北京大学出版社2009年版，第150～151页。

〔2〕 详见最高人民法院（2014）民一终字第277号民事判决。

平原则，而且也会使报批义务的功效大打折扣，不利于报批义务人全面履行报批义务，显然也不符合诚信原则及保护无过错方利益的原则。同时，合同法及其司法解释均未排除缔约过失责任人对相对人交易机会损失等间接损失的赔偿责任，甚至《外商投资纠纷规定》第6条第2款已将赔偿范围扩大至“股权差价损失、股权收益”等履行利益。综上分析，在一定情况下，根据公平原则及诚信原则，缔约过失责任的赔偿范围可以包括履行利益的赔偿。但是履行利益的赔偿还有一个前提，即必须是由于审批义务人未履行审批义务导致审批未通过，此时合同确定为未生效。否则，只要还存在审批通过的可能，就没有赔偿履行利益的适用空间。

就本案而言，涉案《股份转让合同书》订立后，虽须经有权机关批准方才生效，但双方已就标榜公司购买鞍山银行股权达成合意，在无证据证明该合同不能获得有权机关批准的情况下，标榜公司有合理理由信赖鞍山财政局恪守承诺，及时妥善的履行报批手续，从而使涉案合同的效力得到确定，进而通过合同的履行实际取得涉案股权，获取相关利益。因此，标榜公司获得涉案股权的可能性现实存在。但因鞍山财政局拒不将涉案合同报批，继而还将涉案股权另行高价出售，其不诚信行为直接导致标榜公司获得涉案股权的可能性完全丧失，导致标榜公司产生了丧失取得涉案股权的交易机会所带来的可得利益损失。因此，本案鞍山财政局对标榜公司所主张的可得利益损失应予适当赔偿。

3. 缔约过失责任下可得利益损失的数额认定

在合同法中，任何需要补救的损害都必须具有一定程度的确定性，否则是不能要求赔偿的。尽管可得利益并非受害方实际享有的利益，但这种利益并不是臆想的，而有一定现实性，也就是说这种利益已经具备实现的条件。因此，可得利益虽然是一种未来利益，但是必须具有一定的确定性。只要合同依约履行，就会被当事人获得。在通常情况下，当事人为实现这一利益做了一些准备，所以可得利益具备了转化为现实利益的基础和条件。所谓一定程度的确定性也要求可得利益损害能够以金钱计算，如果完全不能以金钱计算，也不能视为可得利益。[1]

人民法院在计算可得利益损失时，应当综合运用可预见规则、减损规则、损益相抵规则以及过失相抵规则等，从非违约方主张的可得利益赔偿总额中扣除违约方不可预见的损失、非违约方不当扩大的损失、非违约方因违约获得的利益、非违约方亦有过失所造成的损失以及必要的交易成本。存在《合同法》第113条第2款规定的欺诈经营、《合同法》第114条第1款规定的当事人约定损害赔偿的计算方法以及因违约导致人身伤亡、精神损害等情形的，不宜适用可得利益损失赔偿规则。[2] 如果善意相对人因缔约过失责任人的行为遭受交易机会损失等间接损失，则缔约过失责任人应当对该交易机会损失予以赔偿，交易机会损失数额应考虑缔约过失人获益情况、善意相对人交易成本支出情况等，综合衡量确定。

关于本案标榜公司可得利益损失的计算问题。因《股份转让合同书》并未约定可得利益赔偿计算方法，因此，应结合案件的具体事实，综合考虑予以确定。首先，标榜公司需举证证明其可得利益损失额。标榜公司主张以鞍山财政局转售股权价差的全部作为标准进行赔偿，但是涉案合同未生效并已解除，标榜公司未实际支付对价，亦未实际取得涉案股权，因此，二审法院对标榜公司主张的可得利益损失计算方法未予采纳。但是法院以此作为确定标榜公司丧失涉案股权交易机会的损失数额的参考。本案中，即使标榜公司实际取得涉案股权，因双方合同对股权再转让有期限限制的约定，故约定期限届满之后，涉案股权价值是涨是跌，尚不确定。另外，标榜公司虽丧失购买涉案股权的交易机会，但并不妨碍其之后将资金另行投资其他项目获得收益。因此，对标榜公司因为丧失本次交易机会产生的损失，只能由法院酌情确定。对标榜公司交易机会损失，二审法院酌定按鞍山财政局转售涉案股权价差的10%予以确定。

---

〔1〕 高源：《因原合同出卖方违约而造成其后的转售合同出售方可得利益损失通常属于转售利润损失》，载《人民法院案例选》总第91辑（2015年1月）。

〔2〕 详见最高人民法院印发《关于当前形势下审理民商事合同纠纷案件若干问题的指导意见》的通知（2009年7月7日，法发〔2009〕40号）。

典型案例 10
公司为股东之间的股权转让提供担保的合同被确认无效后的责任承担
——立信公司与恒博公司、彭某等股权转让纠纷案[1]

案例要旨

公司法定代表人超越公司章程的权限为股东提供担保，且无股东会决议，债权人对此知晓，不属于相对人，担保条款对公司不发生效力。担保合同无效，担保人无过错的，无须就担保合同的无效承担赔偿责任。

基本案情

上诉人（原审原告）：立信公司。

上诉人（原审被告）：恒博公司。

上诉人（原审第三人）：戴某。

被上诉人（原审被告）：彭某。

2011 年 10 月 24 日，彭某、杨某、戴某三方签订合伙（股东）协议，共同以恒博公司的名义开发坐落于湘阴县新世纪大道以南、农业局西侧，用地面积为 19330.32 平方米的房地产项目，三方确认股权比例为彭某 40%、杨某 30%、戴某 30%。2012 年 12 月 17 日，彭某、戴某、恒博公司三方签订退伙协议，主要内容为：由戴某代表实际权利人立信公司退出合伙，将戴某名下所持恒博公司 30% 的股份转让给彭某，由彭某退还其投资款 1050 万元，并另行补偿其 150 万元；约定付款期限及付款方式；如果彭某未按协议约定付款，则向戴某承担每日 2‰的违约金；恒博公司对彭某的上述义务承担连带担保责任。该协议上有彭某、戴某签名，加盖了恒博公司公章。上述合同签订前后，彭某、戴某系恒博公司股东，彭某在恒博公司成立后至 2014 年 3 月前一直担

[1] 湖南省高级人民法院（2017）湘民终 356 号。

任公司法定代表人。协议签订后，彭某未按约定履行付款义务。立信公司遂向一审法院提起诉讼，请求彭某偿还本金、利息及违约金共计1016.5万元，恒博公司承担连带偿还责任。

法院裁判

一审判决彭某在判决生效后10日内支付立信公司相应的股权转让款，并支付相应利息，恒博公司对上述股权转让款的一半承担赔偿责任。立信公司、恒博公司、戴某不服，提起上诉。

生效判决认为，关于恒博公司是否对彭某应支付的股权转让款承担连带担保责任。《公司法》第16条第2款、第3款规定："公司为公司股东或者实际控制人提供担保的，必须经股东会或者股东大会决议。前款规定的股东或者受前款规定的实际控制人支配的股东，不得参加前款规定事项的表决。该项表决由出席会议的其他股东所持表决权的过半数通过。"对于该条规定的性质学术界和实务界尚有争议，认为该条规定属于管理性强制性规定的是指，该条立法目的旨在防止公司股东、实际控制人或者高级管理人员损害公司或其他债权人的利益，其实质是公司内部管理程序，只能约束公司内部人员，不能以此约束外部善意相对人。故在此意义上该规定理解为管理性强制性规定，对违反该规定提供担保的，并不必然无效。

另外，《合同法》第50条规定："法人或者其他组织的法定代表人、负责人超越权限订立的合同，除相对人知道或者应当知道其超越权限的以外，该代表行为有效。"《担保法司法解释》第11条规定："法人或者其他组织的法定代表人、负责人超越权限订立的担保合同，除相对人知道或者应当知道其超越权限的以外，该代表行为有效。"彭某作为恒博公司当时的法定代表人超越公司法和公司章程的权限订立担保合同，系无权代表行为。相对人戴某是否知道或者应当知道法定代表人越权，是认定该行为是否属于表见代表、合同是否有效的关键。从本案事实看，案涉协议使恒博公司可能承担巨额债务而不能获得任何对价，不属于公司正常的经营活动，《公司法》第16条对关联担保这种无对价的特殊交易作了限制性规定，必须经股东会同意，故该行为具有明显的超越代表权的外观。戴某作为恒博公司股东和专职律师，知晓恒博公司由几名股东组成和公司章程规定对法定代表人权力的限制，签订案涉协议时，在没有股东会决议的情形下，理应知道彭某的行为不是为恒博公司经营活动所从事的职务行为，而是违反公司法强制性规定的行为。综合考虑本案的交易过程和事实，戴某知道彭某的签约超越代表权限，不属于《合同法》第50条保护的善意相对人。彭某的代表行为无效，案涉协议担保条款不能对恒博公司产生效力。

关于案涉担保条款无效的责任承担问题。《合同法》第48条规定："行为人没有代理权、超越代理权或者代理权终止后以被代理人名义订立的合同，未经被代理人追认，对被代理人不发生效力，由行为人承担责任。"法定代表人代表制度是代理在商事企业法人领域的特别规定，可适用该规定。在案涉协议对恒博公司没有约束力的情况下，应由彭某就其无权代表行为承担相应的责任。另根据《担保法解释》第4条"董事、经理违反《中华人民共和国公司法》第六十条的规定，以公司资产为本公司的股东或者其他个人债务提供担保的，担保合同无效。除债权人知道或者应当知道的外，债务人、担保人应当对债权人的损失承担连带赔偿责任"的规定，在本案中恒博公司的章程已约定股东有遵守公司法规定的义务，债权人戴某明知彭某系违反公司法规定让公司担保，彭某作为当时恒博公司的实际控制人和法定代表人，有代表公司和管理使用公章的权利，恒博公司对于彭某利用对公司的控制权在案涉协议上加盖公章的行为并不具有选任或管理上的失职，其责任应由彭某承担。立信公司提出其是本案实际债权人，不是恒博公司股东，一审法院以戴某的股东之责来认定立信公司有过错不当。二审法院认为，签订案涉股权转让协议的当事人是彭某、戴某和恒博公司，立信公司是基于与戴某有隐名持股的委托关系而成为诉讼主体，基于委托人与受托人之间的代理关系，受托人的责任应由委托人承担。同时，《合同法》第403条第3款规定，"委托人行使受托人对第三人的权利的，第三人可以向委托人主张其对受托人的抗辩。第三人选定委托人作为其相对人的，委托人可以向第三人主张其对受托人的抗辩以及受托人对第三人的抗辩”，恒博公司基于对受托人戴某有过错的抗辩可以向立信公司主张，故一审法院认定立信公司有过错并无不当。立信公司要求恒博公司依据案涉协议承担责任的诉请于法无据，二审法院不予支持。恒博公司关于其无过错不应承担赔偿责任的上诉理由成立，二审法院予以支持。一审法院认定恒博公司有过错，对彭某不能支付的股权转让款的一半承担赔偿责任的处理不当，二审法院予以纠正。据此，二审撤销一审判决，改判恒博公司无须承担担保责任。

案例评析

本案的争议焦点是，公司为股东之间的股权转让提供担保，担保合同被确认无效后，如何确定各方的责任。

1. 担保合同的效力认定

担保合同，是指为促使债务人履行其债务，保证债权人的债权得以实现，而在债权人（同时也是担保权人）和债务人之间，或在债权人、债务人或第三人（担保人）之间协商形成的，当债务人不履行债务或无法履行债务时，以一定方式保证债权人债权得以实现的合同。担保合同是一种合同，其效力受《合同法》的调整，因此符合《合同法》第52条规定的情形及民事法律行为其他无效情形的，如担保主体为无民事行为能力人、担保合同内容违反公序良俗等，担保合同当然无效。除此之外，根据担保法还对担保合同的效力问题作出了如下规定：

首先，担保合同是从合同，当主合同无效时，作为从合同的担保合同自然无效。若当事人在担保合同中另有约定，则担保合同不因主债权债务合同的无效而无效。[1] 如当事人设定最高额抵押权，可以约定其中的一个债权无效不影响最高额抵押合同的效力。

---

〔1〕《担保合同解释》第5条第1款规定：“担保合同是主合同的从合同，主合同无效，担保合同无效。担保合同另有约定的，按照约定。”

其次，担保合同主体不合格导致担保合同无效。如国家机关、事业单位、社会团体不得为保证人；[1]企业法人分支机构、职能部门作为保证人的禁止与例外；[2]公益法人作为保证人的禁止与例外。[3]

最后，以担保法禁止作抵押物的财产设定抵押权的，抵押无效。[4]

2. 违反《公司法》第16条规定的公司担保行为的效力认定

《公司法》关于公司担保的规定不属于《合同法》第52条第5项规定的“强制性规定”的效力性强制性规定的范畴。[5]《公司法》第16条可视为法律对公司代表人的代表权之相对限制，或者是对董事、高管的权力限制。[6] 违反《公司法》第16条规定的公司担保行为，属于公司法定代表人或公司高管的无权代表行为。根据《合同法》第50条、《担保法解释》第11条的规定，[7]担保债权人是否知道或者应当知道法定代表人越权，是认定该行为是否属于表见代表、合同是否有效的关键。因此，对于违背《公司法》第16条规定所做出的公司担保行为的效力，应

[1] 《担保法》第8条规定：“国家机关不得为保证人，但经国务院批准为使用外国政府或者国际经济组织贷款进行转贷的除外。”《担保法解释》第3条规定：“国家机关和以公益为目的的事业单位、社会团体违反法律规定提供担保的，担保合同无效。因此给债权人造成损失的，应当根据担保法第五条第二款的规定处理。”

[2] 《担保法》第10条规定：“企业法人的分支机构、职能部门不得为保证人。企业法人的分支机构有法人书面授权的，可以在授权范围内提供保证。”

[3] 《担保法》第9条规定：“学校、幼儿园、医院等以公益为目的的事业单位、社会团体不得为保证人。”《担保法解释》第53条规定：“学校、幼儿园、医院等以公益为目的的事业单位、社会团体，以其教育设施、医疗卫生设施和其他社会公益设施以外的财产为自身债务设定抵押的，人民法院可以认定抵押有效。”

[4] 《担保法》第37条规定：“下列财产不得抵押：（一）土地所有权；（二）耕地、宅基地、自留地、自留山等集体所有的土地使用权，但本法第三十四条第（五）项、第三十六条第三款规定的除外；（三）学校、幼儿园、医院等以公益为目的的事业单位、社会团体的教育设施、医疗卫生设施和其他社会公益设施；（四）所有权、使用权不明或者有争议的财产；（五）依法被查封、扣押、监管的财产；（六）依法不得抵押的其他财产。”《担保法解释》第48条规定：“以法定程序确认为违法、违章的建筑物抵押的，抵押无效。”

[5] 刘贵祥：《合同效力研究》，人民法院出版社2012年版，第304～306页。

[6] 李建星：《公司越权对外担保的相对人审查义务》，载《月旦民商法杂志》2015年第3期。

[7] 《合同法》第50条规定：“法人或者其他组织的法定代表人、负责人超越权限订立的合同，除相对人知道或者应当知道其超越权限的以外，该代表行为有效。”《担保法解释》第11条规定：“法人或者其他组织的法定代表人、负责人超越权限订立的担保合同，除相对人知道或者应当知道其超越权限的以外，该代表行为有效。”

通过审查担保债权人审查义务的履行情况，判断其是否为善意第三人，从而认定担保行为的效力。本案中，恒博公司为股东提供担保未经股东会决议，戴某作为恒博公司股东和专职律师，知晓恒博公司由几名股东组成和公司章程规定对法定代表人权力的限制，签订案涉协议时，在没有股东会决议的情形下，理应知道彭某的行为不是为恒博公司经营活动所从事的职务行为，而是违反公司法强制性规定的行为。因此，戴某知道彭某的签约超越代表权限，不属于《合同法》第50条保护的善意相对人。因此，案涉的担保条款无效。

3. 担保合同被确定无效后，如何确定各方的责任

合同被确认无效后，过错方承担的是缔约过失责任。《担保法解释》第4条规定："董事、经理违反《中华人民共和国公司法》第六十条的规定，以公司资产为本公司的股东或者其他个人债务提供担保的，担保合同无效。除债权人知道或者应当知道的外，债务人、担保人应当对债权人的损失承担连带赔偿责任。"然而，该条所依据的原《公司法》第60条的相关规定，已经被2006年1月1日起施行的《公司法》所废止，而本案的担保行为发生在2012年12月7日，因此，本案不适用《担保法解释》第4条的规定。[1]

《担保法》第5条第2款规定："担保合同被确认无效后，债务人、担保人、债权人有过错的，应当根据其过错各自承担相应的民事责任。"《担保法解释》第7条规定："主合同有效而担保合同无效，债权人无过错的，担保人与债务人对主合同债权人的经济损失，承担连带赔偿责任；债权人、担保人有过错的，担保人承担民事责任的部分，不应超过债务人不能清偿部分的二分之一。"在公司为担保合同或担保条款被确认无效后，应根据公司本身在担保过程中是否有过错来判断其是否应承担不应超过债务人不能清偿部分二分之一责任。

本案中，担保条款签订时，彭某作为恒博公司的实际控制人和法定

---

〔1〕 详见最高人民法院（2014）民申字第563号民事裁定。

代表人，有代表公司管理和使用公章的权利，债权人戴某明知彭某系违反公司法规定让公司担保，因此，本案担保合同无效的过错方是债权人戴某明知恒博公司的法定代表人彭某，恒博公司对于彭某利用对公司的控制权在案涉协议上加盖公章的行为并不具有选任或管理上的失职，其责任应由彭某承担，恒博公司无须承担担保合同无效下的责任。上述处理原则也体现于《会议纪要》第20条的规定中。[1]

〔1〕 该条规定：【越权担保的民事责任】依据前述3条规定，担保合同有效，债权人请求公司承担担保责任的，人民法院依法予以支持；担保合同无效，债权人请求公司承担担保责任的，人民法院不予支持，但可以按照担保法及有关司法解释关于担保无效的规定处理。公司举证证明债权人明知法定代表人超越权限或者机关决议系伪造或者变造，债权人请求公司承担合同无效后的民事责任的，人民法院不予支持。

第七章　股权转让纠纷中的程序问题

典型案例1
基于股权转让形成的欠款能否以民间借贷案由主张
——蒙某与科兴继蒙公司民间借贷纠纷案[1]

案例要旨

当事人起诉对方要求偿还的借款源于股权转让时各方对目标公司债务承担进行的约定，故本案诉争的借款债务纠纷实际系股权转让纠纷内容之一，从属于股权转让合同。因此，本债务应受股权转让协议的约束。

基本案情

上诉人（原审原告）：蒙某。

被上诉人（原审被告）：科兴继蒙公司。

蒙某、继蒙研究所系科兴继蒙公司股东。2010年至2011年，深圳科兴公司对科兴继蒙公司进行控股收购，与蒙某、继蒙研究所签订了《股权转让框架协议书》《〈股权转让框架协议书〉补充协议》《股份转让协议书》等协议，约定蒙某和继蒙研究所将其持有继蒙公司合计65%的股权转让给深圳科兴公

〔1〕 湖南省长沙市中级人民法院（2014）长中民二终字第04698号。

司。其中，《〈股权转让框架协议书〉补充协议》中约定截至2010年12月15日继蒙公司所有负债（包括或有负债）不超过3150万元，超过部分由继蒙研究所和蒙某承担，各方确认了截至2010年12月15日由继蒙公司承担的负债，并制定了《继蒙制药公司负债一览表（截至2010年12月15日）》作为《〈股权转让框架协议书〉补充协议》的附件，其中未体现本案诉争的借款债务。上述股权（股份）转让系列协议中均约定：因协议引起的争议调解不成的，均应提交中国国际经济贸易仲裁委员会华南分会仲裁。蒙某向法院提起民间借贷之诉，请求科兴继蒙公司偿还借款。

法院裁判

一审裁定驳回蒙某的起诉。蒙某不服，提起上诉。

生效裁定认为，上诉人蒙某起诉请求被上诉人科兴继蒙公司偿还2007年至2009年的借款属于继蒙公司2010年12月15日之前的债务，股权转让时各方对继蒙公司债务承担进行了约定，故本案诉争的借款债务纠纷实际系股权转让纠纷内容之一，从属于股权转让合同。因此，本债务应受股权转让协议的约束。因《股权转让框架协议书》《股权转让协议书》《借款协议书二》均约定纠纷解决方式为提交中国国际经济贸易总裁委员会华南分会仲裁，而《〈股权转让框架协议书〉补充协议》作为《股权转让框架协议书》的补充，又未对纠纷解决方式作出特别规定，因此，涉及股权转让协议的纠纷均应通过仲裁裁决，故本案纠纷亦应通过仲裁裁决，人民法院对本案没有管辖权。据此，二审法院裁定驳回上诉，维持原裁定。

案例评析

《民间借贷司法解释》第15条规定："原告以借据、收据、欠条等债权凭证为依据提起民间借贷诉讼，被告依据基础法律关系提出抗辩或者反诉，并提供证据证明债权纠纷非民间借贷行为引起的，人民法院应当依据查明的案件事实，按照基础法律关系审理。当事人通过调解、和解或者清算达成的债权债务协议，不适用前款规定。”在司法实践中，原告以民间借贷关系提起诉讼，法院认定当事人之间是基于股权转让形成的欠款，并非民间借贷关系的，当事人不能以民间借贷案由进行起诉。此时，法官应当向原告释明变更诉讼请求或起诉案由。在法官向当事人释明变更诉讼请求之后，如果当事人根据法院的释明变更了诉讼请求和案由，则法院按照释明的法律关系对案件进行审理。如果当事人拒不变更的，此时应当如何处理？司法权威观点认为，在法院认定的法律关系与当事人主张的法律关系不一致时，属于诉讼程序问题，在原告坚持其诉讼请求，而不依据法院的告知变更诉讼请求的情况下，法院应当作出程序性处理，即裁定驳回原告起诉，而不是驳回其诉讼请求，否则既侵害当事人的诉讼权利，又损害当事人的实体权利。在“上诉人北京新中实经济发展有限责任公司和上诉人海南中实（集团）有限公司与被上诉人华润置地（北京）股份有限公司房地产项目权益纠纷”一案中，最高人民法院认为，一审期间华润公司在起诉状、庭审陈述及所附证据材料中，均明确表示其主张项目转让款的依据为双方之间存在房地产项目转让的法律关系。一审法院基于审理查明的事实认为，华润公司诉请主张的“项目转让关系”不能成立，遂于庭审结束后至一审判决前，多次向华润公司行使释明权，告知其变更诉讼请求，否则自行承担诉讼风险，但华润公司拒绝对诉讼请求予以变更。由于华润公司主张的法律关系与一审法院根据案件事实认定的不一致，一审法院不应作出实体判决，而应驳回华润公司的起诉。[1]

本案中，蒙永宏系科兴继蒙公司股东之一，因2010年至2011年深圳科兴公司对继蒙公司的股权进行了控股收购，而蒙永宏系股权转让的转让方之一，蒙永宏主张的借款债务均发生在2007年至2009年，即收购之前，且股权转让时各方对继蒙公司债务承担进行了约定，故本案诉

---

〔1〕杜万华主编、最高人民法院民事审判第一庭编著：《最高人民法院民间借贷司法解释理解与适用》，人民法院出版社2015年版，第287页。

争的借款债务纠纷实际系股权转让纠纷内容之一，从属于股权转让合同。故本案不能以民间借贷案由主张。但是基础法律关系的审查属于实体审查，贯穿于诉讼的全过程，在法庭调查结束之后法庭辩论开始之前，综合查清的事实情况，根据对案情的判断，法院认为起诉案由与实际法律关系不一致的，均可以及时向当事人加以释明。但本案被告提起了管辖权异议，管辖权异议应当在提交答辩状期间提出。在对案件实体审理前，法院应当先审查当事人提出的管辖权异议。

本案双方在股权转让系列协议中已对科兴继蒙公司截至2010年12月15日之前的往来款及债务进行了清理确认，原告起诉所主张的"借款"属于该范围内的债务，故本案诉争的借款债务纠纷实际系股权转让纠纷内容之一，从属于股权转让合同，因此，本债务纠纷的司法管辖应受股权转让协议的约束。而双方签订的系列股权转让协议中均约定因协议引起的争议调解不成的，均应提交中国国际经济贸易仲裁委员会华南分会仲裁，因此，涉及股权转让协议的纠纷均应通过仲裁裁决，故本案纠纷亦应通过仲裁裁决，法院对本案没有管辖权。对于确定应当由其他法院管辖的，根据《民事诉讼法》的规定，受理法院应当裁定将案件移送有管辖权的人民法院。但是，根据《仲裁法》第5条的规定，"当事人达成仲裁协议，一方向人民法院起诉的，人民法院不予受理，但仲裁协议无效的除外"。对于确定应当由仲裁机构管辖的，法院不能直接裁定将案件移送有管辖权的仲裁机构，只能裁定驳回起诉。

典型案例2
受让人知晓出让人系受托处理的实际权利人的股权，实际权力人能否作为原告直接向受让人提起诉讼

——立信公司与恒博公司等股权转让纠纷案〔1〕

案例要旨

双方在协议中明确约定出让方系受托转让实际股权利人的股权，在此情形下，受让方自愿签署前述协议表明认可实际权利人的身份，根据《合同法》第402条、第403条的规定，实际权力人能作为原告直接向受让人提起诉讼。

基本案情

上诉人（原审原告）：立信公司。

上诉人（原审被告）：恒博公司。

上诉人（原审第三人）：戴某。

被上诉人（原审被告）：彭某。

2011年10月24日，彭某、杨颖、戴某三方签订合伙（股东）协议，共同以恒博公司的名义开发坐落于湘阴县新世纪大道以南、农业局西侧，用地面积为19330.32平方米的房地产项目，三方确认股权比例为彭某40%、杨颖30%、戴某30%。2012年12月17日，彭某、戴某、恒博公司三方签订退伙协议，主要内容为：由戴某代表实际权利人立信公司退出合伙，将戴某名下所持恒博公司30%的股份转让给彭某，由彭某退还其投资款1050万元，并另行补偿其150万元；约定付款期限及付款方式；如果彭某未按协议约定付款，则向戴某承担每日2‰的违约金；恒博公司对彭某的上述义务承担连带担保责任。该协议上有彭某、戴某签名，加盖了恒博公司公章。上述合同签订前后，

〔1〕 湖南省高级人民法院（2017）湘民终356号。

彭某、戴某系恒博公司股东，彭某在恒博公司成立后至2014年3月前一直担任公司法定代表人。协议签订后，彭某未按约定履行付款义务。立信公司遂向一审法院提起诉讼，请求彭某偿还本金、利息及违约金共计1016.5万元，恒博公司承担连带偿还责任。恒博公司认为作为仅接收股权转让款的第三人，立信公司不是合同当事人，无行使合同违约诉权的资格。

法院裁判

本案一、二审均认定立信公司是本案的适格主体，具有原告诉讼主体资格。

生效判决认为，彭某、戴某、恒博公司三方于2013年12月17日签订的退伙协议中记载了“名义上权利人是戴某，现实际权利为立信公司”，2014年1月12日签订的补充协议中也记载了立信融资公司的相关权利。在上述协议中，戴某已向彭某、恒博公司披露实际权利人为立信公司，在此情形下，彭某、恒博公司自愿签署前述协议表明认可立信公司为实际权利人。根据《合同法》第402条“受托人以自己的名义，在委托人的授权范围内与第三人订立的合同，第三人在订立合同时知道受托人与委托人之间的代理关系的，该合同直接约束委托人和第三人，但有确切证据证明该合同只约束受托人和第三人的除外”和第403条第1款“受托人以自己的名义与第三人订立合同时，第三人不知道受托人与委托人之间的代理关系的，受托人因第三人的原因对委托人不履行义务，受托人应当向委托人披露第三人，委托人因此可以行使受托人对第三人的权利，但第三人与受托人订立合同时如果知道该委托人就不会订立合同的除外”的规定，无论彭某是在订立协议时还是之后知晓立信公司为案涉股权实际权利人，立信公司都可以行使戴某对彭某的合同权利。且立信公司主张的是合同债权，并非要求确认股东资格或享有参与恒博公司的决策管理、分红等股东权利，立信公司主张合同债权与公司法规定不冲突。另外，《民事诉讼法》第119条规定：“原告是与本案有直接利害关系的公民、法人和其他组织”。立信公司因是案涉合同的实际权利人与本案有直接的利害关系，可以作为原告向彭某、恒博公司主张债权。一审法院认定立信公司具有原告主体资格并无不当。

案例评析

本案的争议焦点是，显名股东以自己名义与第三人订立股权转让合同，实际出资人能否依据合同的约定直接向第三人主张权利。

本案涉及名义股东将登记于其名下的股权转让给第三人的法律行为，这在股权转让实务中普遍存在。与名义股东对应的概念是实际出资人，也叫隐名出资人，是指借用他人（第三人）名义而出资的民事主体。司法实务中，民事主体的隐名出资动机具有多元性，因此，名义股东和实际出资人之间的法律关系比较复杂。但是，对于名义股东代实际出资人做出股权转让的意思表示，且在转让过程中公开了实际出资人的身份的情况下，名义股东和实际出资人之间的法律关系符合隐名代理制度的一般特征，应当依据合同法关于隐名代理制度的法律规定予以处理。

隐名代理是指代理人虽然没有以明示本人的姓名从而以本人的名义进行法律行为，但其代理人身份为相对人明知或者应当知道；或者说相对人明知或者应当知道代理人的行为后果将由他人（本人）承担。[1] 我国《合同法》规定了隐名代理制度，第402条规定："受托人以自己的名义，在委托人的授权范围内与第三人订立的合同，第三人在订立合同时知道受托人与委托人之间的代理关系的，该合同直接约束委托人和第三人，但有确切证据证明该合同只约束受托人和第三人的除外。"按照本条规定，对受托人以自己的名义和第三人订立合同，第三人知道代理关系的，该合同直接约束委托人与第三人。如果是订立合同的当时不知道，而是事后知道，则不适用本条的规定。

本案中，诉争股权转让协议明确约定名义上股权权利人是戴某，实

---

〔1〕 赵旭东、顾东伟：《隐名出资的法律关系及其效力认定》，载《国家检察官学院学报》2011年第2期。

际权利人为立信公司，其后的补充协议中也记载了立信公司为实际出资人。在上述协议中，受托人戴某在订立合同时已向彭某、恒博公司披露实际权利人为立信公司，在此情形下，彭某、恒博公司自愿签署前述协议表明认可立信公司为实际权利人，同时，本案又无确切证据证明股权转让协议只约束受托人和受让人，因此，受托人立信公司可以行使戴某对彭某及恒博公司的合同权利。同时，根据《合同法》第403条第3款规定，“委托人行使受托人对第三人的权利的，第三人可以向委托人主张其对受托人的抗辩。第三人选定委托人作为其相对人的，委托人可以向第三人主张其对受托人的抗辩以及受托人对第三人的抗辩”，恒博公司、彭某基于对受托人戴某有过错的抗辩可以向受托人立信公司主张。

但是需要说明的是，立信公司根据《合同法》第402条的规定主张的只能是合同法上的债权，而非公司法上的确认股东资格或股东权利，因为实际出资人并不等同于他就是公司股东，其股东地位是否能得到确认尚处于不稳定状态，有待于公司的进一步确认。

典型案例3
股份合作制企业职工个人股份的转让应适用特别的法律规范

——杨某与沈某、建机公司股权转让纠纷案[1]

案例要旨

股份合作制企业既不是股份制企业，也不是合伙企业，与一般的合作制企业也不同，不属公司法规定的公司形态，目前尚无直接调整该类企业的法律规范。对该类企业经营管理中涉及的法律问题，根据《民法通则》第6条“民事活动必须遵守法律，法律没有规定的，应当遵守国家政策”的规定，本案应当参照国家和地方的相关政策、地方性法规，并结合法律的相关规定进行处理。

---

〔1〕 四川省成都市中级人民法院（2018）川01民终615号。

基本案情

上诉人（原审原告）：杨某。

被上诉人（原审被告）：沈某、建机公司。

建机公司成立于1991年，成立时其性质为集体所有制企业。1995年5月，建机公司申请进行股份合作制改组。1995年6月23日，相关部门批复同意建机公司由集体所有制企业改制为股份合作制企业。杨某系杨某2的独生女，杨某2系建机公司职工及个人股东。杨某2于1996年6月调出建机公司。2009年10月12日，建机公司形成股东会决议，同意杨某2将其股权以4.15万元转让给沈某。同日签订《股权转让协议》，内容为杨某2将其股权以4.15万元转让给沈某，经查，杨某2的签名不是其本人所签。后建机公司完成了股东的变更登记。杨某诉请确认《股权转让协议》无效。

法院裁判

法院生效判决认为，建机公司是通过改制设立的股份合作制企业，股份合作制企业既不是股份制企业，也不是合伙企业，与一般的合作制企业也不同，不属公司法规定的公司形态，目前尚无直接调整该类企业的法律规范。对该类企业经营管理中涉及的法律问题，根据《民法通则》第6条“民事活动必须遵守法律，法律没有规定的，应当遵守国家政策”的规定，本案应当参照国家和地方的相关政策、地方性法规，并结合法律的相关规定进行处理。

根据原国家经济体制改革委员会《关于发展城市股份合作制企业的指导意见》第5条“职工离开企业时其股份不能带走，必须在企业内部转让，其他职工有优先受让权”。《成都市股份合作制条例》第27条“股份合作制企业设立后，股东不得退股。在职职工个人所持有的股份可以按照企业章程规定转让和继承”的规定，职工离开企业的，其股份只能留在公司，且必须在企业内部转让，如要转让和继承，则须以职工在职且以章程规定的内容为依据。本案中，杨某2于1996年调离建机公司，已非建机公司职工，其股份应留在企业内部，故杨某2因调离公司而失去股东资格，不能继续持有建机公司股份。又根据《成都市股份合作制条例》第 27 条“职工因调离、除名、辞退、退休、死亡等原因离开企业的，其股份按照企业章程规定或者股东会决议处理”的规定，针对杨某 2 调离建机公司后留在公司的股份，因建机公司章程并未规定处理方式，故应由建机公司股东会决议处理，因此，建机公司股东会有权对原由杨某 2 持有的股份作出处理。该《股东会决议》作出的由沈某受让杨某 2 名下的股份的决议内容合法、有效，沈某据此受让股份亦合法、有效。杨某 2 于 1996 年 6 月调出建机公司，不再是建机公司职工和股东，其对建机公司的重大决策事项应无表决权，其是否在 2009 年 10 月 12 日的《股东会决议》及《股权转让协议》上签字并不影响决议及协议的效力。《股权转让协议》系根据决议内容签订，故涉案的《股权转让协议》应属有效。

案例评析

本案涉及股份合作制企业股权转让纠纷的法律适用问题。

一般规定是对普遍的、通常问题进行的规定，而特别规定是对具体的、特定的问题进行的规定，有明确的针对性。《民法总则》第 11 条规定：“其他法律对民事关系有特别规定的，依照其规定。”因此，对特殊形态民事主体产生的民事法律行为，应当优先适用特别规定。股份合作制企业是实行劳动合作和资本合作相结合的经济组织形式，其作为一种特殊形态的企业，在设立方式、治理结构、分配方式、股东身份等方面与有限责任公司、股份有限公司存在较大差异，股东享有的股东权利属性及范围也有所不同，《公司法》也未将股份合作制企业纳入调整范围。因此，股份合作制企业股权的获取和转让均应符合相应法律规范的特别规定，由此产生的相应纠纷应适用特别的法律规范。在审判实践中，特别规范主要是指原国家经济体制改革委员会《关于发展城市股份合作制企业的指导意见》以及各省市自行制定的相关规范，同时，企业的章程也是重要的参考依据。

本案即根据《指导意见》同时根据四川省经济体制改革委员会《四

川省城镇股份合作制企业试行办法》、《成都市发展股份合作制企业若干问题的试行意见》、成都市人大常委会《成都市股份合作制条例》等规定作为案件审理的依据，同时参考了企业的章程。根据上述规定，股份合作制企业职工离开企业的，其持有的股份只能留在公司，且必须在企业内部转让。企业章程也对上述规定内容进行了确认。建机公司通过股东会决议的形式，确定吸纳沈某为企业新股东，同意杨某2退出企业股东会，杨某2将其股权4.15万元转让给沈某。因此，建机公司已通过股东会决议的方式形成了对原由杨某2持有股份的处理意见。与普通公司股东转让股权需要出让人同意不同，因杨某2调出建机公司，不再是建机公司职工和股东，其对建机公司的重大决策事项无表决权，其是否在股东会决议上签字并不影响决议的效力。《股权转让协议》的内容是根据股东会决议内容签订，该内容不损害杨某2的实质利益，不符合《合同法》第52条合同无效的情形，因此，杨某主张《股权转让协议》无效，一、二审法院均未予支持。

典型案例4

《民法总则》实施前诉讼时效已届满，能否适用《民法总则》关于三年诉讼时效的规定

——郑某与陈某、黄某股权转让纠纷案[1]

案例要旨

本案股权转让款最后一期的还款期限为2014年12月31日。受让方未按上述约定向支付股权转让款的事实，发生在《民法总则》实施之前。按照《民法通则》诉讼时效为2年的规定，本案诉讼时效已于2016年12月31日前届满，陈某、黄某已经确定取得了不履行义务的诉讼时效抗辩权，该抗辩权不会因民法总则施行而消灭。

---

〔1〕 福建省宁德市中级人民法院（2018）闽09民终682号。

基本案情

上诉人（原审原告）：郑某。

被上诉人（原审被告）：陈某、黄某。

2009 年 6 月 18 日，本案双方就股权转让一事签订一份《庭外调解协议书》，约定陈某、黄某结欠郑某股权转让款 500000 元，分 6 年还清，最后一期的还款期限为 2014 年 12 月 31 日。陈某、黄某于 2014 年以前共偿还郑某股权转让款 220000 元。郑某于 2017 年 12 月 29 日向法院提起诉讼。

法院裁判

一审法院认为，本案诉讼时效的起算点为 2015 年 1 月 1 日。根据《民法通则》之规定，当事人向人民法院请求保护民事权利的诉讼时效期间为 2 年，故郑某应于 2016 年 12 月 31 日前向人民法院提起诉讼。虽然于 2017 年 10 月 1 日实施的《民法总则》第 188 条规定向人民法院请求保护民事权利的诉讼时效期间为 3 年，而郑某于 2017 年 12 月 29 日提起诉讼，若适用新法，则本案诉求并未超过诉讼时效。但从诉讼时效作为消灭时效的性质来看，自 2017 年 1 月 1 日后，郑某的时效利益事实上已经享受完毕，诉讼时效已因此而归于消灭，不可能因新法的实施而使已消灭的时效重新“激活”。从实践效果来看，如果在这种情况下赋予请求权人重新计算时效的权利，就会产生一种不符合逻辑的结果，即在前后两段时效未届满的期间中间还存在一段时效已届满的时间，而且也不符合诉讼时效制度促使权利人及时行使权利、稳定现存社会秩序的制度本意。由于本案诉求在《民法总则》实施前诉讼时效已届满，故不应赋予郑某溯及保护，本案诉求已超过诉讼时效，人民法院对其权利不再予以保护。郑某不服，提起上诉。

二审法院认为，双方签订《庭外调解协议书》的约定，本案股权转让款最后一期的还款期限为 2014 年 12 月 31 日。陈某、黄某未按上述约定向郑某支付股权转让款的事实，发生在《民法总则》实施之前。按照《民法通则》诉讼时效为 2 年的规定，本案诉讼时效已于 2016 年 12 月 31 日前届满，陈某、黄某已经确定取得了不履行义务的诉讼时效抗辩权，该抗辩权不会因《民法总则》施行而消灭。至此，郑某于2017年12月29日就本案提起诉讼，已经超过诉讼时效期间。二审判决驳回上诉，维持原判。

案例评析

根据《民法总则》第189条的规定，当事人约定同一债务分期履行的，诉讼时效期间自最后一期履行期限届满之日起计算。本案双方签订的《庭外调解协议书》载明，股权转让款500000元，分6年还清，最后一期的还款期限为2014年12月31日。故本案诉讼时效的起算点为2015年1月1日，原告起诉时，已经超过了《民法通则》规定的2年诉讼时效。虽然《民法总则》将诉讼时效期间规定为3年，但本案已经不能适用该规定。本案一、二审判决所确定的上述结论体现于2018年7月23日起施行的最高人民法院《关于〈民法总则〉诉讼时效制度若干问题的解释》(以下简称《解释》) 第3条的规定："民法总则施行前，民法通则规定的二年或者一年诉讼时效期间已经届满，当事人主张适用民法总则关于三年诉讼时效期间规定的，人民法院不予支持。"之所以作出如此规定，主要考虑到：一是尊重立法本意。司法解释是立法在审判工作中的具体化，在制定《解释》时应尊重立法本意。二是依据法的溯及力法理。遵循实体从旧、程序从新原则，诉讼时效制度为实体法制度，应采从旧原则。三是基于稳定交易秩序和利益衡平考虑。《民法通则》规定的诉讼时效期间已经届满的情形下，义务人已经享有诉讼时效抗辩权，义务人行使诉讼时效抗辩权的，交易秩序已经稳定，如果再适用《民法总则》的规定会使已经稳定的交易秩序受到冲击。[1]

---

〔1〕《最高法司法解释：民法总则施行后，诉讼时效期间适用三年规定》，载新浪网：http://news.sina.com.cn/o/2018-07-19/doc-ihfnsvza5168196.shtml，最后访问时间：2019年11月30日。

典型案例5

股权转让纠纷是否适用《民事诉讼法》第26条关于公司诉讼管辖的规定

——万佳置业与王某、刘某1等股权转让纠纷管辖权异议案〔1〕

案例要旨

《民事诉讼法》第26条关于公司诉讼的规定应当理解为特殊地域管辖的规定而不是专属管辖，并不排除当事人的协议管辖约定，本案为股权转让纠纷，不适用《民事诉讼法》第26条关于公司诉讼管辖的规定。

基本案情

上诉人（原审被告）：万佳置业。

被上诉人（原审原告）：王某、刘某1。

一审被告：刘某2、刘某3。

一审第三人：刘某4。

2013年1月20日，王某、刘某1向甘肃省高级人民法院提起诉讼称：2011年5月6日其与刘某2、刘某3签订一份股权转让意向性合同，约定协议签署当日向刘某2、刘某3支付定金1000万元，协议签订后30个工作日签订《股权转让协议》。该意向性合同签订后王某、刘某1依约支付该1000万元，但被告刘某2、刘某3迟迟不与其签订股权转让协议。王某、刘某1为此诉讼到一审法院，请求判令被告及第三人继续履行股权转让行为。

一审被告万佳置业、刘某3在一审提交答辩状期间对本案提出管辖权异议。刘某3认为双方股权转让意向书第七条明确约定因履行该协议发生的争议，应向其住所地有管辖权的人民法院起诉，该约定符合民事诉讼法的有关规定，应当认定有效；本案系王某、刘某1与刘某2、刘某3之间的股权转让

〔1〕 最高人民法院（2014）民二终字第14号。

纠纷，与万佳置业无关，万佳置业不是案件的适格被告，不能以万佳置业的住所地来确定案件的管辖法院。应当按照股权转让各方当事人的意向书的约定，由刘某2或者刘某3的住所地的有管辖权的人民法院受理。

法院裁判

甘肃省高级人民法院一审认为，《民事诉讼法》第26条规定，因公司设立、确认股东资格、分配利润、解散等纠纷提起的诉讼，由公司住所地的人民法院管辖。本案因万佳置业股东刘某2、刘某3转让公司股权与王某、刘某1发生争议，涉及万佳置业的利益，属于《民事诉讼法》第26条规定的公司诉讼，应由万佳置业的住所地的人民法院专属管辖。裁定驳回管辖权异议。本案所涉刘某2、刘某3与王某、刘某1签订的《股权转让意向协议》约定"因履行协议发生的纠纷，应向甲方（刘某2）、乙方（刘某3）住所地有管辖权的人民法院起诉"，该约定排除了万佳置业住所地人民法院的专属管辖，违反了《民事诉讼法》第26条的规定；约定两个以上人民法院管辖且选择管辖的法院不明确，参照《民诉法解释》第24条的规定，该选择管辖约定无效。

万佳置业不服，提起上诉。

最高人民法院二审认为，本案涉及当事人之间约定的协议管辖条款是否有效，以及民事诉讼法规定的有关公司诉讼的管辖条款是否属于专属管辖等方面的问题。

关于当事人之间约定的协议管辖条款是否有效的问题。刘某2、刘某3作为出让方，与受让方王某、刘某1签订的《股权转让意向协议》第7条约定"因履行协议发生的纠纷，应向甲方（刘某2）、乙方（刘某3）住所地有管辖权的人民法院起诉"，从该约定内容看，无论甲方刘某2还是乙方刘某3，二者均是处于股权转让协议的同一方，并且在本案诉讼中也处于同一诉讼地位，因此该约定具体、明确，不存在选择了《民事诉讼法》第34条所规定的两个以上的人民法院管辖。一审裁定认定该约定不明确，且符合《民诉法解释》第24条的规定，并据此认定该约定无效，属于适用法律错误。

关于民事诉讼法规定的有关公司诉讼的管辖条款是否属于专属管辖的问题。2012年8月31日第十一届全国人民代表大会常务委员会第二十八次会议通过了《关于修改〈中华人民共和国民事诉讼法〉的决定》，新修改的《民事诉讼法》第26条规定："因公司设立、确认股东资格、分配利润、解散等纠纷提起的诉讼，由公司住所地人民法院管辖。"该条从立法体例上看，位于《民事诉讼法》第二章"管辖"的第二节"地域管辖部分"。该节第33条明确规定了专属管辖的情形，但不包括与公司有关的诉讼的情形。因此，《民事诉讼法》第26条关于公司诉讼的规定应当理解为特殊地域管辖的规定而不是专属管辖。民事诉讼法所规定的特殊地域管辖条款并不排除当事人的协议管辖约定，当事人对于争议解决方式有约定的从其约定，无约定或者约定不具有可操作性的则依照该法律规定予以确定案件的管辖法院。一审裁定认定《民事诉讼法》第26条属于专属地域管辖条款并以此排除当事人有关争议解决方式的约定，属于适用法律错误。从王某、刘某1的诉讼请求看，其请求判令被告及第三人继续履行股权转让行为，并不属于《民事诉讼法》第26条所规定的有关公司的诉讼，一审法院以此确定案件的管辖法院，属于适用法律错误，本院予以纠正。因当事人之间的协议管辖条款约定了发生纠纷应向甲方（刘某2）、乙方（刘某3）住所地有管辖权的人民法院起诉，王某、刘某1放弃在刘某2或者刘某3的住所地选择具体的管辖法院，本院根据当事人住所地的实际情况，确定由上海市高级人民法院作为第一审法院审理本案。

案例评析

本案争议焦点为股权转让纠纷是否适用《民事诉讼法》第26条关于公司诉讼管辖的规定。

1.《民事诉讼法》第26条关于公司诉讼管辖的规定不属于专属管辖

《民事诉讼法》第26条规定："因公司设立、确认股东资格、分配利润、解散等纠纷提起的诉讼，由公司住所地人民法院管辖。”《民诉法解释》第22条规定：“因股东名册记载、请求变更公司登记、股东知情权、公司决议、公司合并、公司分立、公司减资、公司增资等纠纷提起的诉讼，依照民事诉讼法第二十六条规定确定管辖。”从立法体例上看，第26条位于《民事诉讼法》第二章“管辖”的第二节“地域管辖部分”，是关于公司诉讼的特殊地域管辖规定。民事诉讼法所规定的特殊地域管辖条款并不排除当事人的协议管辖约定，当事人对于争议解决方式有约定的从其约定，无约定或者约定不具有可操作性的则依照该法律规定予以确定案件的管辖法院。

而专属管辖，是指对某些特定类型的案件，法律强制规定只能由特定的人民法院行使管辖权。凡是专属管辖的案件，只能由法律明文规定的人民法院管辖，其他人民法院均无管辖权，从而排除了一般地域管辖和特殊地域管辖的适用。对于专属管辖的案件，当事人双方无权以协议或者约定的方式变更管辖法院，从而排除协议管辖的适用。《民事诉讼法》第34条规定：“合同或者其他财产权益纠纷的当事人可以书面协议选择被告住所地、合同履行地、合同签订地、原告住所地、标的物所在地等与争议有实际联系的地点的人民法院管辖，但不得违反本法对级别管辖和专属管辖的规定。”外国的法院更没有管辖权，所以排除了外国法院行使管辖权的可能性。总之，专属管辖是排斥其他类型的法定管辖，也排斥协议管辖的管辖制度。[1]《民事诉讼法》第33条明确规定了专属管辖，[2]但不包括与公司有关的诉讼的情形。因此，《民事诉讼法》第26条关于公司诉讼的规定应当理解为特殊地域管辖的规定而不是专属管辖，当事人的约定优先于该特殊地域管辖的规定。

---

〔1〕全国人大常委会法制工作委员会编：《中华人民共和国民事诉讼法释义》（第2版）。转引自“法信网”。

〔2〕该条规定：“下列案件，由本条规定的人民法院专属管辖：（一）因不动产纠纷提起的诉讼，由不动产所在地人民法院管辖；（二）因港口作业中发生纠纷提起的诉讼，由港口所在地人民法院管辖；（三）因继承遗产纠纷提起的诉讼，由被继承人死亡时住所地或者主要遗产所在地人民法院管辖。”

2. 股权转让纠纷不适用《民事诉讼法》第26条关于公司诉讼管辖的规定

并非与公司有关的诉讼，都由公司住所地人民法院管辖。并非所有与公司有关的诉讼都属于公司诉讼，也并非所有与公司有关的诉讼都适用本条的规定，由公司住所地人民法院管辖。股权转让纠纷属于具有给付之诉性质的诉讼，该类诉讼虽然或多或少牵涉公司，但或者属于传统的民事纠纷范畴，或者虽涉及公司法上的权利义务关系，但并不具有组织法上纠纷的性质，通常更多涉及合同法范畴的规定。因此，在管辖的确定上，应适用《民事诉讼法》关于一般合同纠纷管辖的规定确定管辖法院。

本案中，当事人之间的协议管辖条款约定了发生纠纷应向甲方（刘某2）、乙方（刘某3）住所地有管辖权的人民法院起诉，该约定管辖有效。因王某、刘某1放弃在刘某2或者刘某3的住所地选择具体的管辖法院，最高人民法院根据被告的住所地情况结合级别管辖的规定，确定由上海市高级人民法院作为第一审法院审理本案。

典型案例6

股权转让纠纷中合同履行地的确定

——红楼公司与新亚洲公司股权转让纠纷管辖权异议案〔1〕

案例要旨

本案系股权转让合同纠纷，双方在目标公司所在地的广东省东莞市工商行政管理局办理了股权变更登记手续，因此，广东省东莞市可以认定为涉案合同的履行地。

〔1〕 广东省高级人民法院（2015）粤高法立民终字第178号。

基本案情

上诉人（原审被告）：红楼公司。

被上诉人（原审原告）：新亚洲公司。

被上诉人（原审第三人）：宝来公司。

新亚洲公司以其与红楼公司于2013年8月25日签订《股权转让合同》，约定新亚洲公司将其名下的宝来公司全部股权转让给红楼公司。合同签订后，新亚洲公司取得了广东省东莞市外经贸局的批文，完成了工商局的股权变更登记，同时完成了税务、海关及银行等所有相关部门机构的变更手续，并向红楼公司交付宝来公司的场地资产，新亚洲公司已履行合同项下的义务，但红楼公司只向新亚洲公司支付部分股权转让款700万元后，至今拒付剩余款项为由，向广东省东莞市中级人民法院法院提起本案诉讼。红楼公司提起管辖权异议，请求将本案移送至红楼公司住所地为上海市黄浦区所在上海市第二中级人民法院。

法院裁判

一审法院裁定驳回红楼公司对本案管辖权提出的异议。红楼公司不服，提起上诉。主要事实和理由：(1) 原审裁定认定事实和适用法律错误。本案股权转让协议关于合同履行地约定不明，无论是股权转让协议还是其他证据材料均不能证明合同履行地为广东省东莞市，且案涉股权转让款的支付地为上海市，该支付地点应属合同履行地，即使按合同履行地法院管辖原则也应依法由上海市的人民法院管辖。原审法院仅依宝来公司的注册登记地为广东省东莞市，从而认定合同履行地应为广东省东莞市没有事实和法律依据。(2) 原审法院对本案无管辖权。本案诉争的股权转让协议中关于合同履行地约定不明，实际履行地也不在广东省东莞市，故在合同履行地存在争议的情况下，应排除以合同履行地作为本案管辖的依据，直接由红楼公司住所地的人民法院管辖。(3) 本案应移送红楼公司住所地的人民法院管辖。由于红楼公司住所地为上海市黄浦区，本案移送上海市第二中级人民法院管辖才符合法律规定。

生效裁定认为，本案系股权转让合同纠纷。根据查明事实，涉案合同约定新亚洲公司将其持有的宝来公司股权转让给红楼公司。新亚洲公司根据涉案合同的约定，到宝来公司所在地的广东省东莞市工商行政管理局办理了股权变更登记手续。因此，广东省东莞市应为涉案合同的履行地。根据《民事诉讼法》第23条的规定，原审法院作为合同履行地人民法院对本案享有管辖权。原审裁定驳回红楼公司提出的管辖权异议正确，二审法院予以维持。据此，二审裁定驳回上诉，维持原裁定。

案例评析

本案争议焦点为股权转让纠纷管辖权异议案件中，如何确定合同履行地。

1. 合同履行地确定的一般规则

《民事诉讼法》第23条规定，因合同纠纷提起的诉讼，由被告住所地或者合同履行地人民法院管辖。所谓合同履行地，是指履行合同特征义务的地点。所谓特征义务，是指决定合同类别的义务，除借款合同等外，一般是指非给付金钱义务。

对于合同履行地的确定，《民诉法解释》第18条规定："合同约定履行地点的，以约定的履行地点为合同履行地。合同对履行地点没有约定或者约定不明确，争议标的为给付货币的，接收货币一方所在地为合同履行地；交付不动产的，不动产所在地为合同履行地；其他标的，履行义务一方所在地为合同履行地。即时结清的合同，交易行为地为合同履行地。合同没有实际履行的，当事人双方住所地都不在合同约定的履行地的，由被告住所地人民法院管辖。"同时，法律、司法解释以及最高人民法院的批复对一些具体有名合同的履行地作了具体规定[1]。因此，关于“合同履行地”的确定规则，概括地说是：有约定依约定，如果没有约定，看有没有具体的法律规定。如果合同对履行地点没有约定或约定不明确的，也没有具体规定，按照《合同法》第62条第3款及《民诉法解释》第18条的规定确定，即争议的标的为给付货币的，接收货币一方所在地为合同履行地；交付不动产的，不动产所在地为合同履行地；其他标的，履行义务一方所在地为合同履行地，即时结清的合同，交易行为地为合同履行地。合同没有实际履行，当事人双方住所地都不在合同约定的履行地的，由被告住所地人民法院管辖。

2. 股权转让纠纷合同履行地的确定

股权转让纠纷的实质是合同纠纷，法律并未对该类型纠纷的管辖进行特别约定，因此，应当按照合同纠纷的一般规则确定管辖法院，即股权转让纠纷应当由合同履行地和被告住所地的法官管辖。对于合同履行地的确定，由于股权转让纠纷的主要合同义务表现为股权的交付和股权转让款的支付，而在履行股权交付义务时，须在目标公司注册地工商登记机关办理相关手续，因此，通常来说，以目标公司住所地为股权转让合同履行地并无不妥。但是，如果在股权转让纠纷中，股权的交付义务已经全部完成，双方争议的只是股权转让款的支付，此时，案件争议的标的为给付货币，根据《合同法》第62条第3款及《民诉法解释》第18条的规定，应由接收货币一方所在地为合同履行地，即应以股权的出让方所在地为股权转让合同的履行地。

本案中，股权转让的合同签订后，股权出让方新亚洲公司取得了广东省东莞市外经贸局的批文，完成了工商局的股权变更登记，同时完成了税务、海关及银行等所有相关部门机构的变更手续，并向红楼公司交付宝来公司的场地资产，新亚洲公司已履行完合同项下的义务。股权出

[1] 《合同法》及其司法解释对借款合同、建设工程合同、承揽合同、租赁合同和融资租赁合同、技术合同合同等合同的履行地进行了规定，最高人民法院对证券回购合同、购销合同、借款合同、委托贷款合同等合同如何确定合同履行地进行了批复。

让方新亚洲公司向红楼公司主张剩余股权转让款项，故本案的争议标的为股权转让款的支付，接收货币一方为新亚洲公司所在地，而新亚洲公司住所地并不在我国境内，因此，本案无法以接收货币一方确定合同履行地。即使法院考虑本案的“给付货币”并非简单的给付金钱请求之诉，还包括履行合同中产生的违约责任，不能以给付金钱这种责任承担的形式来确定合同履行地，因此将合同履行地确定为目标公司所在地，但也不能简单地认定股权转让纠纷中目标公司的所在地即为合同履行地。

典型案例7

股权转让纠纷案件审理过程中，“刑民交叉”问题的程序处理

——创世纪公司与周某股权转让纠纷案[1]

案例要旨

本案股份代持协议真实有效，实际出资人已经按约履行了合同义务。因名义股东未经实际出资人同意将代持股份转让给第三人，实际出资人起诉名义股东要求其承担责任。名义股东以其法定代表人涉嫌刑事犯罪、影响本案处理为由主张将民事案件移送至公安机关。但是，《股份代持协议》的履行与名义股东法定代表人涉嫌刑事犯罪既不属于“同一法律事实”，亦不属于“同一法律关系”，且无生效刑事裁判文书予以认定。因此，无须将案件移送公安机关。

基本案情

上诉人（原审被告）：创世纪公司。

被上诉人（原审原告）：周某。

钟某以创世纪公司名义共在中天公司投资4450万元人民币，占中天公司

[1] 江苏省高级人民法院（2014）苏商终字第0337号。二审判决后，创世纪公司提起再审，参见（2015）民申字第452号。

25%的股份，工商登记的出资额为2625万元。2011年5月10日，周某与创世纪公司签订一份股份代持协议，约定由周某委托创世纪公司代购中天公司16.67%的股权，并代为行使相关股东权利，但未经周某书面同意，创世纪公司不得将委托权转让给第三方，也不得将股权及收益转让给任何第三方。协议签订后，周某于2011年6月15日将1000万元汇付给创世纪公司，创世纪公司于当日出具收条。2012年12月6日，创世纪公司与汤某签订一份股权转让协议，约定创世纪公司同意将其持有的中天公司25%的股权以4450万元转让给汤某。创世纪公司将中天公司25%的股权转让给汤某后，已办理了工商变更手续，并已经取得股权转让款2450万元，汤某尚有2000万元股权转让款未付。

溧阳市公安局于2013年6月3日以溧公（城）立字（2013）××号立案决定书对常州溧阳钟某合同诈骗案立案侦查。

周某向一审法院起诉请求：（1）解除2011年5月10日周某与创世纪公司签订的股份代持协议；（2）创世纪公司返还代持股份的转让款1000万元，并承担违约金200万元和利息。

创世纪公司一审辩称：（1）本案不属于民事案件，而属于刑事案件，应当裁定驳回起诉，将有关材料移送公安机关或检察机关。（2）本案应追加第三人汤某参加诉讼。（3）周某的诉请无事实和法律依据，应予驳回。

法院裁判

一审判决：（1）解除股份代持协议；（2）创世纪公司向周某归还投资款1000万元及支付该款按中国人民银行规定的同期贷款基准利率计算的利息；（3）创世纪公司向周某支付违约金200万元。创世纪公司不服，持一审答辩意见提起上诉。

生效裁判认为，第一，关于程序问题。本案中，周某与创世纪公司签订的股份代持协议真实有效，周某已经按约履行了合同义务。上诉人主张创世纪公司的法定代表人钟某涉嫌刑事犯罪、影响本案处理，尚无生效刑事裁判文书予以认定。故本案不符合最高人民法院《关于在审理经济纠纷案件中涉及经济犯罪嫌疑若干问题的规定》第 11 条的规定，法院应依据民事诉讼程序审理本案当事人之间的合同纠纷，无须移送公安机关处理或中止审理。原审法院依据法定程序向公安机关调取的询问笔录、中天公司内部账目、银行往来凭证等，经依法审查可以作为本案认定事实的依据。股权代持关系发生于周某和创世纪公司之间，审理结果与中天公司、汤某无关，上诉人认为中天公司、汤某必须参加诉讼于法无据，本案无须追加第三人。

第二，关于周某是否有权解除股权代持协议。在创世纪公司违约擅自转让股权的情况下，周某有权解除股权代持合同。

第三，关于原审判决创世纪公司承担利息和违约金是否正确。《股份代持协议》第 17 条约定，如中天公司三年内未挂牌上市，在三年到期日的一个月内，创世纪公司应按周某出资额 1000 万元无条件受让周某所持中天公司股份，并按银行贷款利率支付上述全部出资额利息给周某。由于创世纪公司擅自转让股权的违约行为，导致周某提前解除股权代持合同，且中天公司因不合条件已终止上市，故用于购买中天公司股份的 1000 万元自汇入创世纪公司之日起的同期银行贷款利息，应由创世纪公司负担。《股份代持协议》第 19 条约定，任何一方不履行或者迟延履行，应赔偿给对方造成的一切损失，并支付对方代持股份相应投资额的违约金。据此，在创世纪公司违约的情况下，应支付周某违约金 1000 万元，周某在本案中主张 200 万元违约金，未超出合同约定范围。由于民间借贷的最高利率为中国人民银行同期贷款基准利率的四倍，原审法院在周某主动调低违约金数额的前提下，结合合同的履行情况、创世纪公司的过错、周某的预期利益等因素，确认创世纪公司应支付 200 万元违约金并无不当，应予维持。据此，二审法院判决驳回上诉，维持原判。

案例评析

本案涉及股权转让纠纷案件审理过程中“刑民交叉”问题的程序处理，即是否应将民事案件移送公安侦查或中止审理。

1. “先刑后民”与“刑民并行”

司法实践中，对民事案件审理过程中出现的刑事问题，导致对同一案件究竟应当采用民事诉讼的方式解决纠纷，还是应当通过刑事诉讼的方式追究刑事责任，是先进行刑事诉讼再进行民事诉讼，即“先刑后民”，还是可以让民事诉讼与刑事诉讼并行不悖、同时进行，即“刑民并行”，存在很大的争议。

当民事与刑事交叉时，应当如何确定两者的顺序，尽管没有任何法律对此作出规定，但自20世纪80年代初期开始，我国司法实践形成了一种习惯性做法，成为解决刑民冲突的约定俗成的原则——“先刑后民”。其含义是指在程序上刑事法律关系的确定应当优先于民事法律关系。当民事诉讼起诉时发现涉嫌犯罪的，法院不予受理；民事诉讼过程中发现有犯罪嫌疑的，应中止民事案件的审理，同时将其移送公安、检察等侦查部门；当刑事程序正在进行之时，不得单独提起相应的民事诉讼，只能提起刑事附带民事诉讼，单独的民事诉讼必须在刑事程序终结之后方得提起。〔1〕但“先刑后民”既不是民事诉讼的法定原则，也不是刑事诉讼的法定原则。尽管“先刑后民”这种制度的生成具有时代背景和历史必然性，但范式化的理解与机械化的适用有其消极影响。陈兴良教授将机械适用“先刑后民”原则的弊端归纳为三点：一是“先刑后民”容易被某些司法机关利用，成为干涉经济纠纷的一个借口；二是“先刑后民”容易被当事人恶意利用，以达到“以刑止民”的目的；三是“先刑后民”容易使司法资源成为某些当事人实现个人目的的手段。〔2〕

“先刑后民”的局限性，要求要采取一种更为妥当的方式处理刑民程序冲突的原则，这就是“刑民并行”原则。以“刑民并行”作为处理刑民程序冲突的基本原则，这是因为刑事责任与民事责任的内容及所依据

〔1〕杜万华主编、最高人民法院民事审判第一庭编著：《最高人民法院民间借贷司法解释理解与适用》，人民法院出版社2015年版，第126~127页。

〔2〕陈兴良：《关于“先刑后民”司法原则的反思》，载《法制日报》2004年10月15日。

的法律均不同，彼此之间并行不悖，这是“刑民并行”的理论基础。这就表示，一个行为同时引起刑事责任与民事责任的，刑事责任的承担并不影响其所应承担的民事责任，反之亦然。例如，《侵权责任法》第4条第1款规定：“侵权人因同一行为应当承担行政责任或者刑事责任的，不影响依法承担侵权责任。”《民间借贷司法解释》第6条也规定：“人民法院立案后，发现与民间借贷纠纷案件虽有关联但不是同一事实的涉嫌非法集资等犯罪的线索、材料的，人民法院应当继续审理民间借贷纠纷案件，并将涉嫌非法集资等犯罪的线索、材料移送公安或者检察机关。”

以诈骗类犯罪与合同交叉时为例，合同属于可撤销合同。如果受害人可以举证证明对方欺诈的事实，提出了撤销合同、返还财产、赔偿损失的诉讼请求自然应当获得支持。相反，如果固守“先刑后民”，因诈骗事实迟迟无法查清而无法启动民事诉讼程序，同样将损害受害人的利益。犯罪与合同的牵连型交叉，例如前述非法吸收公众存款罪与民间借贷合同、集资诈骗罪与民间借贷合同，这些犯罪行为一般都是单方所实施的，与对双方行为作出评价的合同效力并无重要影响，坚持“刑民并行”并无什么不妥。可见，司法实践中绝大多数案件其实是（或应当是）实行“刑民并行”的。这恰恰是“刑民并行”的现实基础。[1]

2. “先刑后民”还是“刑民并行”

对“刑民交叉”案件程序冲突的处理，即应“先刑后民”还是“刑民并行”，应结合法律的规定和案件的具体事实予以处理。审判实践中，处理该类问题的主要法律依据是最高人民法院《关于在审理经济纠纷案件中涉及经济犯罪嫌疑若干问题的规定》（以下简称《规定》）。《规定》对于刑事和民事属于不同“法律关系”或涉及“不同法律事实的”，主

---

〔1〕 杜万华主编、最高人民法院民事审判第一庭编著：《最高人民法院民间借贷司法解释理解与适用》，人民法院出版社2015年版，第137～138页。

张“刑民并行”，刑、民分开审理。[1]对于当事人以民事纠纷的形式起诉立案，但法院审查发现案件明显涉及刑事犯罪，且行为人主体同一的情形，此时应裁定驳回原告起诉，全案移送公安机关或检察机关侦查处理，[2]此为“只刑不民”。它要求刑事和民事案件涉及的问题属于“同一法律事实”“同一法律关系”。《民间借贷司法解释》第5条就此规定：“人民法院立案后，发现民间借贷行为本身涉嫌非法集资犯罪的，应当裁定驳回起诉，并将涉嫌非法集资犯罪的线索、材料移送公安或者检察机关。公安或者检察机关不予立案，或者立案侦查后撤销案件，或者检察机关作出不起诉决定，或者经人民法院生效判决认定不构成非法集资犯罪，当事人又以同一事实向人民法院提起诉讼的，人民法院应予受理。”

对于刑事案件的判决结果影响民事法律关系的成立或效力的，民事案件应裁定中止审理，待刑事诉讼程序结束后再继续审理民事纠纷，适用“先刑后民”原则。《民事诉讼法》第150条第5款将此规定为“本案必须以另一案的审理结果为依据，而另一案尚未审结的”。根据《民事诉讼法》的该条规定，“另一案”不限于刑事案件，民事案件和行政案件均在此列，可见，在审理民事案件过程中，适用“先刑后民”原则裁定中止民事案件审理的，实为特例。

《民间借贷司法解释》第7条对于“先刑后民”可以作为其他民事案件的参考，该条规定：“民间借贷的基本案件事实必须以刑事案件审理结果为依据，而该刑事案件尚未审结的，人民法院应当裁定中止诉讼。”该条对适用“先刑后民”作了明确限制：首先，民间借贷刑民交叉只有民事纠纷的基本事实无法查明才能适用“先刑后民”；其次，与民事案件关

---

[1] 《规定》第1条规定：“同一公民、法人或其他经济组织因不同的法律事实，分别涉及经济纠纷和经济犯罪嫌疑的，经济纠纷案件和经济犯罪嫌疑案件应当分开审理。”第10条规定：“人民法院在审理经济纠纷案件中，发现与本案有牵连，但与本案不是同一法律关系的经济犯罪嫌疑线索、材料，应将犯罪嫌疑线索、材料移送有关公安机关或检察机关查处，经济纠纷案件继续审理。”

[2] 《规定》第11条规定：“人民法院作为经济纠纷受理的案件，经审理认为不属经济纠纷案件而有经济犯罪嫌疑的，应当裁定驳回起诉，将有关材料移送公安机关或检察机关。”

联的刑事案件必须属于已进入审理阶段的刑事案件，才可以“先刑后民”；最后，民事案件需查明的基本事实必须与审理的刑事案件事实存在关联，即民事借贷案件的解决需以刑事案件的审判结果为根据。这与《民事诉讼法》第150条的规定是一致的。

综上所述，对于民事案件审理过程中出现的刑民问题属于“同一法律事实”“同一法律关系”的，法院应当裁定驳回起诉，并将涉嫌非法集资犯罪的线索、材料移送公安或者检察机关。对于民事案件需查明的基本事实必须与审理的刑事案件事实存在关联，即民事借贷案件的解决需以刑事案件的审判结果为根据，适用“先刑后民”，裁定中止民事案件的审理。除此之外，实行“刑民并行”原则，刑事、民事案件分开处理。

本案中，《股份代持协议》的履行与钟某涉嫌刑事犯罪既不属于“同一法律事实”，亦不属于“同一法律关系”，因此，无须将案件移送公安机关。钟某涉嫌刑事犯罪只处于公安立案侦查阶段，还未进入刑事审判程序，且钟某刑事案件的处理结果与本案双方关于创世纪公司将该股份转让是否违约、是否应当返还周某投资款并承担违约责任等纠纷无关联性，因此，已不需要裁定中止民事案件的审理。

典型案例8

涉外股权转让合同中管辖权条款是否属于排他性管辖协议的认定

——王某、天九公司与农产品公司、白沙洲公司股权转让纠纷案〔1〕及徐某与张某股权转让纠纷案〔2〕

案例要旨

如果当事人在管辖权条款中明确约定“非专属”“非专属管辖”等措辞，且没有通过其他更明确的措辞来表明其所选择管辖法院具唯一性和排他性，

〔1〕 最高人民法院（2015）民四终字第57号。
〔2〕 最高人民法院（2015）民申字第471号。

则可以认定为非排他性管辖权协议。

如果当事人在管辖权条款中明确约定了“专属管辖”“排他性管辖”等措辞，或者使用更明确的措辞表明约定的国家或地区法院为唯一的、排他的管辖法院，则应当被认定为排他性管辖权协议。

基本案情

1. （2015）民四终字第57号王某、天九公司与农产品公司、白沙洲公司股权转让纠纷案（以下简称57号案）

白沙洲公司原为内资企业，由王某持股70%、天九公司持股20%。2007年5月，农产品公司与王某、天九公司签署了《股权买卖协议》等系列协议，收购白沙洲公司90%股权及其目标权益。在有关协议中，农产品公司分别与王某和天九公司约定了法律适用条款和争议解决条款，其表述为：“本协议受香港法律管辖，并依据香港法律解释，各方愿就本协议接受香港法院的非专属司法管辖权。”在协议履行过程中，转让方与受让方发生了纠纷。农产品公司向湖北省高院起诉，请求：判令王某、天九公司协助白沙洲公司向中华人民共和国商务部办理相关协议报送手续并承担本案诉讼费用。

王某、天九公司在答辩期限内提出管辖异议，主要理由是：农产品公司与王某、天九公司已明确约定协议受香港法律管辖，并依据香港法律解释，各方愿就本协议接受香港法院的非专属司法管辖权。约定香港法院作为管辖法院符合相关法律规定，对协议各方具有约束力。农产品公司基于上述管辖条款，已针对王某、天九公司在香港高等法院原诉法庭提起了诉讼，香港法院已受理了案件，该案目前正在审理之中。

湖北省高级人民法院裁定驳回王某、天九公司的管辖权异议申请。案件上诉至最高人民法院，最高人民法院认为，涉外商事纠纷案件的当事人协议约定内地法域外法院对其争议享有非专属管辖权时，并没有排除有管辖权的人民法院的管辖权。如果一方当事人向内地法院提起诉讼，人民法院依照《民事诉讼法》的有关规定对案件具有管辖权的，可以受理。本案当事人约定：各方愿就本协议接受香港法院的非专属司法管辖权。当事人并未使用“专属管辖”一词，故不能根据上述约定排除内地人民法院的管辖权。湖北省高级人民法院对本案行使管辖权符合法律规定。

上诉人还提出协议的签订地及被上诉人的实际住所地均为香港、争议适用的准据法为香港法，由内地法院管辖“不方便”。但从本案实际情况看，由内地人民法院审理本案才方便判决的执行，而判决能否执行也是人民法院在适用“不方便法院”规则时需要考量的一个重要因素。本案原告的一审诉讼请求是：判令王某、天九公司协助白沙洲公司向中华人民共和国商务部办理协议报送手续。如果由香港特别行政区法院审理该请求，有关判决将无法执行。由内地人民法院审理，则不存在执行上的困难。这是因为内地和香港特别行政区之间尚未建立全面的相互认可和执行民商事判决的机制。《关于内地与香港特别行政区人民法院相互认可和执行当事人协议管辖的民商事案件判决的安排》第1条规定：“内地人民法院和香港特别行政区法院在具有书面管辖协议的民商事案件中作出的须支付款项的具有执行力的终审判决，当事人可以根据本安排向内地人民法院或者香港特别行政区法院申请认可和执行。”根据该规定，对于香港特别行政区法院作出的民商事判决，当事人只能就某些金钱给付判决，根据本安排向人民法院申请认可和执行。当事人约定管辖的本意是为了更好地通过诉讼解决纠纷，而不是为了得到一个无法执行的判决。可见，将本案的“非专属管辖”理解为只能由香港特别行政区法院管辖，从而排除内地人民法院对本案的管辖，是不合理的，也不应是当事人的真实意思。故裁定驳回上诉，维持原裁定。

2. (2015)民申字第471号徐某与张某股权转让纠纷案（以下简称471号案）

徐某以张某为被告向人民法院提起股权转让纠纷之诉，一、二审法院认定双方在合同中约定的管辖条款具有排他性，当事人就涉案纠纷提起诉讼，应当遵守双方关于管辖法院的约定，向蒙古国法院起诉，因此裁定驳回徐某的起诉。后案件提起再审，最高人民法院认为，本案争议的焦点是涉案合同中管辖条款的效力与排他性问题。《涉案股权转让合同》第7条约定：“协议一经签订，双方不得反悔，如违约则可向蒙古国法院起诉，并有权申请查封RICHFORTUNE相关财产”。该管辖条款约定的管辖法院即蒙古国法院系合同签订地、股权转让义务的履行地法院，与本案争议有实际联系。至于双方当事人没有具体约定纠纷由蒙古国哪一个法院管辖，当事人可以根据蒙古国法律的规定向该国某一具体法院起诉，同样具有确定性。徐某以协议选择的法院不唯一为由主张该管辖条款无效，缺乏事实和法律依据。双方当事人约定其有权申请查封RICHFORTUNE公司的财产，该项约定是否因损害第三人利益而无效，属于实体问题，不影响双方当事人约定蒙古国法院管辖的效力。涉案管辖条款没有违反《民事诉讼法》对专属管辖的规定，符合该法第34条规定的精神。一、二审法院认定涉案管辖条款合法有效，并无不当。

涉案管辖条款中的“可”字符合起诉系当事人的一项权利而非义务的实际。涉案管辖条款表明在当事人行使诉讼权利时可以向蒙古国法院起诉，但并没有表明当事人有权选择向蒙古国以外的其他国家法院起诉，涉案股权转让合同没有载明蒙古国法院对有关纠纷享有非排他性管辖权。双方当事人签订涉案股权转让合同时，徐某持有RICHFORTUNE公司100%的股权，其拟将该股权全部转让给张某，双方当事人在约定蒙古国法院管辖的同时，进一步约定“有权申请查封位于蒙古国的RICHFORTUNE相关财产”，虽然在该两项约定中后者不影响前者的效力，但如果当事人依法可以申请法院查封RICHFORTUNE公司相关财产，约定蒙古国法院管辖显然是该项查封的一个重要便利条件，由此可以推断双方当事人当时具有选择蒙古国法院管辖的真实意思和特定意图，而难以推断双方当事人还具有可以向其他国家法院起诉的意思。在这种情况下，徐某认为当事人还可以向其他国家法院起诉，没有合同依据。一、二审法院认定涉案管辖条款具有排他性，具有充分事实依据。当事人就涉案纠纷提起诉讼，应当遵守双方关于管辖法院的约定，向蒙古国法院起诉。二审法院裁定维持一审法院驳回徐某起诉的裁定，驳回徐某的上诉，并无不当。

案例评析

上述两案的争议焦点均为涉案协议管辖条款是否属于排他性管辖权协议。

1. 排他性管辖协议和非排他性管辖协议

最高人民法院《民诉法解释》第531条规定："涉外合同或者其他财产权益纠纷的当事人，可以书面协议选择被告住所地、合同履行地、合同签订地、原告住所地、标的物所在地、侵权行为地等与争议有实际联系地点的外国法院管辖。根据民事诉讼法第三十三条和第二百六十六条规定，属于中华人民共和国法院专属管辖的案件，当事人不得协议选择外国法院管辖，但协议选择仲裁的除外。"根据该条规定，涉外民事案件的当事人在不违反《民事诉讼法》第33条〔1〕和第266条〔2〕专属管辖规定的情况下，可以书面协议选择被告住所地、合同履行地、合同签订地、原告住所地、标的物所在地、侵权行为地等与争议有实际联系地点的外国法院管辖。如果当事人约定不得向合意选择法院以外的法院诉讼，即为排他性管辖协议也称专属的管辖合意。如果当事人约定既可以向协议管辖法院起诉，也可以向有法定管辖权的法院起诉的，即为非排他性管辖协议。管辖权协议被认定为排他性管辖权协议的，具有排他性管辖权以外的国家和地区的法院对涉及的争议没有管辖权。管辖权协议被认定为非排他性管辖权协议的，因为非排他性管辖协议并没有排除有管辖权的法院的管辖权，如果一方当事人向我国法院提起诉讼，我国人民法院依照《民事诉讼法》的有关规定对案件具有管辖权的，可以受理。

---

〔1〕 该条规定："下列案件，由本条规定的人民法院专属管辖：（一）因不动产纠纷提起的诉讼，由不动产所在地人民法院管辖；（二）因港口作业中发生纠纷提起的诉讼，由港口所在地人民法院管辖；（三）因继承遗产纠纷提起的诉讼，由被继承人死亡时住所地或者主要遗产所在地人民法院管辖。"

〔2〕 该条规定："因在中华人民共和国履行中外合资经营企业合同、中外合作经营企业合同、中外合作勘探开发自然资源合同发生纠纷提起的诉讼，由中华人民共和国人民法院管辖。"

2. 如何认定涉外管辖协议是否具有排他性

如果当事人在管辖权条款中明确约定“非专属”“非专属管辖”等措辞，且没有通过其他更明确的措辞来表明其所选择管辖法院具唯一性和排他性，则可以认定为非排他性管辖权协议。这种约定实际上是赋予当事人一种选择管辖法院的权利，当事人既可以选择约定的法院作为解决争议的法院，也可以选择其他国家和地区有管辖权法院的管辖权。在57号案中，当事人在约定管辖条款中使用了“非专属”之措辞，未使用更明确的措辞表明香港法院为唯一的、排他的管辖法院，一审法院作为被告住所地的高级人民法院，依据“原告就被告”之地域管辖规则，以及相关级别管辖规则，依法对本案享有管辖权。

如果当事人在在管辖权条款中明确约定了“专属管辖”“排他性管辖”等措辞，或者使用更明确的措辞表明约定的国家或地区法院为唯一的、排他的管辖法院，则应当被认定为排他性管辖权协议。值得注意的是，根据471号案中最高人民法院的论述，排他性涉外管辖协议选择的法院可以只确定到特定国家或法域即可，并非必须确定到特定国家或法域内某一法院。在确定了管辖国家和地区之后，当事人可以根据该国家或地区法律的规定向某一具体法院起诉。

当管辖合意究竟是排他性的抑或非排他性的难以通过协议措辞判断时，应当结合合同其他约定综合考虑当事人的真实意思表示。如在471号案中，最高人民法院认为，虽然协议约定的“可向蒙古国法院起诉”从字面意义上看不出是排他性管辖权协议，但是协议进一步约定“有权申请查封位于蒙古国的RICHFORTUNE相关财产”，表面约定蒙古国法院管辖显然是该项查封的一个重要便利条件，由此可以推断双方当事人当时具有选择蒙古国法院管辖的真实意思和特定意图，而难以推断双方当事人还具有可以向其他国家法院起诉的意思。在这种情况下，徐某认为当事人还可以向其他国家法院起诉，没有合同依据。依据《民诉法解释》第532条的规定，应当裁定驳回原告的起诉，告知其向更方便的外国法院提起诉讼。

3. 本案是否适用“不方便法院原则”

在57号案中，当事人还提到由内地人民法院管辖“不方便”的意见，应适用“不方便法院原则”裁定驳回起诉。所谓不方便法院原则，是指在国际民事诉讼活动中，由于原告可自由选择一国法院而提起诉讼，他就可能选择对自己有利而对被告不利的法院。该法院虽然对案件具有管辖权，但如审理此案将给当事人及司法带来种种不便之处，从而无法保障司法公正，不能使争议得到迅速有效的解决。此时，如果存在对诉讼同样具有管辖权的可替代法院，则原法院可以自身属不方便法院为由，依职权或根据被告的请求作出自由裁量而拒绝行使管辖权。[1]

对于如何理解和掌握“不方便法院原则”，最高人民法院《涉外商事海事审判实务问题解答》（最高人民法院民事审判第四庭2008年12月）第7条认为，“在审判实践中，一方当事人就其争议向人民法院提起诉讼时，另一方当事人往往以我国法院为不方便法院为由要求我国法院不行使管辖权。如果人民法院依据我国法律规定对某涉外商事案件具有管辖权，但由于双方当事人均为外国当事人，主要案件事实与我国没有任何联系，人民法院在认定案件事实和适用法律方面存在重大困难且需要到外国执行的，人民法院不必一定行使管辖权，可适用‘不方便法院原则’放弃行使司法管辖权”。在57号案中，原告的诉讼请求是判令王某、天九公司协助白沙洲公司向中华人民共和国商务部办理协议报送手续，由于内地和香港特别行政区之间尚未建立全面的相互认可和执行民商事判决的机制，对于香港特别行政区法院作出的民商事判决，当事人只能就某些金钱给付判决，根据最高人民法院的安排向其他人民法院申请认可和执行。如果由香港特别行政区法院审理该请求，有关判决将无法执行。由内地人民法院审理，则不存在执行上的困难。因此，本案不适用“不方便法院原则”。

---

〔1〕来源于百度百科“不方便法院原则”，载https：//baike. baidu. com/item/不方便法院原则/6833094？fr = aladdin，最后访问时间：2019年11月30日。

图书在版编目(CIP)数据

股权转让案件裁判精要 / 禹海波著. -- 北京 : 法律出版社, 2020
ISBN 978-7-5197-4321-5

Ⅰ. ①股… Ⅱ. ①禹… Ⅲ. ①股权转让-经济纠纷-审判-案例-中国 Ⅳ. ①D922.292.915

中国版本图书馆CIP数据核字(2020)第045693号

股权转让案件裁判精要
GUQUAN ZHUANRANG ANJIAN CAIPAN JINGYAO

禹海波 著

策划编辑 蒋 橙
责任编辑 蒋 橙
装帧设计 李 瞻

出版 法律出版社
总发行 中国法律图书有限公司
经销 新华书店
印刷 天津嘉恒印务有限公司
责任校对 马 丽
责任印制 吕亚莉

编辑统筹 法律应用出版分社
开本 710毫米×1000毫米 1/16
印张 39.25
字数 640千
版本 2020年4月第1版
印次 2020年4月第1次印刷

法律出版社/北京市丰台区莲花池西里7号(100073)
网址/www.lawpress.com.cn
投稿邮箱/info@lawpress.com.cn
举报维权邮箱/jbwq@lawpress.com.cn
销售热线/400-660-8393
咨询电话/010-63939796

中国法律图书有限公司/北京市丰台区莲花池西里7号(100073)
全国各地中法图分、子公司销售电话:
统一销售客服/400-660-8393/6393
第一法律书店/010-83938432/8433　西安分公司/029-85330678　重庆分公司/023-67453036
上海分公司/021-62071639/1636　深圳分公司/0755-83072995

书号:ISBN 978-7-5197-4321-5
定价:128.00元
(如有缺页或倒装,中国法律图书有限公司负责退换)